慶應義塾大學法學研究會叢書(81)

ドイツ強制抵当権とBGB編纂
―ドイツ不動産強制執行法の理論的・歴史的・体系的構造―

慶應義塾大學
法學部教授　斎藤和夫　著

慶應義塾大學法學研究會刊

はしがき

・1　ルフト・ハンザ便で西ドイツ・ザール大学での在外研究に向ったのは，1974年10月のことですから，既に40年近くも前のことになります。当時，ドイツ強制法執行学を代表する碩学，ゲルハルト・リュケ教授の御指導を仰ぎながら，在外研究テーマである「ドイツＺＶＧ（不動産強制競売・強制管理法）の研究」に，一意専心しました。緑なす自然豊かなザールブリュッケンでの，20代最後の２年間でした。

・2　なぜ「ＺＶＧ研究」なのか，と問われれば，当時，わが国では永年の課題であった「強制執行法改正問題」が，喫緊の，最重要の立法課題として，大きく浮上していた，からである，と答えざるを得ません。1897年・「ＺＶＧ」は，ドイツの「抵当権実行手続法」ですし，わが国の「強制執行法改正問題」には，「民訴法第６編強制執行」のみならず，「競売法」もまた，これに包摂されていましたから，取り組むべき研究テーマとしては，『最も難解』（竹下研究）といわれる，「ＺＶＧ」研究に比肩し得るものは，ドイツではもはや他にはない，と考えたのです。そして，本書テーマの「ドイツ強制抵当権制度」は，「強制競売」・「強制管理」と並ぶ，不動産強制執行における第３の執行方法ですが，ＢＧＢ立法編纂過程の最終局面で，「強制競売・強制管理」の二執行方法から離れて，個別に「ＺＰＯ」（強制執行規定）中に編入されたものでした。

・3　在外研究に先立つ1971年秋，日本私法学会（於・学習院大学）では，その統一テーマとして，「強制執行法改正と民法」（→ジュリスト増刊・「強制執行法改正要綱と民法」・1972年）が取り上げられていました。「民事手続法」学者は勿論のこと，「民事実体法」学者もまた，共に参加しての，「改正試案」を検討素材としながらの白熱の議論，私自身，今なお鮮烈に脳裏に焼きついています。壇上の中央席に御登場され，御発言なされた，わが国民法学を代表する民法学者・我妻栄先生，その明快な論旨に深く感銘を受けたことを，今なお鮮明に記憶しています。

・4　「強制執行法改正問題」，そこでの最重要テーマは，まさしく「担保権」との関連問題の立法的解決に，ありました。実体民法（民法第２編物権（担保物権規定））と手続執行法（民訴法旧第６編強制執行・競売法）の「境界領域」に学問的光が照射され，立法化のための喫緊の問題解決に迫られていたのです。「担保権」との関連，これが改正の「ヤマ場」であり，「天王山」でした。

・5　「強制執行法改正」に向けての，疾風怒濤の如き学説（民事手続法学）のエネルギーは，眼を見張るようなものがありました。とりわけ，陸続として多くの諸論考を公にされた三ケ月研究，ビビットに，そして時に激しく，改正に向けての熱情的な論旨に，私も多大の学問的感銘を受けました。

・6　その焦点は，競売法上の競売，すなわち「任意競売」の問題性に，ありました。三ケ月研究に代表されるように，「任意競売」概念の比較法的特異性・理論的不当性（→「任意競売」概念の終焉），これが学説により強烈に主張されていました。しかも，「任意競売」概念に対してのみならず，根拠法典たる「競売法」それ自体に対しても，「拙速，不備，杜撰」な立法といった，ありとあらゆるネガティブ評価（→「競売法」廃止論）が，なされていたのです。ここでは，「抵当権実行手続法」（→競売法）という，手続法学上，極めて重要な法典が，明治期の立法編纂時に，そもそも民法典の「付属法」として起草されたこと，そのこと自体が「拙速，不備，杜撰」な立法としての象徴である（→立法者は「抵当権実行手続法」というものを軽んじていたのではないか），と指摘されたのです。

・7　しかし，ドイツに眼を転じますと，1897年・ＺＶＧは，「抵当権実行手続法」です。しかも，本書で明示的に指摘しましたように，民法典の「付属法典」の一つとして，制定されたものです。これは，実体民法（→「実体的」抵当権）と手続執行法（→「手続的」抵当権法），この両法の「リンクの構造」を明瞭に示しています。民法典の「付属法典」としての制定，これは，「抵当権実行手続法」を決して「軽視」したからではなく，むしろ両法の「リンクの構造」を実現化するための，論理必然的な編纂形態だったのです。そして，ＺＶＧとＺＰＯ，この両法上の不動産強制執行の三執行方法（強制競売・強制管理・強制抵当権登記）に注目し，「強制抵当権」分析を踏まえながら，さらに「強制競売」考（→「強制競売」概念を考える）へと，「歩み」を進めることになりました。

・8　本書が成り立ち得たのは，多くの諸先生方の多大な御指導や御高配があったからです。ここで二人の恩師の御名前を特記しなければなりません。内池慶四郎先生（慶應義塾大学名誉教授）からは，民法学研究の基本的姿勢と方法を永年にわたり御指導賜りました。ゲルハルト・リュケ先生（ザール大学名誉教授）からは，ドイツ法研究を根本から御指導賜りました。

・9　内池先生の浩瀚な「消滅時効法研究」からは，「民事手続法」とは，一味も二味も趣を異にする「民事実体法」の学問的魅力を，存分に御教示賜りました。「制度目的論」としては，たとえば，民法学では，ボアソナード時効法に基づく星野英一研究（「時効制度」は誰のためにあるのか），民訴法学では，民事訴訟手続についての新堂幸司研究（「民事訴訟手続・理論」は誰のためにあるのか），の問題提起が存在しますが，内池先生の「時効制度目的論」（→制度利益享受者論）では，「ボアソナード」時効観，「梅」時効観，この両者を明晰に対比し，その本来的趣旨を探求しながら，「両者」時効観の調和・調整の下，そのアウフヘーベンとして自らの「ジンテーゼ」を定立される，という先生独特の手法に，多大な感銘を受けました。茫漠とした暗闇の中から，「真理の女神」が光をさしかざし歩みくるような，極めて鮮烈な印象は，その後の私の研究に大きく影響しました。

・10　Mit der aufrichtigen Dankbarkeit am herzlichsten, Herrn Prof. Dr. Dr. h.c. Gerhard

はしがき

Lüke.
　①「ライフワーク」を持つこと，②「モノグラフィー」をものにすること，③誰も手がけていない「新たなテーマ（問題）」を発見すること，これは，ドイツ在外研究時の，リュケ先生の御教示でしたが，私自身の，その後の研究者時代を，大きく規定し，方向付けました。もう15年以上も前になりますが，リュケ先生の記念号に寄稿した拙稿（→「担保権実行競売への新『統合』―「強制競売」の本来型としての担保権実行競売―」；リュケ教授退官記念「民事手続法の改革」所収・1995；本書付論文⑤）を謹呈申し上げましたところ，『日本法の法体系がそのような形になっていることは，自分も初めて知りました』という御趣旨の御手紙を，頂戴しました。「近くて遠い」，日独両法学・体系の「距離」を，あらためて実感致しました。

・11　悪戦苦闘の連続でしたが，今，ドイツの地での「課題」を，ようやくなし終えた，という安堵の気持で一杯です。内池先生，リュケ先生，この両先生の限りない御学恩に深く感謝申し上げる次第です。

・12　振り返りますと，慶應義塾大学法学部助手として，本格的に研究をスタートして以来，既に40年の歳月が流れました。『斎藤君には，民法も，民訴法も，両方，担当してもらう』とは，学部長室に呼ばれた新任の三人の助手を前にしての，当時の法学部長（石川忠雄教授）の言葉でした。この40年，その言葉のもつ「意味」の，あまりにも大きな課題と重圧に，果てしのない学問的格闘の歴史でした。

・13　昭和51年，留学から帰朝して，学部で初めて講義をもったとき，「担保法」講座を担当しました。わが国の大学では，「担保法」という名称の講座学科目の，嚆矢でした。「担保法学」の体系が，担保「実体法」と担保「手続法」の二つの柱から，構成されるものであることは，現在では，いわば常識化していますが，これは昭和40年代における三ケ月研究の提唱にかかるものでした。学部生は，既に2年次までに，「物権法（含・担保物権法）」学科目を履修済みですから，3年次以上の学部生を受講対象とする「担保法」学科目は，自ずと担保「手続法」（→民事執行法・倒産法等）を中心とするものであり，同様の形で今日に至っています。

・14　その間，民事法研究会の津田利治教授，民法研究会の今泉孝太郎教授や内池慶四郎教授をはじめとする諸先生方，そして民訴法研究会の伊東乾教授や石川明教授をはじめとする諸先生方，これらの諸先生方からかけがえのない多くの貴重な御指導・御高配を賜りました。研究者としての，駆け出しのスタート時代からの，永年にわたる，これらの諸先生方の御指導なくして，現在の私はあり得ません。衷心より感謝申し上げます。

・15　日本私法学会での私の「研究報告」（1982年）（→「ドイツ強制抵当権の法構造―プロイセン法における展開を中心として（18世紀―19世紀）―」；私法（有斐閣）；No.45/P270-277；1983/10）に際しましては，御担当の学会理事の平井宜雄教授（東京大学）から，御世話戴きました。また，竹下守夫教授（一橋大学）には御司会の労をおとりい

ただきました。三ケ月章教授（東京大学）・新堂幸司教授（東京大学）・伊藤眞教授（東京大学）からは，会場にて貴重な御質疑・御教示・御激励を賜りました。

・16　1974年—1976年，「在ザール大学」時代，当時気鋭の少壮教授としての中野貞一郎先生（大阪大学）もまた，ザール大学に御来訪されていました。当時，主として「判決手続」領域面で華麗な分析の多くの諸論稿を公にされておられましたが，今日の壮大にして緻密な「民執法体系書」が如実に示しますように，既に「執行手続」領域への多大な関心をもっておられました。ドイツの地で，先生より多くの学問的刺激を受けましたことは，私にとりまして得がたい僥倖であり，また，これを機縁として，中野教授からは『ザール学派』（中野教授）の一人として，しばしば御激励を賜りました。

・17　若き時代より，「現代担保法研究会」（代表・椿寿夫教授）に，参加してまいりました。椿寿夫教授（明治大学）をはじめとして，伊藤進教授（明治大学）や実務家の諸先生方から，多くの有益な知見を御教示賜りました。

・18　1960年代後半—1970年代初頭，「学部・院・助手」時代，当時気鋭の少壮教授としての林屋礼二教授（学習院大学→東北大学）からもまた，学問的にも人間的にも，多くの御教示を賜りました。同じく慶應法学部生としての御経歴からも，数々の貴重なアドヴァイスを賜りました。

・19　これらの諸先生方の御厚情に，心より感謝申し上げます。

・20　私事にわたりますが，「恒夫（元東北電力副社長）・信子・和夫」の三人の子供達をかけがえのない愛情をもって育て，子供達の慶大進学を何よりも祝福してくれた，今は亡き両親，「秀夫（東北大学名誉教授）・とく子」に，拙い本書をもって深甚からの感謝を捧げることを，お許し戴きたく思います。

・21　最後になりましたが，編集の任にあたられました慶應義塾大学出版会編集部の堀井健司様，村山夏子様，岡田智武様，この三人の有能な編集者の方々に，大変な御尽力を賜りました。辛抱強く，忍耐強く，難渋の作業を，円滑に遂行していただきましたことには，感謝の言葉もありません。とりわけ，岡田様には，最終段階作業のアンカーとして，極めて短期間に，すべて手際よく，迅速に，正確に，御対処戴き，難局を乗切ることができました。これらの御尽力なくしては，本書は，到底，成り立ち得ないものでした。その「共同作業」に，著者として深甚の感謝を申し上げます。

2011年夏

　　　　　　　　　　　　　　　「一身二生」（福澤先生）の御言葉を胸に
　　　　　　　　　　　　　　　慶應義塾大学研究室（三田）にて

　　　　　　　　　　　　　　　　　　　　　　　斎　藤　和　夫

目　次

はしがき ……………………………………………………………………………ⅰ

【ＺＨ制度研究Ⅰ巻】の要旨 …………………………………………………… 3

序論　本研究の課題と方法 ……………………………………………………… 13
　一　〈課題〉設定 ………………………………………………………………… 13
　二　問題提起 ……………………………………………………………………… 16
　三　方　法 ………………………………………………………………………… 25

第1章　1874年～・「第1次委員会」審議と強制抵当権
　　　　――「物権法準備草案・ＢＧＢ第1草案・ＧＢＯ第1草案・ＺＶＧ
　　　　第1草案・ＥＧＢＧＢ第1草案」の編纂過程―― ……………………… 57

　はじめに ……………………………………………………………………………… 57
　第1節　1880年・「物権法準備草案」中の強制抵当権制度
　　　　――強制抵当権制度の導入―― ……………………………………………… 72
　第2節　1881年～・第1次委員会「審議」
　　　　――「物権法準備草案」中の強制抵当権制度の基本的承認―― …………105
　第3節　1888年・「ＢＧＢ第1草案」中の強制抵当権制度
　　　　――第1次委員会起草作業の「完結」，その1―― ………………………140
　第4節　1888年―89年・「ＥＧＢＧＢ第1草案・ＧＢＯ第1草案・ＺＶＧ
　　　　第1草案」中の強制抵当権制度
　　　　――第1次委員会起草作業の「完結」，その2―― ………………………154

第2章　1888年～・「各界の反応」と強制抵当権
　　　　――「草案公表とフィードバック」の編纂過程―― …………………193

はじめに……………………………………………………………………………193
第1節　導入「反対論」と「賛成論」
　　　　──その論拠の具体的検討──………………………………………199
第2節　各「修正意見」の主張
　　　　──その問題点の個別的検討──………………………………………222

第3章　1890年～・「第2次委員会」審議と強制抵当権
　　　　──規制法典の変遷（ＢＧＢからの分離決定，ＺＶＧへの編入決定，
　　　　最終局面でのＺＰＯへの編入決定）──………………………………259

はじめに……………………………………………………………………………259
第1節　第2次委員会「審議」の開始・進行・最終的起草
　　　　──編纂過程の経緯──……………………………………………………278
第2節　強制抵当権制度「存置」の基本的承認
　　　　──「制度」廃止論の克服と逐条審議──……………………………289
第3節　ＢＧＢ典よりＣＰＯ典中への編入
　　　　──「規制」法典の決定──………………………………………………314

第4章　1898年・ＺＰＯと強制抵当権
　　　　──ＺＰＯ変更法草案（1897年）とライヒ議会「第1次・第2次・
　　　　第3次」審議──……………………………………………………………325

はじめに……………………………………………………………………………326
第1節　1898年・新「ＺＰＯ」の成立
　　　　──強制抵当権制度のＺＰＯ典中への編入，その立法的経緯──…328
第2節　1897年・「ＺＰＯ変更法草案」中の強制抵当権制度
　　　　──関連規定と規定内容──………………………………………………341
第3節　1898年・ライヒ議会の本会議での「第1次・第2次・第3次」審議
　　　　──制度「廃止」提案とその否決──……………………………………354

第4節　1898年・新「ＺＰＯ」典中の強制抵当権制度
　　　　　──関連規定の列挙──……………………………………………370
　　第5節　1909年・「ＺＰＯノヴェレ(Novelle zur ZPO)」中の強制抵当権制度
　　　　　──ＺＰＯ866条3項「削除」条項（原案第2条項第32号）についての「ライヒ議会」審議──…………………………………373
　　第6節　補論　1923年・「民事争訟手続促進令」中の強制抵当権制度
　　　　　──「金銭価値下落」に伴なう「価額限界」規定（ＺＰＯ866条3項）の修正，「価値恒定の債務名義」作出の適法性の承認──　…388

第5章　1931年・ＺＰＯ参事官草案と強制抵当権
　　　　　──修正「平等主義」（順位期間制度）への接合と新制度的機能──…401

　　はじめに………………………………………………………………………401
　　第1節　1931年・「ＲＥ─ＺＰＯ」の成立
　　　　　──その主要な変更点──……………………………………406
　　第2節　ＲＥ─ＺＰＯ「理由書」における「平等主義」立法の決断
　　　　　──その理論的・法政策的正当性の論拠──………………415
　　第3節　「動産」強制執行中の修正「平等主義」としての「順位期間」制度（ＲＥ─ＺＰＯ883条）──「差押質権」制度との接合関係──　429
　　第4節　「不動産」強制執行中の強制抵当権制度（ＲＥ─ＺＰＯ943条以下）──修正「平等主義」としての「順位期間」制度との接合関係──………………………………………………………………440

結論的考察　…………………………………………………………………465
　　〔一〕　抵当制度は一体誰のものか（抵当「制度目的論」）
　　　　　──「我妻シェーマ」（近代抵当権論）の「妥当性」の検証，〈課題1（問題提起1）〉に答える；ドイツ「ＺＨ制度の法形成」の構造解明──………………………………………………………465

　　〔二〕　わが国の手続執行法学の方法論上の「問題性」

　　　　　──その「妥当性」の検証，〈課題2（問題提起2）〉に答える；ドイツライヒ「統一的ＢＧＢ編纂過程」の構造解明── ················536

〔三〕 不動産強制執行制度は一体誰のものか（不動産強制執行「制度目的論」）
　　　　　──わが国の手続執行法学の「一般共通認識」と現行民執法の「法典構造」に対する検証，〈課題3（問題提起3）〉に答える；ドイツ「三基軸抵当法体系」の構造解明── ················548

総　括 ················617

付論文①　我が国の法典編纂過程における「ドイツ強制抵当権制度」と「フランス裁判上抵当権制度」
　　　　　──制度不導入の「動機」の解明── ················623

はじめに
　　　　　──問題提起── ················624
1　研究上の必要性は何か
　　　　　──「ない」法制度に関する外国法研究の意義── ················625
2　「ドイツ強制抵当権制度」とは何か，「フランス裁判上抵当権制度」とは何か
　　　　　──制度の概要── ················629
3　ボアソナード・民法草案（M19）はなぜ「フランス裁判上抵当権制度」を導入しなかったのか
　　　　　──明示的・自覚的態度決定としての不導入── ················631
4　ボアソナード・財産差押法草案（M15）はなぜ「ドイツ強制抵当権制度」を導入しなかったのか
　　　　　──私見の推論── ················635

5　テヒョー・訴訟法草案（M19）はなぜ「ドイツ強制抵当権制度」を
　　　　導入しなかったのか
　　　　　　──私見の推論── ………………………………………………639

付論文②　ドイツ・プロイセン「剰余・消除・引受」主義の原理的・歴史的構造 ……………………………………………659

　第1節　競売における「先順位」抵当権の処遇原理の「根拠」
　　　　　　──「消除主義」，そのドイツ・プロイセン的構造の解明── ……660
　第2節　剰余主義・引受主義のドイツ的構造と根拠
　　　　　　──立法史的研究の方法論的定立のために── ………………698
　第3節　「剰余主義・消除主義・引受主義」をめぐる根本問題
　　　　　　──競売における「先順位」抵当権の処遇原理── ……………744

付論文③　日本民法典の編纂──明治期の法典継受── ………761

　はじめに
　　　──趣旨・目的── …………………………………………………762
　一　民法典編纂の準備作業として，どのようなことがおこなわれていた
　　　のか
　　　　──前　史── ……………………………………………………763
　二　旧民法典（M23）とは
　　　　──その編纂過程と法典構造── …………………………………766
　三　「民法典論争」とは
　　　　──施行「延期論」と実施「断行論」，その対立構造の分析── ……772
　四　現行民法典（M29・M31）とは
　　　　──その編纂過程と法典構造── …………………………………776
　五　旧民法典から現行民法典への移行をどのように理解すべきか
　　　　──民法解釈学における基本指針の探求── ……………………780

付論文④　ドイツ不動産強制執行法体系における強制抵当権制度
　　　　──ドイツ不動産強制執行法研究の一視角──……………785

　はじめに……………………………………………………………………785
　第一章　第三の執行方法としての強制抵当権の登記………………786
　第二章　ドイツ帝国・統一的民法典起草過程における強制抵当権制度…796
　第三章　結論的考察
　　　　──我が国の不動産強制執行法体系の将来像への若干の展望──…806

付論文⑤　担保権実行競売への新「統合」
　　　　──「強制競売」の本来型としての担保権実行競売──………809

　一　本稿の目的……………………………………………………………813
　二　「二元的編成」の法構成
　　　　──「強制競売」手続（民訴法旧第6編「強制執行」・明治23年）と
　　　　「任意競売」手続（旧競売法・明治31年）の併存──………………820
　三　強制換価手続の「統合論」
　　　　──「二元的編成」に対する三ケ月教授の批判と問題提起──………825
　四　民事執行法による「統合」の問題性
　　　　──その立法姿勢に対する三ケ月教授の批判──………………828
　五　立法論的提言としての新「統合論」
　　　　──担保権実行としての「強制競売」手続を本則とする「一元的編成」──…831

　細目次………………………………………………………………………843
　巻末文献リスト……………………………………………………………865

ドイツ強制抵当権とBGB編纂
―― ドイツ不動産強制執行法の理論的・歴史的・体系的構造 ――

【ZH制度研究Ⅰ巻】の要旨

0—1　既刊のZH制度研究Ⅰ巻（ドイツ強制抵当権の法構造——債務者保護のプロイセン法理——・慶應義塾大学法学研究会・2003年3月）は，ドイツ強制抵当権制度の基盤となった「プロイセン強制抵当権制度」につき，その法形成過程を「プロイセン抵当権諸立法の歴史的展開」の中で追求し，その「法構造」（→歴史的・理論的・体系的な法構造）を解明したものであった。

0—2　このZH制度研究Ⅰ巻を踏まえて，本書（ZH制度研究Ⅱ巻）は，場面を1871年・統一ドイツライヒの「統一BGB法典」の編纂過程に移して，統一ドイツライヒの「ドイツ強制抵当権制度」につき，その法形成過程を包括的な「BGB編纂過程」の中で追求し，その「法構造」（→歴史的・理論的・体系的な法構造）を解明しようとするものである。

0—3　このような本書（ZH制度研究Ⅱ巻）の「位置付け」からすれば，本書叙述に先立って，ここでZH制度研究Ⅰ巻の「要旨」を確認的に述べておく必要がある。

1—1　ZH制度研究Ⅰ巻は，それまでわが国の学説では僅かに断片的に論及されるのみであった「ドイツ強制抵当権制度」について，その歴史的・理論的・体系的な解明を試み，それを踏まえて，わが国の「現行民執法解釈論・立法論」を新たに構築しようとしたものであった。

1—2　「ドイツ強制抵当権」とは，ドイツ民訴法（強制執行）866条以下に定められている制度であり，「不動産強制執行の方法」の一つである。

(i) ＺＰＯ866条Ⅰ項によれば，「土地に対する強制執行は，債権のための保全抵当権の登記，強制競売及び強制管理により，おこなう」，とされているが，ここで「債権のための保全抵当権の登記」というのが「強制抵当権」のことである。したがって，ドイツ法上，「不動産強制執行の執行方法」として三つの方法が許容され，「強制抵当権の登記」は，「強制競売」と「強制管理」と並ぶ，第三の執行方法である，と理解されている。

(ii) ドイツ法上，「強制競売」は目的不動産の「元物価値」に対する執行方法であり，「強制管理」は目的不動産の「収益価値」に対する執行方法である。これに対して，「強制抵当権の登記」の執行方法は，執行名義を有する債権者に目的不動産上への登記を許容することにより，彼にその登記順位に基づく優先的地位を付与するものである。

(iii) 債務名義に基づき登記された抵当権（→強制抵当権）は，その法的性格上，「保全抵当権」として登記されたものであり，ＢＧＢの保全抵当権に関する諸規定が明文規定により準用される。

1—3　しかし，このドイツ強制抵当権は，わが国の「旧民訴法」（強制執行法）にも，新たな「民事執行法」にも，法継受されていない。わが国の強制執行法典（民事執行法典）が，ドイツ法の圧倒的影響の下に，「強制競売」と「強制管理」という，他の二つの執行方法を明確に法継受したにもかかわらず，ドイツ強制抵当権は法継受されなかった。これは，民事執行法典においても同様であり，法継受されていない。

2—1　ドイツ強制抵当権については，わが国の執行法学上，ＺＨ制度研究Ⅰ巻を除けば，ほとんど何も研究がなされてはこなかった。現時点においても，このＺＨ制度研究Ⅰ巻が，唯一無二の研究書である。

2—2　では，その理由は何か。私見によれば，わが国の旧強制執行法典（旧民訴法典）・民事執行法典が，立法政策として基本的に「平等

主義」採用を決断した以上，「優先主義」につながるドイツ強制抵当権については，わが国の執行法学上の「法解釈論」としては，もはや研究は不要である，と考えていたのではないか，少なくとも一般的にはこのような考えが存在していたのではないか，と考えられる。

2—3　しかし，他方，わが国の強制執行法学の指導的学説，たとえば三ヶ月章研究や宮脇幸彦研究により，ドイツ強制抵当権に関する研究の必要性が，既に従前より再三再四，強調されてきた。執行法上の債権者競合の問題に関する「優先主義」と「平等主義」の二大立法主義をめぐる立法政策如何を考察する場合には，「ドイツ強制抵当権」制度についての研究が，極めて肝要であり，この研究なくしては根本的な問題解決はなされ得ない，と指摘されてきた。その研究の重要性が，強制執行法学上，有力な指導的学説により，明示的に鼓舞され，強調されていたことに，注目しなければならない。

3—1　では，本研究以前には，わが国ではなぜドイツ強制抵当権制度の研究がなされてこなかったのか。端的に，わが国の強制執行法学は，ドイツ強制抵当権に関する研究についての，資料的な「限界」ないし「壁」という「障壁」を，自ら築いてしまっていたのではないか，と考えられる。

3—2　より具体的には，

(i)　その立法審議上，ドイツ強制抵当権は，実は，まさしく「ドイツ民法（ＢＧＢ）編纂過程」において審議されていた。しかし，それにもかかわらず，わが国の強制執行法学は，「ドイツ民訴法（ＺＰＯ）の編纂資料」に注目することがあっても，概してそれのみに留まり，「ドイツ民法（ＢＧＢ）編纂過程（その立法資料）」それ自体には，まったく注目するものではなかった。

(ii)　それが故に，「ＺＰＯ立法資料」を丹念に参照しながらも，ＺＰＯの「優先主義」や「平等主義」に関する立法審議場面では，どこに

もその議論がなされていないのは「奇妙である」（たとえば，「優先主義」や「平等主義」に関する，その代表的研究である宮脇研究の指摘），と述べるに留まっていた。いわば，「壁」にぶつかっていたのである。

(iii) 以上，端的に，「ＢＧＢ編纂過程」，そして「ＢＧＢ編纂資料」，これらへの注目なくして，「ドイツ強制抵当権」制度の研究なし，というのが，まさしく研究上の実態であった。

(iv) なお，上記認識を踏まえて，「ＢＧＢ編纂過程における強制抵当権制度」に焦点を当て，これまで公表してきた諸拙稿を収録し，これらを新たに再構成したものが，本書（ドイツ強制抵当権制度研究Ⅱ巻）に他ならない。

4−1　本研究Ⅰ巻は，まず，次の「三つの課題」を設定した。

　ドイツ強制抵当権制度について，①その制度沿革の解明（→歴史的解明），②その理論的・体系的意義の解明（→理論的・体系的解明），③「制度目的論」の視点からの我妻シェーマ（投資抵当権としての近代的抵当権論）に対する検証（→社会経済的状況を踏まえての検証），この「三つの課題」である。

4−2　さらに，上記の「三つの課題」について，その解明のために，本研究Ⅰ巻は，「三つの分析視点」（→「分析」手法）を提示した。①プロイセン抵当権法の「三軌軸分析」，②「手続的」抵当権法としての不動産強制執行法，③プロイセン抵当権制度の一分肢としての強制抵当権制度，この「三つの分析視点」である。

4−3　本研究Ⅰ巻は，上記のような「課題と方法」を設定した上で，次のような編成をとった。

＊本書の編成（略記）
序　論　本研究の課題と方法
第１章　「1722年・プロイセン抵当権・破産令」中のＺＨ制度

第2章 「18世紀・プロイセン抵当権諸立法」中のＺＨ制度
第3章 「1834年・プロイセン民事執行令」中のＺＨ制度
第4章 「1872年・プロイセン所有権取得法」中のＺＨ制度
第5章 「1883年・プロイセン不動産強制執行法」中のＺＨ制度
終　章　結論的考察
総　括

5―1　上記編成（→叙述進行）より明らかなように，本研究Ⅰ巻は，プロイセン抵当諸立法の歴史的展開において，プロイセン強制抵当権制度がどのように法形成され，法発展してきたのか，を追究した。

5―2　より具体的には，

①まず，ドイツ強制抵当権の「淵源」を明らかにし，②さらに，ドイツ強制抵当権がプロイセン強制抵当権を母体／範型としているところから，場面を「プロイセン法の展開」に絞り，「プロイセン強制抵当権」につき，「17世紀末」から始まる，「18世紀」・抵当権諸立法，そして「19世紀」・抵当権諸立法，これらの抵当権諸立法の歴史的展開をフォローし，③さいごに，その展開の到達点である「1883年・プロイセン不動産強制執行法」における，その強制抵当権の法構造を解明した。

5―3　以上の論証から，本研究Ⅰ巻は，その特徴として，

(ⅰ) 第1に，「プロイセン強制抵当権制度」それ自体を正面から採り上げ，その「法形成」過程をフォローした「歴史的・実証的」研究（→「実体的・形式的」抵当権法における基本原則としての「公示主義・特定主義」の発展・確立に伴う，「手続的」抵当権法におけるその対応・準拠）であった。

(ⅱ) 第2に，と同時に，「プロイセン強制抵当権制度」の，その「法構造」を解明した「理論的・体系的」研究（→「執行債務者保護」のプロイセン執行法法理）であった。

(iii) 第3に，上記に加えて，プロイセン強制抵当権制度を，いわば分析「窓」（「分析」視点）として，より広く「プロイセン抵当諸立法の歴史的展開」をトータルに追求した「歴史的・実証的」研究（→「三基軸抵当権法」としての展開，「債務者保護」のプロイセン法理）でもあった。

6—0　本研究Ⅰ巻は，プロイセン強制抵当権制度を「分析」視点とした「プロイセン抵当諸立法の歴史的展開」をフォローした，その「結論」として，次の三点を明らかにした。

6—1　第1に，「プロイセン抵当諸立法の歴史的展開」は三つの抵当権法の「トリアーデ構造」としての発展であった。すなわち，

(i) プロイセン抵当諸立法は「実体的・形式的・手続的」抵当権法という「三つの軌道」に即して発展してきた。①抵当権の実体的規制（実体権の内容等の実体要件・効果）をおこなう「実体的」抵当権法，②抵当権の登記手続等の形式的規制（登記等形式要件・効果）をおこなう「形式的」抵当権法，③抵当権の実行等の手続的規制（実行手続要件・効果）をおこなう「手続的」抵当権法，この「三つの軌道」である。

(ii) より具体的には，「18世紀」・抵当権諸立法の展開の到達点として，その「三軌軸」抵当権法は，①「実体的」抵当権法たる1794年・ＡＬＲ（一般ラント法），②「形式的」抵当権法たる1783年・ＡＨＯ（一般抵当令），③「手続的」抵当権法たる1793年・ＡＧＯ（一般裁判所令），の三つの抵当権法である。

(iii) 「19世紀」・抵当権諸立法の展開の到達点として，その「三軌軸」抵当権法は，①「実体的」抵当権法たる1872年・ＥＥＧ（土地所有権取得法），②「形式的」抵当権法たる1872年・ＰＧＢＯ（土地登記法），③「手続的」抵当権法たる1869年・Subh.O（不動産競売法），の三つの抵当権法である。この③69年法の延長線上で，本格的・画期的な新

法として，1883年・不動産強制執行法が成立した。

6―2　第2に，「プロイセン抵当諸立法の歴史的展開」は，終始一貫して，債務者たる「土地所有者の利益」を保護すべく，発展してきた。

(i)　これは，「プロイセン抵当諸立法の歴史的展開」を，「政治的過程」をも包摂した，その時々の「社会経済史的状況」の中に位置付け，「時代」で読んだ，その結論であった。

(ii)　換言すれば，「プロイセン抵当諸立法の歴史的展開」をフォローするに際し，単に「法律学」的視点からのみならず，「社会経済史」的視点からもまた，考察を加えた，その結論であった。わが国では我妻研究を嚆矢とした既に定評ある確立した「方法論」（→「抵当権法」の展開を「資本主義発達」と連関させて考察する）に，接続したものである。

(iii)　本研究Ⅰ巻のサブタイトルとなっているが，この結論を，「債務者保護」のプロイセン法理と，表記した。

6―3　第3に，「プロイセン抵当諸立法中の強制抵当権制度の歴史的展開」は，「執行猶予」の機能をもった，「執行債務者保護」の制度として，発展してきた。本研究Ⅰ巻は，この結論を，「執行債務者保護」のプロイセン法理と，表記した。

7―0　本研究Ⅰ巻の上記「結論」は，従来研究と比較して，どのような点に「独自性」が認められるのか。結論ごとに，その「独自性」を次のように明らかにした。

7―1　「第1結論」について

(i)　「プロイセン抵当諸立法の歴史的展開」をフォローする研究としては，従来からも，有力研究者（我妻栄研究，鈴木禄弥研究，伊藤眞研究，石部雅亮研究，田中克志研究等）により，民事実体法学上並びに民事手続法学上，注目されるべき貴重な業績が存在した。しかし，そのいずれの研究にあっても，「実体的・形式的・手続的」抵当権法とい

う視点が，欠落していた。
(α) 本研究Ⅰ巻の「結論」(→「実体的・形式的・手続的」抵当権法の歴史的展開である) は，わが国の学説上では，初めての認識であり，「プロイセン抵当諸立法の歴史的展開」を実証的・総体的・理論的に体系化した。
(β) わが国の担保法学 (抵当法学) に「新たな理論的・体系的視点」を提示した。
(ⅱ) さらに，抵当権の実行等の手続的規制 (実行手続要件・効果) をおこなう「手続的」抵当権法，その歴史的展開上の具体的法典名を明示的に指摘し，これが，その法典性格上，「不動産強制執行法典」に他ならないことを，実証的に明確に指摘した。
(α) 本研究Ⅰ巻の上記の指摘も，わが国の学説上では，初めての認識であった。従来，わが国の強制執行法学・民事執行法学上，「不動産強制執行法」が債務名義を有する「一般債権者」(執行債権者) の手続を規制するものとして理解されてきたが，このような理解に対する正面からのアンチ・テーゼであった。
(β) 今後のわが国の民事執行法学 (民事執行法典・立法論) に，さらなる問題提起 (→「新たな法典編成化」の必然性) をした。

7—2 「第2結論」について
(ⅰ) プロイセン抵当権，さらにはドイツ抵当権，その発展は「投資抵当権」としての確立過程である，とする我妻研究，これはわが国の担保法学を永らく支配し，確立してきた不動のシェーマ (→我妻シェーマ) であった。ここでは，「抵当権者」のための抵当権制度が意識され，強調されてきた。「債権者」のための抵当権制度，これが「投資抵当権」であり，抵当権の究極的且つ近代的な発展形態である (→近代的抵当権論)，という法構成である。
(ⅱ) しかし，本研究Ⅰ巻は，「プロイセン抵当諸立法の歴史的展開」をフォローし，これを「社会経済史的状況」に位置付けて，「抵当制

度目的論」の視点から，プロイセン抵当権制度，さらにはドイツ抵当権制度は，土地所有者利益に配慮した「債務者」保護の制度であるとして，我妻シェーマを克服すべきシェーマとした。

(iii) 今後のわが国の「担保法学」（法解釈論・立法論）に，その基礎理論上，さらなる課題（→新たな「制度目的論」の構築）を提起した。

7－3 「第3結論」について

(i) 従来のわが国の強制執行法学・民事執行法学は，ドイツ強制抵当権制度を，「優先主義」採用の法技術（→執行債権者保護のための制度）として，理解してきた。

(ii) しかし，本研究Ⅰ巻は，「プロイセン抵当諸立法の歴史的展開」の中で，「プロイセン強制抵当権制度の法構造」の確立過程をフォローして，これを「執行猶予」の機能をもった，「執行債務者保護」の制度である，とした。結果として強制抵当権登記を経由した執行債権者が優遇されることがあるが，それは債権者のための「優先主義」採用の法技術ではなく，執行猶予という，「執行債務者」保護の執行法法理としての発展であった。

(iii) 「実体的抵当権法」（→債務者保護の抵当権法理）（実体法法理）におけると同様に，「手続的抵当権法」（不動産強制執行法）においても，「執行債務者」保護の強制抵当権法理（執行法法理）が，その発展基盤であった。このような「抵当制度目的論」の視点よりすれば，「実体的抵当権法上の債務者保護法理」，その執行法上の対応としての，「手続的抵当権法上の執行債務者保護」，これが強制抵当権制度の法構造であった。

(iv) 今後のわが国の「強制執行法学」（法解釈論・立法論）に，その基礎理論上，さらなる課題（→新たな「制度目的論」の構築）を提起した。

序論　本研究の課題と方法

```
一　〈課題〉設定
二　問題提起
三　方　法
```

一　〈課題〉設定

```
1　〈三つの課題〉
2　その具体的内容
  (1)　ドイツ「強制抵当権制度の法形成」の構造解明
        ──〈課題1〉──
  (2)　ドイツライヒ「統一的ＢＧＢ編纂過程」の構造解明
        ──〈課題2〉──
  (3)　ドイツ「三基軸抵当法体系」の構造解明
        ──〈課題3〉──
```

1　〈三つの課題〉

「本研究・第Ⅱ部」には，〈三つの課題〉がある。

（ⅰ）第1に，ドイツ「強制抵当権制度の法形成」（現行ＺＰＯ866条以下）についての，その構造解明である。

（ⅱ）第2に，1871年〜・ドイツライヒ「統一的ＢＧＢ編纂過程」についての，その構造解明である。

13

(iii) 第3に，私見のいうドイツ「三基軸抵当法体系」についての，その構造解明である。

2　その具体的内容

〈三つの課題〉の具体的内容は，次の如くである。

(1)　ドイツ「強制抵当権制度の法形成」の構造解明——〈課題1〉——

(i)　ドイツ強制抵当権制度（→ＺＨ制度）は，現行ＺＰＯ866条以下に，規定されている。

(ii)　既に「ＺＨ制度研究・Ⅰ巻」（斎藤和夫・ドイツ強制抵当権の法構造——「債務者保護」のプロイセン法理の確立——・2003年）では，同制度のプロイセン法における歴史的展開を追求し，1883年・プロイセン不動産強制執行法における同制度の法構造の解明でもって，その論述を終えている（Ⅰ巻：第1章—第5章）。

(iii)　では，ドイツＺＨ制度は，その後，どのような「立法変遷」を経て，現在の法形成（現行ＺＰＯ866条以下）をもつに至ったのか。必然的に，この「問い」が提起されざるを得ない。

(iv)　かくして，「本研究・Ⅱ巻」では，その後の法形成の「変遷」を追求し，同制度の法構造の解明を試みる。これが本研究の〈課題1〉である。端的に，「ＺＨ制度の法形成，その後」論である。

(2)　ドイツライヒ「統一的ＢＧＢ編纂過程」の構造解明——〈課題2〉——

(i)　ドイツ強制抵当権制度（→ＺＨ制度）は，1871年・ドイツライヒの成立に伴い，その「統一的ＢＧＢ編纂過程」において登場する。

(ii)　「ＺＨ制度研究・Ⅰ巻」は，主導的・代表的ラント法であるプロイセン法に焦点を絞り，同制度の83年法に至るまでの「プロイセン法における歴史的展開」を追求するものであり，「71年〜・ドイツライヒの立法動向」については，論及していない。「プロイセンＺＨ制度」の法構造の解明に，その論述範囲を画定している（Ⅰ巻：第1章—第5章）。

(iii)　では，71年〜・ドイツライヒの「統一的ＢＧＢ編纂過程」は，ドイツＺＨ制度の立法審議をめぐって，どのような「変遷」を辿ったのか。必然的に，この「問い」が提起されざるを得ない。

　(iv)　かくして，「本研究・Ⅱ巻」では，場面を移して，その「統一的ＢＧＢ編纂過程」の「変遷経緯」を，いわばドイツＺＨ制度を「分析窓」として，追求し，その編纂過程の構造解明を試みる。これが本研究の〈課題２〉である。端的に，「ドイツＺＨ制度の立法審議」から見た「統一的ＢＧＢ編纂過程」論である。

(3)　ドイツ「三基軸抵当法体系」の構造解明──〈課題３〉──

　(i)　ドイツ強制抵当権制度（→ＺＨ制度）は，私見のいう「三基軸抵当法体系」のトリアーデ構造において，その連結たる「絆」としての，その代表的典型例の一つである。

　(ii)　既に「ＺＨ制度研究・Ⅰ巻」では，プロイセンＺＨ制度の発展に注目しながら，「プロイセン抵当権法の歴史的展開」を追求し，そこで登場してくる多くの様々な「抵当諸立法」が，まさしく「三つの軌道」（「実体的・手続的・形式的」抵当権法）に沿って，立法化されてきていることを，明確に指摘している。

　これは，「ＺＨ制度研究・Ⅰ巻」以前には，わが国の従来研究がほとんど何も意識することなく看過してきたところである。端的に，「ＺＨ制度研究・Ⅰ巻」は，歴史的・理論的視点から，①「実体的」抵当権法としての民法（不動産物権法），②「形式的」抵当権法としての土地登記法，③「手続的」抵当権法としての不動産強制執行法，これらの三つを「三基軸」抵当法として，その法体系化を試みている（Ⅰ巻：第５章　はじめに）。

　(iii)　では，「三基軸抵当法体系」は，その後，71年〜・ドイツライヒの「統一的ＢＧＢ編纂過程」では，どのように維持・形成・発展されたのか。必然的に，この「問い」が提起されざるを得ない。

　(iv)　かくして，「本研究・Ⅱ巻」では，ドイツＺＨ制度の立法審議に焦点を

絞りながら,「統一的ＢＧＢ編纂過程」における「三基軸抵当法体系」につき,その法体系確立過程の構造解明を試みる。これが本研究の〈課題3〉である。端的に,ＢＧＢ編纂過程の「三基軸抵当法体系」論である。

〈＊〉ポイント整理

「三つの課題」につき,ＺＨ制度研究Ⅰと対比すれば,端的に,本書は,「プロイセン法,その後」(→「ドイツライヒＢＧＢ」法編纂過程のスタートとゴール) を,分析対象とする。

・1 プロイセン「ＺＨ制度の法形成」の構造解明(ＺＨ制度研究Ⅰ),→ドイツ「ＺＨ制度の法形成」の構造解明(本研究Ⅱ)

・2 「プロイセン法の歴史的展開過程」の構造解明(ＺＨ制度研究Ⅰ),→ドイツライヒ「統一的ＢＧＢ編纂過程」の構造解明(本研究Ⅱ)

・3 プロイセン「三基軸抵当法体系」の構造解明(ＺＨ制度研究Ⅰ),→ドイツ「三基軸抵当法体系」の構造解明(本研究Ⅱ)

二　問題提起

1　三つの問題提起(私見疑念)
 (1)〈課題〉設定の意義——わが国の「法律学(法解釈論)」に対して,どのような「意義」をもつのか——
 (2) わが国の「法律学(法解釈論)」に対する問題提起(私見疑念)
2　その具体的内容
 (1) 抵当制度は一体誰のものか(抵当「制度目的論」)
　　——〈第1の問題提起(私見疑念)〉——
 (2) 「境界領域」事項へのアプローチとして,わが国の「手

続執行法学」には，方法論上の欠落（「ＢＧＢ編纂過程」
　　　研究の看過）があるのではないか——〈第２の問題提起
　　　（私見疑念）〉——
　（3）　不動産強制執行制度は一体誰のものか（不動産強制執行
　　　「制度目的論」）——〈第３の問題提起（私見疑念）〉——

１　三つの問題提起（私見疑念）

(1)　〈課題〉設定の意義——わが国の「法律学（法解釈論）」に対して，どのような「意義」をもつのか——

（ⅰ）　「本研究・Ⅱ巻」の〈課題〉設定は，わが国の「法律学（法解釈論）」に対して，どのような「意義」をもつものなのか。設定された〈課題〉それ自体が，直接的には「ドイツ法」領域に属するとすれば，〈課題〉設定のもつ，わが国の「法律学（法解釈論）」上の，その「意義」如何（意義論）が，必然的に問われざるを得ない。

（ⅱ）　かくして，まず，ここでは，上記の〈三課題〉設定につき，これを「三つの問題提起（私見疑念）」として置換し，〈課題〉設定のもつ，わが国の「法律学（法解釈論）」に対する，その「意義」を明らかにする。

（ⅲ）　この「問題提起（私見疑念）」は，従来学説の一般的理解とは，かなり鋭利に対峙するものである。したがって，予めその基本概要を明確に指摘しておく必要がある，と考える。

(2)　わが国の「法律学（法解釈論）」に対する問題提起（私見疑念）

（ⅰ）　第１に，〈課題１〉（ドイツ「ＺＨ制度の法形成」の構造解明）との関連で，「抵当制度は一体誰のものか」という，抵当「制度目的論」からの，私見疑念である。

　これは，わが国の実体民法学の「我妻シェーマ」（近代抵当権論）に対する，その「妥当性」如何の検証でもある。

（ⅱ）第2に，〈課題2〉（ドイツライヒ「統一的ＢＧＢ編纂過程」の構造解明）との関連で，「境界領域」事項へのアプローチとして，わが国の「手続執行法学」（広く手続法学一般）には，「方法論上の欠落」（「ＢＧＢ編纂過程」研究を看過し，これを欠落する）があるのではないかという，私見疑念である。

これは，わが国の手続法学の「方法論」に対する，その「妥当性」如何の検証でもある。

（ⅲ）第3に，〈課題3〉（ドイツ「三基軸抵当法体系」の構造解明）との関連で，「不動産強制執行制度は一体誰のものか」という，不動産強制執行「制度目的論」からの，私見疑念である。

これは，わが国の民事執行法学の「一般共通認識」に対する，その「妥当性」如何の検証でもある。

2　その具体的内容

「三つの問題提起」（私見疑念）の具体的内容を，以下に明らかにする。

(1) 抵当制度は一体誰のものか（抵当「制度目的論」）──〈第1の問題提起（私見疑念）〉──

（ⅰ）既に「ＺＨ制度研究・Ⅰ巻」では，同制度の「プロイセン法における歴史的展開」を追求し，それが「債務者保護のプロイセン法理」に基づくものであることを，論証している。端的に，プロイセンＺＨ制度を，「執行債務者保護」（「執行猶予」）という「執行法法理」の一つの具体化として，位置付けている（Ⅰ巻：総括）。

（ⅱ）と同時に，これは，単にプロイセン「ＺＨ制度」についてのみ妥当する，いわば局限された「法理」ではなく，広く「プロイセン抵当権制度」一般を貫徹し，そこを流れる「基本理念（基本原理）」であることも，併せ論証している。端的に，「債務者保護」の理念を，広く「プロイセン抵当法法理」として，位置付けている（Ⅰ巻：総括）。

（ⅲ）かくして，「ＺＨ制度研究・Ⅰ巻」では，以上の実証分析を踏まえて，わが国の担保法学を席巻し，これを支配した「我妻シェーマ」（近代抵当権論）

に対して，私見のいう「制度目的論」の視点から，批判的検討を試みている。「我妻シェーマ」は，「抵当権の近代化論」として，普遍的・一般的に妥当するものではない（鈴木禄弥研究が指摘する）のみならず，そもそも「プロイセン抵当権法の発達史」そのものにも，妥当するものではない，という批判である（Ⅰ巻：終章　結論的考察）。

　　──(α)　「金融資本進軍の旗手としての抵当権，その投資手段と化した投資抵当権，まさしく債権者のための抵当制度，これが近代抵当権（投資抵当権としての発展形態）である」，という我妻シェーマは，ドイツ・プロイセン抵当権法の発展傾向（「資本主義の近代化」という進歩発展傾向）として，これを抵当権法において理念化した。

　　──(β)　しかし，私見は，これを次のように批判する。すなわち，我妻シェーマは，「ドイツ・プロイセン抵当権法の発展それ自体」の認識としても，そもそも妥当するものではない。プロイセン抵当制度は，徹頭徹尾，土地所有者に配慮する「債務者保護法理」として生成・発展し，「制度目的論」として，その基本ベースを「債務者のための抵当制度」と把握しなければならない，からである，という批判である。プロイセン抵当「制度目的論」としての，我妻シェーマ批判である。

　　──(γ)　私見批判以前から，我妻シェーマに対しては，「それは一人ドイツ・プロイセンに妥当するものにすぎず，他の近代化諸国（フランスやイギリス等）にも普遍的に妥当するものではない」，という有力学説（鈴木禄弥研究）からの鋭利な批判がなされている。ドイツ・プロイセンの「個別的・地域的」妥当原理であり，「普遍的・一般的」妥当原理ではない，とするのである。この卓越した見解は，その後，多くの学説の賛同を得て，一般見解化している。

　　──(δ)　しかし，それにもかかわらず，私見は，我妻シェーマは，「普遍的・一般的」妥当原理たり得ないことは勿論のこと，そもそも「ドイツ・プロイセン」の妥当原理でもない，とする点で，有力学説の批判とも，明確に一線を画している（Ⅰ巻：終章第1節）。

　(ⅳ)　では，「その後」（1883年・プロイセン不動産強制執行法でもって，「ＺＨ制

度研究・Ⅰ巻」の論述が終了する），ドイツＺＨ制度はどのように法形成されていくのか。そして，「債務者保護の理念」はどうなっていくのか。さらに，その実体法的基盤たるドイツＢＧＢ抵当制度一般はどのように法形成されていくのか。そして，「債務者保護の理念」はどうなっていくのか。以上の如き，「プロイセン抵当権法，その後」という問いかけが，必然化する。

しかも，「我妻シェーマ」が「ドイツ抵当法（ＢＧＢ抵当法）」一般にも妥当する普遍的原理とされるところから，「我妻シェーマ」に対する，その「妥当性」如何の検証もまた，自ずと必然化する。

(v) かくして，「本研究・Ⅱ巻」では，

(α) まず，場面をドイツライヒの「統一的ＢＧＢ編纂過程」に移し，ドイツＺＨ制度の法形成が「債務者保護の執行法法理」に基づくものであること，次いで，その基盤たるドイツ抵当制度一般の法形成が「債務者保護のＢＧＢ抵当法法理」に基づくものであること，を明らかにする（→〈課題１〉）。

(β) さらに，この〈課題１〉達成（解明点）を承けて，結論総括として，ドイツＢＧＢ抵当「制度目的論」の視点から，「我妻シェーマ」に対する私見の問題提起（疑念）につき，その論証を試みる（→本研究・Ⅱ巻：結論的考察〔一〕）。

(2) 「境界領域」事項へのアプローチとして，わが国の「手続執行法学」には，方法論上の欠落（「ＢＧＢ編纂過程」研究の看過）があるのではないか
──〈第２の問題提起（私見疑念）〉──

(i) いわゆる「境界領域」事項については，わが国の「実体法学」も「手続法学」も，等しく一致して，その研究必要性を強調する。しかし，ドイツ法学の状況と比較すれば，わが国では，研究の立ち遅れが顕著である。

(ii) たとえば，実体法学からのアプローチは，相対的には，むしろ意識的な回避傾向（と私見には感じられる）さえ見られるし，手続法学からのアプローチにしても，その方法論（たとえば，三ヶ月方法論）上，研究必要性が意欲的に鼓舞され，そのチャレンジが試みられてきてはいるが，その成果は十分とは言

い難い。これが一般的概況といえよう。

　(iii)　しかも，わが国の現状を見るに，対象テーマが「境界領域」事項であるにもかかわらず，手続法学からのアプローチには，その方法論上，「ＢＧＢ編纂過程」研究が一般的に欠落しているのではないか，という重大な問題性が看取できる。具体例を挙げれば，

　(α)　不動産競売における，もっとも枢要な根幹原則としての，「先順位」抵当権の処遇原理（「剰余・消除・引受」主義）に関する先駆的な「竹下研究」や「伊藤眞研究」においても，当該テーマがまさしく「境界領域」事項の一つであるにもかかわらず，その方法論上，「ＢＧＢ編纂過程」に注目するところがない（Ⅱ巻：付論文②）。

　(β)　いずれも秀逸で浩瀚な研究ではあるが，「竹下研究」（広く比較法制度論的研究を試みる）は，ドイツ法については，1883年・プロイセン不動産執行法の「草案理由書」に依拠するのみであるし，「伊藤眞研究」（社会経済的状況も視野に入れる法制度史的研究）も，「プロイセン抵当権法の展開の実証分析」に力点を置くが，「ＢＧＢ編纂過程」には注目するところがない。わが国の「不動産競売手続上の基本原理」の立法沿革の研究として，ドイツ法としては，プロイセン法に注目するのみである。

　(γ)　さらに，三ヶ月方法論論文でも，「境界領域」事項研究を強調し，これを学問的に鋭くエンカレッジするけれども，「ＢＧＢ編纂過程」研究の必要性には，ほとんど触れるところがない。

　(iv)　ドイツＺＨ制度もまた，「境界領域」事項の典型例の一つであるが，それに関する論及にも，同様の現象が見られる。

　たとえば，同制度については，わが国の学説上一般に，断片的・付随的に触れられるにすぎず，本研究（Ⅰ巻・Ⅱ巻）以外には，本格的に論じるものは皆無であるが，「優先主義」との関連で，同制度に論及する「宮脇研究」（わが国の手続執行法学一般の認識と同様に，ＺＨ制度を「優先主義採用の法技術」と理解する）でも，「ＢＧＢ編纂過程」には注目していない。

　(v)　上記のいずれの論考も，

(α) わが国の手続法学を指導・牽引した諸碩学の貴重な先端的研究であり，卓越した時代的・学問的意義を有することについては，誰しもが異論なきところである。

 (β) しかし，その方法論上，「ＢＧＢ編纂過程」研究が看過され，それが故に対象テーマの実態に的確に迫り切れず，必ずしも正確な理解に到達していないのではないか，という疑念を，私見は払拭できない。これは，より広くは，わが国の手続法学一般のもつ，「方法論上の問題性」ではないか，と私見は考える。

 (γ) では，なぜこのような「方法論上の問題性」（「ＢＧＢ編纂過程」研究の欠落・看過・見落とし）が生じたのか。さらなる「謎」が登場する。

 (vi) かくして，「本研究・Ⅱ巻」では，

 (α) まず，71年～・ドイツライヒの「統一的ＢＧＢ編纂過程」の「変遷経緯」を，ドイツＺＨ制度を「分析窓」として追及し，その編纂過程の構造を明らかにする（→〈課題2〉）。

 (β) さらに，この〈課題2〉達成（解明点）を承けて，結論総括として，わが国の手続法学「方法論上の問題性」の視点から，この問題性（謎）の解明のために，私見疑念の論証を試み，併せて新たな方法論的提言を試みる（→本研究・Ⅱ巻：結論的考察〔二〕）。

(3) **不動産強制執行制度は一体誰のものか（不動産強制執行「制度目的論」）**
── 〈第3の問題提起（私見疑念）〉──

 (i) わが国の手続執行法学（広く実体民法学を含めて「法律学」一般）は，不動産強制執行制度につき，これをなんらの疑問もなく，執行名義（債務名義）を取得した「一般債権者」のためのものとして，理解してきた。これは，異論のない，完全に一致をみた，一般化した定説的見解である。

 法典（Ｓ54年・民事執行法，Ｍ23年・旧民事訴訟法第6編強制執行）上の体系的位置付けとしても，不動産強制執行制度規定は，その本来的な手続追行主体として，「一般債権者」を当然の前提としている。

(ⅱ) しかし，果たして，真実，そうなのか。

　私見は，「母法」たるドイツ法との比較法的視点からすれば，不動産強制執行制度は，「一般債権者」のためのものではなく，「抵当権者」のためのものとして，理解すべきである，と考える。歴史的・理論的・法体系的に，それは，「抵当権者」のための，抵当権実行手続制度として，生成・発展・編纂生成してきた，からである。

　(ⅲ) しかも，わが国の民事執行法典は，比較法的にみた「日本的特殊性」の克服に向けて，実務・学界の総力を挙げた新法典として制定（S54年）・施行（S55年）され，未だそれ程の年数も経ていないものではある。しかし，それにもかかわらず，その法典体系上，比較法的・法継受的・立法的に，極めて特殊な「日本的特異性」，端的に根本的「誤謬」をなお包蔵するとすれば，将来的に，大幅な抜本的改造を必要とすべきではないのか。

　(ⅳ) 以上の二点が，私見の率直な疑念である。この限りで，わが国の手続執行法学の「一般共通理解」，さらにはわが国の民事執行法典の「現行法典体系」と，私見認識は，真っ向から対峙する。これが第3の問題提起（私見疑念）である。

　(ⅴ) 既に「ZH制度研究・Ⅰ巻」では，「プロイセン抵当権法の展開」をフォローし，その時々の諸抵当立法が「実体的・手続的・形式的」抵当権法の三つの軌道に沿って発展してきていること，ここで「手続的」抵当権法とはまさしく「抵当権実行手続法としての不動産強制執行法」であること，これらの諸点を理論的且つ実証的に明確に指摘してきている（Ⅰ巻：第5章　はじめに）。

　(ⅵ) かくして，この「本研究・Ⅱ巻」では，

　(α) ①まず，プロイセン抵当権法の展開，「その後」として，ドイツライヒの統一的BGB編纂過程における「BGB抵当法の形成」をフォローする。②次いで，それが「実体的・手続的・形式的」という「三基軸抵当法」としての編纂形成であること，その一支柱たる「手続的」抵当権法としての「不動産強制執行法」の編纂成立はまさしく「抵当権実行手続法」のそれに他ならないこと，を明らかにする（→〈課題3〉）。

(β) さらに，この〈課題3〉達成（解明点）を承けて，結論総括として，不動産強制執行「制度目的論」の視点から，わが国の手続執行法学の「一般共通認識」（不動産強制執行手続は執行名義を取得した「一般債権者」のためのものである）に対する私見疑念につき，その論証を試みる（→本研究・Ⅱ巻：結論的考察〔三〕）。

〈＊〉ポイント整理
「三つの問題提起」（私見疑念）につき，ＺＨ制度研究Ⅰと対比すれば，端的に，本書・ＺＨ制度研究Ⅱは，「プロイセン抵当法，その後」（→ドイツライヒＢＧＢ抵当法））を，分析対象とする。

・1 抵当「制度目的論」の視点からの，「我妻シェーマ」（→「債権者保護」の法理）に対する疑念として，
→「プロイセン抵当法」（→「債務者保護」の法理）についての分析（ＺＨ制度研究Ⅰ），
⇒ドイツライヒ「ＢＧＢ抵当法」（→「債務者保護」の法理）についての分析（本研究Ⅱ）

・2 「実体法と手続法の交錯」（→その統合的研究の必要性）という視点からの，「わが国の手続執行法学の方法論」に対する疑念（→「実体民事法への注目」が欠けている）として，
→「プロイセン抵当権法の形成・発展」過程（→「三基軸抵当法体系」としての確立）についての分析（ＺＨ制度研究Ⅰ），
⇒ドイツライヒ「ＢＧＢ抵当法の形成・発展」過程（→「三基軸抵当法体系」としての確立）についての分析（本研究Ⅱ）

・3 「不動産強制執行法」について「制度目的論」の視点からの，「わが国の強制執行法学の理解／認識」（→執行名義を有する「一般債権者」のための制度）に対する疑念として，
→83年・プロイセン「不動産強制執行法」（→「三基軸抵当法体系」における「手続的」抵当権法たる抵当権実行手続法であり，執行名義を有する「抵当権者」のための制度）についての分析（ＺＨ制度研究Ⅰ），
⇒97年・ＺＶＧ（→83年プロイセン法の法継受として，「三基軸抵当法体系」にお

ける「手続的」抵当権法たる抵当権実行手続法であり，執行名義を有する「抵当権者」のための制度）についての分析（本研究Ⅱ）

三　方　法

> 1　三つの方法
> 2　その具体的内容
> 　(1)　「立法史的研究」の方法──〈第1の方法〉──
> 　(2)　「実体法と手続法の双方向的研究」の方法
> 　　　　──〈第2の方法〉──
> 　(3)　「社会経済史的研究」の方法──〈第3の方法〉──

1　三つの方法

「本研究・Ⅱ巻」では，「課題」達成のためのアプローチとして，「三つの方法」が併用的に駆使される。

（ⅰ）　第1に，「立法史的研究」の方法であり，これは「立法趣旨（立法者意思）の動態的把握」をキー概念とする。

（ⅱ）　第2に，「実体法と手続法の双方向的研究」の方法であり，対象テーマに対する「実体法と手続法の両面からのクロス分析」であり，「実体法と手続法の統合的把握」をキー概念とする。

（ⅲ）　第3に，「社会経済史的研究」の方法であり，対象テーマの背景となる「社会経済史的状況のマクロ的把握」をキー概念とする。

2　その具体的内容

「三つの方法」の具体的内容を，以下に明らかにする。

(1)　**「立法史的研究」の方法──〈第1の方法〉──**

（ⅰ）　たとえば，ドイツ法上，永い歴史的展開の中で生成・発展してきた伝統的な「法制度」や「法理論」が存在する。わが国におけるとは異なり，これは

ドイツではむしろ一般的・普遍的にみられる事象である。このような認識を前提として，ある「法制度」や「法理論」が研究対象として設定された場合，その対象への「歴史的探求」（その来歴や経緯の歴史的探求）を試みるというのが，私見のいう「立法史的研究」の方法である。これは，同時に，「立法者意思（立法趣旨）の動態的把握」をも，意図している。

(ⅱ)　既に「ＺＨ制度研究・Ⅰ巻」では，「立法史的研究」の方法により，「プロイセン抵当権法の歴史的展開」を追求している。そこでは，歴史的に登場・発展・展開してくる「個別の諸立法や諸法令」に，個別具体的に注目している（Ⅰ巻：第1章―第5章）。

(α)　その理由として，これらの諸立法や諸法令には，単なる「修正法」や「補充法」にすぎないものから，あるいは「全面的改正法」であるものまで等，「様々なタイプ」がみられる，からである。しかも，これらの諸立法や諸法令は，私見のいう「三基軸抵当法」の各基軸（→各軌道）に沿って，展開してきている，からである。

(β)　以上，これらの諸立法の「様々なタイプ」に注目することにより，対象たる「法制度（ＺＨ制度）」の「継承・変容・撤廃」等如何を，明瞭に把握することができる。その経緯についての，いわば「動態的」フォローであり（「立法経緯の動態的把握」），立法者意思の重視の立場からすれば，「立法者意思（立法趣旨）の動態的把握」である（本研究・Ⅱ巻：付論文②）。

(ⅲ)　かくして，「本研究・Ⅱ巻」では，

(α)　「統一的ＢＧＢ編纂過程」を舞台状況として，「立法史的研究」の方法により，そこでの「諸審議」や「諸草案」につき，その編纂作業「経緯」に注目する。様々な「立法資料」を重視しながら，「立法者意思（立法趣旨）」を解明し，その「動態的把握」を試みる。

(β)　端的に，わが国の従来学説の一般傾向として見られる如く，単にその到達点である「最終草案（ＢＧＢ第2草案）」（理由書）に依拠するのみで，あってはならない。その「審議」内容を含めて，「スタートの段階（準備草案）」から「最終段階（最終草案）」までの「編纂経緯」の全体的な流れを「動態的」に把

握し，そこでの「立法者意思（立法趣旨）」がトータルに解明されなければならない。

＊〈課題〉との対応として，この「第１の方法」はこれにどう応えるものなのか
　──＊〈課題１〉に応える
　ＺＨ制度が「統一的ＢＧＢ編纂過程」で審議された以上，「ＺＨ制度の法形成」の構造（課題１）に対するアプローチとして，「立法史的研究」の方法が必須となる。

　──＊＊〈課題２〉に応える
　「法典編纂過程」は「諸審議・諸草案経緯」であり，「諸立法経緯」と同様に，これもまた「立法史的研究」の対象である以上，「統一的ＢＧＢ編纂過程」の構造（課題２）に対するアプローチとして，「立法史的研究」の方法が必須となる。

　──＊＊＊〈課題３〉に応える
　「三基軸抵当法体系」が「統一的ＢＧＢ編纂過程」で形成された以上，その「諸審議・諸草案経緯」をフォローすべく，「三基軸抵当法体系」の構造（課題３）に対するアプローチとして，「立法史的研究」の方法が必須となる。

(2) 「実体法と手続法の双方向的研究」の方法──〈第２の方法〉──
　(i)　「実体法」と「手続法」は，「制定法」中の，「車の両輪」の如き，二大支柱である。「実体法」は実体的法律関係（実体的権利義務関係）を規律し，「手続法」は手続的法律関係（実体的権利義務関係の手続的実現）を規律するという限りで，両法は明瞭に峻別される。
　(ii)　と同時に，「実体的権利義務関係」とその「手続的実現」は，現実の社会生活上，あくまでワンセットのものとして，機能している。「手続的実現」を予定していない「実体的権利義務関係」は，無力であるし，「実体的権利義務関係」を前提としていない「手続的実現」は，そもそもあり得ない，からである。この点に注目すれば，両法は不即不離に接合する。
　(iii)　他方，「実体法と手続法の交錯」という一般的に用いられるフレーズが象徴するように，両法の妥当射程が交錯し重複する，いわゆる「境界領域」が存在している。

(α) この「境界領域」に位置する典型例の一つが、まさしく本研究のメインテーマであるＺＨ制度である。同制度は、「実体法」的要素も、「手続法」的要素も、そのいずれをも帯有し、それが、「実体的」制度か、「手続的」制度か、これを一義的に決定できない、からである。ここでは、いわば両法の「射光」が、クロスし、プリズムする。

(β) とすれば、ＺＨ制度の法構造の解明のためには、実体法的アプローチも、手続法的アプローチも、共に必要であり、最終的には両アプローチのトータルな「統合・融合」が必須不可欠となる。

(iv) 既に「ＺＨ制度研究・Ⅰ巻」では、「実体法と手続法の双方向的研究」の方法により、「三基軸抵当法」の発展軌道に即して、「プロイセン抵当権法の歴史的展開」を追求している。「三基軸抵当法」とは、「実体的・手続的・形式的」抵当権法の総体（トリアーデ構造）であり、「実体法・手続法・形式法」の三法が「統合・融合」しているものだ、からである（Ⅰ巻：序論）。

(v) かくして、「本研究・Ⅱ巻」では、

(α) 「統一的ＢＧＢ編纂過程」を舞台状況として、「実体法と手続法の双方向的研究」の方法により、「基本法たるＢＧＢ、その付属法たるＺＶＧとＧＢＯ、その現実的施行のためのＥＧＢＧＢ」に注目しながら、その編纂形成を「三基軸抵当法」の発展軌道に即して、解明する。

(β) なお、付言すれば、「境界領域」事項に関しては、わが国では、実体法学専攻者と手続法学専攻者による、いわば「複数者分担／共同研究方式」の手法が、これまでもしばしば採られ、一定の成果を得てきていることは、たしかである。しかし、これのみでは、やはり不十分である。最終的・根源的・総合的な「問題解決」のためには、実体法と手続法の双方向からの「統合的考察」がどうしても必要だ、からである。ドイツ法学の一般的状況と同様に、「同一研究者」の視点からの実体法と手続法の統合、端的に「両法統合的視点」からの学理的・綜合的考察、これが極めて肝要事ではないか、と考える。

＊〈課題〉との対応として、この「第２の方法」はこれにどう応えるものなのか

──＊〈課題１〉に応える

ＺＨ制度が実体法と手続法の「境界領域」事項の典型例の一つである以上,「ＺＨ制度の法形成」の構造（課題１）に対するアプローチとして,「実体法と手続法の双方向的研究」の方法が必須となる。

──＊＊〈課題２〉に応える

ドイツライヒ「統一的ＢＧＢ編纂過程」が, 単に「ＢＧＢ編纂」のみに留まらず,「訴訟法典の新たな変更」に接続した（統一的ＢＧＢ編纂は次なるＺＰＯ編纂を必然化した）ものであり, この「ＢＧＢの新構成に伴うＺＰＯの新たな構成」に注目すれば,「統一的ＢＧＢ編纂過程」の構造（課題２）に対するアプローチとして,「実体法と手続法の双方向的研究」の方法が必須となる。

──＊＊＊〈課題３〉に応える

「三基軸抵当法体系」それ自体が抵当法に関する「実体法・手続法・形式法」のトリアーデ構造をもつものである以上,「三基軸抵当法体系」の構造（課題３）に対するアプローチとして,「実体法と手続法の双方向的研究」の方法が必須となる。

(3)　「社会経済史的研究」の方法──〈第３の方法〉──

（ⅰ）　法制度は,「法典」という隔絶した世界のみにあるのではなく,「時代の子」であり, ＺＨ制度も例外ではない。「ＺＨ制度」をめぐり, その時々の「時代状況」があり,「ＺＨ制度」を「演者」とすれば, その時々の「時代状況」はまさしく「舞台」であり,「舞台状況」のトータルな認識なくして,「演者」分析はそもそも成り立ち得ない。

（ⅱ）　とすれば,「ＺＨ制度」分析のためには, 当然に, その背景たるその時々の「時代状況」にも, 眼を向けなければならない。「政治的過程」をも包摂した「社会経済史的状況の解明」, これが必要不可欠である。端的に, 社会経済史的状況の「マクロ的把握」の方法が必要である。

（ⅲ）　既に「ＺＨ制度研究・Ⅰ巻」では,「社会経済史的研究」の方法により,「プロイセン抵当権法の歴史的展開」を追求している。プロイセンＺＨ制度を「時代の子」として, これをその背景たる当時のプロイセンの「社会経済史的状況」に歴史的に位置付け, その法構造の解明を試みている（Ⅰ巻：終章）。

(iv) かくして,「本研究・Ⅱ巻」では,「統一的ＢＧＢ編纂過程」（これは,実に30年近くの,長期にわたる壮大な国家的な立法事業である）を舞台状況として,「社会経済史的研究」の方法により,その背景たる「社会経済史的状況」を「マクロ的」に把握し,ドイツＺＨ制度の法構造を解明する。

＊〈課題〉との対応として,この「第3の方法」はこれにどう応えるものなのか
　──＊〈課題1〉に応える
　いかなる「法制度」も「時代の子」である以上,「ＺＨ制度の法形成」の構造（課題1）に対するアプローチとして,その時代の関わりの解明のために,「社会経済史的研究」の方法が必須となる。

　──＊＊〈課題2〉に応える
　「統一的ＢＧＢ編纂過程」が当時のドイツライヒの総力を挙げた国家的な一大事業であった以上,「統一的ＢＧＢ編纂過程」の構造（課題2）に対するアプローチとして,その時代背景の解明のために,「社会経済史的研究」の方法が必須となる。

　──＊＊＊〈課題3〉に応える
　「三基軸抵当法体系」の形成が「統一的ＢＧＢ編纂過程」の中で進められた以上,「三基軸抵当法体系」の構造（課題3）に対するアプローチとして,課題2におけると同様に,その時代背景の解明のために,「社会経済史的研究」の方法が必須となる。

〈＊〉ポイント整理
・1　「立法史的研究」の方法については,付論文②第2節参照

・2　「実体法と手続法の双方向的研究」の方法については,その重要性は,三ヶ月研究を始めとして,学説上,一致して認められてきている。「強制執行法」改正問題（→民執法制定）との関連では,ジュリスト臨時増刊・我妻栄編・「強制執行法改正要綱と民法」・1972年が,いみじくもこの方法の有用性と重要性を象徴している。

・3　「社会経済史的研究」の方法については,その重要性は,つとに我妻研究が,先駆的業績として,「資本主義発達と抵当権法」のテーマにおいて,自ら実践し

てきている。

＝＝＝

〈注記〉　私見分析の前提（第１章―第４章）

　第１章から第３章の場面は，「ＢＧＢ編纂過程」であり，第４章の場面は，「ＢＧＢ編纂過程」に引き続く，「ＢＧＢ編纂過程，その後」である。これらの第１章以下の私見分析における，その「基本前提」につき，ここで予め明らかにしておきたい。

〔一〕　概念理解・表記
＊１　立法委員会についての「表記」と「略記」
・１　表　記
　（i）　ＢＧＢ編纂「第１次委員会」
　　→「ⅠＫ」と略記する。
　（ii）　ＢＧＢ編纂「第２次委員会」
　　→「ⅡＫ」と略記する。

・２　理　由
　（i）　わが国の学説では，上記のＢＧＢ編纂「委員会」を，「第１委員会」・「第２委員会」と，表記するのが，一般である（たとえば，石部編研究も同様）。
　（ii）　しかし，
　（α）　上記の「二つ」の委員会は，「同時並列的・併行的・併存的」な審議体（→ちなみに，わが国の法務省における立法作業にあっては，よく見られる委員会組織構成である）ではなく，「時系列的・順次交代的」な審議体である。
　（β）　前者の「委員会」の「任務終了／達成／解消」をもって，その継続作業のために，後者の「委員会」の「組成／審議開始」がなされている。
　（γ）　このように，「両」委員会は，たしかに審議体として「別」委員会であ

り，まさしくそのとおりであるが，その審議作業主体として，実質的には，時系列上の「継続性・連続性」を有している。

(iii) これらの点を考慮し，編纂審議過程の「時系列的」進行を明瞭化するために，本研究では，既発表拙稿の初出時より一貫して，「第1次委員会（ⅠK）」・「第2次委員会（ⅡK）」という表記を用いていることを，予めお断りしておきたい。

(iv) なお，

(α) 後述するように，両委員会の「構成員メンバー組成」の特徴（職業や社会的背景等）も，大きく異なっており，その審議体としての「目的」や「審議方法」にも，顕著な違いがある。

(β) 端的に，両「委員会」は，「立法委員会」として，その「性格」と「構造」において，まったく異質である。

(γ) そこに時系列的な「別」委員会の設置と「別」審議の意義がある，と考えられる。

＊2 「部分草案（Teilentwurf）」と「準備草案（Vorentwurf）」の概念表記，その識別化

・1 「両概念の識別」の必要性

両概念は，ほぼ同様の意味内容であるが，より正確・厳密には，異なった視点からの表記であり，その概念識別の必要があることに，注意しなければならない，と考える。

・2 理　由

(i) まず，「部分草案」という概念表記について，である。

(α) 編纂作業スタート段階での「編纂プラン」によれば，今後これから編纂されるべきドイツ民法典は「五部構成」とされ，その各「部（Teil）」について個別的に作業進行がなされるべし，とされていた。

(β) したがって，このプランに基づき，この各「部」毎に個別の草案が起草

された，という点に注目すれば，これらの草案はそれぞれ「部分草案（Teilentwurf）」といえる。

；→「総則編・債務法編・物権法編・家族法編・相続法編」の各「部分草案」が個別に作成され，それらを全体的に相互調整した上で，これらの各「部分草案」を統括集成して「全体草案（ＢＧＢ第１草案）」を作出する。

(ⅱ) さらに，「準備草案」という概念表記について，である。

(α) 上記の各「部」分草案の完成をまって，ＩＫ審議がなされ，その審議結果（各「部」分草案の集大成）として「ＢＧＢ第１草案」が編纂されている。

(β) したがって，この点（各「部」分草案の集大成としての「ＢＧＢ第１草案」の編纂）に注目すれば，各「部」分草案は，その本草案（ＢＧＢ第１草案）の「素案（前草案）」であったという意味で，「準備草案（Vorentwurf）」といえる。

；→各「部分草案」は，最終的な「ＢＧＢ第１草案」（全体草案）の，各「準備草案」である。

(ⅲ) 上記のような「両」概念の対比を考慮すれば，Schubert編の「立法資料集成」本における概念用法（タイトル等表記を含めて）を見れば，そこでは，「準備草案」概念は，「部分草案」概念よりも，より広い意味内容の概念として，用いられている，と判断される。

(ⅳ) その理由を具体的に説明すれば，

「部分草案」起草作業を時系列的に見れば，

→①「起草委員会議」（起草委員チーム）により「原案(α)」が作成される，

→②この「原案(α)」につき，他の委員を含めた「全体会議」で「原案(α)」審議（「原案」を叩き台とする審議）がなされる，

→③この「原案(α)」審議を経由して，「部分草案(β)」とその「理由書(γ)」が最終的に完成している。

→以上①②③の起草作業を踏まえて，Schubert編の「立法資料集成」本では，概括的には，「原案(α)」と「部分草案(β)」の二つを包摂した全体を総称して，「準備草案（Vorentwuerfe）」（複数形）の概念表記が用いられている。

（v）なお，石部／児玉 vii 頁では，「理由書(γ)」も含めて，「α・β・γ」の三つを包摂した概念を「準備草案」と理解している（「準備草案（Vorentwuerfe）」（複数形）の概念表記が用いられている）ようであり，このような把握も，たしかに，一理ある。

しかし，より精確には，「理由書」は，理由書として，「準備草案」それ自体とは識別されるものだから，この「準備草案」概念にはあえては包摂することなく，端的にこれを準備草案「理由書(γ)」として把握することも可能ではないか，と考えられる。

〔二〕 時代区分
＊１　Schubertの「六つの時代区分」，これに対する私見の「三手続段階」区分
・１　Schubertの「六つの時代区分」
（ⅰ）Schubertの「ＢＧＢ成立史論」（Entstehungsgeschichte des BGB）では，その成立史につき，時系列的に，次の「六つの時代区分」をしている。
（ⅱ）具体的には，
①　Lasker法とⅠＫ設置（1869—1874）
②　ⅠＫ作業（1874—1889）
③　「第２読会」準備とⅡＫ設置（1888—1890）
④　ⅡＫ作業（1890—1896）
⑤　ＢＲでのＢＧＢ草案（1895—1896）
⑥　ＲＴでのＢＧＢ草案（1896），
以上の「六つの時代区分」である。

・２　私見評価
（ⅰ）Schubertは，「ＢＧＢ成立史」の時系列的経緯の流れを簡潔・明快にフォローしながら，「六つの時代区分」をおこなっており，「ＢＧＢ成立史」の構造理解にとって，基本的に極めて正当である，と私見も考えている。
（ⅱ）しかし，それにもかかわらず，私見は，Schubertの「時代区分」の，い

わば「改良版」として,「三つの手続段階」的構成を考えている。では, 私見の「三つの手続段階」的構成, そしてその「意図」とは, どのようなものなのか。

(ⅲ) 具体的には,「ＢＧＢ成立史」(→私見によれば, むしろこれを「ＢＧＢ編纂史・制定史」という, 編纂主体の「営為」を体現する概念用法を利用すべし, と考えている) にあっては,「編纂過程上の手続進行は如何なる『審議主体』によりおこなわれたのか」という視点に注目して, これを「三つの手続段階」として構成すべきではないか, と考えている。「ＢＧＢ編纂史・制定史」の理解をより的確に合理化・簡明化するためには, このような「三つの手続段階」的構成がベターではないか, と考える, からである。

・3　私見の「三手続段階」構成 (「手続段階的」把握)
(ⅰ)　まず, Schubert の「六つの時代区分 (①②③④⑤⑥)」があるところ,
(ⅱ)　その「対比／対応」において, 私見の「三つの手続段階」的構成のポイントを述べれば,
(α)　→まず, ①第1手続段階として,「ⅠＫ審議体の設置・作業」(←Schubert の②に対応する) を, 構成する。
(β)　→さらに, ②第2手続段階として,「ⅡＫ審議体の設置・作業」(←Schubert の③④に対応する) を, 構成する。
(γ)　→さいごに, ③第3手続段階として,「ＢＲ／ＲＴ審議体の承認決議」(←Schubert の⑤⑥に対応する) を, 構成する。
(δ)　→なお, 第1手続段階に先行する手続段階として, いわば「プレ手続段階」が想定されるが, このプレ手続段階は, Schubert の「ＢＧＢ成立史論」における「①Lasker 法とⅠＫ設置 (1869—1874)」に, 対応する。
(ⅲ)　なお, この「プレ手続段階」におけるキーワード列挙としては,
(α)　ライヒの「統一的ＢＧＢ立法権限の拡大・承認」を求めての「憲法改正提案」(→Lasker 提案趣旨には, 結局のところ,「ライヒは上位であり, 諸ラントはその下位にある」との基本認識の下,「ビスマルク・ドイツライヒ政府・国民自由党

多数のRT・プロイセン」主導が，伏在している）の反復，そして之に対する「BRの抵抗・納得・妥協」，

（β）「プロイセン主導の下でのライヒ個別立法」（→たとえば，プロイセン1872年・EEGの如く，プロイセンの革新的改革立法の先行，それを範としての「他ラントの服従・屈服」，という方向性であり，いわばプロイセン立法「範例主義」である）に対する「他ラントの警戒」，

（γ）プロイセン主導の「既存の法の改革」ではなく，BR主導（⇔RTの政治的主導）の「既存の法の採録」（「各ラント法間の調整（法域間調整）」を前提とする，いわば各ラントの地方法尊重を踏まえての，統一立法）であるべしという基本的方向性の確立，

（δ）各ラントが参加し，そのラント利益主張が可能となる，いわば「全員参加」型の「新法典編纂（Kodifikation）」でいくべしという合意確立，である。

・4 「三手続段階」構成の意義

（ⅰ）「三手続段階」構成は，具体的に，どのような意義をもっているのか。その理由としては，

（α）第1に，「三手続段階」構成により，「BGB成立史論」として，その時系列的な「連続と非連続」を明瞭に認識できる，からである。

（β）第2に，この「連続と非連続」において，BGB成立史をBGB成立史として顕著に特徴付けるメルクマールが，厳然と存在する，からである。

（ⅱ）私見認識のキーワードがBGB成立史の「連続と非連続」にあるのだから，その具体的「内容」をより明瞭に明らかにしておかなければならない。では，その具体的「内容」は何か。詳細については後述するが，端的に，

（α）まず，「第1手続段階→第2手続段階」との間には，顕著な「非連続」が，看取される。

（β）さらに，「第2手続段階→第3手続段階」との間には，顕著な「連続」が，看取される，のである。

（γ）以上，この「連続と非連続」がBGB成立史の特徴を極めて明瞭にメル

クマール化する，と私見は考える。

・5　各手続段階での「審議体」の構造理解
　(i)　私見は，各手続段階での「審議主体（作業主体）」と「作業内容」の二つに注目して，「審議体」の構造理解として，そこには実質上「三つの審議体」が存在し，これを「統合的・全体的・一体的なトリアーデ審議構造体」（→「三位一体の審議体」構造）として把握する。
　(ii)　換言すれば，BGB成立史上，
　(α)　第1手続段階（ⅠK審議）における「ⅠK審議体」とは，単に「ⅠK」のみを，意味するものではない。
　(β)　第2手続段階（ⅡK審議）における「ⅡK審議体」とは，単に「Ⅱ」Kのみを，意味するものではない。
　(γ)　第3手続段階（BR／RT審議）における「BR／RT審議体」とは，単に「BR／RT」のみを，意味するものではない。
　(iii)　否，端的に，私見認識によれば，
　(α)　各手続段階における「審議体」は，実質上「三つの審議体」から成り，その「統合的・複合的・一体的なトリアーデ構造体」を形成しており，BGB編纂手続上，時系列的にそれぞれの手続的段階に位置しながら，審議作業を開始・進行・完了している，という実態に注目すべきである（詳細は後述＊2）。
　(β)　BGB編纂手続史上，そこで時系列的に登場する枢要な「三つの各審議体」（「ⅠK」→「ⅡK」→「BR／RT」）は，その審議構造体として，それぞれ，「単独的・単層的」審議体ではなく，「複合的・重層的」審議体であり，「三位一体の審議体」構造として把握できる，ということである。

＊2　編纂過程の「手続進行上の段階的把握」（私見の基本的立場，その具体的構成）

・1　「手続進行上の段階区分」の必要性

(ⅰ)　ドイツ民法典の編纂過程は，ドイツライヒの威信をかけた，壮大な国家的事業であり，しかも極めて長期間に亘る歴史的モニュメントである。そこには，「ドイツ法の結晶化」が，看取される。

　(ⅱ)　したがって，その編纂過程の構造分析としては，

　(α)　予め「手続的進行上の段階区分」（時代区分）をおこない，その区分毎に編纂史上の「ミクロ的特徴」を明確化し，これを踏まえて，さらにその「全体的流れ」につき編纂史的な「マクロ的特徴」を把握する必要がある，と私見は考える。

　(β)　その理由としては，編纂手続の構造理解を明確化し，その理解容易性を実現するためには，必須の前提である，と考えられる，からである。

・2　「段階区分基準」は何か

　(ⅰ)　「手続的進行上の段階区分」（→以下，「手続段階区分」と略記する）をおこなう場合には，私見は，編纂作業の主体（→審議主体）となった各「審議体（委員会や議会）」に，注目しなければならない，と考える。

　(ⅱ)　その理由として，

　(α)　その時々の時代「状況・背景・要請」を受けて，「審議体」毎に，審議体「設置基盤・設置目的・構成員・審議方針・審議方法」等において，様々な「本質上・性格上の差異」がみられる，からである。

　(β)　この「本質上・性格上の差異」，まさしくこの点に注目すれば，編纂過程史上の「連続と非連続」が動的に激しくダイナミックに交差・交錯し，ＢＧＢ編纂史を顕著に特徴付けていることが，明瞭に看取できる，からである。これは，「ＢＧＢ編纂史のダイナミズム」の，いわば「醍醐味」，である。

　(ⅲ)　具体的には，ＢＧＢ編纂過程につき，

　(α)　私見は，その「前史段階」に加えて，具体的には，その編纂作業の「主体」と「審議イニシアティフ」に注目しながら，次の三つの「手続段階区分」（→第1手続段階・第2手続段階・第3手続段階）をおこなう。

　(β)　そのような区分をおこなう私見「根拠」は，その編纂作業の「主体」

（審議作業機関）如何に注目すべきであり，「三位一体の審議体」の構造が組成されていた「各」段階が識別可能だ，からである。

 (ⅳ)　各「手続段階」につき，私見把握の結論を予め簡潔に述べれば，

 (α)　第1手続段階

→「①ＶＫ」と「②ⅠＫ」，この①②の「二つの委員会」をワンセットとして把握し，これにプラスして，ⅠＫ「下部機関／委員会」としての「③編纂（編集）委員会」を，把握する。以上，この①②③が「三位一体の審議体」の構造組成である。

 (β)　第2手続段階

→「④ライヒ司法省ＶＫ」と「⑤ⅡＫ」，この④⑤の「二つの委員会」をワンセットとして把握し，これにプラスして，ⅡＫ「下部機関／委員会」としての「⑥編纂（編集）委員会」を，把握する。以上，この④⑤⑥が「三位一体の審議体」の構造組成である。

 (γ)　第3手続段階

→「⑧ＢＲ審議体」と「⑨ＲＴ審議体」，この⑧⑨の「二つの委員会」をワンセットとして把握し，これにプラスして，「⑦ライヒ司法省」の関与（「黒子」的役割から「前面主導」発揮へ）（石部論文）（円滑通過／議会承認）を，把握する。

 (δ)　その審議構造上，各段階でのこれらの三つの「編纂作業主体」を，私見は「三位一体の審議体」として把握する。

・3　私見の「思考経路」

 (ⅰ)　以上の私見の「基本的立場」，これを導出・形成した私見の「思考経路」，これはどのようなものであったのか。以下に，これをトータルに明らかにしておきたい。

 (ⅱ)　第1に，私見は，二つの「基幹委員会」に，注目した。すなわち，

 (α)　「第1手続段階」と「第2手続段階」という，二つの時代区分のためのキーワードとしては，「②ⅠＫ」と「⑤ⅡＫ」という，時系列的に組織された

「二つの委員会」が指摘されなければならない，と考える。

(β) その理由は，その作業期間や作業密度からいって，ＢＧＢ編纂史における「双璧」の，いわば「基幹の委員会」だ，からである。

(iii) 第2に，私見は，二つの「準備委員会」に，注目した。すなわち，

(α) 「②ＩＫ」に先行して組織され，その準備作業をおこなった「①ＶＫ」，また「⑤ⅡＫ」に先行して組織され，その準備作業をおこなった「④ライヒ司法省ＶＫ」，この二つの「準備委員会」への注目である。

(β) その理由は，まず，「①ＶＫ」は，「②ＩＫ」審議の基本大綱としての，いわば「ガイドライン」を作出したものであった，からである。

さらに，「④ライヒ司法省ＶＫ」は，「⑤ⅡＫ」審議の基礎審議としての，いわば「露払い」的なＩＥ改訂作業（問題点「整理」と新「提案」作出）を実施したものであった，からである。

(γ) この準備作業により，「②ＩＫ」と「⑤ⅡＫ」の審議は極めて効率的な進行が可能となったが，この点に注目すれば，二つの「準備委員会」は，審議作業上，いわば「助走」委員会として機能した，といえる。

(δ) 以上，まず「①ＶＫ」と「②ＩＫ」，そしてさらに「④ライヒ司法省ＶＫ」と「⑤ⅡＫ」，これらの「①②」並びに「④⑤」は，その審議機能上且つ審議経過上，それぞれ，ワンセットとして，把握できる，と考える。

(iv) 第3に，私見は，「②ＩＫ」と「⑤ⅡＫ」，これを「親」機関とする，その「下部（子）」機関に，注目した。すなわち，

(α) 「②ＩＫ」と「⑤ⅡＫ」をそれぞれ「親」機関とする「下部（子）」機関にとしての，各「③・⑥編纂委員会」への注目である。

(β) その理由は，この各「③・⑥編纂委員会」は，「親」機関に内部的にビルトインされてい「下部（子）」機関であり，草案の「最終取り纏め・法文確定」作業にあたった，からである。

(v) 第4に，「第3手続段階」として，これは最終審議の段階であるが，私見は，「⑦ＲＪＡ」関与の下での，その「最終審議委員会」や「立法機関委員会」に，注目した。連邦参議院審議（⑧ＢＲ審議），政治や政党の動向，ライヒ

議会審議（⑨ＲＴ審議），これらに大いなる影響力を駆使した「⑦ＲＪＡ」，これらを「三位一体」として把握できる，と考える。

・4　「第1手続段階」の編纂作業（→「審議主体」は何か，「審議主導権（イニシアティフ）」はどこにあるのか）；「ＢＲ主導」（ＢＲ比重大）（ＲＴの政治的影響力を排除）

　(ⅰ)　「三つの審議体」の一体的構造

　　次の三つである。

　(α)　①準備委員会（ＢＲ内「ＶＫ」）（ＢＲでの設置決議；1873／12／12）

　(β)　②第1次委員会（ＩＫ）（ＢＲによる構成委員の選任；1874／7／2）（審議体としての存立基盤はＢＲにある）

　(γ)　③編纂（編集）委員会（ＩＫ内「ＲＡ」）

　(ⅱ)　「①ＶＫ」と「②ＩＫ」の「ワンセット」把握

　(α)　「①②の二つの委員会（ＶＫとＩＫ）」は，審議体として，相互に独立した「別組織」ではあるが，この両委員会を「ワンセット」として把握する。

　(β)　作業手続進行上，「①ＶＫ」はいわば編纂プラン「総論」を企画・決定し，「②ＩＫ」は，ＶＫ作成の「総論」に準拠し，その後のいわば「各論」的作業（「個別具体的」作業）に従事した，からである。

　(γ)　以上，①「ＶＫ」は，「ＩＫ」審議の基本大綱としての，いわば「ガイドライン」を作出し，それに準拠して②「ＩＫ」審議が進行する。

　(ⅲ)　アンカー的作業に従事した「③編纂委員会（ＩＫ内「ＲＡ」）」

　(α)　「③委員会（ＩＫ内「ＲＡ」）」を，ＩＫに，補充的に「プラス」されたものとして，把握する。

　(β)　「③ＲＡ」は，ＩＫ「下部機関／委員会」であり，ＩＫ内「委員会」であり，ＩＫ審議での諸決定（諸決議）を踏まえて，その文案の精査・確定の，いわばアンカー的作業に従事した，からである。

　(γ)　以上，③ＩＫ内「ＲＡ」は，ＩＫ内の下部機関（ＩＫ内にビルトイン）として，「最終取り纏め・法文確定」作業を行う。

(ⅳ) 審議イニシアティフを行使したＢＲ

(α) 「①ＶＫ」も「②ＩＫ」も，共にその「設置存立基盤」をＢＲに置きながら，その作業を進行させている。

(β) これを考慮すれば，第１手続段階では，編纂作業上，ＢＲが，その設立母体として，「①ＶＫ」審議と「②ＩＫ」審議の主導権（イニシアティフ）を行使していた，といえる。

(ⅴ) その審議特徴

その審議特徴としては，

(α) 審議イニシアティフとして，「ＲＴ排除」であり，「ＢＲ主導」の下での，「各ラント利益の反映」と「各ラント間の利害調整（法域間調整を含む）」であり，「ＢＲ比重大」である。

(β) 「法律専門家を主体とする専門的・講壇的・閉鎖的作業」であり，ＩＫは「現実社会との隔絶」作業に終始する。

・5　「第２手続段階」の編纂作業（→「審議主体」は何か，「審議主導権（イニシアティフ）」はどこにあるのか）；「ＲＪＡ主導」（ＢＲ比重低下）

（ⅰ）「三つの審議体」の一体的構造

次の三つである。

(α) ④ライヒ司法省（ＲＪＡ；1877年設立）準備委員会（ＲＪＡ「ＶＫ」）

→ＲＪＡによる下部機関としての設置・ＩＥ―ＢＧＢの修正審議／改訂作業にあたる・審議期間；1890／１／５―1893／４／７，その作業前提としての，各界からの「意見集成」作業

(β) ⑤第２次委員会（ⅡＫ）

→ＲＪＡ長官エールシュレーガー構想・ＲＪＡによる設置決定；1890年12月，ＲＪＡによる構成委員の選出，ＲＪＡ主導の審議進行，審議体としての存立基盤はＲＪＡにある

(γ) ⑥「編纂（編集）委員会」（ⅡＫ内「ＲＡ」）

（ⅱ）「④ＲＪＡ「ＶＫ」」と「⑤ⅡＫ」の「ワンセット」把握

(α) 「④⑤の二つの委員会（ＲＪＡ「ＶＫ」とⅡＫ)」は，審議体として，相互に独立し「別組織」であるが，この両委員会を「ワンセット」として把握する。

(β) 作業手続進行上，「④ＲＪＡ「ＶＫ」」は，次なるⅡＫ審議のための，いわば「下準備（問題事項の整理や解決指針の提案提示等の審議「叩き台（素案）」の作成）（「提案」作成）」作業に従事し，「⑤ⅡＫ」は，「④ＲＪＡ「ＶＫ」」の「下準備」作業を踏まえて，「④ＲＪＡ「ＶＫ」」の「提案」につき，その「審議・決定」作業をおこなった，からである。

(γ) 「④ＲＪＡ「ＶＫ」」の「提案」は，ライヒ特命委員としてのＲＪＡ司法行政官僚（立法作業に精通）により，ⅡＫ審議に提出される。

(δ) 以上，「④ＲＪＡ「ＶＫ」」は，「⑤ⅡＫ」審議の基礎審議としての，いわば「露払い」的なＩＥ改訂作業（問題点「整理」と新「提案」作出）を実施し，この意味では，「⑤ⅡＫ」審議は，「④ＲＪＡ「ＶＫ」」作業（提案作出・ＩＥ改訂）を，その出発点とした。

(ε) 「⑤ⅡＫ」の構成メンバーからも明らかなように，その「非」法律専門家を包摂する審議体による審議円滑化のために，「④ＲＪＡ「ＶＫ」」は，その下準備作業として，法律的・技術的・専門的作業に特化し，これに従事したのである。

(iii) アンカー的作業に従事した「⑥編纂委員会（ⅡＫ内「ＲＡ」）」

(α) 「⑥編纂委員会（ⅡＫ内「ＲＡ」）」を，ⅡＫに，補充的に「プラス」されたものとして把握する。

(β) 「⑥ⅡＫ内「ＲＡ」」は，ⅡＫ「下部機関／委員会」であり，ⅡＫ内「委員会」であり，ⅡＫ審議での諸決定（諸決議）を踏まえて，自らの主体的裁量権限の行使の下，その文案の精査・確定の，いわばアンカー的作業に従事した，からである。

(γ) 以上，「⑥ⅡＫ内「ＲＡ」」は，ⅡＫの下部機関（ⅡＫ内にビルトイン）として，「最終取り纏め・法文確定」作業を行う。

(iv) 審議イニシアティフを行使した「ＲＪＡ」

(α) ⅡK審議の基礎準備作業をおこなった「④準備委員会（RJA「VK」）」，これを自らの下部機関として設置したのは，RJAである。しかも，ⅡK設置の基盤母体も，やはりこのRJAであり，この意味では，「⑤ⅡK」もまたRJAの下部機関の一つである。

(β) しかも，「④準備委員会（RJA「VK」）」の，その自らの下準備作業として，RJAは，公表されたIEに関して，その各界反応を幅広く総合的に蒐集・集成し，これを提案作出作業に役立たせている。トータルに，次なるⅡK審議のための，作業である。

(γ) RJAは，ⅡKの構成委員（常任・非常任・特命委員）の選出に際しても，用意周到にして巧妙なバランス配慮（各ラント間・各利益団体・RT各政党議員）の「委員人事配置」をしている。次なる第3手続段階での議会通過（とりわけ，RT通過）をも睨んでの，人選である。

しかも，RJAの司法行政官僚がライヒ特命委員としてⅡK審議に参加し，立法事務作業を取り仕切るし，歴代のRJA長官が，その職務上，ⅡK委員長を兼務する。

(δ) また，プロイセンの「歴史的・保守的伝統」，すなわち立法作業は有能なプロイセン司法行政官僚（その官僚組織）の手に委ねられるという保守的伝統が，ドイツライヒのBGB編纂にも，RJA主導という形で，第2手続段階では，明瞭に継承されている。

しかも，RJA（1877年設置）は，「プロイセン司法省」の制度的・理念的継承と発展でもある。

(ε) 以上を考慮すれば，第2手続段階では（⇔第1手続段階では，BRが主導権を握っている），編纂作業上，既にRJAの審議イニシアティフ行使の端緒と実施・遂行が明瞭に看取される。

換言すれば，ここでは端的に「ライヒ主導」が明瞭であり，それはプロイセン主軸を基調としながら，なお個別プロイセンを超えた「統一ライヒ主導」に他ならない。

(v) その審議特徴

その審議特徴としては,「第1手続段階」と比較して, どのようなことが指摘できるのか。審議イニシアティフとして,「ＢＲ,そしてラント関与の後退」, そして「ＲＪＡの新登場」が, 顕著である。たとえば,

(α) 第1に, ＲＪＡの立法プランとして,「法律家」に加えて,「非法律家(政治的・社会的・経済的・宗教的利害の代表者)の登用」(⇔第1手続段階での法律専門家のみのＩＫ)が, 具体化された。ここでは,「現実社会の利害との関係重視」(各界からの意見集成とその反映, 世論反映)(⇔第1手続段階での現実社会から隔絶化した「概念的・体系的・思弁的・法教義的・パンデクテン的結晶化・現行妥当法蒐集」作業に従事したＩＫ)が, 意図されていた。

(β) 第2に, 審議経緯の随時の「ディスクロージャー」(官報記載)と「オープン化」(⇔第1手続段階でのＩＫ審議のクローズ化)が, 実現されていたこと, である。

(γ) 第3に, 次なる第3手続段階を睨んでの「ＲＴ対策(通過承認のための)」(ＲＴ議員からⅡＫ委員に選出)が採られていたこと, である。

・6 「第3手続段階」の編纂作業(→「審議主体」は何か,「審議主導権(イニシアティフ)」はどこにあるのか);「ＲＪＡ全面主導」(ＢＲ比重少)(ＲＴ比重上昇)(ＲＴ通過可決が最大目標)

(ⅰ)「三つの審議体」の一体的構造

次の三つである。

(α)「⑦ライヒ司法省」(ＲＪＡ)

→ライヒ政府の司法行政官僚組織

(β)「⑧ＢＲ審議体」(ＢＲ内「司法委員会」(審議期間;1895／10／7—96／1／11)とＢＲ本会議(ⅢＥ—ＢＧＢ承認決議;1896／1／16)

→下記の「⑨ＲＴ」での承認可決後, ＲＴによる「修正案」を自ら本会議承認する;1896／7／14(ＢＲ=連邦参議院)

(γ)「⑨ＲＴ審議体」(ＲＴ内「第12委員会」設置(審議期間;1896／2／7—6／12・計53回・逐条審議)とＲＴ本会議(第1読会;1896／2／3—2／6・「第

12委員会」設置の決議)(第2読会;1896／6／19―6／27)(第3読会;1896／6／30・7／1)(RT＝ライヒ議会(帝国議会))

(ⅱ) 「⑦RJA」の「前面登場」

(α) 「⑦RJA」が,作業事務局としての,これまでのいわば「黒子」役的姿勢から,積極的に「前面登場」し,ライヒ政府の意向の下,「⑧⑨の二つの審議体(BRとRT)」における円滑通過(議会承認／可決)を意図して,議会承認手続の迅速遂行のための主導権を発揮・行使する。

(β) たとえば,議会通過／承認の早期決着のために審議対象を「限定化」すべし(重要な社会政策的・経済政策的問題への限定,各ラントの固有の利益問題への限定),とするライヒ宰相(RJAの統括責任者)による「審議方針」(限定化方針)が審議に先行して提案され,「⑦RJA」はその実施・実現に向けて作業する。

(ⅲ) 「⑧BR審議体」の実体はBR内「司法委員会」にある

(α) 「⑧BR審議体」の実体はBR内「司法委員会」にあり,この委員会が実質審議(1895／10／7―96／1／11)をおこない,BR本会議承認(ⅢE―BGB承認決議;1896／1／16)は最終ゴール点にすぎない。

(β) BRの性格上,審議対象の焦点として,本来,各ラント政府間の「政治的・社会的・経済的」利害調整(各ラント政府の主張利益の採用・利益衝突・利益調整・利益裁断)がメイン作業となる。

(γ) しかし,既に「⑦RJA」は,ⅡK設立・委員選出(第2手続段階)に際し,BR内「司法委員会」構成ラントから人選し,それらの各ラントの意向・利益主張をⅡEに反映させるべく手立てを講じていた。したがって,「⑧BR審議体」の実体としてのBR内「司法委員会」審議(第3手続段階)は極めて順調に推移し,ⅡEへの修正は相対的に微小である。さらに,引き続くBR本会議審議(→ⅢEとしての承認)も,同様に順調推移する。

(δ) しかも,統一ドイツライヒでは,既に単なる「個別プロイセン主導」を超えて,「全ライヒ主導」が確立しており,ライヒ政府の全面的イニシアティフの下,BR内「司法委員会」でも,「全ライヒ」的視点の全体利益が最優先

利益として意識される。

　⒤　「⑨ＲＴ審議体」の実体はＲＴ内「第12委員会」にある

　(α)　「⑨ＲＴ審議体」の実体はＲＴ内「第12委員会」にあり，この委員会が草案審議（ⅢＥ審議）を付託され，その実質審議（1896／２／７―1896／６／12・計53回の「逐条審議」）をおこなっている。

　ここでは，ＢＧＢ編纂史上，この第３手続段階で初めて，「⑨ＲＴ」が関与している（第１手続段階ではＢＲが，第２手続段階ではＲＪＡが，それぞれ主体的・組織的に関与し，ＲＴは審議排除されている）ことに，注目される。

　(β)　この「第12委員会」の構成メンバーは計21名のＲＴ議員より成る（各政党間で構成委員を按分比例的配分）が，その構成委員の実体は法律に精通する専門家である。

　しかも，ＢＲ内「司法委員会」委員やＢＲ「特命委員」（←ラント政府の代表者であり，ⅡＫ委員の歴任者を含む）も審議参加が認められており，この第３手続段階での「⑧ＢＲ審議→⑨ＲＴ審議」の審議移行がスムース化（連携接続化）されている。

　ここでは，既に第２手続段階での「ⅡＫ審議」を仕切っていたＲＪＡの，周到プラニングが看取される。

　(γ)　これに対して，ＲＴ本会議それ自体は，「第１読会」（1896／２／３―２／６）では審議開始セレモニー講演（ＲＪＡ長官ニーバーディング構想／統一ドイツとしての国民的ナツィオナリズム喚起）・総論的問題の審議（各政党の政治的理念的主張のプロパガンダ）・第12委員会設置決議，「第２読会」（1896／６／19―６／27）ではＲＴ内「第12委員会」諸決定の承認可否の審議手続（→諸決定のほぼ承認），「第３読会」（1896／６／30・７／１）では法案最終承認・可決の審議手続という，短い手続上の審議期間のゴールにすぎない。ここで「逐条審議」がなされたわけではまったくない。

　とりわけ，第１読会では，ＢＧＢによる社会変革（社会法的改革）を志向する社会民主党，これに反対する多数派によるアンチ統一戦線（社会民主党への対決路線）という，いわば政治的プロパガンダ対決・論戦の色彩も看取される。

各政党による世論アピールでもある。

　以上から，ＲＴ本会議それ自体は，ＲＴ内「第12委員会」による法律専門的「逐条審議」を踏まえた，「総論的・全体的・形式的」審議となっている。最終局面でのＲＴ本会議審議での政党間の実質抗争を回避せんとする，「⑦ＲＪＡ」の周到プランニングが看取される。

　(δ)　しかも，「⑦ＲＪＡ」は，ライヒ政府の意向の下，法案成立に向けて，ＲＴ内での多数派工作にも，積極的に関与する。

　ＲＴの性格上，審議対象の焦点として，本来，その支持母体の意向を反映した，各政党間の「政治的・社会的・経済的」利害調整がメイン作業となる。しかし，既にＲＪＡは，ⅡＫ設立・委員選出（第２手続段階）に際し，各政党（五大政党）からＲＴ議員を幅広く招聘（非常任委員としての選任）していたし，その各支持母体たる「政治的・社会的・経済的」利益団体・領域・経済界からも選任しており，それらの利益主張をⅡＥに反映すべく手立てを講じていた。

　かくして（ⅡＥ→）ⅢＥに関するＲＴ本会議審議では，社会民主党（五大政党には入らない）を除けば，その抵抗は，ほとんど見られない。既に第２手続段階での問題決着済みという，「⑦ＲＪＡ」の周到プランニングが看取され，ＲＴ審議では草案の部分的修正に限定化することに成功する。

　(v)　その審議特徴

　(α)　この「第３手続段階」における審議特徴は，「⑦ＲＪＡ」の「前面登場」であり，ＢＧＢ成立史上での初めての「ＲＴの審議関与」の下，「⑦ＲＪＡ」による用意周到な「ＲＴ通過承認対策」であり，「世論喚起アピール（統一ドイツのナツィオナリズム）」である。

　(β)　また，国民的統合の象徴としての「ライヒ皇帝」，その「権威」と「名」の政治的利用としての，ＲＴでの「ライヒ宰相（←兼プロイセン首相）」出席による草案回付（→ＲＴ議長），である。

　(γ)　これらは，ライヒ政府（その官僚機構の「⑦ＲＪＡ」）による，ＲＴに対する「審議通過可決」のプレッシャー，である。

＊4　「本書叙述」とどのように対応するのか
　上記の私見の「三手続段階」は，それぞれ「本書叙述」と，次のように対応する。
・1　本書第1章
　→「プレ手続段階」と「第1手続段階」（①ＢＲ内「ＶＫ」，②ＢＲ内「ＩＫ」，③ＩＫ内「ＲＡ」，この三委員会のトリアーデ編纂作業）に，該当する記述部分である。

・2　本書第2章
　→「第2手続段階／前半」（④ＲＪＡ「ＶＫ」の下準備作業）に，該当する記述部分である。

・3　本書第3章
　→「第2手続段階／後半」（⑤ⅡＫ，⑥ⅡＫ内「ＲＡ」）に，該当する記述部分である。
　→「第3手続段階」（⑦ＲＪＡ，⑧ＢＲ審議体（ＢＲ内「司法委員会」，⑨ＲＴ審議体（ＲＴ内「第12委員会」，この三委員会のトリアーデ編纂作業）に，該当する記述部分である。

＊5　参考文献，その1（ＢＧＢ編纂史一般・邦語文献）
・1　本書叙述は，ドイツ法文献として，Schubertの「ＢＧＢ成立史論」（Entstehungsgeschichte des BGB）（六つの時代区分）を基本ベースとしながらも，私見の立場から，その再構成（「三手続段階」構成）を試みたものである。

・2　近時の邦語文献（編纂資料解題）
　（ⅰ）石部雅亮編・『ドイツ民法典の編纂と法学』・1999年2月が，ドイツ法主専攻研究者・ドイツ民法主専攻研究者・日本民法学研究者等を結集しての，秀逸な業績であり，貴重である。

(ⅱ)　なお，石部編・「ドイツ民法典の編纂と法学」中の巻末に「ドイツ民法典編纂資料一覧」と題する解説（総計19頁）があり，編纂史研究上，極めて利便性があり，貴重・有益である。その内容上，ⅠⅡⅢの三つの項目に分かれ，解説者が別である（Ⅰ→児玉教授，ⅡⅢ→大仲教授）。

　(ⅲ)　同児玉解説では，ＢＧＢ編纂資料を，「ＡＢＣＤＥ」の計五つの〔階〕に位置づけ，これらを整理・配置している。いわば「5階建ての建物」を想定し，各階ごとに各資料を配置しているのである。

　(α)　同児玉解説では，この「5階建ての建物」は，計九つの〔層〕に分かれ，各階ごとにいくつかの〔層〕がある。この各層は，「主な作成機関はどこか」という観点から，識別・区分されている。具体的には，A階には「1—4」層，B階には「5」層，C階には「6—7」層，D階には「8」層，E階には「9」層が，それぞれあり，各「層」のナンバリングに即して，各「編纂資料」が個別にナンバリングされ，整理されている。

　(β)　上記の整理・想定を踏まえて，同児玉解説は，「各層ごとにそれ（各資料）が編纂過程全体において占める位置を概観」している。

　(ⅳ)　くわえて，同大仲解説は，「複数の編纂段階にわたる資料集成」本(Ⅱ)，「主な草案とその関連資料」(Ⅲ)につき，解題する。

　(ⅴ)　このような貴重・有益な先行業績が存在するところから，本研究が，私見テーマ（ＺＨ制度研究）に即しての，私見構成（三手続段階構成）基づくものであるけれども，同児玉／大仲解説の「位置付け」（各階・各層のナンバリング）を，対比的に明示することとする。

・3　近時の邦語文献（ＢＧＢ編纂史一般）

　(ⅰ)　ＢＧＢ編纂史一般との関連では，①石部雅亮・「ドイツ民法典編纂史概説・同書3頁以下，②赤松秀岳・「歴史法学派から法典編纂へ」・同書63頁以下，③平田公夫・「ドイツ民法典と帝国議会——帝国議会第1読会を中心として——」・同書107頁以下，の諸論考が的確な分析を行っている。とりわけ，平田教授は，既に1980年代初めから，ＢＧＢ編纂史研究を多角的な視点からトータ

ルに精力的に進め，現在まで多数の優れた業績を公表してきている。

　(ⅱ)　ドイツ投資抵当権法の発展を詳細に追究する田中克志教授の著作（抵当権効力論・2002年）は，ＢＧＢ編纂史研究としても，逸することのできない研究である。

　(ⅲ)　以上の本書叙述も，ドイツ法専攻研究者による，基本的にはSchubert研究に依拠する，これらの優れた諸研究に，御教示を得ている。

　(ⅳ)　なお，わが国学説でも，既に1960年代にあって，奥田昌道・岩波講座現代法15巻・ドイツ法が，いち早くＢＧＢ編纂史研究の重要性に注目していたことも，あらためて特筆しておかなければならない。

＊6　参考文献，その2（ＢＧＢ編纂史一般・その付属法典たるＺＶＧ・民事手続法たるＣＰＯやＫＯ・ドイツ基礎文献）
〔1〕ドイツ民法（ＢＧＢ）「制定資料史」
①1880年・Johow「ＢＧＢ草案（物権法）」(Johow 起草草案)

Entwurf eines buergerlichen Gesetzbuches für das Deutsche Reich, Sachenrecht, Vorlage des Redaktors R. Johow, Berlin 1880（→Abgedruckt auch beiSchubert, Vorlagen I）.

②1880年・「理由書」

Begruendung hierzu : Bd. I（S.1—736），Bd. II（S. 737—1374），Berlin 1880 ; Bd. III（S. 1375—2242），Berlin 1880—1882 ;（→Abgedruckt auch bei Schubert, Vorlagen I und II）.

③1881年—1889年・ＢＧＢ草案の「ＩＫ審議録」

Protokolle der 1. Kommission zur Ausarbeitung des Entwurfs eines Buergerlichen Gesetzbuchs für das Deutsche Reich, Berlin 1881—1889（Metallographiert）.

④1888年・第1読会「ＢＧＢ草案」

Entwurf eines buergerlichen Gesetzbuches für das Deutsche Reich, Erste Lesung, Ausgearbeitet durch die von dem Bundesrathe berufene Kommission, Amtliche Ausgabe, Berlin und Leipzig 1888.

⑤1888年・「(上記④の) 理由書」
Motive hierzu ; zit. nach : Mugdan, Die gesammten Materialien.

⑥ＢＧＢ草案の「第２読会」の委員会議事録
Protokolle der Kommission für die zeite Lesung des Entwurfs eines Buergerlichen Gesetzbuchs ; zit. nach : Mugadan, Die gesammten Materialien

⑦1895年・第２読会「ＢＧＢ草案」（編纂委員会の諸決定に基づくもの）（官版）
Entwurf eines Buergerlichen Gesetzbuchs für das Deutsche Reich, Zweite Lesung, Nach den Beschluessender Redaktionskommission, Auf amtliche Veranlassung, Berlin 1895.

⑧1889年・Mugdan の「ＢＧＢ立法資料集成」（Ⅱ巻／債務法；Ⅲ巻／物権法）
Mugdan, Die gesammten Materialien zum Buergerlichen Gesetzbuch für das Deutsche Reich, Berlin 1899, Neudruck : Aalen 1979, Bd. Ⅱ : Recht der Schuldverhaeltnisse, Bd. Ⅲ : Sachenrecht.

⑨1978年・Schubert のＢＧＢ制定史「立法資料集成」
Schubert, Materialien zur Entstehungsgeschichte des BGB, Berlin/New York 1978.

⑩1982年・Schubert の（ＢＧＢ草案起草のための）ⅠＫの「編纂議案」
Schubert, Die Vorlagen der Redaktoren für die erste Kommission zur Ausarbeitung des Entwurfs eines Buergerlichen Gesetzbuchs, Sachenrecht, 3 Baende, Berlin/New York 1982.

〔2〕 ドイツ不動産強制執行法（ZVG）「制定資料史」
①1888年・Johow・「ライヒ不動産強制執行法草案」

Entwurf eines Gesetzes für das Deutsche Reich, betreffend die Zwangsvollstreckung in das unbewegliche Vermoegen, Vorlage des Redaktors R. Johow, Berlin 1888（→Abgedruckt auch bei Schubert, Vorlagen III, S. 465ff.）．

②1888年—1889年・Achilles・ライヒ不動産強制執行法草案「理由書」（アキレス理由書）

Begruendung des Entwurfes eines Reichsgesetzes, betreffend die Zwangsvollstreckung in das unbewegliche Vermoegen, Im Auflage des Redaktors ausgearbeitet von A. Achilles, Berlin 1888—1889（→Abgedruckt auch beiSchubert, Vorlagen III,S. 509ff.）．

③1889年・「不動産強制執行法草案」（ⅠK審議の経由しそこでの諸決定に基づく条文修正後のもの）（ⅠK審議の議事録（プロトコーレ）所収）

Entwurf eines Gesetzes, betreffend die Zwangsvollstreckung in das unbewegliche Vermoegen, Zusammenstellung der sachliche beschlossenen Vorschriften, nebst Nachtraegen und Berichtigungen, in : Prot. Der 1. Kommission v. 20. Febr. 1889, Anlagen A, B, C.

④1889年・「不動産強制執行法草案」（1874年の連邦参議院の決議に基づき組成されたⅠKの起草作業に依る，「第１読会」草案）（ライヒ官版）

Entwurf eines Gesetzes, betreffend die Zwangsvollstreckung in das unbewegliche Vermoegen, für das Deutsche Reich, Ausgearbeitet von der durch Beschluss des Bundesrathes vom 22. Juni 1874 Eeingesetzten Kommission, Erste Lesung, Berlin 1889, Gedruckt in der Reichsdruckerei.

⑤1889年・「土地登記法草案／理由書・不動産強制執行法草案／理由書」（同

じくBGBの付属法としてのGBOと合冊されたものであり、理由書も付せられている)（ⅠK審議の最終決定版)（官省版)

Entwurf einer Grundbuchordnung und Entwurf eines Gesetzes betreffend die Zwangsvollstreckung in das unbewegliche Vermoegen, Ausgearbeitet durch die von dem Bundesrathe berufene Kommission, Nebst Motiven, Amtliche Ausgabe, Berlin 1889.

⑥BGB草案の「第2読会」委員会審議録

Protokolle der Kommission für die zeite Lesung des Entwurfs eines Buergerlichen Gesetzbuchs ; zit. nach : Mugadan, Die gesammten Materialien

⑦1895年・第2読会「BGB草案」（編纂委員会の諸決定に基づくもの)（官版)

Entwurf eines Buergerlichen Gesetzbuchs für das Deutsche Reich, Zweite Lesung, Nach den Beschluessen der Redaktionskommission, Auf amtliche Veranlassung, Berlin 1895.

⑧1896年・「強制競売・強制管理法草案」（1896／3／14の「連邦参議院」提出草案）

Entwurf eines Gesetzes über die Zwangsversteigerung und die Zwangsverwaltung (Vorlage vom 14. Maerz 1896 an den Bundesrat) ; zit. nach : Bundesrat, Session 1896, Drucksache Nr, 40, Seite 3ff.

⑨1896年・強制競売・強制管理法草案「理由書」

Denkschrift (hierzu) ; zit. nach : Bundesrat, Session 1896, Drucksache Nr. 40, Seite 37ff.

⑩1896年・「強制競売・強制管理法草案」（1896／11／25の「司法制度委員会」提案草案）

Entwurf eines Gesetzes über die Zwangsversteigerung und die Zwangsverwaltung (Antrag des Ausschusses fuer Justizwesen vom 25. November 1896) ; Zzit. Nach : Bundesrat, Session 1896, Drucksache Nr. 149.

⑪1896年・「強制競売・強制管理法草案」(1896／12／12の「ライヒ議会」提出草案)

Entwurf eines Gesetzes über die Zwangsversteigerung und die Zwangsverwaltung (Vorlagevom 12. Dez. 1896 an den Reichstag) ; zit. nach : Hahn/mugdan, S. 1ff.

⑫1896年・強制競売・強制管理法草案「理由書」(1896／12／12の「ライヒ議会」提出草案「理由書」)

Denkschrift（hierzu）; zit. nach : Hahn/Mugdan, S. 34ff.

＊⑬1897年・Hahn/Mugdan の「立法資料集成・第5巻」(「強制競売・強制管理法」並びに「土地登記法」に関する立法資料集成)

Hahn/Mugdan, Die gesammten Materialien zu den Reichsjustizgesetzen, Bd. 5 : Materialien zum Gesetz über die Zwangsversteigerung und die Zwangsverwaltung und zur Grundbuchordnung, Berlin 1897.

⑭1897／3／24法・「強制競売・強制管理法」(「ライヒ官報」掲載の法令条文)

Gesetz über die Zwangsversteigerung und die Zwangsverwaltung vom 24. Maerz 1897, RGBl（Berlin）1897, Nr. 14（S. 97ff.）.

⑮『「(上記⑭の)強制競売・強制管理法」施行法』(「ライヒ官報」掲載の法令条文)

Einfuehrungsgesetz hierzu, ebd., S. 135ff.

⑯1898／5／20・公布の「強制競売・強制管理法」(「ライヒ官報」掲載の法

令条文）（→1900／1／1・施行）

Gesetz über die Zwangsversteigerung und die Zwangsverwaltung (Bekanntmachung des Textes in der vom 1. Jan. 1900 an geltenden Fassung, vom 20. Mai 1898), RGBl (Berlin) 1898, Nr. 25, S. 713.

⑰『「（上記⑯の）強制競売・強制管理法」施行法』（「ライヒ官報」掲載の法令条文）

Einfuehrungsgesetz hierzu, ebd., S. 750ff.

＊⑱1983年・Jakob/Schubert の「ＢＧＢ審議資料集成・第Ⅳ巻」（不動産「強制競売・強制管理法」）

Jakobs/Schubert, Die Beratung des Buergerlichen Gesetzbuchs, Sachenrecht Ⅳ : Gesetz über die Zwangsversteigerung und die Zwangsverwaltung, Berlin/New York 1983.

〔3〕　ドイツ民訴法（ＣＰＯ）・ドイツ破産法（ＫＯ）「立法資料」

①1877年・民事訴訟法（ＣＰＯ）（法文）

Civilprozessordnung für das Deutsche Reich vom 30. Januar 1877 ; zit. nach der amtlichen Ausgabe, zeiter Abdruck, Berlin 1878.

②1877年・破産法（ＫＯ）（法文）（ライヒ官報法令）

Konkursordnung vom 10. Februar 1877 ; zit. nach : RGBl (Berlin) 1877, S. 351ff.

③1881年・Hahn/Mugdan の「立法資料集成（破産法／ＫＯ）」

Hahn/Mugdan, Die Ggesammten Materialien zur Konkursordnung, Berlin 1881.

第1章 1874年〜・「第1次委員会」審議と強制抵当権
――「物権法準備草案・ＢＧＢ第1草案・ＧＢＯ第1草案・ＺＶＧ第1草案・ＥＧＢＧＢ第1草案」の編纂過程――

> はじめに
> 第1節　1880年・「物権法準備草案」中の強制抵当権制度
> 　　　　――強制抵当権制度の導入――
> 第2節　1881年〜・第1次委員会「審議」
> 　　　　――「物権法準備草案」中の強制抵当権制度の基本的承認――
> 第3節　1888年・「ＢＧＢ第1草案」中の強制抵当権制度
> 　　　　――第1次委員会起草作業の「完結」，その1――
> 第4節　1888年―89年・「ＥＧＢＧＢ第1草案・ＧＢＯ第1草案・ＺＶＧ第1草案」中の強制抵当権制度
> 　　　　――第1次委員会起草作業の「完結」，その2――

はじめに

1　本章には「三つの課題」がある。

（i）第1に，ＢＧＢ編纂過程中，「71年〜・第1次委員会審議」に注目して，ＺＨ制度を「分析窓」として，この審議過程構造を解明する。これが第1の課題である。

（ii）第2に，「71年〜・第1次委員会審議」において，「ＺＨ制度の法構造」はどのように形成されたのか。その審議進行中の「議論・決定・各種草案」に

注目して，その法構造形成の実体を解明する。これが第2の課題である。

（ⅲ）　第3に，「71年～・第1次委員会審議」において，ＺＨ制度が「三基軸抵当立法」の所産の一つであることに注目して，ＺＨ制度を「分析窓」として，「三基軸抵当立法」の構造（とりわけ，ＺＶＧの「抵当権実行手続法」としての位置づけ，さらにはＺＶＧとＺＰＯの関係）を解明する。これが第3の課題である。

2　本章は「計四節」より成る。

（ⅰ）　71年・ドイツライヒの成立以降，統一的ＢＧＢ編纂の動きが開始・加速するが，その審議計画（準備委員会作成）に基づき，まず「第1次委員会」が組成され，具体的な編纂作業がスタートする。各「部分草案」の起草完成をまって，その本会議審議がなされるが，ＺＨ制度はヨーホウ作成の80年・「物権法準備草案」中に登場している。

（ⅱ）　かくして，

（α）「第1節」では，この「『物権法準備草案』中のＺＨ制度」について，分析する。

（β）「第2節」では，「物権法準備草案」中のＺＨ制度に関する，「第1次委員会」審議について，分析する。

（γ）「第3節」では，「第1次委員会」審議の到達点としての，「『ＢＧＢ第1草案』中のＺＨ制度」について，分析する。

（θ）「第4節」では，同じく「第1次委員会」審議の結果としての，ＢＧＢの付属法である「『ＥＧＢＧＢ第1草案・ＧＢＯ第1草案・ＺＶＧ第1草案』中のＺＨ制度」について，分析する。

＝＝＝　＝＝＝　＝＝＝

〈注記〉　ＢＧＢ成立史（「第1章」該当部分）

〔一〕　ＢＧＢ成立史，その1〈編纂過程：プレ手続段階（前史段階）〉――第1章・立法資料「解題」の視点から――

第1章　1874年〜・「第1次委員会」審議と強制抵当権

・1　既に，ドイツ連邦時代にも，1865年・「一般ドイツ債務法草案」（ドレスデン草案・Dresdner Entwurf）が，起草されていた。しかし，それは，1866年のドイツ連邦「崩壊」に伴い，発効していない。

・2　1866年，「北ドイツ連邦」が成立する。「北ドイツ憲法草案」（通称「ビスマルク草案」）が立憲帝国議会に提出され，同草案4条13号の修正決議（「債務法」の立法権限を包摂すべし）がなされる。これにより，「債務法」のライヒ共通立法が，可能となる。
　・→　Verfassung des Norddeutschen Bundes vom 16. April 1867; zit. Nach Huber, S. 227ff.；ラスカー修正案（民法中，「債務法」のみを連邦の立法権限の下に服させる）は北ドイツ連邦憲法4条13号として発効する。
　・→　Huber, Dokumennte zur Deutschen Verfassungsgeschichte, Bd. II, Stuttgart 1964.

・3　1871年，「ドイツライヒ」（ドイツ帝国）が成立する。これ以降，民法典編纂を求める憲法改正運動は，新たな展開をみせる。
　・→　Verfassung des Deutschen Reichs vom 16. April 1871; Zzit. nach Huber, S. 290ff.；1871年，ドイツライヒが成立するに伴い，北ドイツ憲法が改正され，それは「ライヒ憲法」として施行される。

・4　ライヒの立法権限を「民法全体」に拡大すべし，とするミーケルとラスカーの「憲法改正提案」は，まず，「ライヒ議会（RT）」で，多数を得る。さらに，それまでは拒否の抵抗勢力，その牙城であった「連邦参議院（BR）」でも，同意を得る。

・5　かくして，1873年12月20日，「憲法改正法」（ラスカー法・Lex Lasker）（憲法4条13号変更法）が，成立する。これにより，「民法全体のライヒ立法権限」が承認される。ビスマルク与党の「国民自由党」がこれに主導的役割を果

たし，ビスマルク支持基盤の「市民層」もこれを強く支持したことよりすれば，「ビスマルク主導」の下での政治的決着といえる。

・→　Gesetz, betreffend die Abaenderung der Nr. 13 des Artikels 4 der Verfassung des Deutschen Reichs, vom 20. Dezember 1873 ; zit. nach : RGBl（Berlin）1873, S. 379. ;

〔二〕　ＢＧＢ成立史，その２〈編纂過程：第１手続段階〉──第１章・立法資料「解題」の視点から──
＊１　私見の基本的立場（確認）
・１　「ＶＫ」と「ＩＫ」
　①「準備委員会」（ＶＫ）
　②「第１次委員会」（ＩＫ）（審議作業期間；1974─1889）
　以上の二つのそれぞれ独立した立法委員会を，その作業分担上，「ワンセット」として理解する。「①第１次作業主体としてのＶＫ，→②第２次作業主体としてのＩＫ」，という位置付けである。

・２　この二つの立法委員会にプラスして，その作業分担上，「ＩＫ下部機関／委員会」であるところの③「ＩＫ内・編纂（編集）委員会」を，「第３の委員会」として，位置付ける。この下部委員会は，ＩＫ審議と決議（決定）を踏まえて，その最終的な文案確定作業を遂行し，いわば審議作業のアンカーを務める。

・３　以上，①②③の「三委員会」に注目し，これらの「三委員会」の各「役割分担」作業を明確化しながら，これを「三位一体のトータルな編纂作業」として把握し，この作業が進行した編纂段階，これが，私見構成における〈第１手続段階〉である。

・４　なお，この第１手続段階にあっては，

（ⅰ）第1に，その時代背景として，「ライヒの連邦制的構造」に注目しなければならない。連邦制の下，最大ラントの「プロイセン」，その主導的・支配的立場の下，その他の「中小諸ラント」，その対立・拮抗・調整関係が必然化する。このような「ライヒの連邦制的構造」の特有の構図の中で，編纂作業が進められる。

（ⅱ）第2に，編纂作業方針として，そのキーワードは，①「BR主導」（→IK設置母体である，その委員はラント代表者を中心とする），②「RT排除」（→政治的要素を排除する），③「プロイセン上級司法行政官僚（立法作業に熟練の「立法プロフェッショナル」）の手による編纂作業」（→RTの影響力を回避する），である。このような基本的方向性の下で，編纂作業が進められる。

（ⅲ）第3に，「国民的な統一法典」の作出という至上命題の下，パンデクテン法学の泰斗ヴィンドシャイト，そして立法作業に熟練の，歴史法学やパンデクテン法学の素養ある司法行政官僚（含・上級裁判官）の，IK委員登用，これらを背景として，「法典」と「法学」は相互補完の関係にあり，「法典」は「法学」に伴われて真の姿を表す，という「二重構造」に，石部42は，注目する。

＊2　「準備委員会」（「①VK」）の「設置・構成・答申書」（1874／4／15）

・1　「準備委員会」（「①VK」）設置・構成については，本書第1章第1節を参照されたい。

・2　「①VK」作業として，いわばガイドライン（基本大綱）たる「民法典編纂の大綱」が作成され，連邦参議院（BR）に提出（1874／4／15）される。これが「VK答申書」であり，民法典編纂の「目的・方法・対象・範囲・作業指針」を明確に提示する。

・3　そのキーワードを列挙すれば，
　「現行妥当法の統一」，「普通法の理論と実務（実務慣行）の参照」，「基本民法典と地方法の範囲分担（ラント法委任）」，「パンデクテン法学の理論と体系の

尊重（法典体系としてのパンデクテン体系の採用）」，「立法委員会（MAX 9名）の新たな設置」，「構成委員間での作業範囲の役割分担（部分草案の作成）」，等である。
　・→　Schubert 原典

・4　ＶＫ構成委員の履歴紹介については，
　・→　Schubert, Entstehungsgeschichte, S. 69ff.

＊3　「第1次委員会」（ＩＫ）設置・構成（1874／7／2）
・1　ＩＫの「ＢＲ内」設置に注目する
　「連邦参議院」（ＢＲ）は，その下部機関たる司法委員会の提案に基づき，1874／7／2・「②ＩＫ」を設置し，その構成委員（11名）を選任する。
　ここでは，ＩＫがＢＲ内に設置されたことに，注目しなければならない。これは，立法作業をＢＲがコントロールし，この作業を「ライヒ議会」（ＲＴ）の影響力から可能な限り隔離する，という構造である。

・2　構成委員に注目する
　(i)　これをその「専門職業面」からみれば，「②ＩＫ」は立法経験豊富な「実務家」（上級裁判官と司法行政官僚）中心の委員会である。その対応上，「法律学者」は僅か2名（ロマニストのヴィンドシャイト，ゲルマニストのロート）にすぎない。
　(ii)　端的に，立法作業の主導権をプロイセン「上級司法行政官僚」が握る，という構造である。彼らは，「歴史法学」や「パンデクテン法学」の訓育を受けた，その素養ある有能な，しかも立法作業に熟練の法律専門家でもある。

・3　構成委員は「ラント代表者」を中心とする
　(i)　これをその「出身ラント別」でみれば，大中ラント（プロイセン4名，バイエルン2名，ザクセン1名，ヴュルテンベルク1名，バーデン2名，エルザ

ス・ロートリンゲン1名）からのみ選任され，小ラント（メクレンベルクやチューリンゲン等）からはゼロである。

　(ⅱ)　これは，当時の連邦構成ラントにおける，政治的・社会的・経済的「力関係」（プロイセンの圧倒的優位）の反映，という構造である。

・4　「プロイセン」からの起草委員に注目する

　(ⅰ)　「パーペ・ヨホウ・クールバウム・プランク」の計4名が，選任されている。いずれも，プロイセン上級司法行政官僚（含・上級裁判官）であり，ＩＫ審議に多大の影響力を行使する。

　(ⅱ)　とりわけ，パーペは，ＩＫ委員長として，終始，審議進行をリードし，「ＩＥの内容と形式」を決定的に方向付ける。

　(ⅲ)　また，特記すべきは，ヨーホウの貢献である。彼は，後述の如く，「物権法」分担責任者として，歴史的にドイツ不動産物権法（所有権法・抵当権法）の改革・進展における輝かしい「旗手」であった，そして「導きの星」となった，それまでの「プロイセン法」展開，これをベースとして，「物権法ＴＥ」を精密に理論化・体系化する。

　(ⅳ)　このように，ＩＫにおけるプロイセンの比重は，単なる構成人数比を超えて，実質上，顕著に大きく，ＩＫ審議を終始リードする（石部23）。

・5　「法律学者」からの起草委員に注目する

　(ⅰ)　その2名の構成委員中，ロマニストのヴィンドシャイトはパンデクテン法学の卓越した第一人者であり，その「ヴィンドシャイト的精神」は，その辞職後にあってもなお，ＩＫ審議を支配する。

　(ⅱ)　1883年，ヴィンドシャイトは，その職（ＩＫ委員）を辞し，学究（ライプツィヒ大学復職）に復帰したにもかかわらず，その精神は，パンデクテン法学の申し子達（構成委員たるプロイセン司法行政官僚）に，脈々と引き継がれた，からである（石部30）。

　(ⅲ)　編纂作業過程におけるヴィンドシャイトの「実質的関与」（その任期期間

が短い等の理由）が，顕著には，それ程大きくなかったところから，わが国ではヴィンドシャイトの影響をやや消極的に捉える見解・指摘も見られるが，上記の点を考慮すれば，そのような見解は必ずしも妥当ではない，と考えられる。

・6　ＩＫ構成委員の履歴紹介
　・→　Schubert, Entstehungsgeschuchte, S. 72ff.

＊4　「部分草案」（ＴＥ）確定（←「分担責任者」の文案作り作業）
（〔Ａ１〕→74年・「ＴＥ」）
・1　74年以降の作業
（ⅰ）74年以降，ＩＫ構成委員中の「分担責任者」（部分草案作成）の作業として，まず，「部分草案」の文案作成がスタートする。これは，長期間にわたる文案確定作業，である。
（ⅱ）より具体的には，
（α）「総則（ゲープハルト），債務法（キューベル），物権法（ヨーホウ），家族法（プランク），相続法（シュミット）」につき，各人が各素案（原案）を作成する。
（β）順次，これを「編纂委員間打合せ会議」（Redaktoren-konferenz）（74年―79年・週１回）で調整し，その段階でのある程度のまとまりを「全体審議」（Gesamtberatung）（75年―80年・年１回秋・数週間）に諮る，というものである。

・2　作業の結果
（ⅰ）「部分草案」を全体的に確定し，これに「理由書」も付し，その完成をみる。
（ⅱ）これは，後日の「ＩＥ」の下敷きとなり，時間的にも「ＩＥ」に先行し，引き続く「ＩＥ」起草完成のための準備的な草案という意味で，「準備草案」（ＶＥ）ともいわれる。

・3 「準備草案」（ＶＥ）の資料
　・→「準備草案」（ＶＥ）については，「民法典五部・民法典施行法典（ＥＧＢＧＢ）・補巻（Anlagen）」にわたり，Schubertt の復刻版がある。
　・→Schubert, Die Vorlagen der Redaktoren fuer die ＩＫ（Schubert, Vorlagen）；但し，復刻版の「背文字」としては，Vorentwuerfe der Redaktoren zum BGB とされている
　・→復刻版「刊行年」；「総則編／1981・債務法編／1980・物権法編／1982・親族法編／1983・相続法編／1984」の民法典五部，「民法典施行法編／1986」，「補巻（Anlagen）（ＫＥ・国際私法ＴＥ・ＢＧＢⅠＥ）／1986」，である。
　・→本稿第１章では，「物権法編（ヨホウ草案）」（Schubert, Vorlagen, Sachenrecht Teil 1, 2, 3, 1982.），「民法典施行法編」，「補巻（Anlagen）」を，参照している。

＊5　「第１次委員会（ＩＫ）本会議審議録」
（〔Ａ２〕：81年─89年・「ＩＫ本会議審議録」（Protokolleder ＩＫ）
→復刻版なし
・1　その審議記録
　（ⅰ）　上記のＶＥ（各ＴＥとＴＥ理由書）は，81／10／１からのＩＫ「本会議審議」（Hauptberatungungen）の討議資料とされ，ＩＥの作成作業が進行する。
　（ⅱ）　その審議記録が「第１次委員会（ＩＫ）本会議審議録」である。

・2　「ＩＫ本会議審議録」は復刻版なし
　（ⅰ）　「ＩＫ本会議審議録」は，「ⅡＫ審議録」とは異なり，Mugdan 本でも，Schubert 本でも，復刻されていない。
　（ⅱ）　成立史上，「①ＶＥ（含・理由書），→②ＩＫでの討議叩き台としてのＶＥ（含・理由書）審議，→③その修正としてのＩＥ確定」，という審議プロセスからすれば，②「ＩＫ本会議審議録」は，「①ＶＥ」と「③ＩＥ」を架橋し，ＩＥ形成／その内容を明確化するための，必要不可欠な重要な資料である。な

ぜなら,「二つの草案・理由書」の対比・検討から，その変遷（維持または修正等の諸根拠）を明瞭に読み取ることができる筈だ，からである。

(iii) では，その「審議録」はなぜ復刻されていないのか。

(α) その理由は，私見によれば，端的に「ＩＫ本会議審議録」が審議録として必ずしも完全なものではない（片面的である），からである，と判断される。

(β) より具体的には，ＩＫでは，ＶＥ（含む・理由書）を討議資料として審議がなされ，個別的論点毎に「提案」と「決議」（表決採否）がなされた。しかし,「ＩＫ本会議審議録」は，審議経緯の一般的流れを示しながら，その結論としての「決議」とその「正当化根拠」を明確化してはいるが，その「反対意見と理由」を記載するものではない。しかも，構成委員中の「発言者・提案者・表決者」名の記載もない。

(γ) このように，構成委員間の責任的発言を前提とした「議論の応酬」（争点／問題点）が，本「審議録」からは必ずしも判然としないところから，復刻されなかった，と判断される（石部24）。

・3 「逐条・集成」では，提案復元，提案集と提案者名を補充，審議内容を，明らかにしている。

＊6 「第１草案」（ＩＥ）確定（←「編纂委員会」の文案作り作業）
（〔Ａ３〕ＩＥ編集作業）

・1 編纂委員会宛「仮総括草案」の作成（←分担責任者の文案作り作業）

(i) ＩＫ内の下部機関として,「③編纂委員会」が設置され，この委員会がＩＥの文案作り作業の主体となる。

(ii) その作業段取りとしては，①まず，民法典各「部」の分担責任者が，それぞれ各「部」の「原案」を仮作成／仮総括し，②次いで，これを「編纂委員会」宛に提出（提案）し，③その文案編集作業に委ねる（①分担責任者による「原案作成」→②これをＩＫ内「編纂委員会」に提案→③そこでの文案作成作業），というものである。

(ⅲ)　ＩＫ審議は，ＩＫ審議それ自体として進行し，これと同時併行的に，漸次，文案作成作業が進行する。
(原典資料あり；①パーペ（債務法各則）個人的／「編集暫定原案」，②ヨーホウ（物権法）／「編集」　プランク（家族法）／「編集原案」）

・2　編纂委員会決議に基づく「諸規定集成」（ＩＥ原案）（←編纂委員会の決議「諸規定」の集成作業）
　(ⅰ)　編纂委員会の作業として，「仮総括草案」の提出を受けて，編纂委員会は直ちに審議に入り，その決議をおこない，その「是非／修正可否」等を決定する。
　(ⅱ)　この決議／決定に基づいた「諸規定集成」が各編につき印刷されている。「ＩＥ原案」とも，呼ばれる。
　(ⅲ)　これは，編纂委員会宛「仮総括草案」を大枠で維持しながら，文案／表記等，修正は微細にわたる。
　（上記①②→③編集委員会で決議／その「暫定集成」（＝「ＩＥ原案」とも呼ばれる）（各編ごとにある・物権法編／債務法編等）（「編集原案」がほぼそのまま採択→形式的修正）

・3　「編纂委員会草案」（ＫＥ）確定（←「編纂委員会」の諸規定集成の確定作業）
　(ⅰ)　編纂委員会決議「諸規定集成」（ＩＥ原案）はあくまでも仮集成にすぎないから，編纂委員会作業として，この「諸規定集成」（ＩＥ原案）をベースにした審議作業の結果，これを確定する。
　(ⅱ)　これが「編纂委員会草案」（ＫＥ）である。内部資料として，「前二編」の印刷物がある（1884年）。
　(ⅲ)　また，85年—87年の「非公開印刷物」がある（→復刻版あり）。

　；編纂委員会草案（ＫＥ）「確定」

・→Schubert, Anlagen, 1986. に収録されている。

・→；Entwurfeines BGB, ErsteBeratung, 1885―1887（第1編総則・第2編債務関係法・第3編物権法・第4編家族法・第5編相続法）.

・4 「第1読会草案」（ＩＥ）確定（1887）（←ＩＫ審議での修正・確定作業）

（ⅰ）ＩＫ作業として，ＩＫは，確定した「編纂委員会草案」を当時最終曲面の「ＩＫ審議」での基礎とし，これを修正審議し，その結果を「第1読会草案」（ＩＥ）として確定する。

（ⅱ）これは，ライヒ印刷局から，刊行されている（87年版／88年版）

・→Entwurf eines BGB, ausgearbeitet von der in Folge des Beschlusses des Bundesrathes vom 22. Juni 1874 eingesetzen Kommission. Erste Lesung. 1887, Reichsdruckerei.

・→その他に二つあり（児玉）

＊7 「ＩＥ理由書」（←ＩＫ助手（分担責任者補助者）作業）

・1 1887年12月にＩＫ委員長パーペによりライヒ宰相に提出された「ＩＥ」には，「理由書」は付せられてはいない。また，翌88年1月にＢＲ司法委員会に付託された「ＩＥ」にも，同様に，「理由書」は付せられていない。換言すれば，パーペの当初の意図にもかかわらず，「ＩＥ理由書」は，「ＩＥ」と同時に，公表されたわけではない。

・2 ＩＥには「理由書」が公刊されていること，無論である。これは，ＩＫ構成委員中の分担責任者が各部分草案を作成する際に，その補助者としてタッチした起草助手（ＩＫ助手）が，その作成をしている。

（ⅰ）一般論として言えば，日本的感覚からすれば，この「理由書」は，たしかに大部の「詳細な」理由書である。しかし，その記述が「ＴＥ理由書」と「ＩＫ審議録」の各該当部分からの要旨抜粋が中心であること，ＩＫ審議全体の原資料等がもともとかなり膨大であったこと，これらのことを考慮すれば，

第1章　1874年〜・「第1次委員会」審議と強制抵当権

その限りでは，それは「簡潔要約版」（→ドイツ文献では，そのように表記・表現されている）でもある。

（ⅱ）しかも，起草助手の執筆編集作業でもあるところから，自ずとその個人的見解・理解も含まれている。

・3　「ⅠE理由書」は，その手続上，ⅠK全体委員会の「校閲」も「承認」も受けていないので，正式には，「公定版」ではない。この点から，その史料的価値として，次のような指摘・評価がなされている。

　すなわち，Schubert の記述趣旨によれば，その内容上の学問的価値は高い，そしてその刊行後の1900年代以降の法ドグマティークを包括的に体系化するほどの水準をもっている，たしかにそうである，しかしそうであるにもかかわらず，「ⅠE」成立史の「純」史料（「成立史」を客観的・歴史的に確定・規定する史料）としては，あくまで「二次的・副次的」文献たらざるを得ない，としている（石部33）。

・4　「ⅠE理由書」は，計6巻（含・事項索引）から，成る。
　・→Motive zu dem Entwurfe eines BGB für das Deutche Reich, Amtlich Ausgabe, 1888.
　・→；Ⅰ巻—Ⅴ巻；Bd. Ⅰ／総則，Bd. Ⅱ／債務関係法，Bd. Ⅲ／物権法，Bd. Ⅳ／家族法，Bd. Ⅴ／相続法，Bd. Ⅵ／索引。
　・→Mugdan 資料集収録，1899—1900（→復刻版1979アリ）

＊8　付属法典（第1章「4節」部分）

　立法者は，「実体法と手続法の統合」に，心している。とりわけ，そのBGB立法作業の中核であり，その後永く継続する編纂作業の基点となったⅠKでは，顕著である。BGBを「基幹本体」として，その「付属法」についても，BGB編纂作業と同時並行的（→矛盾なき相互調整と一体的・統合的構成が必要だからである）に，編纂作業が進められる。

69

＋ＥＧＢＧＢ第１草案・理由書

・→Entwurf eines Einfuehrungsgesetzes zum Buergerlichen Gesetzbuche für das Deutsche Reich, Erste Lesung, Nebst Motiven, Amtliche Ausgabe, Berlin und Leipzig 1888.

＋ＧＢＯ／①　ヨーホウのＧＢＯ旧準備草案（ＧＢＯ旧草案）・理由書

・→（Alte）Entwurf einer Grundbuchordnung für das Deutsche Reich mit Begruendung, gedruckt in der Reichsdruckerei, Berlin 1883.

＋ＧＢＯ／②　ＩＫ審議の経由，その諸決定に基づきヨーホウの修正，→ＧＢＯ新準備草案（ＧＢＯ新草案）

・→（Neue）Entwurf einer Grundbuchordnung für das Deutsche Reich, gedruckt in der Reichsdruckerlei, Berlin 1888.

＋ＧＢＯ／③　ＩＫの最終的確定，→ＧＢＯ第１草案・理由書

・→Entwurf einer Grundbuchordnung und Entwurf eines Gesetzes betreffend die Zwangsvollstreckung in das unbewegliche Vermoegen, Ausgearbeitet durch die von dem Bundesrathe berufene Kommission, Nebst Motiven, Amtliche Ausgabe, Berlin 1889.：ＺＶＧ第１草案と共に公表されている

＋ＺＶＧ／①　ヨーホウのＺＶＧ準備草案

・→Entwurf eines Gesetzes für das Deutsche Reich, betreffend die Zwangsvollstreckung in das unbewegliche Vermoegen, Vorlage des Redaktor R. Johow, Berlin 1888（Abgedrucke auch bei Schubert, Vorlagen III, S. 465ff.）.

＋ＺＶＧ／②　ＺＶＧ準備草案に付せられた，アキレス作成の「理由書」

・→Begruendung des Entwurfes eines Reichsgesetzes, betreffend die Zwanngsvollstreckung in das unbewegliche Vermoegen, Im Auftraege des Redaktors ausgearbeitet von A. Achilles, Berlin 1888—1889（Abgedruckt auch bei Schubert, Vorlagen III, S. 509ff.）.

＋ＺＶＧ／③　ＺＶＧ準備草案はＩＫ審議を経由，諸決定，それに基づく修正・補充，→ＺＶＧ新草案

・→① Entwurf eines Gesetzes, betreffend die Zwangsvollstreckung in das unbewegliche Vermoegen, Zusammenstellung der sachlich beschlossenen Vorschriften, nebst Nachtraegen und Berichtigungen, in : Prot. der 1, Kommission v. 20, Feb. 1889, Anlagen A, B, C.

・→② Entwurf eines Gesetzes, betreffend die Zwangsvollstreckung in das unbewegliche Vermoegen für das Deutsche Reich, Ausgearbeitet von der durch Beschluss des Bundesrathes vom 22. Juni 1874 Eeingesetzten Kommission, Erste Lesung, Berlin 1889, Gedruckt in der Reichsdruckerei.

＋ＺＶＧ／④　ＩＫの最終的なＺＶＧ新草案，連邦参議院への上程，そこでの諸決定，→正式公表，→ＺＶＧ第１草案・理由書

・→Entwurf einer Grundbuchordnung und Entwurf eines Gesetzes betreffend die Zwangsvollstreckung in das unbewegliche Vermoegen, Ausgearbeitet durch die von dem Bundesrathe berufene Kommission, Nebst Motiven, Amtliche Ausgabe, Berlin 1889.

第1節　1880年・「物権法準備草案」中の強制抵当権制度
　　　——強制抵当権制度の導入——

> 論述の進行
> 1　不動産強制執行制度に関する，1877年・民訴法典（ＣＰＯ）による「ラント立法への留保」
> 2　ライヒの統一的「民法典（ＢＧＢ）」編纂の動向
> 3　「物権法準備草案」中の強制抵当権制度
> 　小　括

論述の進行

　(ⅰ)　1877年，ドイツ「民訴法（ＣＰＯ）」が施行されたが，同法は「不動産強制執行制度」に関する規制を大幅に「各ラントの立法」に委ね，「強制抵当権制度」についても，例外ではない。かくして，この立法委任に基づき，各ラントでは個別的に独自の「不動産強制執行法」が制定されている。

　たとえば，1883年，プロイセンでは新たな「不動産強制執行法」が成立しているが，同法はその歴史的・伝統的なプロイセン強制抵当権制度を，ほぼ近代的モデルとして完成させている（1）。

　(ⅱ)　既に従前より，全ドイツに妥当されるべき統一的民商法典等の編纂のための，意欲的な試みが反覆されてきている。

　1871年，ドイツライヒが成立したことを契機として，統一的民法典編纂の動きは新たな展開をみせはじめ，1873年の憲法改正法（ラスカー法）の成立に伴ない，統一的民法典編纂のための法的基盤が確立されるに至る。1874年，まず「準備委員会」が設置され，その答申に基づき「第1次委員会」が設置され，

統一的民法典編纂の具体的な作業が進行していく（2）。

(ⅲ)　統一的民法典編纂過程において，強制抵当権制度はまず「物権法準備草案（ＳＲ準備草案）」中において登場する。来たるべき統一的民法典は，その構成上，総則より相続法に至る「計五部」より成るが，その起草作業上，まず各「部」につき「部分草案」が作成され，物権法については，その部分草案として「物権法準備草案」が作成されている。強制抵当権制度が，「不動産強制執行法典」中においてではなく，民法典中の「物権法」中において，登場している，という点に注目される。

なお，物権法準備草案「理由書」によれば，既に強制抵当権制度は永い歴史的展開の中でドイツの極めて広範囲な諸地域において導入され，その現実的重みが同制度導入の決定的要因である，とされている。しかも，「物権法準備草案」中の強制抵当権制度はかなりの理論的・体系的整備を示している，という点にも注目される（3）。

1　不動産強制執行制度に関する，1877年・民訴法典（ＣＰＯ）による「ラント立法への留保」[1]

(1)　ラント立法への留保（1877年・ＣＰＯ）

(ⅰ)　1877年1月30日，「ドイツ民訴法典（Zivilprozeßordnung vom 30. 1. 1877）」が公布される。この1877年・ＣＰＯは，「強制抵当権制度」につき，その諸規律事項を「ラント立法による規制」に委ねている。

(ⅱ)　すなわち，ＣＰＯ757条は不動産強制執行に関する諸関連事項を「各ラントの立法による規制」に委ね（いわゆる「ラント立法への留保」），同条2項は「強制抵当権制度」の存置を承認しつつ，「強制抵当権の登記」の執行方法の権限の「範囲」並びにその「登記」の「方法」（いかなる範囲で債権者はその債権を抵当登記簿に登記させ得るのか，いかなる方法でその登記をおこなうべきか）を，「各ラントの立法による規制」に委ねていた。

(2) 土地法（不動産法）の「地域的分裂性」の現象

(ⅰ) 一見すれば明らかなように，1877年・ＣＰＯは，強制抵当権制度を含めて不動産強制執行につき，ほとんど何等の規制をもおこなってはいない。ＣＰＯ中の「不動産強制執行規定」は，僅か３ケ条（同755—757条）のみにすぎない（本研究第Ｉ巻第５章第１節２(3)）。しかも，同755条・756条は「不動産強制執行の管轄裁判所」の規定であるし，同757条は「各ラント立法への留保」を定める留保委任規定にすぎず，いずれも，内容的には微少なウェイトを示す，形式的な規定にすぎない。

(ⅱ) 法継受史上，ドイツ民訴法典の影響を濃厚に受けていたわが国の民訴法典（昭和55年施行の新「民執法」制定前のもの）が，極めて豊富な「不動産強制執行規定」を有していたことを想起すれば，このようなドイツ法上の法規制の現象は極めて特徴的である，と思われる。しかも，ここでは，「民法・土地登記法等」のいわゆる「土地法（不動産法）」に関しては，当時各ラント間における「法の地域的分裂性」が極めて顕著であった，ということに，あらためて注目しなければならない。

(ⅲ) では，「法の地域的分裂性」とは具体的にどのようなものであったのか。

(α) 1877年・ＣＰＯの編纂・制定当時，ドイツライヒでは，「民法・土地登記法等」の「土地法」（民法典中物権法は「実体的土地法」であり，土地登記法は「形式的土地法」である）は各ラントの立法による「個別的規制」に委ねられており，各ラント毎に極めて多様な「土地法」が存立していた。ここでは，「土地法の地域的分裂性」が極めて顕著にみられた。

(β) いうまでもなく，「不動産強制執行制度」は民法・土地登記法等の「土地法」と不即不離に接合している。「土地法」に準拠する土地（不動産）上の担保権を，手続的・強行的に実現する（その被担保債権の給付取立てを実現する）こと，それが「不動産強制執行制度」（担保権実行手続制度）の使命に他ならない，からである。

(γ) しかし，各ラントの「土地法」は顕著な地域的分裂性を有しており，それと不即不離に接合する「不動産強制執行制度」も，自ずと地域的分裂性を有して

いた。したがって，1877年・ＣＰＯは，各ラントの「土地法」の地域的分裂性の状況の下，「不動産強制執行制度」に関するライヒ立法による「統一的規制」を断念し，これを各ラントの立法による「個別的規制」に委ねざるを得なかった。

(δ) 以上の意味で，「不動産強制執行制度」に関するＣＰＯ757条の「ラント立法への留保」は，ドイツライヒにおける悲劇的必然でもあった。

(iv) なお，その立法委任を受けた各ラントの代表的な個別立法としては，①プロイセンにおける1879年・1883年の「不動産強制執行法」（本研究第Ⅰ巻第5章第1節・第2節），②ザクセンにおける1884年の「不動産強制競売・強制管理法」，③バイエルンの1879年の「不動産強制競売法」，等が指摘される。

2　ライヒの統一的「民法典（ＢＧＢ）」編纂の動向[2)]

(1)　ドイツライヒ成立前，その前史的状況

(イ)　各ラントの個別立法，あるいは一般ドイツ的立法

(a)　各ラントの個別立法（ザクセン民法典）

(i) 19世紀に入り，各ラントはそれぞれ政治的・経済的な内的統一を固めつつあり，それに対応して，法的にも内的統一をなお一層促進させようとする。「民事法」領域についてみれば，1863年，パンデクテン法学の輝かしい一成果として，「ザクセン民法典」が発効している。これは個別ラントによる民事法典編纂の唯一の結実例であり，その精緻な概念的・体系的成果は来たるべきドイツ統一的法典の先駆となる。

(ii) しかし，他方，その他の諸ラント，具体的にはプロイセン・バイエルン・ヘッセンにおける法典編纂は，ついに結実せず，法典として発効するには至っていない。来たるべき「ドイツ連邦」統一的立法の具体化への期待・予期が，その未結実の一要因でもある。

(b)　一般ドイツ手形条令，そして一般ドイツ商法典

(i) 他方，「商事法」領域についてみれば，1848年，「ドイツ関税同盟」の主導の下，19世紀前半のドイツ商法学の一成果として，「一般ドイツ手形条令（Allgemeine Deutsche Wechselordnung）」が，そしてさらには，1861年，「ドイツ連

邦」の主導の下,「一般ドイツ商法典（Allgemeines Deutshes Handelsgesetzbuch)」が, 発布される。この両法により, ドイツライヒ建立 (1871年) 前に,「商事法」領域では, 既に「全」法的統一がなされる。

(ⅱ) ここでは, 次の点に注目されよう。すなわち, ドイツ連邦は, 本来, 全ドイツ的な立法権限を有するものではない。この意味では, 上記両法は, 法形式上, 全ドイツ的な統一的商事法ではなかった。しかし, ほとんどすべてのドイツ諸国家・諸ラントにおいて, 両法は, 普通ドイツ的ラント法としてそれぞれ妥当・発効し, その限りで現実には全ドイツ的な統一的商事法典となっている。「商事取引の全ドイツ的統一性」という実務的要請が, 当時それだけ強力なものであった, からに他ならない。なお,「ドイツ連邦」崩壊後においても, 両法は, ドイツライヒ, さらにはオーストリーにおいて, 妥当し続けていく。

(c) ドレスデン草案

(ⅰ) 1861年以降, 著名な法学者並びに裁判官の手により, 一般ドイツ債務法起草のための作業が進められる。1865年, それは「一般ドイツ債務法草案 (Entwurf eines allgemeinen deutschen Gesetzes über Schuldverhältnisse)」として結実する。これが, いわゆる「ドレスデン草案 (Dresdner Entwurf)」と呼ばれるものである。この債務法草案は, 逐次ドイツの諸ラントにおいて発効される筈のところ, 1866年6月14日の「ドイツ連邦」崩壊と共に, ついにその発効の機会を得ていない。

(ⅱ) しかし, その編纂作業は決して徒労に帰したわけではない。後日, 統一的民法典起草に際し, 実質的には債務法「部分草案」的な位置付けの下, ドレスデン草案の法体系はＢＧＢ第１草案の一基盤とされた, からである。統一的民法典中の債務法「部分草案」の編纂担当者であったフォン・キェーベルが急死したため, である。この意味で, ドレスデン草案は, 統一的民法典編纂史上, なお重要な歴史的意義を有し続けている。

㈹ 北ドイツ連邦の成立, 統一的立法権限の拡大の要請

(a) 北ドイツ連邦憲法4条13号（「債務法」への限定）

(ⅰ) 「北ドイツ連邦」は, ビスマルク＝プロイセンの主導の下, 1866年, 計

23の諸国家（諸ラント）の参加に基づき，成立する。次いで，翌1867年3月4日，北ドイツ連邦憲法ビスマルク草案（1866年12月15日付）が立憲帝国議会に提出される。この立憲帝国議会では，ビスマルク草案に対して数々の修正決議がなされ，その一つが同草案4条13号の修正決議である。

(ⅱ) 同草案4条13号によれば，連邦の立法権限として「民訴法・破産法・手形法・商法の共通立法」が限定列挙されている。これに対する三つの修正案中，立憲帝国議会は，ミーケル修正案（連邦の立法権限として「民法・刑法・裁判手続法，の共通立法」）を拒否し，僅差でラスカー修正案（連邦の立法権限として「債務法・刑法・商法・手形法・裁判手続法，の共通立法」）を可決する。

(ⅲ) 民法は債務法・物権法・親族法（人の法）・相続法を包括すべきものであるところ，ミーケル修正案が「民法」全体を連邦の立法権限の下に服させるべしとするのに対し，ラスカー修正案は「民法」中「債務法」のみを連邦の立法権限の下に服させるべし，とする。前者が本質的・抜本的解決を志向するのに対し，商取引に関連し，それ故に反対の少ない領域へ限定せんとする点で，後者は妥協的解決を志向する。

(ⅳ) 立憲帝国議会はラスカー修正案の妥協的解決を是とするが，政治的にみれば，それは「統一的中央集権主義・急進主義」と「地方分権主義・保守主義」との狭間の，妥協的産物の一つでもある。

(ⅴ) 1867年7月1日，ラスカー修正案は，北ドイツ連邦憲法4条13号として，発効する。かくして，連邦の立法権限は「債務法・刑法・商法・手形法・裁判手続法，の共通立法」に限定される。

(b) 連邦帝国議会での「民法全体」への拡大の承認

(ⅰ) 1869年3月18日，北ドイツ連邦帝国議会にて，ミーケルは，ラスカーと共に，憲法4条13号の改正を求めて，連邦の立法権限として「民法全体・刑法・裁判手続法，の共通立法」を，再度提案する。連邦帝国議会はこの提案を承認・可決し，はじめてミーケル提案趣旨が認知される。

(ⅱ) しかし，同年6月16日，連邦参議院は，その自らの立場上，この憲法改正を拒否する。以後，連邦帝国議会と連邦参議院との間で，承認と拒否のパ

ターンが反覆され，決着を見ぬまま，場面はドイツライヒの時代へと移行していく。

(2) ドイツライヒ成立（1871年），その新たな動向
(イ) 1873年12月20日・憲法改正法（ラスカー法）の成立（立法権限の「民法全体」への拡大）
（ⅰ） 1871年，ドイツライヒが成立する。ここに，統一的民法典編纂の動向は新たな展開をみせはじめる。同年4月26日，北ドイツ連邦憲法が改正され，それはライヒ憲法として施行されるが，ライヒの立法権限は従前と変わるところなく，「債務法」に限定されている。かくして，ミーケルとラスカーは，ライヒの立法権限の「民法全体」への拡大を求めて，粘り強く憲法改正提案を反覆する（1871年・72年・73年）。それは，ついにライヒ議会の多数の賛成を得るに至る。

（ⅱ） このような状況下，かたくなに憲法改正を拒否していた連邦参議院は，1873年12月4日，ついに憲法改正に同意し，ライヒの立法権限の「民法全体」への拡大を承認し，併せて統一的民法典起草のための「委員会」設置の必要性を決議する。そして，同年同月20日付の憲法改正法（いわゆるラスカー法：Lex Laskar）が成立し，これにより，統一的民法典編纂のための法的基盤がようやくにして確立される。

(ロ) 準備委員会（Vorkommission）
（ⅰ） 連邦参議院の命の下，司法制度委員会は，ドイツ民法典起草の「計画と方法」について，その専門的立場からの「提案」を求めるために，5名の法律実務家にこれを委嘱すべし，との答申をだす。1874年2月28日，上記答申は連邦参議院の決議により採用され，これに基づき，5人の上級裁判官が「提案」のための委員として任命された。これが「準備委員会」の設置である。

（ⅱ） 準備委員会は上級裁判官のみの委員会である，という点で特徴的である。
(α) その構成委員名を列記すれば，①ゴルトシュミット（Goldschmidt. ライプチッヒのライヒ商事高等裁判所参事官），②フォン・キューベル（von Kübel. シュ

トットガルトの最高法院院長），③マイヤー（バーデルボーンの控訴審裁判所所長），④フォン・ノイマイヤー（von Neumayer. ミュンヘンの上告審裁判所所長），⑤フォン・ウェーバー（von Weber. ドレスデンの上告審裁判所所長），である。

(β) その後の構成委員の変化として，後日，マイヤーは健康上の理由により委員を辞任する。その後任としてフォン・シェリング（von Schelling. ハルバァーシュタットの控訴審裁判所所長）が選任される。フォン・シェリングは，その後，準備委員会座長として，審議進行を主宰する。

(ハ) 準備委員会「答申書」
　　――ドイツ民法典起草のための「計画と方法」について――
(a) 「答申書」の作成，提出，承認
(i) 準備委員会は，直ちに「答申書」の作成に着手し，これを迅速に完成させる。
(ii) かくして，プロイセン司法大臣の諮問に応接して，1874年4月15日，準備委員会は，「答申書」を連邦参議院に提出し，その裁可を求める。
(iii) この「答申書」は，直ちに司法委員会に付託され，その審議に付される。同年6月9日，司法委員会は，その報告書にて，「答申書」に同意し，補足提案と共に，あらためて連邦参議院に上程する。
(iv) 同年6月22日，連邦参議院は「答申書」並びに「補足提案」に同意する。
(b) 三つの基本課題
(i) 準備委員会「答申書」は，内容上，二部に分かれ，第1部はいくつかの個別的な留意すべき諸事項を中心として「答申書」の趣旨説明に，第2部は具体的提案事項の個別的列挙に，充てられている。
(ii) ここでは，その後の法典編纂作業を支配した基本的指針を明らかにするために，第1部・趣旨説明の冒頭部分に焦点をしぼり，そこで提示された「三つの基本課題」につき論及しておく。

　1　我々準備委員会の課題は，ドイツ民法典の必要性と合目的性につき意見を述べること，にあるのではない。むしろ「任務」それ自体は既に定められてあり，これを前提として任務の「範囲」を一般的に特定すること，さらにこの任務をも

っとも確実・迅速・合首尾的に達成すべく，その「作業方法」を指示すること，に在る。

　起草されるべき民法典はドイツ国民の然るべき要求に応え，しかもすべての支邦国の利益に，そして学問・法実務の要請に応えるものでなければならない。そのためには，民法典起草は次の諸条件を具備するものでなければならない。

　すなわち，(i)ドイツライヒ内にて妥当している諸民事法体系中，価値判断的に正当とされる共通の法制度・法命題を堅持しなければならないこと，(ii)諸法規定が相当に矛盾し，いずれの法規定を採用すべきかが問われるときには，第一次的には「社会の要請，合目的的性」に即して決定し，第二次的には「法的・論理的一貫性」に即して決定しなければならないこと，(iii)今日的状況に適合する法原理を徹底的・積極的に採用せんとするときには，従来的な法や立場や地方的な固有の諸事情との兼ね合いを，必須的に特に配慮しなければならないこと，(iv)採用されるべき法命題を条文化するに際して，法学者間のみで通用する「専門的表現」，他方，法律条文に不可欠たる技術的明晰性・精確性を欠缺する「通俗的表現」，は共にこれを利用すべきではない。凝縮された簡潔性を多とし，一般人にも理解できる，しかも精練された法律用語を利用すべく，努めなければならないこと，の諸条件である。

　2　三つの基本課題
　(1)　ドイツライヒにおいて妥当している私法諸規定の総体を，その合目的性・内的真実性・論理一貫的実施性如何を顧慮しつつ調査しなければならない。
　(2)　いわゆる普通法（普通民事法・ドイツ私法）のもつ共通基盤から乖離する，「近年の重要な民事諸立法，ラント法並びに随時発布されるライヒ法」の諸規定は，いかなる範囲で維持されるべきか，あるいはその調整が試みられるべきか，試みられるとすればいかに調整されるべきか，を慎重に検討しなければならない。
　(3)　正しい「形式（構成）」と「配列（整序）」のために，最大限の注意を払わなければならない。

(3)　第1次委員会（Erste Kommission）（←74／6／22・連邦参議院決議）
(イ)　その設置，構成
(i)　1874年7月3日，連邦参議院は，「第1次委員会」を設置し，同時に11名の構成委員を任命する。
(ii)　その構成員についてみれば，

（α）司法行政官僚（含・現任裁判官）として，①パーペ（Pape. ライヒ商事上級裁判所所長），②ヨーホウ（Johow. プロイセン最高裁判所判事），③クールバウム（Kurlbaum. プロイセン司法省参事官），④プランク（Planck. プロイセン控訴審裁判所判事），⑤フォン・キューベル（von Kübel. ヴュルテンブルク最高裁判所所長），⑥フォン・シュミット（von Schmitt. バイエルン司法省参事官，上級ラント裁判所長官），⑦デルシャイト（Derscheid. ライヒ控訴審裁判所判事），⑧ゲープハルト（Gebhard. バーデン司法省参事官），⑨フォン・ヴェーバー（von Weber. ザクセン控訴審裁判所長官）の9名，である。

（β）さらに，法律学正教授として，①ヴィンドシャイト（Windscheid. ロマニスト），②フォン・ロート（von Roth. ゲルマニスト）の2名，である。

（γ）その後の構成委員の変化として，1883年10月，ヴィンドシャイトがその職を辞する。1884年1月，フォン・キューベルが病死する。その後任として，フォン・マンドリ（von Mandry. ヴュルテンブルク大学法律学正教授・ロマニスト）が選任される。そして，1888年2月4日，フォン・ヴェーバーが死亡する。その後任として，リューガー（Rüger. ドレスデン控訴審判事）が選出される。1888年9月，委員長パーペが死亡する。代わりに，ヨーホウが委員長となる。

(iii) その構成委員の特徴として，

（α）第1に，出身代表ラント別にみれば，①プロイセン4名（デルシャイトを含めれば5名），②バイエルン2名，③バーデン2名，④ザクセン1名，⑤ヴュルテンベルク1名，⑥エルザス・ロートリンゲン1名，である。当時のドイツライヒにおける各ラント間の政治的・経済的立場，すなわちプロイセンの主導を反映したものであろう。

（β）第2に，代表法域別にみれば，①プロイセン一般ラント法領域3名，②普通法領域3名，③フランス法領域2名，④ザクセン法領域1名，⑤法学者としてのゲルマニスト1名，⑥法学者としてのロマニスト1名，である。四大法領域（①―④）からの選出，に注目される。

――ここで若干付言すれば，当時，ドイツの法域は7つに区別される。各法の妥当の下における住民数の多寡の順にみれば，①プロイセン一般ラント法

（1794年）の下では約2120万人，②普通法の下では約1650万人，③フランス法（Code Civil. 1804年）の下では約670万人，④ザクセン民法典（1863年）の下では約350万人，⑤バーデンラント法（1808・1809年）の下では約170万人，⑥デンマーク法（Gesetzbuch Christinians V. van Dänemark. 1683年）の下では約105,000人，⑦オーストリア一般民法典（1811年）の下では約2,500人，である。このような状況を前提とすれば，各法域下の住民数をある程度考慮の上，構成委員を選出したものともいえよう。

　なお，ゲルマニステンとロマニステンの中から各1名の法学者が構成委員として選出されているが，これは19世紀の10年代からドイツにおける「法典化論争」での，「ゲルマニステンとロマニステンの対立・和解」をふまえて，両陣営のバランスを保ったものでもあろう。──

　(γ) 第3に，職業別にみれば，①現任裁判官6名を含めた上級司法行政官僚9名，②法律学正教授2名，である。構成比でいうと，前者が圧倒的であり，後者の法律学正教授はごく僅少である。しかも，在野法曹たる弁護士からは，皆無である。審議が最終的には多数決により決定された以上，現任裁判官を含めた上級司法行政官僚が審議結果に決定的な影響を与えたこと，が明瞭である。彼等は既に豊富な立法経験を有するものでもあった。

　なお，法律の作成はあくまで司法省の任務であり，したがって司法省上級官僚を中心としてこれにあたるべきであり，学界からの法学者の参加は補助的にのみなされるべし，というのがプロイセンの伝統であった，といわれている。かくして，第1次委員会の構成委員の任命はプロイセンの一つの保守的伝統に準拠するものである。

　(ロ) **作業範囲とその進行の確定**
　(i) 1874年9月17日，第1次委員会は，その準備会にて，準備委員会答申に準拠しつつ，今後起草すべき民法典草案の「範囲と作業進行」につき，次のように決定する。
　(ii) すなわち，
　(α) 第1に，民法典の構成は「総則・物権法・債務法・親族法・相続法」の

「五部」より成り，その各「部」につき個別的にまず「部分草案」が起草されるべきであり，その各「部分草案」の起草のために，構成委員中より各編纂責任者を定め，これに委嘱し（「総則をゲープハルト，物権法をヨーホウ，債務法をフォン・キューベル，親族法をプランク，相続法をフォン・シュミット」に各々委嘱し），これらの各作業は同時進行的におこなわれるべし，とする。

(β) 第2に，重要な原理的諸問題については，第1次委員会が予めこれを暫定的に決定し，以後の作業進行の基礎とすべし（但し，その決定には絶対的拘束力はない），とする。

(γ) 第3に，各部分草案がすべて完成された後にはじめて，第1次委員会の主審議（本会議審議）が開始されるものとすべし，とする。

(δ) 第4に，主審議の進行方法として，「第1読会」と「第2読会」が順次設置され，その役割分担として，まず第1読会は各「部分草案」を確定し，主報告者はその部分草案を内容・形式において「全体草案」へと構成し，次いで第2読会はその表現・形式を最終的に確定するものとすべし，とする。

(ハ) 各「部分草案」の完成

(i) 上記の準備会の決定に基づき，各編纂担当責任者の下で，各「部分草案」の起草作業が進行する。

(ii) そして，1879年には相続法の「部分草案」が，1880年には親族法・物権法の各「部分草案」が，1881年には総則の「部分草案」が，それぞれ順次完成をみる。

(iii) 但し，債務法の「部分草案」は，その編纂担当責任者フォン・キューベルの逝去故，ついに完成していない。

(ニ) ヨーホウの「物権法準備草案（ＳＲ準備草案）」

(i) 物権法「部分草案」は，その編纂担当責任者・ヨーホウの指揮の下，共働作業者としてのアキレス，マルティニ，フォン・リーベの助力を得て，1880年に完成する。これが「物権法準備草案」（以下，ＳＲ準備草案と略称する）である。その起草開始より，既に6年の歳月が流れている。

(ii) なお，このＳＲ準備草案には，詳細な「理由書」が附せられており，立

法趣旨の解明にとって重要な意義が認められる。

　(iii)　その起草作業よりみれば，ＳＲ準備草案の特徴はどのようなものであったのか。以下，個別的に列挙しておきたい。

　(α)　その起草に際し，編纂者は，ドイツライヒに妥当する現行物権法の諸規定につき，その立法資料を広範囲にあまねく蒐集する。これは，準備委員会答申の趣旨（ドイツライヒ内の既存の諸法典・諸規定・諸草案を，それが実務上承認されている限りで，普通法の理論・実務と共に，ドイツ民法典の体系的基礎とすべし）に，起草者が準拠せんとした，からに他ならない。

　(β)　その起草に際し，起草者は，ドイツライヒの諸ラントの諸土地登記法や諸抵当法（たとえば，プロイセン一般ラント法・ザクセン王国民法典・ヘッセン草案・バイエルン草案等）を，参照している。しかし，他方，バイエルン民法典（1756年）やフランス民法典については，それ程参照していない，と判断される。フランス民法典中の不動産物権法についていえば，それはもはやドイツ法律学の成果にも現実の金融・不動産取引の要請にも応え得ない，からである。

　(γ)　外国法としては，オーストリア民法典，カントン・チューリッヒの私法典（1853—1856年），1879年のスイス債務法及び商法草案，オランダ民法典（1838年），カントン・ベルンの私法典（1824—1830年），等を参照している。

　(δ)　学説としては，普通法につき，ヴィンドシャイドのパンデクン体系書，ドイツ法につき，シュトゥベのドイツ私法体系書，等を主として参照する。なお，物権法の領域におけるモノグラフィーにも注意を払うが，判例についてはほとんどこれを顧慮していない。また，「経済学・社会学」に関する著作あるいは統計資料等についても，ほとんどこれらを顧慮していない。

　(ε)　なお，不動産担保制度については，プロイセン法並びにメクレンブルク法の影響が，顕著である。しかも，後述のように，物権法準備草案中に登場した「強制抵当権制度」は，疑いもなく，プロイセン法上の強制抵当権制度と，軌を一にするものであった。

　――プロイセンでは，1883年・不動産強制執行法が成立しているが，同法はプロイセン強制抵当権制度を近代的モデルとして完成させた（本研究第Ⅰ巻第

第1章　1874年〜・「第1次委員会」審議と強制抵当権

5章)。これは，ＳＲ準備草案（1880年）よりも後のことであり，ＳＲ準備草案は，時間的にも明らかなように，自ずと同法を考慮ないし参考するものでは，まったくない。年代的には，ＳＲ準備草案は，1834年・プロイセン民事執行令中の強制抵当権制度（並びにその後の展開）（本研究第Ｉ巻第3章）を考慮するにすぎなかった，ということに注目される。——

3　「物権法準備草案」中の強制抵当権制度[3]

　(i)　ＳＲ準備草案（物権法準備草案）は，強制抵当権制度，すなわち執行抵当権制度（後述の如く，ＳＲ準備草案は「執行抵当権」の表記を採用しており，以下の叙述ではこの表記を利用する）を，採用する。

　(ii)　ＳＲ準備草案中の執行抵当権制度の法構造を，その「理由書」に準拠して，以下に解明する。1834年・プロイセン民事執行令中の強制抵当権制度との連続性，そして若干の非連続性に，注目される。

(1)　関連諸規定

　ＳＲ準備草案中，執行抵当権制度に関連する諸規定は，以下の4カ条である。

(イ)　ＳＲ準備草案373条

　　§ 373　Vollstreckungshypothek.

① Der Gläubiger, welcher einen Titel zur Zwangsvollstreckung in das Vermögen des Schuldners erlangt hat, kann, sofern seine Forderung auf eine bestimmte Geldsumme endgültig festgestellt ist, in Höhe derselben eine Hypothek auf die Grundstücke des Schuldners eintragen lassen.

② Das Vollstreckungsgericht hat auf den Antrag des Gläubigers das Grundbuchamt unter Bezeichnung des Titels um die Eintragung zu ersuchen.

③ Der Anspruch aus der Hypothek tritt an die Stelle der bisherigen Forderung des Gläubigers.

④ Vorläufig vollstreckbare Urtheile und Vollstreckungsbefehle, desgleichen Entscheidungen, gegen welche noch das Rechtsmittel der Beschwerde stattfindet,

85

berechtigen den Gläubiger nur, die Eintragung einer Vormerkung zu verlangen.

(ロ) 同374条

§ 374　Vollstreckungshypothek.

Oeffentliche Behörden bedürfen, soweit ihnen das Recht der Zwangsvollstreckung zusteht, zur Eintragung von Hypotheken und Vormerkungen nicht der Vermittlung des Gerichts.

(ハ) 同423条

§ 423　Vollstreckungshypothek

Soll im Fall des §. 373 eine andere Leistung als die Zahlung einer Geldsumme sichergestellt wreden, oder ist die von dem Schuldner zu zahlende Summe noch nicht festgestellt, so bestimmt das vollstreckungsgericht auf den Antrag des Gläubigers nach freiem Ermessen den Geldbetrag der zur Sicherung der Forderung einzutragenden Hypothek.

(ニ) 同430条

§ 430　Ausschließng gewisser Sätze

Die Bestimmungen in §. 373 Abs. 3, §§. 377, 378, 381, 382, 401 und 410 finden auf die Sicherungshypothek keine Anwendung.

(2) 表　記――「執行抵当権」の表記の採用――

(i) ＳＲ準備草案は，「執行抵当権（Vollstreckungshypothek）」，と表記する。「強制抵当権（Zwangshypothek）」と表記していない，という点に注目される。

(ii) なお，補足すれば，ＳＲ準備草案中の関連諸規定（373・374・423条）中には，上記のいずれの表記も利用されてはいない。しかし，その同373・374・423条の箇所に付せられた，内容表示のタイトルとして，「執行抵当権」の表記がみられる（(1)参照）。

(3) 執行抵当権制度の法的基礎

(i) ＳＲ準備草案「理由書」は，執行抵当権制度は既にドイツの広範囲な領

域に導入されており，執行抵当権制度の法的基礎は，債務者に対する請求権の「執行力（Vollstreckbarkeit）」の存在に，求められる，とする。

(ii) すなわち，執行名義を取得した債権者は，債務者所有の財産に対して「強制執行」ができ，それにより自己の債権につき「給付」取立てをなし得る。このような「権限」をそもそも有する債権者が，債務者所有の不動産上に「抵当権」を取得できること，あくまで事理当然だ，からである，とする。

(iii) より具体的には，①債権者が自己の債権のために，「抵当権」を取得できる「権限」は，強制執行の方法により債権の「給付」取立てをなし得る「権限」（「強制競売」の執行方法の追行権限）との比較において，より微弱な権限（das mindere Recht）であり，後者の権限を有する債権者が前者の権限を有すること，事理当然であり，②前者，すなわち「執行抵当権の登記」の執行方法の追行は，後者，すなわち「強制競売」の執行方法の追行を，債務者の利益において「猶予」する（換言すれば，その所有土地の強制競売による債務者の経済的破滅を猶予する）ものであり，債権者に前者の「権限」を認めても，そのことは債務者によってなんら不利益となるものではない，という二点が指摘されている。

(4) 「執行抵当権の登記」の法的性格──不動産強制執行の一執行方法──

(i) ＳＲ準備草案「理由書」は，「執行抵当権の登記」は不動産強制執行の一執行方法である，とする。

(ii) ここでは，「執行抵当権の登記」は，「強制競売・強制管理」の執行方法と並ぶ，第三の執行方法として位置付けられている，という点に注目される。

(5) 執行名義

(イ) 執行名義の必要（強制執行の一般原則の妥当）

(i) ＳＲ準備草案「理由書」は，「執行抵当権の登記」は不動産強制執行の一執行方法であり，したがって強制執行の一般原則がここでも適用され，かくして「執行抵当権の登記」の執行方法は執行名義に基づきおこなわれる，とす

る。

(ⅱ) ここでは，その債権につき執行名義を取得した債権者のみが「執行抵当権の登記」の執行方法を進行できる（同373条1項），とされている。

㈠ **執行名義の種類**（その広範囲な許容）

(ⅰ) ＳＲ準備草案「理由書」は，「執行抵当権の登記」の執行方法は執行名義に基づきおこなわれるが，ここでの執行名義としては，ＣＰＯ諸規定並びにその補充をなす各ラント法により債務者所有の財産への強制執行を即時に可能とするすべての「名義」が，これに該当する，とする。

(ⅱ) ここでは，「執行抵当権の登記」の執行方法を可能とする執行名義如何につき，その「種類」を限定せず，極めて広範囲にその執行名義を許容している（同373条1項は，その文言上，執行名義の種類を限定していない），という点に注目される。

㈂ **執行名義の内容**（「一定額の金銭給付」を目的とする債権への非限定）

(ⅰ) ＳＲ準備草案「理由書」は，「執行抵当権の登記」の執行方法を可能とする執行名義は，その内容上，必ずしも「一定額の金銭的給付」を目的とする債権に限定されない，とする。

(ⅱ) すなわち，より具体的には，①一定額の金銭的給付を目的とする債権（一定額の金銭債権），②非金銭的給付を目的とする債権（非金銭債権），③金銭的給付を目的とするも未だ給付すべき金額が留保されている債権（金額未特定の債権），等のすべてが「執行抵当権の登記」の執行方法を可能とする執行名義たり得る，とする。金銭債権のみならず，非金銭債権や金額未特定の金銭債権のためにも，「執行抵当権の登記」の執行方法が追行される。

㈢ **「終局的執行力」具備の必要**

(ⅰ) ＳＲ準備草案「理由書」は，①「執行抵当権の登記」の執行方法を可能とする執行名義は，「終局的執行力（endgültige Vollstreckbarkeit）」を具備するものでなければならない，②仮執行力あるにすぎない債務名義に基づくときには，債権者は執行抵当権の「本登記」を取効できず，いわばこの予備的段階としての「仮登記」を取効できるにすぎない（同373条4項参照），③仮執行力あるに

すぎない執行名義が，後日，終局的執行力ある執行名義に転化したときには，債権者はその終局的執行力ある執行名義に基づいて，既に取効していたその「仮登記」を「本登記」に転換できる，とする。

(ⅱ) ここでは，①「執行抵当権の登記」のための執行名義としては，終局的執行力を具備するものに限定される，②仮執行力を具備するにすぎないときには，仮登記がなされる，③仮執行力が終局的執行力に転換するに伴ない，仮登記も本登記に転換できる，④無論，ＳＲ準備草案中には「仮登記制度」が存置されている，等の諸点に注目される。

(ホ) 督促手続でなされた「執行命令」

(ⅰ) ＳＲ準備草案「理由書」は，督促手続でなされた「執行命令」に基づくときには，債権者は執行抵当権の「仮登記」を取効できるにすぎない，とする。

(ⅱ) 「執行命令」の執行名義としての力の微弱性を理由として，「仮登記」が取効されるにすぎない（同373条4項），とする。

(6) 成立要件としての「登記」（「登記主義」の妥当）

(ⅰ) ＳＲ準備草案「理由書」は，執行抵当権は土地登記簿への「登記」により成立し，土地登記簿への「登記」は執行抵当権の成立要件の一つである，とする。

(ⅱ) ＳＲ準備草案は「登記主義（Eintragungsprinzip）」の原則を採用し，この原則を執行抵当権についても妥当させている。

(7) 執行抵当権の「法型態」

(イ) 抵当権の種類

(a) 二つの「抵当権種類」（「独立的」抵当権と「付従的」抵当権）の承認

ＳＲ準備草案「理由書」は，抵当権種類として，①「独立的」抵当権（selbständige Hypothek）と②「付従的」保全抵当権（akzessorische Sicherungshypothek）との二つが，承認される，とする。

(b) 「独立的」抵当権の法的性格

(i) ＳＲ準備草案中の「独立的」抵当権は，人的債権債務関係から独立した抵当権である。ここでは，端的に，①抵当権の「付従性」が否定され，②したがって，抵当権の「流通性」が確保され，③「流通抵当権（Verkehrshypothek）」としての法的性格が明瞭化されている。

(ii) この「独立的」抵当権は，抵当権の流通性を求めんとする現実の金融取引上の要請に，応えん，とする。

(iii) なお，沿革的にみれば，この「独立的」抵当権はプロイセン法の「土地債務（Grundschuld）」に接続する。

(c) 「付従的」抵当権の法的性格

(i) ＳＲ準備草案中の「付従的」保全抵当権は，人的債権債務関係に依存し，これに従属する抵当権である。ここでは，端的に，①抵当権の「付従性」が肯定され，②したがって，抵当権の「流通性」は確保されない。

(ii) この「付従的」保全抵当権は，現実の金融取引上，①抵当権の「流通性」が格別には要請されていない場面で，②しかも，将来発生する未確定の債権を担保すべき必要性が存在する場面で，いわゆる「担保抵当権（Kautionshypothek）」（その法性格上，我が国における根抵当権に近似する）として機能する。

(iii) なお，ここでは，ＳＲ準備草案が，この「付従的」保全抵当権を，その法機能上，「担保抵当権」としてのみ採用する，という点に注目される。

(d) 両「抵当権」の相互関係（本則型と特則型）

(i) ＳＲ準備草案「理由書」は，両「抵当権」の相互関係として，①「独立的」抵当権は本則型（Normaltypus・通常型）であり，②「付従的」抵当権は特則型（例外型）である，とする。

(ii) このようなＳＲ準備草案の立場は，同草案中の両「抵当権」に関する規定の配列より，自ずと明瞭である。

より具体的には，ＳＲ準備草案は，①まず，「独立的」抵当権につき，その妥当すべき諸法命題（諸規定）を詳細に掲記し（同草案367―419条），②次いで，これらの諸法命題（諸規定）が「付従的」抵当権にも，両「抵当権」の相違点を前提

として若干修正の上，適用ないし準用される（同草案420―430条）としている，からである。ここに，ＳＲ準備草案の注目すべき基本姿勢が，明らかである。

(ⅲ) なお，上記のＳＲ準備草案の立場は，プロイセン法の伝統的立場（後述(f)参照）と，顕著に対比される。

(e) 両「抵当権」の利用形態（債権者の任意選択権）

(ⅰ) ＳＲ準備草案は，両「抵当権」の利用形態として，両「抵当権」のいずれの種類を利用するかは，債権者（関与者）の自由意思に委ねられる，とする。

(ⅱ) 債権者の任意選択権が承認されている，という点に注目される。

(f) プロイセン法（「土地債務」と「付従的」抵当権の同価値的・同比重的併存）からの離反

(ⅰ) プロイセン法は，「土地債務」と「付従的」抵当権を同価値的・同比重的に併存させていた。このようなプロイセン法の立法姿勢に対して，ＳＲ準備草案「理由書」は厳しく批判する。

(ⅱ) すなわち，プロイセン法の下では，「土地債務」と「付従的」抵当権は同価値的・同比重的に併存し，いずれの担保型態を利用するかはまったく当事者の自由意思に委ねられている。しかし，一般私人は担保型態の一つとしての「土地債務」それ自体を必ずしも十分には理解せず，ひいては二つの担保型態の概念的識別をも理解してはいなかった。

換言すれば，担保型態の一つとしての「土地債務」が現実の金融取引上において発揮できる様々なメリット，それらが一般私人たる取引当事者にとっては，十分には認識されていなかった。したがって，「土地債務」が，現実の金融担保取引上において，極めて多大なる取引需要をもち得るにもかかわらず，その担保としての現実の利用度は，極めて低水準に留まっていた。

(ⅲ) プロイセン法の下での「土地債務」，その現実の利用度の低水準は，「土地債務」それ自体に，起因するのではない。この「土地債務」と同価値的・同比重的に，「付従的」抵当権が法制度上併存されていたが故に，「土地債務」の利用度の低水準が招来されていた。

換言すれば，両「担保型態」を同価値的・同比重的に位置付けるのではなく，

あくまで「土地債務」を本則型とし，「付従的」抵当権を特則型として，位置付けるべきであった。仮にそのような立場を採っていたとすれば，「土地債務」の利用度はかなり高いものとなっていたであろう。したがって，プロイセン法における，そのような両「担保型態」の同価値的・同比重的併存は，担保制度の体系的一貫性を破壊し，抵当権取引を徒らに混乱させた，と批判する。

㈡　**執行抵当権の種類**

⒜　**二つの「抵当権種類」の妥当**

⒤　ＳＲ準備草案「理由書」は，二つの「抵当権種類」は執行抵当権にも妥当する，とする。したがって，執行抵当権の種類として，①「独立的」抵当権としての執行抵当権，②「付従的」抵当権としての執行抵当権，の二種が承認される。

(ⅱ)　なお，以下では，前者を「独立的」執行抵当権，後者を「付従的」執行抵当権と，略記する。

⒝　**「独立的」執行抵当権（「原因債権」の消滅）**

⒤　ＳＲ準備草案中の「独立的」執行抵当権は，「独立的」約定抵当権との対比において，次の特徴を有している。

(ⅱ)　すなわち，

(α)　「独立的」約定抵当権においては，「原因債権」の存続の可能性が承認される。より具体的には，両当事者はその合意（約定）により「独立的」約定抵当権を設定し，その設定に際し，両当事者はその合意により「原因債権（veranlassende Forderung・抵当権設定の原因たる債権）」をそのまま存続させることができる。

(β)　これに対して，「独立的」執行抵当権においては，「原因債権」の存続の可能性はもはや完全に否定され，その「原因債権」に代わり，新たに「抵当権に基づく請求権」が発生する。

より具体的には，債権者が執行名義を取得したときには，当該債権者はその執行名義に基づき自己の債権につき即時の満足，すなわち「強制競売」の執行方法による即時の満足を求めることができる。このような債権者の法的地位を

前提とすれば，このような債権者には，もはや「債権の存続を求め得る権利（Recht auf Fortbestand der Forderung）」を帰属させることは，まったく無用である。かくして，債権者が執行名義に基づき「独立的」執行抵当権を登記したときには，債権者のそれまでの「債権」は直ちに消滅し，その「債権」に代わるものとして，「抵当権に基づく請求権（Anspruch aus der Hypothek）」が発生する（同373条3項），と法構成される。

（ⅲ）なお，"それまでの「債権」の消滅，その「債権」に代わる「抵当権に基づく請求権」の新たな発生"という「独立的」執行抵当権の法構成につき，既存の法的枠組みの中で，どのように理論的に基礎付けるか，の問題が生ずる。

「更改（Novation）」の一例として，これを説明することもあり得よう。しかし，ＳＲ準備草案「理由書」は，この問題につき，明確な態度決定を示していない。この解決を債務法上の諸原則に委ねている。

(c)　「付従的」執行抵当権（「原因債権」の存続）

ＳＲ準備草案中の「付従的」執行抵当権では，それが必然的に「債権」と結合しているが故に，「原因債権」の存続が，無論承認される。

(d)　両「執行抵当権」の相互関係（本則型と特則型）

ＳＲ準備草案「理由書」は，両「執行抵当権」の相互関係として，「独立的」執行抵当権は本則型であり，「付従的」執行抵当権は特則型である，とする。

(e)　両「執行抵当権」の利用型態（債権者の任意選択権とその制約）

（ⅰ）ＳＲ準備草案「理由書」は，両「執行抵当権」の利用型態として，両「執行抵当権」のいずれの種類を利用するかについては，債権者の自由意思に委ねられる，とする。

より具体的には，執行名義が一定の金銭額の給付を目的とするときには，上記執行名義に基づき債権者は両「抵当権」のいずれの法型態をも利用できる。「独立的」執行抵当権も，「付従的」執行抵当権も，いずれも登記できる。この際，その利用の法型態如何につき，債務者には発言の余地は一切認められず，あくまで債権者の自由意思のみにより決定される。

（ⅱ）他方，ＳＲ準備草案「理由書」は，執行名義の内容如何によっては，債

権者の任意選択権は一定の制約を受ける，とする。

(α) より具体的には，執行名義が金銭的給付を目的とするものではないとき，さらにはそれが金銭的給付を目的とするが，未だその金額が確定していないときには ((5)(ハ))，上記執行名義に基づき債権者は「独立的」執行抵当権の法型態を利用できない。なぜなら，「独立的」執行抵当権においては，それまでの「債権」が消滅し，その「債権」に代わり「抵当権に基づく請求権」が新たに発生する，という法構成が採られている ((b)(ii)(β)) が，その「債権」が非金銭債権であるとき，さらにはそれが未だ額の確定していない金銭債権であるときには，上記の法構成を貫徹できない，からである。

(β) かくして，この種の内容をもつ執行名義に基づく場合には，債権者は担保抵当権としての「付従的」保全抵当権の法型態のみを利用でき，「付従的」執行抵当権としてのみ登記できる。

(8) 債務者所有の全不動産上への「共同抵当権による負担化」の許容
(イ) 「許容論」への立脚
(i) ＳＲ準備草案は，「執行抵当権の登記」の執行方法の場合にも，債務者所有の全不動産上への「共同抵当権による負担化」が，許容される，とする。

(ii) すなわち，

①まず，債務者所有のすべての不動産は執行抵当権の「目的物」たり得る，との原則が定立される。

②次いで，債権者は，その自らの意思により，執行抵当権に下置させようとする不動産の「個数」を，決定できる。仮に「一個」の不動産のみを執行抵当権に下置させたとすれば，執行抵当権は一個の「個別抵当権」として成立する。

③他方，仮に「複数」の不動産を執行抵当権に下置させたときには，さらに債権者は，それらの「複数」の不動産を一括して「一個の抵当権」の目的物とするのか，それともそれらの不動産を個別的に「数個の抵当権」の目的物とするのか，を決定しなければならない。

④前者を決定したときには，執行抵当権は「共同抵当権」として成立する。

これに対して，後者を決定したときには，執行抵当権は「個別抵当権」として成立する，とする。

　(ロ)　1834年・プロイセン民事執行令（禁止論）に対する批判
　(i)　ＳＲ準備草案「理由書」は，1834年3月4日・プロイセン民事執行令の立場（禁止論）は，まったく不当である，とする。
　(ii)　すなわち，
　(α)　1834年・プロイセン民事執行令23条（本研究第Ⅰ巻第3章第1節2(8)）によれば，執行抵当権においては，債務者所有のすべての不動産上への「共同抵当権による負担化」は，禁止される，と明規されている。
　(β)　しかし，この禁止論は，強制執行手続の新時代的形成を意図する近時の法思考と，相容れない。しかも，禁止論それ自体，ザッハリッヒな正当性を欠いている。
　(γ)　より具体的には，上記の禁止論の下では，債権者が執行名義（執行力ある債権）を取得した段階以降，執行抵当権において「共同抵当権による負担化」が禁止される結果，逆に債務者サイドよりすれば，債務者は，その所有する複数の不動産上において，それまでには享受できた「物的信用」（「共同抵当権による負担化」により，債務者自身が享受できていた「物的信用」）を，一挙に喪失してしまう，からである，とする。

　(ハ)　「債権者の利益の確保」の視点
　(i)　ＳＲ準備草案「理由書」は，「許容論」立脚の理由として，「債権者の利益の確保」の視点を指摘する。
　(ii)　すなわち，執行名義を取得した債権者は，本来，その執行名義の内容たる給付について，不動産強制執行，とりわけ「強制競売」の執行方法により，その給付を強行的に実現できる，という「法的地位」にある。このような「法的地位」にもかかわらず，債権者が「執行抵当権の登記」の執行方法を採るときには，単に抵当権の取得でもって満足せん，としている。したがって，このような寛容的な姿勢を示している債権者に，「共同抵当権による負担化」を許容しても，それはなんらの不都合をも生じさせない，とする。

㈡　負担化「権限」の法的性格（その「絶対的性格」性）
(i)　ＳＲ準備草案「理由書」は，債務者所有の全不動産を一括して「共同抵当権による負担化」に服させることができる，という債権者の「権限」は，いわば「絶対的性格（absoluter Charakter）」を有する，とする。
(ii)　すなわち，執行名義を有する債権者が執行抵当権の「登記」を取効できるときには，この債権者には，債務者所有の全不動産への「掴取（Zugriff）」の権限が，委ねられている。この「掴取」の権限に基づき，債権者は債務者所有の全不動産を一括して「共同抵当権による負担化」に服させることができる。しかも，上記「掴取」の権限は，単に執行抵当権の「登記」の取効の時点においてのみ，認められているのではない。その「登記」の取効後にあっても，認められている。したがって，その「登記」の取効後，より少数の「個数」の不動産の負担化により債権者の債権の保全が確保される，ことが明確となったときにも，債権者は，過剰のいくつかの不動産を「共同抵当権による負担化」（抵当権拘束体・Hypothkenverband）から解放しなければならないという義務を，なんら有しない。この意味で，債権者の「負担化」権限は，その法的性格上，絶対性を有する，とする。

(9)　執行裁判所の「登記嘱託」の必要
㈥　「必要論」への立脚
(i)　ＳＲ準備草案「理由書」は，土地登記所が執行抵当権の「登記」を実施するときには，執行裁判所の「登記嘱託（Vermittlung der Eintragung）」を必要とする（職権主義の採用），とする。
(ii)　執行裁判所の「登記嘱託」の要否については，従前より各ラント法間においては，かなり規制を異にし，その実務的統一が求められていた。かくして，ＳＲ準備草案は，その実務的統一を具体化すべく，執行裁判所の「登記嘱託」を必要とする（同373条2項）。
㈑　「合意主義」の妥当（理由，その1）
(i)　「登記嘱託」必要論に立脚すべきことの，その第1の理由は，ＳＲ準備

草案によれば,「合意主義（Konsensprinzip）」の妥当,に求められている。

(ⅱ) すなわち,当時ドイツライヒでは,立法史的な法展開上,既に「合意主義」が確立されつつあった。

この「合意主義」の妥当の下では,①登記につきその権限者による明示的な「登記許諾（Eintragungsbewilligung）」が存在するときにのみ,土地登記所はその「登記」を実施できる。②他方,明示的な「登記許諾」が存在しないときには,土地登記所はその「登記」を実施できない。③但し,明示的な「登記許諾」に代替するものとして,「登記許諾の陳述を命ずる既判力ある判決」,あるいは「それにつき権限ある公機関の要請（Ersuchen—登記要請）」が存在するときには,土地登記所はその「登記」を実施できる,とされていた。

(ⅲ) 上記の「合意主義」を「執行抵当権の登記」の執行方法に妥当させるならば,次のようにいえよう。

すなわち,「執行抵当権の登記」の執行方法は「執行名義」に基づいておこなわれる。しかし,この「執行名義」は権限者による明示的な「登記許諾」に代替できない。なぜなら,「執行名義」それ自体は,土地登記所に対して,「登記」についての形成的授権を,なんら付与するものではない,からである。したがって,「執行抵当権の登記」の執行方法の場合,「執行名義」は土地登記所での・直・接・的・な「登記」のための要件とはならない。かくして,「合意主義」の妥当の下,その「登記」の実施のためには,「登記許諾」に代替するものとして,執行裁判所の「登記嘱託」が必要とされる。

(ハ) **土地登記所の「実質的審査主義」の限界（理由,その2）**

(ⅰ)「登記嘱託」必要論に立脚すべきことの,その第2の理由は,ＳＲ準備草案によれば,土地登記所の「実質的審査主義（Legalitätsprinzip）」の限界,に求められている。

(ⅱ) すなわち,「実質的審査主義」とは,土地登記所の「登記裁判官」（登記の実施の任にあたる裁判官・登記官吏）の審査義務の内容如何,について決定する一立法主義である。

(α) この「実質的審査主義」の妥当の下では,その「登記」の実施前に,

「登記裁判官」はその登記の基礎たる法律行為的表示の総体を審査しなければならず，この審査は「登記裁判官」の義務の一つである（実質的審査義務），とされた。

(β) しかし，この「実質的審査主義」は，登記実務上，過度の弊害を生じさせていた。「実質的審査主義」の妥当の下，土地登記所（登記裁判官）は登記申請を過度に却下しがちであり，しかも土地登記事件の実務的処理は著しく遅滞する傾向を顕著に示していた，からである。

(ⅲ) 仮に，「執行名義」は土地登記所での直接的な「登記」のための要件であり，この「執行名義」に基づき土地登記所は直ちにその「登記」を実施できる，と法構成したとしよう。この法構成の下では，当然，土地登記所はこの「執行名義」それ自体を審査し，それに基づく「登記」の実施の是否を判断しなければならない。

(α) しかし，土地登記所にこの「執行名義」の審査をさせることは，そもそも「実質的審査主義」の限界を越える。それにもかかわらず，「執行名義」の審査をさせる（審議義務あり）とすれば，そのことは「実質的審査主義」妥当の下での実務的弊害をなお一層助長する。

(β) したがって，「実質的審査主義」の限界の下，「執行名義」を登記の直接的要件とはなし得ず，その登記の実施のためには，「登記許諾」に代替するものとして，執行裁判所の「登記嘱託」が必要とされる。

㈡ **手続の具体的進行**

(ⅰ) ＳＲ準備草案の下では，執行裁判所の「登記嘱託」が必要とされる結果，「執行抵当権の登記」の執行方法の手続は，次のように進行する。

(ⅱ) ①まず，執行名義を有する債権者は，執行裁判所に対して「執行抵当権の登記」の執行方法の申立て（＝執行申立て）をなす。②次いで，この執行申立てに基づき，執行裁判所は土地登記所に対してその「登記」の実施（Vornahme）を依嘱する（執行裁判所の「登記嘱託」）。③最後に，この執行裁判所の「登記嘱託」に基づき，土地登記所は執行抵当権の「登記」を実施する。

⑽　公官庁の自らの「登記要請」による執行抵当権の「登記」の取効
　　　──執行裁判所の「登記嘱託」の不要──
　(ⅰ)　ＳＲ準備草案374条は，公官庁が強制執行の追行ができるときには，執行裁判所の「登記嘱託」を必要とすることなく，公官庁は直接的に執行抵当権の「登記・仮登記」を取効できる，とする。
　(ⅱ)　すなわち，執行抵当権の「登記」を取効するためには，執行裁判所の「登記嘱託」が必要とされる。これが原則である。しかし，ＳＲ準備草案374条は，この原則に対する例外的場合を，明示する。

⑾　登記事項としての「抵当金額」
　(ⅰ)　ＳＲ準備草案「理由書」は，土地登記所により執行抵当権の「登記」が実施されるときには，土地登記簿上に「抵当金額（Geldbetrag der Hypothek・抵当権の被担保債権額）」が記載されなければならない（同373条1項参照），とする。
　(ⅱ)　ＳＲ準備草案は，「特定主義（Spezialitätsprinzip）」の原則を採用する。この「特定主義」採用の一つの帰結として，「抵当金額」の土地登記簿上への記載が必要とされた，のである。
　(ⅲ)　より具体的には，①執行名義の内容が「一定額の金銭支払（金銭債権の給付）」を命ずるときには，土地登記簿上，その金額を記載する。②さらに，執行名義の内容が「非金銭債権的給付」を命ずるとき，あるいは金銭債権的給付を命ずるも「その額が未だ確定していない」ときには，記載すべき金額が未だ不明である。このような場合には，「特定主義」の原則の貫徹のために，「登記嘱託」の任にある執行裁判所は，土地登記簿上に記載すべき「金額」を自ら特定しなければならない（同423条）。なお，ここでは，執行抵当権が保全抵当権として登記されるべきこと（⑺(ロ)(e)），無論である。
　(ⅳ)　ＳＲ準備草案「理由書」は，「登記嘱託」の任にある執行裁判所は「抵当金額」の特定につき固有の正権限を有している，とする。
　すなわち，「抵当金額」の特定は「判決並びにその他の執行名義に基づく執

99

行」の事項に属し，それ故に，1877年・ＣＰＯ684条・755条に基づき，執行裁判所の管轄事項に属する，とする。

(v) ＳＲ準備草案「理由書」は，執行裁判所により特定された「抵当金額」は，終局的確定的意味をもつものではない，とする。

すなわち，「抵当金額」の特定は訴訟手段に依ることを必要としない。それは，単に土地登記所における「登記」の実施を可能とするために，なされるものにすぎない。執行裁判所は，執行債権者の申立てに基づき，自らの自由裁量により，「登記」実施のためにのみ，「金額」を特定するにすぎない。したがって，後日，訴訟手段により「抵当金額」が争訟されたときには，執行裁判所により特定されていた上記「金額」は，いかなる終局的・確定的意味をもたず，訴訟裁判所はあらためてその「金額」を判断できる，とする。

―― ―― ――

注記1　不動産強制執行制度に関する，1877年・ＣＰＯによる，「ラント立法への留保」
・1　ＺＨ制度研究第Ⅰ巻第5章第1節参照

・2　→Hahn, Die gesammten Materialien zur Civilprozessordnung und dem Einfuehrungsgesetz zu derselben vom 30. Januar 1877, Abth., 1880, S. 462.

・3　→Jakobs=Schubert, Beratung (Sachenrecht Ⅳ ; ZVG), Entstehungsgeschichte, S. 1f.

注記2　ライヒの統一的「ＢＧＢ典」編纂の動向
・1　ライヒ成立前の状況
　・→Jakobs=Schubert, Beratung (Materialien zur Entstehungsgeschichte des BGB), Entstehungsgeschite, S. 27ff.

- 2　1871年・ライヒ成立以降の状況
    - →Jakobs=Schubert, op. cit., Entstehungsgeschite, S. 27—33.

- 3　ＩＫ設置の状況
    - →Jakobs=Schubert, op. cit., Entstehungsgeschite, S. 36f.

注記3　SR準備草案中のZH制度（Vgl. Schanz, S. 75ff.）
- 1　原典条文とその趣旨
    - 条文，→TEIL 1 ; Vorent. S. 62（373・374），S. 70（423条），S. 71（430条）
    - その趣旨，→Begr. S. 1584f.（373条），→Begr. S. 1591（374条），→Begr. S. 1784（423条），→Begr. S. 1794（430条）．

- 2　条文と「理由書」表記
    - →Begr. S. 1584f.

- 3　制度の法的基礎
    - その「沿革概略」とそれとの関連での「法解釈論」（理論的理解），→Begr. S. 1584—1587.

- 4　法的性格
    - →Begr. S. 1584f.

- 5　執行名義
    - →Begr. S. 1586—1587. S. 1590—1591.

- 6　登記成立要件主義（登記主義）の妥当
    - →Begr. S. 1586. S. 1589.

- 7 ＶＨの法型態
    - →Begr. S. 1784（423条），S. 1589（373条）（423条・430条関連）．

- 8 「共同抵当権による負担化」の許容
    - →Begr. S. 1586—1587（373条），S. 1572f.(370条）

- 9 執行裁判所の「登記嘱託」の必要
    - →Begr. S. 1587—1589.
    - Konsensprinzip, →Begr. S. 201—204.
    - Legalitaetsprinzip, →S. 198—201.

- 10 公官庁の「登記要請」によるＶＨ登記の取効
    - →Begr. S. 1591（374条）．

- 11 登記事項としての「抵当金額」
    - →Begr. S. 1784（423条）．

小 括

- 1 「83年・プロイセン不動産強制執行法」の成立経緯
    - 1 土地法（不動産法）の各ラント間の「地域的分裂」性
    - 2 77年・ＣＰＯによる「不動産強制執行制度規制のラント立法への委任」
    - 3 これを承けて，プロイセンでは，79年・83年の「不動産強制執行法」が，その規制をおこなう

- 2 「80年・物権法準備草案（部分草案）」の完成経緯
    - 1 71年・ドイツライヒの成立
    - 2 73年・ラスカー法による立法権限の「民法全体」への拡大（統一的

民法典編纂の法的基盤の構築）
- ・3　74年・連邦参議院による「準備委員会」組成（その「答申書」による民法典編纂の基本計画の明示）
- ・4　同年・「第１次委員会」設置（→編纂作業計画の具体的に策定）
- ・5　80年・ヨーホウの「物権法準備草案（部分草案）」の完成

- 3　強制抵当権制度の導入
  - ・1　80年・「物権法準備草案」（ＳＲ準備草案）における強制抵当権制度の導入
  - ・2　関連規定は，同373条・374条・423条・430条の，計四ヵ条である

- 4　強制抵当権制度の法構造（ＳＲ準備草案）
  - ・1　「執行抵当権」と表記
  - ・2　法的基礎は債務者に対する請求権の「執行力」にある
  - ・3　不動産強制執行の一方法である（「強制競売・強制管理」と並ぶ第三の執行方法）
  - ・4　「執行名義」に基づいて，おこなわれる
    - ・執行名義の「種類」は，広範囲に，許容される
    - ・執行名義の「内容」は，「金額未特定の債権」や「非金銭債権」であっても，よい（「一定額の金銭的給付を目的とする債権」に限定されない）
    - ・「終局的執行力」あるものに，限られる（「仮執行力」ある債務名義に基づく場合には，執行抵当権の「仮登記」がなされる）
    - ・督促手続での「執行命令」に基づくときには，執行抵当権の「仮登記」が，なされる
  - ・5　「登記」による成立（「登記主義」の妥当）
  - ・6　二つの抵当権種類（独立的抵当権と付従的抵当権）が，執行抵当権にも，妥当する（①「独立的抵当権」としての執行抵当権（「独立的」執行

抵当権)(「原因債権」の消滅),②「付従的抵当権」としての執行抵当権(「付従的」執行抵当権)(「原因債権」の存続))
- 7 「執行抵当権の登記」の執行方法においても,債務者所有の全不動産上への「共同抵当権による負担化」が,許容される
- 8 土地登記所が執行抵当権の「登記」を実施する場合には,執行裁判所の「登記嘱託」が必要(原則)(←「合意主義」の妥当,土地登記所の「実質的審査主義」の限界)
- 9 公官庁が執行抵当権の「登記」を取効する場合には,自らの「登記要請」があればよい(執行裁判所の「登記嘱託」の不要(例外的場合))。
- 10 執行抵当権の「登記」には,「抵当金額(被担保債権額)」記載が,必要である

第2節　1881年〜・第1次委員会「審議」
――「物権法準備草案」中の強制抵当権制度の
　　基本的承認――

> 論述の進行
> 1　第1次委員会「審議」の開始・進行・最終的起草
> 2　執行抵当権制度の承認
> 　　――第1次委員会「審議」の具体的進行――
> 3　「仮総括草案・新草案・全体草案」中の強制抵当権制度
> 小　括

論述の進行

(i)　各「部分草案」の完成に伴ない，それについての第1次委員会の「主審議」が開始される。主審議では，委員会「決定」という形で，議事が進行される。これらの諸決定は，最終的に「第1次委員会議長」による承認を受け，その「仮総括」がなされる。この集成は，いわゆる「仮総括草案」と呼ばれる(1(1)(2))。

その主審議の一応の終結後，「編纂委員会」によって，総則・債務法・物権法の各部につき，草案の新たな起草がなされる。これが，いわゆる「新草案」と呼ばれるものである。それは，若干の修正の上，1885年，「ドイツ帝国民法典草案・第1読会・第1巻―第3巻（総則・債務法・物権法）」として公刊される(1(3))。

引き続いて，家族法並びに相続法を含めた「全体草案」が起草され，1887年末，「民法典第1草案」として公表される(1(4))。

(ii)　「物権法準備草案」に関する主審議において，第1次委員会は強制抵当

権制度の導入に基本的に同意する。

　その「会議議事録」によれば，既に強制抵当権制度はドイツ帝国の極めて広範囲な領域に導入され，金融担保取引の実務にも十分に慣れ親しみ，債権者の権利をなんら害することなくして，債務者に対する寛容的行動を可能とする，との合目的的考慮が，そこでの大勢を占めている。このような基本的判断の下，第１次委員会は強制抵当権制度の細目につき，慎重に主審議を進める。

　物権法準備草案中の強制抵当権制度は，第１次委員会の主審議を経由することによって，その法構造上，より洗練された，という点に注目される（２）。

　(iii)　引き続いて，第１次委員会は，順次「仮総括草案・新草案・全体草案」中の強制抵当権制度につき，審議をおこなう。ここでは，表記や表現の方法，ＣＰＯの規制との関連性，等の形式的・付随的側面において，微修正ないし補充がくわえられる（３）。

１　第１次委員会「審議」の開始・進行・最終的起草[1]

(1)　主審議の開始・進行

　(i)　各部分草案の完成を待ち，1881年10月４日，第１次委員会はその「主審議（Hauptberatung）」を開始する。まず総則・債務法の部分草案（既述のように，債務法の部分草案は，フォン・キューベル死亡のためついに完成せず，それに代わり，ドレスデン債務法草案が置換された）につき，審議がなされる。

　(ii)　上記の審議の終了後，引き続いて物権法の部分草案（ＳＲ準備草案）につき，審議がなされる。この審議は，1883年２月11日より翌84年３月17日まで，さらに同年３月21日より翌85年３月27日まで，同年６月10日より19日まで，なされる。強制抵当権制度に関する審議は，1884年12月５日・８日のことである。さらに，その後，継続して第１次委員会の「主審議」が進行する。

　(iii)　なお，プロイセンでは，既に1883年・不動産強制執行法（強制抵当権制度を含む）が成立し，第１次委員会は，同法を参照の上，ＳＲ準備草案中の強制抵当権制度を審議した，と考えられる。

(2) 「仮総括」草案

(i) 第1次委員会は，SR準備草案中の執行抵当権制度の導入の是非を含めて，その綿密な審議の上，個別的重要論点毎に「委員会決定（Kommissionsbeschluß）」の方法により，自らの立場を明らかにする（後述2(1)―(11)）。

(ii) これらの諸「決定」は，第1次委員会「議長」により，最終的な「承認」を受ける。この「承認」に基づき，これらの「諸決定」の「仮総括（vorläufige Zusammenstellung）」がなされる。第1次委員会「諸決定」の集大成，に他ならない。これが「仮総括」草案である。

(iii) なお，「仮総括」草案中の強制抵当権制度に関する部分は，「第1次委員会審議録・第6巻」中の「保全抵当権」の「節（Abschnitt）」に，掲載されている（後述3(1)）。

(3) 「新草案」の完成

(i) 第1次委員会の「主審議」が一応の終結をみる。次いで，部分草案の新たな起草のために，第1次委員会は「編纂委員会（Redaktionsausschuß）」を設定し，これに新起草を委託する。

(ii) かくして，この編纂委員会により，総則・債務法・物権法の各部分草案につき，新起草がなされる。これが「新草案（Neuer Entwurf）」である（後述3(3)）。

(iii) 第1次委員会は，「新草案」を，さらにその一般的審議に付す（後述3(4)）。この審議をふまえて，「新草案」は，1885年，「ドイツ帝国民法典草案・第1読会・第1―第3巻（総則・債務法・物権法）」として，公刊される。

(4) 「全体草案」の完成

(i) 引き続いて，第1次委員会は，家族法・相続法の各部分草案につき，「主審議」を開始する。

(ii) この「主審議」の完了後，総則から相続法に至るまでの，全五部の部分草案を総括する，いわゆる「全体草案（Gesamtentwurf）」が，作成される。こ

れは,「主審議」を経由した各部分草案の集大成, に他ならない (後述 3 (5))。

2　執行抵当権制度の承認──第1次委員会「審議」の具体的進行──[2]

(1)　表　記──その態度決定の留保──

(i)　ＳＲ準備草案は,「執行抵当権」と表記した (第1節3(2))。

(ii)　しかし, 第1次委員会は,「表記」如何の問題につき, 明確な態度決定を留保し, それを最終的な条文編纂の際の考慮に委ねている。

(iii)　但し, その審議の経過中においては,「執行抵当権」の表記に対する批判が述べられ,「強制抵当権」の表記を採用すべしとの「意見」が述べられている。

(2)　執行抵当権制度の法的基礎──その批判──

(i)　ＳＲ準備草案は, ①執行抵当権制度の法的基礎は債務者に対する請求権の「執行力」にあり, ②「強制競売」の方法により債権の「給付」取立てをなし得る「権限」との比較において, 債権者はより微弱な「権限」として債務者所有の不動産上に「(執行)抵当権」を取得でき, ③執行名義に基づき「強制競売」の方法を追行し得る「債権者」は事理当然に「(執行)抵当権」を取得できる「権限」を有する, と法構成した (第1節3(3))。

(ii)　しかし, 第1次委員会は, ＳＲ準備草案の立場を不当とし, この両「権限」は強弱・包摂の関係に立つものではなく, そもそも質的にまったく相違する, とする。

(iii)　すなわち,

(α)　債務名義が存在するときには, その債務名義の「内容」に準じて, 債務者には「給付」が義務付けられている。この「給付内容」それ自体は, 名義の執行力具備によっては, まったく変化しない。執行力が具備される前においても, 後においても, その「給付内容」はまったく変化していない。

(β)　債権者がこのような債務名義を取得した場合, その債務名義の「内容」に準じて, 自己の請求権の満足のために, 債権者は「強制競売」の執行方法を

追行でき，その「給付」取立てができる．換言すれば，「強制競売」の執行方法は，その債務名義の「内容」に準じて，なされる執行方法である．

(γ) 他方，債務名義に基づいて「強制競売」の執行方法により自己の請求権を即時に実現できるにもかかわらず，債権者が，その執行方法を採らず，それに代えて「(執行)抵当権の登記」の執行方法を採るときには，その債務名義の「内容」とはまったく異なった「権限」が行使されている．換言すれば，「執行抵当権の登記」の執行方法は，その債務名義の「内容」とは全く異なって，なされ得る執行方法である．

(δ) 以上を前提とすれば，「強制競売」の執行方法の追行「権限」がより包括的・強力であり，「執行抵当権の登記」の執行方法の追行「権限」が前者に包含されより微弱なものである，とするような関係（ＳＲ準備草案はこの関係を前提とする）は，まったく存在していない，とする．

(iv) 以上，第１次委員会は，この両「権限」をまったく異質なものと構成し，それはその後の同委員会の基本的立場となる．

(3) 「執行抵当権の登記」の法的性格

(i) ＳＲ準備草案は，「執行抵当権の登記」は不動産強制執行の一執行方法である，とした（第１節3(4)）．

(ii) 第１次委員会は，ＳＲ準備草案の立場を，承認する．

(4) 執行名義

(イ) 執行名義の必要

(i) ＳＲ準備草案は，「執行抵当権の登記」の執行方法を追行できるためには，執行名義が必要である，とした（第１節3(5)(イ)）．

(ii) 第１次委員会は，ＳＲ準備草案の立場を正当とし，「執行抵当権の登記」の執行方法は執行名義に基づいてのみおこなわれる，とする．

(ロ) 執行名義の種類

(i) ＳＲ準備草案は，執行名義の種類を，広範囲に許容した（第１節3(5)(ロ)）．

(ii) 第1次委員会は，SR準備草案の立場を承認し，「執行抵当権の登記」の執行方法を可能とする執行名義としては，CPOにより認められたすべての種類の債務名義が，これに該当する，と決定する。

(iii) なお，その審議の経過中には，「執行抵当権の登記」の執行方法の場合には，執行名義の種類としては「判決」のみに限定すべし，との「意見」も述べられている。すなわち，

(α) 「執行抵当権の登記」の執行方法を可能とする執行名義としては，「判決」のみに限定されるべし，との「意見」が述べられ，この「意見」はフランス法の立場に準拠する。

(β) しかし，第1次委員会は，この「意見」を否定する。すなわち，執行名義の種類として「判決」のみに限定する発想は，ドイツ法上の執行抵当権制度の基本構成に背反する。「執行抵当権の登記」は執行方法の一つであり，それは債権の「執行力」にのみ依存し，名義の「性状（Beschaffenheit）」如何には依存しない，からである，とする。

(iv) かくして，第1次委員会は，結論として，「執行抵当権の登記」の執行方法を可能とする執行名義としては，すべての種類の執行名義，より具体的には，判決を含めたそれ以外のすべての執行名義，終局的執行力ある執行名義，仮執行力ある名義，督促手続でなされた執行命令が，これに該当する旨，決定する。

(ハ) 執行名義の内容

(i) SR準備草案は，執行名義の内容として，一定額の金銭債権に限定され・ない・，とした（第1節3(5)(ハ)）。

(ii) 第1次委員会は，SR準備草案の立場を不当とし，「執行抵当権の登記」の執行方法を可能とする執行名義の内容として，一定額の金銭債権に限定・される・，と決定する。

(iii) すなわち，不動産強制執行の執行方法として「強制競売・強制管理・執行抵当権の登記」の三執行方法が，存在する。前二者の執行方法（強制競売・強制管理）においては，それを可能とする執行名義として，その内容上，「一

定額の金銭的給付」を目的とする債権に，限定されている。したがって，「執行抵当権の登記」の執行方法においても，他の二執行方法におけると同様に，限定が付せられて然るべきである。このような限定を否定し，「一定額の金銭的給付」を目的とする債権以外の債権に，「執行抵当権の登記」の執行方法を可能とする，そのような必然性は，まったく存在していない，とする。

㈡　執行名義の執行力

(ⅰ)　ＳＲ準備草案は，①執行名義は「終局的執行力」を具備するものでなければならず，②「仮執行力」を具備するにすぎないときには「仮登記」が実施される，とした（第1節3⑸㈡）。

(ⅱ)　第1次委員会は，ＳＲ準備草案の立場を修正し，「仮執行力」ある債務名義に基づくときにも，執行抵当権の「本登記」がなされ，その限りで「終局的執行力」の具備の必要性は要件化されない，と決定する。

(ⅲ)　すなわち，ＳＲ準備草案は「仮登記制度（債権的請求権保全の仮登記，抵当権の請求権保全の仮登記）」を存置した。しかし，第1次委員会は，ＳＲ準備草案の立場を否定し，「仮登記制度」を廃止する。したがって，執行抵当権についても，それが「仮執行力」ある債務名義に基づくときであっても，その「仮登記」は論理必然的にそもそもなされない。それが故に，「仮執行力」ある債務名義に基づくときにも，執行抵当権の「本登記」がなされる，との結論が導出される。

(ⅳ)　以上，ＳＲ準備草案の下におけると比較して，「仮執行力」ある債務名義を有する債権者の法的地位は，第1次委員会の下でより強化された，という点に注目される。

──＊審議経過中における「少数意見」

(α)　第1次委員会では，ＳＲ準備草案の「仮登記」説の立場に対して，それを正面から否定する「意見」が，主張される。「仮執行力」ある債務名義を有するにすぎない「債権者」が存在し，仮にこの「債権者」に執行抵当権の「仮登記」の取効を許容する（ＳＲ準備草案の立場）とすれば，そのことは「債権者」に過ぎたる権能を認めるものであり，したがって，むしろ端的に，「債権

者」は「執行抵当権の登記」の執行方法を追行できない，と構成すべきである，と主張される。

(β) しかし，第1次委員会は，この「意見」を採択していない。執行抵当権は保全抵当権としてのみ登記され，この法型態の下では債務者の法的地位は十分に保護されており，かくして「仮執行力」ある債務名義に基づく場合にも，債権者に「執行抵当権の登記」の執行方法が許容されて然るべきである，と考えられた。──

(ホ) **督促手続でなされた「執行命令」**

(i) ＳＲ準備草案は，督促手続でなされた「執行命令」に基づくときには，執行抵当権の「仮登記」が実施される，とした（第1節3(5)(ホ)）。

(ii) しかし，第1次委員会は，ＳＲ準備草案の立場を修正し，督促手続でなされた「執行命令」に基づくときにも，執行抵当権の「本登記」が実施される旨，決定する。換言すれば，第1次委員会は，既に「仮登記制度」それ自体の廃止を，決定している。したがって，その論理必然的な帰結として，執行抵当権の場合にも，その「仮登記」の実施は否定されざるを得ない。

──＊審議経過中での「少数意見」

(α) 第1次委員会審議では，督促手続でなされた執行命令に基づいては，そもそも「執行抵当権の登記」の執行方法はできない，と法構成すべし，との「意見」が主張される。これは，バーデンの立法例（1879年3月3日・法26条）に準拠する。

(β) しかし，第1次委員会は，この「意見」を採択していない。仮にこれを採択すれば，督促手続のもつ実務的意義は大きく減殺され，しかも督促手続制度の存立自体が危殆に瀕してしまう，とする。──

(5) **成立要件としての「登記」**

(i) ＳＲ準備草案は，「登記」を執行抵当権の成立要件とした（登記主義の妥当）（第1節3(6)）。

(ii) 第1次委員会は，ＳＲ準備草案の立場を承認し，執行抵当権はその「登

記」により成立する，と決定する。

(6) 執行抵当権の「法型態」
(イ) 抵当権の種類
(i) ＳＲ準備草案は，①抵当権種類としての「独立的」抵当権と「付従的」抵当権の二つを承認し，②前者を本則型とし，後者を特則型とし，③両「抵当権」の利用につき債権者に任意選択権を許容した（第1節3⑺(イ)）。

(ii) しかし，第1次委員会は，ＳＲ準備草案の立場を大きく修正し，人的債権債務関係に依存しない「独立的」抵当権は，土地信用の「特別の負担型態」たる「土地債務（Grundschuld）」として，「抵当権制度」それ自体から制度的に分離・独立させなければならない，と決定する。

(iii) かくして，ＳＲ準備草案中の抵当権制度は二元的構成（「独立的」抵当権と「付従的」抵当権の併存）であったのに対し，第1次委員会はこれを大きく修正し，抵当権制度を一元化（「独立的」抵当権を土地債務として抵当権制度より独立させ，「付従的」抵当権のみでもって「抵当権制度」を編成する）する。ここでは，抵当権制度における「二元的構成」から「一元的構成」への転換，に注目される。

――＊「付従的」抵当権の二峻別

(α) 第1次委員会の決定の下では，抵当権制度は「付従的」抵当権のみで組成される。この「付従的」抵当権は，①「通常抵当権（Normalhypothek）」と②「保全抵当権（Sicherungshypothek）」との二つに，峻別される。両「抵当権」は，その成立型態，「土地登記簿の公信力」の捕捉範囲，の二点において，顕著に対比できる。

(β) 第1に，「通常抵当権」の法的性格について，である。

①その成立型態として，通常抵当権は，まず「登記簿抵当権（Buchhypothek）」として，成立する。この成立型態が，原則型である。他方，通常抵当権は，「証券抵当権（Briefhypothek）」としても，成立する。土地所有者の許諾あるときのみ，土地登記所は抵当権者にその証券を付与でき，付与がなされ

たときのみ，通常抵当権は「証券抵当権」として成立する。この成立型態が，例外型である。②「土地登記簿の公信力」の捕捉範囲として，通常抵当権においては，「土地登記簿の公信力（öffentlicher Glaube des Grundbuchs）」は，その「債権」をも捕捉する。したがって，たとえば通常抵当権がその「債権」と共に善意の第三取得者の手中に帰したときには，この第三取得者は「公信力」により完全な権利者として保護される。債務者は，債権に対して自己に帰属する抗弁を，もはやこの善意の第三取得者に対して主張できない。

(γ) 第2に，「保全抵当権」の法的性格について，である。

①その成立型態として，保全抵当権は，もっぱら「登記簿抵当権」としてのみ，成立する。「証券抵当権」としては成立しない，ことに注意される。②「土地登記簿の公信力」の捕捉範囲として，保全抵当権の場合には，「土地登記簿の公信力」はその「債権」を捕捉しない。保全抵当権は特定の債権を基盤とし，その債権のための担保権であり，債権に完全に付従し，それに基づく債権者の権利はもっぱら人的債務関係によってのみ決せられるものだ，からである。したがって，保全抵当権が善意の第三取得者の手中に帰したときにも，第三取得者は「公信力」によっては保護されない。債務者は，債権に対して自己に帰属する抗弁を，この善意の第三取得者に対して主張できる。——

(ロ) 執行抵当権の法型態

(i) ＳＲ準備草案は，①二つの抵当権種類（「独立的」抵当権と「付従的」抵当権）は執行抵当権にも妥当し，②「独立的」執行抵当権と「付従的」執行抵当権の二つが併存し，③前者が本則型であり，後者が特則型であり，④両「執行抵当権」の利用につき債権者には任意選択権が許容される，とした（第1節3(7)(ロ)）。

(ii) しかし，第1次委員会は，ＳＲ準備草案の立場を，大きく修正している。

(α) 第1に，執行抵当権の法型態として，「付従的」執行抵当権のみを，承認する。

すなわち，第1次委員会の決定の下では，準備草案中の二つの「抵当権種類」の一方たる「独立的」抵当権は，「抵当権制度」から制度的に峻別・分離

され，独立の負担型態としての「土地債務」となった。その裏面的対応として，「抵当権制度」は「付従的」抵当権のみに一本化され，かくして執行抵当権も「付従的」執行抵当権のみに一本化される。

　(β)　第2に，第1次委員会は，執行抵当権は「保全抵当権」としてのみ登記され得る，と決定する。

　すなわち，第1次委員会の決定の下では，「抵当権制度」は「付従的」抵当権のみで組成され，この「付従的」抵当権は，さらに①「通常抵当権」と②「保全抵当権」の，二つに峻別される。

　以上をふまえて，「付従的」執行抵当権は「保全抵当権」としてのみ登記される（換言すれば，「通常抵当権」としては登記されない），と第1次委員会は決断する。ここでは，執行抵当権制度をめぐる「債権者・債務者間の諸利益調整」の下で，「債務者の利益の保護」の視点において，この決断（保全抵当権説）がなされている。

　――第1次委員会は，この決断に際し，次のような「利益調整」をおこなっている。すなわち，

　(α)　債権者のサイドよりすれば，執行抵当権がいずれの型態として（通常抵当権としてか，保全抵当権としてか）登記されるのか，はそれ程重要ではない。いずれの型態として登記されても，債権者は自己の債権につき十分な物的保全を確保できる，からである。

　(β)　しかし，債務者のサイドよりすれば，事情はまったく別である。執行抵当権がいずれの型態として登記されるのかによって，債務者の法的地位は大きく変化してくる，からである。

　(γ)　仮に，債務者所有の土地上に，執行抵当権が「通常抵当権」として登記された場合，を想定してみる。この場合，それが「通常抵当権」である以上，その善意の第三取得者は「土地登記簿の公信力」により完全な権利者として保護され，債務者は「債権」に対する自己の抗弁を第三取得者にはもはや主張できない。債務者の法的地位は極めて弱体化している。

　(δ)　これに対して，執行抵当権が「保全抵当権」として登記された場合，を

想定してみる。この場合，それが「保全抵当権」である以上，債務者は「債権」に対する自己の抗弁を善意の第三取得者にも主張できる。債務者の法的地位は確実化されている。

(ε) 以上を前提として，債務者に「債権」に対する抗弁を主張させるために，債務者の法的地位に配慮せんとすれば，執行抵当権は「保全抵当権」としてのみ登記される，と決断すべし，とされたのである――

(7) 債務者所有の全不動産上への「共同抵当権による負担化」の許否
(イ) 概　括
(i) ＳＲ準備草案は，①債務者所有の全不動産は執行抵当権の目的物たり得，②その意思により債権者はその全不動産を一括して「共同抵当権による負担化」に服させることができ，③このような債権者の「権限」は絶対的性格を有する，とした（第１節３(8)(イ)――(ニ)）。

(ii) 第１次委員会は，ＳＲ準備草案の立場を，基本的に承認する。但し，「債務者保護の視点」を導入しながら，若干の改善を試みる。

すなわち，「共同抵当権による負担化」を債権者に許容すれば，それにより債務者にはある種の「苛酷さ（Härte）」が生じ，それをある程度緩和すべく，債務者の法的地位に配慮すべきである。端的に，「債務者保護の視点」がここでも導入されるべし，とする。

(ロ) 具体的な改善点や問題点等
(a) 債務者への「抵当権抹消請求権」の許与
(i) 債務者保護のための具体的手段として，第１次委員会は，債務者に「抵当権抹消請求権」が許与されなければならない，とする。

(ii) すなわち，仮に「共同抵当権による負担化」が許容されることにより，債務者所有の全不動産が一括して執行抵当権に下置された，とする。この場合，「抵当権の被担保債権額」と「目的諸不動産の価額」との著しい「不均衡」（後者が著しく大である，という形での「不均衡」）も，生じ得る。この種の「不均衡」は，債務者の利益を侵害するが故に，債務者の利益において是正されなけ

第 1 章　1874年～・「第 1 次委員会」審議と強制抵当権

ればならない。その「不均衡」是正の手段として，債務者には「抵当権抹消請求権」が許与されるべし，とする。

(b)　訴えの方法による訴訟裁判所での行使

(i)　第 1 次委員会は，「共同抵当権による負担化」がある一定の基準を越えるときには，その超過部分の限りで，債務者は訴えの方法により「抵当権抹消請求権」を行使でき，しかもその行使は訴訟裁判所でなされなければならない，とする。

(ii)　ここで，ある一定の基準とは，「絶対確実性の基準（Maß der Mündelsicherheit）」に，他ならない。

(c)　「執行裁判所での行使」を主張する少数意見

(i)　第 1 次委員会審議では，債務者の「抵当権抹消請求権」は，執行裁判所で行使されるべし，との「少数意見」が主張されている。しかし，第 1 次委員会はこの意見を採択していない。では，その不採択はどのような理由からなのか。

(ii)　すなわち，抵当債務者には，「抵当権抹消請求権」という「権利」が，許与されている。しかし，この「権利」は，決してその義務者（抵当権抹消義務を負う抵当債権者）によっては，承認されていない。したがって，ここでも一般原則（義務者によっては承認されていない「権利」は，訴訟裁判所の訴訟裁判官の面前で，行使されなければならない，との一般原則）に準拠し，債務者は「抵当権抹消請求権」を訴えの方法により訴訟裁判所にて行使しなければならない，というのが，その理由とされている。

(iii)　なお，訴えの方法による訴訟裁判所での行使，という法構成は，第 1 次委員会「審議」の途中段階で成立していた1883年 7 月13日・プロイセン不動産強制執行法 6 条において，みられたものである（本研究第Ⅰ巻第 5 章第 3 節 3(13)）。

(d)　債権者の「権利」の法的性格（形式的権利か，絶対的権利か）

(i)　次のような問題が存在する。すなわち，①一方において，債務者所有の全不動産を執行抵当権に下置させる（「共同抵当権による負担化」に服させる），

117

という債権者の「権利」が存在している。②他方において，その過剰負担部分につき，訴えの方法により訴訟裁判所にて「抵当権抹消請求権」を行使できる，という債務者の「権利」が存在している。③両「権利」の対峙をふまえて，債権者の「権利」の法的性格如何が，問題となる。

　換言すれば，両「権利」はどのような相互関係にあるのか，債権者の「権利」は債務者の「権利」によってどのように制約されているのか（あるいは，影響を受けているのか），という問題である。

　(ii)　しかし，第1次委員会は，この問題につき明確な態度決定を示さず，単に相対立する二見解を併存的に掲記し，両見解中いずれを正当とするかにつき，後日の検討に委ねている。

　(iii)　では，その対立する二見解とは，どのようなものなのか。

　——(α)　第1の見解によれば，債権者の「権利」は単に「形式的権利 (ein formelles Recht)」にすぎない，と把握される（形式的権利説）。

　すなわち，①債務者所有の全不動産を一括して執行抵当権に下置させる（「共同抵当権による負担化」に服させる），という債権者の「権利」は，単に「形式的権利」としてのみ，認められたものにすぎない。②実質的・実体的には，債権者は「絶対確実性の基準」の枠内（限度内）においてのみの負担化を求めることができる，にすぎない。③したがって，過剰負担化の場合には，債権者はその「権利」を越えて負担化をしたのであり，当該「負担化」は，債務者の「抵当権抹消請求権」の行使により，その「権利」の適正な範囲に是正される，と把握する。

　——(β)　第2の見解によれば，債権者の「権利」は「絶対的性格 (ein absoluter Charakter)」を有する，と把握される（絶対的権利説）。

　すなわち，①債務者所有の全不動産を一括して執行抵当権に下置させる（「共同抵当権による負担化」に服させる），という債権者の「権利」は，それ自体として「絶対的性格」を有する権利として，認められている。債権者は絶対的に債務者所有の全不動産の負担化を求めることができる。②その対応として，債務者の「抵当権抹消請求権」は，債権者の「権利」に対する「反対権

（Gegenrecht）」である。その「反対権」としての諸要件の存在が債務者によって証明された場合にのみ，債務者の「抵当権抹消請求権」の行使が認められ，抵当権抹消という形で債権者の「権利」を制約し，債権者の一部的満足が招来される。この形でのみ，債務者の「抵当権抹消請求権」は意味をもつにすぎない。③したがって，過剰負担化の場合にも，債権者はその「権利」の範囲内で適正に負担化をしたのであり，債務者の「反対権（抵当権抹消請求権）」の諸要件の存在が証明された場合にのみ，抵当権抹消という形で債権者の「権利」が一定の制約を受けるにすぎない，と把握する。

(8) 執行裁判所の「登記嘱託」の要否

(i) ＳＲ準備草案は，「職権主義」の採用の下，土地登記所が執行抵当権の「登記」を実施する際には，その登記要件として執行裁判所の「登記嘱託」が必要である，とした（第1節3(9)）。

(ii) 第1次委員会は，ＳＲ準備草案の立場を不当とし，執行裁判所の「登記嘱託」を必要とすることなく，債権者は土地登記所での直接的な登記申請により執行抵当権の「登記」を取効できる，とする。いわゆる「登記」の取効に関する「当事者追行主義（System des Selbstbetriebs der Partei・当事者主義）」が，採用されている。では，その採用の理由は何か。

(iii) 執行裁判所の「登記嘱託」なくしての，当事者の直接申請による「登記」の取効，という「当事者追行主義」は，第1次委員会の考慮によれば，次の二つの理由から採用されている。

すなわち，①第1に，1877年・ドイツ民訴法典（ＣＰＯ）は強制執行手続において「当事者主義」を採用しており，その対応上，不動産強制執行における執行方法の一つである「執行抵当権の登記」の場合にも，同様の主義が妥当されるべきだ，からである。②第2に，「当事者追行主義」の妥当の下では，執行裁判所の「登記嘱託」を必要とするＳＲ準備草案の立場と比較して，当事者の支出費用は大きく節減され，また，登記遅滞の危険性も大きく減殺される，からである。

——なお，付言すれば，

(α) ＳＲ準備草案の「必要論」の背景には，次の思考が存在していた。すなわち，執行裁判所の「登記嘱託」を不要とすれば，執行抵当権の「登記」は執行名義に基づいて実施される。執行名義が「登記」の直接的要件とされる。しかし，土地登記所の「登記官」が，その「登記」の実施に際し，執行名義それ自体を正当に評価・審査できるか，は極めて疑問である。その評価・審査能力の観点で，土地登記所の「登記官」の資質については，極めて疑問がある，とする考慮であった。

(β) しかし，第１次委員会は，この考慮は無用である，とする。すなわち，たしかに土地登記所の「登記官」の資質が低レヴェルのところでは，この考慮が妥当する。執行裁判所の「登記嘱託」を不要として，「当事者追行主義」を妥当させるならば，ゆゆしき結果が生ずる。しかし，「登記官」の資質に疑問があるのは，ごく二，三のラントのみである。したがって，「当事者追行主義」の原則を定立しつつ，なお執行裁判所の「登記嘱託」を必要とすべきことにつき，「ラント立法への授権（Ermächtigung der Landesgesetzgebung）」を許容しておく，という手当てをすれば十分である，とする。——

(9) 執行裁判所の「登記嘱託」なくしての，公官庁の「登記要請」による執行抵当権の「登記」の取効（ラント立法への留保）

(ⅰ) ＳＲ準備草案は，例外として「当事者主義」を採用し，執行裁判所の「登記嘱託」なくして，公官庁はその自らの「登記要請」により執行抵当権の「登記」を取効できる，とした（第１節３(10)）。

(ⅱ) しかし，第１次委員会は，ＳＲ準備草案の立場を大きく修正し，この事項に関する規制を「ラント立法への留保」に委ねるべし，と決定する。すなわち，この事項に関する規制は各ラントの立法に委ねられるべきであり，その旨の「留保条項」は民法典施行法典中に存置されるべきであり，その登記手続規定は土地登記法典中に存置されるべし，とする。

(ⅲ) なお，第１次委員会は，「ラント立法への留保」の決定に際し，その規

制の大枠として，二つの制約を附している。

　(α)　すなわち，①第1に，公官庁の「登記要請」に基づく場合においても，執行抵当権は「保全抵当権」としてのみ登記される，とすべし，との制約である。②第2に，公官庁の「登記要請」に基づく場合においても，「共同抵当権による負担化」が過剰負担化であるときには，債務者には「抵当権抹消請求権」が許与される，とすべし，との制約である。

　(β)　このような二つの制約の下で，各ラント立法への留保が決定されている。

　(iv)　加えて，この事項に関する規制を「ラント立法による留保」に委ね，その「留保条項」を民法典施行法典に存置すべし，との決定の結果，結局，SR準備草案374条（第1節3⑴(ロ)，⑽）はまったく無用となる。かくして，第1次委員会は同条の削除を決定する。

⑽　強制執行が債権者の「担保提供」に係る場合と「執行抵当権の登記」

　(i)　第1次委員会審議では，強制執行が債権者の「担保提供（Sicherheitsleistung）」に係る場合，これを内容とする執行名義を理由として「執行抵当権の登記」の執行方法が追行されるときには，執行抵当権の登記は「担保提供」とは無関係に（「担保提供」がなされずとも）実施されるべし，との「意見」が述べられている。換言すれば，「担保提供」をなすことなく，債権者は執行抵当権の登記を取効できるとすべし，と主張されている。

　(ii)　上記意見は次の二つの理由に基づいている。すなわち，①第1に，債権者の「担保提供」は債務者の利益において認められた制度であるが，執行抵当権が保全抵当権としてのみ登記されるとの法構成が採られている以上，債務者は万一の不利益に対してそもそも十分に保護されている。②第2に，1883年・プロイセン不動産強制執行法7条2項によれば，強制執行が「担保提供」に係る場合においても，仮登記は「担保提供」なくして記入されるべし（第Ⅰ部第5章第3節3⒁），とされている。

　(iii)　第1次委員会は，当該意見を排斥し，「担保提供」に依存してはじめて執行抵当権の「登記」が実施されるべし，とする。その理由は次の二点に基づ

121

いている。すなわち,

(α) 第1に,執行抵当権は保全抵当権としてのみ登記され,このことにより債務者は債権に対する諸抗弁を付与される。この法構成の下で,債務者の法的地位はたしかに保護されている。しかし,強制執行が事後的に「不当 (unberechtigt)」とされた場合,既に執行抵当権の「登記」の実施という形での土地負担化がなされ,その土地負担化により債務者の「物的信用 (Realkredit)」は減縮され,その限りで債務者は損害を受けた状態にある。この損害の填補のための請求権が債務者のために発生し,この請求権をカヴァーするものとして,債権者の「担保提供」が予めなされていなければならない。

(β) 第2に,1883年・プロイセン不動産強制執行法7条2項は「担保提供」なくして仮登記がなされることを定めるが,同条同項はここでの執行抵当権制度の基本構成と調和しない。

すなわち,1877年・ＣＰＯ672条2項によれば,強制執行の開始は,債権者に義務付けられた「担保提供」がなされたことの「証明 (Nachweis)」によって,条件付けられている,とされている。「執行抵当権の登記」の執行方法も「強制執行行為 (Akt der Zwangsvollstreckung)」である以上,ＣＰＯ672条2項の規定に服するものでなければならない,からである。

(11) **無記名証券等に基づく債権を理由として執行抵当権の「登記」が実施される場合における,「証書」の提出の要否**

(i) 第1次委員会では,無記名証券等に基づく債権(執行債権)を理由として執行抵当権の「登記」が実施される場合,その証書の提出が求められるべきか否か,が議論されている。

(ii) より具体的には,執行債権が「無記名証券 (Inhaberpapier)」・「手形 (Wechsel)」・「裏書により譲渡できるその他の指図証券 (Orderpapier)」に基づく債権である場合にも,無論,「執行抵当権の登記」の執行方法が追行される。この場合,執行抵当権の「登記」の実施に際し,無記名証券等の「証書 (Urkunde)」の提出が求められるべきか,仮に求められるべきとすれば,制定

法はその旨明文にて規定を置くべきか，が議論されている。

(iii) 結論として，第1次委員会は，その旨の明文規定を存置する必要はない，とする。すなわち，土地登記所が「登記」を実施する場合，その「登記」がいかなる範囲で当該「証書」の提出に依存させるべきかは，その個々の債務についての性質，並びに一般的な訴訟諸原則に基づき，帰結されるべきである。したがって，「登記」の実施のためには「証書」の提出が必要である，という形で，明文の規定が一般化されるべきではない，とする。

3　「仮総括草案・新草案・全体草案」中の強制抵当権制度[3]
(1)　「仮総括」草案中の強制抵当権制度
(イ)　関連諸規定

「仮総括」草案中の強制抵当権制度に関する諸規定は，①373条a，②373条b，の二ヵ条である。この二ヵ条は，ＳＲ準備草案423条・430条に代わるものである。

① 「仮総括草案」373条a

　　Der Gläubiger einer vollstreckbaren Geldforderung kann im Wege der Zwangsvollstreckung verlangen, daß für die Forderung eine Sicherungshypothek auf die Grundstücke des Schuldners in das Grundbuch eingetragen werde (Zwangshypothek).

　　Vor der Eintragung in das Grundbuch wird auch die Zwangshypothek nicht begründet.

② 同373条b

　　Ist der Schuldner der Eigentümer mehrerer Grundstücke, so kann der Gläubiger verlangen, daß die Eintragung der Zwangshypothek ohne Teilung der Forderung auf (mehrere oder auch auf) alle Grundstücke erfolgt. Ist jedoch für die Forderung durch eine vor der Zwangsvollstreckung oder durch die letztere begründete Hypothek eine größere Sicherheit erlangt, als das Gesetz für die Belegung von Mündelgeldern erfordert, so kann der Schuldner verlangen, daß

123

der Gläubiger die Löschung der Zwangshypothek bis zu dem für die Belegung von Mündelgeldern gesetzlich erforderlichen Maße der Sicherheit bewillige.

(ロ) 内容上の注目点

この二ヵ条は次の三点において注目されよう。

(a) 「強制抵当権」の表記の利用

（ⅰ） ＳＲ準備草案は「執行抵当権」の表記を利用した（既述第1節3(2)）。

（ⅱ） 第1次委員会は，その表記如何につき，審議経過中では明確な態度決定をなさず，条文の最終的起草の段階での考慮に委ねた（既述2(1)）。

（ⅲ） かくして，ここでの最終段階としての「仮総括」時において，「強制抵当権」の表記が利用されている，ことに注目される。

(b) "強制執行の手段により（im Wege der Zwangsvollstreckung)"の表現（373条 a ）

（ⅰ） 「仮総括」草案373条 a は，"強制執行の手段により"との表現を採っている。これは，フランス法の「裁判上抵当権制度」との対比を，明確に表現したものである。

（ⅱ） より具体的には，フランス法の裁判上抵当権制度とは異なり，ドイツ法の強制抵当権制度では，①強制抵当権の「登記」を取効する債権者の「債権」は，「執行に熟した（exekutionsreif)」ものでなければならず，②しかも「強制抵当権の登記」の方法は不動産執行における一執行方法であり，強制執行行為である，との趣旨を明示する。

(c) 債権者が登記抹消につき「許諾」をなさなかった場合における処置如何（373条 b における沈黙）

（ⅰ） 「仮総括」草案373条 b によれば，共同抵当権による負担化が許容されるが，その負担化が一定の基準を越えるときには，債務者は強制抵当権の「登記」の「抹消」を債権者に対して要求できる，とされている。したがって，債務者の要求に応じて債権者が登記抹消につき「許諾」したとすれば，その限りで両当事者間の法律関係は決着をみる。

（ⅱ） そこで，問題となるのは，債権者が任意的には「許諾」をなさなかった

場合，である。この場合の処置につき，同373条 b はまったく沈黙する。

　(iii)　しかし，債権者が登記抹消につき任意的には「許諾」しないときには，債務者はその「許諾」を求めて訴えを提起すればよい。債務者には，訴訟手段が許容される。それは訴訟法の一般的原則であり，事理当然である。したがって，あえて本条にその旨の明文を挿入する必要はまったくない。この意味において，本条の沈黙が理由づけられる。第1次委員会が十分にそのような考慮をなしていたこと，勿論である。

(2)　「強制執行手続の停止と既にした執行処分の取消」との関連
　　　──強制抵当権の「登記」の抹消──
(イ)　ＣＰＯ692条の規制
　(i)　ＣＰＯ692条によれば，債務名義に基づく債権者の強制執行は，一定の事由あるときには，停止されなければならず，既にした執行処分も取り消されなければならない，とされている。

　(ii)　したがって，「強制抵当権の登記」も不動産執行の一執行方法である以上，このＣＰＯ692条の規定に対応する形で，「強制抵当権の登記」の執行方法の「停止・取消」が定められなければならない。

(ロ)　第1次委員会での追加審議
　(i)　1885年2月9日，第1次委員会は「保全抵当権」の節につき審議をおこない，そこで再度「強制抵当権」制度にも検討がくわえられる。

　(ii)　そこでは，ＣＰＯ692条の規制に対応して，「強制抵当権の登記」の執行方法につき，本草案中にも新たな規定が補充されなければならない，との「意見」が述べられる。より具体的には，強制執行の停止・取消の場合には，土地所有者は強制抵当権の「登記」の抹消を求めることができ，しかもその「登記抹消」により強制抵当権は取り消されるに至る旨の，新たな規定を補充すべし，と主張されている。

　(iii)　第1次委員会はこの意見を基本的に正当とする。執行裁判所の執行手続の「停止命令（停止処分）」に基づいて，土地所有者は強制抵当権の排除をな

125

し得るものでなければならない，とする。

(ハ) 「登記抹消」の取効

(i) 他方，ここで「登記抹消」についての一般原則が想起されなければならない。この一般原則によれば，「登記抹消」は，債権者の「抹消許諾」又は「その抹消許諾に代わる既判力ある判決」ある場合のみ，可能となる。したがって，この一般原則の妥当の下では，強制抵当権の「登記」を「抹消」する場合にも，債権者の「抹消許諾」又は「判決」が必要とされる。

(ii) しかし，ここでもこの一般原則を妥当させれば，強制抵当権の排除を求めんとする土地所有者の法的地位は，著しく圧迫される。しかも，ＣＰＯ692条の趣旨が直接的且つ強行的な「既にした執行処分の取消」にあるとすれば，この一般原則の妥当は同条の基本的趣旨にも反する。

以上のような考慮から，第１次委員会は，土地所有者は直ちに（換言すれば，債権者の「抹消許諾」又は「判決」を必要とすることなく）強制抵当権の「登記」の「抹消」を取効できるものとする，とする。

(iii) なお，債権者の「抹消許諾」又は「判決」を必要とすることなく，直ちに土地所有者は「登記抹消」を取効できる，と法構成した場合において，さらに次の問題が生じてくる。①土地所有者は土地登記所に抹消を申請し，この抹消の申請に基づき，土地登記所が登記を抹消するのか，②それとも執行裁判所による「登記嘱託」によって，土地登記所が抹消するのか，の問題である。

第１次委員会はこの問題の解決を「ラント立法への留保」に委ねている。

(3) 「新草案」中の強制抵当権制度（編纂委員会）

(イ) 関連諸規定

編纂委員会による「新草案」中の強制抵当権制度に関する諸規定は，①1103条，②1104条，③1106条，の三ヵ条である。

① 「新草案」1103条（←373条 a）

§ 1103 Der Gläubiger einer vollstreckbaren Geldforderung kann im Wege der Zwangsvollstreckung verlangen, daß für die Forderung eine Sicherungshypothek an den Grundstücken des Schuldners durch Eintragung in das Grundbuch begründet werde（Zwangshypothek）．

② 同1104条（←373条 b）

§ 1104　　Haften dem Gläubiger auf Grund einer Zwangshypothek allein oder in Verbindung mit einer vor deren Eintragung begründeten Hypothek mehrere Grundstücke des Schuldners und hat der Gläubiger hierdurch eine größere Sicherheit erlangt, als das Gesetz für die Belegung von Mündelgeldern erfordert, so kann der Schuldner verlangen, daß der Gläubiger die Löschung der Zwangshypothek an einem oder mehreren Grundstücken bewillige, sofern die übrigbleibende Sicherheit den Vorschriften über die Belegung von Mündelgeldern noch entspricht.

③ 同1106条（新補充規定）

§ 1106　　Ist die Zwangsvollstreckung......mit der Wirkung einzustellen, daß zugleich die bereits erfolgten Vollstreckungsmaßregeln aufzuheben sind......, so ist zu der Löschung der Zwangshypothek......die Bewilligung des Gläubigers nicht erforderlich.

㈡　若干の注目点

「新草案」中の関連条文については，以下の四点において，注目される。

(a) 「保全抵当権」節中への編成

(i) 「新草案」中の強制抵当権制度に関する三ヵ条の諸規定は，「保全抵当権」の節の中に，編入されている。

(ii) 強制抵当権が，「保全抵当権」を上位概念として，その「下部型態（Unterform）」の一つとして位置づけられている，ことが明瞭である。

(b) 「仮総括」草案との対応

(i) まず，①「新草案」1103条は「仮総括」草案373条 a に対応し，②「新草案」1104条は「仮総括」草案373条 b に対応する。文言表現上の相違が若干みられるが，その内容上，両者は同趣旨のことを定めたものである。

(ii) 他方，③「新草案」1106条は「仮総括」草案中の規定にはまったく対応

していない。「仮総括」草案中には対応規定が存在していない。「新草案」1106条が「仮総括」草案完成後に新たに補充された規定だ，からである。

(c) 「新草案」1106条の規定内容

(i) 「新草案」1106条は，「既にした執行処分の取消」がなされることを前提とした上での，「執行手続の停止」の場合につき，定めている。

(ii) この場合，債務者（土地所有者）は「手続停止命令（処分）」に基づき強制抵当権の「登記」の「抹消」を取効できるが，同条は明示的に「抹消のためには債権者の『許諾』を必要としない」旨定めている。債務者（土地所有者）の法的地位を確実化させている。

(d) 「新草案」829条 a の新挿入

(i) 「新草案」は，「土地の諸権利」に関する編中に，追加的に829条 a を新挿入している。

(ii) 強制抵当権の「登記」は土地登記所において実施されるが，その場合においても，「当事者主義（当事者追行主義）」が妥当する旨，同条は補充的に定めている。強制抵当権の「登記」をめぐる当事者と土地登記所との法的関係において，「当事者主義」が妥当し，その結果，当事者は直接的に——執行裁判所による「登記嘱託」を必要とすることなく——土地登記所に「登記又は登記抹消」を求めることができる。

(iii) なお，執行裁判所による「登記嘱託」については，「ラント立法への留保」が民法典施行法草案中に挿入されるべし，とされる。

(4) 第1次委員会による，「新草案」の検証

(i) 編纂委員会により起草された「新草案」は，さらに第1次委員会によりその「検証（Nachprüfung）」（再調査）の対象とされる。

(ii) その「検証」の具体的進行は，次のようなものである。個別規定ごとに，分説する。

(イ) 「新草案」829条 a の承認

(i) 「新草案」829条 a については，若干の修正を主張する意見も述べられる。

(ⅱ) しかし，第1次委員会の多数意見は，これを拒否し，同条の文言を確定する。これは1885年6月10日のことである。

(ロ) 「新草案」1103条の修正——強制抵当権の「成立時点」の明確化——

(ⅰ) 同829条aの再審議に引き続いて，同年同月15日より，第1次委員会は「新草案」1103条以下の諸規定の再審議に入る。

(ⅱ) 同1103条によれば，保全抵当権（強制抵当権）は債務者の土地上に「土地登記簿への登記により設定される（durch Eintragung in das Grundbuch begründet werde）」，と表現されている。しかし，同条の表現からでは強制抵当権の「成立時点」は必ずしも明確とはならず，その表現上の手直しが必要である，との「意見」が主張される。

その「意見」によれば，より具体的には，保全抵当権（強制抵当権）は債務者の土地上に「土地登記簿へ登記される（in das Grundbuch eingetragen werde）」，との形で同条の表現を簡潔化し，しかも新たに本条に2項を付加し，「強制抵当権は土地登記簿への登記によってはじめて成立する（die Zwangshypothek erst mit der Eintragung in das Grundbuch begründet werde）」，との形で強制抵当権の「成立時点」を明確化すべし，と提案されている。

(ⅲ) 第1次委員会はこの「意見」を採用する（引用条文のイタリック体に注目）。これにより，本条文は次のように起草される。

§ 1103　Der Gläubiger einer vollstreckbaren Geldforderung kann im Wege der Zwangsvollstreckung verlangen, daß für die Forderung eine Sicherungshypothek an den Grundstücken des Schuldners *in das Grundbuch eingetragen werde*（Zwangshypothek）.

Die Zwangshypothek wird erst mit der Eintragung in das Grundbuch begründet.

(ハ) 「新草案」1104条の承認

「新草案」1104条については，ほとんど何の問題も提議されず，第1次委員会はこれを承認する。

(ニ) 「新草案」1106条の承認

(ⅰ) 「新草案」1106条については，同1103条の修正提案と対応して，本条の

修正提案もまた主張されている。

(ⅱ) より具体的には，同1103条において強制抵当権の「成立時点」が明確化されなければならないのと同様に，本条において強制抵当権の「消滅時点」が明確化されなければならず，本条には「抵当権は登記抹消により取り消される（Die Hypothek wird mit der Löschung aufgehoben）」との文言が付加されるべし，と提案されている。

(ⅲ) しかし，第1次委員会はこの「提案」を採択していない。強制抵当権の「消滅時点」が明確化されていなければならないこと，勿論であるが，修正提案による上記文言を付加せずとも，本条の文言によりその「消滅時点」は自明のものとして明確化されている，と判断する。

(5) 「全体草案」から「民法典第1草案」への結実

(イ) 審議の一応の終結

(ⅰ) 「新草案」（編纂委員会による起草）についての第1次委員会の「検証」により，「ＳＲ準備草案」に関する審議は，一応の終結をみるに至る。

(ⅱ) この段階で，これまでの第1次委員会審議の集成として，民法典の各「部分領域（総則・債務法・物権法）」に関する審議結果が，公刊されている。これが「ドイツ民法典草案・第1次審議・第1部—第3部 (Entwurf eines Bürgerlichen Gesetzbuchs für das Deutsche Reich. I. Beratung. 1.—3. Buch.)」，である。

(ロ) 各「部分草案」の審議終了に伴なう「全体草案」の作成

(ⅰ) ＳＲ準備草案に関する審議に引き続いて，第1次委員会はさらに「家族法準備草案」並びに「相続法準備草案」の審議に入る。この審議も終了するに至り，民法典の各「部分草案」の審議はすべて終結する。

(ⅱ) 各「部分草案」の審議の全終結に伴ない，それらの既審議の各「部分草案」の集大成として，これらを第1次委員会は「全体草案（Gesamtentwurf）」として総括する。

(ⅲ) くわえて，第1次委員会はこの「全体草案」を再度その一般的検討に附し，細部の詰めをおこなう。これは1887年の10月以降のことである。但し，強

第1章　1874年～・「第1次委員会」審議と強制抵当権

制抵当権制度に関しては，ここではもはや何の提議もされていない。

(ハ)　ＢＧＢ第１草案の完成

(ⅰ)　第１次委員会による「全体草案」についての一般的検討をふまえて，それはついに「ドイツ民法典第１草案（Entwurf eines BGB für das Deutsche Reich. Ausgearbeit von der infolge des Beschlusse des Bundesrats von 22. Juni 1874 eingesetzten Kommission. I, Lesung.）」として結実する。

(ⅱ)　この「ＢＧＢ第１草案」中にあっては，強制抵当権制度に関する諸規定は，その「条文・数表示」の変更を受けている。前述の「新草案」との対応を含めて摘示すれば，それは次のようなものである。

- ①　「新草案」829条a →846条
- ②　同1103条→1130条
- ③　同1104条→1131条
- ④　同1106条→1133条

═══　═══　═══

注記１　ＩＫ審議・開始・進行・最終的起草

・1　全体的審議進行，→Jakobs=Schubert, Beratung（Materialien zur Entstehungsgeschichte des BGB）Entstehungsgeschite, S. 40ff.

・2　ＺＨ制度審議進行，→Vgl. Schanz, ZH, S. 83ff.

注記２　執行抵当権制度の承認（ＩＫ審議進行）

；　→Vgl. Schanz, op. cit., S. 83ff.
・1　制度表記如何
　　・→Prot. Bd. 6 S. 4976f.
　　・→S. 4990（最終的に，ＩＫは，その表記をＶＨとするか，ＺＨとするか，これを編纂上の考慮に委ねる）

131

- 2　法的基礎（ＶＥ批判）
    - →Prot. Bd. 6 S. 4976f.

- 3　法的性格
    - →Prot. Bd. 6 S. 4976f.

- 4　執行名義
    - →Prot. Bd. 6 S. 4983ff.
    - →金銭債権限定（Prot. Bd. 6 S. 4979f.）

- 5　「登記成立要件主義」の妥当
    - →Prot. Bd. 6 S. 4987.

- 6　法型態
    - 「抵当権の種類」，→Prot. Bd. 6 S. 4981ff., 4945ff., 5253ff., 5366ff., 5394ff.
    - 「執行抵当権の種類」，→　Prot. Bd. 6 S. 4977ff.
    - 「仮登記制度の否定」，→Prot. Bd. 6 S. 4967.

- 7　「共同抵当権による負担化」の許否
    - →Prot. Bd. 6 S. 4989f.

- 8　執行裁判所の「登記嘱託」の要否
    - →Prot. Bd. 6 S. 4987f.

- 9　公官庁の「登記要請」による登記取効
    - →Prot. Bd. 6 S. 4993ff.

- 10　債権者の担保提供に係る場合

・→Prot. Bd. 6 S. 4991ff.

・11　無記名証券等に基づく債権（証書提出の要否）
　・→Prot. Bd. 6 S. 4988.

注記3　「仮総括・新・全体」草案中のＺＨ制度
；1　→Vgl. Schanz, op. cit., S. 89ff.
；2　そのポイントは，ＩＫ審議諸決定をＩＫ議長が確定→仮総括草案，ＺＨ規定は「保全抵当権」節に置かれる，「執行抵当権」表記はやめる，「ＺＨ」表記の利用，ＳＲ準備草案423条・430条の廃止（削除），である。→Vgl. Prot. Bd. 6 S. 5390f.

・1　仮総括草案中のＺＨ制度
　・ＩＫ審議諸決定の仮集成（＝仮総括草案），→「Vorlaeufige Zusammenstellung der Beschluesse erster Lesung, Abschnitt Sicherungshypothek（保全抵当権の「節」」があり，ＺＨ制度関連部分は Prot. S. 5390に収録されている。

・2　強制執行の停止・取消（ＣＰＯ692条）との関係（ＩＫ追加審議）
　・→Prot. Bd. 6 S. 5391ff.

・3　新草案中のＺＨ制度（Redaktionsausschuss；編纂委員会作業）
　・→Vgl. Schanz, ZH, S. 91—92.
　・編纂委員会作業として，→「Zusammenstellung der sachlich beschlossenen Bestimmungen」の表題の記録文書がある。

・4　新草案の検証（ＩＫ作業）
　・→Prot. Bd. 7 S. 6210ff.

- 5 「GE（全体草案）」から「IE―BGB」への結実（IK作業）
  - →Prot. Bd. 7 S. 6243ff.

小　括

- 1　第1次委員会「主審議（本会議審議）」の開始・進行・終結
  - 1　各「部分草案」の完成
  - 2　81／10月・順次（総則→債務法（ドレスデン草案）→物権法），第1次委員会「本会議審議」が開始する
  - 3　84／12／5日・8日（両日）・執行抵当権制度についての「本会議審議」（←「本会議審議」は83年・プ不強法の強制抵当権制度を斟酌する←83年・プロイセン不強法成立の「後」の「本会議審議」の開始である）
  - 4　「本会議審議」諸決定→議長承認を経由→「仮総括草案」として小括する
  - 5　第1次委員会による「編纂委員会」組成→「編纂委員会」による「新草案」起草
  - 6　「新草案」を「一般的校閲」に付す→85年・「ドイツ帝国・民法典草案・第1読会・第1巻―第3巻（総則・債務法・物権法）」として公刊
  - 7　「家族法」・「相続法」の部分草案についての第1次委員会「本会議審議」開始・進行・終了
  - 8　全「部分草案（総則から相続法に至る）」本会議審議の集大成としての「全体草案」作成

- 2　第1次委員会「決定」
  - 1　「物権法準備草案」中の執行抵当権制度を承認する
    - ＝SR準備草案
  - 2　制度「表記」
    - 審議では「執行抵当権」表記に対する批判（「強制抵当権」表記を利用すべし）が述べられる

- ・最終的な条文編纂の際の考慮に委ねる
- ・以下の叙述では，説明の便宜上，「執行抵当権」文言を利用する
- ・ＳＲ準備草案：「執行抵当権」表記
- 3　制度の「法的基礎」
- ・「強制競売」の執行方法の追行権限とは，まったく別の「異質の」追行権限である
- ・⇔ＳＲ準備草案：権限の「強弱関係」あり
- 4　執行抵当権制度の法的性格
- ・不動産強制執行の一執行方法である
- ・＝ＳＲ準備草案
- 5　必要とされる執行名義の「種類」
- ・「77年・ＣＰＯ」のすべての執行名義を許容する
- ・＝ＳＲ準備草案
- 6　「一定額の金銭債権」に限定化する（執行名義の「内容」）
- ・⇔ＳＲ準備草案：「一定額の金銭債権」に限定されない
- 7　執行名義の「終局的執行力」具備を要件化しない（執行名義の「執行力」）
- ・「仮執行力」ある債務名義に基づくときにも，執行抵当権制度の「本登記」がなされる（←「仮登記制度」の廃止を前提とする）
- ・⇔ＳＲ準備草案：「終局的執行力」具備を要件化し，「仮執行力」あるにすぎないときには，執行抵当権の「仮登記」がなされるにすぎない
- 8　督促手続での「執行命令」基づく場合
- ・この場合にも，執行抵当権制度の「本登記」をする
- ・⇔ＳＲ準備草案：督促手続での「執行命令」に基づく場合には，執行抵当権の「仮登記」がなされるにすぎない
- 9　「登記」主義（「登記」成立主義）を妥当させる
- ・執行抵当権は「登記」により成立する
- ・＝ＳＲ準備草案

- 10 「付従的」執行抵当権の法形態のみとなる
  - 抵当権制度は「付従的」抵当権に一元化される
  - ⇔ＳＲ準備草案：抵当権制度は「付従的」抵当権と「独立的」抵当権から成る
  - ＳＲ準備草案中に存在した「独立的」抵当権は，「土地債務」として抵当権制度から除外される
  - 「付従的」抵当権のみの一元化に伴い，執行抵当権も「付従的」執行抵当権の法形態のみとなる
  - ⇔ＳＲ準備草案：執行抵当権には「付従的」執行抵当権と「独立的」執行抵当権の二つの法形態がある
- 11 「保全抵当権」としてのみ登記される
  - 「付従的」抵当権は，「通常抵当権」と「保全抵当権」との，二つに峻別される
  - 債権者・債務者間の利益調整から，「付従的」執行抵当権は「保全抵当権」としてのみ登記される（債務者に債権に対する抗弁を確保させるため）
- 12 「共同抵当権による負担化」を許容する
  - 債務者所有の全不動産上への「共同抵当権による負担化」を許容する
  - ＝ＳＲ準備草案
  - 債務者保護の視点から，いくつかの改善（債務者への抵当権抹消請求権の許与，訴えの方法による訴訟裁判所での行使）をおこなう
  - 債権者の「権利（共同抵当権による負担化）」の法的性質如何（形式的権利⇔絶対的権利）については，明確な態度決定を留保し，後日の審議に委ねる（⇔ＳＲ準備草案：絶対的性格をもつ）
- 13 執行裁判所の「登記嘱託」を不要とする
  - 執行裁判所の「登記嘱託」は不要である
  - 債権者は土地登記所での直接的な登記申請により執行抵当権の「登記」を取効できる

・⇔ＳＲ準備草案：執行裁判所の「登記嘱託」必要
・14　公官庁の「登記要請」による執行抵当権の「登記」取効手続
・「ラント立法への留保」に委ねる
・⇔ＳＲ準備草案（自らその規制をしている）
・15　強制執行が「担保提供」に係る場合
・「担保提供」がなされてはじめて執行抵当権の「登記」が実施される
・16　執行債権が「無記名証券」等に基づく債権である場合
・執行抵当権の「登記」実施に際し，当該「証書」の提出が必要とされるが，この旨の明文規定は必要ない

3　その後の第１次委員会「審議経緯」
・1　「仮総括」草案（373条ａ・373条ｂ）（←ＳＲ準備草案423条・430条）
・「強制抵当権」表記を利用する
・「強制執行の方法により」強制抵当権の登記が遂行される旨，明記する
・「共同抵当権による負担化」が一定限度を越える場合には，債務者は「登記抹消を請求」できる
・債権者が登記抹消につき「許諾」をなさなかったときの措置については，同草案は規定を置いていない（訴訟法の一般原則にしたがい，債務者は「訴えの方法」により債権者に対して許諾請求をすればよい）
↓
・2　第１次委員会「追加審議・決定」
・「執行抵当権の登記」の執行方法の場合にも，77年・ＣＰＯ692条（強制執行の「停止・取消」規定）に対応する規定が，必要となる
・執行裁判所の執行手続「停止命令（停止処分）」に基づいて，債権者の「抹消許諾」又は「判決」を必要とすることなく，直ちに土地所有者は「登記抹消」を取効できる旨，決定する
↓

- 3 「新草案」（1103条・1104条・1106条・829条ａ）
  - 1103条（←「仮総括」草案373条ａ）
  - 1104条（←「仮総括」草案373条ｂ）
  - 1106条（←「仮総括」草案には規定なし・追加審議での決定事項）
  - 条文配列上，強制抵当権制度の関連「三規定」は，「新草案」中の「保全抵当権」節に編入される（強制抵当権は「保全抵当権」の下部形態の一つとして位置付けられた，からである）
  - 829条ａの新挿入（強制抵当権の「登記」にも「当事者主義」が妥当し，執行裁判所の「登記嘱託」を必要とすることなく，当事者は直接的に土地登記所に「登記又は登記抹消」を請求できる）
  ↓
- 4 第１次委員会「検証（事後審査）」
  - 「新草案」829条ａ→承認
  - 「新草案」1103条→修正（２項追加：強制抵当権の成立時点の明確化）
  - 「新草案」1104条→承認
  - 「新草案」1106条→承認
  ↓
- 5 審議結果の公表
  - 前三部（総則・債務法・物権法の各「部分草案」）の小括
  - 審議結果（85年・「ドイツ帝国・民法典草案・第１読会・第１—第３巻（総則・債務法・物権法）」）を公表
  ↓
- 6 「全体草案」（計五部）としての総括
  - 「家族法」準備草案と「相続法」準備草案の審議終了
  - 各「部分草案」（計五部）の集大成として，これを「全体草案」として総括
  ↓
- 7 87／9月末・第１次委員会「一般的校閲」

・「全体草案」を「一般的校閲」に付す
　↓
・8　87／12月・第1次委員会による「BGB第1草案（第1次委員会草案）」の完成・公表
　・IE-BGB846条（←「新草案」829条a）
　・IE-BGB1130条（←「新草案」1103条／修正）
　・IE-BGB1131条（←「新草案」1104条）
　・IE-BGB1133条（←「新草案」1106条）
　↓
・9　88／1月・連邦参議院の「承認」→「正式草案」として公表

第3節　1888年・「ＢＧＢ第1草案」中の強制抵当権制度
—— 第1次委員会起草作業の「完結」，その1 ——

> 論述の進行
> 1 「ＢＧＢ第1草案」の公表
> 2 「ＢＧＢ第1草案」中の強制抵当権制度
> 　　——関連規定とその全体的構成——
> 小　括

論述の進行

（ⅰ）第1次委員会による統一的民法典編纂の最終的作業として，1887年12月，「ＢＧＢ第1草案」が公表される。これは，「第1次委員会草案」とも呼ばれ，翌1888年1月，連邦参議院での承認を受ける（1）。

（ⅱ）1880年の物権法準備草案中に「登場」した強制抵当権制度は，第1次委員会の主審議を経由し，1888年のＢＧＢ第1草案中において，その法構造上，「結実」する。ここでは，その登場から結実に至るまでの経緯を結論的総括として，ＢＧＢ第1草案中の強制抵当権制度の法構造が，正式承認をうけた条文に即して，個別的に解明する（2）。

（ⅲ）同時に，本節では，物権法準備草案とその理由書（既述第1節）から，第1次委員会による審議（既述第2節）に至るまでの，複雑・多岐にわたった，いわば二転三転の論議について，簡潔な整理を試みる（第1節と第2節の総括）。

1 「ＢＧＢ第1草案」の公表[1]

（ⅰ）1887年9月末日より，第1次委員会は「全体草案」をその一般的審議に付する。正味3ヶ月の審議をふまえて，同年12月後半，その最終的起草がなさ

れる。これが「ＢＧＢ第１草案」であり，「第１次委員会草案（Kommissionsentwurf）」とも呼ばれる。同年12月27日，この「第１次委員会草案」はライヒ首相の下に提出される。

(ⅱ) 翌1888年１月12日，それは連邦参議院に上程される。同年同月31日，連邦参議院での承認を受ける。かくして，それは，その「理由書」と共に，公表される。

2 「ＢＧＢ第１草案」中の強制抵当権制度――関連規定とその全体的構成――[2]

ＢＧＢ第１草案中では，強制抵当権制度は次の如く法構成されている。関連諸規定を摘示し，同制度を個別的論点毎に検討し，その全体的構成を明らかにする。

(1) 関連規定

ＢＧＢ第１草案中，強制抵当権制度に関連する諸規定は，次の四ヵ条である。

─① ⅠＥ―ＢＧＢ846条

§ 846（829 a） Die Eintragung im Wege der Zwangsvollstreckung oder der Vollziehung eines Arrestes oder einer einstweiligen Verfügung erfolgt auf den unmittelbar an Grundbuchamt zu richtenden Antrag des Berechtigten, sofern nicht das Gesetz ein Anderes bestimmt.

Das Gleiche gilt in Ansehung der Löschung, wenn die Zwangsvollstreckung oder die Vollzichung des Arrestes oder der einstweiligen Verfügung mit der Wirkung einzustellen ist, daß zugleich die bereits erfolgten Vollstreckungsmaßregeln aufzuheben sind, oder wenn der Arrest oder die einstweilige Verfügung durch eine vollstreckbare Entscheidung aufgehoben worden ist.

─② 同1130条

§ 1130（1103） Der Gläubiger einer vollstreckbaren Geldforderung kann im Wege der Zwangsvollstreckung verlangen, daß für die Forderung eine Sicherungshypothek an den Grundstücken des Schuldners in das Grundbuch eingetragen werde（Zwangshypothek）.

　Die Zwangshypothek wird mit der Eintragung in das Grundbuch begründet.

③　同1131条

　§ 1131（1104）　　Haften dem Gläubiger auf Grund einer Zwangshypothek allein oder in Verbindung mit einer vor deren Eintragung begründeten Hypothek mehrere Grundstücke des Schuldners, und hat der Gläubiger hierdurch eine größere Sicherheit erlangt, als das Gesetz für die Belegung von Mündelgeldern erfordert, so kann der Schuldner verlangen, daß der Gläubiger die Löschung der Zwangshypothek an einem oder mehreren Grundstücken bewillige, sofern die übrigbleibende Sicherheit den Vorschriften über die Belegung von Mündelgeldern noch entspricht.

④　同1133条

　§　1133（1106）　　Ist die Zwangsvollstreckung oder die Vollziehung des Arrestes mit der Wirkung einzustellen, daß zugleich die bereits erfolgten Vollstreckungsmaßregeln aufzuheben sind, oder ist die Aufhebung des Arrestes in Ansehung der Hypothek durch eine vollstreckbare Entscheidung angeordnet worden, so ist zur Löschung der Zwangshypothek oder der Arresthypothek die Bewilligung des Gläubigers nicht erforderlich.

(2)　表　記──「強制抵当権」の表記の利用（ＢＧＢ第１草案1130条以下）──

（ⅰ）　ＳＲ準備草案は,「執行抵当権（Vollstreckungshypothek)」の表記を，利用した（第１節３(2)）。

（ⅱ）　第１次委員会は，制度の名称・表記如何の問題につき，明確な態度決定を避け，これを最終的な条文編纂の段階において考慮されるべしとして，問題解決を先送りとする（第２節２(1)）。

（ⅲ）　これを承けて，ＢＧＢ第１草案によれば，同1130条以下の諸規定においては,「強制抵当権（Zwangshypothek）」なる表記が利用されている。

(3) 「強制執行行為」としての法的性格
―― 不動産強制執行の一執行方法（同1130条1項）――

（ⅰ） ＳＲ準備草案は，「執行抵当権の登記」を不動産強制執行の一執行方法として，法的に性格付けた（第1節3(4)）。

（ⅱ） 第1次委員会は，この立場を基本的に承認する（第2節2(3)）。

（ⅲ） これを承けて，ＩＥ―ＢＧＢ1130条1項によれば，執行力ある金銭債権を有する債権者は，強制執行の方法により，その債権の担保のために，債務者の土地上に保全抵当権の登記を求め得る，と定めている。「強制抵当権の登記」の方法は不動産強制執行の一執行方法に他ならない。

（ⅳ） なお，ＢＧＢ第1草案「理由書」においては，不動産強制執行における一執行方法としての「強制抵当権の登記」が，他の二執行方法（強制競売と強制管理の執行方法）と，どのような相互関係にあるのか，がより理論的且つ体系的に把握される。

すなわち，同「理由書」によれば，①その共通性として，不動産強制執行の執行方法として，「強制競売・強制管理・強制抵当権の登記」の三執行方法が存在するが，これらの三執行方法は共に「強制執行行為（Zwangsvollstreckungsakt）」である点で共通する。②その相違性として，「強制競売・強制管理」の二執行方法は債権者の債権の「満足（Befriedigung）」を目的とするのに対して，「強制抵当権の登記」の第三の執行方法は債権者の債権の「保全（Sicherung）」を目的とし，両者は執行方法としての「目的」において相違する，とされている。

(4) 執行名義の必要（同1130条1項）

（ⅰ） ＳＲ準備草案は，強制抵当権の登記は執行名義に基づいてなされる，として，債権者における執行名義の具備を必要とした（第1節3(5)(イ)）。

（ⅱ） 第1次委員会は，この立場を基本的に承認する（第2節2(4)(イ)）。

（ⅲ） これを承けて，ＩＥ―ＢＧＢ1130条1項によれば，執行力ある金銭債権を有する債権者は，保全抵当権の登記を求めることができる，と定めている。「強制抵当権の登記」は不動産強制執行の一執行方法であり，それが強制執行

行為である以上，執行名義に基づいてのみなされる。

(5) **執行名義の種類**──その広範囲な許容（同1130条以下）──
(i) ＳＲ準備草案は，強制抵当権の登記の執行方法を理由付ける執行名義の「種類」として，それを広範囲に許容した（第1節3(5)(ロ)）。
(ii) 第1次委員会は，この立場を基本的に承認する（第2節2(4)(ロ)）。
(iii) これを承けて，ＩＥ―ＢＧＢ1130条以下の諸規定は執行名義の「種類」を別段限定していない。
(iv) なお，ＢＧＢ第1草案「理由書」によれば，この趣旨は次のように理論構成されている。すなわち
(α) 「強制抵当権の登記」は執行方法の一つであり，執行名義に基づいてのみおこなわれる。「強制抵当権の登記」の執行方法を発動させる執行名義の「種類」としては，ＣＰＯ典中において裁判上の強制執行一般のために承認されているすべての「債務名義」が，これに該当する。具体的には，①執行力ある確定判決，②仮執行力ある判決，③督促手続においてなされた執行命令，④執行証書，等のすべての債務名義が，「強制抵当権の登記」の執行方法を発動させる（→本登記実施），とされている。
(β) 以上のように，「強制抵当権の登記」の執行方法の場合においても，他の執行方法の場合におけると同様に，それを発動させる「権限」として，ＣＰＯ典中のすべての債務名義が無限定的に承認されている。その理由としては，「強制抵当権の登記」の執行方法の場合においても，債権者の「債権」それ自体が執行力を有すること，それが肝要であり，執行力を付与する「名義」それ自体の「性状ないし種類」如何は，ここでは重要な意味をもつものではまったくない，点に求められている。

(6) **執行名義（執行債権）の内容**
　　　──一定額の「金銭債権」への限定（同1130条1項）──
(i) ＳＲ準備草案は，執行名義の内容として，債権者の債権は一定額の「金

銭債権」に限定されない，とした（第1節3⑸(ハ)）。

(ii) 第1次委員会は，この立場を不当とし，債権者の債権は一定額の「金銭債権」に限定されるべし，とする（第2節2⑷(ハ)）。

(iii) これを承けて，ＩＥ―ＢＧＢ1130条1項によれば，執行力ある「金銭債権」を有する債権者は強制抵当権の登記を求めることができる，と定めている。「強制抵当権の登記」の執行方法を遂行する債権者の債権，すなわち執行債権は強制抵当権によって担保されるが，一定額の「金銭債権」のみが強制抵当権の被担保債権適格性を有する。

(7) 強制執行の一般的要件の具備の必要

(i) ＢＧＢ第1草案の下では，「強制抵当権の登記」の方法が執行方法であり且つ執行行為である以上，それはＣＰＯに定める強制執行の一般的要件をも具備しなければならない。

(ii) すなわち，①「強制抵当権の登記」の執行方法の申立てに際し，執行債権者は名義の執行正本を提出しなければならない。②名義は執行債務者に送達されなければならない。③強制執行が「保証提供」に係るときには，債権者は予め「保証提供」をなしたことの証明をしなければならない。

(8) 成立要件としての「登記」
―――「登記主義」の妥当（同1130条2項）―――

(i) ＳＲ準備草案は，執行抵当権は土地登記簿への「登記」により成立するとし，執行抵当権についても「登記主義」を採用した（第1節3⑹）。

(ii) 第1次委員会は，この立場を正当とする（第2節2⑸）。

(iii) これを承けて，ＩＥ―ＢＧＢ1130条2項によれば，強制抵当権は土地登記簿への「登記」により成立する，と定めている。強制抵当権は「登記」により成立し，この「登記」は強制抵当権の成立要件の一つとされている。

145

(9) 強制抵当権の「登記」の法型態
　　――「保全抵当権」としての法型態（同1130条1項）――
　(i)　ＳＲ準備草案は，抵当権の種類として，「独立的」抵当権と「付従的」抵当権との二つを存置し，それは執行抵当権においても妥当し，「独立的」執行抵当権と「付従的」執行抵当権の二つの法形態の併存を，承認した（第1節3(7)）。

　(ii)　第1次委員会は，この立場を修正し，抵当権の種類として「付従的」抵当権のみに一本化し，その対応として執行抵当権もまた「付従的」執行抵当権のみに一本化し，この「付従的」執行抵当権は「保全抵当権」としてのみ登記されるべし，と決定する（第2節2(6)）。

　(iii)　これを承けて，ＩＥ―ＢＧＢ1130条1項によれば，「強制抵当権の登記」の執行方法においては，その債権のために，「保全抵当権」が債務者の土地上に土地登記簿上に登記される，と定めている。強制抵当権は「付従的」強制抵当権であり，それは「保全抵当権」としてのみ登記される。

　(iv)　付言すれば，強制抵当権が，その法的性格上，保全抵当権とすれば，債務者はその債権（それは被担保債権であり，執行債権でもある）につき自己に帰属するすべての「異議」を，抵当権の善意の第三取得者に対しても，主張できる。保全抵当権の法形態が前提とされる結果，債務者の法的地位に配慮がなされる。

(10) 「共同抵当権による負担化」の許容（同1131条）
　(i)　ＳＲ準備草案は，執行抵当権においても，共同抵当権による負担化を許容し，債務者所有の全不動産上への債権者の「掴取」権限は絶対的権利であり，過剰保全の場合にも債権者は不動産を負担化より解放すべき義務はない，とした（第1節3(8)）。

　(ii)　第1次委員会は，ＳＲ準備草案の立場を基本的に承認し，共同抵当権による負担化を許容したが，他方，債務者保護の視点より若干の修正を試み，過剰保全の場合には債務者に「抵当権抹消請求権」が許与され，それは訴えの方

法により訴訟裁判所にて行使されるべし，とする（第2節2(7)）。

(iii) これを承けて，ＩＥ―ＢＧＢ1131条によれば，債務者所有の複数の不動産が強制抵当権により債権者に対して責任を負担し，しかもそれにより債権者が過剰な保全を取得するときには，その過剰保全がなされている限り，債務者は一つあるいは複数の土地上の強制抵当権の抹消につき債権者の許諾を求めることができる，と定めている。その文言上，強制抵当権においても共同抵当権による負担化が許容されること，が明瞭である。

また，過剰保全の場合には，債務者は強制抵当権の抹消を請求できる。なお，訴えの管轄等については，訴訟上の一般原則に準拠する（ＣＰＯ25条・26条参照）。

(11) 執行裁判所の「登記嘱託」の不要
―――「当事者主義」の採用（同846条1項）―――

(i) ＳＲ準備草案は，土地登記所における執行抵当権の登記の実施につき，その要件として執行裁判所の「登記嘱託」を必要とし，「職権主義」を採用した（第1節3(9)）。

(ii) 第1次委員会は，この立場を不当とし，債権者の直接的な登記申請のみにより執行抵当権の登記が実施され，執行裁判所の「登記嘱託」を不要とし，「当事者主義」を採用する（第2節2(8)）。

(iii) これを承けて，ＩＥ―ＢＧＢ846条1項によれば，強制執行の方法による登記は，土地登記所において直接的になされた，その権限者による申請に基づいて，おこなわれる。但し，法律の規定に別段の定めがなされているときには，この限りではない，と定めている。

土地登記所における執行抵当権の登記の実施が，その権限者，すなわち執行債権者による直接的な登記申請に基づいて，おこなわれ，この意味で執行裁判所の「登記嘱託」はまったく無用である。

⑿ 「強制執行手続の停止・取消」と強制抵当権の登記の抹消（同1133条，同846条2項）

（i） 第1次委員会は，その追加審議において，「強制執行手続の停止・取消」のときには，土地所有者は強制抵当権の登記の抹消を求めることができ，債権者の抹消許諾を必要とすることなく土地登記所に直ちに抹消申請でき，しかも土地登記所は執行裁判所の「（抹消）登記嘱託」なくして抹消登記を実施でき，強制抵当権は取り消される，とする（第2節3⑵）。

（ii） これを承けて，

（α） ＩＥ―ＢＧＢ1133条によれば，「強制執行手続の停止・取消」のときには，強制抵当権はその存立根拠を喪失し，債権者の「許諾」を必要とすることなく，強制抵当権の登記は抹消されなければならない，と定めている。

債権者の「抹消許諾」，あるいはそれに代わる「判決」なくして，強制抵当権の登記が抹消される。

（β） さらに，同846条2項によれば，「強制執行手続の停止・取消」のときには，強制執行の方法による登記も抹消されるが，そのときにも，土地登記所において直接的になされたその権限者による抹消申請により，抹消登記がなされる，と定めている。

執行裁判所の「（抹消）登記嘱託」なくして，「当事者主義」の妥当の下，土地所有者の抹消申請に基づいて，土地登記所は強制抵当権の登記を抹消できる。

（γ） 以上，ここでは，「債務者（執行債務者）・土地所有者の法的利益」への配慮が明瞭である。

⒀ 「重複担保」の許容
―― 「約定抵当権」との併存の許容（同1131条）――

（i） ＩＥ―ＢＧＢ1131条によれば，債務者所有の複数の土地上に一つの強制抵当権が，あるいはその強制抵当権の登記前に設定された約定抵当権と共にその強制抵当権が，登記されたときには……，と定めている。

（ii） その文言上，債務者所有の不動産上に既に債権者が約定抵当権を登記し

ているときにも，当該債権者は強制抵当権の登記を取効でき，この意味で，強制抵当権は同一債権者により既に取得・登記された約定抵当権と併存できる，ことが，明瞭である。

＝＝　＝＝　＝＝

注記1　「ⅠE―BGB」公表
；→Jakobs= Schubert, Beratung (Materialien zur Entstehungsgeschichte des BGB), Entstehungsgeschite, S. 49f.

注記2　「ⅠE―BGB」中のZH制度
・0　注記総説
　・→Entwurf eines BGB fuer das Deutsche Reich, erste Lesung, amtliche Ausgabe, 1888.
　・→Motive zum Entwurfe eines BGB, Aamtliche Auggabe, 5 Bde., 1888.（第3巻のSachenrechtは，AchillesとLiebeの手に，成る）
　・関連条文（1130・1131・1133条）→Mugdan, S. LXXVI.
　・理由書（関連条文）→Mugdan, S. 429―435.
　・→Vgl. Schanz, ZH, S. 95ff.
　・→Mugdan, Die gesamten Materialien zum BGB（Band 3；Sachenrecht）（Motive der ⅠE）で引用する。

・1　関連規定（1130・1131・1133）
　・→Mugdan, S. LXXVI.

・2　表記（1130条以下）
　・→1130条1項・2項の文言表記参照
　・→Mugdan, S. 249f.

149

- 3　法的性格（強制執行行為）
  - →1130条Ⅰ項の文言（「強制執行の手段により」）に注目すべし
  - →Mugdan, S. 429f.

- 4　執行名義の必要
  - 1130条Ⅰ項の文言に注目すべし（文言明記する）
  - →Mugdan, S. 429—430.

- 5　執行名義の種類（判決等；1130以下）
  - →Mugdan, S. 430.

- 6　執行名義の内容（金銭債権に限定；1130Ⅰ）
  - →Mugdan, S. 430.

- 7　強制執行の一般的要件（CPO要件）具備の必要（1130Ⅱ）
  - →Mugdan, S. 429—431.

- 8　成立要件としての登記（1130Ⅱ）
  - →Mugdan, S. 431.

- 9　法型態（1130Ⅰ）
  - →Mugdan, S. 430.

- 10　「共同抵当権による負担化」の許容（1130・1131）
  - →Mugdan, S. 431—432.

- 11　執行裁判所の「登記嘱託」の不要（846Ⅰ）
  - ＥＧＢＧＢ74・78条→後述第4節参照

- ・→Mugdan, S. 135—136.

・12 強制執行の停止・取消と登記抹消（1133・846Ⅱ）
  ・所有者抵当権との関連あり
  ・→Mugdan, S. 435. S. 138（846Ⅱ登記抹消）

・13 重複担保の許容（1131）
  ・1131条文言にその趣旨明記
  ・→Mugdan, S. 432

小　括

・1　ＢＧＢ第１草案中の制度「関連規定」
  ・「846条・1130条・1131条・1133条」の計四ヵ条
・2　『強制抵当権』と表記
  ・第１草案1130条以下
・3　法的性格
  ・「不動産強制執行の方法」の一つである
  ・同1130条１項；『執行力ある金銭債権を有する債権者は，強制執行の方法により』，不動産上に強制抵当権の登記をなすことができる
・4　執行名義の「必要」
  ・同条同項；登記を求むる債権者を『執行力ある金銭債権を有する債権者』とする
・5　執行名義の「種類」
  ・その種類を広範囲に許容する
  ・同1130条以下は何も明記してはいないが，同「理由書」は，「強制抵当権の登記」の執行方法を発動させる執行名義としては，77年・ＣＰＯ典中で裁判上の強制執行一般のために承認されたすべての執行名義が，これに該当する，としている

151

- ・6 執行債権の「内容」
  - ・一定額の『金銭債権』に限定する
  - ・同1130条1項；「強制抵当権の登記」の執行方法の追行権者として，一定額の『金銭債権』を有する債権者を明記している
- ・7 「強制執行の一般的要件」(←77年・ＣＰＯ典が定める)の具備の必要
  - ・同1130条1項；「強制抵当権の登記」を「不動産強制執行の方法」の一つとする
- ・8 「登記主義」の妥当
  - ・同1130条2項；強制抵当権は土地登記簿への「登記」により成立する
  - ・「登記」を成立要件と法構成
- ・9 「保全抵当権」としての登記
  - ・同1130条1項；強制抵当権はその債権のために「保全抵当権」としてのみ登記される
  - ・その法形態を「付従的」抵当権と法構成
- ・10 「共同抵当権による負担化」の許容
  - ・同1131条；債務者所有の複数の不動産が強制抵当権により債権者に対して責任を負担する
- ・11 「過剰保全」の場合の債務者の救済
  - ・「抹消許諾請求権」(訴えの方法による)の許与
  - ・同1131条；「共同抵当権による負担化」により債権者が過剰保全を取得するときには，その過剰保全の限りで，債務者は一つ又は複数の土地上の強制抵当権の抹消の許諾を請求できる
- ・12 「登記」取効における「当事者主義」の妥当
  - ・執行裁判所の「登記嘱託」の不要，直接申請による「登記」取効(⇔「職権主義」)
  - ・同846条1項；強制執行による登記は，土地登記所で直接的になされた，その権限者による申請に基づいて，おこなわれる
- ・13 「強制執行手続の停止・取消」の場合

第1章 1874年～・「第1次委員会」審議と強制抵当権

- ・債権者の許諾（登記抹消許諾）は不要である
- ・同1133条；「強制執行手続の停止・取消」の場合に，強制抵当権の登記抹消につき，債権者の許諾（登記抹消許諾）を必要としない

・14 登記「抹消」についての「当事者主義」の妥当
- ・執行裁判所の「登記嘱託」の不要，土地所有者の直接申請による「抹消登記」取効（⇔「職権主義」）
- ・同846条2項；「強制執行手続の停止・取消」のときには，強制抵当権の方法による登記も抹消される

・15 「重複担保」の許容
- ・強制抵当権の「約定抵当権」との併存の許容
- ・同1131条；強制抵当権の登記前に設定されていた約定抵当権と共に，当該強制抵当権が新たに「共同抵当権による負担化」をする場合を前提とした規定

第4節　1888年—89年・「ＥＧＢＧＢ第1草案・ＧＢＯ第1草案・ＺＶＧ第1草案」中の強制抵当権制度

——第1次委員会起草作業の「完結」，その2——

> 論述の進行
> 1　ヨーホウの「物権法の視点における『民法典施行法草案』に関する提言」中の強制抵当権制度（1882年）
>   ——提言内容と第1次委員会「審議」——
> 2　「民法典施行法第1草案（ＥＧＢＧＢ第1草案）」中の強制抵当権制度（1888年）（←ヨーホウ提言）
>   ——関連規定と規定内容——
> 3　「土地登記法第1草案（ＧＢＯ第1草案）」中の強制抵当権制度（1889年）（←ヨーホウ準備草案）
>   ——関連規定と規定内容——
> 4　「不動産強制執行法第1草案（ＺＶＧ第1草案）」中の強制抵当権制度（1889年）（←ヨーホウ準備草案）
>   ——関連規定と規定内容——
> 小　括

論述の進行

（ⅰ）　ヨーホウ提言（1882年）

（α）　第1次委員会によってＢＧＢ第1草案が最終的に起草されたのは，1887年12月のことである。翌1888年1月，これは連邦参議院の承認決定を受け，いわゆる正式草案として公表される。

（β）　遡ること十数年，既に1874年9月4日，第1次委員会は，その第1回会議で，全ライヒへの統一的民法典の起草のための，編纂計画を立案している。

それによれば，統一的民法典は総則，債務法，物権法，家族法，相続法の計五部より成り，それぞれ個別的に5人の担当委員により，まず各「部分草案」が作成され，加えて各「部分草案」に関連する「民法典施行法草案」を作成すべし，とされている。このような編纂計画の下，第3部「物権法」を担当したヨーホウは，1880年，その「物権法準備草案（ＳＲ準備草案）」の起草を終えるが（第1節），引き続いて1882年には，それとの関連において「物権法の視点における民法典施行草案に関する提言（ヨーホウ提言）」をまとめている。このヨーホウ提言は，ＢＧＢ第1草案の審議の完結を待ち，1888年，第1次委員会により最終的な審議に付せられる。

(γ) 強制抵当権制度に関しては，ヨーホウ提言第6項目が言及している(1)。

(ii) ＥＧＢＧＢ第1草案（1888年）

(α) 既に「ＳＲ準備草案」に関する第1次委員会「審議」では，その個別条文と関連して，実質的にはヨーホウ提言についても審議がなされている。その意味で，ヨーホウ提言に関する1888年の第1次委員会「審議」は，まさしく最終的且つ確認的なものである。

(β) 第3部「物権法」以外の，その他の各「部」に関する民法典施行法としての諸規定と併せて，その集大成として，同1888年6月1日には，第1次委員会によりＥＧＢＧＢ第1草案が最終的に起草される。

(γ) 強制抵当権制度に関しては，ＥＧＢＧＢ第1草案中，三ヵ条が言及している(2)。

(iii) ＧＢＯ第1草案（1889年）

(α) 統一的民法典，とりわけ第3部「物権法」の諸規定（土地所有権や土地担保権等に関する諸規定）の「補充と実施」の目的の下，1888年，第1次委員会はＧＢＯ第1草案の最終的な起草を成している。ここでは，民法典中，第3部「物権法」が全ライヒの統一的な「実体的土地法」であるとすれば，それらの諸規定の「補充と実施」のための「土地登記法」は，全ライヒの統一的な「形式的土地法」であり，両者は不即不離の接合関係にある，ということに注

目される。

　(β)　SR準備草案の作成を担当したヨーホウは，それと同時併行的に，GBO準備草案の作成にもあたっている。両法の接合関係に注目すれば，それは決して偶然ではなく，論理必然的なものである。そして，既に1883年，ヨーホウはGBO（旧）準備草案の起草を終えている。

　(γ)　GBO（旧）準備草案は，第1次委員会「審議」を経由し，ヨーホウによる修正の下，1888年，それはGBO（新）準備草案として登場する。同年，それは第1次委員会により最終的に起草される。これがGBO第1草案である。

　(δ)　強制抵当権制度に関しては，GBO第1草案中，五カ条が言及している（3）。

　(iv)　ZVG第1草案（1889年）

　(α)　統一的民法典，とりわけ第3部「物権法」の諸規定（土地担保権等）の「補充と実施」の目的の下，1889年，第1次委員会はZVG第1草案の最終的な起草を成している。ここでは，民法典中・第3部「物権法中の抵当権法」が全ライヒの統一的な「実体的抵当権法」であり，それらの諸規定の「補充と実施」のための「不動産強制執行法」は全ライヒの統一的な「手続的抵当権法」であり，両者は不即不離の接合関係にある，ということに注目される。

　(β)　SR準備草案の作成を担当したヨーホウは，それと同時併行的に，ZVG準備草案の作成にもあたっている。両法の接合関係に注目するならば，それは決して偶然ではなく，論理必然的なものである。そして，1888年，ヨーホウはZVG準備草案の起草を終えている。

　(γ)　ZVG準備草案は第1次委員会「審議」を経由し，そこでの諸決定をふまえて，1889年，第1次委員会により最終的に起草される。これがZVG第1草案である。

　(δ)　強制抵当権制度に関しては，ZVG第1草案中，三カ条が言及している（4）。

第1章　1874年〜・「第1次委員会」審議と強制抵当権

1　ヨーホウの「物権法の視点における『民法典施行法草案』に関する提言」中の強制抵当権制度（1882年）——提言内容と第1次委員会「審議」——[1]

(1)　ヨーホウ提言（1882年）の公表

（ⅰ）　1880年，既に6年もの年月をかけて，ヨーホウは，ＳＲ準備草案の起草を，終えている。引き続いて，さらに，そのＳＲ準備草案との関連において，今後起草されるべき「民法典施行法草案」のために，1882年，ヨーホウは，「物権法の視点における民法典施行法草案に関する提言（Vorschläge zu dem Entwurfe eines Einführungsgesetzes zu dem bürgerlichen Gesetzbuche vom Standpunkte des Sachenrechts）」（以下，「ヨーホウ提言」と略称する）を，公表している。

（ⅱ）　既に第1次委員会の第1回会議（1874年9月7日）での編纂計画によれば，民法典の各五部につき個別に5人の各担当者により部分草案が作成され，その各部分草案には各関連する「施行法草案」と「理由書」が添付されなければならない，とされている。かくして，物権法の部分草案の起草担当委員であるヨーホウは，第1次委員会の編纂計画にしたがい，民法典施行法草案に関する提言を明示する。

（ⅲ）　「ヨーホウ提言」は，総計60項目にのぼり，各項目ごとに，その提言の趣旨乃至理由が，個別的に明示されている。その第6項目は，強制抵当権制度に，言及している。

(2)　「ヨーホウ提言」第6項目

（ⅰ）　「ヨーホウ提言」第6項目は，「民訴法（ＣＰＯ）」並びに「破産法（ＫＯ）」に関する諸変更を，提案する。

（ⅱ）　「民訴法（ＣＰＯ）」の諸変更についての提案中で，強制抵当権制度に関連して，次の三点（(イ)—(ハ)）を提案する。

(イ)　ＣＰＯ新757条の置換——第1提案——

（ⅰ）　「ヨーホウ提言」第6項目Ⅰによれば，1877年・ＣＰＯ757条はＣＰＯ新757条によって置換されるべし，としている。

（ⅱ）　ＣＰＯ新757条

157

§ 757　Das Verfahren bei der Zwangsversteigerung und der Zwangsverwaltung von Grundstücken und von Berechtigungen im Sinne des bürgerlichen Gesetzbuches §.[Sachenrechtsentw. §. 2 Abs. 2], sowie bei der Zwangsversteigerung von Kauffahrteischiffen, welche in das Schiffsregister eingetragen sind, und von Parten solcher schitte bestimmt sich nach dem hierüber ergehenden besonderen Gesetze.

　Entstehen in dem die Zwangsvollstreckung betreffenden Verfahren Rechtsstreitigkeiten, welche in einem besonderen Prozeße zu erledigen sind, so erfolgt die Erledigung nach den Bestimmungen dieses Gesetzes. Auf Vertheilungsstreitigkeiten finden die §§. 765-768 entsprechende Anwendung.

(iii)　本条の内容はどのようなものか。すなわち、ＣＰＯ新757条によれば、

(α)　土地並びにその他の諸権利（ＳＲ準備草案2条2項）に対する「強制競売並びに強制管理」の手続、及び船舶登記簿に登記された船舶並びにその股分に対する「強制競売」手続は、これらにつき公布される特別の「制定法」により、規律される（1項）。

(β)　土地等に対する強制執行手続中、特別訴訟手続において処理されるべき法的紛争（訴訟）が生じるときには、本法の規定にしたがい処理される（2項前段）。配当に関する法的紛争（訴訟）については、本法765条—768条の規定が、準用される（2項後段）、とされている。

(iv)　提案された新757条は、次の三点において注目される。

(α)　第1に、新757条では、不動産強制執行手続に関して、「ライヒ立法による統一的規制」が主張されている。

　より具体的に説明すれば、①1877年・ＣＰＯ757条1項によれば、不動産強制執行手続並びにそれと結合する公示催告手続及び配当手続は、各ラント立法に留保されるべし、とされていた。ここでは、いわゆる「ラント立法への留保」が定められ、不動産強制執行手続は各ラント毎の「個別的な法規制」に委ねられていた。②これに対して、新757条によれば、土地等に対する「強制競売並びに強制管理」の手続（不動産強制執行手続）は、「特別法」としての「ラ

イヒ制定法」により，規律されるべし，とされている。ここでは，不動産強制執行手続（強制競売並びに強制管理手続）はライヒの「統一的規制」に委ねるべき旨，主張されている。

(β) 第2に，新757条では，「執行抵当権の登記」の執行手続については，何も別段の論及はなされていない。

より具体的に説明すれば，①1877年・ＣＰＯ757条によれば，不動産強制執行手続一般が各ラント立法に留保され（同条1項），しかも強制抵当権制度に関しては，その執行方法の権限の「範囲」並びにその登記の「方法」が，各ラントの個別的法規制に委ねられるべき旨，明示的に定められていた。②これに対して，新757条によれば，土地等に対する「強制競売並びに強制管理」の二つの執行手続についてのみ，これらをライヒ立法による「統一的規制」に委ねるべき旨，述べているにすぎない。「執行抵当権の登記」の執行手続については，別段の論及はなされていない。これは，既にヨーホウ自身，その自らの手に成るＳＲ準備草案中において，強制抵当権制度規定を存置し（ＳＲ準備草案373条・374条・423条・430条），これをライヒ立法による「統一的規制」（ドイツ民法典）に委ねるべき旨，意思決定していた，からである（第1節3）。

――より具体的に説明してみよう。すなわち，ヨーホウは，「執行抵当権の登記」の方法を不動産強制執行の一執行方法として性格付けたが，これを「抵当権制度」の一分肢として（保全抵当権の一亜種として），実体「民法典（第3部・物権法）」中に，存置した。強制抵当権制度は，ライヒの統一的立法たる「民法典」中にて，その統一的規制に委ねられるに至る。かくして，ヨーホウの意向の下，特別法として制定されるべきライヒの統一的不動産強制執行法典，それにより規律されるべきものは，自ずと「執行抵当権の登記」の執行方法を除いた，残り二つの執行方法，すなわち「強制競売並びに強制管理」の執行手続のみである。――

(γ) 第3に，新757条では，船舶並びにその股分に対する強制執行手続についても，ライヒ立法による「統一的規制」に委ねるべき旨，主張されている。

(ロ) ＣＰＯ705条ａの新挿入——第２提案——

(i) 「ヨーホウ提言」第６項目Ⅱ前段によれば，1877年・ＣＰＯ中には新たにＣＰＯ705条ａが挿入されるべし，としている。

(ii) ＣＰＯ新705条ａ

§ 705 a Die Zwangsvollstreckung gegen den eingetragenen Eigenthümer des haftenden Grundstücks, jedoch, soweit derselbe nicht persönlich haftet, nur in das Grundstück, findet statt:

1. aus Auszügen aus dem Grundbuche über eingetragene Reallasten, welche die periodisch wiederkehrende Leistung einer bestimmten Geldsumme oder einer bestimmten Quantität anderer vertertbarer Sachen zum Gegenstande haben, wegen fälliger Leistungen;

2. aus der Urkunde über eine im Wege der Zwangsvollstreckung gemäß §. [Sachenrechtsentw. §. 373] des bürgerlichen Gesetzbuchs eingetragene Hypothek.

Die vollstreckbare Ausfertigung wird von dem Grundbuchamte ertheilt.

Zum Nachweise eines Unstandes, welchen der Glaubiger zu erweisen hat, um die vollstreckbare Ausfertigung zu erhalten, bedarf es, soweit nicht der bewiesene Umstand aus dem Grundbuch erhellt oder sonst bei dem Grundbuchamte offenkundig ist, der Vorlegung einer öffentlichen Urkunde. Ist der Umstand eingetragen oder offenkundig, so ist dies in der Vollstreckungsklausel zu erwähnen, die Zustellung einer Abscrift des Eingetragenen findet nicht statt.

Im Uebrigen find die §§. 662-701, 704 u, 705 entsprechend anzuwenden.

(iii) 本条の内容はどのようなものか。すなわち，ＣＰＯ新705条ａによれば，

(α) 責任化された「土地」上の，その登記ある土地所有者に対してなされる強制執行は，土地所有者が人的には責任を負っていない限りでは，当該「土地」に対してのみ，おこなわれる。この場合，その強制執行は，強制執行の手段により民法（ＳＲ準備草案373条参照）の諸規定にしたがい登記された抵当権（執行抵当権）に関する「証書（Urkunde）」に基づいて，おこなわれる（１項）。

(β) 執行力ある正本は，土地登記所により，付与される（2項）。

(γ) 執行力ある正本を保持するためには，債権者は一定の事情につき証明しなければならないが，その立証のためには，一定の要件の下で，公的証明書（公文書）の提出が必要とされる（3項），とされている。

(iv) 「独立的」執行抵当権の登記を取効した債権者が，なお強制競売並びに強制管理の執行方法を追行できること，理論上当然であるが，その「独立的」執行抵当権の法律構成との関連において，若干の問題が生じる。これを解決すべく提案されたもの，それがＣＰＯ新705条ａの規定に他ならない。すなわち，

(α) ＳＲ準備草案では，「独立的」抵当権と「付従的」抵当権との二つの抵当権種類が存在し，それは執行抵当権にも妥当し，「独立的」執行抵当権と「付従的」執行抵当権との2種類が存在していた。そして，「独立的」執行抵当権では，債権者のそれまでの債権（原因債権）は消滅し，それに代わり新たに「抵当権に基づく請求権」が発生する（ＳＲ準備草案373条3項），との法構成が採られている（第1節3(7)）。

(β) しかし，他方，「独立的」執行抵当権の登記を取効した債権者は，従来からの債権（原因債権）の消滅にもかかわらず，なお「強制競売又は強制管理」の執行方法により，強制執行を追行できる，という法的地位にある。この場合，土地登記簿上になされた「独立的」執行抵当権の登記に関する「証書」（それは，土地登記所によって執行力を付与されたものでもある）が，その強制執行のための「名義（Titel）」とされる。

(γ) なお，「独立的」執行抵当権が登記された後には，従来からの債権（原因債権）は消滅し，したがってその債権を理由とするさらなる強制執行（強制競売又は強制管理）は許されない。しかし，「独立的」執行抵当権の登記を取効した債権者もまた，強制競売又は強制管理の執行方法を追行できるとすべきこと，理論上当然である。かくして，土地登記所により作成された執行力ある上述の「証書」に基づき（換言すれば，消滅した従来の債権に代わり，新たに成立した「抵当権に基づく請求権」に基づき），当該債権者は強制競売又は強制管理の執行方法を追行できる。

161

(ハ)　ＣＰＯ新757条ａの新挿入──第3提案──

(ⅰ)　「ヨーホウ提言」第6項目Ⅱ後段によれば，1877年・ＣＰＯ中には，新たにＣＰＯ新757条ａが挿入されるべし，としている。

(ⅱ)　ＣＰＯ新757条ａ

§ 757 a.

Die Begründung einer Hypothek im Wege der Zwangsvollstreckung bestimmt sich nach §§. (Sachenrechtsentw. §§. 373 u. 423) des bürgerlichen Gesetzbuches.

An den in §. 757 bezeichneten Schiffen und Schiffsparten kann im Wege der Zwangsvollstreckung ein Pfandrecht für den Gläubiger durch Eintragung der Forderung in das Schiffsregister erworben werden. Die Eintragung erfolgt auf Ersuchen des Vollstreckungsgerichts, im Uebrigen in Gemäßheit des §. (Sachenrechtsentw. §. 474) des bürgerlichen Gesetzbuches.

(ⅲ)　本条の内容はどのようなものか。すなわち，ＣＰＯ新757条ａによれば，

(α)　強制執行の手段による「抵当権」の設定は，民法の規定（ＳＲ準備草案373条・423条）に基づいて，定められる（1項）。

(β)　ＣＰＯ新757条で定められた船舶並びにその股分上には，強制執行の手段による，船舶登記簿への債権の登記により，債権者のために「質権（Pfandrecht）」が取得される。その登記は，執行裁判所の登記要請（登記嘱託）によりおこなわれるが，その他の場合には民法の規定（ＳＲ準備草案474条）にしたがいおこなわれる（2項前段・後段），とされている。

(ⅳ)　本条は次の三点において注目される。

(α)　第1に，「執行抵当権の登記」の手続が，民法典（ＳＲ準備草案373条・423条）により，定められている旨，ＣＰＯ中に明記されている。

「執行抵当権の登記」の方法は不動産強制執行の一執行方法であるが，その具体的な手続については，民法典（ＳＲ準備草案）中に定められている。

(β)　第2に，執行抵当権制度は，債権者の利益において，その債権の「強行的な保全」を具体化するが，同様の考慮が船舶並びにその股分に対する強制執

行手続にも導入されている。

　たとえば，船舶が航海中であり，債権者が強制競売を追行することが現実に不可能である場合，債権者は強制執行の手段により航海中の船舶上に「質権」を取得でき，それは船舶登記簿への「債権」の登記という形でなされる。この船舶質権により，債権者は船舶からの将来の満足（債権の回収）を具体化できる。

　(γ)　第3に，強制執行の手段による「船舶質権」の登記は，「職権主義」の妥当の下，執行裁判所の「登記嘱託」に基づいて，なされる。土地登記簿への執行抵当権の登記の場合と同様に，「職権主義」が妥当する。

　ＳＲ準備草案中には，船舶質権（Shiffspfandrecht）に関しては「仮登記制度」が定められてはおらず，したがって，仮執行力ある名義に基づくときにも，船舶質権の「本登記」がなされる。

(3)　第1次委員会「審議」

(i)　1888年，「民法典施行法」起草の目的の下，第1次委員会は，「ヨーホウ提言」を審議に付す。

(ii)　「ヨーホウ提言」第6項目につき，第1次委員会は次のように決定する。

(イ)　「第1提案」——基本的承認の決定——

(i)　第1次委員会は，ＣＰＯ755条—757条に代わる新757条の新設という，「第1提案」((2)(イ))の基本的趣旨に，賛成する。但し，同条は，条文の数表示上，「第755条」と修正されるべし，と補足している。

(ii)　かくして，ＣＰＯ新755条は，第1次委員会により，最終的には次のように起草される。

　：ＣＰＯ新755条

　　"不動産に対する強制執行は，これに関する「特別法」に基づいて，規律される。強制執行手続ではいかなる対象が「不動産」に属するのかについても，この「特別法」に基づいて，定められる"

(iii)　なお，第1次委員会の決定によれば，仮にその「特別法（不動産強制執

行法)」の制定・施行が「民法典」の施行よりも遅れるときには，いわば暫定的措置として，1877年・ＣＰＯ755条―757条の3カ条は，原則として，そのまま存置・適用されるべし（但し，同757条2項中の強制抵当権制度に関する文言を削除すべし），とされている。これは，どのように理解されるべきか。

　(α)　すなわち，第1次委員会の考慮によれば，不動産強制執行に関する「規制」法典は，ライヒの統一的な「特別法」によるべきであり，可能な限り早急に，制定・施行されなければならない。その「特別法」の施行は，少くとも「民法典」の施行と同時でなければならないし，またこれに決して遅れてはならない，とする。

　(β)　敷衍すれば，①民法典中の「物権法」は，抵当権に関する実体的規制をしている限りで，いわば「実体的抵当権法」である。②不動産強制執行に関する「特別法」は，抵当権に関する手続的規制（土地に対する抵当権の実行は，不動産強制執行に他ならない）をしている限りで，いわば「手続的抵当権法」である。③このような「実体的抵当権法」と「手続的抵当権法」は，後者が前者を強行的に権利実現する方法であるという意味で，相互に不即不離に接合し，「抵当権制度」一般を組成する重要な二つの支柱となっている。④かくして，仮にその「特別法」の施行が遅れるとすれば，「抵当権法」一般はその一本の支柱を欠くので，このような場合には，暫定的に1887年・ＣＰＯ755条―757条を存置・適用せざるを得ない（ライヒの「特別法」による統一的規制に委ねることができない以上，各ラント立法の留保による個別的規制にそのまま委ねざるを得ない）。⑤なお，しかし，前述のように，強制抵当権制度については，既に民法典「物権法」中に制度存置を前提とした諸規定（統一的規制）が置かれており，その限りで，もはやラント立法への留保は許されておらず，1877年・ＣＰＯ757条2項は削除されざるを得ない。

　㈲　「第2提案」――削除の決定――

　(ⅰ)　第1次委員会は，ＣＰＯ典中へのＣＰＯ新705条ａの新挿入という，「第2提案」（(2)㈲）につき，これを無用として，削除すべき旨，決定する。

　(ⅱ)　すなわち，①ＳＲ準備草案は，「独立的」抵当権と「付従的」抵当権と

の二つの抵当権種類を承認し，これを執行抵当権にも妥当させていた。②しかし，既に第1次委員会は，「独立的」抵当権を土地債務として抵当権制度より独立させ，抵当権制度を「付従的」抵当権のみに一元化した。その対応上，執行抵当権もまた「付従的」執行抵当権のみが認められた。③かくして，「独立的」執行抵当権につき定めるＣＰＯ新705条ａの規定は，その規律対象を喪失し，結局のところ無用となり，第1次委員会により削除される。

(ハ) 「第3提案」――削除の決定――

(ⅰ) 第1次委員会は，ＣＰＯ典中へのＣＰＯ新757条ａの新挿入という，「第3提案」((2)(ハ))につき，これを無用として，削除すべき旨，決定する。

(ⅱ) すなわち，①提案されたＣＰＯ新757条ａでは，船舶並びにその股分に対する強制執行の方法による「質権」の設定につき，定められている。②しかし，第1次委員会は，既にヨーホウ提言中の「第1提案」を採択し，ＣＰＯ757条の新設を決定している。これにより，ライヒの統一的な「特別法」として，不動産強制執行手続に関する法律が制定される。そして，この「特別法」は，同時に，船舶登記簿に登記された船舶並びにその股分に対する強制的な「質権」の設定・成立に関しても，その規律を予定する。③かくして，提案されたＣＰＯ新757条ａの規定内容もまた，この「特別法」により定められ，同条は結局のところ無用の重複となり，削除すべし，とされる。

2 「民法典施行法第1草案（ＥＧＢＧＢ第1草案)」中の強制抵当権制度（1888年）（←ヨーホウ提言）
　　――関連規定と規定内容――[2)]

(1) 「ＥＧＢＧＢ第1草案」の起草・公表（1888年）

(イ) ヨーホウによる起草作業

(ⅰ) 全ライヒの「統一的民法典」を現実的に施行していくためには，「民法典施行法」の起草が必須である。かくして，統一的民法典の起草作業と同時併行的に，同じく第1次委員会の下で，「民法典施行法」の起草作業が進められていた。民法典の各部分草案の起草にあたっていた各担当委員が，各部分草案

との関連において，「民法典施行法」の起草作業の任にあたっていた。

　(ⅱ)　民法典中の物権法（第3部）との関連においては，ＳＲ準備草案の起草作業と併行しながら，担当委員ヨーホウが「民法典施行法」の起草作業を進めており，その成果が「ヨーホウ提言」（1）である。

(ロ)　第1次委員会による「ＥＧＢＧＢ第1草案」の総括・公表

　(ⅰ)　1887年12月，ＢＧＢ第1草案を最終的に確定したことをふまえて，引き続いて翌1888年，第1次委員会は「民法典施行法」の草案の最終的な起草作業に入っている。既にＢＧＢ第1草案の起草作業の進行中，それとの関連において，「民法典施行法」の起草作業も，実質的になされていた，からである。その第1次委員会「審議」の対象となったのは，物権法との関連においては，「ヨーホウ提言」である。

　(ⅱ)　「民法典施行法」草案の起草のための第1次委員会「審議」は，1888年6月1日をもって，終了する。この草案はライヒ宰相の下に提出され，連邦参議院への上程・決議をふまえて，同1888年，公表される。これが，「民法典施行法第1草案（Entwurf eines Einführungsgesetzes zum B. G. B. für das Deutsche Reich. Erste Lesung. Ausgearbeitet durch die von dem Bundesrathe berufene Kommission）」（以下，ＥＧＢＧＢ第1草案と略称する）である。

　(ⅲ)　これには「理由書（Motive）」が付せられている。

(ハ)　編　成

　(ⅰ)　ＥＧＢＧＢ第1草案は，全ライヒのための統一的民法典を現実に施行するために，必須の法典である。それは，民法典による統一的規制に対して，各ラントの利益において，多くの「適用除外」が許容されている，という点で，極めて特徴的である。我が国における民法施行法が「経過規定」にウエイトを置くものにすぎない，のと対照的である。したがって，ＥＧＢＧＢ第1草案の「編成」につき，補足的に言及しておく。

　(ⅱ)　ＥＧＢＧＢ第1草案は，次のような「編成」より，成っている。

　　┌　①第1編・「総則」（Artikel 1 以下）
　　├　②第2編・「本法とライヒ法との関係」（Artikel 9 以下）

├─③第3編・「本法と各ラント法との関係」（Artikel 32以下）
└─④第4編・「経過規定」（Artikel 92以下）

(ⅲ) 上記の草案「編成」につき，より具体的に説明する。

(α) 第1編では，「総則」として，次のように定めている。

①まず，ＢＧＢの発効時点につき，定められている（1条）。

②次いで，ＢＧＢ並びに本法にいう「制定法（Gesetz）」の概念規定として，それが各「法規範（Rechtsnorm）」を意味する，とされている（2条）。

③そして，3条では，「ラント立法への留保」が，定められている。ＢＧＢ又は本法により，当該規制がラント制定法に留保されている限りでは，あるいはラント制定法が効力を持続する若しくは新法律を公布できる旨定められている限りでは，現行のラント制定法は効力を持続し，且つ新たなラント制定法上の規定を公布できる（ＢＧＢ又は本法の許容の下での，各ラントの独自的な規定の「効力持続・作出」の承認。ライヒの統一的民法典の規制内容とは異なる，各ラントの独自的な規定の承認。ラント立法への留保）。しかし，他方，「ＢＧＢ並びに本法」以外の現行ライヒ制定法は，ラント制定法により，「廃止・変更」され得ない（3条），とされている。

(β) 第2編では，「本法とライヒ法の関係」につき，次のように定めている。

①ライヒ制定法がそのまま法律としての効力を持続するが，ＢＧＢ又は本法によりその廃止が明示されているときには，その限りではない（9条）。

②これを承けて，本法11条以下において，ライヒの各制定法（ＺＰＯやＫＯ等）の修正・補充・置換等が，定められている。

(γ) 第3編では，「本法と各ラント法の関係」につき，次のように定めている。

①各ラントの私法上の規定は，ＢＧＢ又は本法でそれが法律としての効力を持続すべき旨定められていない限りでは，失効する（32条）。

②これを承けて，別段の定め（効力持続）として，本法による各ラント制定法への「留保事項」（Vorbehaltmatelien・効力持続事項）が，個別具体的に定められている。

167

(δ) 第4編では，「経過規定」として，統一的民法典（BGB）施行に伴ない問題となる，個別的具体的な「経過規定」が，定められている。

(2) **関連規定**
(ⅰ) ＥＧＢＧＢ第1草案中，強制抵当権制度は，次の3カ条（①―③）において，言及されている。
(ⅱ) なお，その11条が「第2編」中の規定であり，そして74条・78条が「第3編」中の規定である，という点に注目される。

① ＩＥ―ＥＧＢＧＢ11条（→ＺＰＯ755条）

§ 755. Zwangsvollstreckung in das unbewegliche Vermögen.

Die Zwangsvollstreckung in das unbewegliche Vermögen bestimmt sich nach dem dieselbe betreffenden besonderen Gesetze. Nach diesem besonderen Gesetze bestimmt sich anch, welche Gegenstände in Ansehung der Zwangsvollstreckung zum unbeweglichen Vermögen gehören.

② 同78条

Unberührt bleiben die landesgesetzlichen Vorschriften, nach welchen die im §. 846 des Bürgerlichen Gesetzbuches bezeichneten Eintragungen und Löschungen nur auf Ersuchen des Vollstreckungsgerichtes crfolgen.

③ 同74条

Unberührt bleiben die landesgesetzlichen Vorschriften, nach welchen dem Fiskus oder einer anderen juristischen Person das Recht zusteht, zur Sicherung gewisser Forderung die Eintragung einer Hypothek an den Grundstücken des Schuldners im das Grundbuch zu verlangen, und nach welchen die Eintragung dieser Hypothek auf das Ersuchen einer bestimmten Behörde zu erfolgen hat. Die Hypothek kann nur als Sicherungshypothek eingetragen werden. Die Vorschriften des §. 1130 Abs. 2 und des §. 1131 des Bürgerlichen Gesetzbuches finden entsprechende Anwendung.

(3) 規定内容

(イ) ⅠE―EGBGB11条――1877年・CPO755条―757条の置換（ライヒの統一的な「不動産強制執行」の制定の必要性）――

(i) ⅠE―EGBGB11条は，その「第2編」中の規定であり，本法とライヒ法（ZPO）の関係につき，定める。ここでは，1877年・CPO755条―757条の規定の「置換」が，定められている。

(ii) 既述の如く（1(3)(イ)），第1次委員会「審議」の結果，1877年・CPO典中には，新たにCPO755条が挿入され，同条は，特別法としてのライヒの統一的な「不動産強制執行法」の制定の必要性を，主張する。同条によれば，不動産強制執行はこれについての特別の制定法により規律され（1項），どのような「対象（執行対象）」が強制執行の観点において「不動産」に属するのかは，この特別の制定法により定められる（2項），とする。

(ロ) ⅠE―EGBGB78条――執行裁判所の登記「嘱託」の必要（ラント法上の「職権主義」規定の許容）――

(i) ⅠE―EGBGB78条は，その「第3編」中の規定であり，本法と各ラント法の関係につき，定める。同条によれば，ⅠE―BGB846条で定められた「登記」並びに「登記抹消」が，執行裁判所の「嘱託」に基づいてのみ，おこなわれる旨の，ラント法上の規定は，そのまま効力を持続する，とする。

(ii) ⅠE―BGB846条は，強制執行の手段による「登記」，さらには強制執行の停止・取消の場合における「登記抹消」につき，「当事者主義」の採用（執行裁判所の「登記嘱託」，さらには「登記抹消の嘱託」の不要）を，定める。

かくして，この同846条に関する第1次委員会「審議」をふまえて，「職権主義」を採用する（執行裁判所の「嘱託」を必要とする）旨の，ラント法上の規定が許容される。

(ハ) ⅠE―EGBGB74条
――国庫等の公法人による強制抵当権の「登記」の取効――

(i) ⅠE―EGBGB74条は，その「第3編」中の規定であり，本法と各ラント法の関係につき定める。

同条によれば，国庫又はその他の公法人が，その債権の保全のために，債務者所有の土地上への土地登記簿への登記を求める，という権限を有している旨の，ラント法上の規定は，そのまま効力を持続する。さらに，この抵当権の登記は，特定の機関の「登記要請」に基づいて，おこなわれる旨の，ラント法上の規定は，そのまま効力を持続する（1段）。この抵当権は「保全抵当権」としてのみ，登記され得る（2段）。ここでは，ⅠE―BGB1130条2項並びに同1131条が，準用される（3段），とする。

　(ⅱ)　既に第1次委員会「審議」の決定において，国庫等の公法人による強制抵当権の登記の取効如何につき，それをすべてラント立法に留保すべし，とされている。かくして，国庫等の公法人が強制抵当権の登記を取効でき，それが特定の公機関の「登記要請」に基づいてなされる旨の，ラント法上の規定が，許容される（本条1段参照）。

　(ⅲ)　その際，第1次委員会「審議」では，二つの制約が付せられていたが，それを明文化しているのが，本条2段・3段の規定である。かくして，この強制抵当権は「保全抵当権」としてのみ登記され（本条2段参照），ⅠE―BGB1130条第2項の準用によりその登記により成立し，同1131条の準用により共同抵当権による負担化が過剰負担化のときには債務者に抵当権抹消請求権が認められる（本条3段参照）旨の，ラント法上の規定が，許容される。

3　「土地登記法第1草案（GBO第1草案）」中の強制抵当権制度（1889年）
（←ヨーホウ準備草案）
　　　──関連規定と規定内容──[3)]

(1)　「GBO準備草案」（1883年）並びに「GBO第1草案」（1889年）の起草・公表

(イ)　ヨーホウによる「GBO準備草案」の起草（1883年）

(ⅰ)　1880年，ヨーホウはSR準備草案の起草を終える。

(ⅱ)　さらに，SR準備草案中の諸規定の「補充（Ergänzungen）と実施（Ausführung）」をなすべく，その目的の下，1883年，ヨーホウは「土地登記法準備

草案（Vorentwurf einer Grundbuchordnung für das Deutsche Reich）」（以下，ＧＢＯ準備草案と略称する）の起草をも，終えている。
　(iii)　これには，「理由書（Begründung）」が，付せられている。
　(ロ)　第１次委員会による「ＧＢＯ第１草案」の公表
　(i)　ヨーホウ作成に係るＧＢＯ準備草案は，第１次委員会の「審議」に付せられ，その審議を経由する。
　(ii)　1888年６月14日の連邦参議院の付託に基づき，第１次委員会は「土地登記法第１草案（Erste Entwurf einer Grundbuchordnung für das Deutsche Reich）」（以下，ＧＢＯ第１草案と略称する）を完成させる（1888年６月22日）。翌1889年，それは，ＺＶＧ第１草案（後述4⑴）と共に，公表される。
　(iii)　これには，「理由書（Motive zum Entwurfe einer Grundbuchordnung）」が，付せられている。

(2)　関連規定
　(i)　「強制抵当権の登記」は不動産強制執行の一執行方法ではあるが，この場合，執行機関として行為するのは，執行裁判所ではなく，土地登記所である。土地登記所は，執行機関として行為し，強制抵当権の「登記」を実施する。
　(ii)　しかし，その「登記」の実施の細目については，土地登記法の規制の下，土地登記所は登記機関（非訟機関）として行為する。かくして，強制抵当権制度は，自ずとＧＢＯにおいても，言及される。
　(iii)　ＧＢＯ第１草案中，強制抵当権制度は，次の五カ条（①―⑤）において，言及されている。

①　ＩＥ―ＧＢＯ32条１項

§ 32 Abs. I.　　Die Eintragung einer Zwangshypothek oder Arresthypothek soll nur angeordnet werden, wenn der Schuldner als Eigenthümer des Grundstücks eingetragen ist oder in Folge eines Antrages, welcher gleichzeitig mit dem Antrage auf Eintragung der Hypothek oder vorher gestellt ist, eingetragen wird.

171

＊参考関連条文（ⅠE—BGB828条1項—2項，ⅠE—GBO21条1項）

ⓐ § 828 I. II（BGB） Zur Uebertragung des Eigenthumes, sowie zur Begründung, Uebertragung oder Belastung eines anderen Rechtes an einem Grundstücke durch Rechtsgeschäft ist ein zwischen dem eingetragenen Berechtigten und dem Erwerber zu schließender Vertrag und Eintragung in das Grundbuch erforderlich, soweit nicht das Gesetz ein Anderes bestimmt.

Der Vertrag erfordert die Erklärung des Berechtigten, daß er die Eintragung der Rechtsänderung in das Grundbuch bewillige, und die Annahme der Bewilligung von Seiten des anderen Theils.

ⓑ § 21 I（GBO） Ist zu einer einzutragenden Rechtsänderung ein Vertrag erforderlich, so genügt zur Begründung des Antrages auf Eintragung an Stelle des Vertrages die einseitige Eintragungsbewilligung des eingetragenen Berechtigten, es sei denn, daß der Vertrag vor dem Grundbuchamte geschlossen werden muß.

② 同45条

§ 45 Wer gegenüber dem Eigenthümer eines Grundstückes befugt ist, die Eintragung oder Begründung eines Rechtes an dem Grundstücke oder die Zwangsvollstreckung in das Grundstück zu verlangen, kann auch verlangen, daß der Eigenthümer das Eigenthun für sich eintragen lasse. Er kann auf Grund eines vollstreckbaren Titels, kraft dessen er die Eintragung des Eigenthümers, die Eintragung oder Begründung des Rechtes oder die Zwangsvollstreckung in das Grundstück verlangen kann, im Wege der Zwangsvollstreckung nach Maßgabe des §. 846 Abs. 1 des Bürgerlichen Gesetzbuches die Eintragung des Ergenthümers beantragen.

Die Vorschriften des ersten Absatzes finden entsprechende Anwendung in Ansehung desjenigen, welcher die Eintragung oder Begründung eines Rechtes an einem Rechte zu verlangen befugt ist.

③ 同47条

§ 47　　In den Fällen der §§. 45, 46 kann der Antragsberechtigte die Mittheilung der zur Begründung des Antrages erforderlichen Urkunden von Behörden und Beamten, mit Einschluß der Notare, insoweit verlangen, als der Eigenthümer hierzu befugt ist.

④　同50条

§ 50　　In den Fällen, in welchen eine Behörde gesetzlich befugt ist？eine Eintragung zu verlangen, hat das Grundbuchamt auf das Ersuchen dieser Behörde die Eintragung anzuordnen. Die Vorschriften der §§. 25, 29, 38, 48, 49 finden entsprechende Anwendung.

⑤　同51条

§ 51　　Die auf Ersuchen einer Behörde einzutragende Hypothek kann nur als Sicherungshypothek eingetragen werden. Die Vorschriften des §. 1130 Abs. 2 und des §. 1131 des Bürgerlichen Gesetzbuches finden entsprechende Anwendung.

(3)　**規定内容**

(イ)　**ⅠE―GBO32条1項――債務者の土地所有者としての「登記」（強制抵当権の「登記」の前提条件）――**

(i)　ⅠE―GBO32条1項によれば，強制抵当権の「登記」は，債務者が当該土地の所有者として「登記」されているとき，さらには強制抵当権の「登記」を求める申立てと同時にあるいはそれに先行してなされた申請により，債務者が土地所有者として「登記」されるに至るときにのみ，実施される，とされている。

土地登記簿上，債務者が土地所有者として「登記」されているときにのみ，土地登記所により当該土地上に強制抵当権の「登記」が実施される。そして，このようなⅠE―GBO32条1項の規定は，ⅠE―BGB828条1項・2項の規定と，密接に相応する，という点に注目される。より具体的に説明する。

(ii)　まず，ⅠE―BGB828条1項・2項の規定内容が明らかとされなけれ

ばならない。すなわち,

　(α)　ⅠE―BGB828条1項・2項によれば，法律行為による「土地所有権の移転，土地上の諸権利の設定・移転・負担化」のためには，法律に別段の定めのない限りでは，登記された「正権限者」とその「取得者」との間の「契約」，そして土地登記簿への「登記」が，必要とされる（1項）。その契約は，土地登記簿への権利変動の登記を許諾する旨の「正権限者」の「(意思) 表示 (Erklärung)」，そしてその許諾についての相手方当事者の「承諾 (Annahme)」を，必要とする（2項），とされている。

　(β)　たとえば，土地上への担保権設定の場合を想定してみよう。その土地上への担保権設定のためには，土地所有者として登記された「正権限者A」と担保権「取得者B」との間の「担保権設定契約」，そしてそれに基づいた担保権設定「登記」が，必要とされる。しかも，その契約は，土地登記簿への担保権設定の登記を許諾する旨の「正権限者A」の「(意思) 表示」，そしてその許諾についての「相手方当事者B」の「承諾」を，必要とする。ここでは，土地上への担保権設定という物権変動において，その実体的要件として両当事者間の「合意」（物権契約）が必要であること，が極めて明瞭となっている。

　(γ)　ⅠE―BGB828条1項・2項の規定の背後には，登記された権利（土地所有権）につき契約により処分をなし得る者は，その権利（土地所有権）につき土地登記簿上登記ある者のみに限定される，という思考が存在している。たとえば，土地上への担保権設定の場合においては，担保権設定契約により処分（担保権設定の処分）をなし得る者は，土地登記簿上当該土地につき土地所有者としての登記ある者のみに，限定される。かくして，このような基本思考の存在に，あらためて注目されよう。

　(δ)　以上を小括すれば，ⅠE―BGB828条1項・2項は，「法律行為（契約）による権利変動」の場合に，法律行為による処分者（任意処分者）は土地登記簿上「正権限者」として登記された者でなければならず，その土地所有者としての登記あるときのみ，その処分の有効性要件の一つが具備される（換言すれば，処分者の登記は，物権契約の有効な締結のための，一つの要件である）旨，

述べるものである。

　(iii)　「法律行為（契約）による権利変動」の場合における，ＩＥ―ＢＧＢ828条１項・２項の規定（実体規定）の基本思考を，「強制執行の手段による権利変動」の場合にも，導入せんとしたもの，それがＩＥ―ＧＢＯ32条１項の規定（但し，これは登記手続規定である）である。すなわち，

　(α)　「土地登記簿」に関する一般的理念によれば，土地登記簿は，土地上の現時の「権利状態（Rechtsstand）」，そしてその結果として生じてくる「権利変動（Rechtsänderung）」を，正しく（richtig）表示するものでなければならない。加えて，土地登記簿は，その「権利状態」と「権利変動」を，明確且つ認識可能に（klar und verständlich）表示するものでなければならない，とされていた。したがって，このような一般的理念に基づけば，「法律行為（契約）による権利変動」の場合には，土地登記所は，処分者が土地登記簿上「正権限者」として登記されているときにのみ，その権利変動の登記を実施してよい。

　(β)　上記の「土地登記簿」に関する一般的理念は，単に「法律行為（契約）による権利変動」の場合のみならず，広く権利変動一般に基づき土地登記所がその登記を実施する場合においても，妥当すべきである。土地登記簿の，「正しく，しかも明確且つ認識可能な」表示が，いずれにせよいつでも堅持されなければならない，からである。

　(γ)　かくして，「強制執行の手段による権利変動」の場合にも，上記の一般的理念の妥当の下，強制執行の手段による処分者（強制処分者・執行債務者・強制力の下に自ら処分せざるを得ない者）は土地登記簿上「正権限者」として登記された者でなければならず，その土地所有者としての登記あるときのみ，土地登記所は強制抵当権の「登記」を実施してよい。

(ロ)　ＩＥ―ＧＢＯ45条１項
　　　――債務者の土地所有者としての「登記」を求め得る債権者の権利――

　(i)　ＩＥ―ＧＢＯ45条１項によれば，土地所有者に対し土地上の権利（所有権や抵当権等）の登記・設定を求め得る者，土地所有者に対し土地への強制執行を求め得る者，このような権限者は，土地所有者がその土地所有権につき自

175

ら登記すべき旨，求めることができる。この場合，その権限者は，その債務名義（土地上の権利につきその登記・設定を求め得る債務名義，さらには土地への強制執行を求め得る債務名義）に基づき，強制執行の手段により，ＩＥ―ＢＧＢ846条１項の規定にしたがい，債務者の土地所有者としての「登記」を求めることができる，とされている。

(ⅱ) ＩＥ―ＧＢＯ45条１項の立法趣旨は，どのように理解されるべきか。

(α) 土地への強制執行のための「執行名義」を有する債権者が存在し，この債権者が「強制抵当権の登記」の執行方法を追行せんとした，とする。この場合，仮に相手方債務者が土地登記簿上当該土地の所有者として「登記」されていなかったときには，ＩＥ―ＧＢＯ32条１項の規定（既述(イ)）の下では，土地登記所は，実際上，強制抵当権の「登記」を実施できない。

(β) しかし，既に執行名義を取得した債権者にとって，このような「帰結」は著しく不当と感じられる。債務者が土地所有者であるにもかかわらず，土地登記簿上自ら土地所有者としての「登記」をなしていない，との事実は，債務者サイドの事情，いわば端的にその「懈怠」の結果であり，いかなる意味においても債権者側の問題ではない，からである。したがって，このような場合にも，執行名義を取得した債権者の利益において，土地登記所により強制抵当権の「登記」が実施されるように，その具体的方策（債務者の土地所有者としての「登記」を実施する）が手当てされなければならない。かくして，その方策を具体化したもの，それがＩＥ―ＧＢＯ45条１項の規定である。

(ⅲ) ＩＥ―ＧＢＯ45条１項の規定の下では，債権者は次のように「強制抵当権の登記」の執行方法を追行できる。

すなわち，①債権者は執行名義を有しているが，それは本来土地への強制執行を可能とするものにすぎない。②しかし，その執行名義に基づき，債権者は，土地登記所に対して直接的に，債務者の土地所有者としての「登記」を求めることができる。強制執行の手段による「登記」を求めることができる（ＩＥ―ＢＧＢ846条１項によれば，強制執行の手段による「登記」は，その権限者による，土地登記所に対する直接的な「申立て（申請)」に基づいて，おこなわれる，とされ

ている)。③この申立てにより，土地登記所は，債務者の土地所有者としての「登記」を実施し，これをふまえて，執行名義を有する債権者のために，強制抵当権の「登記」を実施する。

(ハ) ＩＥ―ＧＢＯ47条――「債務者の土地所有権」証明の容易化――

(ⅰ) ＩＥ―ＧＢＯ47条によれば，同45条１項の場合には，その申請権者（債権者）は，債務者がその証明書付与要求につき権限を有する範囲内で，債務者（土地所有者）に代わり，所有権証明のための公的証明書（公文書）の付与を，公機関又はその公吏（含・公証人）に対して，求めることができる，とされている。執行名義を有する債権者が債務者の土地所有者としての「登記」を直接的に求め得る場合（同45条１項）には，「債務者の土地所有権」を証明すべく，債権者は自らその公的証明書（公文書）の付与を公機関等に対して求めることができる。

(ⅱ) 本条の立法趣旨は次のように理解される。

(α) 債権者が債務者の土地所有者としての「登記」を直接的に求める場合には，土地登記所に対して，債権者は債務者の土地所有権を証明しなければならない。その証明がなされてはじめて，債務者の土地所有権の「登記」が土地登記所で実施される。そこで，「債権者の利益」の視点で，その証明を容易にするために，債権者に公的証明書（公文書）の付与請求権を許容する，それが本条の立法趣旨である。

(β) なお，土地所有権に関する公的証明書（公文書）の付与請求権は，土地所有者としての債務者の権能であり，本来債権者の権能ではないこと，無論である。

(ⅲ) 「所有権証明」につき必要である証書が債務者又は第三者の手中（占有）に存するときには，債権者はその交付を請求できる。また，債務者又は第三者がこれを拒むときには，債権者は訴訟手段によりその交付を請求する。

(ニ) ＩＥ―ＧＢＯ50条・51条――公官庁の行政執行の手段による抵当権の登記における，その登記の実施――

(ⅰ) (α) ＩＥ―ＧＢＯ50条によれば，公官庁が「登記」（強制抵当権の登記）を要求することにつき法律上権限ある場合には，土地登記所はこの公官庁の

177

「登記要請」に基づいて登記を実施しなければならない,としている。

(β) IE—GBO51条によれば,公官庁の「登記要請」に基づき登記される抵当権（強制抵当権）は,「保全抵当権」としてのみ,登記される（1段）。この場合,IE—BGB1130条2項並びに同1131条が,準用される（2段）,としている。

(ii) IE—EGBGB74条においては,公官庁も行政執行の手段により抵当権の「登記」を取効でき,その公官庁の「登記要請」に基づき登記が取効される旨の,ラント立法が許容されていた(ハ)。そして,このIE—EGBGB74条の規定を承けて,その登記手続規定（土地登記所での登記実施規定）としての全面的対応が,IE—GBO50条・51条の規定である。

4 「不動産強制執行法第1草案（ZVG第1草案）」中の強制抵当権制度（1889年）（←ヨーホウ準備草案）
　　　　——関連規定と規定内容——4)

(1) 「ZVG準備草案」の起草（1888年）,そして「ZVG第1草案」の公表（1889年）

(イ) ヨーホウによる「ZVG準備草案」の起草（1888年）

(i) SR準備草案の起草にあたったヨーホウは,「抵当権制度」を組成するもう一つの支柱である「手続的抵当権法」,すなわち「不動産強制執行法」の起草にもあたり（当初,SR準備草案中に存置されている）,その起草を終えている。

(ii) これが「不動産強制執行法準備草案（Vorentwurf eines Gesetzes, betreffend die Zwangsvollstreckung in das unbewegliche Vermögen）」（以下,ZVG準備草案と略称する）であり,1888年,公表されている。

(iii) なお,この「ZVG準備草案」には,ヨーホウの委託の下,補助者アキレスによって作成された「理由書（Begründung zu dem Vorentwurfe eines Gesetzes betreffend die Zwangsvollstreckung in das unbewegliche Vermögen）」が,付せられている（1888年—1889年）。

㈡　第1次委員会による「ＺＶＧ第1草案」の公表（1889年）
（ⅰ）ヨーホウ作成に係る「ＺＶＧ準備草案」は，直ちに，第1次委員会の審議に付せられ，その審議を経由する。

（ⅱ）1889年，それは，第1次委員会により，「不動産強制執行法第1草案（Entwurf eines Gesetzes, betreffend die Zwangsvollstreckung in das unbewegliche Vermögen)」として，「ＧＢＯ新草案」（3⑴）と共に，公表される。これが「ＺＶＧ第1草案」である。

（ⅲ）なお，この「ＺＶＧ第1草案」には，詳細な「理由書（Motive zu dem Entwurfe eines Gesetzes, betreffend die Zwangsvollstreckung in das unbewegliche Vermögen)」（1889年）が，付せられている。

⑵　**関連規定**
（ⅰ）ＢＧＢ第1草案中に登場した強制抵当権制度は，条文配列上，「保全抵当権」の一下部型態として，あるいは一亜種として，位置していた。

（ⅱ）しかし，他方，そこでは，「強制抵当権の登記」は，不動産強制執行の一執行方法として，性格付けられていた。かくして，強制抵当権制度は，自ずとＺＶＧ第1草案中においても，言及される。

（ⅲ）ＺＶＧ第1草案中，強制抵当権制度は，次の2カ条（①②）において，言及されている。

① ＩＥ―ＺＶＧ3条

§ 3　Die Zwangsvollstreckung in ein Grundstück erfolgt durch Zwangsversteigerung und durch Zwangsverwaltung, unbeschadet der Eintragung einer Zwangshypothek oder Arresthypothek.

Der Gläubiger kann nach seiner Wahl verlangen, daß eine dieser Maßregeln allein oder neben den übrigen angeordnet werde.

Zur Vollziehung cines Arrestbefehles findet Zwangsverwaltung, aber nicht die Zwangsversteigerung statt.

② 同245条1項

§ 245 Abs. 1　　Im Falle der Eintragung einer Zwangshypothek kann der Gläubiger die Eintragung derselben auch für den von ihm berechneten Betrag der Kosten dieser Zwangsvollstreckung verlangen.

(3)　**規定内容**

㈤　ＩＥ－ＺＶＧ３条１項――不動産強制執行における第三の執行方法――

(ⅰ)　ＩＥ－ＺＶＧ３条１項によれば，土地に対する強制執行は，「強制抵当権の登記」並びに「仮差押抵当権の登記」の執行方法と関係することなく，「強制競売並びに強制管理」の執行方法により，おこなわれる，とされている。

(ⅱ)　ここでは，①不動産強制執行における執行方法として，「強制競売・強制管理・強制抵当権の登記」の三つの執行方法が許容される，②「強制抵当権の登記」の執行方法を追行しながら，その状態の下，執行債権者はなお「強制競売並びに強制管理」の執行方法を追行できる，③この意味で，「強制抵当権の登記」の執行方法はいわば第三の執行方法である，④かくして，「強制抵当権の登記」の執行方法にも，論理上当然に，ＣＰＯ上の強制執行規定が自ずと適用される旨，明らかである。

㈥　ＩＥ－ＺＶＧ３条２項――三執行方法の相互関係（執行債権者の任意選択権，同時並行的追行権）――

(ⅰ)　ＩＥ－ＺＶＧ３条２項によれば，執行債権者は，その自己の選択（自由意思）により，三執行方法中の一つのみを追行できるし，又それらを複数同時並行して追行できる，とされている。

(ⅱ)　ここでは，①三執行方法中，債権者は任意的にいずれの執行方法も選択・追行でき（債権者の任意選択権），②しかも，その執行機能上，三執行方法はそれぞれ相互排斥的な関係に立つものではなく，債権者は任意的に二つ乃至三つの執行方法を同時並行的に追行でき（債権者の同時並行的追行権），③以上の意味で，三執行方法は相互補完的関係にある旨，明らかである。

(ⅲ)　なお，ＺＶＧ第１草案「理由書」によれば，「強制競売並びに強制管理」の執行方法を追行すること，そのことが，債権者の立場からは，費用と時

間の浪費である,という個別具体的事情の下では,債権者は「強制抵当権の登記」の執行方法を選択・追行するであろう,とされている。

ここでは,①「強制競売並びに強制管理」の執行方法との対比において,「強制抵当権の登記」の執行方法の独自の存在意義が,明瞭である。②加えて,本条の基本理念として,「強制売却(Zwangsverkauf)」の公法的認識が明瞭である,点に注目しなければならない。

 (ハ) ＩＥ－ＺＶＧ245条1項──「強制抵当権の登記」の執行費用額の登記(強制抵当権による被担保債権化)──

 (i) ＩＥ－ＺＶＧ245条1項によれば,「強制抵当権の登記」の執行方法では,債権者は自ら算定した強制執行の費用の額についても,その「登記」を求めることができる,とされている。

 (ii) 「強制抵当権の登記」の執行方法を追行せんとする執行債権者の利益において,それについて「執行名義」を必要とすることなく,執行債権者自身の算定による執行費用額をも,強制抵当権の「登記」によって,被担保債権化させん,とするのが,その立法趣旨である。

 (iii) より具体的に説明する。

 (α) 「強制抵当権の登記」も不動産強制執行の一執行方法であり,その執行手続費用は「債務者」負担とされる。執行手続費用の負担者如何につき定めるＣＰＯ697条によれば,強制執行の手続費用は,執行債権と共に,債務者において負担されるべし,とされている,からである。これは一般原則どおりであり,この点については何の問題もない。

 (β) 「強制抵当権の登記」の執行手続費用,すなわち「登記」手続費用は「債務者」負担とされるが,問題は,執行債権者はその「登記」手続費用をのようにして回収できるのか,である。しかも,その回収方法は,執行債権者にとって,簡易・迅速であり,実効性あるものでなければならない。仮にそうでないとすれば(換言すれば,その回収方法が煩瑣で,手続遅滞的なものであるとすれば),債権者は「強制抵当権の登記」の執行方法の追行を躊躇し,むしろ直ちに「強制競売」の執行方法を追行するであろうし,またそれにより債務者

181

は直ちに経済的破滅に至ることもあろう，からである。これでは，「強制抵当権の登記」の執行方法それ自体の，実効性そのものが，失われてしまう。

　(γ)　かくして，IE—ZVG245条1項では,「登記」手続費用が強制抵当権により被担保債権化され，しかもその費用額は執行債権者自身の算定するところとされ，それにつき「執行名義」の取得を必要としない，とされた。ここで次の二点を確認的に付言しておく。

　——第1に，「登記」手続費用額が，なぜ予め特定されなければならないのか，である。①「登記」手続費用が具体的にどれ位の額なのかは，その登記時点にあっては，未だ特定されていない。「登記」手続費用債権は，その金額において，未特定の債権である。②他方，強制抵当権の被担保債権としては，その債権額が一定のものとして特定しているもののみが，被担保債権適格性を有する，というのが原則的枠組みである。③とすると，その金額が未特定である「登記」手続費用債権を，果たして強制抵当権の被担保債権として，登記できるのか，という理論上の問題が生じてくる。結論としては，そのような債権は被担保債権化できないこと，勿論である。④かくして，その被担保債権化を可能とすべく，「登記」手続費用額が予め確定されなければならなかった。——

　——第2に，「登記」手続費用額は，なぜ執行債権者自身の算定に委ねられたのか，である。①「登記」手続費用が執行手続費用である以上，執行債権者は執行裁判所によりその「費用額の予めの確定」をしてもらい，それを執行名義として費用額債権を「登記」すべきであろう。これが原則的枠組みである。②より具体的には，まず執行債権者は費用額確定を執行裁判所に申し立て，そこで費用額確定決定を取得しなければならない。そうしてはじめて，それを執行名義として，費用額債権を「登記」できる。③しかし，執行債権者にそのような手続の経由を強いたとすれば，それは際限なき煩瑣を意味する。とりわけ，費用額確定手続それ自体においても手続費用はかかり，この新たな手続費用をも強制抵当権によって被担保債権化するためには，また新たに費用額確定手続を必要とし，それについても執行名義を取得しなければならない，からである。④かくして，執行債権者の利益において，費用確定手続のいわば無限循環的な

実施を回避すべく,「登記」手続費用額の確定は執行債権者自身の手中（その算定）に委ねられた。――

(iv) なお,

(α) 第１次委員会「審議」では,ＩＥ―ＺＶＧ245条１項の規定は,「ＺＶＧ」典中に存置されるべきではなく,「ＢＧＢ」典（より具体的には,ＢＧＢ1130条）中に編入されるべし,とする「意見」が述べられる。

(β) しかし,第１次委員会は,これにつき明確な態度決定を示さず,先送り事項として,後日の審議へと委ねる。

═══ ═══ ═══

注記１　1882年・Johow 提言（ＥＧ―ＢＧＢ）中のＺＨ制度
- １　「Johow 提言（ＥＧ―ＢＧＢ）」通史
  - その「成立史的位置付け」,→Schubert, Beratung (EG zum BGB und Nebengesetze, 1. Teilband), S. 3f.
  - その簡略な「スケッチ」,→Schubert, Vorlagen (EG zum BGB) の Einleitung.
  - Vgl. Schanz, S. 82ff.

- ２　1882年・Johow 提言・理由書
  - 1882年・Johow「Vorschlaege」と同年・Johow「Begruendung」があり,前者は,→Schubert, Vorlagen (EG zum BGB), S. 371f. に,後者は,→同書 S. 391f. に,それぞれ原版収録
  - 第６提言（本文中記述関連部分）,→Johow, Vorschl., S. 4f.
  - その趣旨（根拠）,→Johow, Beg., S. 21f., S. 29f.

- ３　ＩＫ審議
  - Johow 提言に関するＩＫ審議の Protokolle ueber die Beratungen (1888/1/4―1888/6/9),→Schubert, Beratung (EG zum BGB und NG), 1. Teilband, S.

- 318ff. に収録
- ＣＰＯ757条関連の Johow 提言の審議，→Prot. S. 12458f., S. 12517.

注記2　1888年・ⅠＥ―ＥＧＢＧＢ中のＺＨ制度
- 1　ＥＧＢＧＢ通史
  - ＥＧＢＧＢ制定史全般，→Schubert, Beratung（EG zum BGB und Nebengesetze, 1. Teilband）, S. 3f. の Einleitung 参照。

- 2　原典条文
  - 1888年・ⅠＥ，―ＥＧＢＧＢ→Schubert, Beratung（EG zum BGB und Nebengesetze, 1. Teilband）, S. 713ff. に収録
  - Art. 11（→ＣＰＯ755条），→S. 726.
  - Art. 74, →S. 742.
  - Art. 78, →S. 743.

- 3　内容理解（理由書）
  - 1888年・ⅠＥ―ＥＧＢＧＢには，→Motive（Motive zu dem Entwurfe eines EG）が添付
  - 74条, →Motive, S. 199.
  - 78条, →Motive, S. 203.
  - Vgl. Schanz, S. 100f.

注記3　ⅠＥ―ＧＢＯ中のＺＨ制度
- 1　ＧＢＯ通史
  - ＧＢＯ制定史全般，→Schubert, Beratung（Sachenrecht Ⅲ；Grundbuchordnung）, S. 1ff.
  - 1883年・「ＧＢＯ準備草案」（ＶＥ―ＧＢＯ）（いわゆる第１準備草案）の成立史的位置付け，→Schubert, op. cit., S. 27f.

・その「ＩＫ審議」の成立史的位置付け，→Schubert, op. cit., S. 36f.

・2　原典条文
・Johowの「ＧＢＯ準備草案」(1883年)があり，これを収録するものとして，→Schubert, op. cit., S. 101ff.
・ＩＫ審議経由後の「ＧＢＯ第１草案」(1888年)があり，これを収録するものとして，→Schubert, op. cit., S. 285ff.

・3　内容理解（理由書）
・Johowの「ＧＢＯ準備草案」の「理由書」，→Johow, Begruendung zur GBO (1983年)
・ＩＫ審議経由後の「ＧＢＯ第１草案」(1888年)の「理由書」，→Motive zum ＩＥ―ＧＢＯ（1888/1889年）
・Vgl. Schanz, S. 100f.

注記4　ＩＥ―ＺＶＧ中のＺＨ制度
・1　ＺＶＧ通史
・ＺＶＧ制定史全般，→Schubert, Beratung (Sachenrecht IV ; ZVG), S. 1ff.
・1880年・「Johow提言」の成立史的位置付け，→Schubert, op. cit., S. 43f.
・1888年・Johow「ＺＶＧ準備草案」とその「ＩＫ審議」（→ＺＶＧ第１草案）の成立史的位置付け（1988/89年），→Schubert, op. cit., S. 58f.

・2　原典条文
・Johowの1880年・「ＺＶＧ準備草案」とは，ＢＧＢ草案作成のためのJohow「物権法部分草案」中の「第８編；492条―565条」である。したがって，この「物権法準備草案」を収録するものとして，→Schubert, op. cit., S. 196ff.
・ＩＫ審議（「実体的強制競売法の諸原則」に限定しての審議）経由（1885/3/25

185

und 27）後の，1888年・Johow の「不動産強制執行法草案」（「ライヒ統一法」としての）があり，これには Achilles「理由書」が付せられている。
- さらなるＩＫ審議経由（1888/10/8—1889/3/30）後には，1889年・「ＺＶＧ第１草案」が作成され，これを収録するものとして，→Schubert, op. cit., S. 751f.

- 3　内容理解（理由書）
  - 1880年・Johow「ＺＶＧ準備草案」には，その自らの1882年・Johow「理由書」（Begruendung hierzu von Johow）（＝物権法準備草案「理由書」）がある
  - 1889年・ＺＶＧ第１草案「理由書」がある。
  - Vgl. Schanz, S. 100f.

小　括

- 1　ＥＧＢＧＢ「ヨーホウ提言→第１草案」（経緯）
  - 1　80年以降
    - ヨーホウは物権法「部分草案」の起草に着手
    - ↓
  - 2　82年・ヨーホウ「提言」
    - 物権法「部分草案」起草との関連で，ヨーホウは物権法に関する「民法典施行法草案」作成の必要性に迫られる
    - その準備作業として，82年・「物権法の視点における『民法典施行法草案』に関する提言」を公表（総計60項目中，その第６項目（計三提案）が強制抵当権制度に言及）
    - ↓
  - 3　「第６項目」（計三提案）
    - 第１提案（77年・ＣＰＯ757条に代る新「757条」の置換）
    - 第２提案（新「705条ａ」の新挿入）

・第 3 提案（新「757 条 a」の新挿入）
↓
・4　第 1 次委員会審議
　・第 1 提案（→基本的承認の決定）（→条文の数表示を新「755 条」とする）
　・第 2 提案（→無用として，提案排除の決定）（→新「705 条 a」を挿入しない）
　・第 3 提案（→無用として，提案排除の決定）（→新「757 条 a」を挿入しない）
↓
・5　「委員会草案」
　・87／12 月・「ＢＧＢ第 1 草案」が最終的に確定される
　・翌 88 年～・第 1 次委員会は「民法典施行法草案」の最終的な起草作業に入る（「ＢＧＢ第 1 草案」の起草作業と併行して，相互関連的に「民法典施行法草案」の起草作業（実質的にいえば，「ヨーホウ提言」を対象とした審議）を進めてきた）
　・88／6／1 日・審議終了
　・「委員会草案」（第 1 次委員会の審議経由済みの草案）
↓
・6　88 年・「ＥＧＢＧＢ第 1 草案」（正式草案）の公表
　・「委員会草案」はライヒ宰相の下に提出される
　・連邦参議院への上程・決議を経由する
　・88 年・「ＥＧＢＧＢ第 1 草案」として正式に公表される
↓
2　「EGBGB」第 1 草案中の強制抵当権制度関連規定
　→①同草案 11 条（→ＺＰＯ755 条）
　・本法（ＥＧＢＧＢ）の「ライヒ法（ＺＰＯ）との関係」を定める
　・77 年・ＣＰＯ755 条—757 条の「置換」（これらの三ヵ条に代わり新 755 条を新設し，これをＣＰＯに編入する）を定める

- ・新755条；①ライヒの統一的「不動産強制執行法」としての特別法典を制定すべし，②この特別法典により不動産強制執行の「執行対象」たり得る『不動産』概念を強制執行の観点から明確に定義すべし
- →②同草案78条
- ・本法（ＥＧＢＧＢ）の「各ラント法との関係」を定める
- ・ＢＧＢ846条の「登記」並びに「登記抹消」が執行裁判所の「嘱託」に基づいてのみおこなわれる旨の，ラント法上の規定は，そのまま効力を持続する
- →③同草案74条
- ・本法（ＥＧＢＧＢ）の「各ラント法との関係」を定める
- ・国庫や公法人がその債権保全のために債務者所有の土地上への土地登記簿の登記を求め得る権限を有する旨の，ラント法上の規定は，そのまま効力を持続する。この抵当権の登記が特定機関の登記要請に基づいておこなわれる旨の，ラント法上の規定は，そのまま効力を持続する。この抵当権は保全抵当権としてのみ登記される。ＢＧＢ関連規定（ＢＧＢ1130条2項・1131条）が準用される

― 3　ＧＢＯ「(旧)準備草案→(新)準備草案→第1草案」(経緯)
- ・1　「ＧＢＯ準備草案」の起草作業の開始・進行
  - ・「ＳＲ準備草案」諸規定の「補充と実施」の目的のため
  - ↓
- ・2　83年・Johow の「ＧＢＯ準備草案」の起草終了
  - ・82年，ヨーホウは「ＳＲ準備草案」の起草を終える。この終了に引き続いての，翌83年・「ＧＢＯ準備草案」起草終了である
  - ・ＧＢＯ準備草案「理由書」を付す（ヨーホウの委託の下，その作業補助者の作成）
  - ↓
- ・3　88年・「委員会草案」（←第1次委員会による審議経由）

・「ＧＢＯ準備草案」を第１次委員会審議に付す（その審議経由）
・88／6／14日・連邦参議院の「付託」に基づき
・88／6／22日・第１次委員会による「ＧＢＯ第１草案（委員会草案）」の起草終了
↓
・4　89年・「ＧＢＯ第１草案」（正式草案）の公表（「ＺＶＧ第１草案」と共に）
・「委員会草案」をライヒ宰相の下に提出する
・連邦参議院への上程・決議を経由する
・89年・「ＧＢＯ第１草案」として，「ＺＶＧ第１草案」と共に，正式に公表する
・ＧＢＯ第１草案「理由書」を付す
↓
・5　制度「関連規定」
→①ＩＥ—ＧＢＯ32条１項
；「強制抵当権」の登記は，債務者の土地所有者としての「登記」ある場合のみ，実施される，とする
；執行名義上，執行債務者とされる者が執行対象たる土地の「登記ある正権限者」であることが，「強制抵当権」の登記の実施要件とされる
→②同45条１項
；「強制抵当権の登記」の執行方法を含めて，土地所有者に対して土地への強制執行や権利登記・設定を求め得る権限者は，土地所有者自らがその土地所有権につき登記すべきことを，請求できる，とする
；執行名義上，執行債務者とされる者が，執行対象たる土地につき本来なされるべき「土地所有者としての登記」を欠く場合には，予め強制執行の手段によるその「登記」を実施し（ＩＥ—ＢＧＢ846条１項），その上で「強制抵当権の登記」の執行方法を実施する
→③同47条

；執行債権者は，執行債務者の「土地所有者としての登記」を実施するためには，執行債務者が「土地所有者」であることを，証明しなければならないが，その証明の容易化が具体化される

　　；「債務者の土地所有権」の証明のために，債権者は，その「公的証明書（公文書）の交付」を，公機関（公吏・公証人）等に求めることができる

→④同50条・51条

　　；公官庁が「登記」（強制抵当権の登記）遂行につき権限あるときには，土地登記所は，この「公官庁の登記要請」に基づいて，登記を実施しなければならない

　　；ここで登記される抵当権（強制抵当権）は，「保全抵当権」としてのみ登記され，これにはＩＥ―ＢＧＢの関連規定（1130条2項・1131条）が準用される

4　ＺＶＧ「(旧) 準備草案→ (新) 準備草案→第１草案」（経緯）

・1　Johow　88年・「ＺＶＧ準備草案」

　・原文では『不動産強制執行法』準備草案

　・88―89年・ＺＶＧ準備草案「理由書」を付す（原文では『不動産強制執行法』準備草案理由書』）（Johow の委託によるアキレス作成）

↓

・2　「委員会草案」（←第１次委員会による審議経由）

　・「ＺＶＧ準備草案」を第１次委員会審議に付す（その審議経由）

　・89／3／30日・審議終了

　・「委員会草案」として第１次委員会の認証を受ける（Johow）

↓

・3　89年・「ＺＶＧ第１草案」（正式草案）の公表

　・89／4月・「委員会草案」をライヒ宰相の下に提出する

　・連邦参議院への上程・決議を経由する

・89年・「ZVG第1草案」（原文では『不動産強制執行法』第1草案）として，「GBO第1草案」と共に，正式に公表する
→④89年・ZVG第1草案「理由書」を付す
・原文では『不動産強制執行法』第1草案理由書
↓
・4　制度「関連規定」（二カ条）
　→①ⅠE―ZVG3条1項
　　；不動産強制執行の執行方法として，「強制競売・強制管理・強制抵当権の登記」の三つが，存置される。「強制競売・強制管理」の執行方法と並ぶ，第3の執行方法としての「強制抵当権の登記」である
　→②同3条2項
　　；「強制競売・強制管理・強制抵当権の登記」の三執行方法の相互関係が明らかとされ，執行名義を有する債権者は任意にその一つを選択し，あるいはその複数の方法を併行して，執行手続を追行できる，とする
　　；三執行方法は，それぞれ異なった独自の性格を有し，また相互補完的に機能するところから，債権者は，自己の執行上のニーズに対応して，その一つでも，同時に二つでも，さらには同時に三つでも，選択した執行方法を追行できる，とする
　　；本条の基本理念として，「強制売却」の公法的認識が明瞭化している
　→③同245条1項
　　；「強制抵当権の登記」の執行方法における執行費用も，さらなる執行名義を必要とすることなく，執行債権者の算定額を「登記」できる，とする
　　；「登記」が認められたことにより，執行費用額も強制抵当権の被担保債権とされ，「強制抵当権の登記」の執行方法を追行しようとする債権者にとって，極めて便宜となる

191

第2章　1888年〜・「各界の反応」と強制抵当権
　　——「草案公表とフィードバック」の編纂過程——

```
はじめに
第1節　導入「反対論」と「賛成論」
　　　——その論拠の具体的検討——
第2節　各「修正意見」の主張
　　　——その問題点の個別的検討——
```

はじめに

1　本章には「三つの課題」がある。

（i）第1に、BGB編纂過程中、「BGB第1草案」中のZH制度に関する「各界の反応」に注目して、ZH制度を「分析窓」として、その審議過程構造（私見によれば、BGB第1草案を公表し、連邦政府を含めた「各界からの意見」を聴取し、これをフィードバックし、次なる審議に活かす、という企図は「編纂過程の一環」である）を解明する。これが第1の課題である。

（ii）第2に、「各界の反応」において、「ZH制度の法構造」はどのように論議されたのか。各界からの「導入反対論・賛成論・修正論」に注目して、その法構造論議の実体を解明する。これが第2の課題である。

（iii）第3に、ZH制度は「三基軸抵当立法」の所産の一つであるが、「各界の反応」において、その「規制法典如何」の問題については、どのような意見が出されていたのか。同制度の「法的性格論」と密接不可分の問題であることに注目しながら、ZH制度を「分析窓」として、「三基軸抵当立法」の構造

(とりわけ，ＺＶＧの「抵当権実行法」としての位置づけ，さらにはＺＶＧとＺＰＯの関係）を解明する。これが第３の課題である。

2　本章は「計二節」より成る。
　(i)　統一的ＢＧＢ編纂過程では，「第１次委員会」審議の成果として「ＢＧＢ第１草案」が結実し，これにＺＨ制度が登場した（第１章）。この「ＢＧＢ第１草案」は，広く「公の意見」を聴取すべく，連邦政府を含めた「公の論議」に付される。ＺＨ制度についても，自ずと同様である。これらの「反応」をフィードバックする形で，次なる審議に活かす，という企図に基づくものである。
　(ii)　かくして，
　(α)　「第１節」では，ＢＧＢ編纂過程の一環としての，「『ＢＧＢ第１草案』中のＺＨ制度」に関する「各界の反応」（反対論・賛成論）について，分析する。
　(β)　「第２節」では，「各界の反応」中，導入賛成を前提としての「修正意見」（その問題点）について，分析する。

――　――　――

〈注記〉　ＢＧＢ成立史（第２手続段階／「前半」)（「ＲＪＡ／ＶＫ」による意見集約集成作業）――第２章・立法資料「解題」の視点から――
＊１　本章位置付け
　本書第２章は，後述のように，編纂過程〈第２手続段階〉の「前半」（④「ＲＪＡ／ＶＫ」による意見集約・集成作業）に，該当する。

＊２　私見の基本的立場（編纂過程〈第２手続段階〉）
・１　「ＲＪＡ／ＶＫ」に注目する
　(i)　まず，「④ライヒ司法省準備委員会」（ＲＪＡ／ＶＫ）に，注目する。この「④ＲＪＡ／ＶＫ」は次の二つの作業をおこなっている。

(ⅱ) 第1に，ＢＧＢ第1草案（ⅠＥ）公表に伴う各界反応についての，その集成作業である。「フィードバック作業」開始，である（1888—1891）。
　(ⅲ) 第2に，その意見集約・集成作業を踏まえ，現実具体的な「フィードバック作業」として，ⅠＥ審議作業に入っている（1890／1／5—1893／4／7）（石部43）。
　(ⅳ) このⅠＥ審議作業は，いわば，ⅡＫ審議のための「予めの準備作業」として，理解できる。ここでの審議・検討・決定された修正事項，これらの修正事項は，後日，順次，「ⅡＫ・ライヒ特命委員」としての立場から，「ライヒ司法行政官僚」により，ⅡＫ審議に，「提案」として，提出された，からである。

・2　「⑤ⅡＫ」に注目する
　(ⅰ) さらに，「⑤第2次委員会」（ⅡＫ）に，注目する（作業期間；1890—1896）。
　(ⅱ) エールシュレーガー構想（ＲＪＡ新長官）に基づき，ⅠＫ解散に伴い，「新」委員会が，設置される。「⑤ⅡＫ」である。
　(ⅲ) そのⅡＫ構成員には，「法律専門家」（→ⅠＫ構成）に限定せず，広く社会的・経済的・政治的・宗教的領域からの「利益代表者」をも，参加させる。世論・利益団体・ＲＴの意見・意向を反映させながらの，次なる議会審議（ＲＴ可決承認）を睨んでの，政治的配慮も見られる。
　(ⅳ) このような状況下，審議検討素材として提出されたＲＪＡ／ＶＫ作成「提案」につき，ⅡＫ審議が順次進行する（石部41）。

・3　「ワンセット」理解
　上記の「二つ」の独立した別組織の委員会を，その作業分担上，「ワンセット」として理解する。④第1次作業主体としての「ＲＪＡ／ＶＫ」，⑤第2次作業主体としての「ⅡＫ」，という位置付けである。

・4　ⅡＫ内・「編纂（編集）委員会」
　(ⅰ) この二つの委員会にプラスして，その作業分担上，「ⅡＫ下部機関／委

員会」ではあるが、⑥「ⅡK内・編纂（編集）委員会」を、第3の委員会として、位置付ける。

（ⅱ）この下部委員会は、ⅡK審議と決議（決定）を踏まえて、その最終的な文案確定作業を遂行した、からである。

（ⅲ）いわば審議作業のアンカーであり、その裁量権限（内容決定権限）は、第1手続段階の「ⅠK内・編纂委員会」と比較して、かなり大きい。

・5　「三位一体」のトータルな編纂作業

以上、私見は、④⑤⑥の「三委員会」に注目し、これらの「三委員会」の各「役割分担」を明確化しながら、これを「三位一体」のトータルな編纂作業として把握し、この作業が進行した編纂段階を〈第2手続段階〉と構成する。

・6　第2章「位置付け」

本書第2章は、編纂過程〈第2手続段階〉中、その「前半」に位置し、「④RJA／VK」が、次なるⅡE作成（＝ⅠE改訂）のための、その準備作業としておこなった、公表ⅠEに対する「意見集約／集成作業」（フィードバック作業）（1888—1891）に関する部分、である。

・7　「④RJA／VK」によるⅡK審議への「諸提案」

なお、これを踏まえて、さらに、「④RJA／VK」は、ⅠE修正審議をおこない、その結果をⅡK審議に「諸提案」として提示するが、この点に関しては、次なる本書第3章にて論述する。

・8　小　括

以上、ライヒ司法省「準備委員会」（RJA「VK」）作業を小括すれば、

（ⅰ）第1に、ⅠEに関する意見「取り纏め」作業である。これは、個人・団体からの意見「集成」、連邦諸政府からの意見「集成」、の二つである。

（ⅱ）第2に、自らの「審議」作業である。『成立史資料集成』の本目次から

第2章　1888年〜・「各界の反応」と強制抵当権

すると，内容上三つに分かれる（審議録，提案，修正文案（VK決議草案））（石部／児玉／大仲；〔B5〕）。

＊3　三つの「意見集成本」（資料解題については，石部／児玉／大仲；〔B5〕）
・1　三つの「意見集成本」
　ライヒ司法省（RJA）の積極的・自覚的意思の下，立法過程における，いわば「フィードバック作業」（立法作業への意見反映）として，三つの「意見集成本」がある。

・2　その目的
　これらは，ライヒ司法省（RJA）が，各界（法律学者等の個人・利益団体）や連邦諸政府からの様々な「表明意見」，これらをほぼ網羅的に取り纏め，トータルに「集成／収録」したものであり，「次なる審議」のための基礎資料とする，という目的のものである。

・3　「意見集成」本（ライヒ司法省集成／取り纏め）（←個人・団体・連邦諸政府）
　①RJA「意見集成」本（「ⅠE―BGB」についての個人・団体の各種意見）（ライヒ司法省集成／取り纏め）
　→Zusammenstellung der gutachtlichen Aeusserungen zu dem Entwurf eines BGB, Ggefertigt im Reichs=Justizamt, als Manuskript gedruckt, 6 Bde, 1890.
（民法典五編／編別／計五巻；これにプラスして第6巻目／補遺（編集締切後了知分・意見表明者／提出団体／掲載書誌名））
　→復刻版1967・1994

　②RJA「連邦諸政府意見集成」本（ライヒ宰相のIEに関する論点提示→それに関する連邦諸政府の意見）（ライヒ司法省集成／取り纏め）
　→Zusammenstellung der Aeusserungen der Bundesregierungen zu dem Entwurf eines BGB, Ggefertigt im Reichs=Justizamt. Als Manuskript gedruckt, 2 Bde, 1891.

→復刻版1967・1994

③ＲＪＡ「民法施行法草案意見集成」（「ＩＥ―ＥＧＢＧＢ」についての個人・団体の各種意見）（ライヒ司法省集成／取り纏め）
→Zusammenstellung der gutachtlichen Aeusserungen zu dem Entwurf eines Einfuehrungsgesetzes zum BGB, Ggefertigt im Reichs=Justizamt, Als Manuskript gedruckt, 1891.
→復刻版1967・1994

第1節　導入「反対論」と「賛成論」
――その論拠の具体的検討――

> 論述の進行
> 1　ＢＧＢ第１草案に対する一般的「批判」
> 2　各「連邦政府」の反応
> 3　各「農業者団体」の反応
> 4　「法曹（学者法曹・実務法曹）界」の反応
> 小　括

論述の進行

(i)　1888年，ＢＧＢ第１草案が公表されると共に，それは各界からの激しい批判にさらされる。草案自体の基本的姿勢に対して，根本的な疑念を提示したのは，ギールケとメンガーである（１）。

(ii)　1889年６月，ドイツ帝国首相は，ＢＧＢ第１草案につき意見を求めるために，各連邦政府に回状を布告しているが，強制抵当権制度に関しては，各連邦政府の意見は賛否両論に岐れる。制度導入に正面から反対するもの，導入に基本的に賛成するもの，そして若干の部分的修正を求めるもの，等の様々な意見が寄せられる（２）。

(iii)　農業者団体は，ＢＧＢ第１草案中への強制抵当権制度の導入に多大の関心を示しており，ドイツ農業の，さらにはドイツ農業者の経済的破滅をどのようにして回避していくべきか，という切実な利害より，その態度決定をしている（３）。

(iv)　理論的・体系的，そして実務的視点より，法曹（学者法曹，実務法曹）界の見解も，二分される。強制抵当権制度はプロイセン強制抵当権制度を母体

とするが，プロイセン私法研究の泰斗，デルンブルクによる激烈な導入「反対論」に，注目される（4）。

1 BGB第1草案に対する一般的「批判」[1)]

(1) BGB第1草案の公表（1888年）

（ⅰ） 既審議の各「部分草案」の集大成として，第1次委員会により「全体草案」が総括され，その審議を経由して，1887年12月27日，第1次委員会委員長パーペにより，BGB第1草案はライヒ首相の下に提出される。

（ⅱ） 翌1888年1月12日，それは連邦参議院に上程され，同年同月31日，そこでの承認を受け，その「理由書」と共に公表される。

(2) ヴィンドシャイドの「パンデクテン体系書」の影響

（ⅰ） BGB第1草案の起草過程において，多大の影響力を与えたのは，ヴィンドシャイド（Windscheid）の「パンデクテン体系書」である。1862年以降，順次著わされた浩瀚なるそれは，統一的法典を欠き，それ故にその逐条のコンメンタールを欠き，さらには最上級審民事裁判所を欠いていた当時の時代的状況の下で，直ちに法実務を支配する指導理念となっている。その網羅的で，しかも調和のとれた，ドクマティーシュに集大成された精緻な私法理論体系は，自ずとBGB第1草案の「精神と形式」において，色濃く反映されている。

（ⅱ） 他方，当時ハイデルベルク大学に奉じていたヴィンドシャイド自身も，バーデン政府の推挙により，ロマニストとして，1874年以降，その設置当初より第1次委員会委員となっている。勤勉にして，しかも冷静・沈着に，その審議遂行に多大に影響力を駆使している。ヴィンドシャイド自身，その学問と講義に専念するため，1883年10月，第1次委員会委員の職を辞したが，その高潔なる「ヴィンドシャイド的精神」は，法素材の分析方法において，第2次委員会をも含めて，その後の審議をも支配する。

第2章　1888年〜・「各界の反応」と強制抵当権

(3)　**各界からの意見表明**

(i)　BGB第1草案の公表に伴ない，各連邦諸政府，学界，法曹界，経済界，農業団体等の「各界」より多くの意見が表明される。意見書・論著は総計600近くにものぼり，BGB第1草案は，批判とこれに対する反論との，まさしく渦まく奔流の中に，否応なくまき込まれざるを得ない。

(ii)　各界からの意見書・論著については，それが賛成論であれば自ずと簡潔にして手短かにならざるを得ない（個別条文の立法趣旨については，既に理由書等において詳細な論証がなされている，からである），という限りにおいても，批判論が，圧倒的であり，詳細である。

その批判の主たる論拠として，BGB第1草案の用語・表現の難解性や未熟性，その教義主義的支配，教科書的性格，体系・理論への偏重，法実務や経済生活との隔離，他条文の準用形式（引用）の過ぎたる多用とそれに伴なう不明確性，現実生活や現実社会からの遊離・背反，等が指摘されている。これらの夥しい批判の中で，自己の確固とした基本的立場からの，その根本的批判として，ギールケ（Gierke, Der Entwurf eines BGB und das deutsche Recht, 1889）とメンガー（Menger, Das bürgerliche Recht und die besitzlosen Volksklassen, 1890）のものが，ひときわ顕著である。

(iii)　まず，ギールケは，当初シュモラー年報誌（Schmollers Jahrbuch）を舞台として，ゲルマニトとしての，そしていわば社会政策家（Sozialpolitiker）としての立場から，BGB第1草案のあまりに「非ドイツ的・非民族的・非独創的」傾向，そして「道徳的社会的使命の欠如」を，批判している。その独自の「団体法」理論に基づき，社会法的改革を意図しつつ，BGB第1草案のもつ個人の経済的自由主義を，批判する。

起草委員ヴィンドシャイドの影響の下，精緻なパンデクテン法学の法理論ないし法技術によって精錬されたBGB第1草案，それは壮麗な芸術的建築物にも比せられるが，その内奥においてゲルマン法的精神に触れることなきロマニスト流の観念化であり，条文化という装をまとった「パンデクテンの概説的教科書」に他ならない，と断じている。

(ⅳ) また，メンガーは，講壇社会主義者（法曹社会主義者）としての立場から，社会的弱者としての労働者階級を擁護すべく，BGB第1草案の「私法法典としての保守的・学問的実証主義・古典的自由主義的・階級搾取的」傾向を，批判している。

そこでは，単に「既存の現行法資料の蒐集・整理の集成」としての法典は，既に保守的ないし時代遅れの産物であり，現行法というパンデクテン法学の条文化された教科書であり，その古典的自由主義は個人の経済的自由の名において階級支配の手段と化し，経済的強者としての富裕階級は弱者としての無産者階級を支配する結果となる，と批判する。

2 各「連邦政府」の反応[2]

(1) 各連邦政府への回状布告

(ⅰ) 第1次委員会は，1889年3月9日，実質的にその審議を終結し，同年同月30日をもって，その組織体として解消する。

(ⅱ) 次いで，同年6月27日，公刊されたBGB第1草案に関して，ライヒの各連邦政府の意見を聴取すべく，ライヒ首相は「回状」（Rundschreiben）」を布告する。

(2) 各連邦政府の反応

(ⅰ) BGB第1草案中への強制抵当権制度の導入に関して，各連邦政府の反応は，賛否両論にわかれる。一方において，導入「反対論」が主張され，他方において，その導入に賛成しつつ，制度「修正論」が主張される。強制抵当権制度には，その全体的法構造において，様々な問題点が含まれ，全面的且つ無修正的な導入「賛成論」はあり得ない。

(ⅱ) 導入「反対論」の背景には，農地の負債化の増大という，当時の一つの農業問題が存在し，各連邦政府の下における，そのような個別的な社会経済的状況が，導入「反対論」の一契機となっている。導入の「反対論」が必ずしも理論的側面のみより主張されたものではない，という点に注目される。

(3) 導入「反対論」
(イ) バーデン政府の見解
(i) バーデン政府は，強制抵当権制度の実務上の弊害を懸念し，強制抵当権制度を導入するよりも，むしろ約定抵当権制度を改善すべし，として，強制抵当権制度の導入に反対する。すなわち，

(ii) 「判決抵当権制度」の実務上の弊害

既にフランス法並びにバーデン法の下では，「判決抵当権制度（Urteilshypothek・強制抵当権制度に相当する）」は，実務上，多くの弊害をもたらしてきた。このような過去の忌まわしき体験を考慮すれば，ドイツライヒへの強制抵当権制度の導入の暁には，やはり同様の多くの弊害がもたらされる。

(iii) 「約定抵当権制度」の改善

強制抵当権制度の導入は阻止されなければならない。それに代替する具体的対策として，従来からの「約定抵当権制度」が改善されなければならない。担保取引上の当事者にとって，より迅速に且つより確実な形で，約定抵当権が取得できるように，その改善が具体化される必要がある。この改善がなされれば，仮に強制抵当権制度が撤廃されたとしても，担保取引上の諸利害関係人はいかなる不利益も不便をも受けることはない，とする。

(ロ) エルザス＝ロートリンゲン政府の見解
(i) エルザス＝ロートリンゲン政府は，強制抵当権制度の導入に反対する。強制抵当権制度が小農業者に対する暴利的搾取の手段として機能し，しかも強制抵当権制度が強制執行手続の「開始」にとってなんら必須的ではない，とする。すなわち，

(ii) 暴利的搾取の手段

ドイツライヒの農村の現状をみれば，結果的には，強制抵当権制度は小農業者に対する「暴利的搾取の手段（Mittel wucherischer Ausbeutung）」として現実的に機能している。このような不幸な過去体験をふまえれば，ドイツライヒへの強制抵当権制度の導入に反対しなければならない。

(iii) 手続「開始」目的との無関係性

(α)　強制抵当権制度の導入論によれば，強制抵当権制度は強制執行手続の「開始（Einleitung）」の目的にとって必須的であり，したがって強制抵当権制度は強制執行手続制度にとって必須的であり，強制抵当権制度の導入は必然である，と主張されている。

　(β)　しかし，強制抵当権制度はそもそも強制執行手続の「開始」の目的に奉仕するものではない。仮に強制抵当権制度を導入しなかったとしても，強制抵当権制度の不存在は強制執行手続の「開始」をなんら防げない。強制抵当権制度は，差押債権者の利益のために，その債権の「保全（Sicherung）」を具体化し，強制執行手続の「開始」目的に奉仕するものではない。

　(γ)　より具体的には，差押えの対象たる目的不動産につき，債務者Ｓが（債権者Ｇよりすれば）「不利益な処分行為（nachteilige Verfügungen）」をなした，としよう。この場合，債務者Ｓの当該「不利益な処分行為」の効力を債権者Ｇの利益において否定する，というのが強制抵当権制度の機能そのものに他ならない，とする。

　(ハ)　メクレンブルクの両大公国政府の見解

　(i)　メクレンブルク＝シュヴェリン，メクレンブルク＝シュトゥレリッツ，の両大公国政府は，強制抵当権制度の導入に反対する。強制抵当権制度は「差押質権制度」に対応する制度ではなく，その意味で強制抵当権制度の導入は必然ではなく，しかも強制抵当権制度による「人的債権者への優先権付与」という論理構造それ自体に疑念がある，とする。

　なお，この反対論には，仮にどうしても強制抵当権制度を導入せんとするのであれば，各ラントへの「留保条項」が設けられるべし，とする予備的提案（後述(iv)）が付せられている。すなわち，

　(ii)　「差押質権制度」との非対応

　(α)　ＢＧＢ第１草案「理由書」（強制抵当権制度の導入論）によれば，動産強制執行手続においては「差押質権制度」が存在し，その手続対応上，不動産強制執行手続においても強制抵当権制度が存在しなければならない，と主張されている。強制抵当権制度の「存立根拠（存在正当性理由）」として，動産強制執

行手続における「差押質権制度」の存在が指摘されている。

(β) しかし，「理由書」のこのような指摘も，不当であり，無意味である。なぜなら，「動産（Mobiliarvermögen）」と「不動産（Immobiliarvermögen）」は，その法律的な性質においても，その経済的意義においても，大きく相違する，からである。このような「財産種類（Vermögensarten）」としての両者の相違に注目すれば，両者は強制執行手続においても相異なる処遇を受けて然るべきである。したがって，動産強制執行手続において「差押質権制度」が存在しているからといって，そのことは不動産強制執行手続への「強制抵当権制度」の導入をなんら必然化させるものではない。

(iii) 「人的債権者への優先権付与」の不当性

(α) ＢＧＢ第１草案「理由書」（強制抵当権制度の導入論）によれば，強制抵当権制度は，「人的債権者（Personalgläubiger）」に，債務者に対する「優先権（Bevorzugung）」を，付与する。ここでは，債務者Ｓに対して寛容的な行動をなさんとする債権者Ｇが存在し，このような債権者に，Ｇ自身の固有の権利が危険にさらされることなく，「優先権」が付与される。この「優先権の付与」は，まさしく「正義・衡平（Billigkeit）」に適う，と主張されている。

(β) しかし，「理由書」のこのような指摘も，不当である。なぜなら，人的債権者に上記の「優先権」を付与することには，なんら内的正当性が存在していない，からである。

(γ) その歴史的経緯よりすれば，不動産信用一般を合理的且つ合首尾的に発展させるために，強制抵当権制度（並びにその類似の諸制度）の排除を志向して，多くの努力と試みがなされてきた。そこでは，強制抵当権制度の排除は，不動産信用一般の合理的・合首尾的展開のための，まさしく必要不可欠の要件の一つとされていた。かくして，強制抵当権制度は，"個別的な極めて例外的にのみ生じるであろう諸場合，これらを念頭に置いて，これらの諸場合のためにのみ，通例的には極めて不適当な内容をもった規範を定立し，これを不当に一般化してしまったものである"。

(iv) 土地所有者の「登記許諾」の具備の容易性

(α) ＢＧＢ第１草案「理由書」によれば，約定抵当権の「登記」に際しては，債権者は土地所有者の「登記許諾（Eintragungseinwilligung）」を必要とする。これに対して，強制抵当権の「登記」に際しては，債権者は「登記許諾」を必要とせず，土地所有者の「登記許諾」を具備することが困難な状況の下では，「登記許諾」不要は強制抵当権制度のメリットの一つである，と主張されている。

(β) しかし，「理由書」のこの指摘も，不当である。なぜなら，現実の状況下では，約定抵当権の「登記」に際し，債権者が土地所有者の「登記許諾」を得るにつき，格別の困難は生じていない，からである。

(ⅴ) 従来の立法姿勢の踏襲

これまでのメクレンブルク法の下では，強制抵当権制度は存在してこなかった。不動産強制執行の執行方法としては，「強制競売」と「強制管理」との二つの執行種類のみが，認められてきた。しかも，この二つの執行方法のみを存置するだけで，メクレンブルクの諸ラントの不動産強制執行は極めて良好且つ円滑に実施されてきている。このような状況下で，仮に強制抵当権制度がメクレンブルクに導入されれば，土地所有者に対して極めて有害な悪影響を及ぼすこと，必至である。

(ⅵ) 予備的提案（「留保条項」の新設）

以上の諸理由により，強制抵当権制度の導入に反対する，というのが我が大公国政府の基本的立場である。しかし，仮にドイツライヒが強制抵当権制度をどうしても導入せざるを得ないとすれば，いわゆる「留保条項」が，制定法上，設けられるべきである。その各自の自主的判断に基づき，個別の連邦諸国家が強制抵当権制度に関する諸規定を任意に排除できる，という旨の「留保条項」の新設が必要とされる，とする。

(4) 制度「修正論」

(イ) ヘッセン政府の見解

(ⅰ) ヘッセン政府は，強制抵当権制度の導入に賛成する。但し，それは無条

件的な賛成ではなく，強制抵当権制度に関するＩＥ―ＢＧＢ1123条等につき，若干の修正を提案する。すなわち，

(ⅱ) ＩＥ―ＢＧＢ1131条の修正提案

(α) ＩＥ―ＢＧＢ1131条によれば，強制抵当権の場合においても「共同抵当権による負担化」が許容されているが，過剰保全のときには，債務者には「抵当権抹消請求権」（過剰保全の縮減を請求できる権利）が許与され，それは訴えの方法により訴訟裁判所にて行使されるべし，とされている。

(β) ＩＥ―ＢＧＢ1131条は，「債務者保護の視点」より，具体化された。しかし，債務者保護のための手段として，同条は債権者の過剰な搾取に対して必ずしも十分な対抗手段とはなっていない。債務者に許与された「抵当権抹消請求権」が，訴えの方法により訴訟裁判所にて行使されなければならない，からである。それは債務者にとって極めて煩瑣な手段である。

(γ) 「抵当権抹消請求権」という対抗手段は，「債務者の利益」において，より簡易・迅速でなければならない。より具体的には，ＣＰＯ708条・685条の規定の趣旨にしたがい，債務者は「抵当権抹消請求権」を執行裁判所にて行使できる，と修正すべきである。

(ⅲ) ＩＥ―ＥＧＢＧＢ78条の削除

(α) ＢＧＢ第1草案846条は，「当事者主義」の妥当の下，執行債権者は，土地登記所での直接的な申立てにより，強制抵当権の「登記」を取効でき，執行裁判所の「登記嘱託」は不要である，とした。

(β) 他方，これに対して，ＩＥ―ＥＧＢＧＢ78条は，「職権主義」の妥当の下，執行債権者の土地登記所での申立てに加えて，執行裁判所の「登記嘱託」が必要である旨の，ラント立法を留保した。

(γ) ヘッセン政府により設立のヘッセン委員会では，ＩＥ―ＥＧＢＧＢ78条の削除論が主張されている。

すなわち，①その「立法理由書」（同78条）によれば，個々のラント諸国家によっては，土地登記所の整備は必ずしも十分ではなく，登記官吏の資質にも問題があり，執行力ある債務名義やそれに伴なう法律的問題につき，正しい判

断がなされ得るかは、かなり疑問である、とされている。このような土地登記所に対する不信感より、強制抵当権の「登記」につき、執行裁判所の「登記嘱託」を必要とする旨のラント立法が、許容された。②しかし、強制抵当権制度の意義、とりわけその保全的効果に注目すれば、その登記は迅速になされなければならない。執行裁判所の「登記嘱託」を必要とする、という形で登記がなされるとすれば、登記は著しく遅滞する。③かくして、執行裁判所の「登記嘱託」を必要とする旨の、ラント立法への留保を定めたⅠE―EGBGB78条は、削除されるべし、とする。

(ロ) **プロイセン司法大臣宛の鑑定意見書の見解**

(ⅰ) プロイセン司法大臣宛の意見書は、強制抵当権制度の導入に賛成しながらも、若干の変更を提案する。すなわち、

(ⅱ) 「共同抵当権による負担化」の禁止

(α) ⅠE―BGB1131条は、強制抵当権の登記の場合においても、「共同抵当権による負担化」を許容した。執行名義を有する債権者は、債務者所有の複数の不動産上に、強制抵当権の登記を取効できた。しかし、このような規定は、債権者に過ぎたる権利を与えるので、削除されなければならない。

(β) 「共同抵当権による負担化」は禁止すべきであり、債権者には、その自由意思(任意選択)により、次のいずれかの方法が許されてよい。

①まず、債権者は、自己のその債権(一個の債権)を、債務者所有の・一・つ・の土地上に登記する、という方法である。全債権額を一つの土地上に登記する。

②さらに、債権者は、自己の債権を、債務者所有の複数の土地上に、それぞれ個別に分割(債権分割)して、登記する、という方法である。全債権額を個別に分割して複数の土地上に登記する。

(γ) ⅠE―BGB1131条の削除の結果、同1130条は次のように変更されるべきである。まず、同条1項はそのまま「1項」として存置し、同条2項は「3項」として位置をずらし、その新たな「2項」として次の条項が挿入される。

 "Auf mehrere Grundstücke kann der Gläubiger die Forderung nur geteilt zur Eintragung bringen. Die Größe der einzelnen Forderungsteile bestimmt der

Gläubiger."

（債権者は，複数の土地上に，債権を分割してのみ，登記することができる。個々の分割された債権の額は，債権者がこれを定める。）

———＊私見分析

プロイセン司法大臣宛の鑑定意見書の下では，債権者は上述の二つの方法を任意に選択する。そのいずれの方法が採られても，債務者の利益は，ＩＥ─ＢＧＢ1131条の規定と比較して，大きく擁護される。

より具体的には，①債権者が第１の方法を採ったときには，１個の土地上に全債権額の登記がなされるにすぎず，債務者は過剰負担化（目的土地価額が被担保債権額を過大に超過する）を免れる。②他方，債権者が第２の方法を採ったときには，複数の土地上に強制抵当権の登記がなされるが，このときには債権額が各土地上に個別に分割されて登記され（債権が分割して登記されるとすれば，ここで成立する抵当権はもはや「共同抵当権」ではない），債務者所有の各土地の負担は実質的に軽減化する。———

(iii) 執行正本への記載

強制抵当権の登記は，執行力ある債務名義の「正本（Ausfertigung）」上に，記載されるべきであり，この旨の規定がＧＢＯ典中に設けられるべし，とする。

3 各「農業者団体」の反応[3]

(i) 農業者団体の反応もまた，二分される。

(ii) 導入「反対論」によれば，強制抵当権制度の導入は農地の負担化をますます増大させ，農業者階級を経済的破滅へと追い込むので，強制抵当権制度に代わり，約定抵当権の利用で必要にして十分である，とする（(1)）。

(iii) これに対して，導入「賛成論」によれば，強制抵当権制度の導入により，債務者の利益において「強制競売」の追行が猶予され，債務者は「強制競売」の威嚇より免れ，債務者たる農業者の没落が防止される，とする（(2)）。

(iv) いずれの見解も，債務者たる農業者を経済的に保護せんとする意図を有しているが，強制抵当権制度の現実の社会的経済的機能如何につき，価値判断

209

を異にしている。

(1) 導入「反対論」
(イ) ライン独立農業者連合の反対決議
(ⅰ) 1889年7月11日，ライン独立農業者連合は，ノイスの地での一般集会にて，強制抵当権制度の導入に反対する旨，決議する。すなわち，
(ⅱ) 農地への抵当権の重圧
農地は抵当権の重圧の下にあり，この重圧は排除されなければならない。農地の負担形態としては，解約予告権なき「レンテン（Renten・定期土地債務）」のみが，適当である。したがって，強制抵当権制度も排除されるべきである。
(ⅲ) 約定抵当権の利用
強制抵当権制度は，その本質上，必要不可欠のものではない。「約定抵当権」制度が存在すれば，その利用で十分である。たとえば，「強制競売」の執行方法を受けるかもしれない，という威嚇の下の債務者は，強制抵当権制度の利用よりも，むしろ約定抵当権の設定のために債権者と協議することを，望む。これにより，債務者にとって，より有利な形で，事態が解決される，とする。
(ロ) プロイセン農業経済同友会の反対決議
(ⅰ) 1889年11月20日，プロイセン農業経済同友会は，強制抵当権制度の導入に反対する旨，決議する。すなわち，
(ⅱ) 「登記許諾」の原則との背反
土地登記簿への抵当権の登記は，債務者の「登記許諾（Eintragungsbewilligung）」に基づいてのみ，おこなわれ得る（原則）。但し，抵当権設定のための既判力ある判決（ＣＰＯ779条）が存在する場合，さらには国庫等の公官庁が行政執行の手段により保全抵当権の登記をなす場合には，いわば例外として，債務者の「登記許諾」を不要とする。したがって，債務者の「登記許諾」を不要とする強制抵当権の登記は，「登記許諾」の一般原則に反し，排除されるべきである。
(ⅲ) 約定抵当権の利用

「立法理由書」は，強制抵当権制度の存在正当性を指摘するが，そのような制度のない立法例の下でも，担保取引は機能している。しかも，強制抵当権制度の制度目的として「債務者への寛容的処遇」が指摘されているが，それはむしろ約定抵当権の利用によってよりよく具体化される。

(iv) 農業者階級への危険

仮に強制抵当権制度が導入されたとすれば，それは農業者階級に少なからざる危険を与えるものとなる。単なる「人的信用（Personalkredit）」が許与される，という眩惑の下で，農業者階級は容易に暴利的債権者（Wucher）の手中へと陥り，最終的には強制抵当権制度により玩弄される結果となる，からである。農業者階級は強制抵当権制度の犠牲とならざるを得ない，とする。

(2) 導入「賛成論」

(イ) エルザス＝ロートリンゲンの農業評議会の賛成決議

(ⅰ) 1889年9月6日，エルザス＝ロートリンゲンの「農業評議会（Landwirtschaftsrat）」は，強制抵当権制度の導入に賛成する旨，決議する。すなわち，

(ⅱ) そこでは，強制抵当権制度は投機的な「地所売買人（Güterhändler）」の手中に委ねられた「危険手段」と化すおそれありとする，「反対意見」も主張される。しかし，最終的には，強制抵当権制度の導入により農業者は「強制競売」の執行方法の威嚇から保護され得るとする，「賛成意見」が，勝利を収める。

(ⅲ) なお，このような「賛成意見」の背景には，当時存在していた，いわゆる「農業危機（landwirtschaftliche Kreisen・農業恐慌）」という危機的状況をふまえて，危殆に瀕しつつある農業者の経済的破綻を可能な限り阻止しなければならない，との「考慮」が大きく作用している。

(ロ) ヴェストファーレンの農業者同盟の賛成決議

(ⅰ) 1890年7月1日，ヴェストファーレンの「農業者同盟（Bauernvereins）」の一般集会は，強制抵当権制度の導入に賛成する旨，決議する。すなわち，

(ⅱ) その一般集会では，まず区裁判所判事ニーゼルト（Niesert）の作成に係

る「鑑定意見書」が報告され，それは強制抵当権制度の導入に積極的に賛意を示す。その賛成論は，一般集会で全面的な賛同を受ける。

(iii) ニーゼルトの「鑑定意見書」によれば，強制抵当権制度を完全に排除してしまうことは今や不可能であるし，我々が追求すべき価値あることでもない。しかも，仮に強制抵当権制度を排除するならば，その代わりに，任意的な (freiwillig)「担保抵当権（Kautionshypothek）」が，異常に且つ過度に，その支配領域を拡大していく，という弊害が生じてくる。あるいは，任意的な「担保抵当権」の異常な拡大という弊害が生じないときには，強制抵当権制度の排除によって，逆に，農業者はその自らの「信用能力」を滅失してしまうか，又は極端に減少させてしまう結果となる。かくして，強制抵当権制度の導入に賛成すべし，とする。

4 「法曹（学者法曹・実務法曹）界」の反応[4]

（i） 法曹界の反応も，二分される。

（ii） とりわけ，導入「反対論」が，民法学における当代の著明なる碩学デルンブルク（パンデクテン法学・プロイセン私法・民法学），そして抵当権法に極めて造詣の深いフォン・マイボム（ライヒ裁判所判事）により主張されている，ことに注目される。デルンブルクの反対論は，論理的にして，極めてポレッミッシュである（(1)）。

（iii） 他方，導入「賛成論」として，後に第2次委員会の常任委員に委嘱されたヤクヴェツキー（バイエルン司法省の行政参事官）の見解が，「強制競売の新時代的形成」との対応において，強制抵当権制度の存在意義を指摘している，点で注目される（(2)）。

(1) 導入「反対論」
(イ) フォン・マイボムの見解

（i） ライヒ裁判所判事・フォン・マイボム（von Meibom）は，その論稿で，強制抵当権制度の導入に反対する。すなわち，

(ⅱ) 農業者の経済的破滅の要因

(α) 強制抵当権制度はライヒの農民の経済的破滅の一つの要因となっている。たとえば，ドイツライヒの農村では，小規模農業者の「小土地所有」の状況が通例的にみられる。このような状況の下で，仮に強制抵当権制度が導入されたとすれば，高利を貪る債権者は強制抵当権制度の利用により債務者たる小規模農業者を容易に経済的破滅に追い込むであろう。

(β) 勿論，農業者の経済的破滅を招来する要因はいくつも存在している。しかし，その諸要因は相互に密接に関連し，それらの諸要因の連鎖の中で，強制抵当権制度はその枢要な一構成肢を成している。

(γ) より具体的には，①まず，高利を貪る債権者は，絶え間なく増加し続ける「人的債務（persönliche Schulden）」の渦中に，債務者たる農業者を巻き込んでいく。②次いで，高利を貪る債権者は，その自己の「人的債権（persönliche Forderung）」のために，強制抵当権の登記をおこなう。この登記により，人的債権者にすぎなかった債権者は，より確実化された法的地位（Sicherstellung・保全的地位）を取得できる。③最終的には，このような保全的な法的地位において，人的債権者は，将来「強制競売」の執行方法により債務者たる農業者の所有土地を「強制売却（Zwangsverkauf）」することを意図しつつ，しかも債務者たる農業者よりすればもっとも不利な時期において，換言すれば人的債権者にとってもっとも有利な時期の到来を待って，そこで「強制競売」の執行方法を実施・貫徹するであろう，とする。

(ロ) デルンブルクの見解

(ⅰ) 1889年9月，法律学正教授デルンブルクは，シュトゥラウスブルクの第20回・ドイツ法曹会議大会で，強制抵当権制度の導入に反対する旨，研究報告をなす。強制抵当権制度はドイツのラントが負い続けてきた「受難の十字架」に他ならない，と論難する。

デルンブルクの反対論は，その2年後に公刊されるに至った彼自身の浩瀚なる著作，「プロイセン抵当権法（第2部）」（1891年）において，より詳細に展開されている。そこでの反対論は極めてポレッミッシュであり，強制抵当権制度

は物的信用の領域に巣くう有害な「寄生植物（Wucherpflanze）」であり，早急に決然として排除されるべし，としている。すなわち，

　(ii)　「執行方法」性の欠如

　「判決抵当権（Urteilshypothek）」は，不動産強制執行の執行方法として，性格付けられている。しかし，実質的には，それは判決執行のためのいかなる手段ともなっていない。判決抵当権は単に「保全（Sicherung）」を確保すべきものに他ならない，からである。

　(iii)　「優先権」付与の根拠不存在

　執行力ある債権を有する債権者は，判決抵当権の登記の取効により，他の諸債権者に対して「優先権（Vorrecht）」を取得する，という結果となっている。しかし，このような「優先権」付与には，なんら内的根拠が欠けている。

　(iv)　約定抵当権の利用

　裁判抵当権の存立根拠として，債務者の利益において，債権者の危険なくして，その債権の執行が猶予される，と指摘されている。しかし，これは適切な根拠ではない。強制抵当権の登記による「保全」的地位の享受のみかえりとして，債権者が「強制競売」の執行方法の追行を猶予する場合には，むしろ債務者自身は約定抵当権の利用を望む，からである。この場合，債務者は喜々として約定抵当権の設定を「許諾」するであろう。

　(v)　「土地登記簿」の性格との背反

　(α)　「裁判抵当権（Judikatshypothek）」の登記によって，人的債権は土地登記簿上に登記される。しかし，土地登記簿は，本来，「物的信用」のための確実な基盤として創設され，人的債権のためにあるのではない。

　(β)　しかも，人的債権者がその債権の執行をなし且つ登記することによって，土地登記簿はこの種の登記で充満し，土地所有者の物的信用能力は著しく逼迫する結果となる。土地登記簿それ自体は，物的信用の基盤として，しばしば無価値となる。

　(vi)　「取消の訴え」の対象

　債務者破産の場合には，裁判抵当権はしばしば破産管財人の「取消の訴え

（Anfechtungsklage）」の対象とされ，結局のところその抵当権は無意味となる。

⑺　「一般抵当権」の再生

「共同抵当権による負担化」が許容され，債務者所有のすべての不動産上に裁判抵当権が成立する，とされている。しかし，それは，ローマ法上の，かの悪名高き「一般抵当権（Generalhypothek）」の再生に他ならない。

⑻　登記費用の「債務者」負担

裁判抵当権の登記の費用は，債務者の負担とされている。そのことにより，債務者の経済的破滅はますます加速される，とする。

(2)　導入「賛成論」

(イ)　フォン・シュテーサーの見解

（ⅰ）　同じく第20回・ドイツ法曹会議大会において，バーデン判事会首席・フォン・シュテーサー（von Stoeβer）は，強制抵当権制度の導入に賛成する。強制抵当権制度それ自体には多くの疑問点が存在しているが，その歴史的慣用としての制度存在よりすれば，強制抵当権制度の導入に賛成されるべし，とする。すなわち，

（ⅱ）　歴史的「慣用」

（α）　強制抵当権制度は永い歴史的展開の産物であり，我々にとり既に慣用的存在である。しかも，「裁判官質権制度（richterliches Pfandrecht）」（強制抵当権制度の起源的形態である）（本研究第Ⅰ巻第1章第1節参照）の登場以来，幾度となく，その排除の試みがなされてきた。しかし，それらの試みは，結局のところ，無益にすぎなかった。したがって，歴史的存在としての強制抵当権制度の「慣用（Übung）」，という事実に注目されるべきである。

（β）　くわえて，その抵当権形態として，ＢＧＢ第1草案中の強制抵当権制度は，健全なる担保権体系を構成する，最重要なる諸原理を具体化している，とする。

(ロ)　レヴィの見解

（ⅰ）　弁護士・レヴィは，第20回・ドイツ法曹会議大会でのデルンブルク（反

215

対論）とフォン・シュテーサー（賛成論）の両論報告（(1)(ロ)並びに(2)(イ)）に関して，その鑑定意見書を表明し，その「制度」導入に賛成する。すなわち，

(ii) 存立根拠

(α) 強制抵当権制度の存立根拠として，立法理由書は，債権者による債務者への寛容的処遇，という点を指摘している。しかし，これは，存立根拠として，適切ではない。債権者が，「強制競売・強制管理」の執行方法を追行する代わりに，抵当権の登記でもってさしあたり満足せんとするときには，むしろ約定抵当権設定のために，債務者に「登記許諾」をさせる，からである。

(β) 存立根拠としては，債権者の「権利（Recht）と利益（Interesse）」が決定的である。たとえば，動産執行の場合には，執行債権者はその差押えにより「差押質権」を取得し，これにより後続の差押えをなした他の債権者に対して「優先順位（Vorrang）」が付与される。不動産執行の場合においても，差押質権と同様に，強制抵当権は執行債権者に同種の「権利と利益」を付与する，とする。

(ハ) ヤクヴェツキーの見解

(i) バイエルン司法省・上級行政参事官・ヤクヴェツキーは，強制抵当権制度の導入に賛成する。その立論は極めて注目すべきである。すなわち，

(ii) 排除論の無根拠性

(α) 強制抵当権制度の排除論は，いずれもその決定的な根拠を欠いている。土地所有の負債化の増大という時代的状況を意識し，強制抵当権制度の排除論が主張されているが，強制抵当権制度を排除したところで，その時代的状況が変革されるわけではない，からである。

(β) その所有土地を担保として，土地所有者が金銭債務を負担する（約定抵当権の設定），というのは土地所有者自身に委ねられた自由である。この自由がある限り，その所有土地の価値が汲み尽くされるまで，土地所有者は信用の供与を求めんとする。そして，その約定抵当権に基づいて，不動産強制執行がなされる。強制抵当権制度が存在していなくても，約定抵当権の登記により，債権者は土地所有者に対して「強制競売」の執行方法を採り得る。

土地所有者を搾取すべく，自ら積極的に信用供与せんとする「投機者（Spekulante）」は，自己の債権を適時に確保すべく，極めて勤勉に行動する者である。したがって，強制抵当権制度の排除されたところで，土地負債化の増大化の状況は，まったく変化しない。

(iii)　「強制競売」の実効性の欠如

債務者所有の不動産に対して強制執行をなし得る権限を有する債権者，そのような債権者には，将来の強制執行を「保全（Sicherung）」するための執行方法，すなわち強制抵当権の登記の執行方法が，許与されなければならない。「強制競売」の執行方法は，債権者に，しばしば経済的損失を与え，いかなる満足をも与えない，という事態も生じている，からである。しかも，強制抵当権制度は「強制競売の新時代的形成」（「剰余主義」の新たな採用）とよりよく合致する，とする（なお，後述第3章第2節1(2)(ハ)）。

(二)　ローテンベルクの見解

(i)　区裁判所顧問官・ローテンベルクは，デルンブルクを批判しつつ，強制抵当権制度の導入に賛成する。すなわち，

(ii)　歴史的所産としての強制抵当権制度

強制抵当権制度は，実務上の要請よりうまれ，ほぼ60年もの永きにわたって，その生命を持続してきた。これは，強制抵当権制度のもつ生命力を証明する。

(iii)　「衡平」への合致

仮に強制抵当権制度を排除したとすれば，次のような不都合が生じる。執行名義を有する債権者G_1が存在するにもかかわらず，債務者Sは執行名義なき単なる人的債権者G_2のために約定抵当権の設定を「許諾」し，それによってG_2にG_1に対して優先する地位を与える，ということが可能となる。これは，G_1の執行力ある債権の現実化を大きく阻害するし，とりわけ，目的土地の取得や価値的増加がG_1の資本や労働に依るときには，衡平に大きく反する。また，他方，土地登記簿への登記が強制抵当権の成立要件とされている以上，いわゆる「一般抵当権」としての危険は十分に回避される，とする。

〈注記〉
(1) ＢＧＢⅠＥに対する批判
　(ⅰ) その公表前後の状況については，
　　→Schubert, Entstehungsgeschichte, S. 49—51.
　(ⅱ) ＩＫ構成委員としての Windscheid の略歴・業績等については，
　　→Schubert, Entstehungsgeschichte, S. 86—87.
　(ⅲ) その Kampfschrift として，
　①→Gierke, Der Entwurf eines BGB und das deutsche Recht, 1889.
　②→Menger, Das buergerliche Recht und die besitzlosen Volksklassen, 1890.
　(ⅳ) Gierke 批判論文（著作）を含めて，その批判の論点別状況を整理・概観するものとして，
　　→Zusammenstellung（個人・団体意見集成），Band I, S. 1ff.

(2) 各「連邦政府」の反応（ＲＪＡ取り纏め「意見集成本」）(Vgl. Schanz, S. 105ff.)
　(ⅰ) 「意見集成本」
　①→Zusammenstellung der Aeusserungen der Bundesregierungen zu dem Entwurf eines BGB, Band I. II, 1967（Neudruck der Ausgabe 1891）.
　②→Vgl. Schanz, Zwangshypothek, 2 Heft, S. 105ff.
　(ⅱ) 導入反対論として，
　① Baden 政府意見書については，
　　→Zusammenstellung, Band I, S. 128f.
　② Elsass-Lothringen 政府意見書については，
　　→Zusammenstellung, Band I, S. 131.
　③ Mecklenburg-Schwerin 政府と Mecklenburg-Strelitz 政府の意見書については，
　　→Zusammenstellung, Band I, S. 129, 131.
　(ⅲ) 修正論として，
　① Hessen 政府意見書については，

第 2 章　1888年〜・「各界の反応」と強制抵当権

　　→Zusammenstellung, Band II, S. 29.
　②Preussen 司法省の意見書については，
　　→Zusammenstellung, Band I, S. 126f.

(3)　各農業者団体の決議・意見表明・鑑定意見書等（Vgl. Schanz, S. 109ff.）
　(i)　反対論として，
　①Rhein 独立農業者連合の反対決議については，
　　→Der Entwurf eines BGB für das Deutsche Reich und der Rheinische Bauernverein, 1890.
　　→Zusammenstellung, S. 349.
　②Preussen 農業経済同友会の反対決議については，
　　→Verhandlungen des Koenig. Landes-Oekonomie-Kollegiums über den Entwurf eines BGB für das Deutsche Reich und andere Gegenstaende, 1890.
　　→Zusammenstellung, S. 349.
　(ii)　賛成論として，
　①Elsass-Lothringen 農業評議会の賛成決議については，
　　→Vgl. Bericht in der Norddeutschen Allgemeinen Zeitung, 28. Jahrg. Nr. 301 Vvom 2. Juli 1889 S. 3.
　　→Zusammenstellung, S. 353.
　②Westfaelen 農業者同盟の賛成決議（Niesert 意見書）については，
　　→Verhandlungen des Westfaelischen Bauernvereins über den Entwurf eines BGB für das Deutsche Reich, 1890.
　　→Zusammenstellung, VI. Band. S. 582.

(4)　学界・法曹界からの意見表明（Vgl. Schanz, S. 110ff.）
　(i)　第20回・ドイツ法曹会議大会（1889年9月）・討議録として，
　①→Verhandlungen des 20 Deutschen Juristentags, Band IV, S. 250, S. 268.
　　→導入反対論：Dernburgs Referat（Die im Entwurf vorgesehenen Arten des

219

Pfandrechts an Grundstuecken)

→導入賛成論：Vvon Stossers Korreferat.

②両者の論争テーマについてのLevys Gutachten（賛成論）については，上記の討議録；→BandⅢ, S. 261ff.

→Zusammenstellung, S. 350.

(ⅱ) 導入反対論として，

①→von Meibom, Hypotheken-und Grundschuldrecht des Entwurf eines BGB, in : Arch. f. d. ziv. Prax. Bd. 74 S. 358f.

→Zusammenstellung, S. 350.

②→Dernburg, Das Preussische Hypothekenrecht, Abt 2, 1891, S. 112.

→Zusammenstellung, S. 350.

(ⅲ) 導入賛成論として，

①→Jakubezky, Bemerkungen zu dem Entwurf eines BGB für das Deutsche Reich, 1892, S. 286f. バイエルン司法省の行政参事官のヤクヴェツキーの手になる，バイエルン司法省の（BGBIEに関する）意見書

②→Rothenberg, Gruchot, Beitaege zur Erlaeuterung des deutschen Rechtes, Jahr. 36（1892）, S. 610f.

小　括

─ 1　事実経緯（至・BGB第1草案公布）
  ・1　87／12／27・第1次委員会委員長パーペによる「ライヒ首相」への提出
  ・2　88／1／12・「連邦参議院」への上程
  ・3　同／同／31・連邦参議院での承認，公布（「理由書」と共に）
  ・4　89／6月・ライヒ首相による「各連邦政府」への回状布告（意見照会）

─ 2　特徴と批判（BGB第1草案）

- 1 ヴィンドシャイド的精神（同著作・パンデクテン体系書）の支配
- 2 ギールケ批判（非ドイツ的・非民族的・非独創的・道徳の社会的使命欠如・ゲルマン法的精神欠如・ロマニスト流観念化・パンデクテンの概説的教科書）
- 3 メンガー批判（保守的・学問的実証主義・古典的自由主義的・階級搾取的・時代遅れの産物・パンデクテン法学の条文化された教科書・弱者たる無産者階級への支配手段化）

─ 3 「フィードバック」の試み
- 1 各連邦政府，各農業者団体，法曹界，その反応は，いずれも制度導入への賛否両論に分かれる
- 2 「ＢＧＢ第１草案」というボールが当時の時代社会に投げられ，「その反応」を受けとめるという形での，「フィードバック」が試みられ，次なる立法審議に活かされる

─ 4 「法曹（学者法曹，実務法曹）界」の反応
- 1 導入「反対論」（フォン・マイボム，デルンブルク）
- 2 導入「賛成論」（フォン・シュテーサー，レヴィ，ヤクヴェツキー，ローテンベルク）

第2節　各「修正意見」の主張
　　　　──その問題点の個別的検討──

> 論述の進行
> 1　執行債権の「内容」
> 　　　──一定額の「金銭債権」への限定のみか，さらなる限定か──
> 2　執行名義の「種類」
> 　　　──無限定か，限定か──
> 3　法的性格
> 　　　──「強制執行行為」か，「非訟事件行為」か──
> 4　法型態
> 　　　──「保全抵当権」か，「流通抵当権」か──
> 5　執行対象の「範囲」
> 　　　──無限定か，「家産制度」導入による限定か──
> 6　当事者による登記の「取効」，あるいは土地登記所による登記の「実施」の要件
> 　　　──「当事者主義（自己追行主義）」か，「職権主義」か──
> 　小　括

論述の進行

　(i)　ＢＧＢ第1草案は「強制抵当権制度」を導入した（ＩＥ―ＢＧＢ1130条以下）。

　(ii)　ＢＧＢ第1草案の公表（1888年）に伴い，各界よりＢＧＢ第1草案に対して多くの意見表明・批判（1889年―1890年を中心とする）がなされるが，それは強制抵当権制度においても例外ではない。強制抵当権制度に対しては，「法曹界」のみならず，大土地所有者を中心として広範囲な農業者層を結集した政

治的・経済的・社会的圧力団体（利益団体）である諸ラントの「農業者団体」より，その切実な経済的利害に基づいた，様々な意見表明・批判がなされる（その概況につき，第1節参照）。

(iii) 一方において，正面からの強制抵当権制度導入「反対論」が主張され，他方において，強制抵当権制度「導入」を前提としながら，個別的論点ごとに多数の「修正」意見が主張される。これらの意見表明・批判を契機として，強制抵当権制度は，後日の第2次委員会「審議」（1890年12月以降）をふまえて，その全体的な法構造上，より合理的・体系的基盤を確立していく。

(iv) 本節は，BGB第1草案中の強制抵当権制度「導入」を前提とした，「各界」，とりわけ「法曹界」並びに諸「農業者団体」からの「修正」意見に注目しながら，各個別的論点（本節1—6）を析出し，その問題構造を解明する。

1　執行債権の「内容」[1]
　　　——一定額の「金銭債権」への限定のみか，さらなる限定か——

(i) BGB第1草案は，「強制抵当権の登記」の執行方法において，その執行債権の「内容」として，これを一定額の「金銭債権」に限定した（(1)）。

(ii) これに対して，その限定に留まることなく，さらにこれを「一定種類」の金銭債権により限定化すべし，との意見表明・批判がなされている。債務者たる土地所有者の利益により配慮せん，とする（(2)）。

(1)　BGB第1草案——一定額の「金銭債権」への限定——

ⅠE—BGB1130条1項は，一定額の「金銭債権」を有する債権者は，強制抵当権の登記を求め得る，とする。その執行債権の「内容」として，BGB第1草案は，それを一定額の「金銭債権」に限定し，「非金銭債権」を除外した（第1章第3節2(6)）。

(2)　さらなる「限定」の主張——シュトルターフォスの見解（1890年）——

(i) ライヒ裁判所参事官・シュトルターフォス（Stolterfoth）は，債務者たる

土地所有者の保護の視点より，執行債権の「内容」として，金銭債権中，これを「一定種類の債権」にさらに限定すべし，とする。すなわち，

(ii) 「土地所有の動化」の危険性

(α) 仮に「強制抵当権の登記」の執行方法が多用されるとすれば，「土地所有の動化（Mobilisierung des Grundbesitzes）」という，極めて危険な現象が生じてくる。その執行方法により，債務者たる土地所有者は，その自らの意思を強行的に抑圧されつつ，その債務のために自己所有の土地上に強制抵当権の「登記」を強要され，抵当権的負担を甘受せざるを得ず，究極的には自らの土地所有を喪失せざるを得ない結果となる，からである。

(β) このような「土地所有の動化」は，債務者たる土地所有者にとって，著しい危険性がある。したがって，債務者たる土地所有者の利益を保護するために，「強制抵当権の登記」の執行方法を可能とする執行債権の「内容」は，「一定種類の債権」に限定されなければならない。

(iii) 約定抵当権による保全がなされ得ない「債権」への限定

その「債権」の成立の段階にあっては，決して約定抵当権を設定され得なかったような「債権」，たとえば「扶養料債権」や非忍容的行為（不法行為）による「損害賠償債権」に基づいてのみ，「強制抵当権の登記」の執行方法が可能である，とすべきである。

(iv) 「手形債権」の除外

(α) 金銭債権中，手形上の債権（手形債権）は執行債権から除外されるべきである。しかも，それは，「強制抵当権の登記」の執行方法においてのみならず，不動産強制執行一般（強制競売・強制管理を含めて）においてもまた，除外されるべきである。

(β) その理由として，手形による信用供与にあっては，債権者・債務者の両当事者は，手形上の債務者の厳格な「人的責任」のみを念頭に置いており，そこでは債務者の「土地上の責任（物的責任）」は，別段，意識されてはいない。手形上の債権債務関係にあっては，両当事者は土地上の責任を意識していないし，債務者もまた，自己所有の土地に対して手形債権の取立てがなされること

を，まったく考えていない。このような手形取引の現状よりすれば，「手形債権」に基づいては，「強制抵当権の登記」の執行方法を含めて，不動産強制執行の執行方法一般はなされない，とすべきである。

(γ) なお，同様の理由により，①失権手形より生じた手形所持人の「利得償還債権」(WO83条)，②債務負担を約する無因的債権契約，すなわち無因的債務拘束 (abstraktes Schuldversprechen) に基づく「債権」(ⅠE―ＢＧＢ863条・864条) は，執行債権より除外されるべきである。

(v) 商行為より生ずるすべての「債権」の除外

(α) 予備的提案として，商行為より生ずるすべての「債権」は，不動産強制執行の各執行方法を不能とする執行債権から，除外される，とすべきである。

(β) その理由として，旧ＨＧＢ275条によれば，不動産に関する契約は「商行為 (Handelsgeschäft)」ではない，とされている。土地所有は「商品 (Handelsware)」とみなされるべきではない，との基本理念が存在している。このような基本理念よりすれば，商行為より生じた債権は不動産強制執行に親しむものではなく，したがって商行為より生じたすべての「債権」に基づいては，不動産強制執行の執行方法一般はなされない。かくして，農民に家畜や農具を信用売り（掛売り）している，あるいはその代金を前貸ししている商人は，その代金「債権」に基づいては，不動産強制執行の執行方法をなし得ず，その結果，農民は自己の土地所有を，したがってその自らの存立を維持できる。

(γ) なお，商人と取引をなした債務者が，農民ではなく，商人であるときには，その取引より生じた債権は不動産強制執行に親しむものであり，それらの債権に基づいて，不動産強制執行の各執行方法がなされること，無論である，と主張する。

2 執行名義の「種類」――無限定か，限定か――[2)]

(ⅰ)「強制抵当権の登記」の方法も，不動産強制執行の執行方法の一つであり，執行名義に基づいておこなわれる。

(ⅱ) ＢＧＢ第１草案は，その執行名義の「種類」として，格別の限定をしてお

225

らず，1877年・ＣＰＯ上のすべての名義がこれに該当する，としている（⑴）。
　(iii)　これに対して，執行名義の「種類」としては様々なものが存在し，ある種の名義に基づく場合には，「強制抵当権の登記」の執行方法の追行について，若干の制限乃至微修正がなされるべし，との意見表明・批判がなされている（⑵）。

⑴　ＢＧＢ第１草案──無限定──
㈠　重複担保（約定抵当権との併存）の許容，既判力ある「判決」への非限定
　(i)　ＢＧＢ第１草案は，強制抵当権が約定抵当権と併存し得ることを当然の前提とし，これに別段の制約を付していない（第１章第３節２(13)）。
　(ii)　また，「強制抵当権の登記」の執行方法を権限づける執行名義として，1877年・ＣＰＯ上のすべての名義がこれに該当するとして，広くこれを許容し，既判力ある「判決」に限定しているわけではない（第１章第３節２(5)）。
㈡　「仮執行力」ある債務名義──その許容と「本登記」の実施──
　(i)　ＢＧＢ第１草案は，「仮執行力」ある債務名義に基づく場合にも，「強制抵当権の登記」の執行方法を許容し，この場合にも強制抵当権の「本登記」が実施される，とした（ＩＥ─ＢＧＢ1130条以下）。
　(ii)　強制抵当権は「保全抵当権」としてのみ登記され得る（ＩＥ─ＢＧＢ1130条）のであり，この「保全抵当権」としての法型態の下で，債務者の法的地位は既に十分に保護されている，と考えられていた（第１章第３節２(5)）。
㈢　督促手続でなされた「執行命令」──その許容と「本登記」の実施──
　ＢＧＢ第１草案は，督促手続でなされた「執行命令」に基づく場合にも，「強制抵当権の登記」の執行方法を許容し，この場合にも強制抵当権の「本登記」が実施される，とした（同1130条以下）（第１章第３節２(5)）。

⑵　その批判──若干の制限，あるいは微修正──
㈠　「正当利益」の存在，さらには既判力ある「確定判決」への限定
　　　──ベーアの見解（1889年）──
　(i)　ライヒ裁判所参事官・ベーア（Bähr）は，債務者たる土地所有者の保護

の視点より，債権者においてその「正当利益」が存在しているときに限り，「強制抵当権の登記」の執行方法が利用されるべきであり，また，既判力ある「確定判決」に基づくときに限り，その執行方法がなされるとすべし，とする。すなわち，

(ii) 「正当利益」の存在（約定抵当権による保全が未だ十分ではない場合）

「強制抵当権の登記」の執行方法は，債権者においてその「正当利益」が存在するときに限り，なされるべきものであり，具体的には，債権者が未だ約定抵当権によっては十分には保全されていないときに限り，なされてよい，とすべきである。

――なお，私見の立場より付言すれば，ⅠE―BGB1131条は，既に約定抵当権が登記・成立しているときにも，同一債権につき強制抵当権が登記され得ることを，当然の前提としている。ここでは，ベーアが主張するような「制約」は，まったく意識されていない。――

(iii) 既判力ある確定判決の限定

①執行名義の「種類」として，BGB第1草案は，CPO典中のすべての種類の債務名義を，無限定的に承認した（同1130条以下）。②しかし，既判力ある確定判決（これは終局的執行力を具備する）に基づいてのみ，「強制抵当権の登記」がなされる，とすべきである。債務者たる土地所有者が経済的破滅に至ることを，可能な限り防止せんがために，である。③なお，仮執行力ある判決に基づく場合には，「仮差押抵当権制度（Arresthypothek）」が利用されるべきである。④また，執行証書に基づいては，「強制抵当権の登記」の執行方法はなされ得ない，とすべきである。執行証書の作成にあっては，既に債務者の執行受諾の意思が存在し，その段階において，債権者は既に約定抵当権を設定・登記しておくべきであった，からである，と主張する。

(ロ) 「仮執行力」ある債務名義

――「本執行力」具備の条件の下での「登記」――

(a) フォン・マイボムの見解（1889年）

(i) ライヒ裁判所判事・フォン・マイボム（vom Meibom）は，「仮執行力」

ある債務名義を有する債権者に「強制抵当権の登記」の執行方法を許容しながらも，この場合の強制抵当権の「登記」は，「既判力・本執行力具備」の条件の下で，なされるべし，とする。すなわち，

(ii) ⅠＥ―ＢＧＢ833条2項の基本趣旨の妥当

ⅠＥ―ＢＧＢ833条2項によれば，「登記許諾」の意思陳述をなすべき旨命ずる判決が「仮執行力」を有するにすぎない場合には，当該判決に基づいては，その「権利変動（Rechtsänderung）」は「判決の既判力の具備」の条件の下で登記される，と定めている。このような同条同項の基本趣旨は，「仮執行力」ある判決に基づく「強制抵当権の登記」の執行方法の場合にも，妥当しなければならない。かくして，「仮執行力」ある判決に基づいては，強制抵当権は，「判決の既判力の具備」を条件として，「登記」されなければならない，と主張する。

(b) **レヴィの見解**（1889年）

(i) 弁護士・レヴィ（Levy）もまた，「仮執行力」ある債務名義に基づく「強制抵当権の登記」の執行方法を許容しながら，この場合における強制抵当権の「登記」は，「名義の終局的執行力宣言の明示的な留保（ausdrücklicher Vorbehalt der endgültigen Vollstreckbarerklärung des Titels）の下でのみ，なされてよい，とする。すなわち，

(ii) 1883年・プロイセン不動産強制執行法7条1項の基本趣旨の妥当

1883年・プロイセン不動産強制執行法7条1項（Preuβische Ges.-Samml. 1883）によれば，債権が「仮執行力」を有するにすぎないときには，強制抵当権は「仮登記」されるにすぎない，と定めている（第Ⅰ巻第5章第3節3⒁）。この同条同項の基本趣旨は，ドイツライヒでの「仮執行力」ある債務名義に基づく「強制抵当権の登記」の執行方法においても，妥当しなければならない。

(iii) 「条件付」強制抵当権から「無条件」強制抵当権への転化（明文規定の新設の必要性）

かくして，次のような内容の明文規定が新設されなければならない。①「仮執行力」ある債務名義に基づく場合には，強制抵当権は，「債務名義の終局的

執行力の具備」という明示的留保の下でのみ，登記される，②債務名義が終局的執行力を具備する（条件成就）に至ったときには，「条件付」強制抵当権は「無条件」の強制抵当権に転化する，③以上の二点を明示すべく，その旨の明文規定が新設されなければならない，と主張する。

(ハ) **督促手続でなされた「執行命令」に基づく「仮登記」の実施**
―――フォン・セトーの見解（1889年）―――

(i) フォン・セトー爵（Freiherr von Cetto）は，督促手続でなされた「執行命令」に基づいて「強制抵当権の登記」の執行方法を許容することに対して，強い疑念を表明しながらも，その妥協的対応（それを全否定するのではなく）として，この場合には強制抵当権は「仮登記」されるべし，とする。すなわち，

(ii) バーデンでの濫用

従前，バーデンでは，「執行命令」に基づいても，「強制抵当権の登記」の執行方法がなされた。しかし，そこでは，強制抵当権制度の邪な濫用へと，至っていた。かくして，1879年・バーデン不動産強制執行「実施法」26条は，「執行命令」に基づく「強制抵当権の登記」の執行方法を，拒否した。仮にドイツライヒにおいても，「執行命令」に基づく「強制抵当権の登記」の執行方法が許容されたとすれば，同様の制度濫用が危惧される。

(iii) 正当な権限ある債権者の利益

しかし，他方，「執行命令」を取得した正当な権限ある債権者の利益にも，配慮しなければならない。農村では，債権者が追及できる「対象（客体）」として，土地の他には，ほんの僅かの財産しか存在しておらず，目的土地の「従物（Zubehörigen）」の概念を広義に把握したとしても，同様である。したがって，「執行命令」を取得した債権者に「強制抵当権の登記」の執行方法を完全に拒否することも，やはり回避されなければならない。

(iv) 「仮登記」の実施の必要性

なる程，ＢＧＢ第１草案は，登記により取得される物権的諸権利につき，その「譲与請求権（Anspruch auf Einräumung dinglicher Rechte）」の保持のための仮登記制度を，定めていない。しかし，債権者に最少限その地位を保全する「仮

登記」が，強制抵当権の「終局的登記」に先行するとすれば，そのことは債務者に対する「恩恵」でもあろう。かくして，「執行命令」に基づく場合には，強制抵当権は「仮登記」されるべし，と主張する。

3　法的性格──「強制執行行為」か，「非訟事件行為」か──[3]

(i)　ＢＧＢ第1草案は，「強制抵当権の登記」の方法を不動産強制執行の一執行方法と法的に性格付け，それを「強制執行行為（Akt der Zwangsvollstreckung）」と把握する（(1)）。

(ii)　これに対して，「強制抵当権の登記」の方法は，「強制執行行為」ではなく，土地登記所による「非訟事件行為（Akt der freiwilligen Gerichtsbarkeit）」である，との意見表明・批判がなされる（(2)）。

(iii)　他方，ＢＧＢ第1草案の立場への擁護論も主張される（(3)）。

(1)　ＢＧＢ第1草案──「強制執行行為」──

(i)　ＩＥ─ＢＧＢ1130条1項は，執行力ある金銭債権の債権者に，強制執行の手段による保全抵当権の登記の方法を，許容した。

(ii)　その「理由書」によれば，「強制抵当権の登記」の方法が，「強制競売」並びに「強制管理」と並ぶ，不動産強制執行の第三の執行方法である旨，明言されている。「強制抵当権の登記」は「強制執行行為」として把握されていた（第1章第3節2(3)）。

(2)　その批判──「非訟事件行為」──

ＢＧＢ第1草案の「強制執行行為」説に対して，いかなる「強制執行行為」でもなく，「非訟事件行為」とみるべし，とする意見表明・批判がなされている。

(イ)　フィッシャーの見解（1889年）

(i)　法律学正教授・フィッシャー（Fischer）によれば，「強制抵当権の登記」の方法は，「強制執行の方法（Maßnahme der Zwangsvollstreckung）」ではまっ

たくなく，「非訟事件行為」の一つであり，そのことは，強制抵当権制度が私法たる民法典中において通常の「保全抵当権」の一亜種として存置されていることより，自明である，とする。すなわち，

　(ⅱ)　「民法典中の存置」のもつ意味

　(α)　強制抵当権制度は民法典中において存置され，しかも「保全抵当権」の節に置かれている。そのことは，「強制抵当権の登記」の方法が，「強制執行行為」ではなく，「非訟事件行為」である，ことを意味する。

　(β)　したがって，仮にそれが「強制執行行為」だとすれば，本来，強制抵当権制度は「民訴法典」，あるいは民法典の補充のための「不動産強制執行法典」中に，存置されるべきであった。その「登記」の実施についての諸規定も，「土地登記法典」中においてではなく，直接的に「不動産強制執行法典」中に，置かれるべきであった。

　(ⅲ)　ⅠE―BGB1130条1項の「文言」との関係

　(α)　ⅠE―BGB1130条1項によれば，執行力ある金銭債権を有する債権者は，その債権のために，債務者所有の土地上に，土地登記簿への保全抵当権の登記を，「強制執行の手段により（im Wege der Zwangsvollstreckung）」，求めることができる，とされている。

　(β)　この同条同項の「強制執行の手段により」の文言に注目すれば，「強制抵当権の登記」の方法を「非訟事件行為」と把握することは，上記文言に背反するかのようである。

　(γ)　しかし，その文言は「非訟事件行為」説の正当性をなんら妨げない。「強制抵当権の登記」の方法がなされるときにも，強制執行の一般的諸要件が具備されなければならない旨，同条同項は述べるにすぎない，からである。

　(ⅳ)　ⅠE―BGB1133条の規定の削除

　(α)　ⅠE―BGB1133条は，強制執行の停止・取消の場合における強制抵当権の「登記抹消」につき，定めている。

　(β)　「強制抵当権の登記」の方法が「非訟事件行為」とする立場よりすれば，それが強制執行の停止・取消の場合と連動すべきいわれはなく，したがって同

231

条の規定は削除されるべきである。あるいは，強制執行の停止・取消事由に該当するものを，強制抵当権の「登記抹消」のための私法上の原因事由として，定めるべきであり，その限りで同条を修正すべきである。

(v) ⅠE―BGB846条の一部不当性

(α) ⅠE―BGB846条1項は，①強制執行の手段による登記，②あるいは仮差押え又は仮処分の執行の手段による登記は，土地登記所への直接的な正権限者による申立てにより，なされるべき旨，定めている。さらに，その2項は，①強制執行，②あるいは仮差押え又は仮処分の執行が，既になされた執行処分の取消の下で停止されるべき場合，さらには仮差押え又は仮処分が執行力ある裁判によって取り消された場合，その「抹消（Löschung・取消）」についても，土地登記所への直接的な正権限者による申立てにより，なされるべき旨，定めている。

(β) ⅠE―BGB846条は，「強制執行の手段による登記」（判決抵当権）について論及している限りで，不当である。換言すれば，同条は，「仮差押え又は仮処分の執行の手段による登記」が「非訟事件行為」――それは当事者の直接的な追行によって招来されるべきである――によって補充されている旨，述べる限りでのみ，正当である。この意味よりすれば，同条はCPO典中に編入されるべき規定である。土地登記所は執行裁判所と混同されてはならず，「強制執行の手段による登記」の文言は同条より削除されるべし，と主張する。

(ロ) ローテンベルクの見解（1891年―1892年）

(ⅰ) 区裁判所参事官・ローテンベルク（Rothenberg）によれば，「強制抵当権の登記」の方法は，「執行行為」それ自体ではなく，単に「執行行為」が基礎づけられているにすぎず，その執行の直接的な目的は，抵当権の「登記」にあるのではなく，抵当権の登記のための債務者の「登記許諾」にある，とする。すなわち，

(ⅱ) 執行の直接的な目的としての債務者の「登記許諾」

(α) たしかに，「強制抵当権の登記」の方法には，「執行行為」が基礎付けられている。

(β) しかし，その執行行為の目的は，抵当権の「登記」にあるのではなく，その登記のための債務者の「登記許諾」（Eintragungsbewilligung）」にある。債権者の立場よりいえば，その執行力ある金銭債権のために，保全抵当権を登記すべく，強制執行の手段により債務者の「登記許諾」を，まさしく求めている。

(γ) したがって，「登記」それ自体は，決して強制執行の手段により貫徹されているのではなく（執行行為によりなされているのではない），「非訟事件行為」として実施され，強制執行の手段により強制された債務者の「登記許諾」が，その「非訟事件行為」の基礎を構築している。ここでは，①強制執行の手段により，すなわち強制執行行為により実現された債務者の「登記許諾」，②その「登記許諾」によって基礎づけられた，本来「非訟事件行為」としてなされた保全抵当権の「登記」，という連鎖が，存在している。

(iii) 明文規定の必要性

(α) 強制執行の手段により，債務者の「登記許諾」が創出され（法律上の擬制），しかも債権者が土地登記所で適法・適式な登記申請をなすことによって，債務者の「登記許諾」が現実に演述されたものとして妥当する。保全抵当権の「登記」はあくまでもこれらの結果として生じ，それ自体は土地登記所による「非訟事件行為」に他ならない。

(β) 以上の趣旨を明示すべく，その旨の明文規定がＢＧＢ草案中に存置されなければならない。

(iv) 「抵当権名義」との関係

執行力ある金銭債権の債権者は，強制執行の手段により，保全抵当権の登記のための債務者の「登記許諾」を求めることができる。そのような「登記許諾」を求め得る債権者の「請求権」は，債務者の土地上への，強制執行によって実現できる，一般的な「抵当権名義」（Hypothekentitel）」において，存立する，と主張する。

(3) 擁護論——「強制執行行為」性の貫徹と「不動産強制執行法」典中への編入論——

「強制抵当権の登記」の方法を「強制執行行為」と捉えながら，なお一層その立場を貫徹・徹底し，強制抵当権制度を「民法」典中から削除し，これを「不動産強制執行法」典中に存置すべし，とする見解も主張されている。「強制執行行為」としての性格を，ＢＧＢ第１草案よりも，なお一層徹底化させよう，とする。

(イ) フォン・マイボムの見解（1889年）

(i) フォン・マイボム（vom Meibom）によれば，「強制抵当権の登記」の方法は，「強制執行行為」であり，したがって「民法」典中において規律されるにはふさわしいものではなく，「不動産強制執行法」典中に編入されるべし，とする。すなわち，

(ii) 登記の「強制執行行為」性

「強制抵当権の登記」の方法は「強制執行行為」であり，そこでなされる登記は「強制登記（Zwangseintragung）」に他ならない。

(iii) 「不動産強制執行法」典中への編入

(α) その「強制執行行為」性を貫徹すれば，強制抵当権制度は「民法」典中より削除され，「不動産強制執行法」典中に編入されるべきである。

(β) なお，「不動産強制執行法」典中への編入ということは，次のこととも相応している。すなわち，ＢＧＢ第１草案の「物権法」編では，「土地上の諸権利」に関する諸規定が置かれている。しかし，それらの「土地上の諸権利」につき，その「登記」を求める権利，さらにはその「登記抹消」を求める権利については，規定が置かれていない。これについては，ＧＢＯ第１草案が定めを置く。

(γ) 以上を前提として，これとの対応上，同じく「土地上の諸権利」の一つとしての強制抵当権についても，その「登記」を求める権利（ＩＥ—ＢＧＢ1131条参照），さらにはその「登記抹消」又は「登記制限」を求める権利（ＩＥ—ＢＧＢ1133条参照）については，「民法」典は定めを置く必要はなく，これを

「不動産強制執行法」典中に委ねるのが至当である。

(iv) 「民法」典中での若干の言及

(α) 「民法」典中では，強制抵当権制度につき，「登記許諾」の原則に対する一例外が認められる旨の，言及がなされれば，十分である。

(β) すなわち，「土地上の諸権利」については，そのことにより自己に不利益である「権利変動（Rechtsänderung）」を受ける「正権限者（Berechtigte）」（その登記における土地所有者や抵当権設定者）の「許諾（Einwilligung）」あるときに限り，その「登記」がなされるべし，との原則が存在している。強制抵当権の場合には，この原則に対して，一例外が認められる（正権限者のいわば任意的な登記許諾なくして，強制抵当権の登記や登記抹消がなされ得る）旨の，規定が置かれるべきである，と主張する。

(ロ) フォン・シュテーサーの見解（1889年）

フォン・シュテーサー（von Stoeßer）は，第20回・ドイツ法曹会議大会（Der 20. Deutschen Juristentag）での報告において，強制抵当権制度に関する諸規定は，「民法」典中から，「不動産強制執行法」典中へと，編入されるべし，と主張する。

4 法型態──「保全抵当権」か，「流通抵当権」か──[4)]

(i) ＢＧＢ第1草案は，強制抵当権の「法型態」として，強制抵当権は「保全抵当権（Sicherungshypothck）」としてのみ登記される，と明規する（(1)）。

(ii) これに対して，強制抵当権のより機能的な徹底を意図して，強制抵当権を取得した執行債権者並びに抵当権の善意取得者の利益を擁護すべく，強制抵当権に「流通抵当権（Verkehrshypothek）」の法型態を付与すべし，との意見表明・批判がなされる（(2)）。

(iii) 他方，ＢＧＢ第1草案の立場への擁護論も，強く主張される（(3)）。

(1) ＢＧＢ第1草案──「保全抵当権」としての法型態──

(i) ＩＥ─ＢＧＢ1130条は，強制抵当権は「保全抵当権」としてのみ登記さ

れ得る，と定めている。強制抵当権をめぐる債権者・債務者間の諸利益調整の下で，「債務者の利益」の保護の視点において，強制抵当権には「保全抵当権」の法型態が付与された，のである（第1章第3節2(9)）。

(ⅱ) なお，BGB第1草案の理由書によれば，「保全抵当権」の法型態の下でのみ，強制抵当権制度をめぐる債権者と債務者の対立諸利益がはじめて適切・妥当に宥和・調整され，抵当権の転々譲渡の場合にも，債務者又は土地所有者にはその「抗弁」が許与され続ける，とされている（第1章第3節2(9)）。

(2) その批判──「流通抵当権」としての法型態──

BGB第1草案の「保全抵当権」説に対して，強制抵当権を取得した執行債権者並びにその善意取得者の利益を擁護すべく，強制抵当権には「流通抵当権」の法型態が許与されるべし，とする批判がなされている。

(イ) フォン・マイボムの見解（1889年）

(ⅰ) ライヒ裁判所判事・フォン・マイボム（von Meibom）は，元来，強制抵当権制度の導入に反対する，いわゆる反対論者の一人であった。その反対論を補強すべく，BGB第1草案中の強制抵当権制度の諸規定に対しても，その矛盾・不合理性を鋭く追及している。BGB第1草案の前提とする「保全抵当権」としての法型態に対して，その矛盾・難点を次のように指摘している。すなわち，

(ⅱ) 「普通抵当権」の諸規定による規律

BGB第1草案の「保全抵当権」としての法型態，それは十分な根拠を欠いている。仮にライヒ法に強制抵当権制度を導入するときには，強制抵当権は「普通抵当権（gewöhnliche Hypothek）」（流通抵当権）の諸規定の下で規律されるとして，法構成すべきである。

(ⅲ) 「担保抵当権」との乖離

(α) たとえば，BGB第1草案における如く，「保全抵当権」としての法型態の下では，次の如き難点が生じてくる。

(β) BGB第1草案では，その法典配列上，「保全抵当権」の一下部形態と

して,「担保抵当権（Kautionshypothek）」が位置付けられている。したがって，仮に強制抵当権が「保全抵当権」として登記されるとすれば，それは，同じく保全抵当権として,「担保抵当権」と緊密な関係に立つ（強制抵当権と担保抵当権は，同じく保全抵当権として，緊密な相互関係に立つ）。

（γ）しかし，これは実態に合致していない。担保抵当権に関する諸規定は，その内容上，極めて多くの部分において，強制抵当権には適合できない。強制抵当権は担保抵当権から大きく乖離している，と主張する。

―――＊私見分析

①ＢＧＢ第１草案中の担保抵当権は，保全抵当権の一下部形態として,「被担保債権の不特定性」を，その識別メルクマールとする。担保抵当権にあっては，その被担保債権の特定が後日に委ねられている。

②これに対して，強制抵当権は「特定された金銭債権」の保全に奉仕する。その被担保債権たり得る金銭債権は，特定された金額の金銭債権でなければならない。

③以上の限りにおいても，両者は大きく相違する。―――

⑴ **キンデルの見解（1889年）**

(ⅰ) 上級ラント裁判所判事・キンデル（Kindel）は，執行名義を取得した勝利する債権者にとって，その登記された抵当権につき，何ゆえにその「処分権能（Verfügungsmacht）」が制限されなければならないのか，との疑念（「保全抵当権」説に対する疑念）を，提示している。すなわち，

(ⅱ) 債権者の「処分権限」制限の不当性

ＢＧＢ第１草案におけるような,「保全抵当権」としての法型態の下では，強制抵当権を取得した債権者の「処分権限」は，不当に制限される。すなわち，執行名義を取得した執行債権者，そのような債権者は既に債務者所有の不動産を売却（強制競売による売却）できる権限を有する者である。この勝利する債権者にとって，その強制抵当権の「処分制限」が制限的であってはならない，からである。

(ⅲ) 強制抵当権制度の「競売回避機能」の増進

237

執行名義を取得した債権者は，既に強制競売の方法により，目的不動産の売却代金より現金払いを受け得る，そのような法的地位にある。このような債権者が強制抵当権を取得することは，強制抵当権制度が「競売回避機能」を有していることを，意味している。この機能の増進のためには，強制抵当権を取得した債権者に，その獲得された抵当権につき，より容易な「譲渡性（Begebbarkeit）」（それは，「流通抵当権」の法型態の下でのみ，許与される）が，許容されるべきである。

(iv)　債務者の「抗弁」の排除

(α)　抵当権の処分の場合，「保全抵当権」の法型態の下では，債務者は，当該債権（被担保債権）につき自己に帰属するすべての「異議」を，抵当権の善意取得者に対しても，主張できる。

(β)　これに対して，「流通抵当権」の法型態の下では，債務者から上述の「諸抗弁（Einreden）」が奪われる。債権者は既に既判力ある確定判決を取得し，この確定判決によって債務者からすべての「諸抗弁」が奪われ，その限りでこの帰結は正当である。

(γ)　仮に債務者に「諸抗弁」が委ねられるとすれば，債務者は，執行手続の各段階中において，その「諸抗弁」を主張し，各執行処分等を阻止せんとしてくる。手続の進行は大きく阻害される，と主張する。

(3)　**擁護論**

(i)　ＢＧＢ第1草案に対する批判論が主張されるも，それは少数論に留まり，擁護論の方が圧倒的に多数であった。債権者・債務者間の諸利益調整より，強制抵当権には，やはり「保全抵当権」の法型態が許与されるべし，とする。

(ii)　ここでは，擁護論として，レヴィとクレッヒの二つの見解を代表させる。

(イ)　**レヴィの見解（1889年）**

(i)　第20回・ドイツ法曹会議大会でのレヴィ（Levy）の「鑑定意見書」によれば，強制抵当権制度は，たしかに債権者自身の正当な利益に基づくが，債務者の「人的債権の保全」という本来の制度目的を決して越えてはならず，「保

全抵当権」としての法型態に留められるべし,とする。すなわち,

　(ii)　債権者・債務者間の諸利益調整

　(α)　強制抵当権制度の制度目的は,債権者のための「人的債権の保全」にある。ここでの債権者にあっては,いかなる「土地信用（Immobiliarkredit）」も保全されず,端的に自己の「人的債権の追行（Betreibung einer persönlichen Forderung）」が意図されているにすぎない。このような債権者には,それが証券抵当権の形式であろうと,あるいは登記簿抵当権の形式であろうと,「流通抵当権」の法型態を求めるいかなる正当利益も,存在していない。

　(β)　他方,訴求債権につき,その裁判の口頭弁論終結後に全額弁済をなした債務者,を想定してみる。仮に強制抵当権に「流通抵当権」としての法型態が許与されたとすれば,その債務弁済にもかかわらず,債務者は債権者の「権利承継人（Rechtsnachfolger）」に対して支払抗弁を主張できない。しかし,何ゆえにその支払抗弁の主張が拒まれねばならないのか,理解できない。「流通抵当権」としての法型態は,やはり許与されるべきではない。

　(iii)　担保抵当権との関係

　(α)　フォン・マイボムは,ＢＧＢ第１草案批判に際し,「保全抵当権」としての強制抵当権は,同じく「保全抵当権」の一下部形態としての担保抵当権と,緊密な結合関係に立つこととなるが,それは不当である,と主張している（既述(2)(イ)）。

　(β)　しかし,そのことは次のように理解されるべきである。すなわち,強制抵当権と担保抵当権は,共に同じく「保全抵当権」の一下部形態として,一定の共通のメルクマールを有している。他方,個別的な諸点においては,それらは相互に再び分岐（→差異化）していく。

　(γ)　以上,両者は共通し,そしてそれと共に分岐（→差異化）していく,というのが実情である。このような法律構成が率直に承認されるべきである,と主張する。

　(ロ)　クレッヒの見解（1889年）

　(i)　枢密政府顧問官・クレッヒ（Krech）によれば,「保全抵当権」としての

法型態を法構成された強制抵当権制度は，フランス法の沿革をひく従来からの「裁判抵当権制度（Judikatshypothek）」と比較して，その法効果上，適度の微弱化が具体化されている，としている。すなわち，

(ii) 強制抵当権並びにその抵当権の善意の第三取得者に対する「異議」

強制抵当権は，仮執行力ある，あるいは終局的執行力ある名義に基づいて，登記され得，その登記により成立する。しかし，その登記・成立にもかかわらず，強制抵当権並びにその抵当権の善意の第三取得者に対しては，民訴法（1877年・ＣＰＯ）が終局的執行力ある債務名義に対して許容するすべての「異議（Einwendungen）」が，対峙される。強制抵当権並びにその善意の第三取得者の法的地位が，適度に抑制されている。

(iii) 土地所有者における「所有者抵当権」の不成立

土地所有者が「債権なき抵当権」を自ら取得する，という「所有者抵当権」は，強制抵当権の「保全抵当権」としての法型態を前提とすれば，ここではまったく成立し得ない。人的責任ある土地所有者が弁済し，その債権者の満足により債権が消滅する場合にも，また土地所有者が債権者を相続した場合にも，土地所有者は強制抵当権を「所有者抵当権」として取得することはない。この限りで，土地所有者の法的地位もまた，適度に抑制されている。

―――＊私見分析

ＢＧＢ第１草案の下では，「所有者抵当権」は，①債務者たる土地所有者による弁済並びにそれによる債権の消滅，②さらには相続等による債権・債務の同一人帰属（たとえば，債務者たる土地所有者が債権者を相続した場合）並びにそれによる債権の消滅，の場合においてのみ，成立した。極めて限定された範囲においてのみ，成立した。しかも，この「所有者抵当権」に関する諸規定は「保全抵当権」には適用されない，とされていた（ＩＥ―ＢＧＢ1128条参照）。したがって，強制抵当権が「保全抵当権」の法型態であるとすれば，土地所有者においては「所有者抵当権」は成立しない。―――

(iv) 例外的諸場合における「流通抵当権」の要請

一方において，強制抵当権並びにその善意の第三取得者の利益が存在し，他

方において，土地所有者の利益が存在する。この相対立する両当事者の利益は，もっとも稀な例外的な諸場合においてのみ，強制抵当権に「流通抵当権」の法型態を要請する。しかし，このような諸場合には，むしろ両当事者間において「約定抵当権」が利用されるべきである，と主張する。

5　執行対象の「範囲」——無限定か，「家産制度」導入による限定か——[5]

(i)　「強制抵当権の登記」の執行方法における執行対象の「範囲」として，ＢＧＢ第１草案は，たとえばその執行対象の「限定」の如き，格別の配慮をしていない。債務者所有のすべての不動産に対して，「強制抵当権の登記」の執行方法がなされ得る，としている（(1)）。

(ii)　これに対して，主としてアメリカ法上の範型を念頭に置きつつ，「家産制度」を導入し，債務者には執行免除財産が創設されるべし，との限定論（「家産制度」導入論）が主張される。主として，各ラントの農業者団体より，小農民階級，ひいては大土地所有者を含めた農業者一般の，その保護の必要性が強調される（(2)）。

(iii)　しかし，他方，「家産制度」は，ドイツにおいては，法実務上なじむものではない，とする導入「反対論」も，強く主張される（(3)）。

(1)　ＢＧＢ第１草案——無限定，あるいは「家産制度」の無考慮——

ＢＧＢ第１草案は，「強制抵当権の登記」の執行方法において，その執行対象の「範囲」を，別段限定していない。たとえば，「家産制度」に関しては完全に沈黙しており，その起草過程においても，ほとんど何の議論も考慮もなされていなかった（第１章第３節２）。

(2)　「家産制度」導入論（「範囲」限定論）
——債務者たる小農民階級保護の視点，さらに農業者一般の利益主張——

「家産制度」導入論は，ドイツ弁護士連合会の委託の下でのショーラー「鑑定意見書」において，詳細に展開される。それは，ドイツ農業者会議をはじめ

241

とする農業者一般の「圧力団体（利益団体）」のみならず，ギールケの見解に代表される「法曹界」よりも，強く主張される。

(イ) ショーラー「鑑定意見書」の見解
　　　——ドイツ弁護士連合会の委託による意見表明（1890年・公刊）——

(i) 弁護士・ショーラー（Scholler）は，ドイツ弁護士連合会の委託に基づき，「担保権並びに土地債務」に関する「鑑定意見書」を提出している。その「鑑定意見書」によれば，「債務者保護の視点」は不動産強制執行においても貫徹されるべきであり，そのための具体的方策として，「家産制度」が導入されるべし，としている。すなわち，

(ii) 債務者保護の必要性
　　　——動産強制執行手続における「差押制限」制度との対応——

(α) 動産強制執行手続では，「差押制限」制度（Pfändungsbeschränkung）（1877年・ＣＰＯ715条，749条）が，承認されている。そのような債務者保護の必要性は，不動産強制執行手続でも，承認されるべきであり，具体的方策として，「家産制度」が導入されるべきである。

(β) より具体的には，「家産制度」の下では，債務者には「一定の存立最小限（ein gewisses Existenzminimum）」が確保され，不動産強制執行の「執行対象」から免除される（「執行免除」）。「家産」とされた債務者所有の不動産に対しては，「強制抵当権の登記」の執行方法は許されない，とされるべきである。

(iii) 「約定抵当権」設定の禁止

債務者所有の不動産が「家産地」として保護され，それに対する「強制抵当権の登記」の執行方法が許されないとすれば，その趣旨は「約定抵当権」の設定においても妥当しなければならない。「家産地」上への「約定抵当権」設定・登記はなされ得ない，と法構成すべきである，と主張する。

(ロ) ハルトマン「報告」の見解
　　　——ドイツ農業者会議・第20回総会大会での報告と支持決議（1889年2月26日）——

(i) 1889年2月26日，ドイツ農業者会議（Kongreß Deutscher Landwirte）の第

20回・総会大会（20. Hauptversammlung）が開催される。区裁判所判事・ハルトマン（Hartmann）は，その報告者として，「家産制度」が導入されるべしとの「報告」をなし，それを支持する旨の大会「決議」がなされている。ハルトマン「報告」の論旨は，次のようなものである。すなわち，

　(ⅱ)　農民たる土地所有者の保護

　(α)　不動産強制執行により，とりわけ「強制競売」の執行方法により，その農地等を含めた家屋敷より放逐されざるを得ない，農村の土地所有者が，存在している。

　(β)　しかし，ＢＧＢ第1草案は，これらの者のためには，なんらの効果的な自己防衛手段をも，付与していない。これらの農民たる土地所有者を保護すべく，具体的な方策が考慮されなければならない。

　(ⅲ)　「家産制度」の導入

　(α)　そもそも強制抵当権制度は導入されるべきではない。不動産強制執行は「約定抵当権」に基づいてのみなされ，その執行方法としては，「強制競売並びに強制管理」の二執行方法のみが認められれば，必要にして十分である。

　(β)　しかし，仮に強制抵当権制度の導入が止むを得ないとすれば，「家産制度」が導入されるべきである。債務者たる営農者の農業用土地は，ある一定の限度において（「家産地」としての保護），不動産強制執行には服するものではない，との新条文が設けられるべきである。かくして，農民の「家産地」に対しては，「強制抵当権の登記」の執行方法もまたなされない，とされるべきである，と主張する。

　(ⅳ)　批難「決議」

　なお，強制競売の執行方法によりその営農地より土地所有者が放逐されるであろう，との危険性が存在し，それを阻止すべく，土地強制執行の実体規定が手当てされるべきところ，ＢＧＢ第1草案はなんらの対応措置をもしていない，との批難の大会「決議」がなされている。

(ハ) フォン・セトー並びにアンドゥラエの「報告」の見解
——ドイツ農業評議会・全体集会での報告（1889年3月）——

（ⅰ）1889年3月，ドイツ農業評議会（Deutscher Landwirtschaftsrat）の全体集会（Plenarversammlung）が開かれる。議長・フォン・セトー（von Cetto）並びに区裁判所判事・アンドゥラエ（Andrae）は，その報告者として，ショーラー「鑑定意見書」（既述(イ)）の立場に賛同しつつ，「家産制度」の導入を主張している。すなわち，

（ⅱ）法律上特定された「価値限界」（家産）

強制抵当権並びに仮差押抵当権は，法律上予め定められた一定の「価値限界」（家産）を超えては，決して登記されてはならない，との内容の「家産規定」が，ＢＧＢ草案中に新設されるべし，と主張する。

(ニ) ヴェストファーレン農業者連合会の見解
——一般集会「決議」（1890年6月1日）——

1890年6月1日，ヴェストファーレン農業者連合会（Der Westfälische Bauernverein）の一般集会（Generalversammlung）が，開かれる。そこでは，強制抵当権の登記の負担化に親しまない「営農上の家産」が創設されるべし，との集会「決議」がなされている。

(ホ) ギールケの見解
——ＢＧＢ第1草案に対する全面的批判（1889年）——

（ⅰ）法律学正教授・オットー・フォン・ギールケ（Otto vom Gierke）は，ＢＧＢ第1草案「批判」論文たるその著作，「民法典草案とドイツ法（Der Entwurf eines Bürgerlichen Gesetzbuchs und das deutsche Recht）」（1889年）において，ＢＧＢ第1草案が「家産制度」導入の是非につきほとんど何の考慮もしていないことを，厳しく批判し，その制度導入を主張している。その基本的立場は，ヴィーンの法律家協会での「私法の社会的任務（Die soziale Aufgabe des Privatrechts）」と題する彼自身の講演（1889年4月5日）においても，再度，反覆される。すなわち，

（ⅱ）「家産」としての執行免除

「家産」として，一定の土地部分が強制抵当権並びに仮差押抵当権の「責任」より免除され，したがって「執行」より免除されなければならない。動産強制執行では，既に「差押制限」制度が認められているが，これと同様の考慮，すなわち債務者保護の視点より，不動産強制執行においても，債務者はその「生活基盤の剥奪」から保護されなければならない，からである。

(iii) 営農者の保護

営農のための「存立基盤・耕地・農場財産等」に対しては，その強制執行は制限されなければならない。その具体的手立てとして，営農者たる債務者には，「家産」が確保されなければならない，と主張する。

(ヘ) リーベンハウゼン—クランゲンの見解
——その「私的草案」の作成（1890年）——

(i) リーベンハウゼン—クランゲン (Riepenhausen-Crangen) は，「家産制度」が導入されるべきであり，それは，ＢＧＢ典ではなく，特別のライヒ制定法により，規律されるべきであるとし，そのための「私的草案」をも作成している。すなわち，

(ii) 特別のライヒ制定法（ライヒの特別法）

「家産制度」が導入されるべきである。その「家産規定」は，ＢＧＢ典中において規律されるよりも，むしろライヒの特別法において体系的に規律されるのが，より妥当である。

(iii) 家産としての「土地所有」の範囲

(α) 「家産」として保護されるべき「土地所有」は，勿論，無限定的・無制約的ではない。その「土地所有」は，一定の範囲に限定される。

(β) 「家産」としての「土地所有」の範囲は，まず金銭価値によって表示されなければならない。そして，それは，漸次償却される定期金を付加した「土地収益価格 (Ertragswert amortisierbarer Renten)」の，その2分の1を，最高限度としなければならない。この限度を超える「負債化」に対しては，登記された「家産」を所轄する土地登記所は，原則として，これを拒否しなければならない。

(ⅳ) 例外の許容

(α) 原則として，「家産」に対する強制執行（不動産強制執行）は不適法である。しかし，その例外が許容され，次の三場合には，「家産」に対する強制執行は適法とされる。

(β) すなわち，①第1に，「家産性（Heimstätteneigenschaft）」承認の公示（「家産」の設立）がなされて以降，未だ3年が経過していない限りでは，「家産」設立以前からの債権に基づくときには，その「家産」に対する強制執行は，適法である。②第2に，「家産」設立以後の債権であっても，それが「家産」設立のために費消されたところの給付を理由とする既判力ある債権に基づくときには，その「家産」に対する強制執行は適法である。③第3に，「家産」についての未払の地代債権や租税債権に基づくときには，その「家産」に対する強制執行は適法である，と主張する。

(ト) その他の諸家の見解

——フルド並びにエールリッヒ・ヴィーンの見解（1890年）——

(ⅰ) 弁護士・フルドやエールリッヒ・ヴィーンは，ＢＧＢ第1草案中に「家産」規定が存在していないことを，批判している。たとえば，エールリッヒ・ヴィーンによれば，次のように批判している。すなわち，

(ⅱ) ローマ法上の原則の存在

既にローマ法上，一定の事情の下で，その生活を保持すべく最低限必要とされる限度で，債務者にはその所有財産が確保されなければならない，との「原則」が存在していた。同様の基本趣旨は，ＢＧＢ草案中にも，導入されなければならない，と主張する。

(3) 導入「反対論」——実効性の欠如，さらにはドイツライヒでの実現困難性——

「家産制度」は社会的実効性を欠き，しかもドイツライヒでの実現は極めて困難であり，ひいては「信用」逼迫によりかえって農業者一般を困窮に至らしめる，との導入「反対論」も，強く主張される。

(イ) シュルツェンシュタインの見解
　　　――ショーラー「鑑定意見書」に対する批判（1890年）――

(i) ベルリン上級裁判所判事・シュルツェンシュタイン（Schultzenstein）は，ショーラーの「鑑定意見書」（(2)(イ)）の立場を批判しながら，「家産制度」の導入に反対している。すなわち，

(ii) 根拠の不十分性・ドイツでの実現不能性

「家産制度」は，既にアメリカの法実務上，貫徹・実施されてきている。その理念は，ドイツにとっても，十分に傾聴に値する。しかし，「家産制度」の導入を主張するショーラーの「鑑定意見書」は，根拠不十分であり，ドイツでは実現不能である。

(iii) 社会的実効性の欠如

「家産制度」導入論によれば，「家産」は，強制抵当権と仮差押抵当権とに対してのみ，執行免除される，としている。しかし，「強制競売並びに強制管理」の執行方法を含めて，不動産強制執行一般に対して，執行免除される，とするのでなければ，「家産制度」の社会的実効性は極めて稀薄となる。

(iv) 農民の「信用」享受に対する障碍

仮に「家産制度」が導入されたとすれば，農民はその所有土地上において現行の「土地負担化形態」（物的負担形式）を利用できず，農村の「信用」は著しく縮小化・狭隘化する。その所有土地が「家産」とされるが故に，である。それは，農民の「信用」享受にとって，著しい障碍となる。

(v) 農地の「単独相続」の困難化

(α) 同一・対等の権限を有する複数の相続人が存在するときにも，農地は共同相続人中の1人の者に「単独相続」されるのが，望ましい。農地の細分化，それを起因とするより零細な小農民の創出を，回避せんがために，である。しかし，「家産制度」を導入すれば，事実上，農地の「単独相続」は著しく困難となる。

(β) より具体的には，農地の「単独相続」の具体的手段として，まず共同相続人中の1人Aが当該農地を事実上「単独相続」し，次いで他の共同相続人へ

の代償（みかえり）として，Aは他の共同相続人Bに対して「補償金」の支払いをなす。しかし，単独相続したAは，通常，自らはその「補償金」の支払能力を欠いており，その「補償金」支払いのためには，Aは当該農地を「負担化（担保化）」して，それに必要な金融を得る。しかし，「家産制度」の下では，農地上への現行の「土地負担形式」は利用され得ず，その「補償金」支払いのための金融を得られず，かくして農地の「単独相続」は事実上極めて困難となる，と主張する。

(ロ)　ヘルメス「報告」の見解
　　　──プロイセン農業経済同友会での報告（1890年）──

(i)　1890年，枢密政府顧問官・ヘルメス（Hermes）は，農業者団体であるプロイセン農業経済同友会（das preüßische Landes-Ökonomie-Kollegium）での報告で，「家産制度」の導入に反対する。すなわち，

(ii)　導入の余地の不存在

ＢＧＢ第１草案中の「物的信用制度」の体系は，その本質上，従来からのプロイセン的・伝統的立場を踏襲する。その体系的一貫性よりすれば，アメリカ法の範型に基づく「家産制度」は，もはや導入される余地はまったく存在していない。

(iii)　社会的実効性の欠如

「家産制度」導入論によれば，「家産」は，強制抵当権と仮差押抵当権とに対してのみ，執行免除される，としている。しかし，これでは，実務上，「家産制度」は，ほとんどその効果を期待できない，と主張する。

(ハ)　シュトッシュ「報告」の見解
　　　──プロイセン農業経済同友会での報告（1890年）──

(i)　1890年，シュトッシュ伯（Graf Stosch）は，プロイセン農業経済同友会での共同報告者の一人として，ヘルメス「報告」を支持し，「家産制度」の導入に反対する。すなわち，

(ii)　実現の困難性

「家産制度」の導入が，果たして我々が努力して得るべき価値あるものか，

極めて疑問である。しかも，その実現のためには，多大の困難が伴う。

(ⅲ)　制度的矛盾

(α)　債務者保護の視点より，家産制度の導入が主張されている。しかし，事情によっては，「家産制度」が存在していない方が，債務者にとって利益となる，ともいえる。

(β)　より具体的には，仮に「家産制度」が存在していないとすれば，その債務者所有の財産（土地）に対して強制執行がなされ，それにより経済的にもはや維持し得ない債務者は土地所有より解放され，自ら新たな生活基盤の獲得に向かう。むしろ，それは債務者・土地所有者にとって「恩恵（Wohltat）」でもある。土地所有を喪失し，新たに賃金労働者となった者，そのような者は，負債化された土地所有の下で物的負担の重圧にあえぐ土地所有者と比較して，遙かに良き状況にある，からである，と主張する。

(二)　**シュナイダーの見解**（1890年）

(ⅰ)　区裁判所判事・シュナイダー（Schneider）は，「ドイツにおける土地所有権の次なる形成について，とりわけ家産権の実現について」と題する，シュモラー年報誌上の彼の論稿で，「家産制度」の導入に反対する。すなわち，

(ⅱ)　基準確定の困難性

アメリカ法を範型とする「家産制度」を導入すれば，まず「家産」として土地所有者に確保されるべき「土地所有の最小限（Grundbesitzminimum）」の基準が，特定・確定されなければならない。しかし，その基準の特定・確定は，著しく困難である。

(ⅲ)　「家族世襲財産制度」におけると類似の弊害

(α)　ドイツでは，従来より「家族世襲財産制度（Familienfideikommiß）」が存在してきている。法律行為により当該財産の処分性を永続的に制限し，一定の相続順位により一定の者が相続する，という拘束を受けている財産である。しかし，この「家族世襲財産制度」はしばしば土地所有者の堕落的状態を保持する結果となり，その土地所有の放任性・非経済性は，結局のところ，当該家族の子孫に何物をも与えなかった。

(β) 他方,「家産制度」はドイツの「家族世襲財産制度」と類似し,前者は後者をより一般化・普遍化したものである。したがって,「家産制度」もまた,「家族世襲財産制度」におけると,類似の弊害を招来する。

(iv) 今日の「農業問題」との関連

今日,いわゆる「農業問題（Agrarproblem）」が存在している。しかし,その解決は,「家産制度」の導入によって,なされるわけではない。むしろ,農地上への「負債化制限制度（Vesrschuldungsbeschränkung）」の導入によって,なされ得る。農地上の負債化に対して,その「最高限度枠」を設けることにより,今日の「農業問題」につき,一つの解決がなされる,と主張する。

6 当事者による登記の「取効」,あるいは土地登記所による登記の「実施」の要件——「当事者主義（自己追行主義）」か,「職権主義」か——[6]

(i) ＢＧＢ第１草案は,当事者による強制抵当権の登記の「取効（Erwirkung）」,あるいは土地登記所による登記の「実施（Vollzug）」につき,「当事者主義（Prinzip des Selbstbetrieds. 当事者自己追行主義）」の妥当を,明示する（((1))）。

(ii) これに対して,「職権主義」の立場より,批判がなされる（((2))）。

(iii) 他方,ＢＧＢ第１草案の立場の擁護論も,主張される（((3))）。

(1) ＢＧＢ第１草案——「当事者主義」の妥当——

(i) ＩＥ―ＢＧＢ846条１項は,強制執行の手段による登記が,その正権限者による土地登記所への直接的な申立てにより,おこなわれる旨,定めている。強制抵当権の登記が,執行債権者の直接的な申立てに基づき,「土地登記所」によって実施される,とされている。ここでは,「執行裁判所」の協働はまったく介在せず,その「登記嘱託」は必要とされてはいない。

(ii) さらに,同条２項は,強制執行の停止・取消の場合において,強制抵当権の登記の抹消につき,同様の趣旨が妥当する（土地所有者たる執行債務者の直接的な申立てにより,その登記抹消が「土地登記所」によって実施される）旨,定めている。

第 2 章　1888年〜・「各界の反応」と強制抵当権

(ⅲ)　以上，ＢＧＢ第１草案が，強制抵当権の登記並びに登記抹消につき，「当事者主義（自己追行主義）」を妥当させ，執行裁判所又は訴訟裁判所の「嘱託（登記嘱託又は抹消嘱託）」を無用としていること，が明瞭である（第１章第３節２⁽¹¹⁾⁽¹²⁾）。

(2)　その批判としてベーアの見解（1889年）──「職権主義」の妥当──

ＢＧＢ第１草案の「当事者主義」の妥当に反対して，ベーア（Bähr）は，その登記又は登記抹消についての執行裁判所の権限あるいは責任を強調して，「職権主義」の妥当の正当性を，主張している。すなわち，

(ⅰ)　「共同抵当権による負担化」の場合における執行裁判所の権限と責任
　　　──執行裁判所の「登記嘱託」の必要性⑴──

(α)　強制抵当権制度を合理的に整序するためには，執行裁判所に次のような権限，あるいは責任が付与されなければならない。債権者の債権額に相応する形で，債務者の土地所有権が抵当権の下に服すべきことを，十分に配慮しなければならない，という権限，あるいは責任である。このような権限の行使，あるいは責任の履行のために，執行裁判所の「登記嘱託」が必要とされなければならない。

(β)　もし執行裁判所にそのような権限・責任がないとすれば，次のような結果も生じてくる。

たとえば，「共同抵当権による負担化」の場合において，①まず，債権者にはとにかく債務者所有のすべての土地所有権に対して抵当権による負担化が許容されており，②次いで，仮にその抵当権による負担化が「過剰保全」であるときには，債権者にはその過剰負担部分を解除することが義務付けられている，との理解が生じてくる。このような理解の下では，債権者・債務者間において，無用の夥しい，しかも錯雑な紛争やトラブルが生じてこよう。

したがって，まず前述の①の段階で，債権者の債権額に相応した範囲で，債務者の土地所有権に対する抵当権による負担化がなされるべく，執行裁判所がその権限・責任を行使あるいは履行すべきである。

(ⅱ) 強制執行手続の「停止・取消」の場合における「登記抹消」
　　　——執行裁判所の「抹消嘱託」の必要性(2)——
　(α) 強制執行手続が「停止・取消」されたときには，強制抵当権の「登記」も抹消されなければならない。

　(β) この場合，仮に債権者がその登記抹消に許諾しないときには，その登記抹消は，強制執行手続の停止の執行処分をなした執行裁判所の「要請」に基づいて，なされなければならない。より具体的には，土地所有者（執行債務者）による登記抹消の申請をふまえて，土地登記所は，執行裁判所の「抹消嘱託」に基づき，その登記抹消をなすこととなる。したがって，ここでも，「職権主義」の妥当の必要性が，存在する，と主張する。

(3) **擁護論としてのバッハマイヤーの見解（1889年）**
　　　——「当事者主義」の正当性——
　(ⅰ) 他方，ＢＧＢ第１草案の「当事者主義」の妥当を支持し，その擁護論も主張されている。たとえば，公証人・バッハマイヤー（Bachmair）は，バイエルン農業者団体の一般委員会（Generalkomitee des landwirtschaftlichen Vereins in Bayern）での報告において，次のように主張している。

　(ⅱ) すなわち，①ＩＥ—ＢＧＢ846条２項は，強制執行手続の「停止・取消」の場合に，強制抵当権の登記抹消が，正権限者による土地登記所への直接的な抹消申請により，なされる旨，定めている。執行裁判所の「抹消嘱託」は不要，とされている。このような「当事者主義」の採用は，歓迎されるべきである。②さらに，ＢＧＢ第１草案は，同846条の規定内容につき，「ラント立法への留保」（ラント立法により「職権主義」の妥当を定めることを許容する）を定めている。しかし，バイエルンは，この「ラント立法への留保」規定を，採用すべきではない，と主張する。

〈注記〉
(1) 執行債権「限定論」(Vgl. Schanz, S. 116ff.)
→Stolterfoth, Beitaege zur Beurteilung des Entwurf eines BGB für das Deutsche Reich, Leipzig 1890, S. 75ff.
　　→Zusammenstellung, S. 350-351.

(2) 執行名義の種類「限定論」(Vgl. Schanz, S. 118, 126, 127)
　①→Baehr, Archiv fuer buergerlichen Recht, Bd 2, 1889, S. 177.
　　—その反対草案；Gegenentwurf zu dem Entwurf eines BGB für das Deutsche Reich, Kassel 1892, ¶1176.
　　→Zusammenstellung, S. 353-354.
　②→von Meibom, Archiv fuer das ziv. Praxis, Bd. 74, 1889, S. 369ff.
　③→Levys Gutachten, Verhandlungen des 20. Deutschen Juristentags, BandⅢ, S, 280.
　④→von Cetto, Archiv des Deutschen Landeswirtschaftrats, 13. Jahrgang, 1889, S. 188f., 198.

(3) 行為性質論 (Vgl. Schanz, S. 127ff.)
　(i) 「非訟事件行為」説（ⅠE批判論）として，
　①→Fischer, Recht und Rechtsschutz, in : herausgegeben von Bekker und Fischer, Beitaege zur Erlaeuterung und Beurteilung des Entwurf eines BGB für das Deutsche Reich, Heft 6, Berlin 1889, S. 46ff.
　　→Zusammenstellung, S. 353.
　②→Rothenberg, Gruchot. Beitaege zur Erlaeuterung des deutschen Rechtes, Jahrgang 35, 1891, S. 753ff., S. 776 f.；Jahrgang 36, 1892, S. 604ff.
　(ii) 「強制執行行為」説（ⅠE賛成論）として，
　①→von Meibom, Archiv fuer das ziv. Praxis, Bd. 74, 1889, S. 362.

253

→Zusammenstellung, S. 353 (「強制執行抵当権」の表記利用)

②→von Stoessers Referat, Verhandlungen des 20. Deutschen Juristentags, Bd 4, S. 268.

(4) 法形態論 (Vgl. Schanz, S. 124f.)

(i) 「流通抵当権」説(ⅠE批判論)として,

①→von Meibom, Archiv für das ziv. Praxis, Bd. 74, 1889, S. 359ff.

→Zusammenstellung, S. 351-352.

②→Kindel, Das Recht an der Sache, Breslau 1889, S. 253f.

→Zusammenstellung, S. 352.

(ii) 「保全抵当権」説(ⅠE賛成論)として,

①→Levys Gutachten, Verhandlungen des 20. Deutschen Juristentags, Band Ⅲ, S. 278ff.

→Zusammenstellung, S. 352.

②→Krech, Die Rechte an Grundstuecken, in; herausgegeben von Bekker und Fischer, Beitaege zur Erlaeuterung und Beurteilung des Enywurf eines BGB für das Deutsche Reich, Heft 14, Berlin 1889, S. 114.

→Zusammenstellung, S. 353.

(5) 対象範囲論(家産制度導入の是非) (Vgl. Schanz, S. 119ff.)

(i) 家産制度「導入論」として,

①→Schollers Gutachten, Gutachten aus dem Anwaitstande über die erste Lesung des Entwurf eines BGB, in; herausgegeben im Auftrage des Deutschen Anwalt-Vereins von den Rechtsanwaelten Adams, Wilke, Mecke, Hartmann und Erythropel, Berlin 1890, S. 359ff., S. 369f.

②→Hartmanns Referat, Bericht ueber die Verhandlungen der 20. Haupt-Versammlung des Kongresses Deutscher Landwirte, Berlin 1889, S. 43. (ドイツ農業者会議・第20回総会大会報)

③→von Cettos und Andrae Referat, Archiv des Deutschen Landwirtschaftsrats, 13. Jahrgang, 1889, S. 189, 198 ; S. 201, 209.（ドイツ農業評議会誌）

④→Verhandlungen des Westfaelischen Bauernvereins über den Entwurf eines BGB fuer das Deutsche Reich, Muenster in Westfalen 1890, S. 5, 53ff., 90.（ヴェストファーレン農業者連合会の一般集会「決議」・その会議録）

⑤→Gierke, Der Entwurf eines BGB und das deutsche Recht, Leipzig 1889, S. 380.（ⅠE批判論文）

後日出版の公演記録　Gierke, Ueber die soziale Aufgabe des Privatrechts, Berlin 1889, S. 23.

⑥→Riepenhausen-Crangen, Gesicherte Familienheimstaetten im Deutschen Reich, 1. Uund 2. Aufl., Leipzig 1890 ; 3. Aufl, 1891.

⑦→フルド　Nord und Sued Bd. 53, 1890, S. 223.

⑧→エールリッヒ／ヴィーン　Unsere Zeit Jahrgang 1890, Bd. 2, S. 33.

(ⅱ)　導入「反対論」として，

①→シュルツェンシュタインの見解（Besprechung des Gutachtens von Scholler）Zeitschrift fuer Deutsch. Ziv.-Pro. Bd. 14, 1890, S. 192.

②→Hermes Referat ; Bericht über Dienstbarkeiten, Pfandrecht und Grundschuld）については，

プロイセン農業経済同友会の議事録（1890年・第4会期第3部会）→Verhandlungen des Preussische Landes-Oekonomie-Kollegiums über den Entwurf eines BGB für das Deutsche Reich und andere Gegenstaende, Ⅲ Session der Ⅳ Sitzungs-Periode, Berlin 1890, S. 93.

③→Stoschs Korreferat ; 前掲④のプ議事録所収（Ebenda S. 209）

④→シュナイダーの見解（Ueber die demnaechstige Gestaltung des Grundbesitzrechtes in Deutschland, insbesondere die Verwirklichung eines Heimstaettenrechtes）については，→Schmollers Jahrbuch für Gesetzgebung, Verwaltung und Volkswirtschaft im Deutschen Reich, 14. Jahrgang 2. Heft, 1890, S. 125ff., 156ff., 162.

(6) 登記取効手続の妥当原則（「職権主義」妥当説⇔「当事者主義」妥当説）(Vgl. Schanz, S. 130.)

(ⅰ) 「職権主義」妥当説（執行裁判所の「登記嘱託」必要）として，

①→Baehr, Archiv fuer buergerliches Recht, Bd. 2, 1889, S. 268.

②その反対草案→Baehr, Gegenentwurf zu dem Entwurf eines BGB für das Deutsche Reich, パラグラーフ1176, 1179, Kassel 1892.

(ⅱ) 「当事者主義」妥当説（執行裁判所の「登記嘱託」不要）（ⅠE擁護論）として，

→バッハマイヤーの見解（Bericht an das Generalkommitte landwirtschaftlichen Vereins in Bayern）

→バイエルン農業者団体一般委員会の報告書　Bericht über den Entwurf eines Buergerlichen Gesetzbuchs für das Deutsche Reich vom 29. Sept. 1889, S. 40f.

小　括

1　執行債権の「内容」のさらなる限定化の意見

- ・1　ＢＧＢ第１草案は，執行債権の「内容」を「一定額の金銭債権」に限定した（金銭債権であっても金額不特定のもの，非金銭債権，これらは除外された）

- ・2　その延長線上において，「一定額の金銭債権」について，これをさらに限定化すべし（約定抵当権による保全が不可能な債権，手形債権，商行為より生ずるすべての債権，これらを除外すべし），との意見が述べられる

2　執行名義の「種類」限定化の意見

- ・1　ＢＧＢ第１草案は，「強制抵当権の登記」を根拠付ける執行名義の「種類」を限定せず，広くこれを認めた（仮執行力ある債務名義，督促手続でなされた執行命令，これらに基づいても，可能とされた）

- ・2　これに対して，「既判力ある確定判決」に限定すべし，との意見が

述べられる

3 「非訟事件行為」性の意見

- 1　ＢＧＢ第１草案は，「強制抵当権の登記」を不動産強制執行の執行方法の一つとし，これを「強制執行行為」と理解した
- 2　これに対して，「強制抵当権の登記」は民法上の「保全抵当権」の一種であり，「非訟事件行為」と把握すべし，とする意見が述べられる
- 3　他方，「強制執行行為」性を理論的に貫徹し，同制度を「不動産強制執行法典」において規制すべし，との意見も述べられる

4 「流通抵当権」型態付与の意見

- 1　ＢＧＢ第１草案は，強制抵当権は「保全抵当権」としてのみ登記される，とした
- 2　これに対して，強制抵当権を取得した執行債権者や善意取得者の保護の観点から，強制抵当権に「流通抵当権」の法型態を付与すべし，との意見が述べられる

5 「執行対象限定化」の意見

- 1　ＢＧＢ第１草案は「家産制度」（執行免除財産）を顧慮していなかった
- 2　これに対して，各農業者団体より家産制度「導入論」の意見が主張される（とりわけ，強制抵当権制度が導入されるのであれば，債務者たる小農民階級の利益（家産を執行から護る）を保護すべし）
- 3　しかし，その実現困難性を理由として，家産制度「導入反対論」の意見も主張される

└─6　登記実施における「職権主義の妥当」の意見
　・1　強制抵当権の「登記」の実施につき，ＢＧＢ第１草案は「当事者主義」（執行裁判所の「登記嘱託」の不要）を妥当させた
　・2　これに対して，執行裁判所の権限と責任を強調して，「職権主義」（執行裁判所の「登記嘱託」の必要）妥当の意見が，述べられる

第3章　1890年〜・「第2次委員会」審議と強制抵当権

——規制法典の変遷（BGBからの分離決定，ZVGへの編入決定，最終局面でのZPOへの編入決定）——

```
はじめに
第1節　第2次委員会「審議」の開始・進行・最終的起草
　　　　——編纂過程の経緯——
第2節　強制抵当権制度「存置」の基本的承認
　　　　——「制度」廃止論の克服と逐条審議——
第3節　BGB典よりCPO典中への編入
　　　　——「規制」法典の決定——
```

はじめに

1　本章には「三つの課題」がある。

（ⅰ）第1に，BGB編纂過程中，「90年〜・第2次委員会審議」に注目して，ZH制度を「分析窓」として，この審議過程構造を解明する。これが第1の課題である。

（ⅱ）第2に，「90年〜・第2次委員会審議」において，「ZH制度の法構造」はどのように形成されたのか。その審議進行中の「議論・決定・各種草案」に注目して，その法構造形成の実体を解明する。これが第2の課題である。

（ⅲ）第3に，「90年〜・第2次委員会審議」において，ZH制度が「三基軸抵当立法」の所産の一つであることに注目して，ZH制度を「分析窓」として，「三基軸抵当立法」の構造（とりわけ，ZVGの「抵当権実行手続法」としての位

置づけ，さらにはＺＶＧとＺＰＯの関係）を解明する。これが第３の課題である。

2　本章は「計三節」より成る。
（ⅰ）　統一的ＢＧＢ編纂過程では，「第１次委員会」審議の成果として「ＢＧＢ第１草案」が結実し，これは広く「公の論議」に付された。ＺＨ制度についても，同様であった（第１章・第２章）。これらをフィードバックする形で，新たに「第２次委員会」が組成され，その審議がスタートする。
（ⅱ）　かくして，
（α）「第１節」では，「第１次委員会」に代わる新たな「第２次委員会」に注目して，その「設置・委員会構成・審議進行・各種草案」一般について，分析する。
（β）「第２節」では，「『ＢＧＢ第１草案』中のＺＨ制度」に関する，「第２次委員会」審議（制度承認と逐条審議）について，分析する。
（γ）「第３節」では，「第２次委員会」審議における一つのハイライトを形成した，「規制法典如何」（「ＣＰＯ典編入」提案→否決→「ＺＶＧ典編入」決定→その後の最終的な編纂委員会での「ＺＰＯ典編入」決定）について，分析する。

═══　═══　═══

〈注記〉第３章「位置付け」
　　第３章は，第２手続段階／「後半」と第３手続段階，に該当する。

〔一〕　ＢＧＢ成立史（第２手続段階／「後半」）（ＲＪＡ／ＶＫによる「提案」審議作業）——第３章・立法資料「解題」の視点から——
＊１　編纂過程：第２手続段階／「後半」（ⅡＫ／ＲＫ作業）
・１　第２手続段階／「後半」
（ⅰ）　第２手続段階／「後半」では，その編纂作業として，⑤「ⅡＫ本会議審議作業」，さらに，その完結作業としての⑥「ⅡＫ内・ＲＫ編纂作業」，この二

つに,注目する(←その下準備作業をおこなった④RJA「VK」)。
　(ⅱ)「⑥RK」は,ⅡKの下部機関であるが,この審議主体に注目する理由は,自ら大きな「裁量権限」の下,「ⅡE文案作成・確定・完結」に向けて,積極的に活動した,からである。

・2　作業進行
　(ⅰ)この⑤⑥の「二つの審議主体」の活動が,ⅠE改訂の,いわば最終「本番作業」である。
　(ⅱ)その作業進行は,
　(α)まず,ⅠEに関して⑤「第2読会・ⅡK本会議審議」をおこない,
　(β)さらに,その審議結果を踏まえて,「文案確定」のために包括的に⑥「ⅡK内・RK編纂作業」をおこない,「ⅡE」を確定し,さらなる修正を加えて「修正ⅡE」として,これを「BR提出案」とする,というものである。
　(γ)第3手続段階の事項となるが,最終的には「BR本会議での承認」を受けるべく,その準備作業を進めたのである。

・3　「RJA」が統括推進主体である
　端的に,これは,ⅠEの「第2読会・ⅡK審議」から,「ⅡE／→修正ⅡE」を確定し,これをBRに提出するまでの,作業手続段階(第2手続段階／「後半」)である。ここでは,その統括推進主体は,実質的には,「RJA」である。

・4　ⅡK構成委員(Mitglieder)とライヒ政府特命委員(Kommissare der Reichsregierung)の履歴紹介については,
　→Schubert, Entstehungsgeschichte, S. 91ff.

・5　ⅡKの特徴(石部42)
　(ⅰ)その「構成員」はどのように選出されているのか。ⅡK委員として,ま

ず,「ラント代表者」である。さらに,これに加えて,ＲＴ議員・経済界・学界からのそれぞれの「代表者」(→利益代表者)であり,構成員数的には,これはかなりのウエイトを占める結果となる。

(ⅱ) 審議進行・追行の「イニシアティフ」は誰が担ったのか。「ＲＪＡ」である。「ＲＪＡ」が前面登場し,その影響力を積極的に行使し,ⅡＫ推進力となる。それまでの「プロイセン司法省」と拮抗する形で,「ＲＪＡ」が審議進行の主導権を握った,という点に注目される。たとえば,ⅡＫ委員長の職は歴代「ＲＪＡ長官」が務めている。

(ⅲ) ⅡＫは「ＩＫ審議」とどのように関連しているのか。無論,隔絶しているものでは,まったくない。「ＩＫ審議」との「連続性」が考慮されている。たとえば,ＩＫ審議に多大の影響力(→学問的・法理論的影響力)を行使したＩＫ委員プランク,彼は「統括責任者」として,ⅡＫに参加している。加えて,ＲＪＡ司法官僚も,「ライヒ特命委員」として,これに参加している。

＊2 「ライヒ司法省(ＲＪＡ)」の基本姿勢
・1 「ライヒ司法省(ＲＪＡ)」の基本姿勢はどのようなものであったのか。私見は次のように考えている。

・2 「時代」の変化
(ⅰ) 「時代」の変化が顕著であり,「時代」は,編纂作業スタート段階とは,大きく変わっていた。
(ⅱ) しかし,ＩＥ起草は,「密室裡」の作業に終始し,「時代」から隔絶していた。換言すれば,「法律専門家」集団による作業であり,「時代」の変化に対応していなかった。
(ⅲ) その理由としては,その作業目的が,「従来法」と「現行法」の蒐集,そしてその「法典化」にあり,各ラント法間の調整を図りながら,法理論的・体系的視点から法律的考慮を加えることに,あった,からである。

・3　「RJA」の基本方針

（ⅰ）他方，「RJA」が創設される。これは，そもそも「ⅠK」設置時には，存在しなかった官庁組織（従前，「ライヒ宰相府」のみであったところ，このRJAは，1877年設立の「立法・司法行政」府であり，独立官庁となったものである）である。この「RJA」創設により，民法典編纂作業は「新たな」局面を迎える。「新」軌道に乗せる，路線「転換」をする，「新」路線で行く，という基本方針である。

（ⅱ）端的に，この基本方針を次のように推測できる。これまでの「ⅠK」におけるような「委員構成」では限界がある，変えるべきである。そこで，「ⅠK」解散とし，「新」立法委員会を設置し，委員メンバーを世間一般から幅広く登用する。具体的には，「各界」から，その利害代表者の参加を求め，その現実的な利害調整を図る。また，各「政党」からも，その関係者を登用し，今後の「RT対策」（審議の順調通過等の目的）をも配慮しておくべし，というものであった，と考える。

（ⅲ）これは，その「時代」における，社会的・経済的・政治的な「関係や要請」の取り込み，これらを配慮し，来るべき民法典に反映させ，編纂作業を「新」軌道に乗せるべし，というものである。いわば研ぎ澄まされた「時代感覚」，この必要性を強調し，「時代の読み」を意識したものであった，と考える。

（ⅳ）かくして，RJAは，自ら積極的・主体的に，その編纂作業のイニシアティブを取り，主導権を握り，推進力となった。エンジン起動であり，方針転換（→74年・VK意見書の基本方針とは，差異がみられる），である。

・4　時代状況概観とⅡK

（ⅰ）ビスマルク国家は，74年「大不況」を契機とした社会経済的危機に直面し，大胆な政策転換に踏み切っていた。しかし，これはⅠEには必ずしも反映していなかった。

（ⅱ）したがって，88年「ⅠE公表」と同時に，各界からの様々なネガティブな反応が生じた。その顕著なものは，各「政党」と各「利益団体」（→農業者

団体や商工業者団体等）からの，その利害に基づいた「批判」と「要求」であった。また，「学界」からのものとして，ⅠＥは「現実」と大きく乖離している，この「現実」とのギャップは極めて大きい，とするギールケ批判（89年）とメンガー批判（90年）は，あまりに有名である。これらの消極的反応や批判に対しては，「法典起草者」は，その自らの編纂目的構造上，なされるがままに，唯，無防備であり続け，反論困難であった。

　(ⅳ)　かくして，「ライヒ司法省」が，前面登場し，主導的役割を果たすべく，法典編纂を「新軌道」に乗せるために，ⅠＫを解散させ，ⅡＫを設置し，これに様々な領域（法域・職業・政党・宗教等）からの利害代表者を委員メンバーとして登用した。そして，まず「ＲＪＡ／ＶＫ」のⅠＥ改訂作業，これをⅡＫ審議の「出発点」とし，その自らのイニシアティブを採ったのである。

＊３　第２読会・「ⅡＫ本会議審議録」（←ⅡＫ内の「ＲＫ」編纂作業）（史料解題として，石部／児玉／大仲；〔Ｃ６〕ⅡＫ本会議審議）
・１　第２読会・「ⅡＫ本会議審議録」
　ⅡＫ内の「ＲＫ」編纂作業として，ＲＪＡの意向の下，第２読会・「ⅡＫ本会議審議録」が公刊されている。90／12／４のＢＲ決議に基づき，ⅠＥの改訂目的で，ⅡＫが設置され，91／４／１―96／２／６まで，計456回にわたり，ⅠＥに関してⅡＫ本会議審議がなされるが，これは，その「審議録」（下部機関（Protokollausschuss＝Redaktions-Kommission）の校閲済み，しかし総会承認なし）である。

・２　刊行版
　刊行文献として，「ＲＪＡ委託版」（→①）と「Mugdan所収版」（→②）の二つがあり，両者間に編集上の特徴（差異）がみられる。

・３　具体的資料
　①第２読会・「ⅡＫ審議録」（ＲＪＡ委託版／「審議時系列順」編集）

第3章　1890年～・「第2次委員会」審議と強制抵当権

→Protokolle der Kommission für die zweite Lesung des Entwurfs des BGB, Iim Auftrage des Reichs=Justizamts bearbeitet von Achilles, Gebhard, Span, 1897/1899.

Bd. I ；総則・債務法第1編／第2編第1章；Gebhard
Bd. II ；債務法第2編第2章―20章；Achilles
Bd. III；物権法；Spahn◎
Bd. IV；家族法；Spahn
Bd. V ；相続法；Spahn
Bd. VI；外国法適用―Entwurf II. des BGB. Revision.　施行法草案―ＧＶＧ／ＣＰＯ／ＫＯ変更法草案◎
Bd. VII；索引；Jatzow

②→第2読会・「ⅡK審議録」（Mugdan所収版／「条文番号順」加工）
　→復刻版1983・1997

＊4　「決議仮集成」本（←ⅡK内の「ＲＫ」編纂作業）（史料解題として，石部／児玉／大仲；〔Ｃ7〕ⅡＥ／修正ⅡＥの編集作業）

　ⅡK内・「ＲＫ」編纂作業として，「決議仮集成」本がある。これは，ⅡK内・編纂委員会（Redaktionskommission）（ＲＫ）が文案（法文）確定作業にあたり（ＩＫにも下部機関としてこの種の委員会が置かれていたが，ここでの委員会はより大きな裁量権限が認められている），まず，①「ⅡK決議仮集成」が，次いで，②「ＲＫ決議仮集成」が，作成されている。
→Schubertの『逐条・集成』に収録

①ⅡK決議の仮集成（ＥⅠ―Vorl Zust.）
→Vorlaeufige Zusammenstellung der Beschluesse der Kommission…
②ＲＫ決議の仮集成（ＥⅠ―Zust Red Kom.）
→Zusammenstellung der Beschluesse der Redaktions-Kommission.

＊5　第2読会・「ⅡE」(確定)(←ⅡK内の「RK」編纂作業)(史料解題として，石部／児玉／大仲；〔C7〕ⅡE／修正ⅡEの編集作業)

・1　第2読会「ⅡE」(確定)

ⅡK内・「RK」編纂作業として，第2読会・「ⅡE」(確定)がある。これは，92―95年にかけて，RK作業により上記の「決議仮集成」に基づいてⅡEが「各部」ごとに順次確定され，ⅡK内部資料として「各部」ごとに印刷されている(計五冊)(その編集構成は，「ⅡK審議録」該当部分の参照指示・ⅡKによる注記・ⅠEの対応条文の参照指示)(→①)。

・2　RJA校閲「公定版」

この「内部資料本」の他に，RJA校閲を経た「公定版」(計三冊)(→②)も，時期的に若干遅れて公刊されている。

・3　マンドリ「雑誌連載」(AcP)

マンドリによる「雑誌連載」(AcP)(→③)に基づくものもある。

・4　具体的資料

①「第2読会・ⅡE」(ⅡK内編纂委員会草案)(内部資料)

→Entwurf eines BGB für das Deutsche Reich, Zweite Lesung, Nach den Beschluessen der Redaktionskommission, Druck der Aktiengesellschaft Pionier.

　Ⅰ部；総則　　1892

　Ⅱ部；債務法第1編―6編　　1892

　Ⅱ部；債務法第7編　　1893

　Ⅲ部；物権法　　1894

　Ⅳ部；家族法　　1894

　Ⅴ部；相続法：Ⅳ部；外国法適用　　1895

②「第2読会・ⅡE」(RJA校閲本)(公定版)；⑭2, 94―95年；

→Entwurf eines BGB für das Deutsche Reich, Zweite Lesung, Nach den Beschluessen der Redaktionskommission, Auf amtliche Veranlassung, Berlin, J. Guttentag.

　Ⅰ部—Ⅲ部；総則・債務法・物権法　1894
　Ⅳ部：家族法　変更と訂正（Ⅰ部—Ⅳ部）　1894
　Ⅴ部：相続法　Ⅵ部：外国法適用　訂正　1895
　→Schubertの「逐条・集成」収録のⅡE

③マンドリ版；（←AcP連載；1892—1895）
　→Mandry, Der Entwurf eines Buergerlichen Gesetzbuches für das Deutsche Reich in zweiter Lesung.（私）

＊6　ＢＲ提出案としての「第2読会・修正ⅡE」（確定）（←「ⅡK／ＲＫ」作業）（史料解題として，石部／児玉／大仲；〔Ｃ7〕ⅡE／修正ⅡEの編集作業）
・1　第2読会・「修正ⅡE」（確定）
　第2読会・「ⅡE」は，ⅡK／ＲＫの修正作業を経由して，「ＢＲ本会義への提出草案」として確定する（95秋確定）。これが第2読会・「修正ⅡE」（確定）である。

・2　印刷版
　印刷本として，「ＢＲ提出印刷本」（→①）と後日の「公定版」（職権委託版）（→②）の二種類がある。

・3　具体的資料
　①「第2読会・修正ⅡE」（ＢＲ本会義提出草案）（ＢＲ印刷物として印刷，95／10／24に「ＢＲＪＫ」に提出される⑮1）
　→Entwurf eines BGB für das Deutsche Reich, Zweite Lesung（Drucksache des Bundesrates vom 22. 10. 1895, Nr. 103 des Session 1895）

→復刻版ナシ

② 「ＢＲ提出案たる修正ⅡＥ」（ＥＧＢＧＢ／ＧＶＧ／ＣＰＯ／ＫＯを含む）
（公定版）・1898（96／1／16の「ＢＲ本会議」承認後の刊行）⑮ 2
　→Entwurf eines BGB und zugehoehrigen EG sowie eines Gesetzes, betreffend Aenderungen des GVG, der CPO und der KO, in der Fassung der Bundesrathvorlagen, aufamtliche Veranlassung, Berlin, J. Guttentag, 1898.
　→復刻版ナシ

〔二〕　ＢＧＢ成立史（第3手続段階／「前半」）（ＢＲ審議作業）――第3章・立法資料「解題」の視点から――
＊1　「第3手続段階」とは
・1　改訂最終段階である
　第3手続段階は，「改訂最終段階」（最終草案／法典化最終段階）である。

・2　「⑧ＢＲ」に注目する　（→本会議承認手続体）
　（ⅰ）　まず，⑧／1連邦参議院（ＢＲ）に注目する。立法化のためには，ＢＲ本会議での承認手続が必要とされている，からである。本会議承認手続体である。
　（ⅱ）　さらに，ＢＲ本会議承認手続の先駆けをなした，その実質的審議体として，⑧／2「ＢＲ内司法制度委員会」（→ＢＲ下部機関である）（審議期間：1895―1896）に，注目する。

・3　「⑨ＲＴ」に注目する　（→本会議承認手続体）
　（ⅰ）　まず，⑨／1ライヒ議会（ＲＴ）に注目する。立法化のためには，まずＢＲでの承認を受け，これを踏まえて，さらにＲＴ本会議での承認手続が必要とされている，からである。これが「本会議承認手続体」である。
　（ⅱ）　さらに，ＲＴ本会議承認手続の先駆けをなした，その「実質的審議体」

として，⑨／2「RT内第12委員会」（→RT下部機関である）（審議期間：1896）に，注目する。

・4　「二つの各下部機関」に注目する（→「⑦RJA」の影響力あり）
　これらの「二つの下部機関」（⑧／2，⑨／2）に注目すれば，いずれの委員会にあっても，⑦ライヒ司法省（RJA）の主導的影響力（実質的関与・起動力）が明瞭である。これは，「RT」本会議での円滑通過／議会承認において，奏功する（石部49以下）。

・5　「第3手続段階」をマクロ的に考察する
　「第3手続段階」，これをマクロ的に考察すれば，
　(i)　まず，「審議対象の限定」方針を明示したライヒ宰相「提案」が，そのスタートである（石部48以下）。これは，審議対象は，経済的・社会政策的に重要な事項にのみ限定化すべし，個々のラントに関連するその特有の利害関係事項にのみ限定化すべし，とする「提案」である。審議の紛糾を避け，その迅速な早期決着を狙ったものである。
　(ii)　上記「提案」を受けて，いわば「前座」として，⑧／2「BR司法制度委員会」審議である。その審議期間は「95／10／7―96／1／11」である。その終了後，直ちに1／16には，⑧／1「BR本会議」で承認（ⅢE承認）を受けている。正味三ヵ月余での，承認である。以上が，第3手続段階／「前半」である。
　(iii)　BR承認を受けての次なる手続段階，すなわちRT審議の段階，これが第3手続段階／「後半」である。BR承認を受けて，RTは，その審議を，いわば「前座」として，⑨／2「RT第12委員会」に，付託する。この委員会には，21名のRT代議士が，その構成員として，参加している。加えて，「BR司法制度委員会委員」や「BR特命委員」（かつてⅡK委員であった）も，参加している。実質的審議体である（石部49）。
　(iv)　「RT審議」は順調に推移した。社民党の抵抗があるも，これはさほど

の支障もなく排斥されたし,「政府」と「議会」との激しい衝突も,なかった。なぜか。その理由は,相互に関連する内容でもあるが,次の四つである（石部50参照）。

(α) ⅠKとⅡK,その構成員「性格」が違い,自ずと出来上がった草案もその内容が違い,「RT」はそれを審議したにすぎなかった,からである。

(β) ⅠE公表後,世論や政党の批判や意見を取り入れ,これらをRT審議前に予め検討していた,からである。

(γ) ⅡKには,「RT議員」を構成員として入れてあり,その意見を予め反映させていた,からである。

(δ) 「ライヒ司法省長官」が,極めて巧妙な戦術を練り,議会でのその多数派工作として,草案支持派議員の獲得努力に傾注した,からである。勿論,法典編纂者の全力集中があったことも,その重要な理由の一つである。

*2　第3手続段階／「前半」（BR審議作業）
・1　「二つの作業」に注目する

　第3手続段階／「前半」（BR審議）では,その編纂作業として,⑧／2「BR司法制度委員会の基礎準備・実質的審議作業」,⑧／1「BR本会議での審議・承認作業」,この二つに注目する。

・2　「実質的審議主体」はどこか

(ⅰ)　BR「司法制度委員会」（⑧／2「BR「JA」」）（Bundesrats-Ausschusses fuer Justizwesen）（1895／1896）である。これが「実質的審議主体」である。

(ⅱ)　BR「司法制度委員会」（BR「JA」）は,BR内委員会であり,その設置根拠・権限をBRに置く,その下部機関である。

(ⅲ)　この委員会が,実質的に「修正ⅡE」（提出議案）の修正審議（95／10／7—96／1／11）に,あたっている。

・3　⑧／1「BR本会議」での審議作業は

ＢＲ「司法制度委員会」での審議終了後，僅か五日後の96／1／16には，「ＢＲ本会議」でその承認（ⅢＥ承認）を受けている。したがって，この点よりも，「ＢＲ本会議での審議作業」が，立法「承認」を求めての，まさしく「最終的・手続的・形式的」なものであることが，明瞭である。

・4　⑧／2「ＢＲ「司法制度委員会」」の基本姿勢は

（ⅰ）では，実質的審議主体であるＢＲ「司法制度委員会」は，どのような基本姿勢で付託された「修正ⅡＥ」（ⅡＫ／ＲＫ作成）の審議にあたったのか。

（ⅱ）その「答え」としては，当時のライヒ宰相の「発議」（審議対象の限定方針）に，注目しなければならない。すなわち，草案審議の短期決着のためには，現実の社会・経済に大きな影響を及ぼす社会経済政策的な諸問題，さらに個別の各ラントにとって固有の利害に係わる諸問題，これに限定して審議がなされるべし，との「発議」である。

（ⅲ）ＢＲ「司法制度委員会」は，基本的には，この限定方針の影響下に，審議を遂行し，「修正ⅡＥ」を「ⅢＥ」として確定し，ＢＲ本会議の承認を経て，これを「ＲＴ提出案」として迅速に完成させている。

・5　「⑦ＲＪＡ」の影響力行使

（ⅰ）しかも，ＢＲ「司法制度委員会」は，「ＲＪＡ」の意向の下，「理由書」（詳細記述）に代えて，あえて「趣意書」（簡潔既述）を，草案（ⅢＥ）に，添付している。

（ⅱ）なぜか。これは，次なるＲＴ審議での短期決着を考慮し，ＲＴにおける多岐に亘る錯綜した論議を予め回避しようとしために，である。

（ⅲ）ここに，「ＲＪＡ」の強い影響力が，看取できる。

・6　その構成委員の履歴

　その構成委員の履歴紹介については，

　→Schubert, Entstehungsgeschichte, S. 110ff.

＊3 「ⅢE」（RT提出草案）の確定（←BR内「JA」の準備作業）（史料解題として，石部／児玉／大仲；【D8】BR「JA」作業→ⅢE（RT提出草案）の確定）

・1 「RT提出案」と「簡潔趣意書」（覚書）

　BR「司法制度委員会」（BR「JA」）は，次なるBR本会議審議のために，その「準備基礎作業」として，「修正ⅡE」を審議し，これを「ⅢE」として確定し，BR本会議での承認を得て，「RT提出案」（→①文献）として完成させている。

・2 「簡潔趣意書」（覚書）

　しかも，RT審議の迅速・簡潔化のために，「詳細理由書」に代えて，「簡潔趣意書」（覚書）（→②文献）を添付する。

・3 ワンセット「復刻版」

　上記①②文献をワンセット合本とした「復刻版」（→③文献）がある。

・4 具体的資料

　①「ⅢE―BGB」（→後日「RT提出草案」となる）（連邦参議院司法委員会（BR司法制度委員会）作業として，95／10／7からその審議をスタート（修正ⅡEの確定前から）させ，途中から「修正ⅡE」についての審議に入り，翌96／1／16にBR本会議での承認を得たものが，ⅢEである）

　→Entwurf eines BGB, Sammlung saemtlichen Drucksachen des Reichstags. 9. Legislaturperiode. IV. Session 1895/96. Band II. Nr. 87. 392S.（公定版）

＋『成立史資料集成』所収

　→復刻版1997（下記のRJA覚書が添付されている）

　②「ライヒ司法省覚書」（RJA覚書）（BRJKは，既に95／7／8に，来るべきBGB草案に，詳細な「理由書」に代えて，簡潔な「趣意書」を付すべき旨，

第3章　1890年～・「第2次委員会」審議と強制抵当権

決定していたが，この決定に基づき作成された）
　→Denkschrift zum Entwurf eines BGB nebst Anlagen I―III. Drucksache Band Ⅱ. Zu Nr. 87. 383S.（公定版）
＋Mugdan 所収

③「ＢＧＢ草案（ＲＴ提出草案）・付ＲＪＡ覚書」
　→復刻版（上記の①②を合本化）
　→Entwurf eines BGB, Vorlage an den Reichstag mit Denkschrift, 1997

〔三〕　ＢＧＢ成立史（第3手続段階／「後半」）（ＲＴ審議作業）――第3章・立法資料「解題」の視点から――
＊1　第3手続段階／「後半」（ＲＴ審議作業）
・1　二つの作業に注目する
　「編纂過程：第3段階／後半（ＲＴ審議）」では，その作業として，⑨／2「ＲＴ第12委員会の基礎準備・実質的審議作業」，⑨／1「ＲＴ本会議での審議・承認作業」，この二つに注目する。

・2　「実質的審議主体」はどこか
　(i)　⑨／2「ＲＴ「第12委員会」」である。これが「実質的審議主体」である。
　(ii)　このＲＴ「第12委員会」は，ＲＴ内委員会であり，その設置根拠・権限をＲＴに置く，その下部機関である。
　(iii)　この委員会が，ＲＴ本会議・第1読会（1896／2／3－2／6）（総論的主張と審議・第12委員会の設置決議）に引き続いて，実質的に「ⅢE」（提出議案）の修正審議（96／2／7－6／17）にあたり，それは計53回にわたり実施されている。

・3　「⑨／1ＲＴ」本会議での審議作業は
　(i)　その審議終了後，ＲＴ本会議・第2読会（1896／6／19－6／27）では，

テーマ（社団法）によっては激しい議論がなされたが，ほぼ１週間という短期間で，ＲＴ第12委員会「諸決定」が，大きな修正もなされることなく，ほとんどそのまま承認された（→「修正ⅢＥ」）。

　(ⅱ)　引き続くＲＴ本会議・第３読会（1896／6／30─7／1）でも，僅か数日で「修正ⅢＥ」が「民法典」として採択されている。

　(ⅲ)　「ＲＴ本会議での審議作業」が，立法「承認」を求めての，まさしく「最終的・手続的・形式的」なものであることが，明瞭である。

・4　ＲＴ「第12委員会」の基本姿勢は

　(ⅰ)　では，実質的審議主体のＲＴ「第12委員会」は，どのような基本姿勢で審議を遂行したのか。その「構成員」如何により，問題を考察しなければならない。

　(ⅱ)　このＲＴ内の下部機関たる委員会は，21名の「ＲＴ議員」を，その構成員とする。各政党間の政治的バランスを配慮し，政府の意向も反映させながら，選出されている。彼らの議論は，主として「法政策・社会政策的視点」に，限定される。

　(ⅲ)　しかも，正式構成員たるＲＴ議員に加えて，ＢＲ「司法制度委員会委員」（ⅢＥの実質的作成者である）や，ＢＲ「特命委員」（ⅡＫ委員の歴任者がほとんどである）も，その審議に参加している。

　(α)　前者の委員は，「法律的問題の整理・説明・法律構成」に際しての，プロフェッショナル（ＲＪＡ司法行政官僚）であり，ここに，「ＲＪＡの実質的影響力」が，看取できる。

　(β)　後者の委員は，「各連邦政府代表者」であり，ここに，「各ラントの意向（その固有の利害得失）の反映」が，看取できる。

・5　「ＲＴ」本会議ではどうだったのか

　(ⅰ)　ＲＴ本会議審議では，社会民主党の抵抗が見られるも，大局的には，審議は極めて順調に推移し，その限りではライヒ政府の意向は貫徹され，議会と

第3章　1890年〜・「第2次委員会」審議と強制抵当権

の激しい抗争もない。
　(ii)　RTでのBGB成立・承認・可決，これが最大の肝要事であったが，これが，最終局面で，無事，実現に至っている。
　(iii)　その理由は，RJAによる，その十分に熟慮された用意周到な，法案成立に向けた「プラニング」，これがあった，からである。

・6　RJA「プラニング」はどのように「用意周到」であったのか
　(i)　たとえば，ⅡK構成委員の選任に際し，「RJA」は，多方面からバラエティに富んだ人材を登用し，RTからも予めRT議員を人選していた，からである。
　(ii)　また，ⅠE公表後，各界からの批判や意見を聴取・集成し，世論の動向にも目配りし，政党要求も取り入れ，これらをRT審議前に既に検討済みとしていた，からである。
　(iii)　さらに，RJA長官の指揮の下，草案支持の議会多数派工作にも努力していた，からである（石部50）。

・7　RT構成委員の履歴は
　RT構成委員（「第12委員会」における提案者，「本会議」における提案者）の履歴紹介については，
　→Schubert, Entstehungsgeschichte, S. 115.

＊2　RT審議の時系列的進行
　ライヒ議会（RT）に提出（1896／1／17）された「ⅢE」は，その「議院運営規則」に従い，審議に付される。その時系列的進行は次の如くである。
　→①RT本会議「第1読会」（1896／2／3—2／6）（草案の基本的諸原則につき一般的審議をおこなう，草案付託先として「RT第12委員会」の設置を決議）
　→②「RT第12委員会」の設置とその審議（→計53回の審議，その「審議報告書」刊行・後述）

→③「第2読会」(1896／6／19—6／27)(→ＲＴ第12委員会「諸決定」の承認)(→「修正ⅢＥ」)

　→④「第3読会」(1896／6／30—7／1)(→「修正ⅢＥ」を「民法典」として採択)

＊3　ＲＴ内「第12委員会」の基礎準備・実質的審議作業(「ⅢＥ」審議内容)の具体的資料(史料解題として,石部／児玉／大仲;〔Ｅ9〕ＲＴ審議→ＢＧＢ成立)

　①「ＲＴ第12委員会・審議報告書」(⑱)

　→Bericht der Reichstags=Kommission über den Entwurfs eines BGB und EG, nebst einer Zusammenstellung der Kommissionsbeschluesse, Berlin, J. Guttentg, 1896.

　→Mugdan 各巻にその関連部分所収
　→復刻版(1997)

＊4　ⅢＥ「ＲＴ審議」(←ＲＴ内「第12委員会」の基礎準備・実質的審議作業)の具体的資料(史料解題として,石部／児玉／大仲;〔Ｅ9〕ＲＴ審議→ＢＧＢ成立)

　①「ＲＴ議事録」

　→Erste, zweite und dritte Beratung des Entwurfs eines BGB im Reichstage, Stenographische Berichte, Berlin, J. Guttentag, 1896.

　「第1次審議」(第1読会)に加えて,「第2次審議」と「第3次審議」をも包括する,その「議事速記録」の活字化である。

　→Mugdan 各巻所収 (⑲)

＊5　「96年・ＢＧＢ」成立　⑳(←ＲＴ第3読会での「修正ⅢＥ」承認)(史料解題として,石部／児玉／大仲;〔Ｅ9〕ＲＴ審議→ＢＧＢ成立)

　①ＢＧＢ・ＥＧＢＧＢの正文(官報)

→Reichs=Gesetzblatt 1896 Nr. 21, S. 195—603 (BGB), S. 604—650 (EGBGB)
②官報体裁版
→BGB, nach den Beschluessen des Reichstags in dritter Beratung, Berlin, 1896.
→復刻版 (1997)

第1節　第2次委員会「審議」の開始・進行・最終的起草
――編纂過程の経緯――

```
論述の進行
  1  第2次委員会の設置とその構成
  2  「審議」の具体的進行
  小　括
```

論述の進行

（i）　BGB第1草案に対する「各界」よりの多くの意見表明・批判等をふまえて，BGB第1草案を「第2読会」に付すために，「第2次委員会 (zweite Kommission)」が設置され，具体的「審議」が開始・進行していく。

（ii）　1890年12月の準備会議を嚆矢として，翌1891年4月より1895年3月までの，正味4年間にわたった修正「審議」を経由して，それは「BGB第2草案」（1895年）として結実する。

（iii）　若干の微修正をふまえて（BGB第3草案），1896年8月，それは，「ドイツ民法典 (BGB)」として公布され，1900年1月1日より施行される (1)(2)。

1　第2次委員会の設置とその構成[1]
(1)　連邦参議院による「第2次委員会」設置の決議

（i）　1890年12月4日，連邦参議院は，BGB第1草案を「第2読会」に付すために，「第2次委員会」の設置を決議する。なお，当初の準備委員会の答申書（1874年）によれば，第2読会についてもまた，「第1次委員会」がこれに

あたる，とされていたが，既に1889年3月末日をもって，第1次委員会は，その審議終了をふまえて，組織として解消するに至っていた。ライヒ司法省主導による意識的「解散」である。

(ⅱ) ＢＧＢ第1草案の公表後，各「連邦政府」を含めて，「各界」より数多くの批判や要望が寄せられた（第2章）。これらの批判や要望に慎重且つ冷静に対応するためには，法律家のみを構成委員とし，その起草主体であった第1次委員会は，もはや次なる審議にとって，必ずしも適格なものではなかった。

(2) **委員会「構成」──「常任」委員と「非常任」委員の選出──**

(ⅰ) 連邦参議院の決議にしたがい，第2次委員会の構成メンバーとして，常任・非常任の計22名の委員が選任される。

(ⅱ) なお，第2次委員会「審議」において，その主体的役割を担ったのは「常任」委員であり，「非常任」委員はあくまで僅かの付随的役割を果したにすぎない。

(イ) **「常任」委員**

まず，「常任」委員として，

(α) 第1に，ライヒ並びにラントの上級司法行政官僚として，①フォン・エールシュレガー（von Oelschläger・ライヒ司法省次官），②キュンツェル（Künzel・プロイセン司法省行政参事官），③アイヒホルツ（Eichholz・プロイセン司法省法律顧問官），④ヤクヴェツキー（Jacubezky・バイエルン司法省行政参事官），⑤リューガー（Rüger・ザクセン司法省参事官），⑥ディトマール（Dittmar・ヘッセン司法省参事官），の6名が選任される。

なお，後日，リューガーの辞任に伴ない，⑦ベルナー（Börner・ザクセン司法省参事官）が，その後任として選任される。

(β) 第2に，法律学正教授として，①プランク（Planck・ゲッティンゲン大学教授），②フォン・マンドリ（von Mandry・テュービンゲン大学教授），③ゲープハルト（Gebhard・フライブルク大学教授），の3名が選出される。

(γ) 第3に，弁護士として，①ヴォルフソン（Wolffson），の1名が選出され

279

る。

(ロ) 「非常任」委員

さらに,「非常任」委員として,

(α) 第1に,学界から学識者として,①ゾーム（Sohm・法律学・ライブチッヒ大学教授・ゲルマニスト),②コンラート（Conrad・社会経済学・ハレ大学教授),の2名が選出される。

(β) 第2に,実務法曹界から実務法曹として,①ヴィルケ（Wilke・弁護士),が選任される。

(γ) 第3に,農商業界から,その利益主張者として,①ルッセル（Russcl・商業金融業界・ベルリン金融会社社長),②ダンケルマン（Danckelmann・農業界・農林管理局上級主事官),の2名が選任されている。

(δ) 第4に,ライヒ議会の有力政党から,その利益主張者として,①第1党の中央党から,ⓐシュパン（Spahn・地方裁判所判事),ⓑフォン・ガーゲルン（von Gagern・騎士領所有者（貴族出身)・議員）の2名,②第2党の保守党から,ⓐヘルドルフ＝ベトラ（Herdorf＝Bedra・騎士領所有者・議員),ⓑフォン・マントィフェル＝クロッセン（von Manteuffel＝Crossen・騎士領所有者（貴族出身・議員）の2名,③第3党の自由主義連合（党）から,ⓐゴルトシュミット（Goldschmidt・醸造会社社長・議員),ⓑホフマン（Hoffmann・区裁判所判事）の2名,④第4党の国民自由党から,クニー（Cuny・ベルリン大学法律学正教授）の1名,⑤第5党の自由保守党（帝国党）から,ロイシュナー（Leuschner・鉱山精錬業上級監督官・議員）の1名,の計8名が選任される。

(ハ) 私見の分析——第1次委員会との対比において——

(i) 量的規模の拡大

(α) 第1次委員会（既述第1章第1節2(3)）では,起草委員として,11名の構成員が任命されていた。

(β) これに対して,第2次委員会では,10名（後年,11名となる）の常任委員と13名の非常任委員が区分され,その構成員となっている。量的規模としての拡大,に注目される。

(ii)　非法律家の登用
　(α)　第1次委員会では，法律家のみが構成員となっていた。
　(β)　これに対して，第2次委員会では，非常任委員中に，かなりの非法律家が，構成員となっている。各界からのＢＧＢ第1草案「批判」に対応すべく，経済界や農業団体，さらには各政党からの意見を反映させん，としたのである。しかも，非常任委員中における法律家もまた，上記趣旨に準拠して選出されており，純然と法律家としての地位から必ずしも選出されたわけではない，と考えられる。
　(iii)　現任裁判官の不存在
　(α)　第1次委員会では，現任裁判官を中心とした，立法経験豊富な上級司法行政官僚が，構成員の圧倒的主体であった（その例外として，ヴィントシャイトとフォン・ロートの2名）。
　(β)　これに対して，第2次委員会では，常任委員中，現任裁判官は1名も存在していない。
　――――但し，このことは決して裁判官軽視を意味するものではない，と考えられる。第1次委員会におけると同様，やはり上級司法行政官僚が，その構成員の主力を成している（常任委員11名中，8名），からである。しかも，ライヒやラントの司法行政官僚「以外」の構成員として，法律学正教授のプランク，フォン・マンドリ，ゲープハルトの3名がいるが，プランクとゲープハルトの両名は裁判官や司法行政に永らくタッチしてきた者であった。――――
　(iv)　政党色の存在
　(α)　第1次委員会では，その構成員は，いわば無党派的であった。
　(β)　これに対して，第2次委員会では，非常任委員として，その当時の議席数第5順位までの各政党より，大略，比例配分的に，構成員が選任されている。各政党の支持母体や支持階層からの政治的・経済的・社会的利害を反映させ，ひいては引き続くライヒ議会での草案成立を円滑化ならしめん，とする意図に基づくものである，といえよう。
　(v)　ライヒ司法省の前面登場

(α) 第1次委員会では，委員長パーペは，票決が可否同数であるときには，もう1票の権利により，その可否を決することができた。委員長は最終的な可否決定権を有していた，のである。

(β) 他方，第2次委員会では，委員長には，ライヒ司法省次官がこれを兼ねる，とされている。ライヒ司法省，さらにはライヒ首相の，立法事業についての最終的な統轄の権限と責任を，意識するものである。

(vi) プロイセン優位の強化

(α) 第1次委員会では，構成委員は，五大ラント，すなわちプロイセン（5名），バーデン（2名），バイエルン（2名），ザクセン（1名），ヴュルテンブルク（1名），より選任されていた。

(β) 他方，第2次委員会では，常任委員として，五大ラントよりの各1名に加えて，ヘッセンとリューベックからも，各1名が，選任されている。

――――第1次委員会でのプロイセン優位の構成は，第2次委員会では，若干弱められた，ともいえる。しかし，それはごく僅かであり，むしろ，プロイセン優位の基本構成は変っていない，というべきである。しかも，プロイセンと他の個別ラントの勢力関係では，むしろ第2次委員会における方が，その格差が拡大している，という点に注目される。たとえば，

(α) ①第1次委員会では，全委員（11名）中，プロイセン5名である（構成比45.4%）。②他方，第2次委員会では，全常任委員（10名）中，プロイセン4名である（構成比40%）。したがって，プロイセン選出委員は，その構成比において，若干の減少がみられる。

(β) ①第1次委員会では，プロイセンより委員長（パーペ）が，選出されている。②他方，第2次委員会では，ライヒ司法省次官が委員長を兼任するとされたが，ライヒ司法省次官それ自身がプロイセン出身者（エールシュレーガー）に他ならない。したがって，プロイセンが委員長ポストを握っている，という点で，変更はない。

(γ) ①第1次委員会では，プロイセンに続く二大ラント，すなわちバーデンとバイエルンからは，各2名の委員が選任されていた（プロイセン5名との割

合比：40％，全体の構成比：18.1％）。②他方，第2次委員会では，バーデンとバイエルンからは，各1名の委員が選任されている（プロイセン4名との割合比：25％，全体の構成比：10％）のみである。

　以上，第2次委員会では，他の個別ラントとの勢力関係として，プロイセン優位がより強固となった（他の個別ラントとの比較において，プロイセンのみがよ˙り˙突出したものとなった），といえよう。────

2　「審議」の具体的進行[2]

(1)　一般報告者と個別報告者の指名

　(i)　1890年12月15日，第2次委員会は，その準備会にて，法律家のみより構成されていた常任委員中より，「一般報告者」と「個別報告者」を指名する。この指名と併せて，今後の審議細目も決定される。

　(α)　一般報告者として，プランクが指名される。ＢＧＢ草案を全体として総括することを，その任務とし，最も枢要な役割を担った。

　(β)　個別報告者として，①総則につきゲープハルト，②債務法につきヤクヴェツキー，③物権法につきキュンツェル，④親族法につきフォン・マンドリ，⑤相続法につきリューガー，が指名される。

　(ii)　これらの報告者は，委員長エールシュレーガーと共に，「編纂委員会（Redakutionskommission）」を構成し，条文等の表現や体裁につき，主審議の決定をふまえて，最終的な調整をおこなう。

(2)　実質審議の開始

　(i)　1891年4月を期して，第2次委員会の審議が実質的に開始される。この審議中，その途中経過報告が，遂次，ライヒ官報に掲載・公表される（1892─95年）。広く公の批判を仰ぐために，である。

　(ii)　その審議の全体的特徴を指摘すれば，

　①個別条文毎に審議（逐条審議）がなされ，その文言等を含め，一般民衆にもより容易に理解されるために，簡易な表現方法に修正され，また教科書的表

現が削除される，

②あくまでＢＧＢ第１草案の手直しに徹するも，個別修正はかなり微細且つ多数にのぼる，

③しかし，ＢＧＢ第１草案の理論的・体系的・ドグマ的基礎の修正については，第２次委員会は極めて慎重であり，その基本的方針を受容している，等である。

(3) 「新部分草案」の完成

(i) 1894年，総則・債務法・物権法の各部分草案につき，第２次委員会の実質的審議が終了する。次いで，翌1895年，家族法・相続法の各部分草案につき，第２次委員会の実質的審議が終了する。「新部分草案（das neue Teilentwurf）」の完成である。

(ii) その審議プロセスを小括すれば，第２次委員会により逐条審議がなされ，その諸決定に準拠し「編纂委員会（Redakutionskommission）」が文言確定等の最終的な起草をおこない，なお「全体委員会（Gesamtkommission）」の審議を経由する，というものである。

(4) ＢＧＢ第２草案（連邦参議院提出案）の完成

(i) 1895年３月27日でもって，第２次委員会の主審議がすべて終了する。1891年４月１日のスタートより，既に４年の歳月が経過する。引き続いて，同年５月６日より６月９日にかけての１カ月間で，その審議結果を総括すべく，条文の最終的確定がなされる。これが，「ＢＧＢ第２草案(a)」である。

(ii) さらに，それは，編纂委員会（第２次委員会委員長・一般報告者・個別報告者）により，条文の表現や体裁等を含めて，最終的な細部の詰めがなされる。これが，「ＢＧＢ修正第２草案（rev. zweite Entwurf）」である。

(iii) それは，1895年10月22日，ライヒ首相の下に提出され，同月24日，連邦参議院に提出される。「連邦参議院提出案（Bundesratsvorlage）」である。

(5) ＢＧＢ第3草案（ライヒ議会提出案）の完成

（ⅰ）連邦参議院は，司法委員会への付託の下，ＢＧＢ修正第2草案を若干微修正し，これに「覚え書（Denkschrift）」を付し，1896年1月17日，ライヒ議会へと提出する。

（ⅱ）これが，「ＢＧＢ第3草案（dritte Entwurf）」であり，「ライヒ議会提出案（Reichstagsvorlage）」である。

(6) ライヒ議会での可決，公布，施行

（ⅰ）ライヒ議会では，各政党の議員を構成メンバーとする司法委員会（第12委員会）の審議にかけられ，主として法政策的・社会政策的視点より，論議がなされる。各政党間の利害が複雑に交錯していた社団法や婚姻法，そして雇傭関係法等の領域に，焦点があてられる。修正もその限りでのみ若干なされているにすぎず，その論議ももはや法理論的側面から乖離する。各政党間の利害調整が肝要であった。

（ⅱ）1896年7月1日，ライヒ議会で，「ＢＧＢ第3草案」が可決される。次いで，同年同月14日，連邦参議院でも，可決される。かくして，同年8月18日，ライヒ皇帝の認証の下，それは，「ドイツ民法典」として公布され，1900年1月1日をもって施行されることとなる。

（ⅲ）ＢＧＢ編纂作業と併行して，それとの関連で，1895年10月4日より翌96年2月8日にかけて，「民法典施行法」について，さらにはＢＧＢ施行に必要な限りで「民訴法・破産法」について，第2次委員会において，その修正・補充がなされる。

═══

第1節・〈注記〉

・1 「ⅡＫ設置とその構成」については，
　→Schubert, Entstehungsgeschite, S. 50ff.

- 2 「ⅡK審議の具体的進行」については,
  →Schubert, Entstehungsgeschite, S. 57ff.

小　括
- 1 「第1次委員会」の解消
  - 89／3／末・審議完了により「第1次委員会」の組織としての実質的解消

- 2 「ライヒ司法省」の前面登場
  - 1 90／1／5—93／4／7・「ライヒ司法省」準備委員会の下準備作業
    ①ＢＧＢ第1草案の「司法省官僚」による審議→②有能な司法行政官僚による「官僚法学」の成果としての「素案」作成→③後日の「第2次委員会」審議において「審議基礎資料」として順次提出
  - 2 90年末・新司法省大臣「エールシュレーガー」プラン
    - 「ライヒ司法省」主導による立法作業（⇔第1次委員会は各ラント間の利害対立状況下でのプロイセン主導）
    - 第1次委員会に代わる「新委員会」の設置
    - これによる「第2読会」審議
    - 委員会構成として，法律家に加えて，政治的・経済的・宗教的「利益団体（政党を含む）」からの委員選出
    - プリヴィ政権の「宥和政策」との政治的対応
    - 「ライヒ議会」（世論）対策の重視
    - プロイセンを含めた各ラントの比重の相対的後退化
  - 3 90／12／4・連邦参議院での「第2次委員会」設置決議
    - ＢＧＢ第1草案を「第2読会」に付す
  - 4 構成メンバーの選出
    - 「常任」委員（上級司法行政官僚と法律学正教授）

- 「非常任」委員（学界・実務法曹界・農商業界・ライヒ議会政党議員・各ラント政府代表者）
- 5　90／12／15・「準備会」決定
  - 常任委員（法律家）より選出指名
  - 「一般報告者」（プランク・草案の全体総括）
  - 「個別報告者」（ゲープハルト・ヤクヴェツキー・キュンツェル・フォンマンドリ・リューガー・「各」五部の分担総括）
  - 委員長シュレーガーと共に「編纂委員会」（準備作業と最終的調整）を構成
  - 今後の審議細目を決定

3　第2次委員会「審議」

- 1　91／4月―・第2次委員会「審議」の実質的開始
- 2　92―95年・審議途中経緯が「ライヒ官報」に逐次掲載・公表
- 3　「審議」プロセス（第2次委員会の逐条審議・決定→編纂委員会の文言確定・最終的起草→全体委員会審議）
- 4　94年・「総則・物権法・債務法」の各部分草案の実質的「審議」の終了（→新部分草案の完成）
- 5　95年・「家族法・相続法」の各部分草案の実質的「審議」の終了（→新部分草案の完成）
- 6　95／3／27・第2次委員会「本会議審議」がすべて終了
- 7　同／5―6月・審議結果総括と条文の最終的確定（→「BGB第2草案(a)」）
- 8　編纂委員会での「修正第2草案」の作成（最終的な細部の詰め）
- 9　95／10／22・「ライヒ首相」への提出

4　「連邦参議院」での修正審議

- 1　95／10／24・「連邦参議院」への提出（「連邦参議院提出案」）

- ・2 「連邦参議院」(95／10／7 —96／1／11・「司法委員会」付託・審議)による「BGB修正第2草案」の微修正,「覚え書」添付
- ・3 96／1／16・「連邦参議院」本会議での「BGB第3草案」の承認
- ・4 同／1／17・連邦参議院による「ライヒ議会」への提出(「BGB第3草案／ライヒ議会提出案」)

5 「ライヒ議会」での可決,公布,施行
- ・1 ライヒ議会「第12委員会(21名の議員で構成)」審議での若干の微修正
- ・2 96／7／1・「ライヒ議会」での「BGB第3草案」の可決
- ・3 同／7／14・「連邦参議院」での可決
- ・4 同／8／18・「ライヒ皇帝の裁可」の下,「ドイツ民法典」としての公布
- ・5 1900／1／1・施行

第2節　強制抵当権制度「存置」の基本的承認
―――「制度」廃止論の克服と逐条審議―――

> 論述の進行
> 1　「制度」廃止提案の主張
> 　　　―――第2次委員会「審議」での否決―――
> 2　各「個別条文」の逐条審議
> 　　　―――ⅠE―BGB1130条以下―――
> 小　括

論述の進行

（ⅰ）　第2次委員会「審議」において，強制抵当権制度は，「制度」廃止論からの激しい批判に，さらされる。しかし，廃止論に対して，「制度」存置論は，その廃止論拠の一つ一つに，冷静に且つ法理論的に詳密な反論を加える。廃止論からの批判を経由し，強制抵当権制度は自らの理論的・体系的地位をなお一層強固にして確実にしていく（1）（2）。

（ⅱ）　さらに，その「執行行為」的性格の確立化と共に，後日，強制抵当権制度は，BGB典中より分離され，CPO典中に編入されるが，その経緯は第3節に譲る。

1　「制度」廃止提案の主張―――第2次委員会「審議」での否決―――[1]
(1)　廃止「提案」の主張，その論拠

（ⅰ）　第2次委員会「審議」では，その基本的前提として，まず強制抵当権制度それ自体の，廃止「提案」が主張される。強制抵当権制度を存置するBGB第1草案に対して，真正面からの激しい批判がなされる。

(ⅱ) その論拠は，大別すれば，次の五点(イ)─(ホ)に基づいている。

(イ) 「強制執行行為」性の否定

(ⅰ) 第1に，廃止「提案」によれば，「強制抵当権の登記」は「強制執行」とは本質的に相違し，いかなる意味でも「強制執行行為」ではない，とする。

(ⅱ) すなわち，

(α) BGB第1草案の立場によれば，「強制抵当権の登記」を求め得る債権者の「権利」は，「強制執行」を求め得る「権利」の中に，より微弱な権能として，包摂される，とされている。しかし，両「権利」は質的に相違し，前者の「権利」は後者の「権利」中になんら包摂されない。

(β) より具体的には，「強制抵当権の登記」の場合には，債務者所有の不動産上に「新たな永続的な権利（ein neues dauerndes Recht）」（強制抵当権）が創設される。これに対して，一般の「強制執行」の場合には，債権者の「一回的な満足（eine einmalige Befriedigung）」（競売不動産の売却代金からの弁済）が具体化される。

(γ) 以上を前提とすれば，「強制抵当権の登記」は，独立の「強制執行行為」でもなければ，その他の「強制執行行為」に附随する行為でもなく，いかなる意味でも「強制執行行為」性を有していない，とする。

(ロ) 無益「登記」充満による土地登記簿の機能喪失

(ⅰ) 第2に，廃止「提案」によれば，強制抵当権制度を存置すれば，土地登記簿は強制抵当権による実体的には無益な「登記」により埋め尽くされ，土地登記簿の本来的機能は大きく減殺される，とする。

(ⅱ) すなわち，

(α) 土地登記簿が強制抵当権の「登記」により充満されれば，土地の権利関係並びにその変動を明瞭に公示すべき土地登記簿は，徒らに複雑化・不明瞭化する。

(β) しかも，BGB第1草案の立場によれば，既判力ある確定判決のみならず，その他の債務名義に基づいても，「強制抵当権の登記」の執行方法を追行できる，とされている。「強制抵当権の登記」の執行方法を発動させ得る執行

名義として，それが広範囲に許容されている。とりわけ，仮執行力ある債務名義もまた許容されれば，それに基づく強制抵当権の「登記」は，実体的には，しばしば無益な「登記」であることが多い。かくして，強制抵当権の「登記」充満の弊害は，ますます一層顕著となる，とする。

(ハ) 「差押質権」との非対応

（i）第3に，廃止「提案」によれば，動産強制執行における「差押質権 (Pfändungspfandrecht)」制度の存在は，不動産強制執行における「強制抵当権」制度の存置を，なんら理由付けるものではない，とする。

（ii）すなわち，

(α) 動産執行手続では，「差押質権」制度が存在する。債権者は動産「差押え（Pfändung）」により，「差押質権」を取得し，これにより優先権を確保できる。①この「差押質権」は，動産執行手続の「開始（Einleitung）」にとって，いつでも必須的である。「差押質権」制度は動産執行手続の開始を徴憑し，それを基礎として動産執行手続が開始・進行・貫徹される。②それは純訴訟的性格を有している。

(β) これに対して，不動産執行手続での「強制抵当権」制度は，その目的と性格において，「差押質権」制度と，明瞭に相違する。より具体的には，①「強制抵当権」制度は，不動産執行手続の「開始」のためには，なんら必須的ではない。それは，開始された又は開始されるべき強制執行手続の「実施・進行」とは，まったく無関係である。「強制抵当権」制度は不動産執行手続の開始を徴憑するものではなく，それなくして不動産執行手続は開始・進行・貫徹される。②それは実体法的行為であり，実体法的性格を有している。

(γ) このような「両」制度の相違を前提とすれば，動産執行手続で「差押質権」制度が承認されているからといって，不動産執行手続でも「強制抵当権」制度が承認されるべし，とはまったく言い得ない，とする。

(ニ) 「約定抵当権」の利用による代替

（i）第4に，廃止「提案」によれば，強制抵当権制度の効果は，債権者にとって「約定抵当権」の取得によっても，実現し得るのであり，強制抵当権制度

291

存置の現実的必要性は存在していない，とする。

(ⅱ) すなわち，

(α) 強制抵当権制度を利用せんとする債権者は，一時的に「抵当権」の取得で足れり，と考える者である。とすれば，債務者としては，債権者との抵当権設定契約の締結により（このような債権者は，この設定契約の締結を承諾するであろう），「約定抵当権」を設定すればよい。債権者は，強制抵当権制度を利用せずとも，債務者との抵当権設定契約の締結により，「(約定)抵当権」を取得できる，からである。以上の意味で，強制抵当権制度は，必ずしも現実の必要性を有していない。

(β) 仮に債務者が債権者との抵当権設定契約締結のための努力を怠ったときには，債務者は債権者から「強制競売」の執行方法により攻撃されることも生じよう。しかし，それは債務者にとって自分自身の無思慮の結果であり，自らそれを甘受して然るべきであろう，とする。

(ホ) **暴利的搾取の手段化**（制度濫用による弊害）

(ⅰ) 第5に，廃止「提案」によれば，ラントの各地で，強制抵当権制度は小規模農業者・小土地所有者に対する暴利的搾取の手段と化している，とする。

(ⅱ) すなわち，強制抵当権制度を有する各ラントでは，強制抵当権制度は小規模農業者・小土地所有者に存する暴利的搾取の一手段として濫用されている。それはしばしば小規模農業者の経済的破滅を招来させている。このような制度濫用の弊害は，フランス法（裁判上抵当権制度・判決抵当権制度）の妥当領域で，とりわけ顕著である。しかも，「強制抵当権の登記」を理由付ける債務名義として，判決のみならず，仮執行力を有するにすぎない債務名義（仮執行名義）もまた，許容されれば，このような濫用による弊害はなお一層顕著となる，とする。

(ⅲ) なお，この第5の論拠は，廃止「提案」中の最も根幹をなす論拠となっている。

(2) 「制度」存置論からの反論，その論拠

(ⅰ) 「制度」廃止提案に対して，ＢＧＢ第1草案の基本的立場を擁護すべく，「制度」存置論の委員より，冷静な反論がなされている。廃止「提案」の論拠の一つ一つに対して，個別的に論駁がなされる（(イ)―(ヘ)）。

(ⅱ) この反論により，「制度」存置論は，なお一層，理論的により強固なものとなっていく，という点に注目される。

(イ) 「強制執行行為」性の肯定

第1に，その反論によれば，「強制抵当権の登記」は，"債権者は，一時的に，将来の強制執行の効果を確実化する「攻撃（Zugriff）」でもって，足れり"という形で，強制執行を形成し，それは「強制執行行為」に他ならない，とする。

(ロ) 「差押質権」制度との相応

(ⅰ) 第2に，その反論によれば，不動産強制執行手続での「強制抵当権」，並びにそれと内的関連性を有する「差押えによる優先権」は，動産強制執行手続での「差押質権」と，相応する，とする。

(ⅱ) すなわち，

(α) 不動産執行手続では，土地への「差押え（Beschlagnahme）」により，債権者は「優先権」(Vorzugsrecht) を取得する，とされている（ⅠＥ―ＺＶＧ35条以下）。この土地への差押「優先権」は，その諸効果上，「抵当権に基づく権利 (Recht aus einer Hypothek)」に比肩し，しかも「執行手続の継続中」においてのみ，存続する。端的に，それは時的に制限された権利である。

(β) 土地への差押「優先権」は，強制抵当権と，次のような内的関連性を有している。すなわち，差押「優先権」が時的に制限された権利として存在するのに対して，強制抵当権は，「差押えの効力に相応する権利」を時的に無限定的に債権者に許容するものとして，存在する。したがって，差押「優先権」は，「執行手続の継続中においてのみ存続する強制抵当権」とも，称することができる。

(γ) 以上のような土地への差押「優先権」は，動産執行手続における「差押質権」と，次のように相応する。すなわち，動産執行手続では，動産への「差押え（Pfändung）」により，債権者は「差押質権（Pfändungspfandrecht）」を取得

し，この「差押質権」により自己の優先順位を確保できる。したがって，動産執行手続における「差押質権」が差押えによる優先順位を確保する限りで，この「差押質権」は，不動産執行手続における土地への差押「優先権」と，完全に相応する。

(δ) 以上を前提とすれば，不動産執行手続での「強制抵当権」は，そこでの土地への差押「優先権」と内的に関連している限りで，動産執行手続での「差押質権」と相応する，とする。

(ハ) 債権者サイドにおける「制度」利益

(i) 第3に，その反論によれば，不動産強制執行手続においては「剰余主義 (Deckungsprinzip)」が新たに導入され，この「剰余主義」の妥当の下では，強制抵当権制度は債権者に多大の利益を付与する結果となる，とする。

(ii) すなわち，

(α) 不動産執行手続では「優先主義」が妥当し，この「優先主義」の妥当の下では，土地への差押えにより，債権者は「優先権」を取得し，法定の優先順位の枠組みの中で，自己の優先順位を確保できる。したがって，このような視点よりすれば，可能な限り迅速に，債権者は「強制競売」の差押えをなす必要がある。これを「第1の要請」とする。

(β) 他方，不動産執行手続では「剰余主義」が妥当し，この「剰余主義」の妥当の下では，「強制競売」を追行する債権者の債権に優先するすべての「物的権利者」の諸債権をカヴァーできる，という条件の下でのみ，目的不動産の売却が許容される。したがって，このような視点よりすれば，目的不動産のより高額な売却を実現すべく，「強制競売」の差押えのためのより有利な時機の到来を，債権者は慎重に待機又は選択する必要がある。より具体的には，土地価額が上昇し，その結果「剰余主義」の条件がクリヤーされ，自己の債権もまた十分に満足を受けることができる，という時機の到来を持ち，債権者は「強制競売」の差押えの必要がある。これを「第2の要請」とする。

(γ) このように，債権者は二つの「要請」の下に置かれている。しかし，二つの「要請」は相互に矛盾し，二律背反する。債権者の立場よりすれば，①一

方において，「優先主義」の妥当の下，可能な限り迅速に「強制競売」の差押えをなす必要があるし，②他方において，「剰余主義」の妥当の下，より有利な時機の到来を待って「強制競売」の差押えをなす必要がある，からである。とすれば，この相矛盾する二つの「要請」の下で，債権者はどのように行動すべきなのか。

(δ) 以上を前提として，ここで，強制抵当権制度が極めて重要な制度的「意義」を有することに，注目される。端的に，この相矛盾する二つの「要請」を極めて合理的に調整し得るもの，それが強制抵当権制度だ，からである。

より具体的には，①第１の「要請」への対応的行動として，債務者所有の不動産上に強制抵当権の「登記」を経由することにより，債権者は自ら「強制抵当権者」(物的担保権者) として優先的地位を確保しつつ，②同時に，第２の「要請」への対応的行動として，それが故に (既に優先的地位を確保しているが故に)，より有利な売却時機の選択を安んじてなすことができる。

(ε) 結論を小括すれば，仮に強制抵当権制度が存在していないとすれば，「優先主義」の妥当の下，債権者は可能な限り迅速に「強制競売」の差押えをしなければならない。その時，不利な売却時機であったにもかかわらず，債権者は「強制競売」の差押えをなすであろう。その結果，新たに導入された「剰余主義」の妥当の下，先順位の物的な諸権利をカヴァーできないが故に，自らの「強制競売」申立てが許与されない，という結果にもなるであろう。かくして，強制抵当権制度が存置されれば，"不利な売却時機にもかかわらず，可能な限り迅速に「強制競売」の差押えをしなければならない"というディレンマから，まさしく債権者は解放される。「剰余主義」の新たな導入の下，強制抵当権制度は債権者に多大の制度的「利益」を付与する，とする。

(二) **債務者サイドにおける「制度」利益**

(i) 第４に，その反論によれば，強制抵当権制度は，債権者の利益にのみならず，債務者の利益にも，合致する，とする。

(ii) すなわち，

(α) 強制抵当権制度の利用により，「剰余主義」の妥当の下，債権者は「強

295

制競売」のための有利な売却時機の到来を待つのだから，そのことは，単に債権者の利益にのみならず，債務者の利益にも，合致する。その所有不動産がより高額に売却され，その結果，執行債権者を含めて，その他の諸債権者（先順位債権者・後順位債権者・物的債権者・人的債権者）の債権がより十分に満足（配当）できれば，結局のところ，それは債務者の利益にも合致する，からである。

(β) 不動産強制執行の三執行方法中，「強制抵当権の登記」の執行方法は，債務者にとって，最も寛容的な，攻撃度合の緩和された執行方法である。この執行方法を追行せんとする債権者は，債務者に対して，履行期到来にもかかわらず，その債務支払いを猶予せんとする，「厚意債権者」に他ならない。したがって，「強制抵当権の登記」の執行方法が，債権者の債務者への「寛容的処遇」を，可能とするのだから，それは債務者の利益にまさしく合致する，とする。

(ホ) 「約定抵当権の利用」の無意味性

第5に，その反論によれば，抵当権設定契約による約定抵当権の設定を関与者に指示することは，まったく無意味である。とりわけ小土地所有者（債務者）は，債権者の利益に資するための約定抵当権の設定を，拒否する，からである，とする。

(ヘ) 例外現象としての「制度」濫用

(i) 第6に，その反論によれば，強制抵当権制度の濫用・暴利的搾取の手段化の現象は，ラントのごく一部の地域にみられる例外的な現象である，とする。

(ii) すなわち，

(α) 「制度」濫用の弊害は，ラントのごく一部の地域に，みられるにすぎない。フランス法上の「判決抵当権（裁判上抵当権）」制度が妥当する地域にのみ，その弊害がみられる。この意味で，「制度」濫用の弊害はあくまで例外的現象にすぎない。しかも，BGB第1草案中の強制抵当権制度は，その法構成上，フランス法上の「判決抵当権（裁判上抵当権）」制度とは，大きく相違し，その改善が試みられている。

(β) ドイツ国のより広範囲な諸地域では，「制度」濫用の弊害はほとんど採

り上げられてはいない。むしろ逆に，強制抵当権制度のポジティブな面が強調され，徹頭徹尾，合理的・効用的制度として，意識されている。加えて，暴利的債権者・商人は，仮に強制抵当権制度なくしても，債務者を搾取すべく，その方針と手段とを，新たに見い出し続けていくであろう，とする。

(3) 廃止「提案」の否決，存置論の勝利

(i) 「制度」廃止提案の主張，それに対する反論，というプロセスでの，激しい論議の応酬の中で，最終的には，その決着は採決にもちこまれる。

(ii) 採決の結果，廃止「提案」は，「賛成8，反対9」をもって，否決される。制度「存置論」が勝利を収める。

(iii) かくして，「廃止論」の根強い抵抗にあいつつ，強制抵当権制度は，僅か1票差で，薄氷を踏む如くかろうじて維持される。

2 各「個別条文」の逐条審議──ⅠE─BGB1130条以下──[2]

BGB第1草案中の「制度」存置が承認され，それを前提として，審議は各「個別条文」の逐条審議に移行する。

(1) ⅠE─BGB1130条の審議
────新規定の付加決定（登記費用額についての土地責任）────

(i) ⅠE─BGB1130条によれば，①執行名義を有する債権者は強制執行の手段により強制抵当権の登記を要求し得ること（同条1項），②強制抵当権は登記により成立すること（同条2項），が定められている（第1章第3節2(3)(4)(6)(8)(9)）。

(ii) しかし，同1130条では，強制抵当権の「登記費用」に関しては，何も定められていない。かくして，第2次委員会「審議」では，①その登記費用の「負担者」如何，②登記費用の「回収方法」如何につき，同条に明文規定が置かれるべし，との「提案」がなされる。しかも，この「提案」は，ⅠE─ZVG245条1項（第1章第4節4(3)(ハ)）をZVG典中より削除し，これと同趣旨の

規定をＢＧＢ典中に挿入すべし，とする点で注目される。

　　　————＊ＩＥ—ＺＶＧ245条１項

　同条同項は，「強制抵当権の登記」の執行方法の場合に，債権者は，自らの算定による強制執行の費用額についても，その登記を要求できる（したがって，強制抵当権は執行費用額債権をも担保するものとなる）旨，定める。————

　(iii)　上記「提案」は第２次委員会「審議」ではじめて登場したものではない。既に第１次委員会「審議」でも，同一内容の「提案」がなされている。しかし，第１次委員会は，自らの態度決定を留保し，後の審議への先送り事項としていた（第１章第４節 **4**(3)）。

　(iv)　第２次委員会は，この「提案」に基本的に同意し，新規定の挿入を是とする。しかし，その際，ＩＥ—ＺＶＧ245条１項の規定内容を，若干修正している。

　すなわち，ＩＥ—ＺＶＧ245条１項によれば，「強制抵当権の登記」の執行方法の費用は債権者自身の算定に依り，その費用額が土地登記所にて土地登記簿上登記される。とすれば，その費用額は，あらためて土地登記所にて，それが正当な額か否かにつき，検証されなければならず，それによって確定される。しかし，上記の如き費用額確定を土地登記所に委ねることは，決して合目的的ではない。むしろ，ＩＥ—ＢＧＢ1066条の規定と同様に，"登記費用額については，土地責任が法律上当然に拡張される"，との法律構成が採られるべし，とする。

　　　————なお，ＩＥ—ＢＧＢ1066条によれば，"抵当権は，特別の登記許諾並びに土地登記簿への登記なくして，主債権の法定利息並びに解約告知の費用及び土地よりの満足を目的とする権利実行の費用に，責任拡張される"，とする。————

　(v)　かくして，第２次委員会は，①ＩＥ—ＢＧＢ1130条１項に付加文を挿入すること，②その付加文は，「土地は，抵当権によって，この執行の費用についてもまた，責任を負う」，と定めるものであること，を決定する。

第3章　1890年～・「第2次委員会」審議と強制抵当権

(2)　同1131条の審議——変更決定（共同抵当権による負担化の「禁止」）——

(i)　ＩＥ—ＢＧＢ1131条によれば，強制抵当権の場合にも，共同抵当権による負担化が「許容」される旨，定められていた（第1章第3節2⑽⒀）。

(ii)　しかし，第2次委員会「審議」では，その「禁止」を求める修正「提案」が提出され，賛成多数により可決される。「許容」から「禁止」へという，180度の転換に注目される。

(iii)　本条の「審議」では，その他にもいくつかの修正「提案」が提出され，強制抵当権制度に関する逐条「審議」中，もっとも議論の集中するところとなっている。以下，各修正「提案」毎に個別的に順次検討する。

(イ)　修正提案(1)——共同抵当権による負担化の「禁止」（→採択の決定）——

(i)　ＩＥ—ＢＧＢ1131条によれば，①債権者は強制抵当権に基づいて債務者所有の複数の不動産上に責任負担化をなし得ること（共同抵当権による負担化の許容），②債権者が過剰保全を得ているときには，その超過限度で債務者は債権者に強制抵当権の抹消許諾を要求できること（債務者の抵当権登記抹消請求権＝縮減請求権の許容），が定められていた（第1章第3節2⑽⒀）。

(ii)　他方，1834年・プロイセン民事執行令（Preußishe Ges.-Samml. 1834）によれば，債務者所有の複数の不動産上に強制抵当権が登記される場合には，各不動産毎に，債権者によって特定された債権の一部額のみが，それぞれ登記される（各不動産上への債権の分割強制），との立場が採られていた（本研究第Ⅰ巻第3章）。ここでは，強制抵当権の場合については，共同抵当権による負担化が禁止される旨，明文により定められていた（本研究第Ⅰ巻第3章第1節2(8)）。

(iii)　第2次委員会「審議」では，1834年・プロイセン民事執行令の立場に復帰し，強制抵当権の場合に，共同抵当権による負担化が禁止されるべし，との修正「提案」がなされる。ＩＥ—ＢＧＢ1131条の法構成を正面から否定せんとする，「提案」である。

(iv)　第2次委員会は，この修正「提案」に，基本的に同意する。第1次委員会の態度決定から，まさしく180度の転換がなされる。「債権者・債務者」間の諸利益調整という視点から，第2次委員会は，次のように考慮する。すなわち，

299

(α)　強制抵当権制度の法形成に際しては、「債権者・債務者」間の対立する諸利益を、適切・妥当に調整しなければならない。このような視点に準拠すれば、ⅠE―BGB1131条の規律の下では、債務者の諸利益は、債権者のそれとの比較において、必ずしも十分には配慮されていない。

　(β)　より具体的には、同条は債権者に共同抵当権による負担化の手段を許容しつつ、債務者にはその対抗手段として「過剰保全の訴え（Übermäßigkeitsklage）」を許容している。債務者は、抵当権登記抹消請求権（縮減請求権）を、訴えの方法により行使できる、とされている。しかし、この「対抗手段」は、債務者の立場よりすれば、対抗手段として実効性を欠き、単なる「虚構の保護」にすぎない。

　その理由として、①過剰保全の基準として、「法律上の（法定の）保全限度」を超過することが要件とされているが、強制抵当権の登記に至る場面では、その要件は、債務者にとってほとんど具備できない、からである。②仮に債務者が当該要件を具備できても、「過剰保全の訴え」を提起することは、事実上、極めて困難である、からである。より具体的には、債務者が「過剰保全の訴え」を提起すれば、その時点で、「強制抵当権の登記」の執行方法を採っていた債権者は、その最も寛容的である執行方法の追行に留まることなく、直ちに最も攻撃的である「強制競売」の執行方法を断固として追行せんとするであろう。したがって、債務者は「過剰保全の訴え」の提起を躊躇せざるを得ないのが、現実である。

　(γ)　以上、「過剰保全の訴え」が債務者にとって実効性ある対抗手段となっていないとすれば、ⅠE―BGB1131条の立場とはむしろ逆に、強制抵当権の場合には共同抵当権による負担化を禁止すべきである、としている。

　――――＊私見分析

　1883年・プロイセン不動産強制執行法（Preußische Ges.-Samml. 1883）は、1834年・「プロイセン民事執行令」の立場（禁止論）を変更し、強制抵当権の場合にも、共同抵当権による負担化を許容していた。仮に共同抵当権による負担化が禁止され、「債権の分割強制」がなされれば、「一部抵当権（Teilhypothek）」

が成立するが，このような「一部抵当権」によっては，債権者は十分な保全を得られないこととなる，というのが，1883年法の態度決定の「理由」の一つであった（本研究第Ⅰ巻第5章第3節3⑬）。しかし，第2次委員会は，この「理由」を，正面から不当と考えた。――――

　(ⅴ)　なお，付言すれば，

　(α)　第2次委員会「審議」では，少数意見として，本条「擁護論」（許容論）も主張される。それによれば，債権者は債務者所有の複数の不動産に対して「強制競売」の執行方法を追行でき，これによりその全債権のために，「優先的な満足を求め得る権利（Recht auf vorzugsweise Befriedigung）」を取得できる。「強制競売」の執行方法においてこれが認められているのだから，それは「強制抵当権の登記」の執行方法においても認められるべきであり，債務者所有の複数の不動産上への共同抵当権による負担化が許容されるべし，と指摘されている。

　(β)　しかし，第2次委員会はこの「意見」を不当とする。すなわち，「強制競売」の執行方法においてそうだからといって，それが故に「強制抵当権の登記」の執行方法においても共同抵当権による負担化を許容すべきことの，いかなる必然性も存在しない。なぜなら，それを許容することは，動産強制執行に関するＣＰＯ708条の「原則」，すなわち"強制執行は，債権者の債権の「満足」並びに執行費用の「カヴァー」にとって必要である以上には，決して拡張されてはならない"，とする「原則」（「超過売却の禁止」の原則），と矛盾する，からである，としている。

　(ロ)　**修正提案(2)**

　　――1836年・「プロイセン司法省通達」の趣旨への準拠（→否決）――

　(ⅰ)　1834年・「プロイセン民事執行令」は，「債権の分割強制」の法構成を導入していた。同令の施行に伴ない，その実施細則として，1836年，プロイセン司法省は，"同一人の所有に属する複数の不動産が一葉の登記用紙に登記されているときには，その複数の不動産は「一個の不動産」とみなされるものとする"旨の「通達（Bescheid vom 25. April 1836）」を発していた（Vgl. Preußisches

JustMinBl. 1841)（本研究第Ⅰ巻第3章第2節1）。

――――＊私見分析

"原則として，「一個の土地」には土地登記簿中の一葉の登記用紙が与えられる。但し，その例外として，土地登記所は，同一所有者に帰属する二個以上の土地を総括した上，これらを一葉の登記用紙に記載できる"という登記実務上の処理が，当時なされていた，といわれる。ここでは，いわゆる「物的編成主義」が「人的編成主義」によって制約化されていた。――――

(ⅱ) 第2次委員会「審議」では，1836年・「プロイセン司法省通達」に準拠しつつ，「債権の分割強制」の際には，一葉の登記用紙に記載された同一所有者に属する複数の不動産は，「一個の不動産」とみなされるべし，との修正「提案」がなされる。この修正「提案」によれば，強制抵当権の場合，一般には各不動産上に債権が強制的に分割されて登記されるが，同一所有者に属する複数の不動産が一葉の登記用紙に記載されているときには，それらが「一個の不動産」とみなされる結果，債権は分割されることなく，そのまま債権全額が登記される，とする。

(ⅲ) しかし，第2次委員会は，この修正「提案」を不当とする。すなわち，同一人の所有に属する複数の不動産を一葉の登記用紙に記載する，といういわゆる「共同用紙の作成」の実務的処理は，土地登記所での専ら内部的な事務処理の都合に，基づくものにすぎない。事務処理上の便宜に依るものにすぎない。したがって，そのような内部的な事務処理上の結果に基づいて，「土地の個数」という実体的な内容や「債権の分割強制」という実体権の内容を，変容させてはならない，とする。

(ハ) **修正提案(3)**――債務者の「放棄請求権」の許容（→採択の余地なし）――

(ⅰ) 共同抵当権による負担化の「許容」を前提としながら，そのことより生ずる債務者の法的地位の「弱化」をカヴァーすべく，"共同抵当権による負担化が「法律上の保全限度」を越える限りにおいて，債務者は抵当権者に対して「共同抵当権の放棄」を求めることができ，超過限度において放棄された共同抵当権は，その部分において，「所有者抵当権」に転化する"と法構成すべし，

との修正「提案」がなされている。

　(ⅱ)　ＩＥ―ＢＧＢ1131条が，その対抗手段として，債務者に「過剰保全の訴え」を許与しているところ，この手段に代えて，債務者に「放棄請求権」を許与せん，とするのが，この修正「提案」の意図である。ＩＥ―ＢＧＢ1131条の「訴え」の手段と比較すれば，この「放棄請求権」の手段は，債務者にとって簡易且つ直截的な手段である，という点に注目される。

　(ⅲ)　しかし，第2次委員会「審議」では，既に第1の修正「提案」が採択され，共同抵当権による負担化が「禁止」された以上，その「許容」を前提とした，この修正「提案」は，もはや採択される余地はまったくなかった。

　㈡　修正提案(4)――執行裁判所の「登記嘱託」の必要（→採択の余地なし）――

　(ⅰ)　共同抵当権による負担化の「許容」を前提としながら，それにより生ずる債務者の法的地位の「弱化」をカヴァーすべく，"共同抵当権による負担化の場合には，強制抵当権の「登記」は執行裁判所の「登記嘱託」に基づき土地登記所で実施され，しかもその「登記嘱託」に際し，執行裁判所は「法律上の保全限度」を遵守しなければならない"と法構成すべし，との修正「提案」がなされている。

　(ⅱ)　ＩＥ―ＢＧＢ846条が「当事者主義」（執行裁判所の登記嘱託の不要）の妥当を定めているところ，共同抵当権による負担化の場合には，「当事者主義」の妥当を否定し，その「登記」を執行裁判所の「登記嘱託」にかからしめ，その際に執行裁判所の責任において「法律上の保全限度」を遵守させ，過剰負担化を阻止せん，とするのが，この修正「提案」の意図である。ＩＥ―ＢＧＢ1131条の「訴え」の手段と比較すれば，この修正「提案」の構成は，債務者が自ら行動せずとも執行裁判所の責任において「法律上の保全限度」が遵守される点で，債務者にとって極めて好都合である，ことに注目される。

　(ⅲ)　しかし，第2次委員会は，この修正「提案」を不当とする。すなわち，その理由として，①第1に，執行裁判所の「登記嘱託」を必要とすれば，強制抵当権の「登記」の費用は増大化し，その手続も著しく遅滞化する。②第2に，「法律上の保全限度」の遵守を執行裁判所の職責とすれば，執行裁判所は過重

な負担にあえぐこととなろう。しかも，その「登記嘱託」に際し，執行裁判所は「土地価格」をも適正に評価せざるを得ないが，それはそもそも執行裁判所の職務に親しむものではない，と批判する。

　(iv)　他方，第2次委員会「審議」において，既に第1の修正「提案」が採択され，共同抵当権による負担化が「禁止」された以上，その「許容」を前提とする第4の修正「提案」は，もはや採択される余地はまったくなかった。

　(ホ)　**修正提案(5)**

　　　——債務者の「異議申立て」の手段の許容（→採択の余地なし）——

　(i)　共同抵当権による負担化の「許容」を前提としながら，それにより生ずる債務者の法的地位の「弱化」をカヴァーすべく，"債務者は，ＣＰＯ685条（強制執行の方法に関する異議）の非要式の異議申立てにより，過剰負担を排除できる"と法構成すべし，との修正「提案」がなされている。

　(ii)　ＩＥ—ＢＧＢ1131条が，その対抗手段として，債務者に訴訟裁判所での「過剰保全の訴え」を許与しているところ，この手段に代えて，債務者に執行裁判所での非要式の「異議申立て」を許与せん，とするのがこの修正「提案」の意図である。ＩＥ—ＢＧＢ1131条の「訴え」の手段と比較すれば，この「異議申立て」の方法は，債務者にとって極めて簡易且つ迅速な手段である，という点に注目される。

　(iii)　しかし，第2次委員会はこの修正「提案」を不当とする。すなわち，ＣＰＯ685条の異議申立ての手段により債務者は簡易・迅速に過剰保全を攻撃し得ることになり，その意味ではこの「提案」も理由がある。しかし，執行裁判所への異議申立てに際しても，やはり債務者は債権者の「強制競売」の追行を憂慮せざるを得ず（債務者が異議申立てをなせば，債権者は直ちに「強制競売」の執行方法を採ることを決意するであろう），その限りでは訴訟裁判所での「過剰保全の訴え」の場合と同様であり（既述(イ)(iv)(β),），決め手たり得ない，と批判する。

　(iv)　他方，第2次委員会「審議」において，既に第1の修正「提案」が採択され，共同抵当権による負担化が「禁止」された以上，その「許容」を前提と

第 3 章　1890年〜・「第 2 次委員会」審議と強制抵当権

するこの修正「提案」は，もはや採択される余地はまったくなかった。

　㈻　新起草

　上記の審議の結果，ＩＥ―ＢＧＢ1131条は，次のように新起草される。

　　§ 1131　Die Zwangshypothek an mehreren Grundstücken ist nur in der Weise zugelassen, daß jedes von ihnen mit einem Teile der Forderung belastet wird ; die Größe der Teilbeträge bestimmt der Gläubiger.

(3)　同1133条の審議
　　――変更決定（強制抵当権の「所有者抵当権」への転化）――

　⒤　ＩＥ―ＢＧＢ1133条によれば，強制執行手続が停止され，既にした執行処分も取り消されるような場合（一定の停止事由が存在する場合）には，「強制抵当権の登記」の執行手続においても，その強制抵当権が「抹消」されるべき旨，定められている（なお，ＣＰＯ692条参照）（第 1 章第 3 節 2 ⑿）。

　(ii)　なお，

　(α)　ＢＧＢ第 1 草案の下では，「所有者抵当権（Eigentümerhypothek）」は，極めて限定された範囲においてのみ，承認されていた。その本質上，プロイセン法の立場に立脚していた。

　――――＊ＢＧＢ第 1 草案中の「所有者抵当権」

　ＢＧＢ第 1 草案によれば，所有者が「債権なき抵当権（Hypothek ohne die Forderung）」を取得する，という「所有者抵当権」は，次の二つの場合にのみ，登場してくる。すなわち，①有効な抵当権設定がなされ，そして有効に成立していた債権が存在していたが，同時に人的にも責任を負っていた土地所有者が債権者に満足（弁済）を与えたことにより，その債権が消滅に至った場合，②あるいは「債権（Forderung）」及び「債務（Schuld）」が同一人に帰することにより，その債権が消滅に至った場合，この二場合である（なお，ＩＥ―ＢＧＢ1094条・1097条・1128条参照）。そして，「保全抵当権」（強制抵当権もその一下部形態である）には，「所有者抵当権」に関する諸規定は，まったく適用され得ない（ＩＥ―ＢＧＢ1128条），とされていた（Vgl. Motive Bd 3 S. 725 ff.）。――――

(β) しかし,既に第2次委員会「審議」では,BGB第1草案の立場は修正を受け,「所有者抵当権」の妥当範囲はそもそも大幅に拡張されている,ことに注目されなければならない。

————＊第2次委員会「審議」では,「所有者抵当権」に関する諸規定は「保全抵当権」には適用され得ない,とするIE—BGB1128条の規定は,既に削除されていた。————

(iii) 第2次委員会「審議」では,強制執行手続が停止され,既にした執行処分が取り消されるような場合(一定の停止・取消事由の存在)には,「強制抵当権の登記」の執行方法においては,法律上当然に,強制抵当権は「所有者抵当権」として土地所有者に帰属する(換言すれば,土地所有者の抹消請求により,強制抵当権は抹消される,とすべきではない),と法構成すべし,との修正「提案」がなされる。

第2次委員会「審議」では,既に「所有者抵当権」制度の妥当範囲が拡大されていたが,それに対応して,強制抵当権制度にも「所有者抵当権」制度を妥当させ,強制抵当権は「所有者抵当権」に転化するとすべし,との提案である。

(iv) この修正「提案」に対しては,次のような「反論」が主張される。

すなわち,一方において債権者は抵当権により優先順位を確保しながら,他方において債務者はその債務の履行を猶予される,というのが,強制抵当権の制度目的である。そして,その制度目的は,あくまで暫定的・一時的・一過的である。強制抵当権は,債権者の債権を一時的に保全する,という点に,その目的を有する。強制抵当権のこのような性格を前提とすれば,強制抵当権がいわば永続的な「所有者抵当権」に転化するとすれば,そのことは強制抵当権の本質と矛盾する,との反論である。

(v) 第2次委員会「審議」での多数意見は,その修正「提案」を,基本的に正当とする。

すなわち,①強制抵当権が債権の保全という一時的な目的をもつ,ということは事実である。「反対論」は,その限りにおいて,正しい。②しかし,修正「提案」は,強制執行手続の停止・取消事由が存在するような場合には,強制

抵当権の「抹消」をするのではなく，それを存続させつつ「所有者抵当権」として土地所有者に帰属させん，と主張している。これは基本的に正当である。
③他方，土地所有者が強制抵当権者（執行債権者）に債務を任意弁済し，それにより強制抵当権者が完全な満足を得たような場合には，強制抵当権は決して「所有者抵当権」には転化すべきではない。その限りで，強制抵当権の目的の一過的・暫定的性格は堅持されなければならない，との判断である。

　(vi)　第2次委員会は，修正「提案」を正当とし，強制執行手続の停止・取消事由が存在する場合には，強制抵当権は所有者抵当権に転化する旨，決定する。

　強制抵当権が単純に抹消されるのではなく，それが，所有者抵当権として，法律上当然に債務者たる土地所有者に付与される，という限りで，債務者たる土地所有者に確実にメリットを与える，というのが，その決定理由である。かくして，ここでは，「債務者（土地所有者）の利益」の視点において，その法的地位の擁護に配慮がなされている，といえよう。

　(vii)　なお，
　(α)　強制抵当権が「所有者抵当権」に転化する，という場合に，その転化の要件，すなわち所有者抵当権の「成立要件」如何が，さらに問題となる。既にした執行処分の取消の下で，強制執行が停止される場合，その強制執行の停止・取消事由（停止・取消要件，ＣＰＯ690条—692条参照）を，そのままの形でここでも妥当させるわけにはいかない，からである。若干の手直しが必要とされる。

　(β)　ここでの所有者抵当権の「成立要件」として，第2次委員会は，次の三場合を指摘している。すなわち，以下の三場合には，債務者は強制抵当権を所有者抵当権として取得する。

- ①　執行すべき判決若しくはその仮執行力を取り消す旨の，又は強制執行の不許（不適法）を宣言する旨の，若しくは強制執行の停止を命ずる旨の，「執行力ある裁判」が下された場合
- ②　強制執行の一時停止並びに既になされた執行行為の取消を命ずる旨の，

└「執行裁判所の裁判」が下された場合
　　└③　強制執行を免れるために許された保証提供又は供託が有効になされた場合

(γ)　なお，第2次委員会は，法起草のなお一層の明瞭化のための表現変更につき，これを後日の「編纂委員会」の作業に委ねるべき旨，決定する。

(4)　**同837条の関連審議――変更決定（強制抵当権の取得者への，土地登記簿の「公信力」の否定）――**

(i)　ⅠE―BGB 837条によれば，法律行為又は強制執行の手段により，土地上の権利（所有権や抵当権）が取得される場合には，土地登記簿の内容は，その権利取得の時点の状態として，取得者の利益のために，真正なものとみなされる，とされている。土地登記簿のもつ「公信力（öffentliches Glauben）」により，権利「取得者」が土地登記簿上の内容に基づいて保護される。

――ここで注目されるのは，実体上の「公示主義（Publizitätsprinzip）」の妥当の下，「法律行為による」権利取得者のみならず，「強制執行の手段による」権利取得者にもまた，土地登記簿の公信力による保護が，認められている，ということである。従前の立法例が必ずしも認めるものではなかったところ，近時の判例・実務の動向に即して，これを認めた，とするのが「理由書」の根拠であった。――

(ii)　第2次委員会「審議」では，ⅠE―BGB 837条の規定は強制抵当権の登記をなした債権者には適用されない，という内容の新規定（1133条a）が設けられるべし，との「意見」が述べられる。強制抵当権の登記をなした債権者には，土地登記簿の公信力による保護は，認められるべきではない，とする。

(iii)　第2次委員会は，この「意見」に基本的に同意し，強制抵当権の登記をなした債権者は同837条の土地登記簿の公信力の保護を受けない旨，決定する。

すなわち，仮に同837条を適用すれば，債務者が目的土地の所有者として登記されているが，実は債務者以外の第三者が真実の土地所有者である（「登記された非所有者」の存在），という場合にも，土地登記簿の公信力の保護により，

当該土地上に債権者は強制抵当権を有効に取得する。しかし，不動産強制執行手続では，債権者は，債務者所有の不動産からのみ，その債権の満足を受けることができる，という「権限」を有する。したがって，同837条の土地登記簿の公信力による保護は，強制抵当権の登記をなした債権者には，許与されるべきではない，と判断する。

　――なお，付言すれば，ＩＥ―ＢＧＢ837条は，「法律行為による」権利取得と「強制執行の手段による」権利取得との二つを識別し，その両者を権利取得者の利益保護の視点から土地登記簿の公信力の下に置いている。そして，債権者による強制抵当権の取得が，同条にいう「強制執行の手段による」権利取得であること，無論であるが，あくまでもそれは後者の一態様にすぎない。以上を前提として，第2次委員会は，強制抵当権の登記をなした債権者には，同837条は適用されず，土地登記簿の公信力による保護は許与されない，と決定する。しかも，第2次委員会の基本的考慮によれば，同837条の内容それ自体が修正されるべきであった（「強制執行の手段による」権利取得一般を，同837条の文言より削除する）。――

　(iv)　(α)　その修正「意見」によれば，同837条の修正を含めて，1133条ａとして，強制抵当権の取得の場合には同837条は適用されない旨の，新規定が設けられるべし，とする。強制抵当権の諸規定中に，その旨の明文規定が置かれるべし，とする。

　(β)　しかし，他方，同837条から「強制執行の手段による権利取得」の文言を削除すれば，それで十分であり（削除により，強制抵当権の取得を含めて，強制執行の手段による権利取得一般につき，同837条が適用され得ない旨，明らかとなる），あらためて強制抵当権の諸規定中に新規定を設ける必要はない，との「意見」も述べられる。

　(γ)　第2次委員会「審議」では，両「意見」につき決着をみず，1133条ａの新規定が設けられるか否かにつき，後日の「編纂委員会」の考慮に委ねられる。

(5) ⅠE―BGB846条の追加審議
　――BGB典中からの分離とGBO典中への編入，EGBGB第1草案78条の削除決定――

(i) (α) ⅠE―BGB846条によれば，強制抵当権の「登記」並びにその「登記抹消」につき，土地登記所へのその権限者の直接的な申立て（申請）により，それらが取効される（当事者主義の妥当），とされていた（第1章第3節2(11)）。

(β) 他方，ⅠE―BGB846条との関連で，ⅠE―EGBGB78条によれば，強制抵当権の「登記」並びにその「登記抹消」につき，執行裁判所の「嘱託」が必要である（職権主義の妥当）とする旨の，ラント立法が許容される，とされていた（第1章第4節2(3)(ロ)）。

(ii) 第2次委員会「審議」では，既に同846条の審議は一応終了しており，その内容それ自体は承認を受けていた。ここでは，強制抵当権に関する同1130条以下の逐条審議に付随して，なお同846条につき関連審議がなされる。

(iii) 第2次委員会は，同846条の規定をBGB典中より分離し，これをGBO典中に編入すべし，と決定する。

　すなわち，民法典は，本来「実体法的秩序」を構築すべく，存在する。したがって，「形式法的性格」の規定は，民法典より，取り除かれるべきである。同846条の規定内容よりすれば，それをBGB第1草案からはずし，形式的土地法であるGBO草案中に編入すべし，とする。

(iv) 上記のGBO典編入の決定との関連で，第2次委員会は，ラント立法への留保を定めるⅠE―EGBGB78条を，削除すべき旨，併せて決定する。全ライヒの統一的規制として「当事者主義」を前提とするところ，その「職権主義」（執行裁判所の登記嘱託の必要）の採用をラント立法に留保していた，そのⅠE―EGBGB78条を，削除すべき旨，決定する。

　なお，第2次委員会「審議」では，同78条の削除に対して，一部の委員より強い反対がなされている。それは，ラントの「利益代弁者」として，個別ラントの伝統的な，あるいは独自の立法を，擁護せん，とする。しかし，第2次委員会は，同78条の削除を貫徹し，その妥協的対応として，GBO典の編纂作業

時に，ラント立法の留保規定が真に必要か否かにつき，なお慎重に検討されるべし，とする。

═══ ═══ ═══

第2節・〈注記〉

- 1　「制度廃止提案」（→否決）については，
    →Mugdan, Bd. 3（Prot. der II K）, S. 892—895.
    →Schanz, S. 131ff.

- 2　「個別条文の逐条審議」については，
    (i)　ⅠE1130条審議
        →Mugdan, Bd. 3（Prot. der II K）. S. 895—896.
        →Schanz, S. 135.
    (ii)　ⅠE1131条審議
        →Mugdan, Bd. 3（Prot. der II K）, S. 897—899.
        →Schanz, S. 136-138.
    (iii)　ⅠE1133条審議
        →Mugdan, Bd. 3（Prot. der II K）, S. 899—900.
        →Schanz, S. 138-139f.；140.
    (iv)　ⅠE837条関連審議
        →Mugdan, Bd. 3（Prot. der II K）, S. 540—543.
        →Schanz, S. 140-141
    (v)　ⅠE846条追加審議
        →Mugdan, Bd. 3（Prot. der II K）, S. 572—573.
        →Schanz, S. 141-142.

小　括

- 1　制度存置如何の審議
  - 1　制度廃止論（提案）の論拠
    ①強制抵当権の登記は強制執行行為性をもたない
    ②無益登記の充満により土地登記簿の機能が失われる
    ③差押質権とは対応しない
    ④約定抵当権があればこれで代替できる
  - 2　制度賛成論の論拠
    ①強制執行行為性をもつ
    ②差押質権と対応する
    ③債権者サイドの制度利益あり
    ④債務者サイドの制度利益あり
    ⑤制度濫用は例外的事例にすぎない
  - 3　採決結果
    - 廃止提案は「賛成8，反対9」の僅差で否決，制度維持が決定される

- 2　逐条審議（制度関連規定）
  - 1　同1130条に新規定付加
    - 「登記費用の土地責任」を定める新規定付加
  - 2　同1131条（共同抵当権による負担化の許容）の変更
    - これを禁止する旨，決定する
    - 制度関連規定の審議において，もっとも議論が紛糾する。
  - 3　同1133条（強制執行手続の停止・取消の場合には，強制抵当権の登記は抹消される）の変更
    - 強制執行手続の停止・取消事由が存在する場合には，強制抵当権は所有者抵当権に転化する旨，決定する
    - 所有者抵当権制度の拡充に即応した結果である
  - 4　同837条（土地登記簿の公信力規定）（権利取得者は土地登記簿の内容に

基づいて保護される）の関連審議
- 強制抵当権の登記を取得した債権者は同837条の保護を受けない旨，決定する
- この場合，同837条から『強制執行による権利取得』の文言を削除すればそれで十分なのか，それとも文言削除に加えてその旨の明文規定（1133条ａ）を新設すべきか，これを後日の編纂委員会の考慮に委ねる
- 5　同846条の追加審議
  - 第２次委員会は，同846条（強制抵当権の登記についての「当事者主義」の妥当）を，ＢＧＢ典から削除し，ＧＢＯ典に編入する旨，決定する
  - 民法典施行法第１草案78条（ラント立法への留保→「職権主義」の妥当）の削除を，決定する

第3節　ＢＧＢ典よりＣＰＯ典中への編入
　　——「規制」法典の決定——

> 論述の進行
> 1　「規制」法典如何の問題
> 　　　——ＣＰＯ典中への編入「提案」，ＺＶＧ典中への編入「決定」——
> 2　「編纂委員会」並びに「全体委員会」での最終的起草作業
> 　　　——ＣＰＯ典中への編入「決定」と新起草（ＣＰＯ新757条・新757条ａ）——
> 小　括

論述の進行

　（ⅰ）「強制抵当権」制度関連規定はいかなる法典中に存置されるべきか。いわゆる「規制」法典如何の問題が，既に従前より，議論されてきた。第1次委員会は，最終的には，これを「ＢＧＢ（第1草案）」典に存置した。では，この問題につき，第2次委員会はどのような態度決定をするのか。大きな方向転換に注目される。

　（ⅱ）しかし，その後の編纂委員会並びに全体委員会では，審議はさらなる新たな異なった展開をみせる。態度決定は，固定的・確定的なものではなく，極めて流動的である。

　（ⅲ）このような審議経緯からは，「規制」法典如何は，強制抵当権の「法的性質」をどのように理解するのか，各法典（ＢＧＢ・ＺＶＧ・ＺＰＯ）それ自体の基本構造をどのように理解するのか，これらの問題についての各起草委員の基本観如何に，密接に関連していることが，判明する。その理解如何によって，制度関連規定の法典への配置ポジションが決まってくる，からである。

第3章 1890年〜・「第2次委員会」審議と強制抵当権

1 「規制」法典如何の問題[1)]
——ＣＰＯ典中への編入「提案」，ＺＶＧ典中への編入「決定」——

(i) 強制抵当権制度の関連諸規定は，実体法典であるＢＧＢ第1草案中において，存置されていた（既述第1章第3節）。

(ii) しかし，第2次委員会「審議」では，強制抵当権制度の関連諸規定をＢＧＢ典中より分離し，これをＣＰＯ典中に編入すべし，との「提案」がなされる。これは，強制抵当権制度の「規̇制̇」法典如何の問題を提起する，極めて注目すべきものである。強制抵当権制度を実体法上の制度として位置付けるのか，それとも訴訟法・執行法上の制度として位置付けるのか，という「立法政策的姿勢」如何，換言すれば強制抵当権制度の「法的性質論」如何と関連しつつ，第2次委員会「審議」の一つのハイライトを形成する。

(iii) 「審議」結論として，第2次委員会は，強制抵当権制度の関連諸規定をＢＧＢ第1草案中より分離し，これをＺＶＧ典中に編入すべし，と決定する。

(1) 1877年・ＣＰＯによるラント立法への留保

(i) 1877年・ＣＰＯ757条は，不動産強制執行手続につき，これを大幅にラント立法に留保していた。「強制抵当権の登記」の執行方法についても，その例外ではなく，ラント立法への留保事項とされていた（本研究第Ⅰ巻第5章第1節）。

(ii) 1877年・ＣＰＯ中の「不動産強制執行規定」は僅か三カ条（同755—757条）にすぎず，その規制のほとんど全てが各ラント立法に留保されていた。その理由はどのようなものであったのか。

(α) 1877年・ＣＰＯ制定当時，「実体的不動産法」としての物権法（実体的抵当権を含む），そして「形式的不動産法」としての土地登記法は，各ラント毎に，極めて多様な特殊性を有していた。各ラント毎に，それぞれその規制内容を異にする，独自の「物権法」典並びに「土地登記法」典が存在していた。しかも，それらの物権法・土地登記法に基づく「実体的物権法秩序」を手続的・強行的に実現する，という「不動産強制執行法」もまた，自ずと各ラント毎に，

315

その規制内容を異にする"独自の「不動産強制執行法」典"が存在していた。

(β) 「不動産強制執行手続」の全ライヒにおける統一的規制のためには，その前提として「物権法・土地登記法」の全ライヒにおける統一的規制が必須である。しかし，その前提が欠缺するために，1877年・ＣＰＯは不動産強制執行手続の全ライヒにおける統一的規制を断念し，これを各ラントの立法に留保せざるを得なかった。

(ⅲ) なお，1877年・ＣＰＯ757条によるラント立法への留保に基づき，既に各ラントではそれぞれ不動産強制執行法典の新たな起草が試みられていた。

(2) **ＣＰＯ典中への編入の「提案」――ＺＶＧ典中への編入の「決定」――**
(ⅰ) 第１次委員会「審議」では，①強制抵当権制度の関連諸規定をＢＧＢ典中より分離し，②これをＣＰＯ典中に編入すべし，との「提案」がなされていた。

より具体的には，①強制抵当権制度につき，これをラント立法に留保する1877年・ＣＰＯ757条を，その限りにおいて削除し，これに代わり，強制抵当権制度に関する全ライヒの統一的規律を，ＣＰＯ典中に挿入すべきこと，②併せて「仮差押抵当権」についても，その全ライヒの統一的規律を，ＣＰＯ典中に存置すべきこと，が提案されていた。

(ⅱ) 第２次委員会は，①強制抵当権制度の関連諸規定はＢＧＢ典中より分離されるべし，とする点で，上記「提案」に同意する。②しかし，その関連諸規定は，ＣＰＯ典中にではなく，全ライヒの統一的な「不動産強制執行法」典中に編入されるべし，とする点で，上記「提案」から離反する。では，第２次委員会の考慮（多数意見）はどのようなものであったのか。

(ⅲ) すなわち，①「強制抵当権の登記」が不動産強制執行の一執行方法であるとすれば，強制抵当権制度の関連諸規定はＢＧＢ典中より当然に分離されるべきである。ＢＧＢ典は本来的に「実体法的秩序」を構築するものだ，からである。②次に，その関連諸規定がいかなる「法典」中に存置されるべきか，である。「提案」は，ＣＰＯ典中に存置すべし，とする。しかし，不動産強制執

行手続一般については，既に全ライヒの統一的な特別法として，「不動産強制執行法」典が準備され，既に「ＺＶＧ第１草案」として起草済みである。「強制競売並びに強制管理」の執行方法と並んで，「強制抵当権の登記」は不動産強制執行の第三の執行方法であり，強制抵当権制度の関連諸規定はむしろこの「ＺＶＧ」典中に存置されるべきであり，このような法典編成を採ることがよ
・
り至当・合秩序的である，と判断する。③しかし，最終的には，編纂委員会の
・
考慮（ＺＶＧか，ＣＰＯか）に委ねるべし，とする。

2　「編纂委員会」並びに「全体委員会」での最終的起草作業[2]
　　　——ＣＰＯ典中への編入「決定」と新起草（ＣＰＯ新757条・新757条ａ）——

(i)　第２次委員会「審議」の終了後，起草作業は「編纂委員会（Redaktionskommission）」の手に委ねられ，第２次委員会諸決定に基づき，各個別条文につき最終的起草がなされる。

(ii)　次いで，編纂委員会の起草条文は「全体委員会（Gesamtkommission）」の下で一般的校閲を受け，民法典全体の体系的枠組みの下で，各条文毎の全体的調和が図られる。

(iii)　強制抵当権制度の関連諸規定については，その編纂作業は次のように進行する。

(1)　「編纂委員会」における起草作業
第２次委員会「諸決定」に基づき，あるいはそこで編纂委員会の作業に委ねられた諸事項につき，「編纂委員会」は次のように起草作業を進める。

(イ)　1133条ａの「新設」の無用
(i)　第２次委員会「審議」では，ＩＥ—ＢＧＢ837条の規定は強制抵当権の登記をなした債権者には適用され得ない，という内容の1133条ａの規定が設けられるべし，との「意見」が述べられていた。しかし，第２次委員会は，その条文内容それ自体を是とするも，その明文規定としての設置如何につき，編纂委員会の考慮に委ねていた（第２節2(4)）。

（ⅱ）これを承けて，編纂委員会は，強制抵当権者への土地登記簿の「公信力」の保護（ＩＥ―ＢＧＢ837条）の否定につき，この旨明規する1133条ａの新設は，無用である，と決定する。

　(ロ)　**土地に同置され得る「権利」**

（ⅰ）編纂委員会は"土地登記簿上，登記可能のものとして登記用紙を確保できる「諸権利」は，土地と同置される"，旨の規定を新設すべし，とする。

（ⅱ）この基本趣旨は，ＣＰＯ新757条3項（後述(ハ)）として現出する。

　(ハ)　**「ＣＰＯ」典中への編入**

（ⅰ）強制抵当権制度の「規制」法典如何の問題につき，既に第2次委員会は，強制抵当権制度の関連諸規定は「ＺＶＧ」典中に編入されるべし，と決定（多数意見）していた（1(2)）。

（ⅱ）しかし，一転して，編纂委員会は，その関連諸規定は「ＣＰＯ」典中に編入されるべし，と決定する。ＢＧＢ典中よりの分離を是とするも，それを「ＣＰＯ」典中に存置すべし，とする。そして，ＣＰＯ757条並びに同757条ａとして，次の如く起草する。

①　CPO § 757　　Im Wege der Zwangsvollstreckung in ein Grundstuck ist auf Antrag des Gläubigers für die Forderung eine Sicherungshypothek in das Grundbuch einzutragen. Die Hypothek entsteht mit der Eintragung. Das Grundstück haftet auch für die dem Schuldner zur Last fallenden Kosten der Erwirkung der Eintragung.

　　Sollen mehrere Grundstücke des Schuldners mit der Hypothek belastet werden, so muß der Betrag der Forderung auf die einzelnen Grundstücke verteilt werden; die Größe der Teile bestimmt der Gläubiger.

　　Den Grundstücken stehen Berechtigungen gleich, die ein Blatt im Grundbuch erhalten können.

②　§ 757 a.　　Wird durch eine vollstreckbare Entscheidung das zu vollstreckende Urteil oder dessen vorläufige Vollstreckbarkeit aufgehoben oder die Zwangsvollstreckung für unzulässig erklärt oder deren Einstellung angeordnet, so erwirbt der Eigentümer des Grundstücks die Hypothek.

　Das gleich gilt, wenn durch eine gerichtliche Entscheidung die einstweilige Einstellung der Vollstreckung und zugleich die Aufhebung der bisherigen Vollstreckungshandlungen angeordnet wird oder wenn die zur Abwendung der Vollstreckung nachgelassene Sicherheitsleistung oder Hinterlegung erfolgt.

(ⅲ)　なお，新たなＣＰＯ757条・757条ａの二カ条には，「強制抵当権（Zwangshypothek）」の文言は利用されていない。しかし，これは編纂委員会がこの表記を否定したことを意味しない。「強制抵当権」の表記以外の表記を利用していない，という限りで，むしろ編纂委員会はこの表記を採用する，と理解できる。

(二)　ＧＢＯ典への新規定の補充

(ⅰ)　ＣＰＯ757条の新起草に伴ない，編纂委員会は，ＧＢＯ典への新規定の補充を，決定する。

(ⅱ)　すなわち，"ＣＰＯ757条によりなされた保全抵当権の登記（「強制抵当権の登記」の執行方法）は，土地登記所により当該執行名義上に，記載されなければならない"という旨の条文が，ＧＢＯ典中に存置されるべし，とする。

(2)　「全体委員会」での一般的校閲

(ⅰ)　編纂委員会で起草された「新起草条文」は，さらに「全体委員会」の下で，その一般的校閲を受ける。

(ⅱ)　強制抵当権制度に関しては，次の修正「提案」が提起される。

(イ)　共同抵当権による負担化の「許容」を求める修正「提案」——ＣＰＯ新757条2項の修正「提案」——

(ⅰ)　編纂委員会で起草されたＣＰＯ新757条2項は，共同抵当権による負担化が「禁止」されるべき旨，定めていた（(1)(ｲ)(ⅱ)。なお，第2節2(2)）。

(ⅱ)　これに対して，全体委員会では，その「許容」を主張する修正「提案」が，提起される。

　すなわち，"①強制抵当権の場合にも，共同抵当権による負担化が「許容」されるべきである。②その負担化が「法律上の保全基準」を超過するときには，

319

その超過する限りで，債務者は執行裁判所での非要式の異議申立て（ＣＰＯ685条）により是正できる"，という形で修正がなされるべし，との修正「提案」である（第2節2(2)(ホ)の修正提案と同趣旨）。

(ロ)　ＣＰＯ新757条3項の「削除」を求める修正「提案」

(i)　編纂委員会で起草されたＣＰＯ新757条3項は，土地と同置され得べき諸権利につき，定めていた（(1)(ロ)(ハ)）。

(ii)　これに対して，全体委員会では，同条同項の削除を求める修正「提案」がなされる。

(ハ)　ＣＰＯ新757条ａ1項の文言の「変更」を求める修正「提案」

(i)　編纂委員会で起草されたＣＰＯ新757条ａ1項は，「判決」(Urteil)」の文言を，利用していた。

(ii)　これに対して，全体委員会では，"「判決」に代えて「裁判」(Entscheidung)」の文言を利用すべし"，との修正「提案」がなされる。

＝＝＝

第3節・〈注記〉

・1　「規制法典如何の問題」については，「ＢＧＢ→ＣＰＯ」編入提案→ＺＶＧ編入が妥当（ⅡＫ多数意見）→後日のＲＫの裁量（ＣＰＯか，ＺＶＧか）に委ねる（ⅡＫ最終判断），という経緯となった。

　　→Hahn=Mugdan（Prot. der II K), Bd. 3, S. 895.

・2　「編纂委員会並びに全体委員会での最終的起草作業」については，Redaktionskommissionの文案確定，Gesamtkommissionの全体調整，という経緯であった。

(ⅰ)　編纂委員会審議

　　→Schanz, S. 142f.（Prot. Bd. 6, S. 739.）

(ii) 全体委員会審議

→Schanz, S. 143. (Prot. Bd. 6, S. 739ff.)

小　括

1　ⅡK審議（→ＺＶＧ編入決定）

(i) 強制抵当権制度は「ＢＧＢ第１草案」中において登場した。

しかし，「規制法典」如何については，この「ＢＧＢ第１草案」に至る審議経過中にあっても，様々な観点からの異なった意見も提示されていたし，草案公表「後」の各界からの意見にも，各種の立場が見られる。

(ii) このような経緯を承けて，第２次委員会「審議」では，制度関連規定は（来るべき）「ＢＧＢ典」より分離し，これを（来るべき）「ＺＰＯ典」中に編入すべし，との提案がなされる。

しかし，審議の結論として，第２次委員会は，制度関連規定を「ＢＧＢ第１草案」から分離し，これを（来るべき）「ＺＶＧ典」中に編入すべし，と決定する。

(iii) 「強制抵当権の登記」が不動産強制執行の執行方法の一つであるとすれば，その関連諸規定は本来「実体法秩序」を規制するＢＧＢ典中に存置されるべきではない，とする。

しかも，（提案が主張する）「ＣＰＯ典」中ではなく，全ライヒの不動産強制執行のための特別法として，既に「不動産強制執行法第１草案（ＺＶＧ第１草案）」が起草済みであるから，むしろこれに編入すべきである，とする。これが第２次委員会の考慮である。

2　編纂委員会と全体委員会の最終的起草作業

(i) ⅡK審議の終了後，その作業は，編纂委員会と全体委員会に，委ねられる。

(ii) まず，編纂委員会では，1133条ａの新設は無用，土地と同視される諸権利の規定の新設（→ＣＰＯ新757条３項），「ＣＰＯ」典中への編入（→ＣＰＯ757

321

条・757条 a の新起草),ＧＢＯ典への新規定の補充,が決定される。

(iii) 次いで,全体委員会では,その一般的校閲の作業がなされたが,ＣＰＯ新757条 2 項の修正提案(→共同抵当権的負担化を許容すべし),ＣＰＯ新757条 3 項の削除を求める修正提案(→土地と同視される諸権利の規定の新設は無用だからこれを新設すべきではない),ＣＰＯ新757条 a 1 項の文言変更を求める修正提案(→「判決」の文言ではなく,「裁判」の文言を利用すべし),がなされた。

〈本章基本文献〉
ＢＧＢⅠＥの第 2 読会→ⅡＫ
＊1　ＢＧＢ編纂史(邦語文献)
既述参照。

＊2　ⅡＫ審議
①→Protokolle der Kommission für die zweite Lesung des Entwurfs eines BGB, 7 Bde (Bbearbeitet von Achilles, Gebhard und Span), 1897—1899 (物権法については,Bd. 3)。

②→Mugdan, Die gesammten Materialien zum BGB für das Deutsche Reich, 1899 (Neud. 1979) (Bd. III : Sachenrecht)。

＊3　編纂委員会の諸決定に基づくＢＧＢⅡＥ
→Entwurf eines BGB für das Deutsche Reich, Zweite Lesung, Nach den Beschluessen der Redaktionskommission, Auf amtliche Veranlassung, 1895.

＊4　ＺＶＧとＧＢＯ
①→Hahn/Mugdan, Die gesammten Materialien zu den Reichsjustizgesetzen, Bd. 5 : Materialien zum Gesetz über die Zwangsversteigerung und die Zwangsverwaltung und zur Grundbuchordnung, 1897.

②→Jakobs/Schubert, Die Beratung des BGB, Sachenrecht IV : Gesetz über die Zwangsversteigerung und die Zwangsverwaltung, 1983.

第4章　1898年・ＺＰＯと強制抵当権
――ＺＰＯ変更法草案（1897年）とライヒ議会
「第１次・第２次・第３次」審議――

　　はじめに
　第１節　1898年・新「ＺＰＯ」の成立
　　　　　　――強制抵当権制度のＺＰＯ典中への編入，その立法的経緯――
　第２節　1897年・「ＺＰＯ変更法草案」中の強制抵当権制度――関連規定と規定内容――
　第３節　1898年・ライヒ議会の本会議での「第１次・第２次・第３次」審議
　　　　　　――制度「廃止」提案とその否決――
　第４節　1898年・新「ＺＰＯ」典中の強制抵当権制度
　　　　　　――関連規定の列挙――
　第５節　1909年・「ＺＰＯノヴェレ（Novelle zur ZPO）」中の強制抵当権制度
　　　　　　――ＺＰＯ866条３項「削除」条項（原案第２条項第32号）についての「ライヒ議会」審議――
　第６節　補論　1923年・「民事争訟手続促進令」中の強制抵当権制度
　　　　　　――「金銭価値下落」に伴なう「価額限界」規定（ＺＰＯ866条３項）の修正，「価値恒定の債務名義」作出の適法性の承認――

はじめに

1　本章には「三つの課題」がある。

（i）第1に，BGB編纂過程中，90年～・第2次委員会審議の，95年10月以降の審議「最終段階」（95／10月に「BGB第2草案」がライヒ宰相に提出され，この10月以降，翌年2月まで，第2次委員会は「EGBGB第2草案」の最終的起草にあたり，同草案より分離されることとなった「民訴法や破産法の変更規定」につき，その修正審議をおこない，同年3月に任務終了により解散する）に注目して，ZH制度を「分析窓」として，この審議「最終段階」過程の構造を解明する。これが第1の課題である。

（ii）第2に，90年～・第2次委員会審議の，95年10月以降の審議「最終段階」において，「ZH制度の法構造」はどのように審議・形成されたのか。その審議「最終段階」でのZH制度に関する「基本的態度決定（基本的方向性）」の転換に注目して，その法構造形成の実体を解明する。これが第2の課題である。

（iii）第3に，ZH制度は「三基軸抵当立法（BGB・GBO・ZVG）」の所産の一つであるが，90年～・第2次委員会審議の，95年10月以降の審議「最終段階」において，その「規制法典如何」の問題として，新たに「ZPO典編入」論が浮上する。これに注目して，ZH制度を「分析窓」として，「三基軸抵当立法」の構造（とりわけ，ZVGの「抵当権実行法」としての位置づけ，ZVGとZPOの関係）を解明する。これが第3の課題である。

2　本章は「計六節」より成る。

（i）統一的BGB編纂過程では，BGBの新規制に伴い，自ずと「民事手続法」の変更等が必要となる。第1次委員会も，第2次委員会も，「民訴法や破産法との関連」において，これらの諸変更を「EGBGB草案」に指示していた。しかし，第2次委員会審議が終結し，その組織としての解散以降，その後のBGB編纂委員会はZH制度の関連規定をZPOに編入すべし（規制法典を

第4章　1898年・ＺＰＯと強制抵当権

ＺＰＯにすべし）と決定した。ＢＧＢ編纂過程は，まさしく「ＺＰＯ変更過程」に，リンクした。以後，新たにＺＰＯ典の動向に注目しなければならない。

(ⅱ)　かくして，

(α)　「第１節」では，統一的ＢＧＢ編纂過程との「リンクの構造」に注目して，「77年・ＣＰＯ」から「98年・ＺＰＯ」成立に至る，ＺＰＯ変更がなされた，その前史的経緯を分析する。

(β)　「第２節」では，「97年・ＺＰＯ変更法草案」中のＺＨ制度（関連規定）につき，その法構造形成を分析する。

(γ)　「第３節」では，98年・ライヒ議会「本会議審議」（第１次・第２次・第３次）過程に注目して，その「委員会付託・審議進行・諸提案・議論・採否決定」につき，その審議過程の構造を解明する。

(δ)　「第４節」では，「98年・ＺＰＯ」中のＺＨ制度につき，その関連諸規定を小括的に提示する。

(ε)　「第５節」では，「98年・ＺＰＯ」成立時以降の法改正（ＺＨ制度）として，「1909年・ＺＰＯノヴェレ」（ＺＰＯ866条３項「削除」条項）に注目して，そのライヒ議会審議につき，構造解明する。

(ζ)　「第６節」（補論）では，1920年・「ライヒ司法省民訴法改正委員会」設置を起因とした法改正（ＺＨ制度）として，金銭価値下落に対応した「緊急令」の一つである「1923年・民事争訟手続促進令」に注目して，その法形成（ＺＨ制度）の変更を解明する。

第1節 1898年・新「ＺＰＯ」の成立
――強制抵当権制度のＺＰＯ典中への編入，その立法的経緯――

> 論述の進行
> 1 「1877年・ライヒＣＰＯ」変更の必要性
>   ――新実体法典としてのＢＧＢ成立（1896年）への立法的対応――
> 2 ＢＧＢ付属法としてのＺＶＧ典の成立（1897年）
>   ――ＺＰＯ典中への強制抵当権制度の編入決定，それに伴なう「法典名称」の変更――
> 3 ＢＧＢ付属法としてのＧＢＯ典の成立（1897年）
> 4 「ＺＰＯノヴェレ」の成立――1898年5月17日――
> 小　括

論述の進行

（ｉ）　第1次委員会は，そのＢＧＢ第1草案において，私法と訴訟法（民訴法をも含む）とにまたがる「限界領域」事項についても，包括的な規制をしている。それに伴なう具体的な修正・変更についても，ＥＧＢＧＢ第1草案において，明確に指示している。

しかし，次なる第2次委員会は，「限界領域」事項中，それが訴訟的性格をもつ限り，ＢＧＢ第2草案並びにＥＧＢＧＢ第2草案より分離させる。実体的な私法典としてのＢＧＢ典に対応する訴訟法の新構成は，現行ライヒＣＰＯ典（1877年）についての改正作業に委ねられるべし，としている。

かくして，ＢＧＢ第1草案並びにＥＧＢＧＢ第1草案中における「強制抵当権制度」関連規定は，ＢＧＢ第2草案並びにＥＧＢＧＢ第2草案中にはもはや

存在せず，1896年・ＢＧＢ典並びにＥＧＢＧＢ典中にもついに登場していない(1)。

(ii) 統一的ＢＧＢ典の成立に引き続いて，その付属法としてのＺＶＧ典並びにＧＢＯ典も成立する。実体的抵当権法（ＢＧＢ典）・手続的抵当権法（ＺＶＧ典）・形式的抵当権法（ＧＢＯ典）の，三位一体の法典体系としての，成立である。

「強制抵当権制度」関連規定の規制法典如何という視点において，ＺＶＧ典に注目すれば，その規制法典としてのＢＧＢ第１草案に対応して，ＺＶＧ第１草案中には，僅か二ヵ条のみの補足的な規定が存在しているにすぎない（第１章第４節４(2)）。しかも，ＢＧＢ第２草案から「強制抵当権制度」関連規定が分離され，その規制法典がＺＰＯノヴェレとされたことの対応上，ＺＶＧ第２草案中には，もはや関連規定は存在していない。それに伴い，当初「不動産強制執行法」としての法典名称（ＺＶＧ準備草案・ＺＶＧ第１草案）が，ＺＶＧ第２草案に至り，「不動産強制競売・強制管理法」の名称に変更される(2)。

(iii) ＥＧＢＧＢ第１草案中に存置されていた「ＺＰＯ変更の諸規定」については，ＥＧＢＧＢ第２草案中にはもはや存在せず，「強制抵当権制度」関連規定を含めて，個別の「Novelle zur ZPO」として起草・編纂される。それは1898年・ＺＰＯノヴェレとして成立する(3)(4)。

1 「1877年・ライヒＣＰＯ」変更の必要性
――新実体法典としてのＢＧＢ成立（1896年）への立法的対応――[1]

(i) 第１次委員会の基本姿勢

統一的「民法典」編纂過程において，第１次委員会は，私法と訴訟法とにまたがる「限界領域（Grenzgebiet）」に関する一連の諸事項につき，ＢＧＢ第１草案中において，包括的にその規制・整序を試みていた。実体私法としてのその根幹たる民法典，それは自ずと訴訟法典と，その法規制上，相互に密接不可分に関連するが，一連の「限界領域」事項についても，まず基本的支柱たる民法典それ自体の態度決定が必然であり，必須である，と考えられていた。

(ⅱ) EGBGB第1草案の規制任務

(α) 一連の「限界領域」事項に関するBGB第1草案自身の態度決定に対応して，自ずと訴訟法典の修正・変更が必要となる。かくして，その修正・変更については，民法典の現実の施行のためのEGBGB第1草案（民法典施行法第1草案）中に，既に指示・規制されていた。

(β) なお，EGBGB第1草案（1888年）中の第2編・「本法とライヒ法との関係」（Artikel 9 以下）では，ライヒ制定法の効力持続が承認されるが，BGB又は本法によりその廃止が明示されているときには，その限りではない，とされている。そして，そのArtikel 11以下において，ライヒ制定法として，民訴法典・民訴法典施行法・破産法典・破産法典施行法・刑事法典・刑訴法典等について，その「修正・補充・置換」（以下，これらを小括して，「変更」と略記する）が個別的に定められている。民訴法典をはじめとするライヒの訴訟法典，それらの諸変更については，あくまでEGBGB第1草案の規制任務の一つとされていた。

(ⅲ) 第2次委員会の基本姿勢

(α) 統一的「民法典」編纂過程において，次なる第2次委員会は，第1次委員会とは異なり，私法と訴訟法にまたがる「限界領域」に関する一連の諸事項中，それが訴訟的性格の諸規定である限り，BGB典並びにEGBGB典より分離すべき旨，決定している。BGB典が本来的に「実体法的秩序」を構築するものとすれば，訴訟的性格の諸規定はBGB典中より分離されるべきであり，訴訟法の新構成はBGB典中やEGBGB典中よりも，むしろ現行ライヒCPO典（1877年）についての新たな「改正法（Novelle）」に委ねられるべし，と判断する（Prot. Bd. 6 S. 574.）。

(β) かくして，来たるべき統一的「民法典」の実体法としての純化の志向の下，BGB典並びにEGBGB典中から訴訟的性格の多くの諸規定が分離され，それらは新たな「ZPOノヴェレ」の編纂作業に下置される。そのことは（分離），BGB第1草案並びにEGBGB第1草案中に存置の「強制抵当権制度」規定についても，基本的には同様に妥当し，その諸規定は1896年のBGB

典並びにEGBGB典中にはついに登場しなかった。

(iv) 以上を小括すれば，実体法としての統一的「民法典」の編纂作業の終結に伴ない，その当時妥当していた1877年・CPOは，新実体法としてのBGB典（1896年・公布）の新構成に適合・対応するためには，立法的に早急に改正される必要があり，それは1900年1月1日のBGB典施行に時期的に遅れてはならなかった。そして，「強制抵当権制度」規定もまた，最終的には（当初はZVG編入が意図される）新たな「ZPOノヴェレ」の規制事項として，これに委ねられる。

2 BGB付属法としてのZVG典の成立（1897年）
――ZPO典中への強制抵当権制度の編入決定，それに伴なう「法典名称」の変更――[2]

(i) ライヒの統一的BGB典の編纂作業の終結・成立（1896年8月）に伴ない，その付属法としてのZVG典並びにGBO典もまた，翌1897年3月，法典として成立する（RGBl. S. 97ff., S. 139ff.）。

本研究の分析の基本的視点よりすれば，抵当権の実体的規制をおこなう「実体的抵当権法」としてのBGB典を本体として，その付属法として，①抵当権の形式的規制をおこなう「形式的抵当権法」としてのGBO典，②抵当権の手続的規制をおこなう「手続的抵当権法」としてのZVG典，という両法の成立である。BGB典の成立後，それに近接して僅か7ヵ月後のことである（なお，ZPOとKOの変更条文と対応した形での，新法文については，1898/5/20・公布により提示されている。RGBl. S. 713ff., S. 754ff.）。

- ① Grundbuchordnung vom 24. März 1897.（1897年・土地登記法）
- ② Gesetz über die Zwangsversteigerung und die Zwangsverwaltung vom 24. März 1897.（1897年・強制競売並びに強制管理法）

(ii) 手続的抵当権法としてのZVG典に注目すれば，その「法典名称」が変更された上で，法典として成立する。強制抵当権制度の関連規定がZVG典中には編入されない形で，第2次委員会審議後の「編纂委員会」の決定により，

最終的な決着がなされていた，からである。

　(α)　より具体的には，1870年代以降，ドイツライヒでは，ＢＧＢ典編纂を枢要な本体としつつ，包括的・統一的な法典編纂作業が進められていた。その一環たる付属法としてのＺＶＧ典の編纂過程にあっては，当初，その「法典名称」として，「不動産強制執行法 (Gesetz, betreffend die Zwangsvollstreckung in das unbewegliche Vermögen)」と表記されていた（たとえば，1888年のヨーホウの「ＺＶＧ準備草案（ＶＥ—ＺＶＧ）」，1889年の第1次委員会の「ＺＶＧ第1草案（ＩＥ—ＺＶＧ）」参照）。

　(β)　しかし，第2次委員会の起草に係り，連邦参議院に提出された「ＺＶＧ第2草案（ⅡＥ—ＺＶＧ）」(1896年) は，その「法典名称」として，既に「不動産強制競売・強制管理法 (Gesetz über die Zwangsversteigerung und die Zwangsverwaltung)」と表記されている。「法典名称」が変更されている。

　(iii)　なお，強制抵当権制度の関連規定については，その「規制」法典如何の視点において，次のような変遷を示している。小括的に，指摘しておく。

　(α)　「ＳＲ準備草案」中に登場　　強制抵当権制度は，まず1880年・ヨーホウの「物権法準備草案（ＳＲ準備草案)」中に，登場している（第1章第1節3）。

　(β)　「ＢＧＢ第1草案」中に継承　　それは，1888年・第1次委員会によるＢＧＢ第1草案中に，大枠，基本的に引き継がれている（第1章第3節2）。

　　　　——＊なお，1888年・ＢＧＢ第1草案と対応する1889年・ＺＶＧ第1草案中においては，強制抵当権制度につき，僅かに二ヵ条（同3条・245条1項）において，若干の補足の論及がなされているにすぎなかった（第1章第4節4）。——

　(γ)　「ＺＶＧ」への編入決定（第2次委員会）　　しかし，他方，ＢＧＢ第2草案の起草作業を進めていた，その後の第2次委員会は，強制抵当権制度の関連規定の「ＢＧＢよりの分離」，同時に「ＺＶＧへの編入」を，決定している。実体法典としてのＢＧＢよりすれば，訴訟的性格の諸規定はＢＧＢ中より分離されるべきである。それらの諸規定は，現時編纂作業が進められている不動産強制執行に関する単独法・特別法としてのＺＶＧ中に，編入されるべし，とされた。かくして，1895年・第2次委員会によるＢＧＢ第2草案中には，もはや

強制抵当権制度の関連規定は登場してこない（第3章第3節1）。

　(δ)　「ＣＰＯ」への編入決定（ＢＧＢ編纂委員会）　　一転して，第2次委員会の諸決定をふまえた上で，その条文起草にあたったＢＧＢ編纂委員会では，強制抵当権制度の関連規定はむしろＣＰＯ中に編入されるべしとされ，その方向でＢＧＢの編纂・起草がなされる（強制競売法（修正）草案の理由書（Denkschrift）—Drucks. d. Reichst., 1895/97 Nr. 607; Hahn-Mugdan, Bd. 5 S. 34ff., S. 73ff.）。強制抵当権制度は，強制競売・強制管理と並ぶ，不動産強制執行における第三の執行方法であるが，その妥当すべき諸原理，さらにはその法的性格において，後者の二執行方法と顕著に相違し，同一の個別法典（ＺＶＧ）中に共に規制するにふさわしくない，と判断された（第3章第3節2）。

　―――＊法典名称の変更[3]

　ＺＶＧ第2草案を起草するために，ＺＶＧ第1草案の修正審議をおこなった「第2読会」委員会は，不動産強制執行に関する単行特別法たるＺＶＧの規制事項として，極めて厳格に「強制競売・強制管理」の二執行方法のみに，これを限定している。ＺＶＧ第1草案中に置かれた強制抵当権制度の関連二ヵ条は削除され，ＺＰＯ中での包括的規制が意図された。かくして，法典名称としても，従前の「不動産強制執行法」（ＺＶＧ第1草案）から，「強制競売・強制管理法」（ＺＶＧ第2草案）へと，変更・修正された。―――

3　ＢＧＢ付属法としてのＧＢＯ典の成立（1897年）[4]

　1897年3月，ＧＢＯ典もＢＧＢ付属法として成立する（前記2）。

4　「ＺＰＯノヴェレ」の成立——1898年5月17日——[5]

　(i)　1895年10月22日，最終的に確定されたＢＧＢ第2草案がライヒ宰相の下に提出されるが，その編纂作業にあたった第2次委員会は，なお同年10月より翌96年2月に至るまで，ＥＧＢＧＢ第2草案の最終的起草にあたる。そして，ＥＧＢＧＢ草案中より分離されることとなった「民訴法や破産法の変更規定」につき，なお修正審議をおこない，1896年3月8日をもって，第2次委員会は，その任務を全うして，組織として解消する。

(ⅱ) そもそもEGBGB第1草案中に存置されていた「ZPO変更規定」は，第2次委員会の決定により，EGBGBより分離され，EGBGB第2草案中にはもはや存置されてはいない。個別の「ZPOノヴェレ」として起草・編纂される。

――――＊その後の経緯につき簡潔に若干指摘すれば，

①「ZPO変更に関する法律草案」(「強制抵当権制度」関連規定を含む。後述第2節）として起草された草案は，ライヒ宰相に提出される。

②ライヒ宰相はこの「ZPO変更法草案」を連邦参議院に提出する。

③そこでの審議を経由して，連邦参議院において採択され，ここを通過する。

④次いで，ライヒ宰相は，1897年12月9日，この草案をライヒ議会に提出する（Drucks. d. Reichst. 1897/98 Nr. 61; Hahn-Mugdan, Bd. 8 S. 1ff.)。この草案は，BGB典の純然たる「補助法（Hilsgesetz）」なのか。否，そうではない。一連の訴訟技術的規定につき，その「変更」をしたものだ，からである。

⑤この提出された草案は，ライヒ議会において，その「第1次・第2次・第3次」審議（後述第3節）に，それぞれ順次付される（1898年1月―5月）。

⑥ライヒ議会での可決を経て，それは，連邦参議院の同意を得て，皇帝ウィルヘルムⅡ世の認証を受け，制定法として成立する。これが，1898年5月17日の「ZPOノヴェレ（Novelle zur ZPO）」である。――――

(ⅲ) なお，1877年・ライヒCPOは，ZPOノヴェレの成立，そして1898年5月20日「布告（Bekanntmachung）」により，条文「数表示」の変更の下，1898年，新ZPOとして，装も新たに再スタートする。強制抵当権制度の関連規定もまた，この新ZPO典中において登場している（後述第4節）。

〔基本文献〕（第1節；1898年・ZPO制定史一般（概略的既述））
　①　Rosenberg/Schwab/Gottwald, ZPO, S. 30 ff., 16. Aufl. 2004
　②　Stein-Jonas, ZPO（Komm.), Einl. A§2

〈注記〉
　1）　Vgl. Schanz, op. cit., S 144ff.
　2）　Vgl. Schanz, op. cit., S 144., S. 146f.
　3）　①　Denkschrift zum (revidierten) Entwurf eines Ges. über die Zwangs-Verst.

Und Zwangs-Verw.(「強制競売・強制管理法草案」(修正)理由書)——Drucks. d. Reichst., 1895/97 Nr. 607——Einl. u. Anl.I(Zusammenstellung der in Aussicht genommenen Aenderungen der ZPO. u. KonkO.),

② Hahn = Mugdan, Bd. 5 S. 34f., S. 73ff.

4) Vgl. Schanz, op. cit., S 144.

5) Hahn = Mugdan, Bd. 8 S. 78-79(Begr. 中の Einleitung).

小　括

─1　「第1次委員会」の基本姿勢
- 1　私法と訴訟法と「限界領域」に属する一連の諸事項をどの法典で規制するか
  - 実体私法の根幹たる「民法」の規制任務とする
  - 「BGB第1草案」中にこれを包括的に規制・整序する
- 2　「EGBGB第1草案」(民法典施行法第1草案)の役割は何か
  - BGBの新規制に伴い，77年・CPO(当時の妥当法)の変更・修正の必要性が生ずる
  - 民法典の現実の施行のための「EGBGB第1草案」(民法典施行法第1草案)中に77年・CPO典の変更・修正の明示的な指示・規制をしておく
- 3　結局，ZH制度を含めた「限界領域」事項はどの法典の規制任務とするのか
  - 「BGB」と「EGBGB」の両法典の規制任務とする

─2　「第2次委員会」の基本姿勢
- 1　私法と訴訟法の「限界領域」の諸事項をどの法典で規制するか
  - BGBは本来的に「実体法的秩序」を構築する
  - 「実体法としての純化」を志向する
  - 訴訟的性格の諸規定を「BGB」と「EGBGB」から分離する(第

2次委員会決定）
- 2　ＺＨ制度「本体規定」をどの法典で規制するか
  - ＺＨ制度は「限界領域」事項の一つの典型例である
  - 訴訟的性格をもつ以上，この制度「本体規定」を「ＢＧＢ」から，さらにその関連の訴訟法等変更指示規定を「ＥＧＢＧＢ」から，分離する（第2次委員会決定）
  - これらを編纂進行中の「不動産強制執行法草案」に編入する（第2次委員会決定）

─3　「ＢＧＢ編纂委員会」の基本姿勢

「限界領域」事項の諸規定中，「ＢＧＢ」と「ＥＧＢＧＢ」から分離・排除されたものは，編纂上，いずれの法典で規制するのか
- 分離された訴訟的性格の諸規定は最終的には「民訴法典」に存置する
- 分離された訴訟的諸規定に基づいて「訴訟法」の新構成が必要となる
- これを新たな「ＺＰＯノヴェレ（改正法）」（77年・ＣＰＯ典の改正法）の規制任務とする（その編纂作業に委ねる）

─4　「ＢＧＢ・ＥＧＢＧＢ」と規制法典（審議変遷小括）
- 1　第1次委員会
  - 「ＢＧＢ第1草案」にＺＨ制度「本体規定」を存置し，それとの関連で「ＥＧＢＧＢ第1草案」に「訴訟法や破産法の変更指示」規定を存置する（第1次委員会決定）
  - 「ＧＢＯ第1草案」と「ＺＶＧ第1草案」にも，若干の制度「関連規定」を存置する（第1次委員会決定）

  ↓
- 2　第2次委員会
  - 「ＢＧＢ第2草案」からＺＨ制度「本体規定」を分離し，それと関連した「訴訟法や破産法の変更指示」規定も「ＥＧＢＧＢ第2草案」か

ら分離する（第2次委員会決定）
- 分離されたＺＨ制度「本体規定」やそれと関連した「訴訟法や破産法の変更指示」規定は訴訟的性格の諸規定であり，これらを現在進行中の「不動産強制執行法草案」（単行特別法）に編入する（第2次委員会決定）
- 上記の「分離」決定と「編入」決定の二つは，一体化したワンセットの決定である（第2次委員会決定）

↓

- 3　ＢＧＢ編纂委員会
  - 分離されたＺＨ制度「本体規定」やそれと関連した「訴訟法や破産法の変更指示」規定は訴訟的性格の諸規定であり，これらを最終的には「民訴法」に存置する（ＢＧＢ編纂委員会決定）
  - ＺＨ制度「本体規定」や関連の「変更指示規定」を含めて，今後これらの分離された訴訟的性格の諸規定を総集成して，「訴訟法」の新たな構成が必要となるが，その具体的な作業は「77年・ＣＰＯ」改正の編纂作業に委ねる（ＢＧＢ編纂委員会決定）
  - 結局，ＺＨ制度「本体規定」とそれと関連した「訴訟法や破産法の変更指示」規定については，その規制法典は今後起草される新たな「ＺＰＯノヴェレ（改正法）」（←「77年・ＣＰＯ」典の改正法）とする（ＢＧＢ編纂委員会決定）

↓

- 4　任務完遂による「第2次委員会」解散
  - 95／12／22・ＢＧＢ第2草案（最終確定草案）をライヒ宰相に提出する
  - その後，「ＥＧＢＧＢ草案」から分離されることになった「民訴法や破産法の変更指示規定」（「強制抵当権制度」関連諸規定を含む）についての最終審議をおこない，これを完了する
  - 1896年3月8日・任務完遂により「第2次委員会」が解散する

- ↓
- ・5 96年・「ＢＧＢ典」と96年・「ＥＧＢＧＢ典」は規制法典ではない
  - ・96年・「ＢＧＢ典」にはＺＨ制度「本体規定」は存在していないし，96年・「ＥＧＢＧＢ典」にも関連の「訴訟法や破産法の変更指示」規定は存在していない

─5 新たな「ＺＰＯノヴェレ」の編纂
- ・1 なぜ必要なのか
  - ・新実体法典としてのＢＧＢ典（96年・公布）は1900年１月１日より施行予定である
  - ・「ＢＧＢ典の新構成」に対応した「新訴訟法典」が必要である（訴訟法を新ＢＧＢに対応させる必要がある）
  - ・ＢＧＢ典施行日（00／１／１）に適時・迅速に間に合わせるために，新たな「ＺＰＯノヴェレ」の編纂が喫緊の必要事となる
  - ↓
- ・2 「ＺＰＯ変更法草案」から「98／5／17・ＺＰＯノヴェレ」成立経緯
  - ・1 その後，「ＺＰＯ変更に関する法律草案」（ＺＨ制度「本体・変更指示・関連」諸規定を含む）としての起草・編纂（ＺＰＯ変更法草案）される
  - ・2 ライヒ宰相への提出
  - ・3 連邦参議院への提出，採択，通過
  - ・4 ◎97／12／9・ライヒ議会への提出・審議（98／1月―5月：1次・2次・3次）・可決（注目点）
  - ・5 「連邦参議院の同意→皇帝認証」の一連の手続的経緯
  - ・6 制定法として成立（98／5／17・ＺＰＯノヴェレ）
  - ・7 98／5／20・「布告」による「新訴訟法典」のスタート（「77年・ＣＰＯ」→「98年・ＺＰＯ」）（条文「数表示」の変更）

└─ 6　「不動産強制執行法」と規制法典（その経緯小括）
　・1　第1次委員会決定
　　・「ＢＧＢ第1草案」中と「ＥＧＢＧＢ第1草案」中にはＺＨ制度「本体規定」と関連の「訴訟法等変更指示規定」が存在する
　　↓
　・2　第2次委員会決定（「不動産強制執行法草案」編入）
　　・第2次委員会決定以降，「不動産強制執行法草案」編入問題が浮上する
　　・「ＢＧＢ第2草案」と「ＥＧＢＧＢ第2草案」にはこれを編入しない（第2次委員会決定）
　　・これらの制度「本体規定」と関連「訴訟法等変更指示規定」を「不動産強制執行法草案」に編入する（第2次委員会決定）
　　・ＺＨ制度は「不動産強制執行の執行方法」の一つだから，不動産強制執行に関する単行特別法である「同草案」に編入されるべきである
　　↓
　・3　ＢＧＢ編纂委員会決定（「ＣＰＯ」編入）
　　・しかし，一転して，その後のＢＧＢ編纂委員会は，ＺＨ制度「本体規定」の「ＣＰＯ編入」を，決定する
　　・ＺＨ制度は，「強制競売・強制管理」と並ぶ，「不動産強制執行の方法」の一つではある。しかし，「強制競売・強制管理」との原理的・本質的相違を考慮すれば，これらの執行方法と共に，ＺＨ制度を同一の法典（「不動産強制執行法」典）において規律することは，好ましくない。「不動産強制執行法」典ではなく，「ＣＰＯ」典に編入すべきである
　　↓
　・4　「不強法第2草案」起草のためのライヒ司法省「第2読会」委員会（「不強法第1草案」からの二ヵ条関連規定の削除）
　　・第1次委員会による「不動産強制執行法第1草案」には，二ヵ条のＺ

　　　　ＺＨ制度「関連規定」が存置されている
　・94年―96年・「ライヒ司法省」の作業に入る
　・「第2草案」を起草するために，この「不動産強制執行法第1草案」の修正審議にあたった「第2読会」委員会は，二ヵ条のＺＨ制度「関連規定」を，削除する
　・ＺＨ制度については，新たな「ＺＰＯノヴェレ」での包括的規制を意図する。「不動産強制執行」に関する単行特別法は，厳格に「強制競売・強制管理」の二執行方法に限定化して，これを規制する
　・上記の関連規定の削除に伴い，「法典名称」が変更（「不動産強制執行法」→「強制競売・強制管理法」）され，「強制競売・強制管理法第2草案」として，起草される
　　↓
・5　その後の経緯
　・96年―・「連邦参議院」に提出，そこでの審議に入る，法案可決
　・96年―97年・「ライヒ議会」に提出，そこでの審議に入る，読会経由
　・98／3／24・成立
　・98／5／20・新法布告

第2節　1897年・「ＺＰＯ変更法草案」中の強制抵当権制度
　　　　──関連規定と規定内容──

論述の進行
1　前史的状況（1897年─1898年）
2　関連規定と規定内容──条文毎の個別的検討──
小　括

論述の進行
　(i)　「ＺＰＯ変更法草案」並びにその「理由書」は，連邦参議院での採択を経由して，条文の最終的起草の審議・決定のために，ライヒ議会に提出される（1）。
　(ii)　ＺＰＯ変更法草案中の強制抵当権制度について，関連規定毎に理由書にしたがい，個別的に検討し，併せて強制抵当権制度の全体的法構造の解明を試みる（2）。

1　前史的状況（1897年─1898年）[1]
　(i)　連邦参議院での採択・通過　　まず，「連邦参議院」において，「ＺＰＯ変更に関する法律草案（Gesetzentwurf, betr. Änderungen der Zivilprozeßordnung）」（以下，「ＺＰＯ変更法草案」と略記する）が採択され，ここを通過する。
　(ii)　ライヒ議会への法案提出　　次いで，1897年12月9日，その採択された「ＺＰＯ変更法草案」は，ライヒ宰相により，条文の最終的起草の審議・決定を委ねるために，「ライヒ議会」に提出される（Drucks. d. Reichst., 1897/98 Nr. 61; Hahn-Mugdan, Bd. 8 S. 1ff.）。一連の訴訟技術的規定の諸変更をおこなう限り

341

で，本草案はもはやＢＧＢ典の単なる「補助法」の域を越えている。

──＊法案「序文」

法案の提出に際して，1897年12月9日付で，ライヒ宰相により次の序文が付せられている。すなわち，

"皇帝陛下の名において，署名者（ライヒ宰相）は，謹しんで添付の刑事訴訟法並びに裁判所構成法の変更に関する法律草案，民事訴訟法の変更に関する法律草案並びにその付属たる施行法草案を，その理由書と共に，連邦参議院により決議された如く，ライヒ議会に対して憲法に基づき御決議なされるべく，ここに提出申し上げるものであります。"

──＊＊三草案

その「理由書（Begründung）」と共に提出された三草案は，次のものである。

① Entwurf eines Gesetzes, betr. Änderungen des Gerichtsverfassungsgesetzes und der Strafprozeßordnung（裁判所構成法並びに刑事訴訟法の変更に関する法律草案）

② Entwurf eines Gesetzes, betr. Änderungen der Zivilprozeßordnung（民事訴訟法の変更に関する法律草案）（以下，ＺＰＯ変更法草案と略記）

③ Entwurf eines Einführungsgesetzes zu dem Gesetze, betr. Aenderungen der Civilprozeßordnung（民事訴訟法の変更に関する制定法についての施行法草案）

2 関連規定と規定内容──条文毎の個別的検討──[2]

(1) 関連規定[3]

ＺＰＯの変更法草案中，不動産執行の諸変更については，その「第１条項214号」が指示するが，僅かの変更にすぎない。77年・ＣＰＯ757条に代わるものとしての，「変更」である。強制抵当権制度に関連する規定は，次の三ヵ条である。

(イ) ＺＰＯ変更法草案757条 b （→1898年・ＺＰＯ866条）

① Die Zwangsvollstreckung in ein Grundstück erfolgt durch Eintragung ciner Sicherungshypothek für die Forderung, durch Zwangsversteigerung und durch

Zwangsverwaltung.

② Der Gläubiger kann verlangen, daß cine dieser Maßregeln allein oder neben den übrigen ausgeführt werde.

㈡ 同草案757条 c （→1898年・ＺＰＯ867条）

① Die Sicherungshypothek wird auf Antrag des Gläubigers in das Grundbuch eingetragen ; die Eintragung ist auf dem vollstreckbaren Titel zu vermerken. Mit der Eintragung entsteht die Hypothek. Das Grundstück haftet auch für die dem Schuldner zur Last fallenden Kosten der Eintragung.

② Sollen mehrere Grundstücke des Schuldners mit des Hypothek belastet werden, so ist der Betran der Forderung auf die einzelnen Grundstücke zu verteilen ; die Größe der Teile bestimmt der Gläubiger.

㈢ 同草案757条 d （→1898年・ＺＰＯ868条）

① Wird durch eine vollstreckbare Entscheidung die zu vollstreckende Entscheidung oder ihre vorläufige Vollstreckbarkeit aufgehoben oder ist die Zwangsvollstreckung für unzulässig erklärt oder deren Einstellung angeordnet, so erwirbt der Eigentümer des Grundstücks die Hypothek.

② Das gleiche gilt, wenn durch eine gerichtliche Entschiedung die einstweilige Einstellung der Vollstreckung und zugleich die Aufhebung der erfolgten Vollstreckungsmaßregeln angeordnet wird oder wenn die zur Abwendung der Vollstreckung nachgelassene Sicherheitsleistung oder Hinterlegung erfolgt.

(2) 規定内容――「理由書」の立場に即して――4)

　ＺＰＯ変更法草案「理由書」の立場に即して，関連規定の規定内容を逐条的に検討し，同草案中の強制抵当権制度の全体的な法構造を以下に明らかにする。

㈠　ＺＰＯ変更法草案757条 b 第１項
　　――不動産強制執行の執行方法としての「保全抵当権の登記」の承認と
　　その制度根拠――5)

（ⅰ）同条同項によれば，土地に対する強制執行は，債権のための保全抵当権

の登記，強制競売並びに強制管理により，おこなわれる，とされている。

(ⅱ) 既に1897年3月24日の法律（ZVG）により，不動産強制執行の執行方法として，「強制競売並びに強制管理」の二つの執行方法が承認されていた。これらの二執行方法に加えて，ZPO変更法草案は，土地に対する強制執行における第三の執行方法として，「保全抵当権の登記」の執行方法を承認している。

(ⅲ) 強制抵当権制度は，既に今や大多数の諸ラントの制定法により，承認されている。たとえば，とりわけ，1883年・プロイセン不動産強制執行法2条・6条―12条，1886年・バイエルン「不動産強制執行諸規定の変更」法40条以下，1879年3月4日の「1877年・ライヒCPOと関連する若干の諸規定を含む」法10条・11条との関連における1863年・ザクセン民法394条，等が，諸ラントの，その代表的な立法例である。加えて，強制抵当権制度は，諸ラントの法取引（金融担保取引）においても，完全に確固として，いわば市民権を得ている。

(ⅳ) 強制抵当権制度の制度利益として，

(α) まず，債権者のサイド（債権者保護）よりすれば，仮に債務者への寛容的な対応・処遇が可能であり且つそれを考慮している債権者が存在する場合に，そのような債権者に，彼自身の固有の諸利益を危険にさらすことなく，その「寛容（Schonung）」を実現する，という可能性を，強制抵当権制度は供与する。

(β) さらに，債務者のサイド（債務者保護）よりすれば，このような債権者による債務者への寛容的対応・処遇を契機として，債務者がその経済的破滅より護られることは，決して稀ではない。

(γ) 「保全抵当権」としての法型態が採られることにより，債務者の法的地位が配慮されている。プロイセンや他の連邦諸国家における（そこでは，強制抵当権は「流通抵当権」として成立する，とされていた）とは異なり，ZPO変更法草案は，強制抵当権は「保全抵当権」の法型態においてのみ成立する，としている。債権に対して自己に帰属する抗弁を債権の善意の第三取得者に対して主張できる，という法的地位に，債務者を置くために，である（BGB1184条）。

(δ) また，他方，「保全抵当権」としての法型態は，債権者の法的地位にも，

配慮する。まず最初は「強制競売」の執行方法を貫徹せんとする債権者が存在するときに, このような債権者にとって, そのような保全抵当権（強制抵当権）は, 十分な「保全 (Sicherheit)」を許与する, からである。

(ロ)　同草案757条b第2項——三執行方法の相互関係——[6]

(ⅰ)　同条同項によれば, 債権者は, これらの執行方法の一つがそれのみで, あるいはそれが他の執行方法と共に, 追行されることを, 求めることができる, とされている。

(ⅱ)　すなわち,

(α)　三執行方法中, 債権者は単一の執行方法を個別に追行することも, また複数の執行方法を同時並行的に追行することも, 可能である。債権者は, 執行方法の個別追行権のみならず, 同時並行的追行権もまた, 有している。

(β)　債権者に認められた, このような「権限 (Befugniß)」の根拠としては, 三執行方法のそれぞれが個別の独自の存在意義と機能を有する, ことに求められる。この帰結は, ＺＰＯ中の強制執行諸規定にも, 相応する。

(ⅲ)　なお, 同条同項の規定は, 1883年・プロイセン不動産強制執行法2条2項の規定（本研究第Ⅰ部第5章第3節3(5)）に, 接続・準拠する。

(ハ)　同草案757条c第1項——保全抵当権の「登記」の必要性——[7]

同条同項によれば, 保全抵当権は, 債権者の申立てにより, 土地登記簿上に登記される：登記は, 執行名義上に, 記入される（第1文）。登記により, 抵当権は成立する（第2文）。土地は, 債務者の負担たる登記費用のために, その責任を負う（第3文）, とされている。

(a)　**執行名義の必要, 手続開始の一般的要件の存在**

強制執行一般の場合と同様に, 保全抵当権の登記による強制執行（強制抵当権の執行方法）においても, 債権者は土地の所有者に対して執行名義を取得しなければならないし, その強制執行の開始のためには一般的諸要件（本草案671条以下）を具備しなければならない。

(b)　**債権者の申立ての必要——「当事者主義」の妥当——**

保全抵当権は「債権者の申立て」により登記される（第1文）。すなわち,

345

保全抵当権の「登記」は債権者の申立てを契機としてなされ，ここでは「当事者主義（⟵⟶職権主義）」が妥当している。

(c) なされた「登記」の，執行名義上への掲記——債務者保護の視点——
(i) 有効になされた「登記」は，執行名義上に掲記（Vermerkung）されなければならない（第1文）。これは，その障害（Schwierigkeiten）より債務者を守護するために，である。
(ii) なお，本規定は，1883年・プロイセン不動産強制執行法9条3項（本研究第Ⅰ部第5章第3節3(15)）に，一部的に接続・準拠する。

(d) 土地登記所への直接的な申立て（登記申請）——裁判所の「登記嘱託」の不要——
(i) 債権者は登記申請を「土地登記所」に対してしなければならない（GBO13条参照）。裁判所の「登記嘱託（Vermittlung）」は不要とされ，「当事者主義（自己追行主義）」が妥当する。
(ii) 土地登記所での直接的な登記申請，裁判所の登記嘱託の不要，という法律構成は，既に1883年・プロイセン不動産強制執行法12条（本研究第Ⅰ部第5章第3節3(17)）や1886年・バイエルン「不動産強制執行諸規定の変更」法40条において，採用されていた。そこでは，登記手続の「促進（Beschleunigung）」の利益，そして「費用節減（Kostenersparniß）」の利益の視点において，訴訟裁判所あるいは執行裁判所の「登記嘱託」が，不要とされていた。かくして，本条本項第1文の趣旨は，この両法条に，接続する。

(e) 成立要件としての「登記」——「物権的合意」と「登記許諾」の不要——
(i) 保全抵当権の登記の執行方法では，この保全抵当権は「登記」により成立する（第2文）。ここでは，「登記」が抵当権の成立要件である（「成立要件主義」の妥当）こと（一般原則どおりである）のみならず，「登記」のみで抵当権が成立することにも，注目される。
(ii) まず，BGB873条によれば，抵当権の成立のためには，債権者と土地所有者との間の「物権的合意（Einigung）」が，必要とされる。また，GBO19条によれば，土地所有者の「登記許諾（Eintragungsbewilligung）」もまた，必要

とされる。

(ⅲ) しかし，保全抵当権の登記の執行方法では，「物権的合意」と「登記許諾」の二要件それ自体は直接的には必要とされず，登記により保全抵当権が成立する，とされている。既に「執行名義」が存在することによって，二要件が具備された，からである。ここでは，その二要件が「執行名義」の存在によって置換・充足されている。

(f) 「登記手続費用」の土地責任
(ⅰ) 目的土地は，債務者負担の登記手続費用についても，その責任を負う（第1文）。執行債権についてのみならず，その登記手続費用債権についてもまた，目的土地が責任を負担する。

(ⅱ) その立法趣旨として，

(α) まず，1877年・ＣＰＯ697条の一般規定の存在が挙げられる。そこでは，強制執行の手続費用は，執行債権と共に，債務者において負担されるべし，とされている。登記手続費用も執行手続費用であり，債務者の負担とされるべきこと，当然である。

(β) また，「執行方法の目的（Zweck der Vollstreckungsmaßregel）」という視点も，この立法趣旨を理由付ける。保全抵当権の登記も不動産強制執行の一つであり，その手続費用は目的土地より回収されるべきことが，確実であり，合理的だ，からである。

(二) 同草案757条ｃ第2項──共同抵当権による負担化の禁止──[8]
(ⅰ) 同条同項によれば，債務者所有の複数の不動産が抵当権により負担化されるべきときには，債権額は個々の土地上に分割されなければならない。債権の一部額については，債権者がこれを特定する，とされている。「共同抵当権による負担化」が禁止されている。

(ⅱ) すなわち，

(α) 当時の各ラントの制定法にあっては，保全抵当権の登記の執行方法において，「共同抵当権による負担化」が「許容」されている，のが一般的であった。たとえば，1883年・プロイセン不動産強制執行法6条（本研究第Ⅰ部第5

章第3節3⒀)，1886年・バイエルン「不動産強制執行諸規定の変更」法40条等によれば，債権者は，その債権をすべての土地上に不分割のまま登記されるべきことを，求めることができた。ここでは，「債権者の利益」が確保されている。

　(β)　他方，プロイセン法は，同時に，強制抵当権によって理由付けられた「保全（Sicherheit）」が過剰である場合には，「債務者の利益」の視点より，債務者に次の権限を付与していた。すなわち，債務者は，債権者に対して，個々の土地上に債権を分割すること，又は登記された抵当権を個々の土地から解放すること，を「訴え（縮減の訴え）」により，求めることができる，とされていた。同趣旨の規定は既にフランス民法典（Code civil）2161条や1863年・ザクセン民法397条において存在し，プロイセン法はこれを踏襲した。

　(ⅲ)　プロイセン法の下では，たしかに，「債権者・債務者間の利益衡量」が巧みに試みられていた。しかし，過去の実務上の経緯よりすれば，債務者の法的地位は弱体化し，その土地所有権への過剰負担化に対して債務者を保護するためには，「縮減の訴え」という手段では不十分であった。さらに，共同抵当権に通例結び付いている困難性・錯雑性に加えて，共同抵当権の成立が立法により促進されている徴候はまったくない（1897年・ＺＶＧ64条・122条参照）。かくして，本草案は，1883年・プロイセン不動産強制執行法とは異なり，一転して共同抵当権による負担化を「禁止」する。

　――なお，1834年・プロイセン民事執行令22条・23条（本研究第Ⅰ部第3章第1節2⑻）では，強制抵当権の登記において，共同抵当権による負担化を禁止していたが，本草案はこの旧時のプロイセンの立法例に復帰する。――

　(ⅳ)　本条2項により，債権額は，債権者の特定（決定）により，個々の土地上に分割される。なお，このような法律構成を採った場合，執行方法として強制抵当権が果すべき目的が危殆化するのではないか，債権者にとって不当に不利益ではないか，という懸念は，無用である。なぜなら，債権者は，その登記申請に先立ち，土地登記簿を閲覧・調査し，個々の土地の価格（価値）を評価させる，という状態にある，からである。

㈭　同草案757条d第1項
　　——強制執行の停止・取消の場合における所有者抵当権の成立——9)
　(ⅰ)　同条同項によれば，執行力ある裁判により執行すべき裁判が，あるいはその仮執行力が取り消されたとき，あるいは強制執行が不適法である旨宣言されたとき又はその停止が命じられたときには，土地の所有者は抵当権を取得する，とされている。
　(ⅱ)　すなわち，
　(α)　まず，強制執行の開始の後に，執行力ある裁判によって，執行すべき裁判あるいはその仮執行力が取り消された場合，あるいは強制執行が不適法と宣言された場合又はその手続が停止された場合には，既になされた執行方法（執行処分）は，1877年・ＣＰＯ691条1号・692条により，取り消される。
　(β)　この取り扱いは，強制執行が保全抵当権の登記によっておこなわれた場合にも，妥当すべきである。より具体的には，このような諸場合には，保全抵当権に基づく債権者の権利もまた廃除されなければならない。
　(γ)　問題はその廃除の形であり，所有者抵当権に関するＢＧＢの諸規定（1163条1項）に対応した形でなされる。すなわち，保全抵当権に基づき債権者に帰属する権利についての取消は，「抵当権の抹消」によってではなく，「目的土地の所有者が抵当権を取得する」という形でのみ，実施される。

㈫　同草案757条d第2項
　　——強制執行の一時停止等の場合における所有者抵当権の成立——10)
　(ⅰ)　同条同項によれば，裁判所の裁判により執行の一時停止が命じられ，それと同時に既になされた執行処分の取消が命じられたとき，あるいは執行の阻止のために許された担保提供又は供託が有効になされたときにも，同様である（土地の所有者は抵当権を取得する），とされている。
　(ⅱ)　1877年・ＣＰＯ691条2号・3号，同692条の規定により，裁判所の裁判により執行の一時的停止が命じられ，同時になされた執行処分の取消が命じられたとき，あるいは執行の阻止のために許された担保提供又は供託が有効になされたときにも，本条第1項におけると同様の法的状態が生じる。かくして，

この場合においても，土地の所有者は抵当権を取得する。

〔基本文献〕（第2節；ライヒ議会提出の1897年・「ＺＰＯ変更法草案」と「理由書」）

Hahn-Mugdan, Die gesammten Materialien zu den Reichs-Justizgesetzen, Auf Veranlassung des Kaiserlichen Reichs＝Justizamtes, 8. Band（Materialien zum Gesetz betr. Aenderungen der Civilprozessordnung, Gerichtsverfassungsgesetz und Strafprozessordnung）, Berlin 1898, S. 4 ff., S. 78 ff.

〈注記〉
1） ① Hahn＝Mugdan, Bd. 8 S. 1 ff., S. 78 ff.
② Vgl. Schanz, op. cit., S. 147 ff.
2） ①「関連規定」については，Hahn＝Mugdan, Bd. 8 S. 56-57.
②「規定内容」については，Hahn＝Mugdan, Bd. 8 S. 163-167.
③ なお，Drucks. d. Reichst. 1897/98 Nr.61 S.182 f.
3） ⅰ） ＺＨ制度「関連規定」（Art. Ⅰ Nr. 214；77年・ＣＰＯ757条関連の変更）中の，
① 757条ｂについては，Hahn＝Mugdan, Bd. 8 S. 57.
② 757条ｃについては，Hahn＝Mugdan, Bd. 8 S. 57.
③ 757条ｄについては，Hahn＝Mugdan, Bd. 8 S. 57.
ⅱ）なお，ＺＨ制度の正当性根拠として，理由書は，①大多数のラント法で既に導入されてきている，②法取引に完全に根付いている，③債務者への寛容的処遇を可能とする（これにより債務者はその経済的破滅から防御されている），以上三点を指摘している（Drucks. d. Reichst. 1897/98 Nr. 61 S. 182 f.；Hahn-Mugdan, Bd. 8 S. 165.）。
4） ＺＨ制度「規定内容」の説明（Art. Ⅰ Nr. 214；77年・CPO 757条関連の変更内容）に関して，
① 757条ｂについては，Hahn＝Mugdan, Bd. 8 S. 165.
② 757条ｃについては，Hahn＝Mugdan, Bd. 8 S. 165-166.
③ 757条ｄについては，Hahn＝Mugdan, Bd. 8 S. 166.
5）「ＺＨ制度利益」（制度承認根拠）と「保全抵当権の法型態」（採用根拠）については，

第4章　1898年・ＺＰＯと強制抵当権

Hahn = Mugdan, Bd. 8 S. 165.
6）「三執行方法の相互関係」については，
Hahn = Mugdan, Bd. 8 S. 165.
7）「当事者主義の妥当」（債権者の申立てによる，裁判所の「登記嘱託」の不要）・「登記成立要件主義の妥当」・「執行名義上への登記掲記」・「登記手続費用の土地責任」については，
　① 　Hahn = Mugdan, Bd. 8 S. 165-166.
　② 　Drucks. d. Reichst. 1897/98 Nr. 61 S. 183.
8）「共同抵当権による負担化」の禁止（その立法趣旨）については，
Hahn = Mugdan, Bd. 8 S. 166.
9）　強制執行の停止・取消の場合における「所有者抵当権の成立」（保全抵当権は所有者抵当権に転化し，土地所有者が抵当権を取得する）については，
Hahn = Mugdan, Bd. 8 S. 166.
10）　強制執行の一時停止等の場合における「所有者抵当権の成立」（保全抵当権は所有者抵当権に転化し，土地所有者が抵当権を取得する）については，
Hahn = Mugdan, Bd. 8 S. 166.

小　括

─ 1　「ＺＰＯ変更に関する制定法草案」（ＺＰＯ変更法草案）の編纂経緯
　　・1　「連邦参議院」での採択・通過
　　・2　ライヒ宰相による「ライヒ議会」への提出（「制定法草案」とその「理由書」）（計三草案の提出→「裁判所構成法並びに刑訴法の変更法草案」と「民訴法変更法の施行法草案」）
　　・3　条文の最終的起草の審議・決定

─ 2　ＺＨ制度関連規定（計三ヵ条）
　　①　同757条 b　（→98年・ＺＰＯ866条）
　　②　同757条 c　（→98年・ＺＰＯ867条）
　　③　同757条 d　（→98年・ＺＰＯ868条）

351

- 3 同757条b第1項の規定内容（「理由書」に即して）
  - 1 土地に対する第3の執行方法として「保全抵当権の登記」の方法（ZH制度）を認める（←83年・プロイセン不動産執行法の法継受）
  - 2 債権者の固有の利益を侵害することなく債務者への寛容的処遇を可能とする（制度利益）
  - 3 「保全抵当権」の法型態の採用により、債務者の法的地位に配慮がなされる（債権に対する自己の抗弁を債権の善意取得者に対して主張できる）
  - 4 「保全抵当権」の法型態は債権者に十分な保全を与える

- 4 同757条b第2項の規定内容（「理由書」に即して）（←83年・プロイセン不動産執行法2条2項）
  - 1 単独でも、他の二執行方法（強制競売・強制管理）と共にでも、いずれも追行が可能である
  - 2 三執行方法はそれぞれ個別の「独自の存在意義と機能」を有する

- 5 同757条c第1項の規定内容（「理由書」に即して）
  - 1 土地登記簿上への「登記」が必要である
  - 2 債権者は手続開始のために「執行名義」が必要である
  - 3 土地登記所への債権者の「申立て」により「登記」される（当事者主義）（裁判所の登記嘱託の不要）（←83年・プロイセン不動産執行法12条）
  - 4 実施された「登記」は執行名義上に掲記される（債務者保護）（←83年・プロイセン不動産執行法9条3項）
  - 5 保全抵当権は「登記」により成立する（登記成立要件主義）
  - 6 保全抵当権の成立のためには、債権者と土地所有者間の「物権的合意」（BGB873条）と「登記許諾」（GBO19条）を必要としない（「執行名義」の存在がこれに代替する、からである）

- ・7　目的土地は，執行費用のみならず，債務者負担の登記手続費用もまた，負担する（登記手続費用の土地責任（←77年・ＣＰＯ697条の一般規定））

6　同757条ｃ第2項の規定内容（「理由書」に即して）
- ・1　「共同抵当権による負担化」を禁止する（債務者地位が弱体化する，過剰負担化の弊害がある，「縮減の訴え」では債務者の地位を護れない）
- ・2　債権額は債権者の決定により個々の土地上に分割される（債権の分割登記）
- ・3　83年・プロイセン不動産執行法6条（許容，債権の不分割登記）からの背反
- ・4　34年・プロイセン民事執行令22条・23条（禁止）への復帰

7　同757条ｄ第1項の規定内容（「理由書」に即して）
- ・1　強制執行の停止・取消の場合（77年・ＣＰＯ691条1号・692条）には，既になされた「保全抵当権の登記」の執行方法による債権者の権利も取消・廃除される
- ・2　その取消・廃除の形態として，保全抵当権の登記抹消ではなく，土地所有者が「所有者抵当権」としてこれを取得する（←ＢＧＢ1163条1項）

8　同757条ｄ第2項の規定内容（「理由書」に即して）
- ・　強制執行の一時停止・取消等の場合（77年・ＣＰＯ691条2号・同3号・692条）にも同様に，債権者の保全抵当権の取消・廃除の形態として，保全抵当権の登記抹消ではなく，土地所有者が「所有者抵当権」としてこれを取得する

第3節　1898年・ライヒ議会の本会議での「第1次・第2次・第3次」審議
——制度「廃止」提案とその否決——

> 論述の進行
> 1　ライヒ議会の本会議での「第1次」審議
> 　　——1898年1月11日・12日・14日（第14・第15・第17会期），「第4委員会」への付託の決定，そして二度の読会——
> 2　ライヒ議会の本会議での「第2次」審議
> 　　——1898年5月2日・3日（第81・第82会期）——
> 3　ライヒ議会の本会議での「第3次」審議
> 　　——1898年5月5日（第84会期）——
> 小　括

論述の進行

（ⅰ）ＺＰＯ変更法草案はライヒ議会の本会議での「第1次審議」に付せられる。さらに，ライヒ議会での「第4委員会」に付託され，二度の「読会」に付せられる。

「第1読会」審議では，①強制抵当権制度の「廃止」提案と②執行命令の「除外」提案の，二つがなされるが，そのいずれも否決される。

次なる「第2読会」審議では，①強制抵当権制度の「廃止」提案（否決），②債権価額の「限定化」提案（採択），③執行命令の「除外」提案（採択），等がなされ，その採否が決せられる。

そこでの修正を踏まえて，編纂委員会にて条文の新起草（修正起草）がなされる（1）。

（ⅱ）次いで，ライヒＺＰＯ変更法草案は「第2次審議」に付せられる。そこ

では，草案757条ｂ「第3項」の「削除」提案がなされるが，多数により否決される（2）。

(iii) さらに，引き続いた「第3次審議」では，強制抵当権制度に関しては，なんらの論議ももはやなされていない（3）。

1 ライヒ議会の本会議での「第1次」審議
――1898年1月11日・12日・14日（第14・第15・第17会期），「第4委員会」への付託の決定，そして二度の読会――[1]

(i) 1898年1月11日・12日・14日の3日間，提出されたＺＰＯ変更法草案は，ライヒ議会の全員総会（本会議）での「第1次審議（erste Berathung）」に，付せられる。いわゆる，「ＺＰＯノヴェレについての第1次本会議審議（erste Plenarberathung der Novelle zur ZPO）」，である。

― ①　14. Sitzung am Dienstag den 11. Januar 1898.
― ②　15. Sitzung am Mittwoch den 12. Januar 1898.
― ③　17. Sitzung am Freitag den 14. Januar 1898.

(ii) この「第1次審議」では，リンテレン議員（Abg. Dr. Rintelen）により，ＺＰＯの変更法草案「議案（Vorlage）」がライヒ議会中の「第4委員会（Ⅳ. Kommission）」に付託されるべき旨，提案される。この提案は，ライヒ議会「議長（Präsident）」の発議により，多数により承認される（1898年1月14日・第17会期）。かくして，ＺＰＯ変更法草案「議案」は，その慎重なる審議のために，「第4委員会」に付託される。

(iii) 1898年1月14日のライヒ議会の決議に基づき，ＺＰＯ変更法草案は，他の二つの草案と共に，その予備審議（Vorberathung）に付すために，「第4委員会（Ⅳ. Kommission）」に付託される。この第4委員会は総計21名の構成員（委員）より構成され，フォン・ブーカ議員（Abg. v. Buchka）を委員長（Vorsitzender）とし，フォン・クニー議員（Abg. v. Cuny）を委員長代理（stellvertretender Vorsitzender）とする。かくして，この時点以降，ＺＰＯ変更法草案は，この第4委員会により，二度の「読会（erste Lesung, zweite Lesung）」に付される。

355

(1) 「第1読会」審議[2]

(イ) 二提案の主張[3]

(i) 第1読会では,次の二つの提案がなされる。すなわち,

(ii) 第1に,草案757条bの第1項における"債権のための保全抵当権の登記によって（durch Eintragung einer Sicherungshypothek für die Forderung）"という文言は,削除されるべきである。また,草案757条c並びに同757条dの両法案も,削除されるべし,との提案である。これは,強制抵当権制度の「廃止」提案である。

(iii) 第2に,仮に第1の提案が否決された場合には,草案757条bには,その第3項として,"保全抵当権の登記は,督促手続で下された執行命令に基づいては,おこなわれ得ない（Die Eintragung der Sicherungshypothek kann nicht auf Grund eines in einem Mahnverfahren erlassenen Vollstreckungsbefehls stattfinden）"との文言が,付加されるべし,との提案である。これは,強制抵当権の登記を発動させ得る執行名義の種類として,執行命令を除外すべし,との提案である。

(ロ) 強制抵当権制度の「廃止」提案（第1提案）——その否決——[4]

(a) 「廃止」提案

(i) まず,審議では,強制抵当権制度の「廃止」提案が主張される。この「廃止」提案は,主として,次の二点を論拠とする。

(ii) すなわち,

(α) 第1に,強制抵当権制度は,それ自体「法的基礎（存立根拠）」と「経済的必需性」を欠き,債権者による暴利的濫用の手段となる惧れがあり,軽率な信用享受を契機として小土地所有者を害する結果を招来する。

(β) 第2に,仮に強制抵当権制度を存置すれば,少額の,しかも多数の諸債権によるその種の登記によって土地登記簿は埋め尽され,土地登記簿事務の管理・遂行にとって多大の障害が生じる,と主張する。

(b) その「反論」

(i) これに対して,「廃止」提案への反論として,制度「存置論」も強く主張される。ここでは,「債権者の権利の拡大」という視点の下で,債権者に

「強制的な方法による保全（zwangsweise Sicherung）」を可能とすることの，必然性・必要性が強調される。

(ii) その主たる論拠として，次の四点が主張される。すなわち，

(α) 第1に，「債権者の利益」において，強制抵当権制度のもつ「時機でない強制競売の回避」の機能（競売回避機能），である。「剰余主義」の妥当の下では，強制競売手続の追行が債権者にとって時機的に不適切な場合があり（たとえば，土地価格の低落傾向の状況では，競売価額が先順位の諸債権額をカヴァーできず，ひいては競売（売却）が許可されない，ということも生じた），このような場合には，強制抵当権制度の利用により債権者は自己の優先的地位を保全できる。

(β) 第2に，「債務者の利益」において，強制抵当権制度のもつ「強制競売の阻止」の機能（競売阻止機能），である。強制抵当権制度の下では，債権者は必ずしも即時に「強制競売手続」の追行に着手する必要はなく，さしあたり強制抵当権の登記によって自己の優先的地位を確保しておくに留まる，こともしばしば生じる。それは，債権者による債務者への一種の「恩恵（Wohl）」であり，債務者よりすれば自らの完璧なる経済的破滅が回避されつつ，任意的な債務償却（あるいは債務弁済）のためのさらなる機会が付与された，ことを意味している。

(γ) 第3に，「仮差押抵当権（Arresthypothek）」制度に代わり得る制度の不存在，である。仮に強制抵当権制度を削除・廃止すれば，これと連結する仮差押抵当権制度もまた自ずと削除・廃止されるが，しかし仮差押抵当権制度に代わる，より良き補充的な法制度は見い出し難い。

(δ) 第4に，「信用制度（Kreditwesen）」それ自体の不十分性・不完全性，である。「廃止」提案の論拠として，強制抵当権制度は信用経済上の弊害（債務者に軽率な信用享受の機会を与え，債権者の暴利的濫用の手段と化する，との弊害）を招来する，とされている。しかし，それは強制抵当権制度それ自体に帰すべきものではなく，現存の信用制度一般が極めて不完全な形で組成されているからである，と主張する。

(ⅲ) なお，審議では，連邦参議院の「政府任命委員（Kommissar）」から，賛成意見（強制抵当権制度「導入論」）が述べられる。また，各ラントの政府，とりわけプロイセン・ラント政府やヴュルテンブルク・ラント政府からもまた，賛成意見が述べられる。たとえば，プロイセン・ラントは強制抵当権制度を自らの歴史的・伝統的制度として堅持してきたが，そのラント政府の代議員によれば，強制抵当権制度が効用的且つ祝福的なものとして作用・機能してきた旨，強調される。

(c) 否 決

決着は票決に委ねられ，「廃止」提案は圧倒的多数により否決される。制度存置を「是とするもの13票，否とするもの2票」という形で，強制抵当権制度の存置が承認される。

(ハ) 執行命令の「除外」提案（第2提案）——その否決——5)

(a) 「除外」提案——バーデン選出の連邦参議院「代議員」の主張——

(ⅰ) 審議では，バーデン選出の連邦参議院「代議員」より，督促手続で下された「執行命令」に基づいては強制抵当権の登記はなされない，とすべし，との「除外」提案がなされる。

(ⅱ) その「除外」提案によれば，次のように主張される。すなわち，

(α) 第1に，バーデン並びにその他のドイツの諸地方では，「執行命令」に基づいて強制抵当権の登記が濫用的に用いられ，暴利的債権者や悪意ある債権者によって小土地所有者の経済的破滅を招来させる手段と化してきた，という過去体験がみられた。このような強制抵当権制度の暴利的濫用が阻止されなければならない。

(β) 第2に，督促手続それ自体に注目すれば，そこでは債務者は単に受働的にのみ挙動・対応するにすぎず，抵当債権の存否につき審理（Nachprüfung）がなされるわけではない。その限りにおいて，抵当債権の存否はあくまで不確実である。

(γ) 以上を前提とすれば，「執行命令」のもつ特例的な地位が承認されるべきであり，それに基づく強制抵当権の登記はなされない，とすべし，と主張す

(b) その「反論」

(i) 他方,「除外」提案に対して, その「反論」も強く主張される。その「反論」によれば, 次のように主張される。すなわち,

(ii) 「除外」提案にあっては, 執行力ある督促命令（Mahnbefehlen）に基づく強制抵当権の登記が濫用されている, と指摘されている。しかし, その濫用の現象は決して認識されるものではない, と主張する。

強制抵当権登記の濫用の, 社会的事実の現象の有無につき,「除外」提案とその「反論」との両者間において, その認識それ自体が相違していた, といえよう。

(iii) くわえて,「連邦政府」からの代表者よりも,「除外」提案に対する「反論」が主張される。すなわち, その「反論」によれば,

(α) 第1に,「執行命令」に基づいては強制抵当権の登記がなされないとすれば, 自己の債権につき強制抵当権を取得しようとする債権者は, 欠席判決（Versäumnisurteil）というより多額の訴訟費用のかかる手段の選択を, 強いられる。これは, 債権者にとって, 極めて不便である。

(β) 第2に, 債務者にとっても, 自己の債務につき手形や書面による債務拘束（Schuldversprechen）に依らしめられ, かえって遙かに大きな不利益な結果を強いられる, と主張する。

(c) 否　決

決着は票決に委ねられ,「除外」提案は,「賛成7・反対8」の僅差でもって, 否決される。「執行命令」に基づいても, 強制抵当権の登記がなされてよい, とされる。

(2) 「第2読会」審議[6]

(イ) 四提案の主張[7]

(i) 引き続き第2読会では, 次の四つの提案がなされる。すなわち,

(ii) 第1に, 草案757条bにおける"債権のための保全抵当権の登記により

(durch Eintragung einer Sicherungshypothek für die Forderung)"との文言は，削除されるべし，との提案である。

これは，不動産強制執行の執行方法として，強制抵当権制度を削除・廃止すべし，との提案である。

(iii) 第2に，草案757条bには，その第3項として，"300マルクを含めてその価額に至らない債権については，保全抵当権の登記はおこなわれない（für Beträge bis zu 300 Mark einschließlich findet die Eintragung der Sicherungshypothek nicht statt)"との文言が付加されるべし，との提案である。

これは，強制抵当権登記を理由付ける債権について，その債権額の「限定化」を求める提案である。

(iv) 第3に，草案757条bの第3項を，"保全抵当権の登記は，督促手続で下された執行命令に基づいては，決しておこなわれない（Die Eintragung der Sicherungshypothek kann nicht auf Grund eines in einem Mahnverfahren erlassenen Vollstreckungsbefehls stattfinden)"という文言で，起草すべし，との提案である。

これは，強制抵当権登記を発動させる執行名義の種類として，督促手続で下された執行命令をそれより除外すべし，との提案である。

(v) 第4に，予備的提案として，草案757条bの第3項を，"保全抵当権の登記は，督促手続で下された執行命令が債権価額300マルクあるいはそれ以下であるときには，その執行命令に基づいては，決しておこなわれない（Die Eintragung der Sicherungshypothek kann nicht auf Grund eines im Mahnverfahren erlassenen Vollstreckungsbefehls, dessen Werth dreihundert Mark oder weniger beträgt, stattfinden)"という文言で，起草すべし，との提案である。

これは，前述の第3提案が受容されない場合を考慮し，その予備的提案として，督促手続で下された執行命令中，300マルクの債権額に至らないもののみ，強制抵当権登記を理由付ける執行名義としての適格を否定すべし，との提案である。

(ロ) **強制抵当権制度の「廃止」提案（第1提案）──その否決**──[8]

(i) 強制抵当権制度の「廃止」提案をめぐり，審議では，強制抵当権制度の

「存置」か「廃止」かにつき，再度，反覆して議論がなされる。しかし，ここでの議論では，もはや目新しい指摘や論拠は，「存置論」と「廃止論」のいずれにおいても，提示されていない。論拠や理由付けは，まさしく出尽くしていた，といえよう。

(ⅱ) 最終的には，ここでもまた票決に委ねられ，「存置8・廃止6」の僅差により，強制抵当権制度の存置が承認される。ライヒ議会での従前の「第1読会」審議（既述(1)）におけると比較して，「廃止」論が増大している，という点に注目される。

(ハ) 債権価額の「限定化」提案（第2提案）——その採択——9)

(a) 「限定化」提案

(ⅰ) 審議では，強制抵当権の登記を理由付ける債権（＝強制抵当権の被担保債権）につき，その債権価額を「限定化」すべし，との提案がなされる。この提案は，今回の「第2読会」審議において，はじめてなされたものである。

(ⅱ) この「限定化」提案によれば，次のように主張される。すなわち，

(α) まず，債権者・債務者間において，当該債権が，少額の，しかも人的信用（Personalkredit）を舞台とする金銭消費貸借契約に基づく，という視点が重視されなければならない。この視点よりすれば，この場合の債権者に「物的保全を求める請求権（Anspruch auf Realkredit）」を許与しようとすることには，疑念がある。なぜなら，債務者の立場よりすれば，自己の土地所有権上への物的負担化の可能性は，そもそもまったく考慮・計算されていない，からである。したがって，「少額債権」に基づく場合には，強制抵当権の登記は限定されるべきである。

(β) より具体的に，債権の「価額限界（Summenbegrenzung）」として，300マルクを含めて，それ以下の少額の債権に基づく場合には，強制抵当権の登記は禁止されるべきである。なぜなら，①少額の抵当権の登記による土地登記簿の充満が阻止されなければならない，からである。②また，少額債権の場合には，債権者はそもそもあえて「強制競売」の執行方法を採らないから，強制抵当権の登記を禁止しても，それによって「債務者への寛容」（強制抵当権の制度趣旨

361

として，債権者による強制競売の回避の機能が指摘され，それは同時に債務者への寛容でもあるとされている）が損われたともいえない，からである，と主張する。

(b) その「反論」

(i) このような「限定化」提案に対して，その「反論」も強く主張される。すなわち，

(ii) その「反論」によれば，少額債権に基づく強制抵当権の登記を禁止すれば，それが少額債権であっても，債権者は「強制競売」の執行方法を追行し，債権回収を図ろうとするであろう。かくして，少額の債務を負うにすぎなかったにもかかわらず，零細な土地所有者はその土地所有より放逐され，そのような傾向がなお一層促進される，と反論する。

(c) 「再反論」

(i) 他方，「限定化」論の立場から，その「再反論」が加えられる。すなわち，

(ii) その「再反論」によれば，「限定化」提案においては，300マルク以下の「少額債権者」に対しては強制抵当権の登記が禁止され，それを越える「多額債権者」にはそれが許容される，とする。そのことは，「少額債権者」には少額債権であるが故に否定される「保全手段（Sicherungsmittel）」が，「多額債権者」には多額債権であるが故に許容される，という点に，合理性を有する，と主張されている。

——なお，強制抵当権の登記の拒否を決定する「債権額」として，バイエルン政府「代表者」によれば，強制抵当権登記の排除は「100マルク」の額を決定基準とすべし，と提案されている。「300マルク」に代わり，「100マルク」の基準が，より適当である（換言すれば，より少額の債権についてのみ，強制抵当権登記を排除すべし），とする。——

(d) 採 択

決着は票決に委ねられ，「300マルク」を決定基準とする「限定化」提案が，多数を得る。強制抵当権制度それ自体の「存置・廃止」をめぐる議論は「存置」という形で決着するに至っていた（既述(ロ)）が，制度「廃止」論は「債権

第4章　1898年・ＺＰＯと強制抵当権

の限定化」の承認の中に部分的に再生していた（300マルク以下の債権の場合には，強制抵当権制度は廃止されている，という形での再生），といえる。強制抵当権の法制度的形成は，多くの諸点において，いわば「妥協の産物」でもあった。

(ニ)　執行命令の「除外」提案（第3提案）——その採択——10)

(i)　審議では，執行命令に基づいては強制抵当権の登記はなされ得ず，強制抵当権の登記を発動させる執行名義の種類より執行命令を除外すべし，との「除外」提案が，「第1読会」審議におけると同様に，再度反覆される。

(ii)　この「除外」提案に対しては，その反論も主張される。すなわち，その反論によれば，仮に禁止すれば，督促手続は著しく局限化・制限化され，その実務的意義は大きく減殺されるから，「執行命令」に基づくときにも強制抵当権の登記はなされるとすべし，と主張する。

(iii)　票決では，「第1読会」におけるとは異なり，「除外」論が多数を得る。「執行命令」に基づいては強制抵当権の登記はなされないとされ，執行命令の「特例的地位」が承認される。

(ホ)　300マルクに至らない執行命令の「除外」提案（予備的提案）——審議の必要性なし——11)

なお，この第3提案が採択されたので，その予備的提案としての第4提案（既述(イ)(v)）については，もはや審議の必要は失われる。

(3)　「編纂委員会」への付託——草案757条ｂ「第3項」の新起草——12)

(i)　ライヒ議会での「第2読会」審議の終結後，採択された諸「修正提案」を新たに案文化するため，作業は「編纂委員会（Redakutionsausschuß）」の手に委ねられる。採択された諸「修正案」は直ちに「編纂委員会」に付託され，その諸「修正提案」に即して，条文の新起草（修正起草）がなされる。

(ii)　その際，ＺＰＯ中の「争訟価額（Streitwert）」の確定についての諸規定と相応する形で，強制抵当権の登記の場合の「債権額（Forderungsbetrag）」の算定についても，その諸規定が補充・付加されるべし，とされる。それは，草案757条ｂに「第3項」を付加するという形で，新起草される。

363

(iii) その新たに付加される「第3項」として,次のように新起草される。

"Auf Grund eines Vollstreckungsbefehls findet die Eintragung einer Sicherungshypothek nicht statt. Auf Grund eines anderen Schuldtitels darf eine Sicherungshypothek nur für eine den Betrag von dreihundert Mark übersteigende Forderung eingetragen werden : die Vorschriften der §§ 4. 5 finden entsprechende Anwendung."

(iv) 補足すれば,

(α) まず,「第2読会」審議では,「執行命令」に基づいては強制抵当権の登記はなされないとすべし,との「禁止」提案が採択される。この採択提案の趣旨が,本条bの第3項「第1文」として,新起草される。

(β) さらに,「第2読会」審議では,「300マルク」以下の価額の債権に基づいては強制抵当権の登記はなされないとすべし,との「限定化提案」が採択される。この採択「提案」の趣旨が,本条bの第3項「第2文」として,新起草される。

2 ライヒ議会の本会議での「第2次」審議
——1898年5月2日・3日(第81・第82会期)——[13]

(i) 1898年5月2日・3日の両日,ZPO変更法草案は,ライヒ議会の全員総会(Plenar・本会議)での「第2次審議(zweite Berathung)」に,付せられる。いわゆる,「ZPOノヴェレについての第2次本会議審議(zweite Plenarberathung der Novelle zur ZPO)」,である。

⎡① 81. Sitzung am Montag den 2. Mai 1898.
⎣② 82. Sitzung am Dienstag den 3. Mai 1898.

(ii) 強制抵当権制度については,1898年5月3日の第82会期 (82. Sitzung) の審議において,論議される。

(iii) この「第2次審議」(第82会期)では,次の二点に注目される。すなわち,

(α) 第1に,正面からの強制抵当権制度「廃止」論はもはや主張されていな

い。制度「存置」が，確実的に，所与の前提として受容される。

（β）第2に，他方，議員のトレガー（Traeger）並びにカウフマン（Kauffmann）の両氏より，同草案757条ｂの「第3項」（第1次本会議審議の第2読会で採択された条項）の「削除」を求める提案が，なされる。同草案757条ｂの「第3項」の規定は強制抵当権制度の適用範囲を「限定化」する（既述1⑵⑶）が，その「限定化」を無用として，同条同項の「削除」提案がなされる。

両議員による同条同項の「削除」提案をめぐり，賛成・反対の相対立する立場より，あらためてその諸論拠が主張される。とりわけ，「執行命令」に基づく強制抵当権の登記の許否（同条同項第1文）につき，論議がなされる。なお，この論議では，政府代表者サイドからは，別段の態度表明はなされてはいない。

決着は票決に委ねられ，同条同項の「削除」提案は多数により否決される。かくして，同草案757条ｂの「第3項」はそのまま維持される。

──すなわち，「執行命令」に基づくときには，強制抵当権は登記され得ない。その他の「執行名義」に基づくときには，300マルクの額を越える債権のためにのみ，強制抵当権は登記され得る，とされる。──

3　ライヒ議会の本会議での「第3次」審議
　　──1898年5月5日（第84会期）──[14]

（ｉ）引き続いて，1898年5月5日，ＺＰＯ変更法草案は，ライヒ議会の全員総会（Plenar・本会議）での「第3次審議（dritte Berathung）」に，付せられる。いわゆる，「ＺＰＯノヴェレについての第3次本会議審議（dritte Plenarberathung der Novelle zur ZPO）」，である。

──＊84. Sitzung am Donnerstag den 5. Mai 1898.

（ⅱ）第3次本会議審議では，従前までの本会議審議をふまえて，ＺＰＯ変更法草案について，その「一般討議（Generaldiskussion）」がなされる。しかし，ここでは，強制抵当権制度については何の議論もなされず，その変更もなされていない。

〔基本文献〕（第3節・ライヒ議会本会議審議）

イ）「第1次」本会議審議については，
  ① Hahn-Mugdan, op. cit., S. 189ff.
  ② 第4委員会の審議報告 (Bericht der IV. Kommission)
     Hahn-Mugdan, op. cit., S. 263ff.（S. 421ff.）
  ③ ZH 制度に関する本会議審議の一般的概況
     Schanz, op. cit., S. 144ff.
ロ）「第2次」本会議審議については，
     Hahn-Mugdan, op. cit., S. 436ff.（S. 520ff.）
ハ）「第3次」本会議審議については，
     Hahn-Mugdan, op. cit., S. 528ff.

〈注記〉
1) ライヒ議会本会議「第1次審議」
  i) Vgl. Drucks. 1897/98 Nr. 240, S. 211ff.（ZH制度について）; Hahn-Mugdan, Bd. 8 S. 421ff.
  ii) より具体的には，ライヒ議会本会議「第1次審議」（「ZPO変更法草案」審議）（議案としての「第4委員会」付託（1898／1／14）「以前」）に関して，
  ① 第14会期（1898／1／11）議事録（発言記録）については，Hahn＝Mugdan, Bd. 8 S. 189ff.; Sten.-Ber. 1897/98 S. 351ff.
  ② 第15会期（1898／1／12）議事録（発言記録）については，Hahn＝Mugdan, Bd. 8 S. 218ff.; Sten.-Ber. 1897/98 S. 373ff.
  ③ 第17会期（1898／1／14）議事録（発言記録）については，Hahn＝Mugdan, Bd. 8 S. 252ff.; Sten.-Ber. 1897/98 S. 421ff.
  iii) その後の「第4委員会」での「二度の読会」の審議経緯については，Trimborn 議員により取り纏められた趣旨明快な「報告集」（1898／4／26日付）があり，これに関して，
     Hahn＝Mugdan, Bd. 8 S. 263ff.
2)「第1読会」審議経緯（Trimborn 議員「報告集」）に関して，757条 b—757条 d（「ZH制度」関連審議）について，
     Hahn-Mugdan, Bd. 8 S. 421-427.
3)「二提案の内容」については，

Hahn-Mugdan, Bd. 8 S. 421.
4)「第1提案否決」経緯（13対2）については,
　Hahn-Mugdan, Bd. 8 S. 421-425.
5)「第2提案否決」経緯（8対7）については,
　Hahn-Mugdan, Bd. 8 S. 421-425.
6)「第2読会」審議経緯については,
　Hahn-Mugdan, Bd. 8 S. 425-427.
7)「四提案の内容」については,
　Hahn-Mugdan, Bd. 8 S. 425.
8)「第1提案否決」経緯（8対6）については,
　Hahn-Mugdan, Bd. 8 S. 425-427.
9)「第2提案採択」については,
　Hahn-Mugdan, Bd. 8 S. 425-427.
10)「第3提案採択」については,
　Hahn-Mugdan, Bd. 8 S. 425-427.
11)「予備的提案」審議不要については,
　Hahn-Mugdan, Bd. 8 S. 425-427.
12)　草案757条ｂ「第3項」の新起草文（編纂委員会）については,
　Hahn-Mugdan, Bd. 8 S. 427.
13)　ライヒ議会本会議「第2次審議」
　ⅰ)　ライヒ議会本会議「第2次審議」については,
　①　Sten.-Ber. 1897/98 S. 2095ff.（ＺＨ制度については, S. 2141ff.)
　②　Hahn-Mugdan, Bd. 8 S. 520ff.
　ⅱ)　より具体的に, ライヒ議会本会議「第2次審議」(「ＺＰＯ変更法草案」審議)（議案としての「第4委員会」付託（1898／1／14）「後」）に関して,
　①　第81会期（1898／5／2）議事録（「ＺＨ制度」関連論なし）については, Hahn-Mugdan, Bd. 8 S. 436ff. S-B S. 2081ff.
　　　ＣＰＯ変更法草案の審議については, Hahn-Mugdan, Bd. 8 S. 454 ff. Sten.-Ber. 1897/98 S. 2095ff./（ＺＨ制度については, S. 2141ff.）；
　②　第82会期（1898／5／3）議事録（「ＺＨ制度」関連議論あり）については, Hahn-Mugdan, Bd. 8 S. 477ff. S-B S. 2113ff.
　③　トレガー議員の「757条ｂ第3項削除提案」については, Hahn＝Mugdan, Bd. 8 S. 520-521. Sten. -Ber. 1897/98 S. 2141-2142．：カウフマン議員の「同

削除提案」については，Hahn＝Mugdan, Bd. 8 S. 524-525. Sten. -Ber. 1897/98 S. 2144. いずれも詳細に提案根拠の主張をする。
④　「第2次審議」ではＺＨ制度についての賛否両論の諸根拠が委員会メンバーにより詳細に反復・論議されているが，この点につき Hahn＝Mugdan, Bd. 8 S. 520-527. Sten. -Ber. 1897/98 S. 2141-2146.
14)　ライヒ議会本会議「第3次審議」（「ＺＰＯ変更法草案」審議／一般討議）第84会期（1898／5／5）のみであり，この議事録（「ＺＨ制度」関連議論なし）については，
①　Hahn-Mugdan, Bd. 8 S. 528-534.
②　Sten. -Ber. 1897/98 S. 2197-2201.

小　括

─ 1　経　緯
・1　ライヒ議会に提出されたＺＰＯ変更法草案は，そこでの「本会議審議」に，付される
・2　本会議審議は，計三次（第1次・2次・3次）にわたって，おこなわれる

─ 2　「第1次」本会議審議（98／1／11・12・14）（14・15・17会期）
・1　その予備審議のために，「第Ⅳ委員会」（ライヒ議会議員による構成）に付託される（リンテリン議員の提案）
・2　「第Ⅳ委員会」では，二度の読会（第1読会・第2読会）に，付される
・3　「第1読会」では，二提案（第1提案・第2提案）がなされるが，「第1提案」（ＺＨ制度廃止）も，「第2提案」（執行命令の除外）も，いずれも否決される
・4　「第2読会」では，四提案がなされるが，「第1提案」（ＺＨ制度廃止）は否決，「第2提案」（債権価額の限定化）は採択，「第3提案」（執行命令の除外）は採択，「第4提案」（「第3提案」の予備的提案）は「第

3提案」採択により審議無用，の結果となる

─3　「第2次」本会議審議（98／5／2・3）（81・82会期）
　　・1　ＺＨ制度廃止論はもはや主張されず，制度存置が前提とされる
　　・2　草案757条ｂ第3項（債権価額の限定化条項）（←「第1次」本会議審議での「第2提案」採択）の削除提案（限定化無用）がなされるが，否決（→同条項維持）される

─4　「第3次」本会議審議（98／5／5）（84会期）
　　・1　一般討議がなされるのみである
　　・2　ＺＨ制度については，もはや議論はなされない

第4節　1898年・新「ＺＰＯ」典中の強制抵当権制度
――関連規定の列挙――

> 論述の進行
> 1　1898年・「ＺＰＯノヴェレ」の成立
> 2　1898年5月20日・「布告」
> 　　――新たな条文「数表示」
> 　　（新ＺＰＯ866条―868条）――

論述の進行

　小括を兼ねて述べれば，

　（ⅰ）　ＺＰＯ変更法草案は，ライヒ議会での審議を経由し，連邦参議院の同意の下，皇帝により認証を受け，1898年・ＺＰＯノヴェレとして成立する（1）。

　（ⅱ）　次いで，1898年5月20日・布告により，新たな条文「数表示」の下，ライヒ宰相により新ＺＰＯ典が公布される。同法典中の「強制抵当権制度」関連規定は，新ＺＰＯ866条・867条・868条の三ヵ条である（2）。

1　1898年・「ＺＰＯノヴェレ」の成立[1]

　（ⅰ）　ライヒ議会審議を経由し，そこを通過したＺＰＯ変更法草案は，連邦参議院（Bundesrat）の同意を得て，皇帝ヴィルヘルムⅡ世により，その制定法としての認証を受ける。これが，「ＺＰＯノヴェレ（Novelle zur ZPO）」の成立（RGBl. S. 256ff.）であり，1898年5月17日のことである。かくして，従来からの1877年・ライヒＣＰＯは，1898年5月17日・ＺＰＯノヴェレにより，大幅な修正・増補を受ける。

（ii） なお，1877年・ライヒＺＰＯは条文数総計「872ヵ条」であったが，1898年・ＺＰＯノヴェレにより，その条文数は「1048ヵ条」へと大幅に増加する。

2　1898年5月20日・「布告」
──新たな条文「数表示」（新ＺＰＯ866条―868条）──[2)]

（ｉ）　他方，1898年5月17日付の制定法（授権法）（RGBl. S. 342.）は，新たな条文「数表示」の下での新ＺＰＯ法典の「公布」を，ライヒ首相に授権する。この授権に基づき，1898年5月20日の「布告（Bekanntmachung）」により，ライヒ首相により新たなＺＰＯ法典が公布される（RGBl. S. 369ff.）。

（ii）　ＺＰＯ変更法草案中の「757条ｂ―757条ｄ」の三ヵ条の規定は，新たなＺＰＯ法典中，「866条―868条」として，存置される。それは，次の如くである。

─(α)　新ＺＰＯ866条（←ＺＰＯ変更法草案757条ｂ）

§ 866　①　Die Zwangsvollstreckung in ein Grundstück erfolgt durch Eintragung einer Sicherungshypothek fur die Forderung, durch Zwangsversteigerung und durch Zwangsverwaltung.

②　Der Gläubiger kann verlangen, daß eine dieser Maßregeln allein oder neben den übrigen ausgefuhrt werde.

③　Auf Grund eines Vollstreckungsbefehls finder die Eintragung einer Sicherungshypothek nicht statt. Auf Grund eines anderen Schuldtitels darf eine Sicherungshypothek nur für eine den Betrag von dreihundert Mark übersteigende Forderung eingetragen werden ; die Vorschriften der §§ 4, 5 finden entsprechende Anwendung.

─(β)　新ＺＰＯ867条（←ＺＰＯ変更法草案757条ｃ）

§ 867　①　Die Sicherungshyopthek wird auf Antrag des Gläubigers in das Grundbuch eingetragen ; die Eintragung ist auf dem vollstreckbaren Titel zu vermerken Mit der Eintragung entsteht die Hyopthek. Das Grundstück haftet auch für die dem Schuldner zur Last fallenden Kosten der Eintragung.

② Sollen mehrere Grundstücke des Schuldners mit der Hypothek belastet werden, so ist der Betrag der Forderug auf die einzelnen Grundstücke zu verteilen : die Größe der Teile bestimmt der Gläubiger.

(γ) 新ＺＰＯ868条（←ＺＰＯ変更法草案757条ｄ）

§ 868 ① Wird durch eine vollstreckbare Entscheidung die zu vollstreckende Entscheidung oder ihre vorläufige Vollstreckbarkeit aufgehoben oder die Zwangsvollstreckung für unzulässig erklärt oder deren Einstellung angeordner. so erwirbt der Eigentümer des Grundstücks die Hypothek.

② Das gleich gilt, wenn durch eine gerichtliche Entscheidung die einstweilige Einstellung' der Vollstreckung und zugleich die Aufhebung der erfolgten Vollstreckungsmaßregeln angeordnet wird oder wenn die zur Abwendung der Vollstreckung nachgelassene Sicherheisleistung oder Hinterlegung erfolgt.

〔基本文献〕（第４節；1898年・新ＺＰＯ典の Text）
① Hahn-Mugdan, op. cit., S. 535 ff.
② RGBl, S. 410-611.
③ Vgl. Schanz, op. cit., S. 154 ff.

〈注記〉
１） ｉ） 1898／5／17の制定法としての「認証」（Verkuendung）については，Hahn＝Mugdan, Bd. 8 S. 534.
　　ⅱ） その全条文（新起草文）については，Hahn＝Mugdan, Bd. 8 S. 535ff.
　　ⅲ） 金銭債権執行規定（同法第２編・803条以下）については，Hahn＝Mugdan, Bd. 8 S. 740ff.

２） ｉ） 旧「757条ｂ―757条ｄ」→新「866条―868条」の新旧対照については，Hahn＝Mugdan, Bd. 8 S. 763-764.
　　ⅱ） 1898／5／27日付でライヒ官報（RGBl.）Nr. 21（S. 252, S. 254, S. 332）に登載されたことについては，Hahn＝Mugdan, Bd. 8 S. 534.

第5節 1909年・「ＺＰＯノヴェレ（Novelle zur ZPO）」中の強制抵当権制度

――ＺＰＯ866条3項「削除」条項（原案第2条項第32号）についての「ライヒ議会」審議――

> 論述の進行
> 1 制定史的状況（1898年―1909年）
>   ――部分的「改革」としての1909年・ＺＰＯノヴェレの成立――
> 2 ライヒ議会「審議」とその「終結」（1908年―1909年）
>   ――ＺＰＯ866条3項「削除」条項とシュルツ反対「提案」――
> 小　括

論述の進行

（ⅰ）1898年・ＺＰＯノヴェレの成立以降も，民事訴訟手続の改革の試みが意欲的に持続される。とりわけ，1895年・オーストリー新民訴法の成立，そしてその施行に伴なう充実した成果は，ドイツの改革作業にも大きなインパクトを与える。かくして，1895年・オーストリー新民訴法の成立・施行を大きな立法動機の一つとして，1909年・ＺＰＯノヴェレが制定・成立する（1）。

（ⅱ）ライヒ司法府の作業の成果としてのＺＰＯ等変更法草案（原案）は，連邦参議院での採択をふまえて，その条文の最終的な起草を目的として，ライヒ宰相によりライヒ議会に提出される。ここでは，原案第2条項第32号（ＺＰＯ866条3項「削除」条項とその論拠）をめぐり，活発な論議がなされる。

ライヒ議会「本会議」審議での第2読会では，原案同条項同号に対しては，シェルツ議員より「反対」提案がなされ，論議の末に票決により採択される。

373

その結果，原案は修正され，ＺＰＯ866条3項は削除されるべきではないとされ，300マルクの「価額限界」規定は存置される。

かくして，1909年・新ＺＰＯノヴェレの公布により，執行命令に基づいても強制抵当権の登記がなされるとされたことの対応上，従来からのＺＰＯ866条3項第2文の規定文言は若干の修正を受ける（2）。

1　制定史的状況（1898年—1909年）
　　――部分的「改革」としての1909年・ＺＰＯノヴェレの成立――[1)]
(1)　民事訴訟手続の「改革」の必要性
　　――オーストリー新民訴法の制定・施行に伴なうインパクト――[2)]

（i）1898年5月17日・ＺＰＯノヴェレが成立していたが，既にその編纂作業の段階において，訴訟手続の「抜本的改革」の必要性が意識される。しかし，ライヒの統一的・包括的な新実体法としてのＢＧＢ典の施行予定日（1900年1月1日）が切迫して，それに迅速・早急に対応するためには，訴訟手続の改正は部分的なもののみに限らざるを得ず，その抜本的改革はあくまで後日の重要課題として留保される。かくして，この意味では，1898年・ＺＰＯノヴェレは，統一的ＢＧＢ典の編纂に伴ない必要とされた限りで，この個別の訴訟的諸変更を集成したものといえる。

（ii）他方，1898年・ＺＰＯノヴェレの成立に先行して，1895年8月1日，フランツ・クライン（Franz Klein）の手に成る，オーストリー新民訴法典が制定され，1898年に施行される。このオーストリー新民訴法は，ドイツライヒの訴訟法改革の動向に，極めて多大な刺激と影響を与える。

――たとえば，1902年・第26回ドイツ法曹会議大会，さらには1903年・ドイツ弁護士会議では，オーストリー新民訴法が検討素材として採り上げられ，その対比よりドイツライヒの訴訟手続のもつ瑕疵や不備が指摘され，その改善・改革の方針が論議される。――

なお，付言すれば，オーストリー新民訴法は，多くの諸点で，1877年・ＣＰＯを範とする。しかも同時に，その重要な眼目においては，1877年・ＣＰＯと

は大きく異なる，新たな様々な新機軸を打ち出している，という点に注目される。それは，訴訟手続の迅速性・直接性・機動性等の諸点において，極めて顕著である。

(iii) ドイツライヒの訴訟手続の改革にとって，1895年・オーストリー新民訴法は一つの「導きの星」でもあった。しかし，その一方において，フランクフルト市長・アディケス (Adickes) の著名なる論稿 (Grundlinien durchgreifender Justizreform, Berlin 1906) は，ドイツ司法をイギリス法を範型として再構築すべし，とする点で，異彩を放っている。訴訟手続の改革については，その基本方針において，顕著な対立（オーストリー法か，イギリス法か）が存在していた，といえる。

(2) 改革作業の開始――ライヒ司法省の基本方針――3)
(i) 1904年6月10日，ライヒ議会は，「商人裁判所 (Kaufmannsgericht)」の設置に関する法律の採択に際し，民事訴訟手続が抜本的に改革されるべき旨，決議する。ここでは，とりわけ，区裁判所の管轄すべき法的紛争（訴訟）について，その司法手続の「促進 (Beschleunigung)」と「低廉化 (Verbilligung)」が，意図される。

(ii) ライヒ議会での決議を承けて，直ちにライヒ司法省内で，法律草案の作成・起草のために，その作業が開始される。それは区裁判所上の訴訟手続の新構成を意図する。

――――なお，補足すれば，民事訴訟手続の全般にわたる包括的・抜本的な「改革 (Revision)」については，その作業では意図されていない。その理由として，①第1に，全領域にわたる包括的・抜本的「改革」のためには，その決断の判断基準において，さらには採用すべき基本方針において，あまりに諸見解が分岐していた，からである。②第2に，相互に矛盾・対立する諸原理が種々存在するところ，それらの平準化が極めて困難であった，からである。以上，民事訴訟手続の全般にわたる包括的・抜本的「改革」のためには，なお時間の経過が必要であり，未だ機が熟していなかった，といえる。――――

(iii) 改革作業の基本方針としては，区裁判所の訴訟手続を営業裁判所 (Gewerbegericht) や商人裁判所の手続に近接化・類似化させる，という点にある。営業裁判所並びに商人裁判所での手続は，民事訴訟手続とは著しく趣を異にし，著しく民衆的であった，からである。

——たとえば，既に営業裁判所の設置に際し，特別裁判所として，それは通常裁判所の系列外に存置されていた。ZPO典に基づく訴訟手続が極めて緩慢であり，欠点多きものであった，からである。——

(3) 1909年・ZPOノヴェレの成立[4]

(i) ライヒ司法省内での改正作業の成果として，ZPO等変更法草案（含・理由書）が作成され，後述の如く（後述2），それは，ライヒ議会「審議」を経由して，1909年6月1日，「ZPO改正法」(Novelle zur ZPO) として成立する。

(ii) 1909年・ZPOノヴェレは，まずオーストリー新民訴法の改革に，さらに営業裁判所手続の新構成に多大に触発されながら，手続の迅速性・機動性という視点より，従来の区裁判所上の訴訟手続のもつ欠陥・不備を除去しよう，としたものである。その若干の具体例としては，区裁判所上の訴訟手続に「職権追行主義」を導入していること，また区裁判所の訴訟指揮の権限を大幅に強化していること，等が指摘できる。

2 ライヒ議会「審議」とその「終結」(1908年—1909年)
——ZPO866条3項「削除」条項とシュルツ反対「提案」——[5]

(1) 連邦参議院での採択・通過，ライヒ議会への提出[6]

(i) まず，連邦参議院での最終起草採択 (Beschlußfassung) をふまえて，「ZPO等変更法草案（原案）」がここを通過する。

(ii) 次いで，1908年2月28日，その条文の最終的起草のための審議並びにその決定を委ねるために，ライヒ宰相によりZPO等変更法草案（原案）はライヒ議会に提出される。

——なお，ここで提出されたZPO等変更法草案（原案）の，その正式名称（裁判所構成法・民事訴訟法・裁判所費用法・弁護士報酬法の変更に関する制定法草

案) は次のものである。

"Entwurf eines Gesetzes, betreffend Anderungen des Gerichtsverfassungsgesetzes, der Zivilprozeßordnung, des Gerichtskostengesetzes und der Gebührenordnung für Rechtsanwälte."（Drucks. des Reichstags, 1907/08 Nr. 735）

(2) 原案第2条項第32号——ＺＰＯ866条3項「削除」条項とその論拠——[7]

(i) 1908年・ＺＰＯ等変更法草案（原案）中の強制抵当権制度についてみれば，1898年・ＺＰＯノヴェレにおける，それとの比較において，ほぼその制度的大枠が維持・堅持される。しかし，極めて注目すべき変更も一部的になされていることも，事実であり，具体的には次のものである。

(ii) ＺＰＯ等変更法草案（原案）第2条項中の第32号において，1898年・ＺＰＯ866条3項の規定が削除されるべき旨，定められている。既述のように，同条同項は，「執行命令の除外」（第1文）と「300マルクの価額限界」（第2文）を定めたものであり，1898年・新ＺＰＯ中に新たに設けられた（1898年1月―5月のライヒ議会の本会議審議の決定）（既述第4節2）。かくして，1908年・ＺＰＯ等変更法草案（原案）は，その「執行命令の除外」と「価額限定」の規定（第1文・第2文）を削除すべき旨，定めている。

——なお，1898年・ＺＰＯ866条3項によれば，執行命令に基づいては保全抵当権の登記はなされない（第1文）（執行命令の「除外」規定）。他の債務名義を理由とするときには，300マルクの価額を越える債権のためにのみ，保全抵当権が登記される。ここでは4条並びに5条の規定が準用される（第2文）（300マルクの「価額限界」規定），とされていた。——

(iii) 1908年・ＺＰＯ等変更法草案（原案）の「理由書」（削除論）は，1898年・ＺＰＯ866条3項の「削除」の理由につき，次のように論じている（Drucks. des Reichstags, 1907/08 Nr. 735 S. 47f)。すなわち，

(α) ＺＰＯ866条3項は，強制抵当権制度の妥当領域をある程度限定化するために，執行命令の「除外」（第1文）と300マルクの「価額限界」（第2文）との二つの視点から，これを限定化しよう，とする。しかし，強制抵当権制度の

377

妥当領域の限定化という，その方針それ自体に対して，1898年・ＺＰＯ典の施行に伴ない，実務上，かなりの疑念が生じる。

（β）第1に，執行命令の「除外」規定（第1文）が存在するために，債権者は督促手続（それは「執行命令」作出の手続である）の利用を断念し，「訴えの手段」（訴訟手段）に依らなければならない，という多くの諸場合が生じていた。しかし，そのことは債権者に費用と時間において多大の負担と犠牲を強いている。そもそも督促手続事件として処理されるべきものが，費用と時間のかかる通常訴訟や証書訴訟へと止むを得ず委ねられてしまう，という望ましくない結果を招来している。

（γ）第2に，300マルクの「価額限界」規定（第2文）が存在するために，300マルク未満の債権を有する債権者は強制抵当権の登記をなし得ず，即時に強制競売の執行方法の手段（強制競売の差押え）を採らなければならず，それは債務者に極めて酷な結果を招来させる。「価額限界」規定が存在するために，「債権者の即時の強制競売の着手・追行への強要，債務者への不当な苛酷さの発生」，という連鎖が生じている，と論ずる。

(3) ライヒ議会予備審議「委員会」での審議
―― 二つの反対「提案」（「価額限界」必要論）の主張 ――[8)]

(i) ライヒ議会に提出されたＺＰＯ等変更法草案（原案）は，活発な一般討議をふまえて，個々の細目についてのなお慎重なる予備審議（Vorberatung）に付すために，ライヒ議会「委員会」に付託される。

(ii) このライヒ議会「委員会」では，ＺＰＯ等変更法草案（原案）は多くの修正を受ける。その重要な一例としては，区裁判所の管轄額限界（争訟価額限界）につき，草案（原案）が従来の300マルクより800マルクに引き上げていたのに対し，ライヒ議会「委員会」はこれを600マルクに修正していることを，指摘できる。

しかし，強制抵当権制度についてみれば，ライヒ議会「委員会」は，ＺＰＯ866条3項の「削除」条項（原案第2条項第32号）（(2)(ii)）をそのまま承認し，な

んらの修正をもしていない。但し，論議がまったくの無風状態であったわけではなく，草案（原案）の立場への反対論も主張される。

(iii) ライヒ議会「委員会」での審議では，草案（原案）の立場（ＺＰＯ866条3項の「削除」論）に対して，次の二つの反対「提案」（必要論）がなされる。すなわち，

(α) 第1に，執行命令の「除外」規定は必要であり，ＺＰＯ866条3項第1文の規定は削除されるべきではない，との反対「提案」である。この「提案」には，執行命令による強制抵当権登記の濫用を体験してきているバーデン政府「代表者」より，強力な賛同が述べられる。しかし，票決では，圧倒的多数により，この第1「提案」は否決される。

(β) 第2に，300マルクの「価額限界」規定は必要であり，ＺＰＯ866条3項2文の規定は削除されるべきではない，との反対「提案」である。少額抵当権による土地の負担化はやはり好ましいものではない，との理由に基づく。しかし，この第2「提案」もまた，票決により，圧倒的多数で否決される。

(4) ライヒ議会「本会議」での審議
　　――第2読会におけるシュルツ反対「提案」とその採択（「価額限界」必要論の承認）――9)

(i) ライヒ議会「委員会」での予備審議を経由して，引き続き，ＺＰＯ等変更法草案はライヒ議会「本会議」での審議に付せられる。

(ii) ライヒ議会「本会議」審議では，その第2読会において，シュルツ議員（Abg. Schultz）により，草案（原案）の立場（「価額限界」削除論）に対して，その反対「提案」（「価額限界」必要論）がなされる。300マルクの「価額限界」規定は必要であり，その限りでＺＰＯ866条3項第2文の規定（規定趣旨）は削除されるべきではない，との「提案」である。

(iii) シュルツ反対「提案」の論旨は，次の三点に要約できる。

(α) 第1に，土地登記事務・管理の遂行という視点よりすれば，土地登記簿は少額の，さらには極少額の債権のための抵当権によって埋め尽されてはなら

379

ない。1898年・ＺＰＯ866条３項の「価額限界」規定の提立以前にあっては，土地登記簿はその種の少額の抵当権によって充満し，既になされた債務弁済や取引終結にもかかわらず，それらは土地登記簿上なお残存し続け，後日なされるべき土地登記簿の浄化（Grundstücksbereinigung）にとって，重大な障害・困難を生じさせていた。

(β) 第２に，「価額限界」規定を存置しても，それによって債務者には何の不利益も，また何の苛酷さも生じない。

たとえば，「価額限界」規定を存置すれば，少額債権に基づくときには強制抵当権の登記はなされず，直ちに「強制競売」が申し立てられる結果となり，債務者に不当な不利益を強いる，との批判が，「価額限界」規定の削除論の立場（「理由書」の立場）よりなされている（なお，既述(2)）。しかし，そのような債務者の不利益は，現実にはほとんど認識されない。

その理由として，①第１に，仮に「強制競売」手続が着手・追行されても，それが少額債権に基づくために，手続開始後，債務者は直ちに債務弁済が可能であり，土地所有権の喪失には至らない，からである。②あるいは，第２に，その「強制競売」手続が少額債権に基づく故に，当該「手続」は常に「費用倒れの危険性（Kostenrisiko）」を有し，債権者は「手続」の続行を断念せざるを得ないことも多々生じる，からである。

以上，そのような「強制競売」手続は現実には決して貫徹されず，したがって債務者は土地所有権を競落により喪失することもない。

(γ) 第３に，「価額限界」規定を存置した場合，仮に債権者により「強制競売」手続が着手・遂行されても，それにより債務者にはなんらの「現実上の苛酷さ（wirkliche Härte）」も生じない。

その理由として，①第１に，仮に当該債務者が債務支払いの懈怠者であるときには，その「強制競売」手続の遂行は支払懈怠（Zahlungssäumigkeit）という彼自身の固有の挙動（行動）に帰せられ，手続遂行はその限りにおいて債務者にとって止むを得ない，からである。②第２に，仮に当該債務者が支払不能（Insolvenz）の者であるときには，その支払不能性を理由として，もはや信用享

受できない者として，彼自身はその「信用（Kredit）」においていかなる損害も
もはや忍受し得ない（換言すれば，その信用能力の破綻を理由として，もはや彼自
身の新たなる損害も生じようがない），からである，とする。

　(iv)　シュルツ反対「提案」をめぐり，「第2読会」審議では，賛否両論が主
張される。すなわち，

　(α)　まず，その反対意見（「価額限界」削除論）として，連邦参議院「代議
員」より，社会政策的・社会経済的な疑念が主張される。「価額限界」規定を
存置すれば，より強い債権者（より多額の債権を有する債権者）が存在するとこ
ろ，このような債権者には，より弱い債権者（より少額の債権を有する債権者）
が有する以上の「権利（Rechte）」が付与される。したがって，より強き者はま
すます強化され，より弱き者はますます弱化され，このような帰結は社会政策
的に大きな矛盾である，と主張する。

　(β)　他方，シュルツ反対「提案」を支持する賛成意見（「価額限界」必要論）
も述べられ，先行のライヒ議会予備審議「委員会」におけると同様に（既述(3)
(iii)），やはりバーデン政府「代表者」より主張される。執行命令の「除外」規
定の存置，そして300マルクの「価額限界」規定の存置が，自らの確固たる基
本的立場（ＺＰＯ866条3項の存置）として，再度，反覆して主張される。

　(γ)　決着は票決に委ねられ，賛成多数により，シュルツ反対「提案」は採択
される。かくして，その限りで草案（原案）は修正され，ＺＰＯ866条3項第
2文の規定趣旨は削除されるべきではないとされ，300マルクの「価額限界」
規定は存置される（必要論の採択）。

(5)　1909年6月1日・新ＺＰＯノヴェレの公布とその発効
　　　──ＺＰＯ新866条3項──[10]

　(i)　ライヒ議会でのすべての審議が終結し，1909年6月1日，ＺＰＯ等変更
法草案はライヒ皇帝により制定法として公布される（RGBl. S. 475ff.）。この新
改正法（Novelle vom 1. Juni 1909）は，1910年4月1日より，現実に発効する。

　(ii)　1909年・新ノヴェレ中の強制抵当権制度についてみれば，「第2読会」

審議でのシュルツ反対「提案」の採択の結果，次のように変更される。

　(α)　第1に，ＺＰＯ等変更法草案の当初の原案どおり，1898年・ＺＰＯ866条3項第1文の規定は削除される。執行命令の「除外」規定は削除され，原則として執行命令に基づいても強制抵当権の登記はなされるとされ，執行命令の「特例的地位」は廃止される。

　(β)　第2に，シュルツ反対「提案」の採択の結果，ＺＰＯ等変更法草案の当初の原案とは異なり，300マルクの「価額限界」規定（第2文）は維持される。但し，執行命令に基づいても強制抵当権の登記がなされるとされた対応上，従来のＺＰＯ866条3項第2文の規定文言は若干手直しを受ける。

　────従来のＺＰＯ866条3項第2文は，同第1文が執行命令の「除外」を定めていることに対応して，その他の債務名義（執行命令以外の債務名義）を理由とする強制抵当権の登記は300マルクの価額を越える債権のためにのみなされる旨，定めていた（既述第4節2）。他方，シュルツ反対「提案」の採択の結果，執行命令を含めて，執行力あるすべての債務名義に基づいて強制抵当権の登記がなされ，それらの債務名義のすべてについて300マルクの「価額限界」の制限がかぶせられる（(4)）。かくして，執行命令を除外しない形で，執行力ある債務名義一般につき，300マルクの「価額限界」が妥当されるべき旨，その趣旨が明規される。────

　(iii)　なお，1909年・新ノヴェレでは，ＺＰＯ866条3項は，次のように起草される。原条文並びに訳文を示しておこう。

①　ＺＰＯ866 Abs. 3

"Auf Grund eines vollstreckbaren Schuldtitels darf eine Sicherungshypothek nur für eine den Betrag von dreihundert Mark übersteigende Forderung eingetragen werden. Die Vorschriften der §§ 4 und 5 finden entsprechende Anwendung."

②　条文訳

"執行力ある債務名義に基づいて，保全抵当権は300マルクを越える債権額のためにのみ，登記される（第1文）。本法4条・5条の規定が準用される（第2文）。"

〔基本文献〕(1909年・「ＺＰＯノヴェレ」)

イ) 一般的内容(制定史,法史的展開における意義,主要改正点等)については,
① Friedrich Stein, Die Novelle zur Zivilprozessordnung vom 1. Juni 1909 (Komm.), 2. Aufl., Tuebingen 1910.
② Richard Schmidt, Die Neuerungen im Zivilprozessrecht nach der Amtsgerichts-Novelle vom 1.Juni 1909 und der Reichsgerichts-Novelle vom 22.Mai 1910,1910, S.1ff.
③ Fittung, Die Neuerungen der Novelle zur Civilprozessordnung vom 1. Juni 1909 als Nachtrag zu 12. u. 13 Aufl. des Reichs＝Civilprozess, Berlin 1909.
④ Baur, Entwicklungslinien des Zivilprozessrechts 1947 bis 1987, NJW 1987, 2326.

ロ) 制定史的状況(その位置付け等)については,
① Stein, op. cit., S. XIII−S. XV.
② Schmidt, op. cit., S. 2−18.

ハ) ライヒ議会「審議」については,
① Drucks. des Reichstags, 1907/08 Nr. 735 ; 1903/04 Nr. 340 ; 1907/09 Nr. 1333.
② Stenographische Bericht, 1903/04 ; 1907/08 ; 1907/09.

ニ) 09年・ＺＰＯノヴェレ中のＺＨ制度(866条3項)の規定内容
① Stein, op. cit., S. 163ff.
② Schanz, op. cit., S. 159ff.

ホ) 1896年・オーストリー新民訴法とその影響
① Adickes, Grundlinien durchgreifender Justizreform, Berlin 1906.
② Sperl, in der Zeitschrift fuer deutsch. Zivilprozess, Bd. 51 (1926) S. 407ff.
③ Schmidt, op. cit., S. 3ff.
④ Damrau, Der Einfluss der Ideen Franz Kleins auf den deutschen Zivilprozess, in : Forschungsband Franz Klein, 1988, S. 157.

〈注記〉

1) Vgl. Schanz, op. cit., S. 159ff.
2) ⅰ) 1898年・ＺＰＯノヴェレの法体系的位置付けについては, Begrundung des Entwurf, Drucks. d. Reichst. 1897/98 Nr. 61 S. 77.
 ⅱ) 1895年・オーストリー新民訴法典の「有用性(効用性)」については, Sperl. Zeitschr. f. deutsch. Ziv. -Proz. Bd. 51 (1926) S. 407ff.

iii）　95年・オーストリー新民訴法典との対比におけるドイツ民事訴訟手続のもつ欠点，並びにその克服のための議論として，
　①　1902年・第26回ドイツ法曹会議大会議事録（Verhandlungen Bd.3 S.490ff.），
　②　1903年・ドイツ弁護士会議議事記録（Jur. Wochenschr. 1903 S. 334f.）
　iv）　Adickes 論文；Grundlinien durchgreifender Justizreform, Berlin 1906.
3）　i）　1904／6／10・ライヒ議会決議（民事訴訟手続の抜本的改革を主張する）については，Sten. -Ber. 1903/04 S. 3089；Drucks. 1903/1904 Nr. 340 S. 55.
　　　ii）　しかし，それを受けたライヒ司法省作業では，包括的・抜本的改革は将来の課題とされ，まず可能な範囲での部分的改革（「手続の迅速性・機動性」確保）が志向される。それでもなお，民事訴訟手続の機能性向上に向けての，貴重な展開の端緒である。
4）　1909／6／1・ＺＰＯ改正法（Novelle）のコンメンタールとして，Stein, Die Novelle zur ZPO vom 1. Juni 1909, 2. Aufl., Tubingen 1910. に，その制定経緯が簡潔に示されている。
5）　1908年・「ＺＰＯ等変更法草案」に関するライヒ議会「審議」（1908/1909）については，当該年のライヒ議会審議速記録（Sten. -Ber.）がある。
6）　草案も理由書も共にライヒ議会に提出されたところから，1908年・「ＺＰＯ等変更法草案」については，ライヒ議会録年報（Drucks. Des Reichstags）・1907/08 Nr. 735に，その「理由書」については，同年報 S. 47f. に，掲載・収録されている。
7）　1898年・「ＺＰＯ等変更法草案」中のＺＨ規定については，前記のライヒ議会年報，その「理由書」中の論拠については，前記の同年報に拠る。
8）　i）　ライヒ議会予備審議「委員会」での「審議」については，その審議速記録（Sten. -Ber. 1907/08 S. 5281ff., 5290ff.）がある。
　　　ii）　執行命令「除外論」（ＺＰＯ866条3項第1文「存置論」）（1898／5／17・ＺＰＯノヴェレへの復帰論）を強力に主張するバーデン政府「代議員」の論旨については，Bericht des Abg. Dr. Heinze v. 31. Maerz 1909, Drucks. 1907/09 Nr. 1322 S. 69ff.
9）　i）　ライヒ議会「本会議」審議（第2読会）については，Sten. -Ber. 1907／09 S. 8168 ff., 8203 ff.
　　　ii）　シュルツ反対「提案」については，Drucks. 1907/09 Nr. 1333.
10）　「09年・ノヴェレの下でのＺＰＯ866条3項」の理解（解釈）に関する Stein, op. cit., S 163, Bem. II zu § 866によれば，新改正法の現実の発効日（1910／4

／1）前に発布された「執行命令」に基づく場合であっても，ＺＨ登記が可能とされた。

小　括

─ 1　制定史的状況
- ・1　95／8／1・オーストリー新民訴法典の成立（フランツ・クライン）（←77年・ＣＰＯを範とするが，多くの重要な新機軸（訴訟手続の迅速性・直接性・機動性等）あり）（→98年・施行）（→ドイツライヒの訴訟法改革に大きな影響を与える）
- ・2　98／5／17・ＺＰＯノヴェレの成立（←統一的ＢＧＢ典の施行予定日（1900／1／1）に間に合わせるための応急的な部分的立法）
- ・3　1900／6／10・ライヒ議会決議（民事訴訟手続の抜本的改革をすべし）→ライヒ司法省での作業開始（但し，「区裁判所上の訴訟手続の新構成」を意図するにすぎず，民事訴訟手続全般にわたる包括的・抜本的改革は意図していない）
- ・4　ライヒ司法省での改正作業によりＺＰＯ等変更法草案（付・理由書）が起草される→ライヒ議会審議を経由→09／6／1・ＺＰＯノヴェレとして成立

─ 2　経　緯
- ・1　連邦参議院での採択・通過する
- ・2　08／2／28・ライヒ宰相によりライヒ議会に提出される

─ 3　原案第2条項第32号（98年・ＺＰＯ866条3項第1文・第2文の削除）の論拠（←09年・ＺＰＯ等変更法草案「理由書」）
- ・1　98年・ＺＰＯ866条3項第1文・第2文はＺＨ制度の妥当領域を制限するために置かれている（ＺＨ制度の要件を狭める）が，不都合な結果を招来させている

- ・2 「執行命令の除外」（同第1文）のため，多くの債権者は督促手続の利用を断念している
- ・3 「300マルクの価額限界」（同第2文）のため，それ以下の債権額の債権者は直ちに「強制競売」の執行方法の手段を採ることになり，債務者に過酷な結果となっている

─ 4 ライヒ議会「委員会審議」（予備審議）
- ・1 草案（原案）の立場（98年・ＺＰＯ866条3項第1文・第2文の削除）に対して，二つの反対提案がなされる
- ・2 98年・ＺＰＯ866条3項第1文（執行命令の除外）は削除されるべきではない，との反対提案は否決される
- ・3 98年・ＺＰＯ866条3項第2文（価額限界）は削除されるべきではない，との反対提案も否決される

─ 5 ライヒ議会「本会議審議」
- ・1 草案（原案）の立場（「価額限界」削除）に対して，シュルツ議員の反対提案（「価額限界」を設けるべし）がなされる
- ・2 98年・ＺＰＯ866条3項第2文（「価額限界」規定）は削除されるべきではない，とする
- ・3 賛否両論の中で採決に持ち込まれ，「採択」される（→98年・ＺＰＯ866条3項第2文（「価額限界」規定）の維持）

─ 6 09年・新ＺＰＯノヴェレ
- ・1 ライヒ議会の審議終了
- ・2 09／6／1・ライヒ皇帝により「制定法」（新改正法）として公布される（新ＺＰＯノヴェレ）
- ・3 10／4／1～・発効

第4章　1898年・ＺＰＯと強制抵当権

└─7　変更点（←第2読会でのシュルツ反対提案の採択）

・1　98年・ＺＰＯ866条3項第1文（「執行命令除外」規定）の削除（←ＺＰＯ等変更法草案の原案どおり）

・2　同第2文（「300マルクの価額限定」規定）の維持（←ＺＰＯ等変更法草案の原案とは異なる）（但し，規定維持ではあるが，執行命令の許容に伴い，規定文言の若干の手直し）

・3　09年・新ＺＰＯノヴェレ866条3項の「原文」（最終確定）

第6節　補論　1923年・「民事争訟手続促進令」中の強制抵当権制度

——「金銭価値下落」に伴なう「価額限界」規定（ＺＰＯ866条3項）の修正，「価値恒定の債務名義」作出の適法性の承認——

```
論述の進行
1　民事訴訟手続の改革の動向
　　——戦時・戦後の社会経済的生活関係の激変——
2　1923年・「民事争訟手続促進令」と強制抵当権制度
　　——「金銭価値下落」の状況への立法的対応——
```

論述の進行

(ⅰ)　第1次世界大戦の終結以降（1919年），その廃墟の中で，ドイツではあらためて民事訴訟手続の改革の必要性が，緊急の大きな課題とされる。戦時・戦後の社会経済的生活関係が大きく激変し，民事訴訟手続はこれにもはや十分には対応できなくなった，からである。

かくして，1920年・ライヒ司法省「民訴法改正委員会」の設置を契機として，民事訴訟手続の改正は確実なる展開を示す。ここでは，二つの「緊急令」，すなわち，まず改革の根幹としての1924年・「民事争訟手続令」，そしてインフレーションに代表される「金銭価値下落」の状況に対応する1923年・「民事争訟手続促進令」，の公布に注目される (1)。

(ⅱ)　「強制抵当権制度」関連規定について注目すれば，1923年・民事争訟手続促進令が，「金銭価値下落」の状況への立法的対応として，ＺＰＯ866条3項の「価額限界」に関して，その調整をおこなっている。しかも，最終的には，

第4章　1898年・ＺＰＯと強制抵当権

「価値恒定の債務名義」に基づく強制執行（強制抵当権の登記を含めて）を許容する。その具体的諸規定は，当時妥当の「裁判所負担軽減令」中に，編入される（２）。

1　民事訴訟手続の改革の動向
　　　──戦時・戦後の社会経済的生活関係の激変──[1]
(1)　戦時緊急立法としての1915年・「裁判所負担軽減令」
　　　──連邦参議院による公布──[2]

(ⅰ)　第１次世界大戦勃発（1914年）以前には，民事訴訟手続の領域においても，1909年・ＺＰＯノヴェレを含めて，いくつかのノヴェレが制定・公布される。しかし，それらはいずれも1898年・ＺＰＯ典中の諸規定を個別に変更するにすぎず，とりわけ手続の迅速化・促進を中心的狙いとする民事訴訟手続の全面的改正は将来の課題とされる。

(ⅱ)　第１次世界大戦が本格的に激化するに伴ない，裁判所の司法事務の負担軽減の要請がまさしく緊要の課題とされる。裁判官や裁判所書記官等の裁判所職員一般に対しても，いわゆる戦時召集がなされ，裁判所の人的構成は著しく弱体化し，もはや裁判所の司法事務はその本来の機能・負担を果し得なくなった，からである。

(ⅲ)　1914年８月４日・「授権法（Ermächtigungsgesetz）」（RGBl. S. 327）（経済上の処置に関して，連邦参議院に「命令」発布の権限を授権する）３条により，1915年９月９日・「裁判所負担軽減令（Verordnung zur Entlastung der Gerichte von 9. Sept. 1915)」が，連邦参議院により公布される（RGBl. S. 562ff.）。これは，戦時の窮乏（Nöten）を機縁として，民事上の法的紛争手続（民事訴訟手続）を簡易化し，併せて裁判所の司法事務の負担を大幅に軽減化しよう，とする。

このような1915年・裁判所負担軽減令は，いわゆる「戦時緊急立法」の一つとして連邦参議院により公布されたが，1898年・ＺＰＯ典とは別個・独立した「命令（Verordnung）」の形式をもつ。

(ⅳ)　なお，1915年・裁判所負軽令もまた，1898年・ＺＰＯ典中の諸規定を個

389

別に若干手直しするにすぎず，その体系や構造について根本的に関与するものではない。また，強制抵当権制度についても規定上まったく論及していない，ことに注意されよう。

────但し，後述する如く（後述2(2)(ヘ)），1923年・促進令により，「価値恒定の債務名義」に基づく強制執行の諸規定が裁判所負担軽減令中に編入され，その結果，このような「価値恒定の債務名義」に基づく強制抵当権登記の執行方法についても，裁判所負担軽減令の諸規定の適用がなされる。────

(2) **1920年・ライヒ司法省「民訴法改正委員会」の設置**[3]
(i) 第1次世界大戦の終結時以降（1919年─），ドイツ経済は破綻に瀕し，市民生活もまた著しく困窮の度合を深めていく。それと共に，民事上の法的紛争の解決のための民事訴訟手続もまた，多くの欠陥や瑕疵を極度に露呈しはじめる。とりわけ「金銭価値下落（Geldentwertung）」に代表される，大きく動揺し続ける経済上の社会生活関係，それに現行の民事訴訟手続は十分に適合できなくなった，からである。かくして，民事訴訟手続の全面的改正の必要性が緊急の課題として登場する。そして，既に時は，ワイマール共和国（1919年8月）の時代へと，移行していた。

(ii) 1920年，ライヒ政府の意向を受けて，ライヒ司法省は，民事訴訟手続の全面的改正の目的の下，その内部的組織として，「学者・裁判官・弁護士」の各界の代表者より成る「改正委員会」を設置する。民事上の法的紛争の解決のための手続（民事訴訟手続）を，①変動した経済上の社会生活関係に適合させ，②より簡易・迅速・活性的なものとすることが，この改正委員会の任務とされる。

(3) **二つの「緊急令」の公布**
────1923年・「民事争訟手続促進令」と1924年・「民事争訟手続令」────[4]
(i) しかし，予測を遙かに上まわる極度のインフレーション進行のために，「民訴法改正委員会」はZPO典の全面的改正を断念する。「民訴法改正委員

会」は，若干の部分的修正・手直しに，留まらなければならなかった。その具体的成果として，1923年12月8日・「授権法（Ermächtigungsgesetz）」(RGBl. S. 1179.) に基づいて，二つの「緊急令（Notverordnung）」が公布される。

(ⅱ) 第1に，1924年2月13日・「民事争訟手続令（Verordnung über das Verfahren in bürgerlichen Rechtsstreitigkeiten）」である（RGBl. I S. 135; 1924/5/24の改訂については，RGBl. I S. 562.）。これは，民事訴訟手続の改革についての，根幹としての主たる重要な「命令（Verordnung）」である。同令は次の三点において注目される。

すなわち，①第1に，民事訴訟手続の進行において，「当事者支配（Parteiherrschaft）」が排除される。たとえば，「期日」や「期間」において，看取できる（同令224条・227条）。②第2に，ラント裁判所又は上級ラント裁判所での「単独裁判官（Einzelrichter）」による手続が，創設される（同令384条—350条）。③第3に，区裁判所での「和解手続（Güterverfahren）」が，創設される（同令495条 a ）。

これらの変更された国家法上の諸関係をも考慮した形での，ＺＰＯ条文の新公布は，1924／5／13になされている（RGBl. I S. 437ff.）。条文配列は変っていない。

(ⅲ) 第2に，1923年12月22日・「民事争訟手続促進令（Verordnung zur Beschleunigung der Verfahrens in bürgerlichen Rechtsstreitigkeiten）」であり，1924年1月10日より発効する（RGBl. S. 1239.）。単に「促進令（Beschleunigungsverordnung）」とも略称されるが，民事争訟手続を可能な限り促進・迅速化させるために，いくつかの新機軸を打ち出している。これらの多くがもっぱらインフレーションへの訴訟法的対応に他ならない。

この1923年・促進令は，「仲裁判決手続（Schiedsurteilsverfahren）」という簡易手続の創設，さらに口頭弁論なくして裁判をなし得る諸場合の広範囲な許容，といった諸点において，その新規化を試みる。また，強制抵当権制度との関連において，注目すべき改革をおこなっている（後述2）。

2 1923年・「民事争訟手続促進令」と強制抵当権制度
――「金銭価値下落」の状況への立法的対応――[5]

(1) 「価額限界」規定（ＺＰＯ866条3項）の修正[6]

(イ) 修正の必要性[7]

1909年・ＺＰＯノヴェレにより，ＺＰＯ866条3項は，執行力ある債務名義に基づく保全抵当権の登記は300マルクの価額を越える債権のためにのみなされる，と定めていた（既述第5節2(5)）。しかし，この同条同項の「価額限界」は，「金銭価値下落」に代表される社会経済的生活関係の激変の中で，その新たな対応・手直しを迫られる。

(ロ) 区裁判所の「争訟価額限界」（ＧＶＧ23条1号）における立法的対応[8]

(i) ＺＰＯ866条3項の「価額限界」は300マルクであったが，それは裁判所構成法（ＧＶＧ）上の区裁判所の「争訟価額限界（Streitwertgrenze）」と対応する。ＧＶＧ23条1号は，財産法上の争訟における区裁判所の管轄につき，その争訟価額限界として300マルクを越える争訟についてのみ，その管轄権を承認していた，からである。

(ii) ＧＶＧ23条1号の区裁判所の「争訟価額限界」についてみれば，社会経済的生活関係の変動に対応して，既にそれは極めて柔軟に修正を受けていた。たとえば，第1次世界大戦前においても，既に区裁判所の争訟価額限界は300マルクより600マルクへと引き上げられていたし，戦後の著しい「金銭価値下落」状況（インフレーション）の下では，逐次，個別の法令により，争訟価額の引き上げ・高額化がなされていた。

――たとえば，戦後の区裁判所の争訟価額限界の引き上げについて，より具体的に指摘しておこう。インフレーションの急激な進行が，これによっても，明瞭に看取できる。

- ① 1920年4月20日法（RGBl. S. 499）： 1,200マルク
- ② 1921年3月11日法（RGBl. S. 299）： 3,000マルク
- ③ 1922年7月8日法（RGBl. I S. 569）： 10,000マルク
- ④ 1923年3月27日法（RGBl. I S. 217）： 30,000マルク

　　　　　　　　　　　　　　　　　　第4章　1898年・ＺＰＯと強制抵当権

├─⑤　1923年7月23日法（RGBl. I S. 742）：　　3,000,000マルク
└─⑥　1923年9月15日令（RGBl. I S. 884）：　　500,000,000マルク

(iii)　しかし，他方，急激に進捗する「金銭価値下落」の状況の下では，個別の法令による争訟価額限界の引き上げもまた無力化していかざるを得ない。個別の法令による対応・修正それ自体が，順次，急速に無意味となってしまった，からである。かくして，その抜本的・根本的対応のために，争訟価額限界を価値恒定的（wertbeständig）に確定するという，新たな方策が試みられる。

(iv)　より具体的には，

(α)　まず，既にライヒ統計局（statistische Reichsamt）により，生計費に関するライヒ公式物価指数（Reichsindexziffer für Lebenshaltungskosten）が，公表されていた。かくして，1923年10月30日・法令（VO. v. 30. Okt. 1923（RGBl. I S. 1041））は，このライヒ公式物価指数を価値算定基準として，区裁判所の争訟価額限界を価値恒定的に確定しよう，とする。

(β)　また，1923年12月13日・法令（RGBl. I S. 1186）は，価値算定基準として「租税金マルク（Steuergoldmark）」を採用し，ＧＶＧ23条1号の区裁判所の争訟価額限界は，500「租税金マルク」として，価値恒定的に確定される。

(γ)　さらに，新たな通貨法が施行され（1924年12月12日・通貨法第二実施令2条）（Zweite VO. zur Durchführung des Münzgesetzes v. 12. Dez. 1924 §2）（RGBl. I S. 775），従来からの「金マルク（Goldmark）」に代わり，新たに「ライヒスマルク（Reichsmark）」が登場する。かくして，ＧＶＧ23条1号の争訟価額限界は，500「ライヒスマルク」として，価値恒定的に確定される。

(ハ)　**区裁判所の「争訟価額限界」への「リンク」（ＺＰＯ866条3項の修正起草）――促進令第2条第2号――**[9]

(i)　区裁判所の争訟価額限界についての迅速・適確な対応にもかかわらず，その顕著な対照として，ＺＰＯ866条3項の強制抵当権の価額限界はまったく無変更であった。急激なる「金銭価値下落」の状況の下，ＺＰＯ866条3項の強制抵当権の価額限界は，それを無視し続け，まったく無意味となった。

(ii)　このような状況をふまえて，1923年・促進令第2条第2号は，ＺＰＯ

393

866条3項の「価額限界」規定を蘇生化するために，区裁判所の争訟価額限界との「リンク」を，定める。

　価値恒定的に確定されている区裁判所の争訟価額限界，それは極めて有用であり，それに強制抵当権の価額限界を規定上「リンク」させ，ＺＰＯ866条3項の「価額限界」規定を有意義化・機能化しよう，とする。

　(iii)　1923年・促進令第2条第2号は，具体的には，次のように定める。原条文並びに訳文・解題を示しておく。

　(α)　"Auf Grund eines vollstreckbaren Schuldtitels darf eine Sicherungshypothek nur für einen Betrag eingetragen werden, der die für die Zuständigkeit der Amtsgerichte in Streitigkeiten über vermögensrechtliche Ansprüche festgesetze Wertgrenze übersteigt. Maßgebend ist der Zeitpunkt, in dem der Antrag auf Eintragung der Sicherungshypothek bei dem Grundbuchamt eingeht. Die Vorschriften der §§ 4, 5 finden entsprechende Anwendung."

　(β)　執行力ある債務名義に基づいて，保全抵当権は，財産法上の請求権についての争訟の区裁判所の管轄につき定められた価値限界を越える価額のためにのみ，登記される。保全抵当権の登記を求める申請が土地登記所に到達した，その時点が，価額算定の基準時となる。4条・5条の規定が準用される"

　(γ)　同条同項の下，ＧＶＧ23条1号の区裁判所の争訟価額限界は「500ライヒスマルク」であるところ，規定上のそれへの「リンク・全面的準拠」の結果，ＺＰＯ866条3項の強制抵当権の価額限界もまた「500ライヒスマルク」となり，「500ライヒスマルク」を越える債権額のためにのみ，強制抵当権の登記がなされる，こととなる。

　(iv)　なお，1923年・促進令第2条第2号は，次のような論理構造を，規定上定める，と理解される。

　すなわち，①まず，強制抵当権登記のために必要とされる債権価額（＝価額限界）は，価値恒定の形式で（in wertbeständiger Form）示された表示額によって，特別に確定されなければならない（強制抵当権の価額限界の，価値恒定的確定の必要性）。②その際，区裁判所の争訟価額限界と対応する動的な形成において，

その強制抵当権の債権価額（価額限界）が決定されなければならない（強制抵当権の価額限界の，区裁判所の争訟価額限界への「リンク」の必要性）。③そして，現在妥当している区裁判所の争訟価額限界は，強制抵当権登記のために必要とされる債権価額（＝価額限界）をも同時に示すものである，としなければならない（完全且つ全面的な「リンク」の必要性）。④しかも，価額算定の基準時としては，強制抵当権の登記申請が土地登記所に到達した時点において，債権額が具体的に算定されなければならない（到達主義の妥当）（登記実施時），という論理構造が，規定上，具体化されている。

(2) **「価値恒定の債務名義」の形成──強制抵当権登記との関係において──**[10]
(イ) **「価値恒定の債務名義」形成の必要性**[11]
(i) 急激に進行する「金銭価値下落」の状況の下で，債務名義上に記載されるべき執行債権額につき，次の問題が生じる。

(ii) すなわち，債務名義上には，その作成時において，執行債権額が記載されるが，それはあくまで制定法上の通貨（法定通貨）により数字上・数額上明確に特定された金額として記載される。しかし，名義作成時に記載されたそれ自体適確な執行債権額が，当該債務名義に基づく強制執行の現実の着手時にあっては，急激な「金銭価値下落」の進捗の下で，その実質価値上（実質購買力上），弱体化・無力化あるいは無意味化してしいる，というケースが，しばしば生じている。名義作成時より強制執行の現実の着手時に至るまでの時間的経緯において，既に法定通貨の実質価値は大きく下落していたために，である。

かくして，執行債権者の利益の保護，さらには強制執行の実効性確保のためには，債務名義上に記載されるべき執行債権額について，名義作成時において，それを価値恒定的に確定した形で記載することが，必要となる。いわゆる「価値恒定の債務名義（wertbeständiger Schuldtitel）」形成の必要性が，現実の緊急の要請として登場する。

(ロ) **裁判実務上の決断の先行**[12]
(i) 既にドイツの一部の裁判所（判決）にあっては，債務名義上に記載され

るべき金額につき，価値恒定的に確定された形で記載されるべし，と決断していた。他方において，ＺＰＯ253条2項並びに同794条1項5号の諸規定よりすれば，「価値恒定の債務名義」の作出に対しては，そのような債務名義の作出が制定法上果たして可能なのか，という若干の疑念が生じるが，一部の裁判所（判決）はその疑念を正面から排斥していた。

(ⅱ) その決断の論拠として，"常にいつでも確定可能な価値算定基準が存在するところ，その利用により特定された「金額（Geldsumme）」（＝価値恒定的に確定された債権額）は，そもそも法的通貨により数字上・数額上特定された「価額（Summe）」（＝単なる法定通貨による債権額・特定した確定債権額）と，同等評価・同視されなければならない"，との見解が明確に提示されている。

(ハ) **立法による「適法性」の明示的承認──促進令第1条Ａ第3号──**[13]

(ⅰ) しかし，「価値恒定の債務名義」の作出を決断するという，このような一部の裁判所の態度決定が，一般的・普遍的に妥当・貫徹されるのか，法解釈上・法適用上，一般的なコンセンサスを得られるのか，については，やはり若干の疑問が存在する。しかも，価値恒定的確定のために利用されるべき価値算定基準としては，実に様々なものがあり得，それらが価値算定基準として徒らに多数むやみに利用されれば，望ましくない混乱も生じてくる。

かくして，その利用される価値算定基準の画定化・限定化を含めて，「価値恒定の債務名義」の作出の許容性・適法性の確立化のためには，立法によるその適法性の明示的承認が求められ，その問題への立法者の関与，換言すれば「立法による解決」が必然となる。

(ⅱ) このような要請の下，1923年・促進令第1条Ａ第3号は，「価値恒定の債務名義」の適法性（Zulässigkeit）を明示的に承認し，併せて同時に価値恒定的確定のために利用できる価値算定基準を画定化・限定化している。かくして，「価値恒定の債務名義」は，なんらの疑問なき制定法上の確固とした土台・基礎の上に，構築される。

すなわち，同第3号の「価値恒定の債務名義」によって，執行債権者には，次の「可能性」が認められる。すなわち，債務関係の性質上，ライヒ通貨によ

り弁済されるべき債権が存在するところ，それを執行債権として債務名義上に記載するに際して，許容された価値算定基準と結合させる（執行債権額の価値恒定的な確定）ことによって，執行債権者は事後の（強制執行の現実の着手時の）「金銭価値下落」に対して確実に保全される，という「可能性」である。ここでは，債権者の利益保護の視点が，明瞭である。

(ニ) 実体法上の「増額評価問題」への不干渉[14]

1923年・促進令第1条A第3号の規定は，「価値恒定の債務名義」の形成について，その訴訟上の「許容性（Statthaftigkeit）」のみを宣言し，実体法上の問題には関与していない。債権者が債務者に対して「価値恒定の債務負担判決を求める請求権」を有するか否かについては，同条項同号の規定は，これを実体法上の規制に委ねて，何も言及していない。したがって，「価値恒定の債務名義」形成の適法性はあくまで訴訟法上の問題として承認されており，1923年・促進令はいわゆる実体法上の「増額評価問題（Aufwertungsproblem）」の是非について自ら態度決定していない，ことに注意される。

(ホ) 「価値恒定の債務名義」に基づく強制執行[15]

1923年・促進令は，「価値恒定の債務名義」形成の適法性を承認した上で，それに基づく強制執行手続につき，詳細な定めを置いている（計9ヵ条）。既に「外貨建て債権（Valutaforderungen）」（「外貨」を価値算定基準として価値恒定的に確定された債権）に基づく強制執行において，一つの判例法理が形成されていたが，この判例法理の結論を1923年・促進令はここでも妥当・条文化している，ことに注目される。

(ヘ) 「裁判所負担軽減令」（1915年9月9日）中への編入[16]

(i) 1923年・促進令は，「価値恒定の債務名義」に基づく強制執行の諸規定につき，これを「裁判所負担軽減令」（1915年成立）（1(1)）中に編入すべき旨，指示する。これらの諸規定も強制執行規定だとすれば，本来ＺＰＯ典中に編入されるべきであるが，しかし単に「一過的（vorübergehend）」な意味をもつにすぎない（換言すれば，「金銭価値下落」の状況が沈静化ないし終息するときには，「価値恒定の債務名義」は不要となる）とすれば，ＺＰＯ典中への編入は回避さ

れるべし，と判断された，からである。かくして，「価値恒定の債務名義」に基づく強制執行の諸規定は，「裁判所負担軽減令」中に，その第26条 a — i (計9ヵ条) として，編入される。

(ⅱ) なお，1924年5月13日付の「官報」により，この「裁判所負担軽減令」は条文「数表示」を一新して公表されるが，その新テクスト (neues Text) 中にあっては，前述の諸規定は新第9条—17条 (計9ヵ条) として登場している (RGBl. I S. 552ff.)。

〔基本文献〕(1915年・「裁判所負担軽減令」と1923年・「民事争訟手続促進令」)
イ) 1915年・「裁判所負担軽減令」の「制定史的状況・逐条内容・立法史的意義等」につき，そのコンメンタールとして，
von Seuffert, Verordnung zur Entlastung der Gerichte vom 9. Sept. 1915., Muenchen 1916.
ロ) 1923年・「民事争訟促進令」の「制定史的状況・逐条内容・立法史的意義等」につき，そのコンメンタールとして，
Volkmar, Verordnung zur Beschleunigung des Verfahrens in burgerlichen Rechtsstreitigkeiten vom 22. Dez. 1923, 2. Aufl., Mannheim 1924 (Einleitung, S 1-39.).
ハ) 1915年令と1923年令中における「ＺＨ制度関連規定」内容については，
① 上記の von Seuffert と Volkmar のコンメンタール
② Schanz, op. cit., S. 163ff.
ホ) 1924／2／13・「民事争訟手続令」の「制定史・内容・目的等」の概観については，
Volkmar, Mannheim 1924 S. 15ff.
ヘ) 1923／12／22・「民事争訟手続促進令」に関し，ライヒ議会委員会に提出された，その草案「理由書」については，
Volkmar, BeschlVO., 2. Aufl. Mannheim 1924, S. 15ff.
ト) ドイツ民事訴訟法における「民事訴訟手続の促進」と「裁判所の負担軽減」に関する近時に至るまでの一連の「立法経緯」については，
① Keoster, Die Beschleunigung der Zivilprozesse und die Entlastung der Zivilgerichte in der Gesetzgebung von 1879 bis 1993, 1995.
② W. Leuke, 20 Jahre Vereinfachungsnovelle-Versuch einer Reform des Zivilver-

fahrens, Jus 1997, 681.

〈注記〉

1) 　Vgl. Schanz, op, cit., S. 163ff.
2) 　Vgl. Schanz, op, cit., S. 163.（1915年・「裁判所負担軽減令」については，Komm. v. L von Seuffert, Munchen 1916. に拠る）
3) 　Vgl. Schanz, op, cit., S. 163-164.
4) 　 i) 　1924／2／13・「民事争訟手続令」の「制定史・内容・目的等」の概観は，Volkmar, Beschl VO., 2. Aufl. Mannheim 1924 S. 1-39.

　　　 ii) 　1923／12／22・「民事争訟手続促進令」の草案理由書（ライヒ議会委員会に提出）は Volkmar, Beschl VO., 2. Aufl. Mannheim 1924, S. 15ff. に収録されている。

5) 　Vgl, Schanz, op, cit., S. 164ff.
6) 　Vgl, Schanz, op, cit., S. 164-165.
7) 　Vgl, Schanz, op, cit., S. 164.
8) 　Vgl, Schanz, op, cit., S. 164-165.
9) 　 i) 　但し，その後，この「リンクの構造」は再び崩壊し，両者は乖離する。すなわち，ライヒ憲法第48条2項に基づきライヒ大統領は「二つの緊急令」を公布し，これにより「ＺＰＯ866条3項の価額限界」（→現状維持）と「ＧＶＧ23条1号の区裁判所上の争訟価額限界」（→価額限界アップ）とが乖離する。

　　　 ii) 　具体的には，

① 　1930／12／1・第1緊急令（RGBl. I S. 517ff.）→「区裁判所上の争訟価額限界」は1931／4／1より「800マルク」になる。

② 　1931／10／6・第3緊急令（RGBl. I S. 537ff.）→「区裁判所上の争訟価額限界」は1931／10／15より「1000マルク」になる。

③ 　「ＺＰＯ866条3項の価額限界」→現状維持（「500マルク」）である。

10) 　Vgl. Schanz, op, cit., S. 166ff.
11) 　Vgl. Schanz, op, cit., S. 166f.
12) 　「価値恒定の債務名義」作出の制定法上の適法性を認める判例につき，Volkmar, Beschl VO., S. 16f.
13) 　Vgl. Schanz, op, cit., S. 167.
14) 　1923年令が実体法上の「増額評価問題」には不干渉であることにつき

　　　 i) 　Stein-Jonas, Komm. z. ZPO., 14. Aufl., Tubingen 1928/29, Bem. II zu 9

Entl VO.（Anhang zu § 313）

ⅱ） Volkmar, Beschl VO. Vorbem. vor § 26 aⅣ.
15) Vgl. Schanz, op, cit., S. 167.
16) Vgl. Schanz, op, cit., S. 167 f.

第5章　1931年・ＺＰＯ参事官草案と強制抵当権
――修正「平等主義」（順位期間制度）への接合と新制度的機能――

> はじめに
> 第1節　1931年・「ＲＥ―ＺＰＯ」の成立
> 　　　　――その主要な変更点――
> 第2節　ＲＥ―ＺＰＯ「理由書」における「平等主義」
> 　　　立法の決断
> 　　　　――その理論的・法政策的正当性の論拠――
> 第3節　「動産」強制執行中の修正「平等主義」として
> 　　　の「順位期間」制度（ＲＥ―ＺＰＯ883条）
> 　　　　――「差押質権」制度との接合関係――
> 第4節　「不動産」強制執行中の強制抵当権制度（ＲＥ
> 　　　―ＺＰＯ943条以下）
> 　　　　――修正「平等主義」としての「順位期間」制
> 　　　　度との接合関係――

はじめに

　(i)　わが国の学説一般はＺＨ制度を「優先主義採用の法技術」と理解する。しかし，31年・民訴法参事官草案は，修正「平等主義」立法を採用し，その法技術として「順位期間制度」を導入し，これにＺＨ制度を接合させている。結論を先述すれば，その法システムからは，ＺＨ制度は，単純な「優先主義採用の法技術」ではなく，各「債権者集団」組成の基軸であることが，明らかであ

る。

(ⅱ) 金銭債権に基づく強制執行において，複数の執行債権者が競合する場面では，その債権者競合についての執行法上の法的処理如何に関し，いわゆる「優先主義（Prioritätsprinzip od. Präventionsprinzip）」と「平等主義（Ausgleichsprinzip）」の二大立法主義が対立している。実体法や手続法の歴史的展開の差違，さらには立法政策如何といった個別的状況を背景として，その中間的・折衷的立場を含めて，各国の立法例が分岐していること，既に学説の指摘する（たとえば，宮脇・強執各論22頁）ところである。

(ⅲ) ドイツ法の状況に眼を転ずれば，

(α) ドイツライヒのはじめての統一的民訴法典たる1877年・ＣＰＯは，審議における白熱した論議をふまえた上，優先主義を採用している。フランス法を継受したラインラント法は勿論のこと，プロイセンラントやバイエルンラント等の有力なラント諸法が平等主義を採用するものであったにもかかわらず，立法委員会は，優先主義をドイツ固有の法思考に合致するものとして，これを採用するに至った。そして，1898年・新ＺＰＯ典もまた，その前身たる1877年・ＣＰＯの立場を基本的に承継し，優先主義に準拠する。

(β) しかし，一転して，1931年・「民訴法参事官草案（ＲＥ―ＺＰＯ）」は，基本的に平等主義の法理論的・法政策的正当性を承認している。そして，この正当性を前提としつつ，その具体的諸規定上においては，新たな「順位期間」制度（Rangfristensystem）の導入という形で，純「平等主義」を修正し，いわば修正された「平等主義」を決断している。ここでは，修正「平等主義」の具体的実現としての「順位期間」制度，という法構造が看取される。

(γ) 1931年・ＲＥ―ＺＰＯ中の修正「平等主義」としての「順位期間」制度は，より具体的には，「動産」強制執行では「差押質権（Pfändungspfandrecht）」制度と同様に不即不離に接合し（ＲＥ―ＺＰＯ881条以下），さらに「不動産」強制執行では「強制抵当権（Zwangshypothek）」制度と同様に不即不確に接合している（同941条以下）。「動産」強制執行における優先主義採用の法技術としての差押質権制度，さらには「不動産」強制執行において結果として執行債権者

の優先的処遇を可能とする強制抵当権制度，という両制度が，修正「平等主義」としての「順位期間」制度と不即不離に接合し，これに包摂されている。かくして，RE―ZPO中においては，差押質権制度並びに強制抵当権制度は，修正「平等主義」としての「順位期間」制度と接合し，これに包摂されることにより，従前とはかなり趣を異にした新たな法構造を示すに至っている，という点に注目される。

(iv) 以上を前提として，本章は，遂に正規の法典とはならなかった1931年・RE―ZPO中の強制抵当権制度につき，新たな修正「平等主義」としての「順位期間」制度との接合・包摂関係に注目して，各「債権者集団」組成の基軸としての，その法構造を理論的に解明する。

(v) なお，私見によれば，

(α) 1931年・RE―ZPOは，平等主義の正当性を承認し，具体的諸規定上においては，修正「平等主義」としての「順位期間」制度を法構成する。しかし，従来の我が国の学説にあっては，私見認識とは，その理解を異にし，1931年・RE―ZPOは「優先主義と平等主義」の中間に位置する折衷的な「群団優先主義あるいは集団執行主義」を採用するものである，と理解されている（たとえば，宮脇・強執各論24頁，等）。

(β) その論者自身がいみじくも指摘されるように，手続法の構造上，「優先主義・群団優先主義・平等主義の間は相互に流動的であ」り，もし「平等主義のもとで他の債権者の参加を排除する基準時を早めれば早めるほど，次第に群団優先主義に近づく」こととなるし，他方「群団優先主義をとりつつも，やはり他の債権者の参加を排除する時期を早めていけば，実質的には優先主義と殆ど違わな」いものとなるし，さらに「逆に他の債権者を遅くまで平等に参加させる建前をとると，平等主義との差が少なくなる」（宮脇・強執各論24頁）。したがって，優先主義と平等主義との間の折衷的・中間的立場としては，論理上，優先主義により近接したものから，逆に平等主義により近接したものまで，様々なヴァリエイションが存立し得る。

(γ) 問題は，その様々な折衷的・中間的立場を第三の立法主義として独立の

類型と把握するか，である。私見はこれを消極に解する。中野・民執法（増補新訂5版）44頁は，群団優先主義についてのみであるが，「おそらくは独立の類型とするに足りない」と指摘するが，この認識を結論的に正当とすべきである。

(δ) では，1931年・ＲＥ―ＺＰＯ中の「順位期間」制度は，「平等主義」なのか，「優先主義」なのか。そのいずれに近接するものなのか。我が国の学説一般がむしろこれを「優先主義」に近接したものと理解しているのに対して，私見は，「平等主義」の正当性の基本的承認の上での，修正「平等主義」に他ならず，それはあくまで「平等主義」立法の一タイプである，と端的に理解する。この点についても，本章分析より明らかとされる。

(iv) 本章の「課題」と「編成」について言えば，

(α) 本章には「四つの課題」があり，その課題分析のためにそれぞれ「四つの節」が置かれている。

(β) 第1の課題は，1931年・「ＲＥ―ＺＰＯ」成立の背景たる時代状況に眼を向けながら，その対応としての主要な変更点（改正点）を明らかにすること，である。第1節で分析する。

(γ) 第2の課題は，主要な変更点（改正点）中，とりわけ「『平等主義』立法の法政策的・理論的決断」に注目して，1931年・「ＲＥ―ＺＰＯ」の「理由書」に基づき，その決断の「正当性根拠」を明らかにすること，である。第2節で分析する。

(δ) 第3の課題は，1931年・「ＲＥ―ＺＰＯ」中の「動産」執行における，修正「平等主義」としての「順位期間」制度（純「平等主義」の適切・妥当な改良版である）の法構造を明らかにすること，である。その際，これに接合・包摂された「差押質権」制度の機能に注目する。第3節で分析する。

(ε) 第4の課題は，1931年・「ＲＥ―ＺＰＯ」中の「不動産」執行における，修正「平等主義」としての「順位期間」制度（純「平等主義」の適切・妥当な改良版である）の法構造を明らかにすること，である。その際，これに接合・包摂された「強制抵当権」制度の機能（これは従前には存在していなかった，新た

第5章　1931年・ＺＰＯ参事官草案と強制抵当権

な制度的機能である）に注目する。第4節で分析する。

第1節　1931年・「RE―ZPO」の成立
――その主要な変更点――

```
論述の進行
1  前史的状況
2  主要な変更点――RE―ZPO第9編・「強制執行」――
小　括
```

論述の進行

（ⅰ）1877年・ＣＰＯは，その卓越した時代的意義にもかかわらず，施行に伴ない，将来的な抜本的修正の必要性も意識されていた（本研究第Ⅰ巻第5章第1節）。しかし，1898年・新ＺＰＯ典の成立・施行も，新実体法典としての統一的ＢＧＢ典の施行に向けての，応急的対応にすぎなかった（第4章第1節）。また，20世紀に至り，その時々の時代的状況の急激なる変動に伴ない，諸「改正法」による緊急的な立法がなされたが，新法典編纂の課題はなお残されていた（第4章第5節・第6節）。かくして，1931年，当時妥当の1898年・ＺＰＯ典の抜本的改革の意図の下，ライヒ司法省により「ＲＥ―ＺＰＯ（民訴法参事官草案）」が，その「理由書」と共に，公表・公刊される（1）。

（ⅱ）ＲＥ―ＺＰＯは，当時妥当の1898年・ＺＰＯとの比較において，強制執行手続面において大胆な改革を試みている。それは，「執行官庁の統一，職権主義の貫徹，平等主義立法」といった諸点に，集約される。

（ⅲ）なお，「平等主義立法」と強制抵当権制度との相互関連性については，次なる第2節以下に譲る（2）。

第5章　1931年・ＺＰＯ参事官草案と強制抵当権

1　前史的状況[1]

（ⅰ）私法の全領域にわたるライヒの法統一化の中で，その一翼を担って，既に1877年，全ライヒの「統一的民訴法典（ライヒＣＰＯ）」が公布されていた。この1877年・ＣＰＯは，その法典としての論理的・体系的一貫性なるが故に，卓越した歴史的意義を有していた（本研究第Ⅰ巻第5章第1節）。

しかし，その現実の施行（1879年10月1日）に伴ない，その欠陥もまた徐々に露呈された。民訴法典は当事者に確実にして有効な「権利保護の手段」を許与すべきであるが，1877年・ＣＰＯの下では，とりわけ訴訟の遅延や緩慢の現象が著しかった。

かくして，その施行後数年を経ずして，1877年・ＣＰＯの修正の必要性が，法曹界を中心に澎湃として主張される。これは，いわゆる「民訴法典改正問題」として，後日，ドイツ法曹会議大会（1902年の第26回大会，1912年の第31回大会）での重要議題となったテーマの，その端緒でもある。

（ⅱ）1877年・ＣＰＯは，1898年・新ＺＰＯ典として新生したが，そのことはあくまで新実体法典としてのＢＧＢ典の施行（1900年1月1日）への応急的対応にすぎなかった（第4章第1節）。したがって，新たな20世紀の開始・進行に伴ない，あらためて「民訴法典改正問題」が浮上する。

他方，1898年・新ＺＰＯは，20世紀に入り，なお数次の改正を余儀なくされていた。しかし，それらの諸「改正法」は，その時々の時代的状況の急激な変動に伴ない，緊急止むを得ない事項についての，いわば応急的な立法に他ならなかった（第4章第5節・第6節）。したがって，いわば「旧思想・旧原則」に立脚する1898年・ＺＰＯ典が存在するところ，その体系中に応急的に「新思想・新原則」が諸「改正法」により部分的に編入され，結果としてＺＰＯ典は法典としての統一性を著しく欠いていた。しかも，それ故に，諸「改正法」のサイドからしても，その立法の狙いは実務上必ずしも十分には達成されてはいなかった。

かくして，「新思想・新原則」をなお一層展開させるためには，民訴法典の抜本的・徹底的改造が必須であり，それは単なる「改正法」の形式に依るので

407

はなく，全体系を新構築する「新法典編纂（Neukodifikation）」，すなわち「全校訂（Gesamtrevision）」でなければならない，と考えられていた。

(iii) 1931年8月，当時妥当のＺＰＯ典の抜本的改革を意図して，ライヒ司法省より新たな「ＺＰＯ草案（Entwurf einer Zivilprozeßordnung）」が，公表・公刊される。これが，いわゆる「1931年・ＺＰＯ参事官草案（Referentenentwurf einer Zivilprozeßordnung）」（ＲＥ―ＺＰＯ），と呼ばれるものである。ライヒ司法省内に設置されていた「民訴法改正委員会」（1920年設置）での，用意周到なる審議に立脚した，ライヒ司法省参事官室の手に成る，画期的な新草案である。それには，詳細な「理由書（Erläuterung）」が付せられている。

(iv) 1877年・ＣＰＯの成立より1931年・ＲＥ―ＺＰＯの成立に至るまでの「諸改正経緯」につき，ここで小括しておく。

①まず，ライヒの統一的ＢＧＢ典の成立・公布（1896年）に伴ない，その実体法的新構成に適合・対応すべく，1898年5月17日，「ＺＰＯノヴェレ」が成立している（第4章第1節3）。

②次いで，1898年5月20日の「布告」により，1877年・ＣＰＯは，新たな条文「数表示」の下，1899年・「新ＺＰＯ」として，新スタートを切っている。統一的ＢＧＢ典に適合した統一的ＺＰＯ典の成立・施行，である（第4章第4節）。

③さらに，1895年・オーストリー新民訴法典の施行（1899年）の多大な影響の下，1909年6月1日，民訴手続の実務上の欠陥を除去すべく，「ＺＰＯ改正法」が成立・公布されている（第4章第5節）。

④他方，第1次世界大戦後の惨状の下，インフレーションに代表される社会経済混乱を契機として，新局面を迎えた民訴法改正のために，1920年，ライヒ司法省内に，教授・裁判官を含めた司法官僚・弁護士の三者より成る「民訴法改正委員会」が設立されている。この改正委員会は，当時妥当のＺＰＯ典の抜本的改正を，その任とするものである（第4章第6節1）。

⑤その改正作業の成果として，まず1923年12月23日・「命令」が，そして1924年2月13日・「改正法」が，挙げられる。後者の1924年・「改正法」は，判

決手続面において，かなり大きな改正をおこなうが，他方，強制執行手続面には，関与するものではない（第4章第6節2）。

⑥以上をふまえて，上記の改正委員会の改正作業の一つの延長線上において，ライヒ司法省参事官室の手により1931年・「参事官草案」が作成されている。この1931年・「参事官草案」は，1924年・改正法の判決手続面での改正をほぼふまえつつ，それが関与しなかった強制執行手続面において，かなり思い切った改正を試みている。

2　主要な変更点──ＲＥ─ＺＰＯ第9編・「強制執行」──[2]

（ⅰ）1931年・ＲＥ─ＺＰＯは，当時妥当の1898年・ＺＰＯとの比較において，かなり大胆な，思い切った改革を試みている。但し，それらの斬新な試みは，主として「強制執行」手続面において（ＲＥ─ＺＰＯ第9編）大規模になされており，「判決」手続面では（同第1編以下）相対的に僅かである。概括的には，判決手続の規制は，1924年・ＺＰＯノヴェレの規律の，あくまで延長線上において，なされているにすぎない，ということに注目される。

（ⅱ）ＲＥ─ＺＰＯの第9編・「強制執行」中において，その主要な新規化として，①執行官庁の統一，②職権主義の貫徹，③平等主義立法，の三つを，さしあたり指摘することができよう。平等主義立法については，次節（後述第2節）で論ずることとし，ここでは前二者について，当時妥当のＺＰＯ典との対比において，その要旨に論及しておきたい。

(1)　編　成[3]

1931年・ＲＥ─ＺＰＯ中の「強制執行」編（第9編）は，次のような編成より成っている。

編成
　第9編　強制執行と強制施行
┌①第1章　強制執行（769条─993条）
│　　第1節　総則（769条─）

　　　　Ⅰ　執行裁判所（769条—）
　　　　Ⅱ　執行の実施の要件（792条—）
　　　　Ⅲ　上訴並びに執行費用（863条—）
　　第2節　執行の実施（847条—）
　　　　Ⅰ　通則（847条—）
　　　　Ⅱ　金銭の請求権の強制執行（881条—）
　　　　　┬　1　動産に対する強制執行（881条—940条）
　　　　　│　　A　通則（881条—）
　　　　　│　　B　物に対する強制執行（888条—）
　　　　　│　　C　債権及びその他の財産権に対する強制執行（908条—）
　　　　　│　　D　配当手続（934条—）
　　　　　├　2　不動産に対する強制執行（941条—949条）
　　　　　└　3　債務者保護の規定（950条—968条）
　　　　Ⅲ　引渡及び作為もしくは不作為の請求権の強制執行（969条—）
　　第3節　秩序罰拘置並びに強制拘置（985条—）
─②第2章　仮差押並びに仮処分（994条—1019条）
─③第3章　裁判所及び執行裁判所の命令の施行（1020条—1022条）
─④第4章　裁判官のための留保（1023条）

(2)　「執行官庁」の統一──「執行機関の併存」の廃止──[4]
　(ⅰ)　当時妥当のＺＰＯ典の下では，「複数の執行機関（Vollstreckungsorgane）」，すなわち「執行裁判所」と「執行官」が，相互に独立した機関として併存していた。
　これに対して，ＲＥ―ＺＰＯは，執行裁判所を唯一の「執行官庁（Vollstreckungsbehörde）」として位置づけ，その下部機関（Unterorgane）として執行官を下置させている。「執行官庁の統一化」が試みられている。
　(ⅱ)　既に1921年，民訴法学の碩学フリードリッヒ・シュタイン（Friedrich Stein）教授は，ライヒ司法省内での「強制執行制度改革」のための評議会にて，

410

「執行裁判所」と「執行吏」という二つの相互に独立した執行機関が併存し，それらが相互協働することなく活動していること，それは現行ＺＰＯの重大な欠陥の一つである旨，主張していた。ここでは，強制執行手続の確実・迅速な形成のためには，両者の相互協働の必要性，さらには「執行裁判所」を本体とする「執行官庁の統一化」が，論じられていた。

　かくして，これを承けて，シュタイン教授を委員の一人とする「民訴法改正委員会」もまた，強制執行手続の適切・妥当な指示・運営は，一切の権限を掌握する唯一の官庁，すなわち「執行裁判所」に依ってのみ，なされる，として，「執行裁判所」に全強制執行手続の権限を集中させている（同769条―771条）。

　(iii)　ＲＥ―ＺＰＯ中では，「唯一の執行官庁」として，執行裁判所は次のように構成されている。すなわち，

　(α)　執行裁判所として，その任にあたるのは，「区裁判所（Amtsgericht）」である（同769条）。また，執行手続上，抗告裁判所として，その任にあたるのは，当該区裁判所の上級審裁判所である（同841条・843条）。

　(β)　その土地管轄として，債務者の経済上の中心又は少なくともその財産の存在する地を管轄する区裁判所が，執行裁判所となる（同786条）。より具体的には，債務者の住所，居所，営業活動上の支店又は営業所，あるいは債務者財産が存在する地の管轄区裁判所が，執行裁判所としての任にあたる。

　なお，上記の土地管轄の原因（事由）が複数存在するときには，債権者はその一つを選択できる。また，それらの管轄原因のいずれも存在しないときには，債務者の「居留（Aufenthalt）」が土地管轄の原因とされる（同769条・786条）。

　(γ)　執行吏は法律の規定により自己の業務に属する事務を自己の意思により追行できる。但し，執行手続の統一的運営・指示をなすべく，執行裁判所は執行吏に対して適宜指示を与えることができる（同873条・879条3項）。ここでは，「唯一の執行官庁」としての執行裁判所，その下部機関としての執行吏，という両者の関係が看取できる。

　なお，執行裁判所の行為（Geschäfte）については，法律により別段の定めがなされていない限りでは，司法補助官（Rechtspfleger）によって，監督されてい

る（同791条・1023条）。

(3) 「職権主義」の広範囲な貫徹[5]

(i) 当時妥当のZPO典の下では，強制執行手続の開始・進行については，かなり大幅に「当事者（債権者）の自由」が許容されていた。

これに対して，RE―ZPOは，判決手続においてのみならず，強制執行手続にも，広範囲に「職権主義（Offizialmaxime）」を妥当・貫徹させている。「当事者主義」から「職権主義」へと，手続運営についての力点が移行している。

(ii) 当時妥当のZPO典の下では，その制定当時の時代思潮，たとえば自由放任主義のマンチェスター派の経済思想（manchesterliches Gedanken des laissez faire laissez aller）の影響の下，「個人主義」を標榜し，民訴手続においても国家や官憲の干渉をできるだけ排し，個人の自由を確保せん，としていた。それは，訴訟手続における「裁判官と当事者との間の権限分掌」の場面で，さらには訴訟資料の「任意提出主義の原則」等においても，看取される。しかし，その結果，奸策的な訴訟引延しによる訴訟遅延が顕著となり，弊害も生じていた。

かくして，このような状況をふまえて，1931年・RE―ZPOは，そもそも民訴法典は「国家による権利保護の制度」であり，「公法」に属するものであり，その自らの責任上，国家（裁判所）は訴訟手続の迅速なる進行のためにそれに積極的且つ主体的に関与すべし，と判断する。このような基本理念は，RE―ZPO中の「判決手続」においてのみならず，その「強制執行手続」においてもまた，妥当している。

(iii) 「職権主義」は，RE―ZPO中の強制執行手続面では，次のように妥当・貫徹されている（同770条―771条）。すなわち，

(α) 強制執行手続の「開始（Einleitung）」のためには，債権者の申立て（Antrag）が必要であるが，それは執行裁判所にて提出されなければならない。この執行申立ては，国家に対して，「請求権の執行を求める要求（Verlangen nach Vollstreckung des Anspruchs）」のみを，包含するものでなければならない。

(β) 強制執行手続の「貫徹（Durchsetzung・実施）」については，原則として，

第5章　1931年・ＺＰＯ参事官草案と強制抵当権

執行裁判所のみがこれを決定する。この執行裁判所の決定を承けて，債権者のさらなる個別申立てを必要とすることなく，各種の執行方法（Vollstreckungsmaßnahmen）が実施され，あるいは執行官にその実施が委託される。

（γ）以上，概括的には，強制執行手続の「進行（Gang）」については，債権者はほとんど僅かの付随的役割を果すにすぎず，単に執行裁判所に対してその注意喚起（Anregungen）をなしうるにすぎない。

1）31年・Ｒｅ―ＺＰＯの「前史的状況」については，Erläuterungen S. 241ff. なお，強制執行編についての「問題状況」については，Erläuterungen S. 399ff. また，簡潔な論及として，Schanz, S. 173ff.
2）31年・ＲＥ―ＺＰＯの「実務上の意義」については，Erläuterungen S. 241ff. なお，Schanz, a. a. O. S. 174 ff.
3）Entwurf S. 3f.
4）Erläuterungen S. 408ff., Schanz, a. a. O. S. 174.
5）Erläuterungen S. 410ff., Schanz, a. a. O. S. 174-175.

小　括

1　編纂経緯

- 1　「77年・ＣＰＯ」の制定・施行後；その将来的な抜本的改正が意図される
- 2　「77年・ＣＰＯ」は「98年・ＺＰＯ」として新生する（実体法たる統一的ＢＧＢ典施行に向けての，暫定的・応急的対応）
- 3　1900年代以降；「98年・ＺＰＯ」は諸「改正法」により緊急的な手直しを受ける
- 4　「民訴法改正委員会」により「31年・ＲＥ―ＺＰＯ」が編纂される（「98年・ＺＰＯ」の抜本的改造を目的とする）
- 5　「98年・ＺＰＯ」との比較；判決手続面では相対的に微小な修正，強制執行手続面ではかなり大胆な改革

413

└─ 2　改革のポイント（三点）
　　・1　執行官庁の「統一化」（執行裁判所を「唯一の執行官庁」とする，執行官をその下部機関とする）
　　・2　「職権主義」の広範囲な貫徹（「個人の自由」を標榜する自由主義から転換し，国家の積極的・主体的関与を強調し，民訴法典は「国家による権利保護の制度」であるとする基本思想・理念を定立する）
　　・3　「平等主義」立法の法政策的・理論的決断

第2節　RE―ZPO「理由書」における「平等主義」立法の決断
――その理論的・法政策的正当性の論拠――

> 論述の進行
> 1　RE―ZPO「理由書」の出発点
> 　　――「優先主義」論の帰結の不当性・非合理性の「法感情」――
> 2　各論拠の検討
> 小　括

論述の進行

（ⅰ）1931年・RE―ZPOは「平等主義」立法を決断する。しかも，その「理由書」は，「平等主義」立法の理論的・法政策的正当性につき，詳細に論証している。本節では，「優先主義」論と対比させながら，RE―ZPO「理由書」中の「平等主義」立法の正当化根拠につき，その理論的解明を試みる。

（ⅱ）「平等主義」立法の正当化根拠についての，この解明は，「RE―ZPO中の強制抵当権の法構造」の解明のための，必須の前提作業として，実施・遂行される。従来の我が国の学説にあっては，強制抵当権制度が「優先主義採用の法技術」である，という誤った認識が定説化していた（本研究第Ⅰ巻序編2），からである。

なお，RE―ZPOの「平等主義」立法において，強制抵当権制度がどのような法制度的機能を果たすのかについては，第4節に譲る（従来の我が国の学説は，1931年・RE―ZPOを「群団優先主義」立法として位置付け，むしろ「優先主義」立法の一亜種と理解してきた。しかし，私見によれば，RE―ZPOは，

「優先主義」立法との対比において，まさしく「平等主義」立法の一つと理解しなければならない）。

(iii) ＲＥ―ＺＰＯの「平等主義」立法は，「優先主義」論から導出される帰結が不当・不合理である，とする率直な「法感情（Rechtsgefuhl）」に基づいている。このような「法的直感」を動機として，起草者は「平等主義」立法を決断している。これに注目しなければならない（1）。

(iv) ＲＥ―ＺＰＯ「理由書」は，「優先主義」論の論拠を示しながら，これに逐一反論し，「平等主義」立法の正当化根拠を精密に理論化している。この点からすれば，「優先主義と平等主義」の二大立法主義の対立構造如何，という執行法学上の根本問題の解明のためには，ＲＥ―ＺＰＯの「平等主義」立法の分析・検討は，必要不可欠である（2）。

1　ＲＥ―ＺＰＯ「理由書」の出発点
――「優先主義」論の帰結の不当性・非合理性の「法感情」――[1]

(i) ＲＥ―ＺＰＯ「理由書」は，二大立法主義の対立状況の下，当時妥当の1898年・ＺＰＯ典（←1877年・ＣＰＯ典）の「優先主義」立法に異を唱え，「平等主義」立法の理論的・法政策的正当性を，決断している。ＲＥ―ＺＰＯ「理由書」中において，その正当化論拠が詳細に展開されている。「強制抵当権制度の法構造」の分析のための予備前提として，「二大立法主義」の対立構造の解明は，必須不可欠と考えられる。

(ii) ＲＥ―ＺＰＯの審議・起草にあたった「民訴法改正委員会」（←1920年）でも，「二大立法主義」の対立状況の下，見解が分岐していた。しかし，そこでの多数意見は，一貫して「平等主義」論にあった。その動機として存在していたものは，「優先主義」論のもつ帰結が不当であり，非合理的である，との「法感情」であった。

(iii) では，その「法感情」とはどのようなものであったのか。すなわち，「優先主義」論の下では，第1順位の債権者が債権の満足を受けることができたとしても，それ以外の諸債権者にとっては，それらの諸債権が欠損化・欠額

第5章　1931年・ＺＰＯ参事官草案と強制抵当権

化してしまう，という帰結が生じてくる。しかし，実体的にはあくまで同格ないし同権限とされる諸債権者が存在するところ，極めて大きな偶然性が協働する結果として，それらの諸債権者が形式的・手続的・順位的には差別化されてしまう，ということは，極めて不当であり，非合理的である，と考えられていた。

(iv)　より具体的には，ＲＥ─ＺＰＯ「理由書」は，次のような趣旨を論じている。すなわち，

(α)　著しい偶然性の協働の下にたまたま第１順位となった債権者が登場し，この者には「完全な満足（Vollbefriedigung）」が与えられ，他方このことにより他の多数の諸債権者にとっては「債権欠損（Ausfall der Forderungen）」が生ずる，とするならば，果して人はこのような「帰結」を忍受できるのか。

(β)　答えは否である。なぜなら，①欠額化されたこのような多数の諸債権者は，たまたま第１順位となった債権者と実体的に同格であるにもかかわらず，手続上その形式的順位においてはまったく同格とはされていない，からである。②さらに，欠額の諸債権者はあらためて判決裁判所に訴えによる請求をなすが，このような訴求はまさしく無益なる消耗としか言いようがない，からである。

(γ)　かくして，「優先主義」論のもつ，上記のような「帰結」は，不当且つ非合理的である，としている。

2　各論拠の検討[2]

「理由書」中の「平等主義」の各論拠は，具体的にどのようなものなのか。「優先主義」論の主張・論拠と対比させながら，その理論的解明を試みる。

(1)　「執行手続の進行」との関係──手続の機能性・機動性・迅速性如何──[3]

(i)　「優先主義」論によれば，優先主義の妥当の下では，差押えや執行参加の時点で優先権が認められるが故に，手続構造が簡明であり，また債権者の競合も相対的に減少し，配当手続での配当異議も減少し，執行手続は迅速化し，その機能が向上する，とする。優先主義の妥当の下，執行手続の機能性・迅速性が図られる，とする。

417

(ii) 他方，ＲＥ―ＺＰＯ「理由書」によれば，「平等主義」立法の下では，執行手続が複雑化することは，やはり認めざるを得ず，実務上の困難さが生じてくる，としている。

(2) 債権者の「意思・注意力・努力」等の程度との関係[4]
(i) 「優先主義」論によれば，債権者の「意思・注意力・努力」等の程度ないし基準に注目して，最初に差押えをなした債権者は注意力ある勤勉なる者であり，そのような者にはその報償として優先権が許与されて然るべし，とする。

――たとえば，「優先主義」立法の先駆たる1877年・ＣＰＯ典の草案「理由書」（1874年）によれば，強制執行の開始・進行にとっては個別の各債権者の意思が基準とされ，債務者の財産状態や支払能力如何について慎重な注意を払い，しかもその適時の取立てに努力した債権者には，差押物の換価に際して，その報償としての優先権が付与されてよく，それは正義や公平の観念にも合致する，との趣旨が論じられていた。――

(ii) これに対して，ＲＥ―ＺＰＯ「理由書」は，差押えの先後はかなりの程度に偶然性の支配に依るものであり，先に差押えをなした債権者がそれだけ勤勉な者とは必ずしもいえないし，また一日遅れて差押えをなした債権者がそれだけ債務取立てを懈怠した怠慢な債権者ともいえない，とする。

(iii) ＲＥ―ＺＰＯ「理由書」の論旨は，次の三点に小括できる。すなわち，

(α) 第1に，無担保の一般債権者が存在するところ，「差押行為（Beschlagnahmeakt）」がなされたからといって，以後この者を「質権」により保全されてあるかのように処遇することは，不適当である。彼はそもそも「約定質権」の設定・取得を怠った者である，からである。

(β) 第2に，仮に申立て（Antragsstellung）を一日早くなした債権者が存在するところ，より後に申立てをなした債権者と比較して，この者がより注意深い者である，と果していえるのか。また逆に，後れて申立てをなした債権者を，弁済期到来の債務の取立てを懈怠した者である，と果していえるのか。

優先主義の下では，その優先性は「差押質権」に帰属し，その先後は申立て

の到達の先後に基づく，とされている。しかし，この申立到達の先後は，債務者の財産状態や信用能力につき債権者がどれだけ注意深かったのか，に依るのではない。まさしく偶然性（Zufall），さらには債務者所在地との地理的な遠近（räumliche Trennung）如何等によって，定まってくる。そして，後れてなされた申立てについても，それは「懈怠（Saumsal）」によって説明されるものではない。債権者の「懈怠（Versäumung）」に該当するものとしては，たとえば，競売売却代金につき処分（配当）がなされた後にはじめて，当該請求権につき執行力が具備されたような場合が，挙げられるにすぎない。

（γ）第3に，職権調査や職権取戻権限（amtliche Rückrufsbefugnis）が認められた手続では，弁済目的物（Befriedigungsobjekt）が債権者により調達される，というような稀なケースも生じてこよう。しかし，このような場合にあっても，この調達の債権者が，配当上，別段優遇されるわけではない。債務者というものは，「ある特定の一人の債権者」のためのみに，その債務者としてあるのではなく，同時に「その他の諸債権者」の債務者でもある，ということが，あくまで大前提とされなければならない，としている。

(3) 「対人信用」との関係
―― 債権者の債務者への「信用供与」の容易化か，困難化か ――[5]

（i）「優先主義」論によれば，優先主義の下，債権者が債務者に「信用供与（Kreditgewährung）」をなすに際し，差押優先権が許与されているため，債権者は安んじて且つより容易に信用供与ができ，約定質権やその他の担保権を予め取得して自己の債権を保全することに汲々とすることはなく，ひいては「対人信用」一般が助長される，とする。

（ii）これに対して，「平等主義」論の立場より，ＲＥ―ＺＰＯ「理由書」は，優先主義の下でも債権者の債務者への「信用供与」は必ずしも容易化・助長されない，としている。すなわち，

（α）優先主義の下でも，"平等主義におけると比較して，かなりの高い基準で，債権者の信用供与を容易化する"，との法効果は，決して生じない。なぜ

なら，ここでは，その信用供与に際し，①仮に第1の差押行為者となったとすれば，自己の債権の回収は順調に行くであろう，と債権者は認識するのみであり，②現実に自分自身が第1の差押行為者になり得るか否かについては，債権者はまったく認識しない，からである。

(β) 他方，平等主義の下では，執行着手（差押行為）の先後という時的序列 (Zeitfolge) にはなんらの作用も付されていない以上，債権者の信用供与が厳格化・困難化されるわけではなく，その信用供与の条件もまた鋭角化・厳格化されるものではない，としている。

(iii) 加えて，RE—ZPO「理由書」は，「優先主義」論に対する批判として，優先主義の下では，債権者による債務者への「信用供与」は極めて不確実な基礎の上に位置づけられる，としている。すなわち，

(α) 優先主義の下では，債権者の「信用供与」は予測不能の不確実な基礎の上に位置づけられてしまう。たとえば，債務者がある特定の債権者に対してのみ秘密裡に便宜供与したり，あるいは逆に，訴訟追行の債権者に対して，訴訟を奸策的に引き伸ばし，競売売却代金への配当参加を妨害する，というような，債務者の恣意による悪習が助長される，からである。

(β) 他方，平等主義の下では，信用供与する者は，当該債務者がすべての諸債権者の満足のための信用力を有するか否かにつき，直接的に自ら調査しなければならない，としている。

(4) 「自力執行の禁止」の原則との関係[6)]

(i) 「平等主義」論の立場より，RE—ZPO「理由書」は，「自力執行 (Vollstreckungsselbsthilfe)」が禁止されている法制の下では，平等主義の正当性が宣明されざるを得ない，としている。しかも，ここでは，"自力執行の禁止→平等主義，自力執行の許容→優先主義"，という論理的接合関係が，指摘されている。

「自力執行の禁止」の原則との関係については，従来の我が国の文献ではほとんど何も論及されることがなかった点で，とりわけ注目される。

(ii) RE―ZPO「理由書」は，次のような趣旨を論じている。すなわち，

(α) 優先主義は，自力執行がなんらの制約も受けることなく「許容」されている，という法制の下でのみ，完全に疑念なく妥当する。逆に「自力執行の禁止」の法制の下では，優先主義の正当性は極めて薄弱となる。

より具体的には，①強制執行の開始（Beginn）・経過（Verlauf）はあくまで「個人意思（Willens des Einzelnen）」に準拠して決定され，各債権者間の「順位」の基準時点も「個人意思」によってまったく自由に決定される，との視点に，優先主義は立脚する。②しかし，自力執行が禁止され，手続の開始・進行については債権者は僅かにのみこれを支配できるにすぎず，しかも当該手続は「債権者の摑取（Zugriff des Gläubigers）」に先行して実施される，との法制の下では，優先主義の内的正当性は極めて薄弱となる。なぜなら，このような法制の下では，いかなる債権者が他の債権者に先行していち早く執行に着手したのか，それ故に優先権（Vorzugsrecht）を取得したのか，これはしばしば単に「偶然性（Zufall）」によって決定されているにすぎない，からである。

(β) 他方，自力執行が禁止され，私法上の請求権の実現（Durchsetzung von Privatrechtsansprüchen）については，国家がこれに積極的に関与し，強行的な方法による請求権の満足（zwangsweise Anspruchsbefriedigung）を具体化する，との法制の下では，平等主義の正当性が宣明される。

なぜなら，ここでは，執行に適した請求権を有するすべての債権者のために，同一順位において，当該被差押物を拘束する（verfangen），という「国家の摑取（staatlicher Zugriff）」が，まず存在する。複数の債権者中，いずれの債権者がいち早く執行に着手したのか，という時的序列は，あくまで副次的にのみ，関係債権者の「個人意思」に依存するにすぎない，からである，としている。

(5) 「事実上の利益共同体」の法構成[7]

(i) 「平等主義」論の下では，ある債権者のために開始された手続において，その債権者を含めて当該手続に参加したすべての債権者は等しく同順位とされる以上，これらの諸債権者はいわば一つの集団を形成する。平等主義の立場よ

421

り，RE―ZPO「理由書」は，その債権者集団を「事実上の利益共同体（tatsächliche Interessengemeinschaft）」と，表記・法構成している。

　これは，実体法上，「債権者平等の原則」が存在しているところ，その共同の担保である「債務者の総財産」が総債務の弁済に不足するときには，その損失も諸債権者間において平等に負担されるべし，という「損失の平等分担」を意味するものでもある。

　(ⅱ)　この点につき，同「理由書」は次のように論じている。すなわち，優先主義は，単に「偶然的な特別便益（zufälliger Sondernutzen）」に，奉仕するにすぎない。これに対して，平等主義の下では，諸債権者は「事実上の利益共同体」を組成する，としている。

(6)　「超過差押えの禁止」の原則との関係[8]

　(ⅰ)　「優先主義」論の立場より，優先主義の下，動産執行では「超過差押えの禁止（Verbot der Überpfändung）」の原則により債務者保護が図られているところ，平等主義の下ではこの原則の維持は極めて困難である，とする。優先主義の採用の最大の長所・メリットとして，1874年・ＣＰＯ草案理由書が強調するところであった。

　(ⅱ)　他方，「平等主義」論の立場より，RE―ZPO「理由書」は，「超過差押えの禁止」の原則を維持しながら（同881条１項参照），他の債権者による執行参加，これに伴う「差押拡張」の手段を可能化せん，としている。そして，国家の「強制的攫取（Zwangszugriff）」による債務者の「処分自由性（Verfügungsfreiheit）」への制約について，次のように論じている。

　すなわち，平等主義の下では，優先主義におけるとはまったく異なった形で「国家の攫取（staatlicher Zugriff）」を把握している。それは，債務者をして，単に「被差押物（Beschlagnahmegegenstand）」についての処分を阻止するのみならず，それを越えて彼の「処分自由性」それ自体にもある種の制約を与えん，とする「強制的攫取」に他ならない。債務者の「処分自由性」が不可侵のものではない，との思考は，本草案881条３項・885条・944条２項において，明示的

に表明されている，とする。
　(iii)　なお，バウァー教授の指摘によれば，動産執行における「超過差押えの禁止」の原則と調和しない，あるいはこれと矛盾するが故に，1931年草案の群団優先主義（本研究における修正「平等主義」）は立法化されなかった，としている。

(7)　「破産制度」との関係，その(1)
——両制度相互間の機能・役割の分担如何——[9]

　(i)　「優先主義」論によれば，諸債権者の「平等的処遇」は，総括執行（Gesamtvollstreckung）たる破産手続に全面的に委ねられればよく，個別執行（Einzelvollstreckung）たる強制執行手続では要請されず，ここでは優先主義が妥当されるべし，とする。

　同じく債権の強制的回収のための制度として，破産手続と強制執行手続の二つが存在するところ，前者における諸債権者の「平等的処遇」，後者における諸債権者の「優先劣後的処遇」，という両制度の制度的機能の分担が，主張されている。

　(ii)　これに対して，「平等主義」論の立場より，ＲＥ―ＺＰＯ「理由書」は，諸債権者の「平等的処遇」は，正規の破産手続においてのみならず，個別執行たる強制執行手続においてもまた，要請されるべし，としている。

　その論拠として，現行の破産法典（1898年・新ＫＯ）上の破産手続が十分な機能を有しておらず，それ故に，いわばその部分的な代替的手段として個別執行たる強制執行手続が機能しなければならず，ここでも，破産手続と同様に，諸債権者の「平等的処遇」がなされなければならない，とする。

　(iii)　なお，当時妥当の1898年・ＫＯ典の下での破産手続の機能不全につき，ＲＥ―ＺＰＯ「理由書」は次の点を指摘している。

　すなわち，①第１に，ＫＯ典上の正規の破産手続は，その手続進行上，極めて煩瑣である。②第２に，それは，「支払不能（Zahlungsunfähigkeit）」や「債務超過（Überschuldung）」といった破産原因が生じている場合にも，まったく役立

423

っていない。というのは，相対的にかなりの価額の破産財団が組成され，それ故に，諸債権者の召喚費用や手続管理費用を含めても十分に収支が償われる場合のみ，破産手続が開始・進行されるが，現実には財団組成に際し価額的にかなりの不足部分が生じ，「破産開始（Konkurseröffnung）」それ自体がそもそもなされなかった，というケースがしばしば生じていた，からである，とする。

(8) 「破産制度」との関係，その(2)
　　――平等主義は破産誘発的か，破産抑止的か――10)

（i）「優先主義」論によれば，平等主義の難点として，平等主義の下では，債権者はあえてわざわざ強制執行手続の手段を採ることを止め，むしろ直截的に破産手続の手段に依るであろうし，かくして徒らに破産手続が誘発・助長され，債務者の破綻がなお一層助長される，とする。

（ii）平等主義が「破産助長（Konkursbegünstigung）」の効力を有する，との「優先主義」論からの批判は，既に1874年・ＣＰＯ草案「理由書」（Motive zur CPO）中において，指摘されている。このような批判は，敷衍すれば，次のような論旨に基づく。

すなわち，平等主義の下では，個別執行たる強制執行手続は，債権者にとって，差押優先権が許与されない故に，大きくメリットを欠く。その理由としては，①第１に，平等主義の下では，追行債権者にとって，手続進行上，様々な不都合，不利益が生じるにもかかわらず，彼には執行裁判所による法的救済の手段が欠けている。②第２に，平等主義の下では，追行債権者にとって，複数債権者の競合の現象は予測不能の形で生じ，それに対して彼自身自らを守護すべき手段を欠いている。③第３に，動産強制執行手続では差押質権制度が導入されているが，そもそもこの差押質権制度は平等主義と相容れず，両者は相互に排斥的であり，前者を法制度上前提とすれば，後者の平等主義は否定されざるを得ない，とする。

以上を前提として，平等主義の下では，個別執行たる強制執行手続が債権者にとって大きくメリットを欠く以上，債権者はそもそもの当初より包括執行

(Totalvollstreckung) たる破産手続の手段を意図せざるを得ない，と批判する。

(iii) これに対して，「平等主義」論の立場より，ＲＥ―ＺＰＯ「理由書」は，平等主義の下では，個別執行たる強制執行手続は，破産手続に依らずして，その破産類似の規律 (eine konkursähnliche Regelung ohne Konkurs) を可能化し，債権者よりすればあえて破産手続の手段に依ることを必要としない，とする。その執行対象財産に限定された形での，いわば「小型破産 (Sonderkonkurs・特別破産)」としての強制執行手続を，想定する。

(iv) なお，平等主義の下でも，個別執行たる強制執行手続が，手続進行上，追行債権者の利益にも配慮することにつき，ＲＥ―ＺＰＯ「理由書」は次のように論じている。

すなわち，①第１に，執行裁判所は，その必要性と可能性とに応じて，適宜，「質財団 (Pfandmasse)」を拡張し，生じ得る「債権者競合」の場合に対処している（ＲＥ―ＺＰＯ882条２項参照）。②第２に，最初の差押えがなされた後に，当該債務者が自己所有の残余財産を浪費する場合が生じたときにも，債権者には十分な保全が許与されている（同881条３項，同885条参照），とする。

1） Erläuterungen S. 427 ff., Schanz, a. a. O. 175 ff.
2） a. a. O. 429 ff.
3） a. a. O. 429.
4） a. a. O. 429–430.
5） a. a. O. 430.
6） a. a. O. 429–430.
7） a. a. O. 430.
8） a. a. O. 430.
9） a. a. O. 431.
10） a. a. O. 431.

小　括

- 1　「平等主義」立法の決断
    - ・1　立法者（「民訴法改正委員会」）は，「優先主義」論から導出される帰結が不当・不合理である，とする率直な「法感情」に基づき，ＲＥ―ＺＰＯの「平等主義」立法を決断している
    - ・2　「民訴法改正委員会」の多数意見は，終始，「平等主義」論にある

- 2　「理由書」の論拠(1)
    - ・1　「優先主義」論からは，「優先主義」妥当により，執行手続の機能性・機動性・迅速性が図られる，とする
    - ・2　ＲＥ―ＺＰＯ「理由書」（「平等主義」論）も，この利点を承認している

- 3　「理由書」の論拠(2)
    - ・1　「優先主義」論からは，債権者の「意思・注意力・努力」の程度如何に注目して，注意力ある勤勉な債権者には報償（優先権）が与えられて然るべし，とする
    - ・2　しかし，ＲＥ―ＺＰＯ「理由書」（「平等主義」論）は，差押えの先後はかなりの偶然性に依る，としている

- 4　「理由書」の論拠(3)
    - ・1　「優先主義」論からは，「優先主義」妥当により，「対人信用」一般が助長される，とする
    - ・2　しかし，ＲＥ―ＺＰＯ「理由書」（「平等主義」論）は，これに正面から反論し，「優先主義」の下では，債権者の債務者に対する「信用供与」はむしろ極めて不確実な予測不能となる，としている

― 5 「理由書」の論拠(4)

- 1 RE―ZPO「理由書」(「平等主義」論)は,「自力執行禁止」の法制の下では,「平等主義」妥当が宣明されざるを得ない,としている
- 2 国家の「摑取」が前面登場し,執行力ある請求権を有するすべての債権者のために,同一順位において,被差押物を「拘束」する,という執行法の構造が前提とされている,からである(注目点)

― 6 「理由書」の論拠(5)

- 1 RE―ZPO「理由書」(「平等主義」論)は,ある債権者のために開始された手続において,当該債権者を含めたすべての参加諸債権者は同一順位に位置し,「事実上の利益共同体」(利益も損失も共に分担する)を組成する,としている
- 2 執行手続法上の「平等主義」に対応する,実体法上の「債権者平等の原則」には,その共同担保たる債務者の総財産が総債務の弁済に不足するときには,「損失の平等分担」(損失も総債権者間で平等に負担されるべし),という意味が含まれている,からである

― 7 「理由書」の論拠(6)

- 1 「優先主義」論からは,「優先主義」の下では,「動産」執行では「超過差押禁止」原則により債務者保護が図れるが,「平等主義」では「超過差押禁止」原則の貫徹はかなり困難である(債務者保護が図れない),とする
- 2 しかし,RE―ZPO「理由書」(「平等主義」論)は,これに反論し,国家の「摑取」の前面登場により,債務者には,被差押物の「処分禁止」のみならず,その「処分自由性」への制約もまた,課せられて然るべし,としている

- 8 「理由書」の論拠(7)
    - 1 「優先主義」論からは，破産手続（総括執行）と強制執行手続（個別執行）の両手続における，その制度的役割分担（機能分担）を，強調する（破産手続→総債権者の「平等的」処遇，強制執行手続→総債権者の「優先劣後的」処遇）
    - 2 しかし，RE―ZPO「理由書」(「平等主義」論）は，破産手続と同様に，強制執行手続でも総債権者の「平等的」処遇がなされるべし（破産手続の，その部分的な代替手段として，強制執行手続が機能すべし），としている

- 9 「理由書」の論拠(8)
    - 1 「優先主義」論からは，「平等主義」を採ったとすれば，債務者破産が助長される（「破産誘発」化の弊害あり），とする
    - 2 しかし，RE―ZPO「理由書」(「平等主義」論）は，これに正面から反論し，むしろ「破産抑止」的である（強制執行手続により破産類似の手続的効果が達成されから，当事者はあえて破産手続を利用することをしない），としている

第3節 「動産」強制執行中の修正「平等主義」としての「順位期間」制度（RE―ZPO 883条）

──「差押質権」制度との接合関係──

```
論述の進行
1  関連規定と規定内容
2  評　価
小　括
```

論述の進行

(i) RE―ZPOは，その自らの基本的立場として，「平等主義」立法の理論的・法政策的正当性を決断していた（第2節）。そして，同時に，純「平等主義」をより適切・妥当に改良するために，それにいわば「優先主義」的修正を加えて，RE―ZPOは修正「平等主義」としての「順位期間」制度（Rangfristensystem）を導入・法構成している。

(ii) この修正「平等主義」としての「順位期間」制度は，「動産」強制執行中では，従来からの「差押質権（Pfändungspfandrecht）」制度と接合し，これを包摂している。

(iii) 本節では，そのキーパラグラフである，RE―ZPO883条の規定内容に即して，修正「平等主義」としての「順位期間」制度の法構造を，解明する（**1**）。

(iv) それを踏まえて，「順位期間」制度が修正「平等主義」である，とする私見の立場から，その評価を試みる（**2**）。

1 関連規定と規定内容[1]

(1) 関連規定──ＲＥ─ＺＰＯ883条（←ＺＰＯ804条）──順位（Rang）──[2]

① Das Pfandrecht gewährt dem Gläubiger im Verhältnis zu anderen Gläubigern dieselben Rechte, wie ein durch Vertrag erworbenes Pfandrecht ; es geht Pfand-und Vorzugsrechten vor, die für den Fall des Konkurses den durch Rechtsgeschäft bestellten Pfandrechten nicht gleichgestellt sind.

② Das früher begründete Pfand recht geht dem später begründeten vor. Können jedoch in Falle des § 882 Abs. 2. 4 nicht beide Ansprüche aus dem pfändbaren Vermögen des Schuldners befriedigt werden, so werden sie, sofern die Voraussetzungen für die Durchführung der Vollstreckung des zweiten Anspruchs binnen zehn Tagen seit der ersten Pfändung eingetreten sind, gleichmäßig befriedigt. Vollstreckbare gesetzliche Unterhaltsforderungen der Verwandeten, Ehegatten, früheren Ehegatten und unehelichen Kinder werden jedoch für das laufende Vierteljahr mit unter sich gleich sam Rang vorweg gedeckt.

③ Durch eine zwecks Erweiterung der Pfandmasse vorgenommene Pfändung (§ 882 Abs. 2 Satz 3) wird eine neue Frist nicht in Lauf gesetzt : im Falle des §882 Abs. 4 beginnt die Frist mit der zuerst vorgenommenen Pfändung. Wird ein Pfandrecht mit Rücksicht darauf, daß es erst nach Ablauf der zehntägigen Frist entstandenist. gemäß Abs. 2 Satz 2 nicht mit dem gleichen Rang berücksichtigt, so finden auf sein Verhältnis zu etwa noch entstandenen weiteren Pfandrechten die Vorschriften des Abs. 2 entsprechende Abwendung.

(2) 規定内容──ＲＥ─ＺＰＯ883条2項・3項──[3]

(イ) 優劣関係としての決定基準（本条2項第1文）

──差押質権の成立時点──[4]

(i) 本条2項第1文によれば，先行して設定された質権（Pfandrecht）は後れて設定された質権に優先する，とされている。先行した差押質権は後行した差

押質権に優先し，その成立（設定）時点の先後を基準として優劣関係が決定される，のである。

(ⅱ) より具体的に説明してみよう。債権者は有効な差押えにより質権（差押質権）を取得する。この場合，差押えをなした債権者（差押質権者）が複数存在するときには，それらの差押質権の設定・成立の時点の先後を基準として，各差押債権者の順位が決められる。このように，動産執行における債権者の競合の場合には，差押えによる差押質権の成立時点の先後により，優劣関係が決定される。

㈡ 修正「平等主義」としての「順位期間」制度（本条2項第2文）
　　——「集団執行主義」の妥当——[5]

(ⅰ) 本条2項第2文によれば，但し前条2項及び4項の場合において，差し押さえるべき債務者の財産より二つの請求権（beide Ansprüche）が満足（弁済）されないときには，第1の差押えの後より10日以内に第2の請求権の執行の実施のための諸要件が具備された限りでは，当該二つの請求権は均等に弁済される（gleichmäßig befriedigen），とされている。差押債権者が競合する場合において，一定の諸要件が具備されるときには，二つの請求権は按分的・平等的に弁済される。

(ⅱ) より具体的に説明してみよう。すなわち，債権者G_1の差押えにより第1の差押質権が成立したところ，その時点以降10日間以内に成立した第2・第3等の各差押質権（債権者G_2・G_3等の差押えにより成立した各差押質権）は，第1の差押質権と「同一順位」にある。換言すれば，第1の差押質権の成立時点以降，それより10日間の期間が開始・進行し，その期間内に成立した第2・第3等のすべての諸差押質権は，第1の差押質権と「同一順位」に立つこととなる。かくして，ここでは，当該期間内に成立したすべての諸差押質権が一つの集団を形成し，その集団内においてすべての諸差押質権者（諸債権者）は平等的地位にある。

431

(ハ) 親族等の有する「執行力ある法定の扶養料債権」の優先性
（本条2項第3文）――「集団」内部における特権的地位の承認――6)

(i) 本条2項第3文によれば，親族，配偶者，前配偶者及び私生子の有する執行力ある法定の諸「扶養料債権」(vollstreckbare gesetzliche Unterhaltsforderungen) は，その同一順位内部において，当3ヵ月間分について，予め控除の上，相互に均等してカヴァーされる，とされている。ここでは，親族等の執行力ある法定の扶養料債権につき，「集団」内部での優先性が許与され，親族等の法的地位に配慮がなされている。

(ii) より具体的に説明してみよう。すなわち，一定の法定の扶養料債権については，その「差押質権集団」内部では，直近の当3ヵ月分につき，他の諸債権（他の諸差押質権）に対して，「優先性」が許与される。RE―ZPOは純「優先主義」（CPO並びにZPO）を放棄するが，その結果，これらの扶養料債権が危殆化するおそれがあるところ，本条2項第3文の明文規定により，これらの扶養料債権に（その親族等の諸債権者の法的地位に），配慮せん（立法政策的保護），としている。かくして，同一「差押質権集団」内部では，すべての諸債権者は本来平等的地位にあるが，本条2項第3文の規定により，親族等の扶養料債権者は，その他の諸債権者に対して，当3ヵ月分につき優先して配当を受領できる。

(iii) さらに，同一の「差押質権集団」内部では，親族等の債権者が複数存在するときには，これらの諸債権者相互間において，相互に按分して，配当される。複数の扶養料債権相互間における実体法上の順位関係（優劣関係）如何とはあくまで無関係に，親族等の扶養料の諸債権者は，同一「差押質権集団」内部では，あくまで平等に処遇されている，ことに注目される。

(二) 「順位期間」の算定（本条3項第1文・第2文）――その細則――7)

(a) 「期間」開始の細則，その1（同第1文）――差押えの拡張の場合等――8)

(i) 本条3項第1文によれば，「質財団」(Pfandmaße)」の拡張を目的としてなされた差押え（本法882条2項3段）によっては，新たな「期間」は進行しない；また，本法882条4項の場合には，「期間」は最初になされた差押えと同時

に開始される，とされている。

(ii) すなわち，

(α) 第1の「期間」が差押えにより開始されていた場合において，次に「質財団（Pfandmaße）」の拡張を目的とする差押えがなされた（Erweiterungspfändung・拡張差押え・ＲＥ882条2項3段）ときにも，それにより新たな「期間」は進行しない。

(β) また，複数の請求権につき複数の裁判所にて差押えがなされた場合（したがって，この場合には，同一債務者に帰属する複数の目的物に対して，複数の差押えがなされる）には，差押質権は複数の債権者に共同的に帰属する（同882条4項）。この場合，最初になされた差押えにより「期間」が進行する。なぜなら，質財団は一体として取り扱われなければならない，からである。したがって，これらの複数の差押質権は，その内の最初の差押質権と同順位となる。

(γ) なお，ＲＥ―ＺＰＯ882条4項によれば，異なった複数の諸請求権のために異なった複数の執行裁判所上の諸差押えがなされたときには，差押質権はこれら諸債権者に共同して（gemeinsam）帰属する，とされている。すなわち，ここでは，異なった複数の諸執行裁判所が，異なった複数の諸請求権のために，同一債務者所有の異なった複数の物に，現実に（real）差押えをしている，という場合が想定されている。この場合，諸差押えによって成立した諸差押質権は，諸債権者において，共同的に帰属する。

(b) 「期間」開始の細則，その2（同第2文）――**本条2項の準用**――[9]

(i) 本条3項第2文によれば，10日間の期間が経過した後になってはじめて成立した差押質権である故に，この差押質権が本条2項第2文の規定により同一順位とはされない場合において，さらに成立したさらなる諸差押質権との，その関係には，本条2項の規定が準用される，とされている。

(ii) すなわち，第1の差押えにより第1の期間が進行し，その期間中に成立した第2・第3の差押質権が第1の差押質権と同一順位とされること，既述のとおりである（既述(ロ)）。そして，第1の期間の満了後，第2の期間は，第1の期間の満了と共に進行するものではなく，その期間満了後になってはじめて

成立した差押質権（換言すれば，もはや第1の期間には属さない諸差押質権中，その最初のもの）によって，開始・進行する。くわえて，第2の期間に属するすべての諸差押質権相互間，とりわけ期間開始の契機となった差押質権とその他のさらなる事後的な諸差押質権との関係については，本条2項が準用される。

2　評　価[10]

（i）　RE—ZPO883条の規定内容（既述1(2)）の解明をふまえて，「順位期間」制度について，それが修正「平等主義」であるとの私見の立場より，その評価を試みる。

（ii）　RE—ZPO中の差押質権一般

(α)　動産に対する強制執行は「差押え（Pfändung）」によりおこなわれる（同881条1項）。適法且つ有効な差押えにより，債権者は差押目的物につき「質権（Pfandrecht）」を取得する（同882条1項）。差押えにより取得される，このような質権は，「差押質権」と呼ばれる。

(β)　他の債権者との関係において，差押質権は約定質権と同一の権利を債権者に許与する（同883条1項）。なお，債務者破産の場合には，破産法上，差押質権はもはや別除権（Absonderungsrecht）たりえない，と把握される。

（iii）　「包摂関係」如何

RE—ZPO中の差押質権は，修正「平等主義」としての「順位期間」制度の中に，どのように包摂されているのか。すなわち，

(α)　先行して設定された差押質権は，後行して設定された差押質権に，優先する（同883条2項第1文）。この限りでは，差押質権をその法技術とする優先主義が，明規されている。

(β)　第1の差押えにより第1の「差押質権」が成立し，これより10日間の期間が開始・進行する（第1の順位期間・Rangfristen）。そして，この期間中内に成立した事後のその他の諸差押質権は，第1の「差押質権」と共に一つの集団を形成し（第1の差押質権集団・Pfändungspfandrechtgruppen），共に同順位にある（同883条2項第2文），とされる。この第1の差押質権集団内部においては，諸

債権者相互間では，あくまで「平等主義」的処遇がなされる。

　(γ)　第1の期間が満了し，その後にはじめて成立した「差押質権」と共に，新たに10日間の第2の期間が開始・進行する（第2の順位期間）。そして，この期間中に成立した事後のその他の諸差押質権は，前者の「差押質権」と共に一つの集団を形成し（第2の差押質権集団），共に同順位に在る（同883条3項第2文並びに同条同項同文による同条2項の準用），とされる。この第2の差押質権集団内部においても，諸債権者相互間については，あくまで「平等主義」的処遇がなされる。

　(θ)　このように，それぞれ10日間を基準とする第1の順位期間，第2の順位期間，第3の順位期間……毎に，個別に各差押質権集団が形成される。先行して形成された差押質権集団は，後行して形成された差押質権集団に，優先する（同883条2項・3項），とされている。これらの諸差押質権集団の相互間においては，「優先主義」的処偶がなされる。

　(iv)　私見の評価

　(α)　ＲＥ―ＺＰＯ中の修正「平等主義」としての「順位期間」制度では，「平等主義」的処遇を基本として，それに「優先主義」的処遇が加味される。各差押質権集団の内部では，諸債権者については，あくまで「平等主義」的処遇がなされるが，他方，各差押質権集団の相互間では，「優先主義」的処遇がなされる，からである。

　そして，本来優先主義採用の法技術としての差押質権制度は，各差押質権集団の形成の基（契機）となった差押質権において，各差押質権集団の相互間の優先劣後の関係を決定する基準として，意味をもっている，ことに注目される。

　(β)　純「平等主義」の下では，執行手続の一定の手続段階までに参加・加入した諸債権者について，平等的・按分的な処遇がなされる。手続加入のすべての諸債権者について，一律的に平等処遇がなされる。

　実体法上，債権者に対する関係において，これらの諸債権者が本来あくまで同格の権利者であるとすれば，純「平等主義」の下でのこのような処遇は，合理的であり正当化すべきであろう，と考えられる。したがって，その限りで，

優先主義は，実体法上の「債権者平等の原則」に背反し，これを執行法上不自然に歪曲する。

(γ) しかし，他方，「平等主義」の理論的・法政策的正当性を承認したとしても，仮に最終の配当手続段階時までに加入したすべての諸債権者について，すべて一律的に平等的処遇がなされるとすれば，手続の進行はかなり遅延する。手続の迅速性・機動性のためには，加入可能の手続段階として，ある特定の時点を早目に明確に区切る必要がある。

また，加入可能の手続内部において，加入したすべての債権者について注目すれば，その加入の時間的先後は個々の債権者毎にかなりの幅がある。ここでもまた，手続の迅速性・機動性のためには，諸債権者のある程度のグループ分けが必要とされる。かくして，加入のすべての諸債権者を各順位期間毎にグループ化し，「グループ内部での平等的処遇，グループ相互間での優先劣後的処遇」を具体化し，各グループ毎の個別的処理を図る，これがRE－ZPO中の修正「平等主義」としての「順位期間」制度に他ならない。

純「優先主義」の下では，すべての加入諸債権者について，個々的にすべて優先劣後の序列関係を決定せざるを得ず，その処遇が徒らに錯雑化するが，「順位期間」制度の下では，各グループ毎の優劣関係を決定すればよく，その処理は極めて簡潔である。

(θ) 以上，RE－ZPOは，「平等主義」立法の理論的・法政策的正当性を決断していたが，その改良を試み，「優先主義」的修正を試みている。それが修正「平等主義」としての「順位期間」制度であり，「動産」強制執行の領域では，従来からの「差押質権」制度との妥協・調整に他ならなかった。

1) Erläuterungen S. 520 ff.; Entwurf S. 204.
   なお，同草案883条の簡潔な説明として，Schanz, a. a. O. S. 175.
2) Entwurf S. 204.
3) Erläuterungen S. 520 ff.
4) a. a. O., S. 520-521.
5) 6) a. a. O.

7) a. a. O., S. 521.
8) 9) a. a. O.
10) 「動産」執行における修正「平等主義」と「順位期間」制度の構造については，Erläuterungen S. 518 ff.

小　括

─1　「平等主義」立法の法政策的・理論的正当性
・　ＲＥ—ＺＰＯは，「平等主義」立法の法政策的・理論的正当性を，決断している（大原則）

─2　「順位期間」制度の導入
・　ＲＥ—ＺＰＯは，純「平等主義」をより適切・妥当に改良するために，いわば「優先主義」的考慮を加味して，「順位期間」制度を，導入している

─3　その法システム（「順位期間」制度）
・1　各「順位期間」毎に形成された「債権者集団」内部では，「平等主義」が妥当する（集団内部の諸債権者への平等按分配当）
・2　その「債権者集団」相互間では，「優先主義」が妥当する（先「順位期間」の「債権者集団」は，後「順位期間」の「債権者集団」に，優先する）
・3　「平等主義」を原則的枠組みとする，これに「優先主義」的考慮を加味する
・4　修正「平等主義」立法の立場を採用する（「順位期間」制度は，修正「平等主義」立法の採用のための，法技術である）

─4　「差押質権制度」の堅持（「動産」強制執行）
・1　差押えにより，目的動産上に，「差押質権」が成立する

- ・2　この「差押質権」は，差押債権者に，約定質権と同一の権利を，付与する（先「差押質権」者は，後「差押質権」者に優先して，弁済を受けることができる）
- ・3　競合する差押債権者相互間において，「差押質権」は，その優劣関係決定の基準となる（この限りで，「差押質権制度」は，本来，「優先主義」採用のための法技術である）

─ 5　「順位期間」制度と「差押質権」制度の接合
- ・1　第1の差押えにより第1の「順位期間」が開始・進行し，これにより第1の「債権者集団（諸差押質権者集団）」が形成される
- ・2　第1の「順位期間」満了後，はじめてなされた第2の差押えにより第2の「順位期間」が開始・進行し，これにより第2の「債権者集団（諸差押質権者集団）」が形成される
- ・3　各「債権者集団（諸差押質権者集団）」の内部では，平等按分配当がなされるのだから，もはや「差押質権制度」の本来的機能（「優先主義」採用のための法技術としての「優劣関係決定の基準」）は失われている
- ・4　各「債権者集団」形成の基となった「順位期間」につき，その開始・進行のための基礎（起算点）として，「差押質権」が意味をもっている（各「順位期間」毎に形成された「債権者集団」相互間で，その「優劣関係決定の基準」となっている）この限りで，「差押質権制度」の本来的機能（「優先主義」採用のための法技術としての「優劣関係決定の基準」）が残存しているにすぎない

─ 6　RE─ZPOの基本的立場
- ・1　RE─ZPOは「平等主義」立法を大原則とする（各「債権者集団」の内部での「平等」的処遇が基本的枠組みである）
- ・2　「債権者集団」相互間での「優先劣後」的処遇は例外的措置にすぎ

ない

・3　本書はＲＥ―ＺＰＯを修正「平等主義」立法と表記する（わが国の学説一般は，ＲＥ―ＺＰＯを「群団優先主義」立法，と表記する。しかし，この表記からはＲＥ―ＺＰＯを「優先主義」立法の一亜種として誤解してしまう惧れがあり，またそのように誤解しているのが，一般的な学説現状である）

第4節 「不動産」強制執行中の強制抵当権制度（RE—ZPO943条以下）
──修正「平等主義」としての「順位期間」制度との接合関係──

> 論述の進行
> 1　総　説
> 　　──修正「平等主義」としての「順位期間」制度と「強制抵当権」制度との接合関係──
> 2　関連規定と規定内容
> 　小　括

論述の進行

(i) RE—ZPOは，不動産強制執行の執行方法の一つとして，明示的に「強制抵当権制度」を堅持している。しかも，それは，修正「平等主義」としての「順位期間」制度との接合関係において，理解しなければならない。ここに，RE—ZPO中の「強制抵当権制度」の法構造において，もっとも截然たる新規化ないし特徴がみられる。

(ii) 本節では，まず，「順位期間」制度と強制抵当権制度がどのように接合しているのか，を概観する（1）。

(iii) 次いで，「強制抵当権制度」関連規定毎に，その接合関係について個別的な分析を試みる（2）。

第5章　1931年・ＺＰＯ参事官草案と強制抵当権

1　総　説——修正「平等主義」としての「順位期間」制度と「強制抵当権」制度との接合関係——[1]

(1)　「不動産」強制執行規定[2]

(i)　まず，ＲＥ―ＺＰＯ中の「不動産」強制執行規定を概観すれば，①第1に，当時妥当のＺＰＯ典中の不動産執行諸規定を大枠として維持している（後述の如く，強制抵当権制度も維持している）。②第2に，しかもそれらを執行法上の新たに導入された諸原則と調和・対応させるために，その限りにおいてのみの部分的修正を試みている。この二点を指摘できる。

(ii)　ＲＥ―ＺＰＯは，「不動産」強制執行の執行方法の一つとして，明示的に強制抵当権制度を存置・堅持している。その審議にあたった「民訴法改正委員会」では，強制抵当権制度の存置がもはや所与の前提として受容・意識され，制度「存置か，廃止か」の論議は必ずしもメインテーマとなり得なかった，からである。ちなみに，ＲＥ―ＺＰＯ「理由書」中においても，「存廃論」如何については，ほとんど何も言及していない，ことに注目される。

(2)　特別法への規制委任[3]

(i)　なお，当時妥当のＺＰＯ典においてのみならず，このＲＥ―ＺＰＯにおいてもまた，「不動産」強制執行一般（強制競売・強制管理）については，その単行の「特別法による規制」に委ねられている。当時妥当のＺＰＯ典が「不動産」強制執行一般の規制を単行の1897年・ＺＶＧ典に委ね，自らは最小限の諸規定を存置するにすぎない，との基本構造は，ＲＥ―ＺＰＯにおいても堅持されている。

(ii)　しかも，「民訴法改正委員会」の考慮によれば，「不動産」強制執行一般については，その根本的検討は後日予定されている1897年・ＺＶＧ典の改正作業に全面的に委ねられるべし，とされている。ＲＥ―ＺＰＯの起草に引き続いて，ＺＶＧについても新たな草案の起草が予定されている，ことに注目される。

(3)　「強制抵当権制度」関連規定[4]

(i)　ＲＥ―ＺＰＯ中の強制抵当権制度の関連規定について個別具体的に注目

441

すれば，①第1に，「動産」強制執行におけると同様に，「不動産」強制執行においても，修正「平等主義」としての「順位期間」制度が導入されている。②第2に，「動産」強制執行中の差押質権制度と同様に，「不動産」強制執行中の強制抵当権制度もまた，この「順位期間」制度に包摂されている（換言すれば，強制抵当権制度と「順位期間」制度との接合関係が存在する）。この二点を指摘できる。

(ⅱ) 強制抵当権制度は，修正「平等主義」としての「順位期間」制度に包摂される形で，維持・存置されている。RE—ZPO中の「不動産」強制執行諸規定中，もっとも顕著な截然たる新規化がみられ，強制抵当権制度の法構造は，極めて注目すべき形で，新構成されている。

(ⅲ) なお，「動産」強制執行中の差押質権制度と比較すれば，どのような異同がみられるのか。

(α) その包摂関係としての「順位期間」についてみれば，「動産」強制執行では，10日間が順位期間としての基準であるのに対して，「不動産」強制執行では，30日間が順位期間としての基準である，という点に相違がみられる。

(β) 他方，最初の強制抵当権を基準・出発点として期間毎に「債権者集団（強制抵当権集団）」が形成され，この集団内部では平等的処遇が図られつつ，その集団それ自体は後日の「債権者集団（強制抵当権集団）」に順位上優先する，という基本構造は，「動産」強制執行中の差押質権制度におけると，同様である。

(4) 「順位期間」制度の導入[5]

(ⅰ) 「不動産」強制執行の三執行方法中，強制抵当権制度については，明示的に「順位期間」制度が導入されている。しかし，他の二執行方法（強制競売・強制管理）については，RE—ZPOは「順位期間」制度の導入の有無にまったく言及していない。では，この不言及はどのように理解されるべきか。

(ⅱ) この不言及は，RE—ZPOが「強制競売・強制管理」の二執行方法については「順位期間」制度を導入しない，ことを意味しない，と理解できる。その理由として，①第1に，「動産」強制執行におけるとのバランスであり，

②第2に，「不動産」強制執行中において，強制抵当権制度についてのみ修正「平等主義」としての「順位期間」制度を導入し，他の「強制競売・強制管理」についてはこれを導入しない，という取り扱いは，そもそもそれ自体として論理上不可能であり，「不動産」強制執行それ自体の論理的体系性を破壊してしまう，と考えられるからである。したがって，私見によれば，ＲＥ―ＺＰＯが，「強制競売・強制管理」手続への「順位期間」制度の導入規定につき，これを本来の「規制法典」のＺＶＧ（その改正作業）に全面的に委ねた故に，ＲＥ―ＺＰＯ中においては言及されなかった，と理解できる。

(5) 「仮差押抵当権制度」の削除[6]

（i） なお，強制抵当権制度の存置・維持にもかかわらず，その姉妹制度たる仮差押抵当権制度（Arresthypothek）（1898年・ＺＰＯ932条参照）については，ＲＥ―ＺＰＯはこれを削除している，という点に注目される。そして，ＲＥ―ＺＰＯ1008条によれば，土地又は土地と同置される権利に対する仮差押えの施行（Vollziehung des Arrestes）は，債権者のための「処分禁止の登記（Eintragung eines Verfügungsverbots）」により，おこなわれるべし，とされている。

（ii） すなわち，ＲＥ―ＺＰＯにおいては，仮差押え（Arrestpfändung）によっては，その差押効（Beschlagnahmewirkungungen der Pfändung）のみが生じ，いかなる質権（Pfandrecht）も成立しえず，したがって執行法上の順位効も生じない，とされている。かくして，土地に対する仮差押えの執行は，仮差押抵当権という保全抵当権の登記によってではなく，「処分禁止の登記」によって，おこなわれなければならない，とされている。

2 関連規定と規定内容[7]

(1) 関連規定[8]

ＲＥ―ＺＰＯ中，強制抵当権制度に関連する規定は，次の四ヶ条である。

(イ) ＲＥ―ＺＰＯ943条（←ＺＰＯ866条）

① Die Zwangsvollstreckung in ein Grundstück kann durch Eintragung einer

Sicherungshypothek für die Forderung. durch Zwangsversteigerung und durch Zwangsverwaltung durchgeführt werden.

② Der Gläubiger kann verlangen. daß eine dieser Maßnahmen allein oder neben den übrigen ausgeführt werde.

(口) 同944条 (← Z P O 866条 3 項)

① Die Eintragung einer Sicherungshypothek ist nur für einen Anspruch statthaft. dessen Betrag fünfhundert Reichsmark übersteigt. Die Vorschriften der §§ 4. 5 finden entsprechende Anwendung.

② Wird die Zwangsvollstreckung in das Grundstück von mehreren Gläubigern durch Beantragung der Eintragung von Sicherungshypotheken betrieben, so haben ihre Sicherungshypotheken, sofern deren Eintragung binnen dreißig Tagen seit der ersten Eintragung bei dem Grundbuchamt beantragt worden ist, den gleichen Rang und den Vorrang vor den Rechten, die nach jener ersten Eintragung zur Entstehung gelangt oder wirksam geworden sind ; den Antrag bei dem Grundbuchamt steht das Ersuchen an das Grundbuchamt gleich (§ 945 Abs. 1). Ist eine dieser Sicherungshypotheken für eine vollstreckbare gesetzliche Unterhaltsforderung (§ 883 Abs. 2) eingetragen, so geht sie den anderen Gläubigern der gleichen Gruppe vor. Die für die vollstreckbare (Forderung einer öffentlichen Kasse eingetragene) Sicherungshypothek steht der für eine vollstreckbare Unterhaltsforderung eingetragenen im Range gleich.

③ Das Rangverhältnis ist im Grundbuch zu vermerken.

(ハ) 同945条 (← Z P O 867条)

① Die Eintragung einer Sicherungshypothek in das Grundbuch kann der Gläubiger unter Vorlegung einer vollstreckbaren Ausfertigung eines Schuldtitels der im § 792 Nr. 1-6 bezeichneten Art bei dem Grundbuchamt unmittelbar beantragen, sofern er nicht die Durchführung der Vollstreckung des Anspruchs bei dem Vollstreckungsgericht beantragt hat. Der Antrag kann auch bei dem zur Durchführung der Vollstreckung zuständigen Vollstreckungsgericht gestellt werden ; in diesem Fall ersucht das Vollstreckungsgericht das Grundbuchamt um die Eintragung.

② Von der Eintragung soll das Grundbuchamt den Antragsteller und das ersuchende Vollstreckungsgericht benachrichtigen. Hat der Gläubiger den Antrag bei dem Grundbuchamt unmittelbar gestellt, so benachrichtigt das Grundbuchamt das Vollstreckungsgericht des Wohnsitzes, des Sitzes oder in Ermangelung dieser das der Hauptniederlassung von der Eintragung.

③ Mit der Eintragung entsteht die Hypothek. Das Grandstück haftet auch für die dem Schuldner zur Last fallenden Kosten der Eintragung.

④ Sollen mehrere Grundstücke des Schuldners mit der Hypothek belastet werden, so ist der Betrag der Forderung auf die einzelnen Grundstücke zu verteilen ; die Größe der Teile bestimmt der Gläubiger.

(二) 同946条（←ＺＰＯ868条）

Verliert die Vollstreckungsmaßregel ihre Rechtsgrundlage, so erwirbt der Eigentümer des Grundstücks die Hypothek. Das gilt insbesondere, wenn die zur Abwendung der Vollstreckung nachgelassene Sicherheitsleistung oder Hinterlegung stattfindet.

(2) 規定内容──ＲＥ─ＺＰＯ「理由書」の立場に即して──[9]
(ⅰ) ＲＥ─ＺＰＯ「理由書」の立場に即して，関連規定の規定内容を逐条的に検討し，修正「平等主義」としての「順位期間」制度との接合関係において，ＲＥ─ＺＰＯ中の強制抵当権制度の全体的な法構造を，以下に明らかにする。
(ⅱ) なお，その関連諸規定中，当時妥当の1898年・ＺＰＯの諸規定と内容的に同趣旨の重複部分については，以下，説明を簡略化あるいは割愛している。
(イ) ＲＥ─ＺＰＯ943条[10]
(a) 不動産強制執行の三執行方法，第三の執行方法としての「債権のための保全抵当権の登記」の承認（本条１項）
(ⅰ) 本条１項によれば，土地に対する強制執行は，債権のための保全抵当権

の登記により，強制競売により，強制管理により，おこなわれる，とされている。ここでは，不動産強制執行の執行方法として，①強制競売，②強制管理，③保全抵当権の登記（強制抵当権制度），の三執行方法が，明文規定により承認されている。

(ⅱ) なお，本条1項は，1898年・ＺＰＯ866条1項と，同趣旨であり，変更はない。

(b) 三執行方法の相互関係，「単独追行権」と「同時的併行追行権」の承認（本条2項）

(ⅰ) 本条2項によれば，債権者は，これらの方法の一つを単独に，あるいは他の方法と併行して，実施されることを，求めることができる，とされている。ここでは，三執行方法の相互関係として，個別の各執行方法についての「単独追行権」，さらには任意の複数の執行方法についての「同時的・併行的追行権」が，明文により承認されている。

(ⅱ) なお，本条2項は，1898年・ＺＰＯ866条2項と同趣旨であり，変更はない。

(ロ) ＲＥ―ＺＰＯ944条[11]

(a) 「価額限界」の提立，絶対的基準としての500ライヒスマルク（本条1項）[12]

(ⅰ) 本条1項によれば，保全抵当権の登記は，500ライヒスマルクの額を越える債権のためにのみ，許される（第1文）。本条（ＲＥ―ＺＰＯ）4条，5条の諸規定が準用される（第2文），とされている。

(ⅱ) 本条1項では，①第1に，強制抵当権の登記を理由付ける債権として，500ライヒスマルクの価額を越える債権についてのみ，その適格が認められる（第1文），②第2に，価額算定についての決定基準時を訴えの提起時点とするＲＥ―ＺＰＯ4条，訴えにより主張された複数の請求権が価額上合算されるとするＲＥ―ＺＰＯ5条，これらの両法条が準用される（第2文）旨，定められている。

(ⅲ) 本条1項第1文　次の二点に注目される。すなわち，

(α)　第1に，債権の「価額限界」の基準額について，である。まず，1898年の公布時点でのＺＰＯ866条3項の「価額限界」は，300ライヒスマルクを最低基準額としていた。他方，これに対して，ＲＥ―ＺＰＯ同第1文では，その「価額限界」は500ライヒスマルクを最低基準額としている。

　なお，1898年の公布時点のＺＰＯ866条3項の「価額限界」は，20世紀に入り，その後の社会経済的状況の激変，たとえば極度のインフレーション等の中で，幾度となく修正・変更が反覆されてきたこと，既述のとおりである（第2章第2節）。

　(β)　第2に，区裁判所における訴額としての「争訟価額限界」との関連性について，である。まず，当時妥当のＺＰＯ866条3項の「価額限界」は，区裁判所の「争訟価額限界」とリンクした形で，特定されていた。他方，これに対して，ＲＥ―ＺＰＯ同第1文では，強制抵当権登記を理由付ける債権の「価額限界」は，区裁判所の「争訟価額限界」に準拠せず（したがって，両者の「価額限界」はまったく切離されている），「500ライヒスマルク」という価額を，絶対基準として定立している。
・・・・・・・・

　(iv)　本条1項第2文　　次の二点に注目される。すなわち，

　(α)　第1に，同第2文によるＲＥ―ＺＰＯ4条・5条の準用により，強制抵当権登記の債権の「価額算定」は，具体的には次のようになされる。

　①まず，ＲＥ―ＺＰＯ4条の準用により，強制抵当権の登記を理由づける債権の価額の算定については，強制抵当権登記の執行方法の申立ての時点がその算定基準とされる。なお，ＲＥ―ＺＰＯ「理由書」によれば，登記がなされるべきその時点が，算定基準とされている。②さらに，ＲＥ―ＺＰＯ5条の準用により，強制抵当権登記の執行方法が複数の請求（債権）に基づく場合には，その価額算定に際して，それらが合算される。

　――なお，①ＲＥ―ＺＰＯ4条によれば，訴訟物の価額の算定については，訴え提起の時点がその算定基準とされること（1項第1文），果実・収益・利息・費用については，それが付帯債権として請求されている場合には，算定上斟酌されないこと（1項第2文），手形法上の意味における手形に基づく請求の場合には，利子・費

447

用・手数料等，手形金額以外に請求されるものは，付帯請求とみなされるべきこと（2項），が定められている。②さらに，RE—ZPO5条によれば，一つの訴えにおいて主張された複数の請求（債権）の場合には，その価額算定に際して，それらが合算される旨，定められている。——

(β) 第2に，本条1項第2文は，1898年・ZPO866条3項第2文と同趣旨であり，変更はない。

(b) **強制抵当権制度への「順位期間」制度の導入（本条2項第1文前段）**[13]

(i) 本条2項1文前段によれば，土地への強制執行が複数の債権者により「保全抵当権の登記」の「申請（Beanfragung，執行申立て）」という形で追行されているときには，それらの「保全抵当権」は，その登記が第1の登記より30日間以内に土地登記所に対して申請されていた限りでは，同順位を有し，その第1の登記の後に成立した，あるいは有効となった「権利（Rechten）」に対して，優先順位を有する，とされている。

ここでは，「動産」強制執行において採用されていた「順位期間」制度（Rangfrintensystem）が，「不動産」強制執行の執行方法の一つとしての強制抵当権制度においても，導入されている，という点に注目される。これは，RE—ZPOの「強制抵当権制度」関連規定中，もっとも截然たる新機軸をうち出している，注目すべき規定である。

(ii) 強制抵当権制度への「順位期間」制度の導入は，次のように形成されている。すなわち，

(α) 第1「順位期間」の開始・進行・形成　　第1「順位期間」は，まず土地上になされた第1の強制抵当権の「登記」により，開始される。この「登記」時点より，30日間の期間が進行し，その間に申請されたその他の強制抵当権の登記を包括し，その期間満了により第1「順位」の「債権者集団」が形成される。

(β) 第2「順位期間」の開始・進行・形成　　次いで，第2「順位期間」は，先行する第1「順位期間」が経過した後において，同一土地上になされ，はじめての強制抵当権の「登記」により，開始される。この「登記」時点より30日

第5章　1931年・ＺＰＯ参事官草案と強制抵当権

間の期間が進行し、その間に申請されたその他の強制抵当権の登記を包括し、その期間満了により第２「順位」の「債権者集団」が形成される。

　(γ)　なお、順次、第３・第４……以下の「順位期間」についても、上述と同様のことが妥当し、各「順位」毎に各「債権者集団」が形成される。

　(iii)　ＲＥ－ＺＰＯの「不動産」強制執行中の修正「平等主義」としての「順位期間」制度は、「優先主義と平等主義」の二大立法主義の対立構造の下で、両主義と次のように交錯・調和する。すなわち、

　(α)　「債権者集団」内部での「平等主義」的処遇　　各「順位期間」毎に形成・組成された「債権者集団」の内部では、「平等主義」的処遇がなされる。すなわち、その「債権者集団」中には、①当該順位期間を開始させた強制抵当権を有する債権者、②その期間内にその者のために目的土地上の権利が成立した、あるいはその権利につき登記申請された、すべての債権者が、包含されており、これらのすべての諸債権者は平等的・按分比例的に配当を受ける。

　――なお、「債権者集団」内部での「平等主義」的処遇、という点については、若干の例外として、一定の種類の「債権」に基づく強制抵当権に、集団内部での「優先性」が承認される（後述(d)(f)）。他方、「債権者集団」の約定抵当権のような権利は、「集団」内部において、強制抵当権に劣後するものとして、取り扱われる。――

　(β)　各「債権者集団」相互間での「優先主義」的処遇　　これに対して、各「順位期間」毎に形成・組成された「債権者集団」相互間では、「優先主義」的処遇がなされる。すなわち、第１の登記による第１「順位期間」に位置する「債権者集団」は、期間満了後になされたはじめての登記による第２「順位期間」に位置する「債権者集団」に対して、優先する。

　(c)　「登記要請（登記嘱託）」の「登記申請」への同置（本条２項第１文後段）[14]

　(i)　本条２項第１文後段によれば、土地登記所への「登記要請（Ersuchen・嘱託）」は、土地登記所での「登記申請（Antrag）」と、同置される（945条１項参照）、とされている。

　(ii)　945条１項では、執行裁判所が土地登記所に「登記要請（登記嘱託）」をなす場合、が定められている（後述(ハ)(a)）。この執行裁判所による「登記要請

（登記嘱託）」は，本条2項第2文により，土地登記所での「登記申請」と同置される，とされている。この法文趣旨は次のように理解できる。

すなわち，まず債権者が強制抵当権の登記申請（執行申立て）を管轄執行裁判所になし，これを承けて管轄執行裁判所が「登記要請（登記嘱託）」を土地登記所になす（RE—ZPO945条2項第2文）。この場合，この「登記要請（登記嘱託）」が「登記申請」と同置される。したがって，この「登記要請（登記嘱託）」のなされた時点，これがとりもなおさず「登記申請」時点に他ならず，したがって，上記「時点」を基準として，申立債権者が如何なる「債権者集団」（順位期間）に所属するかが，決定される。

(d) **執行力ある法定の扶養料債権の「優先性」，並びに公金庫の執行力ある債権の「優先性」（本条2項第2文・第3文）** [15]

(i) 保全抵当権（強制抵当権）の登記を理由付ける各種の「債権」中，一定の債権については，その同一の「債権者集団」内部において，「優先性」が承認される。

(ii) まず，本条2項第2文によれば，これらの保全抵当権のうちの一つが執行力ある法定の扶養料債権（RE—ZPO883条2項参照）のために登記されているときには，その保全抵当権は同一「債権者集団」中の他の債権者に優先する，とされている。すなわち，「動産」強制執行の場合におけると同様に，執行力ある法定の「扶養料債権」に基づき保全抵当権の登記を取得した債権者は，同一順位の「債権者集団」内部において，同じく保全抵当権の登記を取得した他の債権者に対して，優先する。

────なお，「動産」強制執行中のRE—ZPO883条2項第3文は，親族・配偶者・前配偶者・私生子の執行力ある法定の諸扶養料債権が，同一「債権者集団」内において，相互均等的・按分的に，当3ヵ月間につき，優先的にカヴァー（弁済）される旨，定める（既述第3節1(2)(ハ)）。この規定趣旨を「不動産」強制執行中の強制抵当権制度にも妥当させたもの，それがRE—ZPO44条2項第2文である。

─────

(iii) また，本条2項第3文によれば，公金庫の執行力ある債権のために登記

された保全抵当権は，執行力ある扶養料債権のために登記された保全抵当権と，同順位となる，とされている。すなわち，同様に，公金庫の執行力ある債権に基づき保全抵当権の登記が取得された場合においても，「公金庫」債権者は上記の「扶養料」債権者と同順位とされ，同一順位の「債権者集団」内部において，同じく保全抵当権の登記を取得した他の債権者に対して，優先する。

(e) 「順位関係」の土地登記簿への記入（本条3項）[16]

(i) 本条3項によれば，「順位関係（Rangverhältnis）」は土地登記簿上に記入されるべし，とされている。

(ii) 本条3項の立法趣旨は，次のように理解される。すなわち，執行手続上，競売売却代金を配当する場面では，各債権者間の「制定法上の順序（gesetzliche Reihenfolge）」如何が，極めて重要となってくる。具体的には，①各「債権者集団」内部での序列関係，②各「債権者集団」相互間の順位関係如何，である。かくして，この「制定法上の順序」を明確化・明示化すべく，本条3項は「順位関係」の土地登記簿上への記入の必要性を明規している。

(f) 補　論——各「債権者集団」内部での序列——[17]

(i) 各「債権者集団」内部では「平等主義」的処遇がなされ，強制抵当権の登記を取効した諸債権者は等しく平等的地位に在る（既述(b)(iii)(α)）。しかし，その「平等主義」的処遇に対しては，若干の例外的取扱いがなされ，一定の法定の諸債権等には「集団」内部での「優先性」が承認される。

(ii) これを小括すれば，各「債権者集団」内部での序列は，具体的には次のようになっている。

　①まず，執行力ある法定の扶養料債権に基づいた「保全抵当権」，並びに国庫の執行力ある債権に基づいた「保全抵当権」，が第1序列に位置する。

　②次いで，第1序列に位置した債権以外の債権に基づいた「保全抵当権」，が第2序列に位置する。これらの債権に基づいた保全抵当権相互については，等しく対等の立場にある。

　③最後に，その劣後する序列を自らの内に内包する，その他の「諸権利」，が第3序列に位置する。

(ⅲ) なお，以上の如き制定法上の序列を明瞭化すべく，ＲＥ―ＺＰＯ944条3項が土地登記等への順位関係の記入を明規していること，既述のとおりである（既述(e)）。

(ハ) ＲＥ―ＺＰＯ945条[18]

(a) 執行手続としての「登記手続」(本条１項)[19]

(ⅰ) 本条１項によれば，債権者が「請求権の執行の実施」(Durchführung der Vollstreckung des Anspruchs) を執行裁判所に申し立てていない限りでは，本法（ＲＥ―ＺＰＯ）792条１号―６号に列挙された種類の債務名義の執行力ある正本を提示して，債権者は保全抵当権の登記を土地登記所に直接に申請できる（第１文）。この登記申請は，執行の実施につき管轄権ある執行裁判所においても，提出できる：この場合，執行裁判所は土地登記所に登記を嘱託（要請）する（第２文），とされている。

(ⅱ) 本条１項は，債権者が未だ「請求権の執行の実施」を執行裁判所に申し立てていない場合を前提として（規定の文言上，この旨明規されている），この場合における強制抵当権の登記の申請の方法につき，債権者に，次の二つの方法の選択を許容する。すなわち，

(α) 第１の方法（本条本項第１文）　これは，債権者による「土地登記所」への直接的な登記申請の方法，である。具体的には，当時妥当のＺＰＯ典におけると同様に，債権者は，ＲＥ―ＺＰＯ792条１号―６号に列挙された種類の債務名義の執行力ある正本を提示して，「土地登記所」に対して直接的に強制抵当権の登記申請をする。

――なお，ＲＥ―ＺＰＯ792条１号―６号に掲げられた執行力ある債務名義としては，判決がその代表例であり，そこでは当時妥当のＺＰＯ794条に掲記の債務名義とほぼ同様のものが，定められている。それに加えて，ＺＰＯ典以外の他のライヒ制定法（andere Reichsgesetze）によって，あるいはラント立法（Landesgesetzgebung）によって創出されたところの名義（Titel）もまた，強制抵当権登記のための，ここでの債務名義の一例，とされる（なお，ＲＥ―ＺＰＯ813条は，ラント制定法上の名義（landesgesetzliche Titel）に基づく強制執行が許される旨，定める）。――

(β) 第２の方法（本条本項第２文）　これは，債権者による「執行裁判所」

での登記申請，それを承けての「執行裁判所」による登記申請（登記嘱託），という方法である。具体的には，債権者は執行の実施につき管轄権ある「執行裁判所」にて強制抵当権の登記申請をなし，この登記申請を承けて，執行裁判所は「土地登記所」に登記要請（登記嘱託）をなす。

(γ) この二方法中，債権者はいずれの方法を選択してもよい。債権者には「任意選択権」が許容されている。

(iii) 上述のように，本条１項は，債権者が未だ「請求権の執行の実施」を執行裁判所に対して申し立てていない場合を，想定する。

(α) それでは逆に，既に申し立てている場合には，強制抵当権の登記の申請はどのようになされるのか。規定の文言上，明規されてはいないが，本条１項の想定場合とは逆に，債権者が既に「請求権の執行の実施」を執行裁判所に対して申し立てている場合には，強制抵当権の登記の申請については，債権者は常にいつでも「執行裁判所」にこれを提出しなければならない，と解される。そして，この登記申請を承けて，執行裁判所は「土地登記所」に対して登記要請（登記嘱託）をなす。

(β) なお，強制抵当権の登記における執行裁判所の「登記嘱託」の場合，「裁判官」のみがその権限を有し，「司法補助官」はこれにつき権限を有しない（ＲＥ－ＺＰＯ1023条11号参照）。

(iv) 以上の趣旨を小括すれば，本条１項は次のように理解されよう。すなわち，

(α) 本条１項は，①債権者が未だ「請求権の執行の実施」を執行裁判所に申し立てていない場合，②申し立てている場合，この二つの場合を識別し，各々の場合における強制抵当権の登記申請如何につき，定めている。

(β) より具体的には，前者の場合（(α)①）には，執行裁判所が未だ当該事件に関与していない故に，──「執行裁判所」への登記申請（執行申立て）という，いわば通常の方法に加えて──「土地登記所」への直接的申請の方法もまた，許容されている。この二方法中，債権者はいずれの方法を採るかは，その自由に委ねられている。

453

(γ) 他方，これに対して，後者の場合（(α)②）には，執行裁判所が既に当該執行事件に関与している以上，「執行裁判所」への登記申請（執行申立て）の方法のみが，許容されている。執行裁判所の主体的役割が強調され，"「当事者主義」の後退，「職権主義」の前面登場"という強制執行の新たな形成が，ここでも顕在化している，と評することができる。

(b) なされた登記についての「通知」（本条2項）[20]

(i) 本条2項によれば，登記については，土地登記所はこれを申請人並びに登記要請をなした執行裁判所に通知しなければならない（第1文）。債権者が土地登記所に直接に申立てをしたときには，土地登記所は，住所地の，さらには事務所の，それらが欠けているときには営業本拠地の，「執行裁判所」に，登記につきこれを通知する（第2文），とされている。

(ii) 土地登記所による「申請人」並びに「嘱託執行裁判所」への通知（本条2項第1文）

(α) 本条2項第1文は，債権者が「執行裁判所」に強制抵当権の登記申請（執行申立て）をした場合を前提として（但し，規定の文言上，その旨明規されてはいない），強制抵当権の登記が実施されたときには，そのなされた登記につき，土地登記所は，①「申請人」並びに②「登記要請をなした執行裁判所」に対して，その旨通知しなければならない，とする。

(β) これは，債権者による「執行裁判所」への登記申請，それを承けての執行裁判所による「土地登記所」への登記要請（登記嘱託），なされた登記についての土地登記所による「申請人」並びに「嘱託執行裁判所」への通知，という手続連鎖である。

(iii) 土地登記所による「申請人」並びに「債務者住所地等の執行裁判所」への通知（本条2項第2文）

(α) 本条2項第2文は，債権者が直接的に「土地登記所」に登記申請をした場合を前提として（規定の文言上，その旨明規されている），強制抵当権の登記が実施されたときには，そのなされた登記につき，土地登記所は，債務者の住所地の，あるいはその事務所地の，それらが欠けているときにはその営業本拠

地の,「執行裁判所」に対し,その旨通知しなければならない,とする。

(β) なお,その規定の文言上,「申請人」に対して通知すべき旨,明規されていないが,この者にも通知されるべきこと事理当然であり,それ故にむしろあえて明規されなかった,と考えられる。

(ⅳ) 土地登記所による「債務者」への通知(GBO55条)

強制抵当権の登記が実施されたときには,そのなされた登記につき,土地登記所により「債務者」に対しても通知されること,当時妥当の1897年・GBO55条の規定より明らかである。

(ⅴ) 「執行名義上への掲記」規定(ZPO867条1項第1文第2段)の排除

(α) 当時妥当の1898年・ZPO867条1項第1文第2段によれば,有効になされた「登記」は執行名義上に掲記されなければならない旨,定められていた。

(β) しかし,本RE—ZPO中から,この規定が排除されている。これは,執行名義上の掲記を不要としたのではなく,単なる訓示的性格をもった規定はできるだけ実施細則(Ausführungsbestimmungen)中に編入すべし,とするRE—ZPOの基本的立場に基づくものである。

(c) 成立要件としての「登記」(本条3項第1文)[21]

(ⅰ) 本条3項第1文によれば,「登記」により抵当権が成立する,とされている。

(ⅱ) 本条3項第1文は,「登記」のみにより,したがってしかも「物権的合意」と「登記許諾」の二要件を必要とすることなく,強制抵当権が成立する旨,定めている。

(ⅲ) なお,本条3項第1文は,1898年・ZPO867条と対応し,同一文言の規定である。

(d) 「登記手続費用」の土地責任(本条3項第2文)[22]

(ⅰ) 本条3項第2文によれば,債務者に負担されるべき「登記費用」についてもまた,土地がその責任を負担する,とされている。

(ⅱ) 本条2項第2文は,執行債権のみならず,「登記手続費用」債権についてもまた,目的土地が責任を負担する旨,定めている。「不動産」強制執行の

執行手続費用は債務者負担とされるが，強制抵当権の「登記手続費用」も執行手続費用の一つだ，からである。

(iii) なお，本条2項第2文は，1898年・ＺＰＯ867条1項第2文と対応し，同一文言の規定である。

(e) **共同抵当権による負担化の禁止，債権の分割強制（本条4項）**[23]

(i) 本条4項によれば，債務者の複数の土地が抵当権により負担化されるべきときには，債権額は個々の土地上に分割される：その一部額については，債権者がこれを特定する，とされている。

(ii) 本条4項は，共同抵当権による負担化を禁止し，債権額が個々の土地上に分割され，その一部額は債権者により特定される旨，定めている。

(iii) なお，本条4項は，1898年・ＺＰＯ867条3項と対応し，同趣旨の規定である。

㈡ **ＲＥ─ＺＰＯ946条──執行処分が「法的基礎」を喪失した場合における所有者抵当権の成立──**[24]

(i) 本条によれば，執行処分がその「法的基礎（Rechtsgrundlage）」を喪失した場合には，土地の所有権者は「抵当権（Hypothek）」を取得する（第1文）。とりわけ執行妨止のために許されている「保証提供又は供託（Sicherheitsleistung oder Hinterlegung）」がなされた場合にも，同様のことが妥当する（第2文），とされている。

(ii) 本条第1文は，強制執行の「停止・一時的停止・取消」の場合における土地所有権者の抵当権の取得，すなわち「所有者抵当権の成立」につき，定めている。「停止・一時的停止・取消」の場合につき，個別に論及するのではなく，執行処分の「法的基礎の喪失（Verlieren der Rechtsgrundlage）」という文言ないし概念で，それらを小括している，という点に注目される。

なお，ＲＥ─ＺＰＯ「理由書」によれば，執行処分が「法的基礎」を喪失した場合とは，執行処分がその「合法性（Rechtsmäßigkeit）」又は「合序性（Ordnungsmäßigkeit）」が否定された場合，さらには「執行名義（Titel・執行権原）」が剥奪されてしまった場合，を意味する，とされている。

(iii) 本条第2文は,「執行妨害のためになされた担保提供又は供託が有効になされた場合」を個別的に言及し,このような諸場合にも土地所有権者が抵当権を取得する旨,定めている。この言及された「場合」にあっては,必ずしも未だ「法的基礎の喪失」には至っていない故に,本条第1文とは別に,本条第2文において個別的にこの旨言及された,と理解できる。

(iv) 1898年・ＺＰＯとの対応

(α) 本条第1文は,1898年・ＺＰＯ868条第1文に,対応する。但し,1898年・ＺＰＯ868条1項が「取消・不適法宣告・停止」に個別に言及するのに対して,本条第1文はそれらを「法的基礎の喪失」という文言で概括的に小括している,という点で相違がみられる。

(β) また,本条第2文は,1898年・ＺＰＯ868条2項に対応し,同趣旨の規定である。

1） Entwurf S. 219 ff., Erläuterungen S. 539 ff.
　　　なお,簡潔な説明として,Schanz, a. a. O. S. 176 ff.
2） Entwurf S. 219 ff.
3） Erläuterungen S. 539 ff.
4） Entwurf S. 219 ff.
5） a. a. O.
6） Entwurf S. 236-237.
7） Entwurf S. 219 ff., Erläuterungen S. 539 ff.
8） Entwurf S. 220-221.
9） Erläuterungen S. 539 ff.
10） Erläuterungen S. 539.：(943条), Schanz, a. a. O. S. 176.
11） Erläuterungen S. 539.：(944条), Schanz, a. a. O. S. 177-179.
12）―17） a. a. O.
18） Erläuterungen S. 539-540.：(945条), Schanz, a. a. O. S. 176-177.
19）―23） a. a. O.
24） Erläuterungen S. 540 ff.：(946条), Schanz, a. a. O. S. 180.

小　括

1　ＺＨ制度の新機能
- ・1　ＲＥ―ＺＰＯは,「不動産」強制執行の一方法として,「強制抵当権制度」を存置する
- ・2　これに, 修正「平等主義」としての「順位期間」制度を, 接合させている。この接合により,「強制抵当権制度」は新たな制度的機能を有するに至る

2　ＲＥ―ＺＰＯ中の「不動産」強制執行
- ・1　当時妥当の1898年・ＺＰＯのそれと, ほぼ同様である
- ・2　①大枠として現行法を踏襲, ②執行法上の新たな諸「原理・原則」の導入に伴い, その調和・調整の必要な限りでのみ, 僅かの部分的変更のみあり

3　ＲＥ―ＺＰＯ中の「不動産」強制執行規定
- ・1　当時妥当の「98年・ＺＰＯ」におけると同様に, 極めて少数である
- ・2　ＲＥ―ＺＰＯもまた,「不動産」強制執行一般（強制競売・強制管理）の規制を, 単行特別法に委ねる, という基本姿勢を採っている

4　「民訴法改正委員会」の意図
- ・1　単行特別法として, その当時妥当の1897年・ＺＶＧに代わる新たな法典が準備されるべし
- ・2　ＲＥ―ＺＰＯの起草に伴い,「97年・ＺＶＧ」の全面的改正作業を意図している

5　「順位期間」制度の導入
- ・1　ＲＥ―ＺＰＯは,「不動産」強制執行にも,「動産」強制執行におけると同様に, 修正「平等主義」としての「順位期間」制度を導入する

- ・2　この「順位期間」制度に、「強制抵当権制度」を、包摂する

― 6　その法システム
- ・1　第1の強制抵当権の「登記」により第1の「順位期間」（30日間）が開始・進行し、期間内のその他の登記者を包括して、第1「順位」の「債権者集団」が形成される
- ・2　次いで、第1の「順位期間」の経過後に、はじめてなされた強制抵当権の「登記」により、第2の「順位期間」（30日間）が開始・進行し、期間内のその他の登記者を包括して、第2「順位」の「債権者集団」が形成される
- ・3　強制抵当権の「登記」が各「順位期間」の開始・進行の起算点とされ、この登記を基軸として各「債権者集団」が形成される
- ・4　各「順位期間」毎に形成された「債権者集団」相互間では、「優先主義」的処遇がなされる（先「順位期間」の「債権者集団」G1グループは、後「順位期間」の「債権者集団」G2グループに、優先する）
- ・5　各「順位期間」毎に形成された「債権者集団」内部では、「平等主義」的処遇がなされる（この「債権者集団」に包摂されたすべての諸債権者は、平等的・按分比例的に、配当を受ける）

― 7　「強制競売・強制管理」の二方法への「順位期間」制度の導入
- ・1　不動産強制執行の方法として、「強制抵当権の登記」の方法以外に、「強制競売・強制管理」の二方法がある
- ・2　これにも「順位期間」制度の導入が前提とされている（RE―ZPO（その「理由書」）はこの問題にまったく言及していないが、これは、ZVG（の改正作業）の守備範囲として、この特別法に委ねた、からである）

〔第 5 章・基本文献リスト〕
〈Ⅰ〉 1931年・「RE―ZPO」と「理由書」については,
① Entwurf einer Zivilprozessordnung, veroffentlicht durch das Reichsjustizministerium, Berlin 1931, S. 1 ff.
② Erlauterungen zum Entwurf einer neuen deutschen Zivilprozessordnung, veroffentlicht durch das Reichsjustizministerium, Berlin 1931.
――：②の「理由書」は，単行書ではなく，1931年・「RE―ZPO」(①) 中に付加・所収 (S. 241 - 561) されている。

〈Ⅱ〉 その邦訳として,
① 1931年・独逸新民事訴訟法草案並びに説明 (一)・司法資料177号・1933年 (31年・「RE―ZPO」第 9 編・「強制執行と強制施行」)
② 1931年・独逸新民事訴訟法草案並びに説明 (二)・司法資料178号・1933年 (31年・「RE―ZPO」第 1 編―第 8 編・判決手続等)
――：①②の邦訳については,「述語の選択においてやや不適当な点がないでもない」(三ヶ月・民訴法研究 2 巻119頁) という，学説の指摘がある。私見もまた，内容の正確な理解のためには，むしろ「原文」(ドイツ語) 参照の必要がある，と考える。本章の本文叙述の注記引用を「Entwurf」と「Erlauterungen」に準拠した理由である。

〈Ⅲ〉 1931年・「RE―ZPO」中の「強制執行」編 (第 9 編) の新構成 (Neuerungen) につき，同草案公表に近接して，その立法趣旨・全体的内容・制定史的状況等を解説したものとして,
① Sauerlander, Die Grundlinien der Zwangsvollstreckungsreform im Entwurf einer Zivilprozessordnung, Judicium Jahrg. 4 (1932) Sp. 99 ff.
② Rosenberg, Zwangsvollstreckung und Zwangsvollzug, Deutsche Jar. Ztg. Jahrg. 37 (1932) Sp. 45 ff.

〈Ⅳ〉 1877年・ライヒCPO (民訴法典) (強制執行法を含む) (→1898年・ZPO (民訴法典) (強制執行法を含む)) の編纂過程での,「優先主義⇔平等主義」の二大立法主義の対立構造 (その各論拠・長短所) については,
① Hahn = Mugdan, Die gesamten Materialien zu den Reichsjustizgesetzen, Band 2 (Materialien zur ZPO, Abteilung 1), 1881 (Neudruck 1983)

② ders., a. a. O., Abteilung 2. 1881（Neudruck 1983）
――：①②は「立法資料集成」であり，ⅰ）1877年・ライヒCPOの「正条文」，ⅱ）同法典の母体となった1874年・「ライヒ議会提出案（Entwurf）」と「理由書（Motive）」，ⅲ）ライヒ議会での各審議詳細，等が包括的に収録されている。
――：1877年・ライヒCPOの「優先主義」採用の論拠（各審議過程）が詳細に論議されており，二大立法主義の対立構造の分析のためには，その参照は必要不可欠である。本章分析も，①②に依拠するところが大きい。

〈Ⅴ〉 CH. N. Fragistas, Das Praventionsprinzip in der Zwangsvollstreckung――auf rechtsvergleichender Grundlage Ddargestellt――, Mannheim 1931.
――：1931年刊行時点では，理論的に最高の水準を示すドイツ文献であり，その後のわが国の諸研究も，本文献に依拠して，その分析を進めている。しかし，同年刊行とはいえ，1931年・「RE―ZPO」公表（1931年8月）前の文献であり，同草案・理由書に関する分析はなされてはいない。

〈Ⅵ〉 「二大立法主義」をめぐるわが国の学説状況
A】「優先」主義論か，「平等」主義論か
　我が国の学説状況を公表年代順に対比すれば，
① 雉本朗造・「強制執行ノ優先主義及ビ平等主義――対人信用制度の消長――」（同・民訴法の諸問題413頁以下所収）・1915年（「優先」主義論の主張・同書487頁以下）（→雉本・「優先・平等主義」）
② 石神武蔵・強制執行に於ける優先平等両主義の比較・司法研究報告書・1935年（「平等」主義論の主張）（→石神・『優先平等比較』）
③ シュミット・「将来のドイツ執行法に於ける優先主義又は平等主義」（菊井維大「紹介」）（Richard Schmidt, Prioritatsprinzip order Ausgleichsprinzip im Kunftigen Deutschen Vollstreckungsrecht, Berlin 1937）・法学協会雑誌56巻2号154頁以下・1938年（改善された「優先」主義論の主張）（→シュミット・「優先・平等」主義）
④ 菊井維大・「強制執行における平等主義」・法学協会雑誌62巻2号151頁以下・1944年（「平等」主義論の主張・同論文182頁）（→菊井・「平等主義」）
⑤ 兼子一・増補強制執行法・1951年（「平等」主義論の主張）（→兼子・『増補強執』）
⑥ 三ヶ月章・「差押の効力の相対性――フランス法における平等主義の検討と

461

日本的平等主義の反省――」（同・民訴法研究3巻313頁以下所収）・1966年（「優先」主義論の主張）（→三ヶ月・「差押」）

⑦　三ヶ月章・「仮差押の効力――大陸諸国における新しい展開を背景として――」／同・民訴法研究6巻67頁以下所収・1962年（「優先」主義論の主張）（→三ヶ月・「仮差押」）

⑧　宮脇幸彦・「強制執行における平等主義と優先主義」・判例タイムズ224号2頁以下・1968年（「優先」主義論の主張・同論文13頁以下）（→宮脇・「平等・優先主義」）

⑨　フリッツ・バウアー（鈴木正裕訳）・「金銭執行における平等主義と優先主義」・民訴雑誌15号1頁以下・1968年（「平等」主義論の主張・同論文29頁）（→バウアー・「平等・優先主義」）

⑩　宮脇幸彦・強制執行法（各論）22頁以下・1978年（「優先」主義論の主張・同書39頁）（→宮脇・『強執各論』）

⑪　中野貞一郎・民事執行法（上巻）35頁以下・1983年（中立的・同書35頁以下）（→中野・『民執上巻』）

⑫　山田晟・「強制執行における債権者平等主義に対する批判」・法協105巻11号1455頁以下・1988年（ドイツ法に準拠した「優先」主義論の主張）（→山田・「平等主義批判」）

⑬　中野貞一郎・民事執行法（増補新訂5版）・2006年（中立的・同書39頁以下）（→中野・『民執5版』）

B】　その他の文献

①　浦野雄幸・「民事執行法案をめぐる諸問題（その1―その5）・平等主義の是正〔I―V〕」（新債権回収法講座18・19・23・24・25）・ＮＢＬ175号29頁以下・同176号42頁・同186号28頁・同187号26頁・同188号30頁・1978年―1979年（→浦野・「民執法案諸問題」）

②　宮脇幸彦・「民事執行法における債権者の競合」・吉川大二郎先生追悼論集（下）484頁以下・1981年（民執法の「平等主義」採用の立案趣旨，差押えの効力の手続相対効主義，各執行方法における配当加入の方法・時期の新規律，につき検討する）（→宮脇・「債権者競合」）

③　宮脇幸彦・「強制執行における平等主義規定の生成」・兼子一先生還暦記念論集（下）201頁以下・1970年（→宮脇・「平等主義規定の生成」）

④　宮脇幸彦・「強制執行法および競売法の改正――その制定の経緯と改正の展

望——」・ジュリスト388号84頁以下・1968年1月
⑤　宮脇幸彦・「平等主義と優先主義」・金融法務事情500号44頁以下・1968年2月（→宮脇・「平等優先」）
⑥　谷口安平・「金銭執行における債権者間の平等と優越」・253頁以下（竹下＝鈴木編・『民事執行法の基本構造』所収）・1981年（民執法の「平等主義」構造を検討する）（→谷口・「債権者間の平等優越」）
⑦　鈴木正裕・近代民事訴訟法史・日本・2004年（優先主義のテヒョー草案から平等主義への拙速的転換の経緯を分析フォローする）（→鈴木・「民訴法史」）

〈Ⅶ〉　1931年・「ＲＥ―ＺＰＯ」中の「強制抵当権制度」について分析するものとして，

Schanz, Zwangshypothek, Zweites Heft, S. 173 ff.

結論的考察

〔一〕

抵当制度は一体誰のものか（抵当「制度目的論」）
── 「我妻シェーマ」（近代抵当権論）の「妥当性」の検証，〈課題1（問題提起1）〉に答える；ドイツ「ＺＨ制度の法形成」の構造解明──

> はじめに（結論先述）
> Ⅰ　ＢＧＢ抵当法（三草案）の編纂形成，その1
>   ──「担保類型」論の視点から──
> Ⅱ　ＢＧＢ抵当法（三草案）の編纂形成，その2
>   ──「時代で」読む視点から──
> Ⅲ　総　括

はじめに（結論先述）

> 1　論述進行
> 2　私見シェーマの特徴
> (1)　「債務者保護」のＢＧＢ抵当法法理
> (2)　債務者の「投資誘引」手段としての「抵当制度」
> (3)　ＺＨ制度（「債務者保護」の執行法法理）

1　論述進行

（ⅰ）本研究の課題1（問題提起1）に対応して，「抵当制度は一体誰のものか」，という抵当「制度目的論」につき，私見の結論的考察〔一〕をおこなう。

(ⅱ) その論述進行として，

(α) Ⅰでは，「担保類型」論の視点から，「ＢＧＢ抵当法（三草案）の編纂形成（その１）」を分析・解明し，「担保類型の多様化の流れ」を明らかにし，それが「ＧＳ形骸化」に帰着したことを指摘する（；本書第１章以下では，メインとして「ＺＨ制度形成」如何の視点から，「ＢＧＢ抵当法の編纂形成」を分析・解明している）。

(β) Ⅱでは，「時代で」読む視点から，「ＢＧＢ抵当法（三草案）の編纂形成（その２）」を分析・解明し，その「時代的意義」を明らかにし，「ＧＳ形骸化」が「プロイセン農業利益の退潮」を反映したものであることを指摘する（；本書第１章以下では，「時代で」読む視点から，メインとして「ＺＨ制度形成」を分析・解明し，その「時代的意義」を明らかにし，第３の執行方法としての「ＺＨ制度形成・確立」が，「ドイツ・プロイセンの農場所有者たる債務者保護」を反映したものであることを指摘している）。

(γ) Ⅲでは，総括として，抵当「制度目的論」として，「私見シェーマ」を提示する（；本書第１章以下では，ＺＨ「制度目的論」として，「私見シェーマ」を提示している）。

2　私見シェーマの特徴
(1)　「債務者保護」のＢＧＢ抵当法法理[*1]
(ⅰ) ＢＧＢ編纂過程における「ＢＧＢ抵当法（三草案）」の編纂形成を解明し，それが土地所有権に配慮した「債務者保護」の視点から編纂起草されていることを明らかにする。

(ⅱ) これを，私見は，「債務者保護」のＢＧＢ抵当法法理として，法構成する。

(2)　債務者の「投資誘引」手段としての「抵当制度」
(ⅰ) 我妻シェーマは，抵当制度は，債権者の「投資」手段であり，債権者のものである，とする。

(ⅱ) しかし，私見は，終始一貫して「債務者保護」の視点から編纂起草され

たＢＧＢ抵当制度は，債務者の「投資誘引」手段であり，債務者のものである，と理解する。

(3)　ＺＨ制度（「債務者保護」の執行法法理）

（i）　我が国の執行法学は，「ＺＨ制度」を「優先主義」採用の法技術とし，これを債権者競合における「執行債権者保護」の制度と理解してきた。

（ii）　しかし，私見は，「ＢＧＢ編纂過程」におけるドイツＺＨ制度の法形成は，様々な諸点において，「債務者保護」の視点から，法構成されている。これは，「債務者保護」の執行法法理に基づくものであり（→本論で論証済み），ＺＨ制度も抵当制度を組成する一つである以上，「債務者保護」のＢＧＢ抵当法法理の一つの反映である，と理解する。

〈＊省略表記〉

80年・ＶＥ→ＢＧＢ準備草案（物権法準備草案）

88年・ⅠＥ→ＢＧＢ第1草案

95年・ⅡＥ→ＢＧＢ第2草案

ＧＳ→土地債務

ＲＳ→土地定期金債務（一般には，わが国の学説上，「定期土地債務」と表記される。しかし，Renten→土地定期金，Schuld→債務，と理解すべきであるから，「土地定期金債務」という表記がベターである。また，「定期土地債務」と表記するのであれば，Grundschuldが「土地債務」と表記されるのだから，両概念の混交が生じる惧れがあり，表記上も，明確に回避されるべきである，と考える。換言すれば，Rentenschuldは，「定期」的な「土地債務」ではないし，ＲＳとＧＳはまったくその沿革を異にする制度であり，その本質もまったく違うものだ，からである）

ⅠＫ審議→第1次委員会審議

ⅡＫ審議→第2次委員会審議

ＪＴ→ドイツ法曹会議大会

72年・ＥＥＧ→プロイセン所有権取得法

I　BGB抵当法（三草案）の編纂形成，その1
―――「担保類型」論の視点から―――

1　はじめに
(1)　「テーマ」設定
(2)　「分析視点」
(3)　分析「解明点」
2　「三草案」における「担保類型」
3　80年・VE
　　　――二つの担保類型――
(1)　二元的編成
(2)　独立的抵当権
(3)　付従的抵当権
(4)　取引当事者の選択権
4　88年・IE
　　　――四つの担保類型――
(1)　四元的編成
(2)　「登記簿抵当権」の採用
(3)　「証券抵当権」の採用
(4)　両抵当権の相互関係
(5)　「保全抵当権」としての各種抵当権
(6)　「土地債務」の採用
5　95年・IIE
　　　――五つの担保類型――
(1)　五元的編成
(2)　「登記簿抵当権」の後退（→非本則化）
(3)　「証券抵当権」の前面登場（→本則化）
(4)　「保全抵当権」の保持
(5)　「土地債務」の保持
(6)　「土地定期金債務」の新導入
6　小　括――「簡易化」から「多様化」へ――
7　注目点
8　80年・VE――「GS中核」編成――
(1)　「二元的編成」の実態如何
(2)　〈独立的抵当権〉と〈付従的抵当権〉
(3)　「二元的編成」のもつ意味
9　88年・IE――「GS後退」編成――
(1)　「四元的編成」の実態如何
(2)　単純に「プラス二」なのか
(3)　「両草案」対比
(4)　付従的抵当権としての二つの担保類型の識別
(5)　GS後退
(6)　「流通性」如何に注目

```
 (7) 小 括                    (3) 二つの「差異」
10 95年・ⅡE──「GS形骸化」  11 小 括──GS「中核」からG
   編成──                      S「後退」,そしてGS「形骸
 (1) 「五元的編成」の実態如何     化」へ──
 (2) RS新導入の意味
```

1 はじめに

(1) 「テーマ」設定

「BGB編纂過程」において,「BGB抵当法」はどのように編纂形成されたのか。その法形成如何,を探求する。これが,設定「テーマ」である。

(2) 「分析視点」

このテーマを「どのような視点」から分析するのか。「担保類型」を分析窓口として,分析する。これが,「分析視点」である。その際,時系列的に,BGB編纂過程における「三草案(VE・IE・ⅡE)」に,注目する。

(3) 分析「解明点」

この分析より,「何が」解明されたのか。結論を先述すれば,担保類型の「多様性の承認」であり,「三草案」経緯に見られる「多様化の流れ」である。これが,分析「解明点」である。

2 「三草案」における「担保類型」

「三草案」では,それぞれどのような「担保類型」が認められていたのか,そしてその変遷は具体的にどのようなものであったのか。以下,各草案ごとに,その承認された「担保類型」を分析・整理する。

3 80年・ＶＥ──二つの担保類型──

(1) 二元的編成

80年・ＶＥ（物権法準備草案）は二つの担保類型を承認するのみである。すなわち，①独立的抵当権，②付従的抵当権，の二つである。私見のいういわば「二元的編成」が採られている。以下，順次，その内容を解明する。

(2) 独立的抵当権

独立的抵当権とは，プロイセン法の「土地債務」に相応し，その法的性格は流通抵当権であり，規定上，これがメイン形態（本則型）とされている。

(3) 付従的抵当権

これに対して，付従的抵当権とは，将来発生する未確定の債権を担保するための抵当権として，いわゆる「担保抵当権（Kautionshypothek）」の意味でのみ限定的に採用されており，規定上，これがサブ形態（特則型）とされている。

(4) 取引当事者の選択権

(ⅰ) 具体的な取引場面で，取引当事者は二つの担保類型をどのように利用するのか。独立的抵当権と付従的抵当権の，いずれの担保形態を利用するのか，の問題である。

(ⅱ) 端的に，それは取引当事者の意思に委ねられ，具体的取引の実状やその必要性に応じて，いずれかの担保類型を選択すればよく，当事者の選択権が認められている。

(ⅲ) しかし，独立的抵当権が本則型であり，これが法制度的に広く認められており，当事者の取引実需に対応するものである以上，独立的抵当権が選択される場面が，実務上，多くなることが予想されている。

この対応上，付従的抵当権については，独立的抵当権の利用意思が取引当事者に存在しない場面でのみ，換言すれば将来発生の未確定の債権を担保する必要性がある場合等のみ，その「担保抵当権」としての利用が，限定的に認めら

4 88年・ＩＥ——四つの担保類型——

(1) 四元的編成

88年・ＩＥ（ＢＧＢ第１草案）は四つの担保類型を認めている。すなわち，①抵当証券非交付の抵当権，②抵当証券交付の抵当権，③保全抵当権，④土地債務，の四つである。私見のいういわば「四元的編成」が，採られている。以下，順次その内容を解明する。

(2) 「登記簿抵当権」の採用

（ⅰ）「抵当証券非交付の抵当権」は「登記簿抵当権（Buchhyp.）」となる。では，このような「証券不交付の抵当権」の類型存在を認める（＝登記簿抵当権の採用）理由は何か。

（ⅱ）登記簿のみにより抵当取引を媒介している諸ラントが従前より存在し，そこでの法実務や慣行に配慮する，からである。しかも，証券抵当権の発展ルーツであるプロイセン法やメクレンブルク法であっても，証券交付につき，その放棄が認められている，からである。

(3) 「証券抵当権」の採用

（ⅰ）これに対して，「抵当証券の交付の抵当権」は「証券抵当権（Briefhyp.）」となる。では，このような「証券交付の抵当権」の類型存在を認めた（＝証券抵当権の採用）理由は何か。プロイセン法やメクレンブルク法の法発展に即応する，からである。

（ⅱ）この場合，抵当債権の譲渡は証券引渡によりなされるので，その譲渡方法は容易化され，同時に証券譲受人の地位が安全確実化されている。

(4) 両抵当権の相互関係

両抵当権は相互にどのような関係に立つのか。

（ⅰ）　規定上,「登記簿抵当権」が通則型であり,「証券抵当権」は特則型とされている。その理由は,抵当権を含めて,おおよそ不動産上の諸権利は,「土地登記簿」を基準として法的に秩序付けられるべきものだから,法理論上,登記簿抵当権があくまで原則として理解されなければならない,からである。

（ⅱ）　取引当事者よりすれば,通則型たる「登記簿抵当権」の利用を強要されるわけではまったくなく,実務上の必要性に基づき「証券抵当権」を利用することも,自由である。その限りで,二つの抵当権は同価値的に併存している。したがって,地域ごとにその実務上の必要性や慣行が異なるという事情があるのだから,地域によっていずれの抵当権が実務上優勢的に利用されるかが,決定される。

（ⅲ）　いずれの抵当権も,被担保債権によって決定される「人的責任」の存在を前提としている。

（α）　しかし,①証券交付の「証券抵当権」は勿論のこと（→証券による流通性）,②証券交付なき「登記簿抵当権」もまた（→登記簿経由による流通性）,その流通性が承認・確保されている。換言すれば,二つの担保類型には共に「流通抵当権」としての法形態が付与されている。

（β）　したがって,その限りで,二つの抵当権（①②）は「流通性ある付従的抵当権」である,と法的に性格づけられる。

(5)　「保全抵当権」としての各種抵当権

（ⅰ）　「保全抵当権」の担保類型は,担保抵当権・強制抵当権・仮差押抵当権において,妥当している。

（ⅱ）　端的に,流通性なき担保類型である。これらの各種抵当権にあっては,流通性を図る必要性も実益も欠いている,からである。

(6)　「土地債務」の採用

（ⅰ）　80年・ⅤEにおけると同様に,88年・ⅠEでも,「土地債務」が認められている。これは,資本導入を必要とする土地所有者の利益を考慮すべし,プロイセン法やメクレンブルク法の発展からも既にドイツの地で市民権を得てい

る，という理由からである。

(ⅱ) 付従的抵当権と比較して，「土地債務」はより高度の流通性が確保されている。

5 95年・ⅡE——五つの担保類型——

(1) 五元的編成

(ⅰ) 95年・ⅡE（BGB第2草案）では，88年・ⅠEの「四つの担保類型」が基本的には踏襲されており，しかもこれに土地定期金債務が新たに導入されている。

(ⅱ) すなわち，担保類型として，①登記簿抵当権，②証券抵当権，③保全抵当権，④土地債務（→以下，GSと略記），⑤土地定期金債務（→以下，RSと略記），の五つである。私見のいういわば「五元的編成」が，採られている。以下，順次，その内容を解明する。

(2) 「登記簿抵当権」の後退（→非本則化）

付従的抵当権としての「登記簿抵当権」は保持されたが，88年・ⅠEでの本則型から後退し，「非本則」化されている。

(3) 「証券抵当権」の前面登場（→本則化）

(ⅰ) 「登記簿抵当権」が後退したことの，その対応として，同じく付従的抵当権としての「証券抵当権」が前面登場し，これが「本則」化している。

(ⅱ) これにより，同じく付従的抵当権としての両抵当権にあっては，「証券抵当権」のウエイトが大きくなり，この意味からすれば，付従的抵当権は，流通抵当権としての性格を，なお一層純化している，といえる。

(4) 「保全抵当権」の保持

契約による未確定の債権の担保のための手段として，「保全抵当権」が保持されている。

(5) 「土地債務」の保持

(i) プロイセンやメクレンブルグの歴史的発展傾向に即する,農業者の諸団体から承認あり,といった諸理由から,「土地債務」が保持されている。

(ii) なお,無記名土地債務 (Inhabergrundschuld)（ＢＧＢ1195条参照）が新導入されている。

(6) 「土地定期金債務」の新導入

(i) 「土地定期金債務」(Rentenschuld)（ＢＧＢ1199条参照）が,新たな担保類型として,導入されている。大農業者の諸団体からの要望に応えた,からである。

(ii) これは,「土地からの定期金の支払」を目的とした物権であり,その法的性格上,ＧＳの亜種として位置づけられている。

6 小 括——「簡易化」から「多様化」へ——

(i) 担保類型「数」に注目すれば,「三草案」は,「①二元的編成（ＶＥ）→②四元的編成（ＩＥ）→③五元的編成（ⅡＥ）」,と変遷している。

(ii) 当初はいわば「簡易化タイプ」であったものが,順次,その類型数を増やし,最終的には「多様化タイプ」へと移行している。端的に,類型「簡易化」から「多様化」への変遷,が見られる。

7 注目点

(i) 「三草案」の変遷は,単に類型数が増加しただけなのか（単に類型が多様化しただけなのか）。否,そうではない。

(ii) ＧＳに注目すべきである。当初には,「ＧＳ中核」であったが,その後,「後退」を重ね,最終的には,「ＧＳ形骸化」へと,変遷している,と理解できるからである。

(iii) この変遷は,具体的には,どのような「意味」をもつものだったのか。以下に,後述する。

8 80年・ＶＥ ——「ＧＳ中核」編成——

(1) 「二元的編成」の実態如何

80年・ＶＥでは、〈独立・付従〉の二つの担保類型が認められており、「二元的編成」である。では、この「二元的編成」の実態は何か。

(2) 〈独立的抵当権〉と〈付従的抵当権〉

（ⅰ）80年・ＶＥでは、〈独立的抵当権〉という、その実態としての「土地債務」が前面に登場し、これに「流通抵当権」の法的性格（法形態）が付与され、これが「本則」型として不動産担保権制度の基本支柱とされている。

（ⅱ）しかも、その対応上、〈付従的抵当権〉については、将来債権担保のための「担保抵当権」としての法的性格が付与され、これがあくまで「例外」型とされている。

（ⅲ）メインとしての〈独立的抵当権〉、サブとしての〈付従的抵当権〉、である。

(3) 「二元的編成」のもつ意味

（ⅰ）「人的債権との関係」如何に注目すれば、

80年・ＶＥの「二元的編成」は、〈独立的抵当権と付従的抵当権〉という、「独立的⇔付従的」という対立構造である。人的債務関係から「独立」した抵当権、人的債務関係に「附従」した抵当権、この二つの抵当権の対置である。

（ⅱ）また、「流通性」如何に注目すれば、

80年・ＶＥの「二元的編成」は、流通性「必要⇔不要」という対立構造である。流通性確保を「必要」とする抵当権（〈独立的抵当権〉）、流通性確保を「不要」とする抵当権（〈付従的抵当権〉）、この二つの抵当権の対置である。

（ⅲ）しかも、〈付従的抵当権〉が担保抵当権として限定的に承認されていることに注目すれば、

その実態は、〈独立的抵当権〉を前面登場させた、流通性確保・向上を中核とする「ＧＳ中核」編成（〈独立的抵当権〉中核編成）である、といえよう。こ

れは「GS一本化」編成(〈独立的抵当権〉一本化編成)に極めて近い,といっても過言ではない。

9 88年・IE──「GS後退」編成──
(1) 「四元的編成」の実態如何
88年・IEでは,「登記簿抵当権・証券抵当権・保全抵当権・GS」の四つの担保類型が認められており,「四元的編成」である。では,この「四元的編成」の実態は何か。

(2) 単純に「プラス二」なのか
(i) 88年・IEの「四元的編成」は,80年・VEの〈独立・付従〉の「二元的編成」に加えて,新たに二つの担保類型が付加され,単純に「四元的編成」になっているのか。

(ii) 否,まったくそうではない。その担保類型相互間の位置付けが,「両草案」では大きく異なっている。では,具体的にどう異なっているのか。

(3) 「両草案」対比
(i) 80年・VEの〈独立的抵当権〉は,88年・IEでは「GS」として配置されている。

(ii) 80年・VEの〈付従的抵当権〉は,「担保抵当権としての存在・成立」という性格のものである。

(α) しかし,88年・IEでは,それは,「保全抵当権」としての各種形態の一つとして,位置づけられている。

(β) しかも,この「保全抵当権」としての各種抵当権は,現実の金融取引の実務上からすれば,それ程重要なウエイトをもつものではない,と考えられる。

(iii) 88年・IEでは,「登記簿抵当権」と「証券抵当権」という二つの担保類型が新たに導入されている。これは独立した「担保類型として」新たに認めた,という意味である。

(α) しかも，この二つの担保類型は，共に被担保債権により決定される「人的責任」の存在を前提とした，〈付従的抵当権〉としての性格を有している点で，ＧＳと顕著に対比される。

(β) さらに，この二つの担保類型は，共に流通性をもつが，その流通度の高低に差異があり，高い流通性の証券抵当権，低い流通性の登記簿抵当権，という差異である。

(4) 付従的抵当権としての二つの担保類型の識別

(i) 80年・ＶＥでは，〈ＧＳ〉の中核編成であり，〈付従的抵当権〉は「担保抵当権としての極めて限定的な形」で置かれている。

(ii) これに対して，88年・ＩＥでは，ＧＳに加えて，共に被担保債権により決定される「人的責任」の存在を前提とした，登記簿抵当権と証券抵当権という，〈付従的抵当権〉としての二つの担保類型が識別されている。

(5) ＧＳ後退

以上，88年・ＩＥでは，二つの担保類型として〈付従的抵当権〉が登場し，登記簿抵当権と証券抵当権という共に流通性の認められた形態での，一定の実務的機能が期待・予定されていることを踏まえるならば，88年・ＩＥでの「ＧＳ後退」を明瞭に読み取ることができる。

(6) 「流通性」如何に注目

(i) 二つの担保類型としての付従的抵当権は，共に流通性ある抵当権として性格付けられている。

(ii) したがって，その「流通性」如何に注目すれば，

88年・ＩＥでは，①一方において，流通性ある担保形態として，「流通性ある付従的抵当権」と「土地債務」が存置されている。②他方において，流通性を認める必要性のない担保形態として，「保全抵当権」としての各種抵当権が存置されている。

(iii) 以上，88年・ⅠEでは，担保類型間では「流通性⇔非流通性」の対立構造が見られる，といえる。

(7) 小　括
(i) ①二つの新たな担保類型として付従的抵当権が登場したこと，②「土地債務」（人的責任なきところからそもそも高度の流通性をもつ）に加えて，これに「流通性ある付従的抵当権」を併存させ，これにも抵当取引における一定の実務上の役割を果たさせんとしていること，以上二点に注目すれば，
(ii) 88年・ⅠEの「四元的編成」の実態は，「流通性」確保がなお前面にはありながらも，80年・ⅤEと対比すれば，明確に「GS後退」編成である，と小括できる。

10　95年・ⅡE──「GS形骸化」編成──
(1) 「五元的編成」の実態如何
95年・ⅡEでは，五つの担保類型が認められており，「五元的編成」である。では，この「五元的編成」の実態は何か。

(2) RS新導入の意味
(i) 88年・ⅠEの「四元的編成」に加えて，新たにRSが導入され，95年・ⅡEは「五元的編成」となっている。
(ii) それは単に一つの担保類型が付加されただけにすぎないのか。「否」である。五つの担保類型相互間の位置付け如何に関して，両草案（88年・ⅠEと95年・ⅡE）には，顕著な差異が存在している。では，その「差異」は何か。

(3) 二つの「差異」
(i) 証券抵当権の本則化　第1に，その「流通性」如何に注目すれば，登記簿抵当権と証券抵当権の相互関係に差異がみられる。
①88年・ⅠEでは登記簿抵当権が本則とされていたが，②95年・ⅡEでは証

券抵当権が本則とされ,「流通性」向上が一層志向されている。

(ii) RSの前面登場 第2に,その「流通性」如何に注目すれば,

①88年・ⅠEではGSは流通抵当権との間でその役割分担がなされ,共に抵当権の流通取引に奉仕するものとされていたが,②95年・ⅡEでは新導入のRSが前面登場し,これが農業金融の新たな手段としてGSに代るものとされている。

その限りでは,担保類型としてのGSはRSの背後に後退し,その実践的意義や果たすべき役割も大きく失われ,形骸化している,といえる。

——＊キーワードを列挙すれば,RSの前面登場,GSの役割に代わるものとしてのRS,GSには農業金融の担い手としての役割はもはや期待されていない,LSの特別ルール（PB）の活用をする,ということである——

11 小 括——GS「中核」からGS「後退」,そしてGS「形骸化」へ——

(i) その「担保類型相互間の関係」如何に注目すれば,

「三草案」は,「GS中核編成（ⅤE）→GS後退編成（ⅠE）→GS形骸化編成（ⅡE）」,と変遷している。

(ii) 他の多様な担保類型が採用され,それぞれの担保類型が個別の担保機能を役割分担として発揮することが意図・期待されている以上,それに伴い自ずとGSの「担保ウエイト」は沈下せざるを得ない。

(iii) しかも,RS新登場により,GS沈下は決定的となっている。

═══

〈＊〉ポイント整理

・1 「BGB抵当法（三草案）の編纂形成」分析の最も枢要なキーは,「物権法定主義」の妥当の下,如何なる「担保類型」が認められ,あるいは認められなかったのか,にある,と私見は考える。ドイツライヒの統一BGB典の作出のためには,「プロイセン主軸／主導」としながらも,「他の諸ラントの利害」

（→その認許されていた諸担保類型，そしてその実務上のウエイト，これらへの配慮）をも，自ずと考慮しなければならかった，からである。

・2　しかも，その「担保類型」中，ドイツ抵当法を大きく特徴付ける「ＧＳ」（土地債務），まさしくこのＧＳ「変遷」に注目すべきである，と私見は考える。ＧＳ「変遷」のプロセスに，「ＢＧＢ抵当法（三草案）の編纂形成」の枢要キーが，認められる，からである。

・3　なお，「ＧＳ」，これは，わが国の担保法学（我妻担保法学を始めとして）上，「抵当権の独立性・流通性」を最高度に達成した，最先端の，範とすべき担保形態（→投資抵当権）であるとして，極めて高く評価されてきたこと，指摘するまでもない。

・4　「担保類型」如何の視点からは，ＢＧＢ抵当法（三草案）の編纂形成は，「簡易化から多様化への流れ」（二元的編成→四元的編成→五元的編成）であった。

・5　しかも，「ＧＳ」という担保類型に注目すれば，この担保類型「多様化」への流れは，「ＧＳ『中核→後退→形骸化』の流れ」であった。

〈＊＊〉「三草案」のＢＧＢ編纂過程中の「全体的位置付け」如何
・1　「80年・ＶＥ」のＢＧＢ編纂過程中の全体的位置付けについては，
　　→本書第1章第1節参照。

・2　「88年・ＩＥ」のＢＧＢ編纂過程中の全体的位置付けについては，
　　→本書第1章第3節参照。

・3　「95年・ⅡＥ」のＢＧＢ編纂過程中の全体的位置付けについては，
　　→本書第3章第1節参照

〈＊＊＊〉「三草案」の「担保類型」如何
・1　「80年・ＶＥ」の担保類型については，
　→ＶＥ―Beg. 1880

・2　「88年・ＩＥ」の担保類型については，
　→ＩＥ―Mot. 1888

・3　「95年・ⅡＥ」の担保類型については，
　→ⅡＥ―Protok.

〈＊＊＊＊〉「ドイツ民法典編纂と不動産担保法の形成」に関する田中研究
・1　「ドイツ民法典編纂と不動産担保法の形成」につき，詳細・明晰な検討をおこなう優れた業績として，田中・抵当権効力論93頁以下がある。

・2　田中研究は，「プロイセン所有権取得法」との比較において，「ドイツ民法典」における「不動産担保形式の多様性」に注目し，その「もつ意味」の解明を志向している。私見理解を踏まえて，その「問題設定」（要旨）をまとめれば，次の如くである（同書93頁以下）。
　・①　まず，田中研究は，ドイツ民法典の不動産担保法制の「歴史的意義」の解明を目的として，次のように論じている。
　→すなわち，ドイツ抵当権法を特徴付けるもの，それは「抵当権の流通性」の確保であり，その法技術として「流通抵当権」と「土地債務」という二つの担保形式（→「二元的構成」と表記されている）が承認されている（同書20頁）。この法技術は，「プロイセン所有権取得法」において完成し，「ドイツ民法典」にほぼそのまま継受された。ドイツ民法典は，「抵当権の流通性」のために新しく付加したものは，ほとんどない（同書90頁）。この点に注目すれば，ドイツ民法典の不動産担保法制につき，その歴史的意義を「抵当権の全国的統一，全国の抵当取引の容易化・安全化」に求めることは，妥当である（同書93頁），

と指摘している。

　⇒この点で，田中研究は，ＢＧＢ抵当法に関する従来研究（鈴木禄研究等）と，同様の認識である。

　・②　さらに，田中研究は，プロイセン法との対比において，ドイツ民法典における不動産「担保形式の多様性」の解明を目的として，次のように論じている。

　→すなわち，ドイツ民法典は，プロイセン法には見られない担保形式をも含み，「担保形式の多様性」を特徴としている。「プロイセン農業の資本主義化」という特殊プロイセン的事情を背景として形成された「プロイセン不動産担保法制」，これがどのような葛藤の中で，全ドイツの民法典に導入され結実したのか。そこに「担保形式の多様性」の意味が明らかになる（同書94頁），と指摘している。

　⇒この点で，田中研究は，ＢＧＢ抵当法に関する従来研究（→主として抵当権の「流通性」という側面に注目していた）とは異なり，不動産「担保形式の多様性」にスポットをあて，「その意味」解明を志向している。端的に，抵当権の「流通性」に注目する（→「投資抵当権／土地債務」研究）よりも，不動産「担保形式の多様性」に注目する（→たとえば，「定期土地債務」の立法的導入の側面）ことの方が，ＢＧＢ不動産担保法の「特質」をより明らかにすることができる，とするのであろう。

　・③　また，田中研究は，その「特質」解明のために，ドイツ民法典における「不動産担保法の立法過程」を辿るが，その「手法」の意義につき，次のように論じている。

　→すなわち，これは，同時に不動産担保法の側面から「ドイツ民法典編纂」を検討することでもあり（同書94―95頁），ドイツ民法典の「歴史的性格」を具体的法制度（不動産担保法制）の側面から明らかにするものである，と指摘している。

　⇒この点で，田中研究は，「資本主義発達と抵当権法」の相互リンクに注目する法律学サイドからの歴史的研究（我妻研究，石田文研究，福島研究，鈴木研

究等）と同様に，「社会経済的背景」をも視野に入れている。なお，比較的に近時の業績として，土地債務については，中山研究も，そのドイツ的実態と解釈論を追究している。

・3　以上の問題設定を踏まえて，その「結論」として，田中研究は，次の二点を指摘している（同書188頁以下）。すなわち，

・①　第1に，その編纂過程における「土地債務」（「流通／投資抵当権」の代表）への，大土地所有者を構成員とする農業諸団体の消極的評価，「その意義」の後退，不動産担保制度の再編の「決めて」を欠く，そこでドイツ各国の不動産担保法制をできるだけ取り入れる，このような「妥協的態度」により編纂者は法典編纂を乗り切ろうとした（第2委員会審議に明瞭である），これがドイツ民法典の不動産「担保形式の多様化」の理由である，と指摘する。

・②　第2に，「土地債務」への農業諸団体の否定的・消極的評価，それに代わり農業に適した抵当信用を担うものとしての「定期土地債務」（新担保形式）の浮上，農業諸団体の「強い要請」，ＢＧＢⅡＥへの「新導入」，農業経営者には「土地債務」は過度の抵当負債の原因たる元凶であるとの意識もあった，ここでは抵当信用の獲得に有利な不動産担保権の形成への大きなうねりはもはや消失していた，これが「定期土地債務の導入」の理由（社会経済的背景の法的表現）である，と指摘する（以上，同書188―191頁）。

・4　最後に，田中研究は，以上の二点の指摘を踏まえて，ドイツ民法典の不動産担保法の「歴史的意義」につき，従来見解（鈴木禄研究等による，プロイセン法の流通／投資抵当権の「全ドイツ的普遍化」）に対して，次の点を付加している（同書189―190頁）。すなわち，

　プロイセン所有権取得法において完成した「流通／投資抵当権」（同書19頁以下），これをドイツ民法典は全ドイツ的に普遍化（不動産担保法の全ドイツ統一化）したが，その法的・経済的意義は，プロイセン所有権取得法の成立時と比較すると，大きく変容し，積極的意義は後退していた。そして，ドイツ民法

典の不動産担保規定は，ドイツ不動産担保法制の「歴史的遺産」と不動産担保法制の「多様性」に引きずられた「妥協的産物」であり，これはドイツ民法典の編纂態度と軌を一にする，と結論付けている（同書190頁）。

〈＊＊＊＊＊〉「ドイツ民法典編纂と不動産担保法の形成」に関する私見認識
・1　田中研究の結論は，不動産「担保形式の多様性」をめぐる論議を詳細に紹介し，「その意味」を解明したものであり，概ね妥当であり，的確な方向性を指示するものである。

・2　では，ここでの私見分析／認識は，田中研究と対比して，どのように同じで，どのように異なるのか。そのポイントを明らかにしておかなければならない。田中研究との，もっとも大きな違いは，その「問題設定」にある。上記の田中研究の問題設定（〈＊＊＊＊〉）とは異なり，私見考察は，抵当「制度目的論」であり，「抵当制度は一体誰のものなのか」という視点から，「債務者保護」のＢＧＢ抵当権法法理を，さらには「債務者保護」の執行法法理（ＺＨ制度）を，導出せんとするものである。

・3　田中研究の意義・評価
　・①　田中研究は，ドイツ民法典の不動産「担保形式の多様性」に注目し，その「意味」解明を志向する。
　→この点で，私見分析も同様であり，的確・妥当な方向性である，と考える。
　・②　田中研究は，「プロイセン所有権取得法」(「土地債務」と「抵当権」の二元的構成)（同書90頁）におけるとの対比で，「ドイツ民法典」では，「流通／投資抵当権」（土地債務）の法的・経済的意義が変容し，その積極的意義は後退した，と結論付けている。
　より具体的には，田中研究は，編纂過程の資料の詳細分析から，「土地債務」後退を読み取り，「流通／投資抵当権を中心として編成するという考え方が大きく後退」（同書188頁）し，「かって流通／投資抵当権形成の担い手であ

った貴族的大土地所有者を構成員とする農業諸団体」は,「土地債務に対し否定的あるいは消極的評価」を下し,「土地債務は,削除されることはなかったが,プロイセン所有権取得法におけるような積極的意義を失った」(以上,同書188—189頁),としている。

→この点で,私見認識も同様であり,的確・妥当な結論である,と考える。

・③ 田中研究は,ドイツ民法典の不動産担保法制は,その「歴史的遺産」と「多様性」に引きずられた「妥協的産物」であり,これは「ドイツ民法典」の編纂態度と軌を一にしている,とする。

→上記の「歴史的遺産」の概念が「プロイセン法の伝統的不動産担保制度」(より具体的には,土地債務)を意味し,上記の「多様性」が「(プロイセン以外の)他の諸ラントにおける多様な不動産担保制度」を意味するという限りでは,この点で,私見認識も同様であり,的確・妥当な結論である,と考える。プロイセン以外の,他の諸ラントへの立法的配慮は,ＢＧＢ編纂が「統一ドイツの法典」であるところから,ひとり「不動産担保法制」に限らず,他の「法制度一般」にも,なされなければならないことだった,からである。

・4 私見認識

・① 田中研究は,上記のように,「土地債務後退」を的確に読み取っているが,プロイセン農業諸団体の意向,これに的(まと)を絞って,いわば「ミクロ的」に,「その意向」変化を,その後退理由として,把握している。具体的には,プロイセン農業諸団体における,「当初は強い導入要求である,しかしそれが後に変容し,消極的・否定的評価となる,最終段階ではむしろ定期土地債務がベターであるとの主張がなされる」という「意向」変化が,「土地債務後退」の理由とされている。

→上記のようなプロイセン農業諸団体の意向の変化がみられる限りでは,田中研究の指摘は妥当である。しかし,「土地債務後退」の理由探求としては,プロイセン農業諸団体の「意向」変化というよりも,私見は,むしろ,「全ドイツ」的場面,この場面での「プロイセンの位置付け,その変化」如何を,い

485

わば「マクロ的」に把握すべきではないか，と考える。
　→具体的には，プロイセン農業諸団体の要求する諸利益，とりわけ「プロイセン農業利益」，これが「全ドイツ」的場面でどのように「調整」され「衡量」されたのか。ここに「土地債務後退」の理由がある，と考える。端的に，「プロイセン農業利益」，その「中核化→後退化→犠牲化」が，「全ドイツ」的場面での，政治的過程をも包摂した社会的・経済的状況の下で，立法的に利益調整／裁断／決断され，それが「土地債務後退」となったのである。
　・②　不動産「担保類型の多様化」の理由探求も，上記と同様に，「マクロ的」把握が必要である。私見は，「プロイセン農業利益」，その「中核化→後退化→犠牲化」が，「全ドイツ」的場面での，政治的過程をも包摂した社会的・経済的状況の下で，立法的に利益調整／裁断／決断され，それが「他ラントへの配慮・妥協」の下で「担保類型の多様化」に帰結された，と考える。
　・③　これは，「ＢＧＢ編纂一般」においても，同様であり，「マクロ的」把握が必要である。私見は，「プロイセン利益」（社会的・経済的・政治的利益），その強弱的度合が，「他ラントの諸利益」とのせめぎあいの中で，「全ドイツ」的場面で立法的に利益調整／裁断／決断され，それが統一法として「ＢＧＢ編纂」に帰結された，と考える。
　・④　以上，私見ポイントは，「全ドイツでのプロイセンラントの位置付け」如何であり，「他諸ラントとの相対的位置付け」如何であり，その「強弱・濃淡の時代状況的変化」に注目するという，「マクロ的」把握を試みるものである。

〈＊＊＊＊＊＊〉ＧＳ「変遷」に関する私見分析手法
・1　私見分析は，①まず，三草案の「変遷」に注目する。②次いで，三草案中の認許された「担保類型」如何（→「不動産担保法制の編成」如何）に注目する。③さらに，その編成における「ＧＳ比重」如何（→その「ウエィト」如何）に注目する。④最後に，そこからＧＳ「変遷」構造を明らかにする。

結論的考察

・2　私見分析の結論は,「担保類型」如何の視点からは,ＢＧＢ抵当法（三草案）の編纂形成は,「簡易化から多様化への流れ」(「二元的編成」→「四元的編成」→「五元的編成」)であった。

・3　しかも,私見分析の結論は,「ＧＳ」という担保類型に注目すれば,上記の担保類型「多様化」への流れは,ＧＳ「強化から弱体化の流れ」(「中核」→「後退」→「形骸化」)であった。

・4　以上の私見分析は,ＧＳ「動き・動向」に注目し,そのＧＳ「変遷」を,「プロイセン農業利益」,これが「全ドイツ」的場面でどのように「調整」され「衡量」されたのか,という視点に,基づくものである。

Ⅱ　ＢＧＢ抵当法（三草案）の編纂形成,その２
──「時代で」読む視点から──

1　はじめに──私見分析の基本視点──

（1期・2期・3期の時代区分をおこない,各期の「社会経済史的状況」如何を分析する）

(1)　「時代で」読む

(2)　「債務者保護のＢＧＢ抵当法法理」

(3)　ほぼ30年の永きに亘る壮大な立法事業

(4)　時代の「見えざる手」による民法典編纂

(5)　「舞台」としての社会経済史的状況

(6)　「三草案」に注目する

(7)　「三草案」起草形成の各「時代状況」に注目する（三期区分）

(8)　各期の社会経済史的状況分析

2　第1期・「70年代」状況
　　──「70年代」状況から「80年・ＶＥ」が形成される──

(1)　第1期の時代区分

(2)　「80年・ＶＥ」の編纂形成

(3)　「政治的」状況

(4)　「経済的」状況
　(5)　経済的危機「打開策」は
　(6)　第1期・「70年代」状況のキーワード（総括）
　(7)　「80年・ＶＥ」を「時代で」読む
3　第2期・「80年代」状況
　　　──「80年代」状況より「88年・ＩＥ」が形成される──
　(1)　第2期の時代区分
　(2)　「88年・ＩＥ」の編纂形成
　(3)　79年・「保護関税」導入は奏功したのか
　(4)　「農業」面でのマイナス作用
　(5)　「工業」面でのプラス作用
　(6)　「農工同盟」に「亀裂」
　(7)　第2期・「80年代」状況のキーワード（総括）
　(8)　「88年・ＩＥ」を「時代で」読む
4　第3期・「90年代」状況
　　　──「90年代」状況より「95年・ⅡＥ」が形成される──
　(1)　第3期の時代区分
　(2)　「88年・ＩＥ」公表と意見表明
　(3)　「95年・ⅡＥ」の編纂形成
　(4)　ビスマルク「退陣」
　(5)　カプリヴィの「路線転換」（「新航路政策」／「新通商条約」）
　(6)　カプリヴィ「新航路政策」の評価如何
　(7)　「ドイツ農業」の反応
　(8)　第3期・「90年代」状況のキーワード（総括）
　(9)　「95年・ⅡＥ」を「時代で」読む
5　結　論──「三草案」を「時代で」読む──
　(1)　「三草案」を「時代で」読む
　(2)　「80年・ＶＥ」（→「ＧＳ中核」編成）を「時代」（→プロイセン農業利益「中心」）で読む
　(3)　「88年・ＩＥ」（→「ＧＳ後退」編成）を「時代」（→プロイセン農業利益「後退」）で読む
　(4)　「95年・ⅡＥ」（→「ＧＳ形骸化」編成）を「時代」（→プロイセン農業利益「犠牲」）で読む

結論的考察

1　はじめに——私見分析の基本視点——

　1期・2期・3期の時代区分をおこない，各期の「社会経済史的状況」如何を分析する。これが，私見分析の基本視点である。

(1)　「時代で」読む

　(i)　ＢＧＢ編纂過程におけるＢＧＢ抵当法の編纂形成，これを当時の「時代状況」の中に位置付け，その「時代的意義」如何を読み取る。これが，私見のいう「時代で」読む，という作業である。

　(ii)　結論を先述すれば，その時代を特徴付けるもっとも根幹たるキーワードは，「プロイセン農業利益の退潮」であり，より広くは「プロイセン退潮」である。

　(iii)　すなわち，

　(α)　72年・プロイセンＥＥＧの立法事業において，その抵当法起草のもっとも先端的な到達目標とされたＧＳ，しかし，71年・ドイツライヒにおける統一的ＢＧＢ編纂過程では，ＧＳは，当初の「中核」的位置から，徐々に「後退」し，最終的には「形骸化」という形で，決着する。

　(β)　私見によれば，統一的ＢＧＢ編纂過程における，この「ＧＳ変遷」が，まさしく「プロイセン農業利益の退潮」という時代的キーワードを象徴する，と考える。「ＧＳ変遷」を「時代で」読んだ，その私見結論である。

(2)　「債務者保護のＢＧＢ抵当法法理」

　(i)　既に，「ＺＨ制度研究・Ⅰ巻」では，プロイセン抵当権法の展開が土地所有者の土地所有権に配慮した「債務者保護」の理念に基づくものであることを，明らかにしている。すなわち，

　(α)　プロイセン大農場経営への「資本導入」のためには，どのような「抵当権制度」が適確・妥当であるのか。この問題解決のために，土地所有者の「投資誘因の利益」の確保を第一義として，プロイセン抵当権法が展開・形成されてきた。

　(β)　端的に，プロイセン抵当権制度は土地所有者の「投資誘因」のための手

489

段であり（→投資家や金融資本の「投資手段」ではない），そのバックボーンは土地所有権に配慮した「債務者保護」の理念である。これを，私見は，「債務者保護のプロイセン法理」として，法構成した。

(ii) では，統一的BGB編纂過程（BGB抵当法編纂過程）では，「債務者保護のプロイセン法理」はどのように考慮され，あるいは考慮されなかったのか。

(iii) 結論を先述すれば，

(α) 「債務者保護のプロイセン法理」は，基本的には維持され，最終的には「BGB抵当法法理」として一般化する。「担保類型の多様化」の流れ（編纂経緯）において，GSに代わり「RS」が前面登場し，担保制度における，いわばその「主役交代」がなされるが，ここで終始一貫して考慮されていたのは，土地所有権に配慮した「債務者保護」の理念である。

(β) その理由として，土地所有者サイドにおける「投資誘因の利益」と「過剰負債の危険」，これに焦点を合わせ，この「利益と危険」のせめぎ合い・相克の中で，土地所有者保護の視点で，その相互調整（利益と危険の調整）が図られ，「BGB抵当法」編纂形成がなされる。しかも，「RS」は，より一層の，土地所有権に配慮した「債務者保護法理」に基づくものであった，からである。

(3) ほぼ30年の永きに亘る壮大な立法事業

(i) ドイツ帝国の憲法改正により，帝国の立法権限が民法「全領域」に拡大されたのが，73年のことだから，96年の民法典公布に至るまで，実に20数年にわたる，息の永い法典編纂作業が続けられている。

(ii) 統一的民法典編纂へのドイツ民族の粘り強い巨大なエネルギー，そしてその飽くなき執着心に，感嘆せざるを得ない。しかも，その施行は1900年1月1日であり，71年・帝国成立より，ほぼ30年の永きに亘る，壮大な立法事業である。

(4) 時代の「見えざる手」による民法典編纂

(i) この30年間，政治的過程をも包摂した社会経済史的状況は，常に変化し続けてきている。その変化は極めて大きく，激動の30年間である。

(ii) 市民社会の根幹を成す「民法典」，それは市民国家の基幹法典として，公法たる「憲法」と共に，双璧を構成している。とすれば，民法典編纂もまた，「時代の子」として，その時々の社会経済史的状況を背景として，その時代的影響・制約の下に，営為されてきた作業に他ならない。

(iii) この意味では，民法典編纂の作業は，直接的には「法律家」の手によるものではあるが，社会経済史的状況の下での「時代」が，まさしく「見えざる手」として行うものでもある。

(5) 「舞台」としての社会経済史的状況

(i) 以上を前提とすれば，「民法典編纂過程」は，その時々の社会経済史的状況を「舞台」として，これに位置づけられなければならない。

(ii) しかも，「ＢＧＢ抵当法の編纂過程」もまた，なお一層「然り」である。民法典の「他の諸制度」と比較しても，ＢＧＢ抵当法の形成は社会経済史的状況と極めて緊密に結合している，からである。

(iii) 社会経済史的状況を重視しない抵当法分析は，自ずと無力とならざるを得ない。

(6) 「三草案」に注目する

(i) 民法典編纂過程では，その途中経過として，様々な「諸草案」が，起草されている。

(ii) ここでは，①「80年・ＶＥ」，②「88年・ⅠＥ」，③「95年・ⅡＥ」，この三草案に，注目する。編纂作業上，各手続進行段階でのベースとされていた，からである。

(7) 「三草案」起草形成の各「時代状況」に注目する（三期区分）

(ⅰ) さらに，三草案が起草形成された各「時代状況」に注目し，これを三つの時代に区分（三期区分）する。

(ⅱ) 「三期区分」と「三草案形成」の関係としては，

・第１期：「70年代」状況から「80年・ＶＥ」が形成される，

・第２期：「80年代」状況から「88年・ⅠＥ」が形成される，

・第３期：「90年代」状況から「95年・ⅡＥ」が形成される，

の三区分である。

(8) **各期の社会経済史的状況分析**

(ⅰ) 三つの各期について，その「社会経済史的状況分析」を試みる。

(ⅱ) その分析進行として，

(α) まず，各期相互間の対比を念頭に置きながら，その個別の社会経済史的「時代特徴」を析出する。

(β) 次いで，これらの時代特徴を「キーワード」として総括する。

(γ) さらに，それらの時代特徴が「ＢＧＢ抵当法形成に如何なる影響を与えたのか」，を追求する。

(ⅲ) 以上は，「各期の時代特徴」と「ＢＧＢ抵当法形成」との，その「有意味的関連」の探求，である。私見の立場からの，「時代の読み方」であり，「三草案」を「時代で読む」のである。

2　第１期・「70年代」状況——「70年代」状況から「80年・ＶＥ」が形成される——

(1) 第１期の時代区分

(ⅰ) この第１期・「70年代」状況より，「80年・ＶＥ」が編纂形成されている。

(ⅱ) 第１期は「70年代」である。

(α) より限定的にいえば，「74年・ⅠＫ」（第１次委員会）編成より，「80年・ＶＥ」の編纂形成まで，の時代である。「74年・ⅠＫ」編成により，その内部の編纂作業として，ヨホウの部分草案起草がスタートしている，からである。

(iii) なお，この第1期では，帝国法としてのＢＧＢ編纂作業の外部では，ラント法としての「1872年・プロイセンＥＥＧ(「実体的」抵当権法)」の成立，に注目される。

(2) 「80年・ＶＥ」の編纂形成
(i) 74年の準備委員会の意見書にしたがい，連邦参議院によりＩＫが組成され，その準備会での決定に基づき，ヨホウにより物権法部分草案の作成が開始される。6年間にわたる起草作業の後，80年にその完成をみている。ヨホウの「80年・ＶＥ」の編纂形成である。

(ii) では，この背景たる「70年代」状況とは，一体どのようなものであったのか。

(3) 「政治的」状況
(i) 政治的に見れば，どうか。71年1月・ドイツ帝国の成立は「ドイツ・ナショナリズムの勝利」であり，その戦火の中でプロイセン中心の「新統一国家」が誕生する。

(ii) この勝利を勝ち取ったプロイセン首相・ビスマルク，このビスマルクは，新ドイツ帝国宰相を兼務し，強大な皇帝の権限の下に，宰相独裁の体制を敷くことに成功する。ビスマルクは統一ドイツの「国民的英雄」となる。

(iii) しかし，「プロイセンの意思あるところに，ドイツの意思あり」の言葉がある。これが示すように，ビスマルクの真意は「独立主権国家プロイセンの拡大・強化」にあり，そのためにドイツ統一ナショナリズムに呼応したにすぎない。したがって，新ドイツ帝国における「プロイセンの発言権と影響力」は極めて大なるものがある。

(4) 「経済的」状況
(i) 経済的(農業経済と工業経済)に見れば，どうか。70年代のキーワードは「不況」である。

(ii) 「農業」では，70年代半ば以降，ドイツは「農業恐慌」に見舞われ，それはほぼ20年間の長期にわたり，ユンカー経営は危機に瀕する。

(iii) また，「工業」でも同様であり，70年代初頭には，自由な資本主義的発展がピークに達していたにもかかわらず，73年を転回点として，ドイツ工業は未曾有の「大不況」へと突入していく。大不況をとおして，「大銀行」は企業との結び付きを一層深めていく。

(5) 経済的危機「打開策」は

(i) この経済的危機に対して，どのような「打開策」が採られたのか。「農工連帯」である。

(ii) 76年・「ドイツ産業家中央連盟」(「工業利益」の保護を目的とする)，76年・「租税・経済改革者協会」(「農業利益」の保護を目的とする)，この新たに組織された二つの「圧力団体」は，共に「保護関税導入」を強く主張するに至る。

「大銀行」もまた，企業との結合性からその利益を同じくするところから，「基幹産業の保護貿易論」を，支持する。

(iii) かくして，ビスマルク国家は「大工業・大銀行・大農業」の連帯を政策決定し，79年・「保護関税法案」が帝国議会を通過する。鉄・穀物・家畜の「保護関税導入」，である。「自由貿易から保護貿易へ」の大転換である。

(6) 第1期・「70年代」状況のキーワード（総括）

(i) ビスマルクは「ユンカー的保守主義の体現者」であり，「ユンカー利益の擁護者」である，と言われている。しかも，「プロイセン・ユンカー」の意思（①）は「ビスマルク」の意思（②）であり，それは同時に「ドイツ帝国」の意思（③）でもあり，ここには「三位一体」構造の意思（①②③）が見られる。

(ii) 以上，第1期・「70年代」状況のキーワードとして，

——プロイセン中心，農業国プロイセンのユンカー大農場経営という農業利益の保護，ドイツ工業利益の農業利益への接近（農工連携），ユンカー庇護者

たるビスマルク専制，プロイセン農業恐慌と工業大不況——，等を指摘できる。
　(iii)　このような状況下で，「80年・ＶＥ」が編纂形成される。

(7)　「80年・ＶＥ」を「時代で」読む
　(i)　「70年代」のＢＧＢ編纂過程を支配しているのは，いわば「プロイセン中心」主義である。ヨホウもまた，「プロイセン中心」主義で，ＶＥ起草にあたっている。
　(ii)　80年・ＶＥは「プロイセン法」と「メクレンブルク法」を範としている。不動産担保法に限れば，「両法」への傾斜は，なお一層顕著である。私見分析として，その理由を指摘すれば，
　　(α)　当時その流通性を最高度に達成していたメクレンブルク法の土地債務，それを範として，「独立的抵当権制度」を構想している。
　　(β)　しかも，プロイセン法とは異なり，流通抵当権としての付従的抵当権を採用せず，流通性ある担保類型としては，この「独立的抵当権制度」のみの採用である。
　　(γ)　付従的抵当権としては，担保抵当権という限定された形態での「保全抵当権」の担保類型のみの採用であり，その実務的意義は当時あまり認められていなかったものである。
　(iii)　80年・ＶＥは，メクレンブルク法の土地債務を範として「独立的抵当権制度」を構想し，そのなお一層の流通性向上を志向していることからすれば，プロイセン法よりも，ある意味では，より一層プロイセン的であり，より先端的である。私見分析として，その理由を指摘すれば，
　　(α)　当時，メクレンブルク法の土地債務が最高度の流通性を確保している。
　　(β)　72年・ＥＥＧ（プロイセン所有権取得法）が，抵当権の「流通性向上」を巡る立法審議において，なお，その「立法的妥協」を強いられている。
　　(γ)　そこでの「妥協」の結果の一つである流通抵当権としての付従的抵当権制度，これについては，80年・ＶＥは，これを担保類型から外し，採用していない。

(iv) 80年・VEは，各ラントの不動産法の「多様性」につき，その「断」（態度決定）を下している。価値判断として，その「多様性」は端的に「分裂」であり，それが故に，抵当制度は「統一化・簡易化・集約化」されなければならない，とする。その「統一化基準」として，「プロイセン法」と「メクレンブルク法」が決定されている。

(v) 80年・VEでは，「独立性」ドグマの確立が，志向されている。

(α) 人的債務関係から独立した抵当権，その法的構成が，ここでいう「独立性」ドグマである。抵当権の存続要件は，「人的債務関係」に求められるべきではなく，抵当権設定者の「設定意思」にある。

(β) ここで抵当権設定者の「設定意思」とは，私見理解によれば，人的債務関係に依存しない，それより独立した抵当権，そのような抵当権を設定する，という「設定者意思」を意味している。

(vi) 以上，80年・VEでは，「付従的抵当権の放棄」（付従性放棄）（付従性原則の放棄）が，志向されている。

3 第2期・「80年代」状況——「80年代」状況より「88年・ⅠE」が形成される——

(1) 第2期の時代区分

(i) この第2期・「80年代」状況より，ⅠK（第1次委員会）の「88年・ⅠE」が編纂形成されている。

(ii) 第2期は「80年代」である。

(α) より限定的にいえば，「80年・VE」公表以降，ⅠK主審議による「88年・ⅠE」形成まで，の時代である。

(β) ⅠKは，80年・VEを「叩き台」として，81年以降，その主審議を開始しており，87年に委員会草案を最終起草し，これは，88年には連邦参議院により公表・決定されている，からである。

(iii) なお，この第2期では，帝国法としてのBGB編纂作業の外部での，ラント法としての1883年・「プロイセン不動産強制執行法」（「手続的」抵当権法）の成立，に注目される。

(2) 「88年・ⅠE」の編纂形成

(i) 各部分草案の完成を承けて、81年10月以降、第1次委員会は主審議を開始する。87年9月末までに、その主審議を行い、同年12月に委員会草案の起草を終了させ、これをⅠEとして帝国宰相に提出する。翌88年1月、連邦参議院に上程され、ここで、ⅠEとして理由書と共に、その公表が決定されている。

(ii) では、その背景たる第2期・「80年代」状況とは一体どのようなものであったのか。

(3) 79年・「保護関税」導入は奏功したのか

(i) 79年・「保護関税」導入はドイツ帝国の政策大転換であったが、それはその後奏功したのか。保護関税により、工業生産は再び活性化し、企業は潤い、また穀物価格は高めに安定化し、大農場経営者は高い地代を享受できたのか。

(ii) 答えは「必ずしもそうではなかった」、と述べられなければならない。75年半ば以降の「農業恐慌」は、その後世紀末までも続く、構造的なものだし、73年からの「工業大不況」もまた、その後20年の永きにわたる。この意味で、80年代は、「農業」も「工業」も、共に不況下にあり、その限りで、79年・「保護関税」導入は意図した成果を挙げてはいない。

(4) 「農業」面でのマイナス作用

(i) 「農業」面から見れば、79年・「保護関税」導入の効果は具体的にどうだったのか。結論は、「農業」面では、かえってマイナスに作用している。

(ii) たしかに、ドイツ農産物価格は一時安定し、大農場経営は危機を脱したかのようである。87年までに穀物関税は段階的に引き上げられ、当初の5倍となり、農業経営は安定化する。

(iii) しかし、これはあくまでも表面的・一過的な現象にすぎない。「保護関税」の下、農業経営は「生産方法の合理化」や「技術革新」に乗り遅れる結果となる。しかも、農場の土地負債は増加し、農場経営者は経営エネルギーを消失し、彼らは世界の穀物市場の需要にもはや対応できず、「国際競争力」を失

っている。

(5) 「工業」面でのプラス作用

（ⅰ）「工業」面から見れば，79年・「保護関税」導入の効果はどうだったのか。結論は，「工業」面では，プラスに作用している。

（ⅱ）工業製品は販売上昇の新たなサイクルに乗る。上昇の10年間である。この意味では，「保護関税」政策により，工業は新たな利益を得る。

（ⅲ）しかも，73年以降の「70年代不況」では，生産利潤や経済成長は中断し，しかも製品価格は大きく下落していた。そこで，80年代には，生産利潤や経済成長の確保のために，企業は「生産コストの合理化」に努力する結果となる。これにより，「機械化と集中」が達成される。

(6) 「農工同盟」に「亀裂」

（ⅰ）かくして，「農工同盟」という，農業と工業のハーモニーは，徐々に「亀裂」を生じさせ始めている。「和音から不協和音」へと変容する。

（ⅱ）「農業」は体力を喪失し，もはや国際競争力もない。これに対して，「工業」は，次なる利益の獲得を求めて，新たな販路拡大のために，「農業関税」に懐疑的になる，という構図である。

（ⅲ）ビスマルクは，この「亀裂」を抑止すべく，努める。

(7) 第2期・「80年代」状況のキーワード（総括）

（ⅰ）ビスマルク帝国が動揺する，「ビスマルク退潮」の兆しである。農業は退潮し，その意義を喪失し，ドイツは「農業国から工業国への移行」時代にある。「プロイセン中心」時代から「全体」時代へと移行し，「全体バランス配慮」の志向が前面に登場する。端的に，「プロイセン後退」の時代状況が見られる。

（ⅱ）以上，第2期・「80年代」状況のキーワードとして，

——プロイセン後退，農業国から工業国への途上段階，プロイセン農業の経

済的意義の消失，工業の合理化と集中，ビスマルク帝国の動揺，農工連携の亀裂，恐慌下での銀行と工業の関係強化，銀行業における集中――，
等を指摘できる。
(ⅲ) このような状況下で，「88年・ⅠE」が編纂形成される。

(8) 「88年・ⅠE」を「時代で」読む
(ⅰ) プロイセン法を中核とし，その主導の「統一法」を作る，という当初の意向（Johow）は，ⅠK審議では後退している。「プロイセン後退」の，一つの表れである。
(ⅱ) 代わりに，「他の諸ラントの意向」が配慮される。「88年・ⅠE」は，「四元的編成」を採り，「担保類型の多様性」を承認する。「統一法」の形成を第一義とし，プロイセン配慮（GS存置）に加えて，「他ラントに配慮」（諸ラントの地域担保権の尊重）し，その「バランス保持」を心したのである。

4　第3期・「90年代」状況――「90年代」状況より「95年・ⅡE」が形成される――
（「88年ⅠEへの批判・90年代」状況→「95年・ⅡE」の形成）

(1) 第3期の時代区分
(ⅰ) この第3期・「90年代」状況より，ⅡK（第2次委員会）の「95年・ⅡE」が編纂形成されている。
(ⅱ) 第3期は，「90年代」である。
(α) より限定的には，「88・ⅠE」公表を受けて，89・90年をピークとする各界からのⅠE批判をスタートとして，ⅡKによる審議終了の95年まで，の時代である。
(β) 付言すれば，「95年・ⅡE」は，その後，連邦参議院審議を経由して，96年には「ⅢE」として帝国議会に提出されているが，その間，抵当法に関しては，ほとんど意味ある変更はなされていない。そこで，「95年・ⅡE」をもって，これを第3期の区切りとする。

(iii) なお，この第3期では，帝国法としてのBGB編纂作業の外部での，ラント法としてのプロイセン抵当権法には，注目されるべき成立はない。既にプロイセン抵当三法（→三基軸抵当権法）は，「83年法」（→「手続的」抵当権法）の成立により，すべて完成していた，からである。

(2) 「88年・ⅠE」公表と意見表明

(i) 88年1月のⅠE公表に伴い，各連邦政府を含めて，各界から多くの意見が表明される。著書・論文・シンポジウム・新聞・意見書等により，賛否両論が展開される。

(ii) 不動産担保法制に関しては，88年以降のドイツ法曹会議（学者・実務家等の学会）の学会シンポジウム，農業利益を代表する各農業者団体からの意見表明に，注目される。

(iii) これらの意見表明は，89年・90年を，ピークとする。

(3) 「95年・ⅡE」の編纂形成

(i) 意見表明ないし意見聴取を踏まえ，立法担当当局サイドによる，これらの「フィードバック作業」が具体化する。

(ii) 90年12月，連邦参議院は，ⅠEを第1読会に付すべく，第2次委員会の設置を決議する。91年4月より，実質的審議が開始される。4年後の95年3月，審議が終了する。審議結果が最終的に編纂され，ⅡEとして帝国宰相に提出されたのは，同年10月のことである。

(iii) では，その背景たる第3期・「90年代」状況（「88年・ⅠE」公表─→「95年・ⅡK審議」終了」）とは，どのようなものであったのか。

(4) ビスマルク「退陣」

(i) 90年3月，ビスマルクが「退陣」している。それに至る経緯はどのようなものだったのか。

(ii) 88年6月，新皇帝ウィルヘルム2世が即位するが，ビスマルクは，事あ

るごとに，この新皇帝と対立する。とりわけ，「労働保護政策」の実施を巡り，より一層の保護を志向する新皇帝との対立は，顕著である。

(iii) 加えて，90年1月には，ビスマルクが主導した，無期限の，しかも「追放条項」を付加した，新たな「社会主義者鎮圧法案」が，議会で大差により否決されている。しかも，同年2月の任期満了に伴う総選挙では，「ビスマルク与党」は大敗し，代わって「社会民主党」が大躍進を果たしている。

(iv) かくして，同年3月，完全な袋小路に追い込まれ，窮地に立ったビスマルクは，皇帝ウィルヘルム2世に辞表を提出し，その退陣を余儀なくされる。ほぼ「20年」もの永きに及ぶ，ビスマルクの政治主導（プロイセン首相の任命から数えれば「30年間」）は，ここに終わりを告げる。ビスマルク退場，である。

(5) カプリヴィの「路線転換」（「新航路政策」／「新通商条約」）

(i) 代わって，新宰相（兼プロイセン首相）にカプリヴィが就任する。その内閣は，計5年の比較的短命であった（94年12月に皇帝により罷免）が，新しい通商政策に代表される，いわゆる「新航路政策」を断行する。ビスマルク政策からの，大きな「路線転換」である。

(ii) 急成長を開始しているドイツ工業，その成長をなお発展・持続させていくためには，その「対外的な販路拡大」が必須の大前提である。しかも，急増する人口拡大に適確に対処するためには，その「雇用確保」は急務であり，工業に正にその担い手としての役割が期待される。

「我々は輸出しなければならない。商品を輸出するか，それとも人間を輸出するか，である」，という議会でのカプリヴィ発言は，この間の事情をあまりにも如実に物語る。

(iii) では，この目的実現のためには，カプリヴィは，具体的に，どう対処したのか。ドイツ工業製品の輸出拡大のために，相手国に「見返り」を与える。それがドイツでの「農業関税の引下げ」である。すなわち，

(α) 相手国で「工業関税の引下げ」をしてもらう，これによりドイツ工業製品の輸出を拡大する，その見返りとしてドイツでの「農業関税の引下げ」をす

る，このような，いわば利益と負担の「バーター取引」である。

　(β)　このような内容を骨子とする「新通商条約」が，91年（対オーストリア・イタリア・ベルギー等）と94年（対ロシア）に，順次に締結されている。

(6)　カプリヴィ「新航路政策」の評価如何

　(i)　カプリヴィの新航路政策は，とりわけ「農業と工業」に関して，どのように評価されるべきか。「ビスマルク政策」との比較における評価が，肝要である。私見は，次のように理解している。

　(ii)　カプリヴィの新通商条約は，「農業利益の犠牲の下での，工業利益の優先」，である。これをビスマルク政策と比較すれば，

　(α)　①ビスマルクが「農業利益の庇護者」であったのに対して，②カプリヴィは「工業利益の促進者」として農業利益を抑止する。

　(β)　また，①ビスマルクが「農工連携の実現・維持」に努め，しかも「農業利益」を根幹として，これを重視したのに対して，②カプリヴィはもはや両者連携には固執せず，むしろ農工間の不協和音や亀裂を敏感に察知し，「工業利益」に傾斜する。

　(iii)　「農業と工業」の側面から，ドイツの状況を見れば，

　(α)　70年代末には，ドイツはまだ「農業国」である。

　(β)　さらに，80年代のビスマルク時代には，ドイツは「農業国から工業国への途上段階」にある。

　(γ)　しかし，90年代初めには，「ドイツ工業」は就業者数でも「農業」に追いつく。

　(δ)　90年代半ばには，『ドイツの農村住民は都市住民となり，農業国は工業国となった』。

　(ε)　このように，90年代のカプリヴィ時代は，ドイツは「工業国としての地歩」を確実化した，そういう時代である。

　(iv)　以上，カプリヴィの「工業利益優先」政策は，まさしく新興勢力たる「ドイツ工業」が，「ドイツ農業」に代わり，国家社会経済の基軸化していく，

その端緒を反映している。

(7) 「ドイツ農業」の反応

カプリヴィの新航路政策に対して,「ドイツ農業」はどう反応したのか。93年に「農業者同盟」を結成し,対抗する。その対抗は,95年以降,「結集政策」に結実している。

(8) 第3期・「90年代」状況のキーワード（総括）

(i) 「88年・ⅠE」公表,「89年―90年」・反応／意見表明／批判,

⇒これらの背景には,「ビスマルク後退期,退潮期,退陣前夜」の時代がある。

(ii) 「93年・JT」,「91―95年・ⅡK審議」,「95年・ⅡE」公表,

⇒これらの背景には,「カプリヴィ新政策,工業優先・農業劣後,プロイセンとの反目（カプ・92年にプ首相を退く）,農工乖離」の時代がある。

(iii) その後（「95年・ⅡE」公表後）には,

⇒「95年―・ホーエン内閣,結集政策,ユンカーと重工業の連携,農業関税の引き上げ,社会民主主義との対決,すべての「市民的」勢力の結集」,という時代の流れが,引き続いていく。

(9) 「95年・ⅡE」を「時代で」読む

(i) プロイセン法を中核とし,その主導の「統一法」を作る,という当初の強い熱意は,もはや消失している。ビスマルクは失脚したし,新たなカプリヴィ体制の下では,プロイセンの影響力や存在感は政治的・経済的・社会的に後退し,「プロイセン退潮」は時の流れであった,からである。

(ii) 「全ドイツ」に配慮する,「プロイセン利益」のみならず,「他の諸ラント利益」をも配慮する,これがこの時代の方向性である。

「統一法」制定という立法作業におけるのみならず,それ以外の,政治的・経済的・社会的な,他の「すべての懸案事項」についても,これが同様に妥当

している。不動産担保法の領域でいえば，たとえば，「95年・ⅡE」における「担保類型の多様性承認」，これが「諸ラント利益の配慮」を象徴している。

(iii) 代表的なプレッシャーグループ（圧力団体）であるプロイセン農業者団体，これは急速に政治的力を失いつつある。93年には，同盟を結成し，カプリヴィ「新航路政策」に対抗するが，後ろ盾のビスマルクは既に失脚していたこともあり，奏功していない。カプリヴィの「反農業利益・親工業利益」の基本姿勢の前に，もはや発言力は極めて弱体化している。

(iv) 「95年・ⅡE」における「GS後退，RS新導入」，これが「プロイセン農業者利益の後退」を，極めて明瞭に，象徴している。もはや「BGBルール」への期待は冷め，「PB（Pfandbrief・担保債券）ルール」への志向・シフトが看取され，これが農業者の意向でもある。

(v) BGB編纂に，当時の大銀行も，とりわけ関与してくるわけではないし，特別の関心もない。農業金融や不動産担保金融には，そもそも関心がない。いわゆる「正常業務外」だ，からである。否，「重工業との結合」，これに多大な利益と関心をもっている。

5　結　論――「三草案」を「時代で」読む――

(1) 「三草案」を「時代で」読む

(i) BGB編纂過程における抵当法は，「担保類型」如何に注目すれば，

「二元的編成（VE）→四元的編成（ⅠE）→五元的編成（ⅡE）」，と変遷する。「類型多様化」の流れである。

(ii) しかも，この類型多様化の「実態」は，

「GS中核編成（VE）→GS後退編成（ⅠE）→GS形骸化編成（ⅡE）」，という変遷である。

(iii) では，この「三草案」は，社会経済史的状況の下で，どのように理解されるべきなのか。社会経済史的状況という「舞台」で，「三草案」は「演者」としてどのように演じたのか。「三草案」を「時代」的に分析する（「時代」で読む）必要がある。

(2) 「80年・ＶＥ」(→「ＧＳ中核」編成) を「時代」(→プロイセン農業利益「中心」)で読む

(ⅰ) 第1期・「70年代」状況のキーワードは,

「プロイセン農業利益中心」主義である。「農業利益はプロイセンの利益であり, 即, 帝国の利益である」, という発想である。「プロイセン」, イコール「帝国」, ということでもある。

(ⅱ) 「80年・ＶＥ」は「二元的編成」である。

(α) 端的に,「ＧＳ中核」編成である。

(β) これは,「プロイセン法中心」で編纂形成されていることの, 明瞭な証左であり, ヨホウの強い自覚的「意思」に基づいている。プロイセン「農業利益」を前面に登場させる, プロイセン「大農場経営のための資本導入」を目的とする, その中核的な担い手として「ＧＳ」(独立的抵当権)を設営する, という制度構成である。これが,「80年・ＶＥ」の基本姿勢である, と考える。

(3) 「88年・ＩＥ」(→「ＧＳ後退」編成) を「時代」(→プロイセン農業利益「後退」)で読む

(ⅰ) 第2期・「80年代」状況のキーワードは,

「プロイセン農業利益の後退」(79年農工連携, 工業利益の勃興, 両利益の亀裂の萌芽), である。「プロイセン中心」主義から,「他諸地域へのバランス配慮」主義に, 移行している。帝国成立後, 10年経過して, ドイツ社会はいわば相対的に「安定期」に入っている。

(ⅱ) 「88年・ＩＥ」は「四元的編成」である。

(α) 「類型多様化」の, いわばファーストステップである。端的に,「ＧＳ後退」編成である。

(β) これは,「他ラントへの配慮」である。ＧＳを知らないラント, 付従的抵当権たる「登記簿抵当権」を活用しているラント, 付従的抵当権たる「流通抵当権」を活用しているラント, このような個別の諸ラント地域での取引慣行に配慮する, これが「88年・ＩＥ」の基本姿勢である。

(ⅲ) 安定期の社会には,「統一法」制定の要請・希求が強くある。帝国の「統一法」形成をまとめ上げること,これが最優先目的である。まとめ上げるためには,「反対論や異論」を押さえ,納得させることが,肝要である。そこで,「バランス考慮」論が,必要となる。

(α) より具体的には,プロイセン地域では,「流通性」向上の担保類型（GS）が志向・具体化されてよいし,この担保利用で行けばよい。他諸地域では,それぞれのこれまでの「地域担保権」が利用できればよい。「物権法定主義」の下,何もGS利用を強要することはない,という考慮である。

(β) かくして,「多様な担保類型の承認」という形で,担保権利用の選択肢を提示する。これが「88年・ⅠE」の基本姿勢である,と考える。いわば,「チョイスの思想」である。

(4) 「95年・ⅡE」（→「GS形骸化」編成）を「時代」（→プロイセン農業利益「犠牲」）で読む

(ⅰ) 第3期・「90年代」状況のキーワードは,
「プロイセン農業利益の犠牲」（その下での工業利益の優先),である。

(α) カプリヴィ「新航路政策」の下,帝国での「プロイセン退潮」は,次第に明確化し,顕著となる。プロイセンのプレゼンスは衰え,一体としての「全ドイツ」の意識が登場し,勃興する「ドイツ工業」の前に,プロイセン農業に代表される「ドイツ農業」は,屈服せざるを得ない。

(β) 「農業利益はプロイセンの利益であり,即,帝国の利益である」という意識（第1期・「70年代」状況）は,もはや跡形もない。

(ⅱ) 「95年・ⅡE」は「五元的編成」である。

(α) 「類型多様化」の,いわばファイナルステップである。端的に,「GS形骸化」編成（RS導入）である。これは,「他ラントへの配慮」というよりも,むしろ「プロイセン退潮」それ自体に,帰結される,と考える。

(β) 「プロイセン農業」は危機に瀕し,過剰負債に喘ぎ,GSはむしろその元凶と意識される。GSに代わり,新たにRSに期待する。「農業者の利益」

を考慮すれば，農地は単に「果実（収穫物）」を産み出すのみであり，農地自体，もはや「元本負担」には耐えられるものではない，からである。

(iii)　ＩＥ批判からも明らかなように，様々な賛否両論が錯綜している状況からすれば，「統一法」制定という形でまとめること，これが今一番肝要である。「多様な担保類型」を承認することにより，「諸ラントに配慮」しながら，なお「農業者（土地所有者）の利益」において，ＲＳをも導入し，危殆に瀕する「プロイセン農業にも配慮」する。これが「95年・ⅡＥ」の基本姿勢である，と考える。

━━　━━　━━

〈注記〉
〈＊〉ポイント整理
・1　「三草案」を時代で読む場合には，そのキーワードは，統一ドイツライヒにおける，「プロイセン農業利益」如何である。ここでの「プロイセン農業利益」とは，これを「プロイセン大農場経営者層（グーツヘルシャフト）の利益」と言い換えてもよい。

・2　「80年・ＶＥ」（→「ＧＳ中核」編成；「担保類型簡易化」編成）は，プロイセン農業利益「前面登場」（→「プロイセン中心」主義）という時代背景の，結果である。

・3　「88年・ＩＥ」（→「ＧＳ後退」編成；「担保類型多様化」編成）は，プロイセン農業利益「後退」（→「他ラントへのバランス配慮」主義）という時代背景の，結果である。

・4　「95年・ⅡＥ」（→「ＧＳ形骸化」編成；「ＲＳ新導入」編成；「新担保類型導入」編成）は，プロイセン農業利益「犠牲」（→勃興展開する「ドイツ工業利

益」の前に「プロイセン農業利益」を犠牲にしながらも，なお危殆に瀕する「プロイセン農業」再生・復興を意図する，という「ドイツ工業利益優先」主義；→「ドイツ全体利益配慮」主義）という時代背景の，結果である。

〈＊＊〉基本文献リスト
〔A〕「ドイツ通史」として，
　①成瀬治／山田欣吾／木村靖二編・世界歴史体系／ドイツ史1（先史―1648年）・1997・山川出版社
　②同編・世界歴史体系／ドイツ史2（1648年―1890年）・1996・山川出版社
　③同編・世界歴史体系／ドイツ史3（1890年―現在）・1997・山川出版社
　④望田幸男／三宅正樹編・ドイツ史・1981・有斐閣
　⑤林健太郎編・世界各国史3／ドイツ史（新版）・1978（1984）・山川出版社

〔B〕「ドイツ近現代史」として，
　⑥村瀬興雄・ドイツ現代史・1954（1977）東京大学出版会
　⑦成瀬治／黒川康／伊東孝之・世界現代史20／ドイツ現代史・1987・山川出版社
　⑧木谷勤／望田幸男編・ドイツ近代史（18世紀から現代まで）・1992（2001）・ミネルヴァ書房
　⑨若尾祐司／井上茂子編・近代ドイツの歴史・2005・ミネルヴァ書房
　⑩ゴーロ・マン（上原和夫訳）・近代ドイツ史Ⅰ・1973・みすず書房
　⑪ゴーロ・マン（上原和夫訳）・近代ドイツ史Ⅱ・1977・みすず書房
　⑫オットー・ダン（末川清／姫岡とし子／高橋秀寿訳）・ドイツ国民とナショナリズム（1770―1990）・1999・名古屋大学出版会
　⑬シュテルン／ヴィンクラー編著（末川清／高橋秀寿／若原憲和訳）・ドイツ史の転換点（1848―1990）・1992・晃洋書房

〔C〕「研究書」(モノグラフィー等) として,

⑭林健太郎・ドイツ史論集・1976・中央公論社

⑮林健太郎・プロイセン・ドイツ史研究・1977・東京大学出版会

〔D〕「社会経済史」として

⑯W・アーベル・ドイツ農業発達の三段階・1976・未來社

⑰ヘルムート・ベーメ (大野英二/藤本建夫訳)・現代ドイツ社会経済史序説・1976・未來社

⑱ハンス・ローゼンベルク (大野英二/川本和良/大月誠)・ドイツ社会史の諸問題・1978・未來社

⑲ハンス・ウルリヒ・ヴェーラー (大野英二/肥前栄一訳)・ドイツ帝国1871年—1918年・1983・未來社

〔E〕「研究書」(モノグラフィー等) として,

⑳石見徹・ドイツ恐慌史論 (第二帝政期の成長と循環)・1985・有斐閣

㉑大野英二・ドイツ金融資本成立史論・1956 (1976)・有斐閣

㉒大野英二・ドイツ資本主義論・1965 (1977)・未來社

㉓大塚久雄・近代欧州経済史序説・1981・岩波書店

㉔大塚久雄・欧州経済史・1956 (1967)・弘文堂新社

㉕木谷勤・ドイツ第二帝政史研究 (「上からの革命」から帝国主義へ)・1977 (1978)・青木書店

㉖戸原四郎・ドイツ資本主義 (戦間期の研究)・2006・桜井書店

㉗藤瀬浩司・近代ドイツ農業の形成・1967・御茶の水書房

〔F〕 72年・プロイセンＥＥＧ (所有権取得法) とその時代状況については,

・拙著・ＺＨ制度研究Ⅰ参照。

〈＊＊＊〉「三草案」を形成した「各年代状況」如何
・1 「80年・ⅤE」は，→「70年代状況」から，形成された。

・2 「88年・ⅠE」は，→「80年代状況」から，形成された。

・3 「95年・ⅡE」は，→「90年代状況」から，形成された。

〈＊＊＊＊〉「80年・ⅤE」を形成した「70年代状況」とは（各キー「視点」から）
〈その法史的概況〉
・本書第1章参照。

〈「71年・ドイツ帝国成立時」工業経済状況の視点から〉
・0 「前史的状況」はどのようなものだったのか。
　→「50—73年」，この期間はドイツ産業革命の高景気時期（⑲67）である。「67年以降」，未曾有の活気にあふれた熱気が支配し，「70年代のための期待に満ちた地平」（⑲68）が開かれていた。

・1 71年，ドイツ帝国の創建されたとき，ドイツ経済はどのような状況であったのか。
　→「ドイツ経済は，いわゆる離陸（テイクオフ），つまり工業化の第一段階をほとんど完了していた」（⑦114頁）。これ以降，1913年までの間に，ドイツ産業資本主義は全体として急速な成長を遂げ，イギリス等の先進諸国に追いつき，産業部門によってはこれを凌駕するに至った。71年は，「工業化の目覚しい進展」，「産業資本主義の決定的飛躍」（⑲67），その「スタート時点」でも，あった。

・2 「工業化の急速な進展」，この「スタート時点」を条件付けたものは何であったのか。

→第1に「科学的・技術的な開発・発展・進歩」（石炭による溶鉱炉から5倍性能の「コークス高炉」に，製鋼業における「英ベッセマー法」の技術導入，系統的・体系的な科学研究や技術開発の進展，等）である（⑳37—42）。

→第2に「貨幣制度の統一」である（⑳27—28）。

→第3に「度量衡の統一」（メートル法採用）である。

→第4に「新株式会社法の成立」（70年・北ドイツ連邦議会通過）（国の「認可」なくして株式会社設立が可能となり，大銀行業務への門戸が解放され，銀行・工業の新規設立が大きく展開された）である。この株式会社法成立により，「民間に散在する資本を有効に動員・集中して，大規模な事業経営のための金融をおこなう可能性」（⑦117）が開かれ，「将来における独占資本の形成に法的な土台」（⑦117）が提供された。

→以上，これらの法的基礎の確立により，「自由主義的＝自由貿易的な枠組み」が，創設された（⑰71—72）。

・3　71年のドイツ帝国の創建時以降，「73年」までの3年間，ドイツ経済界は「異常な好景気を迎えた」（⑦118）が，その「熱狂的なブーム」（⑳23）の付加的な要因は何であったのか（⑳16以下に詳細）。

→71年・対フランスとの戦勝であり，エルザス＝ロートリンゲンの地の併合による新たな鉄鋼資源の獲得であり，これによりルール地方やザール地方における重工業の発達を促進した（⑳33以下）。「戦争と戦争景気が経済を活気づけた」（⑰78）。

→また，フランスからの巨額の賠償金（その過半が金貨払いの50億フラン）により，大量の金貨流入，国内の貨幣流通量の激増，諸ラント政府の公債償却の加速，貸付金利の低下，が生じた（⑳25以下）。これらを一つの要因として，「株式会社設立ブーム」（⑦118，⑳29以下）と称されるような，未曾有の会社新設立が招来した。

511

→以上，71年から73年まで，「発展のピーク」を迎え，経済的躍進が成し遂げられた（⑰78，㉕159）。

・4　ドイツ経済の「異常な好景気」はそのまま継続したのか（→73年・恐慌）（⑳51以下）。
　→「否」である。景気は過熱化し，国内的には，「不健全な投機活動」が助長され，「一攫千金の無茶な投資と杜撰な経営が横行」した（⑦118），からである。73年末には「証券市場の大恐慌」（⑳80以下）が生じ，鉄道事業（その不況動向については，⑳70以下）や重工業界（→鉄鋼業の不況動向については，⑳68以下，石炭業の不況動向については，⑳73以下）では，この三年間に設立された「857の企業のうち，160が倒産」したといわれている。端的に，「過熱した景気は激しく持続的な不況に転化し，この不況は新設立された企業の存続を不可能とした」（⑰79）。
　→また，国際的には，この時期，アメリカのニューヨークでの「過剰投資による株式暴落」を震源地（⑳51）として，これがヨーロッパにも波及し，ドイツ景気の崩落の一因となった（⑦118）。このような「国際金融恐慌」の第1の発火点は，「ヴィーンの取引所恐慌」であった（⑳55以下）。
　→以上，「73年」の「経済秩序の危機」（⑰80），この「年」を分岐点として，「ドイツ経済はおよそ20年間に及ぶ低成長の時期にはいる」（⑦118）。この20年余の「大不況」，ここでのキーワードは，「経済政策における自由主義の大幅な後退」，「カルテル化の進展」，「世界市場での競争激化」，である。端的に，「帝国主義段階の経済体制の特質」が端緒的にあらわれた時期であった（⑳17）。
　→ドイツの資本主義的体制は，「自由主義的・自由貿易論的な理念」に基づいてスタート（71年→）したが，その後，「国家的・重商主義的な保護」の復活を要求した権力（→79年・「保護関税」導入）に，屈することになる（⑰80）。

〈73年・「大不況」以降を「景気変動」の視点から〉
・1　分岐点「73年」以降にあっては，何に注目すべきか。

→71年からの「高景気」，73年からの「大不況」，このような「景気変動」の視点から「ドイツ経済の発展」を考察すれば，「73年」から「1914年」(第1次世界大戦勃発)までの期間は，大きく「二つの局面」に識別できる。「73—95年」，「95—1914年」，の二つである (⑦118—119)。

　→本文中の「70年代／80年代／90年代」状況分析では，ここでの「第1局面」に注目する必要がある。

　→なお，「大不況」期の景気の全般的動向については，㉕162以下参照。

・2　「第1局面」の特徴は何か。

　→「73—95年」では，二つの景気上昇期 (79—82年，86—89年) をはさみながらも，「全体として低成長」であり，諸物価の下落，利子率の低下，これにより企業家の投資意欲は冷え込んでいた (⑦118—119)。

　→しかし，「95年」を境にして，「95—1914年」では，トレンドは逆転し，好景気年が不況年を遥かに凌駕し，再び「高度成長の局面」を迎えた (⑦119)。

・3　①「70年代状況」(→「80年・ⅤE」を形成)，②「80年代状況」(→「88年・ⅠE」を形成)，③「90年代状況」(→「95年・ⅡE」を形成)，以上①②③の時代状況，これが私見の分析対象全体である。したがって，これを「年」表記すれば，「71年」から「95年」までの時代状況であり，これが分析の全対象である。では，「71—95年」の期間はドイツ経済はどのような状況であったのか。

　→上記からも明らかなように，概括的には，71年からの当初3年間は「異常な好景気」，「73—95年」は「大不況」，と称される「低成長」時代である。したがって，「70年代状況」(→「80年・ⅤE」を形成) は，「異常な好景気」でスタートしながら，3年後には暗転し，「景気崩落」し，その後の「低成長時代の幕開け」の時代であった。

・4　「73年」以降の経済状況はどのようなものだったのか (⑳51以下)。
　→73年秋，「第2の世界経済恐慌」によって，ドイツの急性的な恐慌は，開

始された。順風満帆の船出をした第2帝政の経済は，恐慌に遭遇した（㉕159以下）。数週間後には，相場暴落，銀行取り付け騒動，が生じた。この不況は，「79年」2月まで，絶え間なく続いた。「成長率半減」，部門によっては全般的な価格低下を伴う「生産減少」さえ，招来した。「6年間の沈滞」，である。この期間は「ドイツ工業経済にとって未曾有の長期且つ強度な成長の停滞」（⑲68）を意味していた。

　→たとえば，重要な経済指標として，ドイツの鉄消費は50パ低下したし，鉱山労働者の賃金は79年までに半減した。「73年」以降の，「第1の不況期」であり，ドイツ経済にとって手痛い打撃となった。

　→なお，「大不況」を周期的循環の視点で分析する素描として，㉒30以下。

〈ドイツ「農業不況」の視点から〉
・1　70年代中葉あたりから，ドイツ農業も「危機」に直面するようになった。では，その「農業危機」の原因は何であったのか。

　→自らにおける「生産コストの急上昇」（←農地価格の高騰，経営集約化に伴う借入金増大）にもかかわらず，東欧やアメリカからの安価な農産物の流入により「穀物価格の下落」という現象が生じた，からである。

　→また，都市化の進行により農村からの人口流出が進み，それが労働力不足を招来し，労賃上昇を惹起した，からである（⑦120）。

　→以上，ドイツ農業の「構造的な不況」の始まり，であった。

・2　「76年」以降，「構造的な農業不況」が「工業上の景気後退」と交差し，引き続いて「二つの不況」の分野が重なり合った。いわば「ダブルの不況」，これが「大不況」の実態である。しかも，ここでは「構造的な農業不況」に注目する。では，ドイツ農業の「構造的な不況」とは具体的にどのようなものであったのか。

　→端的に，穀物生産者たる大農業者は，「外部」から，そして「内部」から，自らの伝統的な生産方法や方向性，経済的優位性，を脅かされていた。「世界

食料経済の革命化」がもたらした構造変化,「国内での工業化の進展と離村」,の構造的脅威であった (⑱79—80)。このような構造的な「農業危機」は,「保護主義的農政」を惹起し,それは,後述のように,79年・保護関税導入に,結実した (⑱88)。

→「52年」以来,「ライ麦」の僅かな輸入超過はあったが,「70年代末」になると,その入超は常に100万トンを超えた (79年／130万トン)。とりわけ「76年」以降,ドイツは「小麦」輸出国からその輸入国に転じ,同様の現象は「からす麦」や「大麦」にもみられた (⑲72頁)。ドイツは「穀物輸入」に依存し,世界農産物市場に組み込まれ,著しい「価格下落」が生じ,これがドイツ農業の「構造的な不況」を招来した。

→79年には,ドイツ農業の平均年間勤労所得は,72年の水準以下に低下した (⑲72頁)。ドイツは,早くも70年代終わりには,農作物の「輸出国」から「輸入国」に転化していた (⑦113—114)。

・3　営利階級であるプロイセン大農場主,彼らはどのように対処したのか。

→「70年代後期」,彼らは,次のように対処した。社会的・政治的な支配者としての自らの「地位」がある,その地位を支えるためには「経済的基盤」が必須である,これを「確保」しなければならない,ではどうすべきなのか,「政治的に」反応／行動すべきである,「農業保護主義」的姿勢に転換し,これを強く主張すべきである,という対処である。

→「70年代半ば」までは,彼らは「自由貿易信仰」論者であったが,すばやく,「農業保護主義」にチェンジし,79年・穀物関税(農業保護関税)導入を勝ち取った (⑲73)。

→ここで,76年に設立された「租税／経済改革者協会」,これに注目しなければならない。その実態は「農業資本主義的企業家集団」であり,数ヵ月後には「ドイツ保守党」設立のイニシアティヴを採り,「農業の大中小経営の集団的な共通の利害を全国民的なレヴェルで擁護する」として,78年には「穀物関税」導入のアジテーションを開始し,国家農政に「穀物経済保護強化」の指針

515

を与えた（⑱87―88）。この「協会」は，93年・「農業者同盟」の先駆者であった（⑱88）。

・4　どのように小括すべきか。
　→「プロイセン農業」利益の主導，ドイツ帝国でのその中核的地位，これが明瞭である。端的に，「70年代の危機が，ドイツ農業をぎりぎりの苦境にまで追い込まなかったとすれば，これは国家のおかげ」（⑯215）であった。

〈「農業国か，工業国か」，の視点から〉
・1　ドイツは，「70年代末には，まだ農業国であった」（⑰102）。ドイツ人の過半数は，「都市」ではなく，「農村」に住んでいた，からである。ドイツを政治的に代表し，体現するものは，「保守的な古プロイセン主義」であった。
　→1800年代は，「本来は工業化時代の最後の段階に属する」（⑯207）ものである。これは，さらに「三つの段階」に区分される（「準備」段階の1800―1850年，「開花」段階の1850―1870年，「成熟」段階の1870年以降）。1870年以降の「成熟」段階では，「都市は利益を獲得したが，農村は既に余りにも早く増える供給から生じた不況に陥っていた」（⑯207）。

・2　では，ドイツはいつから「工業国」になったのか。
　→農業国ドイツ，この点については，「90年代半ばに，変化してしまった」（⑰102―103）。「90年代はじめに，ドイツの工業は，就業者数においても，農業に追いついた」（⑰103）し，「95年以降」は「ドイツの農村住民は都市住民となり，農業国は工業国となった」（⑰103）。

・3　73年から90年代前半期までの「大不況期」についての経済指標分析
　→工業生産指数，農業生産指数，その対比，さらにはその他の指標分析については，㉖485以下。

〈「農工同盟」絆の視点から〉①92

・1　「農工同盟」とは何か。

→ビスマルク主導の下に結成された,「ユンカー階級」(→プロイセン農業利益)と「ドイツ工業家中央連盟」(→ドイツ重工業利益)との,「保護貿易」のための同盟関係である。

→「ユンカー」利益と「重工業」利益,この両者は,「保護貿易」論を主張する限りにおいて,「同一の利益共同体」に属し,「堅い絆」で結ばれていた。

→端的に,「穀物と鉄」の,あるいは「騎士領と高炉」(⑰103)の,同盟である。

・2　「ドイツ工業家中央連盟」とは何か。

→既に1800年代半ば以降,ドイツ工業界は,半官半民的な「商工会議所」とは別に,純民間的な独自の「企業者団体」を組織し,自らの利益主張の貫徹のために,その政治的活動を進めてきていた。この動きは,「大不況」到来を契機に,なお一層強化された。

→具体的には,大不況の影響を正面から受けた「鉄鋼業界」と「繊維業界」は,優勢なイギリス製品に対抗すべく,「保護貿易への転換」を強く主張し,他の諸業界の参加をも求め,多くの諸業界の企業者団体の「中央機関」として,「76年」,重工業中心の「ドイツ工業家中央連盟」を結成し,その政治的主張のための活動拠点とした。その攻撃対象は,対「イギリス製品」,であった。

・3　「ユンカー勢力」(→プロイセン農業利益)はドイツ工業の動きにどのように対応したのか。

→ユンカー勢力は,それまでは「自由貿易論者」であり,「その旗手」でもあったが,「76年」以降の「構造的な農業不況」に瀕して,急速に「保護貿易主義」に転換した。その理由は,国際的な穀物過剰生産,海外からの安価な穀物流入の圧力,これらに対する「大きな危機感」があった,からである。

→ユンカー勢力は,ただちに「ドイツ工業家中央連盟」に接近し,自らの

517

「租税経済改革者協会」との連携を，実現した。

・4　ビスマルクはどのように政策決断したのか。
　→一方において，ビスマルクは，78年，「大不況」下で勢力増大化していた社会民主党を，「社会主義者鎮圧法」（78年成立）で弾圧した。社会革命の危機を先鋭化している，「帝国の敵」だ，からである。
　→他方において，ビスマルクは，79年，「鉄」関税と「穀物」関税を引き上げ，「工業」と「農業」，その「担い手」たる二つの強力な勢力を，自らの支配構造の中に組み込んだ。
　→「経済的好景気が恐慌へと転化」し，その結果，「国家を担う諸力の立場が揺さぶられる」と，「緊張と対立」は再び著しい激しさで裂け開いた。こうした「緊張」に対する，「統治者的解決」，これが上記のような「ビスマルク的解決」であった（⑰80）。
　→なお，ユンカー的・プロイセン的ドイツ帝国（第二帝政）の議会制度と政党については，⑥96以下。

〈「ビスマルク政策」の視点から〉（㉕173以下）
・1　73年に始まる「経済不況」，その克服のために，ビスマルクはどのような対策を採ったのか。
　→「保護関税」導入である。78年，この政策実施を強力に主張して，帝国議会構成員数の過半数を超えるメンバーにより，議員団体（→帝国議会経済連合）が，結成された。ビスマルクは，これに呼応して，79年，「保護関税」と「増税」を，議会に提案した。進歩党が反対するのみで，多数により議会を通過した。
　→世論動向に的確に対応する，そして帝国財政を確立する，これがビスマルクの意図であった（⑤311―312）。

・2　「保護関税」導入，その具体的内容はどのようなものだったのか。

→新たに「穀物・家畜」について保護関税が導入される,「鉄」について保護関税が再導入される,「各種工業製品」について保護関税率が引き上げられる,「タバコ」税が引き上げられる,というものであった。対外的には「保護関税」,対内的には「増税」,この二つであった(⑤312)。

・3 「保護関税」と「増税」,その実施により帝国財政は確立されたのか。
→一時的には,歳入増加により帝国財政は改善された。しかし,「フランケン条項」(→中央党のフランケンシュタインの「留保条項」であり,関税並びにタバコ税の帝国収入の内,1億3000マルクを超過する部分は,各ラントに人口数に比例配分すべし,とする)により,実質的に骨抜きにされた。ビスマルクの意図(帝国財政の確立)は,十分には,貫徹され得なかった(⑤311—312)。

・4 ドイツ経済政策の観点からは,「大不況」を契機とした新「保護関税」の導入,これをどのように把握すべきか。
→端的に,ドイツにおける「自由貿易政策から保護貿易政策への転換」,であった。自由貿易論者のデルブリュック,76年,彼はその官房長官の職を辞任するが,それは「保護関税」導入の,ビスマルク断行の前兆の一つであった(⑤312)。
→50年台から「73年」に至るまでは,「自由主義的」経済政策が採られていた。市場メカニズムのもと自然な合理性,経済過程全般の社会的性格,これらが公に承認されていた。しかし,「74年」(→大不況)以降,「国民的規模での経済活動の規制と統合」が,国家の大きな「任務」となっていた(⑦121)。

〈*****〉「88年・ⅠE」を形成した「80年代状況」とは(各キー「視点」から)
〈その法史的概況〉
・本書第1章第2節・第3節・第4節の各「冒頭記述」参照。

〈「農業国か,工業国か」,の視点から〉
・ 既述の様に,ドイツは,「70年代末」には,まだ農業国であった(⑰102)が,「90年代半ば」に,変化し(⑰102—103),「95年以降」は,工業国となった(⑰103)。したがって,80年代状況は,ドイツが「農業国から工業国への途上」段階にあった,そういう時代である。

〈79年・「保護関税」導入以降の,その「効果」如何という視点から〉
・1 79年・「保護関税」導入,これがどのように奏功し,奏功しなかったのか。これによって,「80年代状況」を特徴付けなければならない。

・2 「農業」面ではどうか。
　→初期の目的からすれば,「農業」面では,十分には奏功しなかった,といわねばならない。「農業危機」が継続し,改善の兆しも見えず,むしろ悪化傾向が継続した,からである。
　→具体的には,農業のもつ構造的な問題状況は何ら改善・解消されはしなかった。「農業危機」に対して,ユンカー階級は,自らの「経営改善」や「合理化」を貫徹することなく,従来と同様に自己の「政治的圧力」によって,これを解決しよう(→関税率アップ)としていた,からである。保護貿易主義を堅持する,政治的力でもって「国家からの保護」を勝ち取る,これによって「自らの支配的地位」を守護する,という姿勢であった(⑦128)。「85年」と「87年」における,当初の穀物関税率からの「5倍引上げ」,これがこの間の事情を如実に物語っている。
　→ユンカー階級は,その農業危機「克服」のために,なぜ自らの「経営改善」や「合理化」を貫徹しなかったのか(④84—85)。「政治的圧力」行使の方が,より効果的であったのか。自らの「経営」自体の根本的改革は,「自己矛盾」を招来する結果となるが故に,できなかったのである。具体的には,「粗放農業」への転換(→「雇い人」削減)も,「集約的経営」への転換(→「所有地」縮小)も,いずれの改革もみずからの「権力基盤」脆弱化を招来するもの

であった。

　→ちなみに，ユンカー階級の対処は，イギリスの「地代貴族」が，高度化された「混合農法」を「粗放な草地養畜農業」に転換し，当時の世界の農業構造の変化に巧みに適応したのと，極めて対照的である。なぜこのような対照が見られるのか。それは，ユンカー階級の権威的・身分制的な諸特質が「土地所有」に帰属・結合しており，それが故に自らの政治的・社会的権威の拠りどころとして「土地所有」に価値が置かれ重視されていたのに対して，イギリスの「地代貴族」（→借地農制）にとっては，その「利益」上，「土地所有」（その大小）は問題ではなく，「地代額」（その多寡）が肝要であった，からである（④78以下，とりわけ82以下）。

・3　「工業」面ではどうか。

　→既に活発に進行していた「カルテル形成」（→企業の集中と大型化）が，79年・「保護関税」導入以降，なお一層進行した。「同種企業間のヨコの連合体」としての「カルテル形成」，それは，既に50年代からの石炭業・製鉄業の分野で，開始されていた。73年以降の恐慌以来，大型カルテルが続々結成された。これは，79年・「保護関税」導入以降，消費財産業の分野にも，及んだ。「広範囲な分野」で，「カルテル形成」がなされた，のである（⑦122）。

　→⑦122　「カルテル形成」，それは，「不況」に直面した企業にとって，生産・販売の両面での「協定と規制」をとおしての，不況「克服」のための手段でもあった。しかも，79年・「保護関税」導入以降，賦課された輸入関税による「利益」，それを国内市場でフル活用するためには，「カルテル形成」による企業協調が極めて効率的であった。

　→概括的には，不況克服の手段であった「カルテル形成」，それは，79年・「保護関税」導入以降，これによりなお一層助長・促進され，ドイツ工業の次なる発展の基礎となった。したがって，79年・「保護関税」導入，これは「工業」面では一定の範囲で奏功した，といわなければならない。

〈「農工同盟」亀裂の視点から〉
・1　80年代後半以降,「農工同盟」は「亀裂」を生じ始めていた。「農業」と「工業」,この両者の「ハーモニー」が,「不協和音」に転じた（④85）のである。では,その「亀裂」は,具体的に,どのようなものであったのか。
　→「農業」面と「工業」面,それぞれ状況を異にするので,この両面から個別に考察しなければならない。

・2　「農業」面ではどうか。
　→「ユンカー経営の危機」は継続し,構造的には何らの問題も解消していなかった（④84,⑦128）。世界的な穀物過剰生産に加えて,「工業」におけるとは異なり,80年代以降,20世紀初頭まで,「農業」では,「より合理的な生産方法」への転換を志向しての,「土地」や「経営資本」の集中は生じなかった,からである（⑦127,⑰105）。農業状態は悪化し,その生産は停滞し,「農業関税の引き上げ」によってのみ,その販売可能性が生じた（⑰102）。
　→以上,「保護貿易主義,保護関税堅持,さらなる税率アップ」,これが80年代も「農業」利益であり続けていた。

・3　「工業」面ではどうか。
　→「大不況」を独占形成により克服したブルジョアジー,彼らは,その政治的権力を強化しながら,「穀物関税」に反対し始めていた。87年・穀物関税率アップに対して,強硬に反対した。外国からの「報復関税」という対抗措置に対する懸念,国内食料品価格の騰貴,労働者賃金の上昇,これらを彼らは恐れた,からである（④85）。
　→⑰106　「工業」サイドはどのように考えていたのか。「保護関税」政策（ドイツからの,海外穀物やイギリス製品の,締め出し）のみでは,対「イギリス」との競争を勝利できない,否むしろこのような「保護関税」政策それ自体が貿易相手国に「ドイツ製品拒絶」（その締め出し）の契機となっている,ちなみにロシア,同国はドイツの輸出工業がその販路として喫緊に必要としている

国であるが，ロシアはドイツ農業関税撤廃（自由化）と引き換えに自らの市場開放を主張している，とすれば「保護関税」に消極的に対峙（→反対）すべきである，という考慮であった。

→以上，「保護関税」反対，これが「工業」利益となってきた，そういう時代であった。

・4　ビスマルクはどのように対処したのか。

→「工業家のいらだち」が極めて大きく，その「同盟」解消の希望があったにもかかわらず，「ビスマルクと農場主」は，「祖国なき輩」のレッテルから生じる危険を翳しながら，「工業家」を沈黙させた（⑰106）。

→具体的には，ドイツ帝国の基盤である「土地／軍人／行政」貴族は，「企業家」が農業関税により忍受しなければならなかった損失を，「代償」した。たとえば，自らが推進し遂行した「貴族化政策」や「軍備政策」により，また彼らの大工業化のための合同努力（独占経営／カルテル／シンジケート）の「許可」と「促進」により，さらには「公益事業や鉄道業の国有化」により，企業家の損失を代償的に補塡した。

→以上，「あり余るほどに償ったので，同盟は企業家にとっても甲斐のあるものであった。こうして，農業と工業の大生産者カルテルは維持されたままであった」（⑰107）。

〈ドイツ「農業不況」の視点から〉

・1　76年以降のドイツ農業の「構造的な不況」，それは「80年代」にはどのようになったのか。

→事態はますます加速化した。北アメリカ産の「小麦」が，その「生産費」や「輸送費」の継続的な低下傾向を背景として，とりわけ79年以降，国際的な強い価格競争力（廉価）をもち，中部ヨーロッパの農産物市場の価格構造を圧殺した。また，「近代化」を至上命令としたロシアも，その必要資金を輸出利益に求め，「穀物」輸出を著しく増大させていた。さらに，カナダやアルゼン

チンも,「小麦」の国際輸出市場に,登場していた。

→このような国際的な過剰生産,そして圧倒的な新興輸出国の増勢の前に,ドイツ農業／穀物経済は,国際市場において,完全に打倒された。主要輸出先であった大ブリテンさえ,これをアメリカに奪われた（⑲72—73）。

・2 ドイツ農業の「構造的な不況」,というからには,構造的に「不況」を招来する要因があるはずである。では,その要因は何か。

→二つある。第1に,国際的要因であり,国際的な「穀物生産過剰」であり,その「安価な穀物の国内流入」である。

→第2に,国内的要因であり,ドイツ農業／穀物経済の「高コスト構造」（高い生産費,高額の抵当負債の負担,農場価格の法外な高額化）である。以上の二つの要因により,ドイツ国内の穀物価格は低下し,ドイツ穀物は国内でさえ価格競争力を失ったのである。ちなみに,「プロイセン」の小麦価格（トン当たり）,これは「政治的」にもっとも敏感な価格であるが,は,80年の221マルクから,86年には157マルクに低下した。

→以上,「5年間にわたって,なかんずく東ドイツの穀物大生産者の不況の底が,第2の工業不況と,重なったのである」（⑲72—73）。

・3 営利階級であるプロイセン大農場主,彼らはどのように対処したのか。

→「70年代後期」におけると同様に,対処した。既述のように,「70年代半ば」までは,彼らは「自由貿易信仰」論者であったが,すばやく,「農業保護主義」に切り替え,既に79年・穀物関税（農業保護関税）導入を勝ち取っていたが,さらに「85年」と「87年」にも,当初の関税率を5倍に引き上げさせた。

→これにより,「87—90年」まで,農業は,短命ではあるが,一定の回復をみた（⑲73）。

→しかし,その後のカプリヴィ時代,「二つの不況」の交錯したことについては,後述する（⑲73）。

結論的考察

・4　「ビスマルク政策」如何という視点からは、どのように分析できるのか
　→「79年」・「農業保護」関税政策で、ドイツは、「保護貿易主義」導入という点で、ヨーロッパで先行した。しかも、「85年」と「87年」、当初の関税率を5倍に引き上げた。これは、帝国首脳部に対する「プロイセン大農場主」の圧力の結果であり、彼らへの「国家の保護・助成措置」であった。⑲74—75。
　→以上、ビスマルクの保護貿易政策は、80年代後半以降、著しく「親農業的な色彩」を強め、この傾向は「自由主義左派との敵対」を一層強め、「独露関係の疎隔」を増大化させた（⑦120—121）。

・5　では、「プロイセン農業」利益は、70年代状況下と同様に、80年代状況においても、なお「強固」であり、「磐石」だったのか。
　→「否」と答えられなければならない。これにより、「ユンカー」という土地所有貴族の優位が、一時的に「延命」されたにすぎなかった（⑲75）。80年代、自然成長的に「工業」が「農業」の頭上を超えて進軍／凱旋し、「90年にはあらゆる決め手となる経済統計上の諸指標は工業優位を指示していた」、からである。
　→ドイツは、80年代状況としては、概括的には、「農業国から工業国への途上」段階ではあるが、経済的には、その限りで、既に「工業国家」化していた（⑲75—76）。

〈ドイツ工業「発展」の視点から〉
・1　「79年」の政治的・経済的な大転換（→保護貿易主義への転換）の後、80年代の10年間の状況は、概括的には、どのようなものであったのか。
　→1880年代は「景気停滞」であり、総じて「不況基調」である（⑳93以下）
　→より具体的には、「79年春」から「82年1月」にかけて、ドイツ工業は、短期的ではあるが、僅かな回復をみた。
　→しかし、その後、直ちに「第2の不況期」が始まった。この「景気後退局面」期は、「86年8月」まで、継続した。

→ようやく「86年秋」から「87／88年」にかけて回復兆候がみられ（⑳143），「90年初め」には，再び「景気回復」が力強く実現された。「89年」は，まさしく「繁栄の年」として，特徴付けられる（⑲69）。
　→しかし，後述のように，90年には，「恐慌勃発」である（⑳143以下）。

・2　80年代の10年間の経済状況，とりわけ「農業」と「工業」に注目すれば，概括的には，どのようなものであったのか。
　→ドイツの「農産物価格」は一時安定し，「工業製品」の売り上げは上昇し，希望に満ちた新たな10年の如きであった。しかし，「国家」（政策・行政）に支えられ組織された景気（→「国家」により介入された景気）は，意外なほどに，伸び悩み，農業では「極めて緩慢な成長」，工業では「工業生産全体の緩やかな増加率」がみられたにすぎなかった（⑰99—100）。

・3　「工業成長」は進展したのか。
　→「否」である。この10年，製鉄・採鉱・鉄道建設，これらはドイツ産業革命の典型的な先導部門であるが，次第に躍動的な力を喪失していった。とりわけ鉄道建設において，それが顕著である。ちなみに，ドイツ国民経済の年間純投資中，鉄道建設は，70—79年には約25パを占めていたが，85年まででは13.5パに，89年まででは5.7パにと，低下した。長期間にわたって，工業成長が阻害された（⑲70）。

〈＊＊＊＊＊＊〉「95年・ⅡＥ」を形成した「90年代状況」とは（各キー「視点」から）
〈その法史的概況〉
・本書第2章・第3章の各「冒頭記述」参照。

〈「農業国か，工業国か」，の視点から〉

・1 カプリヴィ時代の「ドイツ」は，まだ「農業国」であったのか，もう「工業国」になっていたのか。

→既述の様に，「70年代末」にはまだ農業国，「90年代半ば」に変化（⑰102—103），「95年以降」は工業国化した（⑰103）ので，80年代状況を「農業国から工業国への途上」段階と位置付けた。したがって，カプリヴィ時代の「ドイツ」，すなわち90年代前半状況も，「農業国から工業国への途上」段階と位置付けられる。しかも，「工業国化への途上」過程での，「最終」段階である。

・2 カプリヴィ時代の諸政策との関係はどうだったのか。

→カプリヴィは，ドイツの「工業国」化に大きく舵を切り，もはや伝統的な「プロイセン農業」利益の比重は沈下していた。大きくその存在感を増大させ，勃興し躍進し始めた「ドイツ工業」，ドイツは経済的にはもはや「工業国」化していた。このような時代状況を背景として，カプリヴィ時代の諸政策が遂行された。カプリヴィは，その「時代感覚」を鋭敏に読んだのである。

・3 その根拠は何か

→経済統計上の諸指標が決定的であり，あらゆる諸指標は，「90年」には，「工業」優位を指し示している。その後の学説論争，「工業国家か，農業国家か」の論争であるが，経済的には既に完了した事実に関わることだった（⑲75）。

→80年代に，既に「農業」は決定的に「工業」に追い越されてしまった。たとえば，73年，農業の「純国内産出額に占める割合」指標→農37.9パ，工業；31.7パであったが，89年に「工業」は「農業」に追いつき，95年には「工業」優位（36.8対32.2，生産価値6.5対5.1）となった（⑲75）。

→「純投資」指標においても，70年；投下割合；農業22パ投下であったが，70年代半ば；農業10パのみ，工業33パ，となり，79年；農10.8対10.6パ，（不況下の均衡・3分の2の縮小；第1次不況；不況の底），その後，底から工業が脱

出し，85年；11.5パ対37.5パ；90年；13.8対45.3，となった。この20年間に，「工業」割合は14パから45パとなった（⑲76）。

→「就業者数」，90年には，「さい」は投げられた。71年；農業・850万対530万人（工業，交通，商業，銀行，保険）であったのが，80年；960万対750万人となり，90年；960万対1000万となった。その後，加速度的に「農業」に不利に変化した。それ以外の指標でも，「工業」勝利となっている（⑲76—77）。

〈「工業」の視点から〉
・1　90年代，とりわけ95年・ⅡEを形成した「90年代中葉」に至る期間は，どのような工業景気状況であったのか。
　→90年・恐慌勃発を転換点として，90年代中葉まで「不況期」を脱却することはできなかった。ここでの「不況期」は，いわゆる「大不況」の最終局面にあたる（⑳182）。なお，95年には，「新たな好況期」が開始される。
　→なお，「90年1月から95年2月」までは，「ゆるやかな停滞が支配した」（⑲69—70），という分析も，みられる。概括的・総体的には，この5年間をこのように把握することも，可能であろう。

・2　90年・恐慌とはどのようなものだったのか。
　→別名，「ベアリング恐慌」とも，呼ばれる。アルゼンチンの金融投機に失敗した英ロンドンの大マーチャントバンカー，「ベアリング商会」，その破産を契機とした恐慌である。この金融投機の破綻は，単に金融市場に留まらず，産業恐慌に波及したのである（⑳166以下）。
　→90年11月初頭の「ベアリング商会」破綻を受けて，ロンドン金融市場が騒然としたが，同月をピークとして，それ以上の拡大はなかった。しかし，ベアリング恐慌の余波を受け，ベルリン金融市場も，金融攪乱が生じた。間接的な波及作用として，ベルリンでも，国際金融業務に携わる銀行の，その株価下落が顕著となった（⑳175）。
　→この恐慌は，産業分野にも，一定の影響を与えた（⑳177以下）。

結論的考察

〈「農工同盟」瓦解の視点から〉⑰110 〈農工対立〉
・1　ビスマルク退陣前夜，「農業と工業」，その各「大生産者の同盟」は，どのような状況だったのか。

　→79年・「保護関税」導入は，迫りくる「変革」と「国際競争」を防止すべく，その対抗策として，「農工同盟」に絆帯の下で，実施された。しかし，それは，80年代後期からのビスマルク懐柔策（⑰106―107）にもかかわらず，89年には，「亀裂」が明瞭化した。新たな景気回復に水をさす，労働者の大規模なストライキが，勃発した，からである（⑰110）。

　→90年初め，「ビスマルク，農場主，大市民層」が左翼の帝国議会多数派に直面したとき，「保守党・自由保守党・国民自由党」連合（→87年・帝国議会選挙実施後の「カルテル連合」）は瓦解した。自由保守党と国民自由党はもはやビスマルクには従わず，「カルテル」を解消したのみならず，「農業者との利害共同関係」からも決別した，からである（⑰110）。

〈「カプリヴィ政策」の視点から〉（㉕240以下）
・1　カプリヴィ内閣の下での「農工対立」→「農業」利益の抑圧
　カプリヴィ内閣の下では，「農業」と「工業」はどのような関係にあったのか。

　→両者間には，「穀物関税引下げ」をめぐり，「亀裂」が生じていた。すなわち，「中央連盟」と「ユンカー」，その両者間には，カプリヴィの「新航路政策」の下では，「穀物関税」問題をめぐって，対立が生じていた。「中央連盟」は，「穀物関税」引き下げに賛成だった，からである。結局，「ユンカー」利益（「農業」利益）が「中央連盟」利益（「重工業」利益）によって，抑圧された（④92）。

　→90年，カプリヴィ内閣は「社会主義者鎮圧法」（78年）（「社会民主党」対策）を廃棄し，「労働者保護政策」に舵を切ったが，「中央連盟」はこれに批判的であった。しかし，その見返りに，「穀物関税」引き下げをおこなったので，「中央連盟」は「ユンカー」と対立する結果となった。「ユンカー」は，93年，

「農業者同盟」を結成し，これに対抗した。「穀物関税」引き下げを止めることはできなかったが，94年，カプリヴィを辞任に追い込んだ（④92頁）。

→カプリヴィは，「農業関税」を引き下げ，「工業」利益の前に「農業」利益を屈服させたのである。これはどのような意味をもっていたのか。「貴族権力の根源，プロイセン・ドイツの伝統的な権力配置に大なたを揮おう」（⑰111）とすることを意味していた。伝統的な「プロイセン農業」利益，これは，カプリヴィにとって，構造「改革」の対象そのものであり，もはや「保護」の対象ではなかった，といえよう。

・2　カプリヴィの「経済政策」→「工業」利益の促進

カプリヴィ内閣はどのような「経済政策」を採ったのか。

→具体的には，「農業」利益と「工業」利益の対立の中で，いずれの利益を優先したのか。「工業促進政策」の決断であり，「工業」利益の促進である。

→カプリヴィ登場の当時，「閉塞の時代状況」があった。財政政策の挫折，社会政策の不奏功，階級対立の先鋭化と国民の分裂，伝統的秩序の危殆化，である。経済政策でも，「保護関税」により，食料価格は高く，工業製品の販売は停滞し，庶民の生活状況や居住状況が極めて困窮化していた（⑰111）。

→カプリヴィの「経済政策」は，これまでの「ビスマルク路線」との決別，である。端的に，「工業促進政策」の決断である。長期的通商条約により「工業」景気を回復させる，その輸出増大を意図する，見返りに「農業関税の引下げ」をおこなう，「門戸解放・自由競争」のスローガンの下で疲弊した「ドイツ国民経済」を回復させる，というものであった（⑰111）。

→カプリヴィの「通商政策」は，新たな「対外的販路拡大・進出」（輸出市場拡大）を希求する「工業」利益に即応して，農業関税の引下げという形で「農業」利益を抑圧し，諸外国と新たな「通商条約」を締結することであった。91年には，いわゆる「大通商条約」（対オーストリア・イタリア・ベルギー・スイス）が，93年には，いわゆる「小通商条約」（対ルーマニア・スペイン・セルビア）が，94年には，対ロシア「通商条約」が，それぞれ締結された（⑰114）。

結論的考察

　→カプリヴィの「経済政策」は奏功したのか。奏功した，といわねばならない。具体的には，カプリヴィは「穀物・家畜・木材」の輸入関税を引き下げた。その代わり，「工業」は，対外的に新たな販路を開拓し，進出した。銀行指導の下，「工業」は全世界での通商活動を展開し始め，景気は回復し，国内でも商品取引が急速に増大した，からである（⑰112）。

〈「プロイセン農業」利益（ユンカー）の対抗の視点から〉（→93年・「農業者同盟」の設立）
・1　「ビスマルク失脚，カプリヴィ登場」時の状況
　→ビスマルク失脚は，「ユンカー」利益（高率の穀物関税の維持）の庇護者の喪失を，意味していた。しかも，時代状況は，「ユンカー」利益にとって，極めて危機的であった（なお，ビスマルク失脚をめぐる諸問題については，⑭178以下が詳細である）。
　→一方において，独占形成により大不況を乗り切った「ブルジョアジー」は，その政治力を増大させ，87年以降，「穀物関税引上げ」に強力に常に反対してきていた。諸外国の報復関税，国内食糧品価格の騰貴，労働者賃金の上昇，これらのリスクを懸念した，からである。
　→他方，90年のカプリヴィによる「社会主義者鎮圧法」（「社会民主党」対策）廃棄，これを契機として社会民主党による「労働者の組織化」が進展し，「社会民主党」は，93年・帝国議会選挙で得票率第1党となり，その政治的勢力を増大させていた。
　　→以上，「工業」利益の担い手たる「ブルジョアジー」，その間接的な担い手たる「労働者組織」，これらが共に大きく前面に登場してきており，「ユンカー」利益は危機に直面していたのである（④85）。

・2　ユンカーはどのように対抗したのか
　→ユンカーは，危機に瀕する「農業」利益を擁護すべく，どのような対策を講じたのか。この苦境脱出のために，「農民の組織化」の手段を採った。これ

531

が93年・「農業者同盟」の設立である。「ユンカー階級」の指導下に，広範に「農民大衆」を結集させ，これを組織化する，これを「東エルベ」のみならず「西エルベ」でも展開する，大衆組織としての圧力団体を結成する，というものであった。73年設立の租税／経済改革者協会，これをなお一層現代的に組織化し，「遥かに傍若無人で戦闘的な農業上の利益共同団体」であり，「地方貴族（ラントユンカー）」の政治家や職業活動家の指導下で，官僚化された，平民的な「農業大衆運動」をおこなった（⑱88）。

　→広範囲な「農民大衆」動員，これが奏功し，このような大衆的基盤に基づく「農業者同盟」は，1900年には，その構成員数，23万人を擁する，政治的な「一大圧力団体」となった。ちなみに，90年代，「農業者同盟」は，大衆組織として，「自由労働組合」に次ぐ，第2番目であった（④85）。

　→ユンカーは，「農民大衆」を動員し，「農業者同盟」をバックに，カプリヴィの「新航路政策」（「農業」利益の抑圧）に対抗した。これは，「保守党」との連携の下になされ，94年のカプリヴィ辞任（失脚）の，一つの要因とも，なった（④8，⑱88）。

・3　93年・「農業者同盟」，これをどう評価すべきか。

　→93年・「農業者同盟」，これは，「貴族階級」と「農民大衆」とが融合した，単なる「利益代表団体」であり，そこに見られるものは「土地所有」という単なるイデオロギーにすぎず，かつて存在したプロイセン的な一つの「精神的伝統」や「世界観」はもはや失われていた（⑰105—106）。

Ⅲ　総　括

(1)　「プロイセン農業利益」と「BGB抵当法」
(2)　「農業利益」保護に基づく「抵当制度」
(3)　「債務者保護」のBGB抵当法法理
(4)　ZH制度（「債務者保護」の執行法法理）

(1)　「プロイセン農業利益」と「BGB抵当法」

　BGB抵当法の編纂形成は，その「担保類型論」の視点から考察すると，
　(i)　「GS中核」の抵当法　当初は「プロイセン農業利益」を中核とし，「GS中核」の抵当法が起草される（80年・VE）。
　(ii)　「GS後退」の抵当法　次いで，「プロイセン農業利益」後退に伴い，「GS後退」の抵当法が起草される（88年・IE）。
　(iii)　「GS形骸化（RS新登場）」の抵当法　さらに，「プロイセン農業利益」退潮・犠牲の流れで，「GS形骸化（RS新登場）」の抵当法が起草される（95年・ⅡE）。

(2)　「農業利益」保護に基づく「抵当制度」

　(i)　「プロイセン農業利益」変遷に対応しながら，BGB抵当法の編纂形成がなされるが，そこで終始一貫して考慮されていたことは，土地所有者（農業者）の「資本誘引」のためには，どのような「抵当制度」でなければならないのか（どのような「担保類型」を承認すべきか），であった。
　(ii)　「資本誘引」の利益と「過剰負債」の危険との狭間で，時代的に激しく動揺する「農業者（農場所有者・農業経営者）」が存在する。この「法的主体」を主たる「利益保護者」（利益享受者）として想定し，立法者はBGB抵当法を編纂起草したのである。

(3) 「債務者保護」のＢＧＢ抵当法法理

(i) 土地所有権に配慮しながら，土地所有者の「資本誘引」の手段として，ＢＧＢ「抵当制度」が編纂形成されたが，それは「債務者保護のＢＧＢ抵当法法理」に他ならない。

(ii) かくして，「債務者保護」のプロイセン抵当法法理（ＺＨ制度研究・Ｉ巻）は，「債務者保護」のＢＧＢ抵当法法理として，全ドイツに一般化されるに至る。

(iii) ＢＧＢ抵当法は，土地所有者たる「債務者」のための制度である。

(4) ＺＨ制度（「債務者保護」の執行法法理）

(i) ＺＨ制度も，ＢＧＢ編纂過程で議論されるが，同じく「抵当制度」を組成する一つであるところから，「債務者保護」のＢＧＢ抵当法法理の反映として，「債務者保護」の執行法法理に基づいている。

(ii) その審議経緯からは，議論の随所で，「債務者保護」の視点が極めて明瞭化している。

(iii) たとえば，共同抵当権による負担化の「禁止」（債権の分割強制），「保全抵当権」としての法形態，等においてである。ＺＨ制度は，「債務不履行」に陥った債務者をそこから救済し，彼に「履行猶予」を与える，という機能をもつ，からである。

(iv) 「ＺＨ制度」は，土地所有者たる「執行債務者」のための制度である。

―――　―――　―――

〈注記〉

〈＊〉 ポイント整理

・1 「ＢＧＢ抵当法」は，「プロイセンラント農業利益」の盛衰と密接不可分に関連しながら，形成された。

・2 「BGB抵当制度」は，資本誘引を求める「プロイセンラント農場所有者の利益」のために，形成された。

・3 「BGB抵当法法理」は，土地所有者（→債務者）の「資本誘引」の手段としての，「債務者保護」理念に基づいていた。BGB抵当法は，土地所有者たる「債務者」のための制度である。

・4 BGB編纂過程中の「ZH制度」も，土地所有者（→執行債務者）の「資本誘引」の手段としての，「執行債務者保護」理念（→執行法法理）に基づいていた。「ZH制度」は，土地所有者たる「執行債務者」のための制度である。

・5 「債務者保護」のプロイセン抵当法法理（→拙著・ZH制度Ⅰ参照）は，71年以降の「統一ドイツライヒ」のBGB編纂時代にあっては，「債務者保護」のBGB抵当法法理として，全ライヒへの妥当領域拡大的に，形成・確立された。

・6 「執行債務者保護」のプロイセンZH法理（→拙著・ZH制度Ⅰ参照）は，71年以降の「統一ドイツライヒ」のBGB編纂（含・CPO・ZPO・ZVG編纂）時代にあっては，「執行債務者保護」のドイツライヒZH法理として，全ライヒへの妥当領域拡大的に，形成・確立された。

結論的考察

〔二〕
わが国の手続執行法学の方法論上の「問題性」
——その「妥当性」の検証，〈課題2（問題提起2）〉に答える；ドイツライヒ「統一的ＢＧＢ編纂過程」の構造解明——

1 「ＢＧＢ編纂過程」研究の看過
  (1) 「宮脇研究」における等閑視
  (2) 「宮脇研究」の疑問提起とは
  (3) 私見の「答え」，第1点
  (4) 私見の「答え」，第2点
  (5) 私見の「答え」，第3点
  (6) 優先主義採用の法技術「ではないこと」の「論証」
2 方法論上の「問題性」と「原因」
  (1) その「原因」如何
  (2) 「認識」欠如
3 「認識」ポイント
  (1) 「全」ＢＧＢの編纂作業である
  (2) 「実体的・手続的・形式的」抵当権法（三基軸抵当権法）は全「抵当権法」を組成する「三支柱」である
  (3) 「三基軸抵当権法」の立法者は同一人 Johow である
  (4) 「統一的ＢＧＢ編纂過程」（第1次委員会審議）は「手続法上の審議」をも包括する
  (5) 「統一的ＢＧＢ編纂過程」（第2次委員会審議）は「ＺＰＯノヴェレ作業」に接続・連結する
  (6) 「統一的ＢＧＢ編纂過程」（第1次委員会審議）は抵当権実行「手続法」（ＺＶＧ）審議をも包括する（ＺＶＧ法に注目すべし）
  (7) 83年・「プロイセン不動産強制執行法」に注目すべし
  (8) 特異な「法継受」の結果に注目すべし
  (9) 結　論
4 「立法史的研究」の方法

> (1) 立法者意思の「動態的把握」
> (2) 「BGB編纂過程」への注目（民事手続法学方法論の問題性）
> (3) BGBとZPOを「架橋」するもの
> (4) 「不動産強制執行（ZVG）」とは何か（どこで審議・議論されたのか）
> 5 結論小括

1 「BGB編纂過程」研究の看過[*1]

(1) 「宮脇研究」における等閑視

わが国の手続法学一般におけると同様に，「優先主義」との関連で，ZH制度に論及する「宮脇研究」（わが国の手続執行法学一般の理解と同様に，ZH制度を「優先主義採用の法技術」と理解する）でも，「BGB編纂過程」には注目していない。

(2) 「宮脇研究」の疑問提起とは

(i) 否，むしろ，「BGB編纂過程」が看過されている，意識されていない，と言う方が，正確であろう。

(ii) 宮脇研究の趣旨を要約・敷衍すれば，「優先主義」の採否をめぐる77年・CPOの立法審議を検討するに際し，

「PP制度（差押質権制度）については，議会での詳細な議論がなされ，紛糾しているのに，同じく優先主義に通じるZH制度については，議会でも特別の論議を呼んでいない，これは一体どうしたことなのだろう，奇妙だ」という指摘がなされている，からである。

(iii) 私見分析に基づく，その「答え」は次の三点である。

(3) 私見の「答え」，第1点

第1に，ZH制度はそもそも「優先主義採用の法技術」ではない，ことが指摘されなければならない。したがって，この議会審議（「優先主義」の採否をめ

ぐる77年・ＣＰＯの立法審議）で論議されないことは，むしろ当然である，と考える。

(4) **私見の「答え」，第2点**

第2に，その当時（71年・ドイツライヒの成立，74年〜・ＢＧＢ編纂作業のスタート），ＺＨ制度は「ＢＧＢ編纂過程」で議論されている，ことが指摘されなければならない。したがって，審議それ自体がなされなかったのではなく，審議はされたのであり，ただ審議場面が違っていた（→77年・ＣＰＯの立法審議の場面ではなく，ＢＧＢ編纂過程の場面であった）にすぎない，と考える。

(5) **私見の「答え」，第3点**

第3に，「ＢＧＢ編纂過程」での審議をフォローすれば，ＺＨ制度が「優先主義採用の法技術」ではないことが自ずと明瞭化する（→その審議では，「優先主義・平等主義」といった，執行手続上の「債権者競合」の問題は，何も議論されていない），ことが指摘されなければならない。したがって，宮脇研究を始めとするわが国の手続執行法学の理解（→ＺＨ制度は「優先主義採用の法技術」である）は妥当ではない，と考える。以上の三点である。

(6) **優先主義採用の法技術「ではないこと」の「論証」**

なお，「不存在」の立証が，訴訟手続上，一般に困難であるのと同様に，「そうではないこと」（優先主義採用の法技術「ではないこと」）の学問的論証も，ある意味では極めて困難であるところ，「ＺＨ制度研究・Ⅰ巻」では，ＺＨ制度のプロイセン法の歴史的展開をフォローすることにより，これを，いわば「間接的」に論証している。

〈＊1〉
・1　宮脇研究については，宮脇・判タ論文，同・執行各論，等参照。
・2　ＺＨ制度が「ＢＧＢ編纂過程」で議論・審議されたことについては，

本書第1章─第4章から明らかであった。
・3　ＺＨ制度が優先主義採用の法技術でないことについては，「プロイセン法の歴史的展開過程」よりも，明らかにした（ＺＨ制度研究Ⅰ参照）。

2　方法論上の「問題性」と「原因」[*2]
(1)　その「原因」如何
　わが国の手続法学では，なぜこのような方法論上の「問題性」（「ＢＧＢ編纂過程」研究の欠落・看過・見落とし）が生じたのか（これを本書冒頭・序論では，さらなる「謎」と表記した）。その「原因」が問われなければならない。

(2)　「認識」欠如
　私見によれば，民事手続法学（執行手続法学）上，次の諸点についての，覚自的な「認識」が十分ではなかったからではないか，と考える。換言すれば，仮にこの「認識」があれば，「ＢＧＢ編纂過程の看過」はあり得ず，方法論上，「ＢＧＢ編纂過程」研究は自ずと必須不可欠の重視事項となる，ということである。以下，私見の立場から，その「認識」ポイントを個別的に指摘する。

〈＊2〉
　・1　わが国の手続執行法学の方法論上の問題性（→ＢＧＢ編纂過程研究の等閑視）とその理由如何，という私見疑念（問題提起）については，本書序論参照。

3　「認識」ポイント[*3]
(1)　「全」ＢＧＢの編纂作業である
　(i)　ドイツライヒ「統一的ＢＧＢ編纂過程」は，単に「ＢＧＢ」のみが，編纂作業されたのではない。基本法たる「ＢＧＢ」のみならず，その付属法たる「ＺＶＧ」（不動産強制競売・強制管理法）や「ＧＢＯ」（土地登記法）もまた，編纂作業されている。

(ⅱ) また,「実体民法」の新構成に伴い,「訴訟法」や「破産法」の変更(修正・置換)が自ずと必要となるが,この変更等の指示規定を包摂するものとして「EGBGB」(民法典施行法)も,同時に編纂作業されている。

(ⅲ) 端的に,単独「BGB」の編纂作業のみではなく,その「付属法」をも包摂した「全」BGB,いわばBGB「一統」が,全体として,編纂作業されている。

(2) 「実体的・手続的・形式的」抵当権法(三基軸抵当権法)は全「抵当権法」を組成する「三支柱」である

(ⅰ) 「抵当権法」という視点からは,

①BGBは「実体的」抵当権法であり,

②ZVGは「手続的」抵当権法であり,

③GBOは「形式的」抵当権法である。

これが,私見のいう「三基軸抵当権法」である。

(ⅱ) その意味するところは,「抵当権」につき,

①BGBは「実体的」規制(実体的要件・効果)をおこない,

②ZVGは「手続的」規制(実行手続的要件・効果)をおこない,

③GBOは「形式的」規制(登記実施の手続要件・効果)をおこなう,というものである。

(ⅲ) 端的に,これらの「三法」は,いわば「トリアーデ構造」として,全「抵当権法」を構成・組成する,「三支柱」である。

(ⅳ) なお,付言すれば,ちなみに,「不動産物権法」という視点からは,

①BGBは「実体的」不動産物権法であり,

②ZVGは「手続的」不動産物権法であり,

③GBOは「形式的」不動産物権法である。

これらは,いわば「三基軸不動産物権法」である。

結論的考察

(3) 「三基軸抵当権法」の立法者は同一人Johowである

(i) 民法第2編・「物権法」（担保物権を含む）については，Johowが起草責任者（Johow・準備草案）である。①「実体的」抵当権法（ＢＧＢ）の立法者だ，ということである。

(ii) しかも，この民法第2編・「物権法」起草の視点からすれば，②「手続的」抵当権法（ＺＶＧ）の立法者も，③「形式的」抵当権法（ＧＢＯ）の立法者も，同じくJohowである。

(iii) 端的に，この「三基軸抵当権法」の立法者は，同一人Johowである。

(iv) ＥＧＢＧＢ草案についても，Johow提言がなされており，その限りでJohowも立法者の一人である。

(4) 「統一的ＢＧＢ編纂過程」（第1次委員会審議）は「手続法上の審議」をも包括する

(i) ＥＧＢＧＢは，「ライヒ法と各ラント法との関係」について，規律する。

(ii) 第1次委員会によるＥＧＢＧＢ第1草案には，「実体民法」の新構成に伴う，「訴訟法」や「破産法」の変更等（修正・置換）の指示規定が，包摂されている。

(iii) 端的に，以上の限りで，「統一的ＢＧＢ編纂過程」における第1次委員会審議は，「訴訟法」や「破産法」に関する「手続法上の審議」をも，包括するものである。この点に注目すべきである，と私見は考える。

(5) 「統一的ＢＧＢ編纂過程」（第2次委員会審議）は「ＺＰＯノヴェレ作業」に接続・連結する

(i) ＢＧＢ第2草案の編纂起草のために，第1次委員会に代わり，第2次委員会が組成される。

(ii) 基本姿勢の転換が見られる。第1次委員会とは異なり，第2次委員会は，「ＢＧＢを実体法として純化する，ＢＧＢより訴訟的性格規定を外す，これらの訴訟的規定の起草審議は次なる『ＺＰＯノヴェレの作業』に委ねる」，との

決定をしている（ⅡKの決定に注目，ⅡK解散，「ⅡK，その後」の経緯）。

(ⅲ) 端的に，「統一的ＢＧＢ編纂過程」（第２次委員会審議）は「ＺＰＯノヴェレ作業」に時間的に接続し，したがってこの引き続いた「ＺＰＯノヴェレ作業」の審議基礎母体は，まさしく「統一的ＢＧＢ編纂過程」にある。

(ⅳ) 以上，ＥＧＢＧＢに関する第２次委員会審議は，次なる「ＺＰＯノヴェレ作業」への，いわば「接続パイプ」である。

(6) 「統一的ＢＧＢ編纂過程」（第１次委員会審議）は抵当権実行「手続法」（ＺＶＧ）審議をも包括する（ＺＶＧ法に注目すべし）

(ⅰ) 97年・ＺＶＧ（強制競売・強制管理法）は「抵当権実行手続法」である。83年・「プロイセン不動産強制執行法」（抵当権実行手続法）を，その主たる母体基盤とする。換言すれば，97年・ＺＶＧは，83年・プロイセン不動産強制執行法を，ほぼ全面的に踏襲し，法継受したのである。

(ⅱ) その編纂起草は，Johowの80年・準備草案をスタートとして，「統一的ＢＧＢ編纂過程」で審議・議論され，第１次委員会のＺＶＧ第１草案では「強制売却」の公法的認識が明瞭化している。

(ⅲ) 端的に，「統一的ＢＧＢ編纂過程」（第１次委員会審議）は，ＢＧＢの付属法として，「抵当権実行手続法」（ＺＶＧ）という「手続法」審議をも，包括している。

(7) 83年・「プロイセン不動産強制執行法」に注目すべし

(ⅰ) 83年・「プロイセン不動産強制執行法」は「抵当権実行手続法」であり，ドイツライヒの統一法典たる97年・ＺＶＧ（抵当権実行手続法）は，この83年法を法継受する。

(ⅱ) わが国のM23年・民訴法第６編・強制執行（不動産強制執行規定・640条〜729条）（1890年）の母法は，83年・「プロイセン不動産強制執行法」である。

(ⅲ) 以上，整理すれば，97年・ＺＶＧも，M23年（90年）・民訴法第６編強制執行（不動産強制執行規定）も，83年・プロイセン不動産強制執行法を，そ

の母法とする。

(iv) 端的に，債務名義を有する「一般債権者」のための強制執行手続として立案・立法された（→我が国の学説上一般に，そのように理解されてきたし，今なおそうである），わが国のM23年・民訴法（強制執行法）は，その実態としては「抵当権実行手続法」としての83年・「プロイセン不動産強制執行法」（「抵当権者」のための権利実現手続）を，法継受した，という事実に注目しなければならない。

(8) 特異な「法継受」の結果に注目すべし
(i) 特異な「法継受」すなわち，本来的に「抵当権者」のための権利（抵当権）実現手続（83年・プロイセン法）を，「一般債権者」のための権利（債権）実現手続として，法継受した結果，どのような事態が生じたのか。
(ii) 不動産強制執行手続は，ドイツ法上，歴史的・理論的・体系的・本来的に「抵当権者」のための権利（抵当権）実現手続であり，その手続追行主体は本来的に「抵当権者」であったにもかかわらず，その法継受の結果，わが国ではその手続追行主体は本来的に「一般債権者」と理解（→誤解）されてしまった。
(iii) 端的に，「制度目的論」の視点からは，わが国では不動産強制執行制度は「一般債権者」のものと理解（→誤解）され，比較法的には極めて特殊な「日本的特異性」をもつこととなった，と私見は判断している。

(9) 結 論
以上の私見の「認識」を前提とすれば，方法論上，民事手続法学にとって，「ＢＧＢ編纂過程」研究への注目は，必須不可欠である。

〈＊3〉
・1 私見考察の「認識」ポイントについては，既に本書第1章以下に始まるすべての叙述から明らかであり，本文記述の諸ポイントはその注目点をピックアップしたものである。

543

・2 83年・プロイセン不動産強制執行法については，ＺＨ制度研究Ⅰ第5章参照。

・3 民訴法強制執行編（その不動産強制執行規定）における「特異な法継受」というよりも，むしろその後のわが国の学説における「誤解」（→この詳細については，後述の結論的考察〔三〕参照）というのが，自然の見方であろう。

4 「立法史的研究」の方法[*4]

(1) 立法者意思の「動態的把握」

(i) たとえば，「プロイセン抵当権法の発展」におけるように，永い歴史的経緯の中で多くの「制定法」が登場してくる場合には，単に重要とされる「個別の法典」に注目するだけでは，十分ではなく，その「諸法典展開の流れ・発展」全体にも，注目しなければならない。「発展傾向」を的確に押さえ（たとえば，「実体的・手続的・形式的」という三つの軌道に沿って，プロイセン抵当権法が発展している），その「発展」における立法者意思（立法趣旨）を「動態的に」把握しなければならない。そうして初めて，真の「立法者意思（立法趣旨）」を探求し得るであろう。

(ii) 同様に，たとえば，「ＢＧＢ編纂過程」におけるように，かなりの長期間にわたる立法作業では，各審議段階で多くの「諸草案」が編纂起草される。このような場合，節目となる重要な「諸草案」（含・理由書・審議内容）に注目し（たとえば，80年・ＶＥ，88年・ⅠＥ，95年・ⅡＥ），その「諸草案」を時系列的に対比し，有意味たる「編纂経緯」（立法者意思（立法趣旨））を「動態的に」把握しなければならない。

(iii) 以上，「個別の草案」についての静止的・特定的・個別的な「立法者意思（立法趣旨）」では，十分ではなく，「複数の諸草案」の編纂経緯の流れで，その「立法者意思（立法趣旨）」を「動態的に」探求すべし，ということである。

結論的考察

(2) 「ＢＧＢ編纂過程」への注目（民事手続法学方法論の問題性）

(i) それが実体法と手続法の「境界領域」事項の場合には，勿論のこと，手続法「固有の事項」についても，同様に，「ＢＧＢ編纂過程」への注目は，必要不可欠である。

(ii) 77年・ＣＰＯは，98年・ＺＰＯへと，いわば「リニューアル」されるが，それは，ＢＧＢ編纂過程での審議結果たる「実体民法の新構成」，これに即応するために，リニューアルされた，のである。しかも，「実体民法の新構成」の議論・審議の段階で，既に「訴訟法・破産法」の修正・変更が，ＥＧＢＧＢ草案中に，具体的に指示されていた。

(iii) しかし，これまでのわが国の民訴法学は，「ＢＧＢ編纂過程」研究を欠落するが故に，77年・ＣＰＯの編纂時の立法資料のみに傾斜し，これを偏重する傾向も見られ，結果として，「77年・ＣＰＯから98年・ＺＰＯへの改正動向（その改正点）」を適確にフォローし得ていない。

(3) ＢＧＢとＺＰＯを「架橋」するもの

(i) ＢＧＢ編纂過程での審議結果をうけて，77年・ＣＰＯの「リニューアル作業」がライヒ議会委員会で本格化するが，その作業の基盤とされたものは，ＢＧＢ編纂過程での審議結果としての，「訴訟法・破産法」の修正・変更の指示事項（指示内容）である。97年・ＺＰＯノヴェレの起草・制定である。

(ii) ＢＧＢ編纂過程は，その終結後（ⅡＫの任務完了による解散後）にあっては，民訴法改正作業（→98年・ＺＰＯ）に接続する，のである。

(iii) ＢＧＢとＺＰＯの緊密連携性を前提として，まさしく「ＢＧＢ編纂過程」は両法を「架橋」することに，私見は注目する。

(4) 「不動産強制執行（ＺＶＧ）」とは何か（どこで審議・議論されたのか）

(i) 不動産強制執行については，「ＢＧＢ編纂過程」で正面から審議対象となっている。「ＺＶＧ」草案の編纂起草であり，これは私見のいう「手続的」抵当権法であり，端的に「抵当権実行手続法」に他ならない。

(ⅱ) しかし，これまでのわが国の民訴法学（強制執行法学）は，「ＢＧＢ編纂過程」研究を欠落するが故に，「ＺＶＧ」草案の編纂起草にも自覚的に注目するところがない。

(ⅲ) しかも，不動産強制執行手続制度を「一般債権者」のものと理解し，これに何らの疑問も持ってはおらず，「所与の前提」としている。現行民執法典も，同様の立法的「問題性」（→不動産強制執行手続制度を「一般債権者」のものと理解し，これを立法している）を包蔵している。

〈＊４〉
・１ 「立法史的研究」の方法については，本書付論文②参照。
・２ ＢＧＧ（民法典）とＺＰＯ（民訴法典）を架橋するもの，それがまさしく「ＢＧＢ編纂過程」（→77年・ＣＰＯから98年・ＺＰＯのリニューアル作業を実施した）であったことについては，本書第１章以下の各章，とりわけ第４章参照。
・３ ＺＶＧの審議場面，これをわが国の手続執行法学はほとんど何も注目することがなかったが，本書第１章以下の各章（そのＺＶＧ草案起草過程），とりわけ第３章第４節・第４章参照。

5　結論小括

１　宮脇研究は，ＺＨ制度の論及に際し，「ＢＧＢ編纂過程」に注目しなかった（→ＢＧＢ編纂過程の等閑視）。これは，宮脇研究に限らず，わが国の手続執行法学における，その「方法論上の問題性」を象徴するものであった。

２　では，わが国の手続執行法学にあっては，本来，注目すべきものなのに，なぜ注目できなかったのか。その理由は，次の諸点を認識していなかった（→換言すれば，仮にこれらの諸点を認識していたとすれば，「ＢＧＢ編纂過程」に自ずと注目したのであろう），からである，と私見は考えている。

・１　→「ＢＧＢ編纂過程」は，単に「ＢＧＢ本体」（→基本法）のみなら

ず,「ＺＶＧ」や「ＧＢＯ」といった「付属法」もまた,審議・起草した(→とりわけ,「ＺＶＧ」審議／起草した)。

・2 →「抵当法」形成の視点からは,「ＢＧＢ編纂過程」中の「ＢＧＢ・ＺＶＧ・ＧＢＯ」は「実体的・手続的・形式的」抵当権法であり,これらの諸法典は「三基軸抵当権法」を構成した。しかも,この「三基軸抵当権法」は同一人ヨホウの手になるものでもあった。

・3 →「ＢＧＢ第1次委員会」審議では,単に「実体民法上の審議」に留まるものではなく,「手続法上の審議」(→「実体民法」の新構成に伴う「訴訟法」や「破産法」の変更・修正・補充・置換等)をも,おこなった。

・4 →次なる「ＢＧＢ第2次委員会」審議では,「ＺＰＯノヴェレの起草作業」(「77年・ＣＰＯ→98年・ＺＰＯ」へのリニューアル作業)をも,おこなった。

・5 →ＺＶＧは「手続的」抵当権法たる「抵当権実行手続法」であり,83年・プロイセン不動産強制執行法を法継受したものであるが,ＢＧＢ本体の「付属法」として,この起草・審議にあたったのは,「ＢＧＢ第1次委員会・第2次委員会」であった。

結論的考察

〔三〕

不動産強制執行制度は一体誰のものか
（不動産強制執行「制度目的論」）

——わが国の手続執行法学の「一般共通認識」と現行民執法の「法典構造」に対する検証，〈課題3（問題提起3）〉に答える；ドイツ「三基軸抵当法体系」の構造解明——

Ⅰ　問題の所在
Ⅱ　「二元的編成→立法提言→一元的編成」——強制執行法改正問題経緯と関連して——
Ⅲ　私見分析

Ⅰ　問題の所在

1　不動産強制執行手続「制度目的論」
　(1)　「不動産強制執行手続制度」は一体誰のものなのか
　(2)　「一般債権者」である（わが国の学説）
　(3)　「一般債権者」である（わが国の「民事執行法典」）
　(4)　その理解は「妥当」なのか
2　私見の問題提起（疑念）
　(1)　私見の問題提起（疑念）
　(2)　私見の結論先述

結論的考察

1 不動産強制執行手続「制度目的論」*1

(1)「不動産強制執行手続制度」は一体誰のものなのか

(i) 不動産強制執行手続制度は一体誰のものなのか。この問いかけが,私見のいう,不動産強制執行手続「制度目的論」である。

(ii) この「制度目的論」の視点から,わが国の「手続執行法学の基本認識(一般共通認識)」に対して,私見の問題提起(疑念)をおこない,その検証を試みる。

(2)「一般債権者」である(わが国の学説)

(i) まず,わが国の学説はどのように理解しているのか。

(ii) 上記の「制度目的論」の視点から見ると,わが国の「手続執行法学」は,「不動産強制執行手続制度は,執行名義を有する『一般債権者』のために,用意されたものである」という基本認識に,一致して立脚している。

(iii) これは,現時の学説上,異論なき,定説的理解である。

(3)「一般債権者」である(わが国の「民事執行法典」)

(i) さらに,現行法たる「民事執行法典」(S54年)はどのような「法典構造」になっているのか。

(ii) 上記の「制度目的論」の視点から見ると,わが国の「民事執行法典」は,「不動産強制執行手続制度を,執行名義を有する『一般債権者』のために,用意している」。

(iii) この点については,その「法典構造」上から明らかであり,何らの疑問もない。

(4) その理解は「妥当」なのか

(i) 以上,わが国の「手続執行法学」の理解は,あくまでこの現行法たる「民事執行法典」の法典構造を前提とする限りでは,「そのとおり」である,といってよい。

(ⅱ) しかし，母法たる「ドイツ法」の状況を踏まえると，そのような理解は「妥当」なのか。

(ⅲ) 根源的疑問が生ずるので，「検証」が必要である，と考える。

〈＊1〉
・1 「法解釈学」についていえば，「民執法典」という法典を所与の前提として，「民執法学」という学問（法解釈学）が存立している。したがって，「民執法」法解釈学は，「民執法典」が自ら前提としている法典構造（論理構造）に即して，なされなければならないこと，いうまでもない。

・2 以上の限りでは，不動産強制執行手続の「制度目的論」として，わが国の「民執法学」の理解（→不動産強制執行手続は，執行名義を有する「一般債権者」のために，用意されている）は，やはり「妥当」である，といわざるを得ない。

2 私見の問題提起（疑念）*2
(1) 私見の問題提起（疑念）

わが国の「手続執行法学」の理解は，理論上，果たして「妥当」なのか，そのように理解してよいのか。

(ⅰ) 母法たる「ドイツ法」の状況（「歴史的・理論的・法体系的」状況）からすると，わが国の「手続執行法学」の理解は，本来，「妥当」とは言えないのではないか。

(ⅱ) また，わが国の「民事執行法典」の法典構造もまた，同様に「妥当」とはいえないのではないか。その法典構造（の「問題性」）は，端的に，その原点たる「M23年・旧民訴法典」，そのドイツ法継受以降の，その後のわが国の学説・実務における重大な「問題性」に，起因する，と私見は考えている。より具体的には，「不動産強制執行制度」（「強制競売」概念）の構造理解に，わが国ではそもそも問題がある，ということである。

(ⅲ) これが，私見の問題提起（疑念）である。

(2) 私見の結論先述

では，本来，どのように考えるべきなのか。

（ⅰ）母法たる「ドイツ法」の状況を考慮する限り，「『不動産強制執行手続制度』は，執行名義を有する『抵当権者』のために，用意されたものである」，と端的に理解すべきである，と私見は考える。

（ⅱ）その理由として，ドイツ法上，その「歴史的展開」からも，「法理論的」にも，「現行法の法体系的」にも，そのように理解しなければならない明確な必然性と合理的根拠がある，からである。

（ⅲ）結論として，わが国の「民執法典」（不動産強制執行制度）は，「執行名義を有する『一般債権者』のために用意されたものである」，という基本前提で，立法化されたが，これは「妥当ではない」，と私見は考えている。

〈＊2〉
・母法たる「ドイツ・プロイセン法」の状況からすれば，不動産強制執行手続の「制度目的論」として，「不動産強制執行手続は，執行名義を有する「抵当債権者」のために，用意されている」，という点については，既に拙稿・「担保権実行競売への新『統合』―『強制競売』の本来型としての担保権実行競売―」・リュケ教授退官記念『民事手続法の改革』所収・1995年（付論文⑤）で，私見認識を論証している。

Ⅱ 「二元的編成→立法提言→一元的編成」
―― 強制執行法改正問題経緯と関連して ――

1 「民事執行法典」成立
(1) 「民事執行法典」に注目

(2) 比較的に，新しい法典（S 54年）

(3) 「一元的編成」を志向
2　旧二法下の「二元的編成」
　(1) 「強制競売」とは何か
　(2) 「任意競売」とは何か
3　二つの「規制法典」の来歴
　(1) 二つの「規制法典」の来歴
　(2) M23年・民訴法第6編・「強制執行」(1890年)(→ドイツ・プロイセン型)
　(3) M31年・競売法(1898年)(→「謎」)
　(4) 三ヶ月「推論」の登場(→フランス型)
　(5) 「二元的編成」とは(総括)——「ドイツ型・執行手続」と「フランス型・換価手続」——
4　「二つの手続」の「併存」と「差異化」
　(1) 「併存」
　(2) 「差異化」
5　強制執行法改正問題(「原点」に帰る)，その1——民執法制定「前史」状況——
　(1) 改正の「最大の眼目」
　(2) M31年・競売法上の「任意競売」問題に焦点
　(3) 「二元的編成」についての肯定評価(一般学説)
6　強制執行法改正問題(「原点」に帰る)，その2——三ヶ月「統合論」の主張(「立法提言」)——
　(1) 「二元的編成」に対する三ヶ月「批判」
　(2) 三ヶ月「批判」の内容
　(3) 三ヶ月「批判」
　(4) 三ヶ月「立法提言」
　(5) キーワード列挙
7　強制執行法改正問題(「原点」に帰る)，その3——民執法「立法者」はどのように対応したのか(新たな「一元的編成」/「両法・両競売」統合の構造)——
　(1) 新「民事執行法典」の「一元的編成」
　(2) 両法典の統合
　(3) 「民事執行」という新概念
　(4) 民事執行法の「法典構造」
　(5) 「両法/両競売」統合の法典構造
8　新「民執法典」に対するさらなる三ヶ月「批判」——その「統合」の問題性——
　(1) 「統合」に対するさらなる三ヶ月「批判」
　(2) 「統合」の二面性——「接近」と「分裂・乖離」——
9　小括と私見評価——「二元的編成」から「一元的編成」へ——

1 「民事執行法典」成立[*1]

(1) 「民事執行法典」に注目

(i) わが国の「手続執行法学」の理解が「妥当」ではない，ということの，その当否の検証のためには，まず，現行「民事執行法典」の存在に注目しなければならない。

(ii) わが国の「手続執行法学」の理解は，この現行法たる「民事執行法典」の法典構造を前提として，その「法解釈論」として，これを導出するものだ，からである。

(2) **比較的に，新しい法典（S54年）**

(i) 明治期に制定・成立の諸基本法典が，現在なお現行法として，妥当している，というわが国の法典状況からすれば，S54年・制定，S55年・施行の，「民事執行法典」は，比較的に，新しい法典である。

(ii) 当時，永年の課題・懸案であった「強制執行法改正」問題は，法務省立法担当部門にとって，学界・実務を巻込んでの，総力を挙げての最大テーマであった。改正に向けて，その立法作業には，膨大なエネルギーが投入されている。

(3) 「一元的編成」を志向

(i) 改正眼目　S54年の「強制執行法改正」（「民事執行法典」成立）では，その改正眼目として，何がどのように変わったのか（改正されたのか）。

(ii) 二元的編成　従来，不動産換価手続制度は，「強制競売」手続（←M23年・民訴法第6編・強制執行）と「任意競売」手続（←M31年・競売法22条以下）との，いわば私見のいう「二元的編成」より，成っていた。古色蒼然たる，明治期の，「二つの法典」による，「二つの競売」による，規制である。

(iii) 一元的編成　これを，新たな「民事執行法典」は，両者「接近・統合」の方向性において，いわば私見のいう「一元的編成」を志向し，これを具体化している。

553

〈＊1〉
・1 「民執法典」の制定経緯や改正眼目については，立法担当官であった浦野研究が詳細であり，①浦野・条解1頁以下・800頁以下，②同編・基本コンメ13頁以下（浦野）。

・2 なお，その他の浦野文献については，「①②」掲記引用のもの参照。

2　旧二法下の「二元的編成」[*2]

ここで，改正対象とされた旧二法下の「二元的編成」（「強制競売」手続と「任意競売」手続），一般的理解に即せば，その具体的内容はどのようなものだったのか。

(1)　「強制競売」とは何か
では，まず「強制競売」とは何か。

(ⅰ)　M23年・民訴法第6編・「強制執行」中の諸規定に基づく不動産競売手続，これが不動産「強制競売」手続であり，「強制執行手続」の一つである。

(ⅱ)　その法構成を小括すれば，

①債務名義の取得を要件とする（債務名義必要），②『一般債権者』のための「人的債権」実現の手続である，③その一般債権（無担保債権）の強制的回収を目的とする，④債務者所有の総財産中の「不動産」が競売対象となる，⑤債務者の「人的責任の強制的実現」がなされる，というものである。

(ⅲ)　また，「強制競売」という，その「ネーミング」の根拠条文としては，

M23年・民訴法第6編・「強制執行」中の640条1項の規定を，指摘できる。そこでは，不動産「強制執行」の執行方法として，明文により，①「強制競売」と②「強制管理」の二つ（二つの「執行種類」）が，認められている。

(2)　「任意競売」とは何か
次に，「任意競売」とは何か。

(ⅰ) M31年・競売法22条以下の諸規定に基づく不動産競売手続,これをわが国の学説・判例・実務は不動産「任意競売」手続と呼んできた。

(ⅱ) その法構成を小括すれば,

①債務名義の取得を要件としない(債務名義不要),②『担保債権者』のための「物的債権」実現の手続である,③被担保債権の回収を目的とする,④債務者所有又は第三者(物上保証人)所有の「不動産」が競売対象となる,⑤設定債務者又は第三者(物上保証人)の「物的責任の実現」がなされる,というものである。

(ⅲ) しかし,「任意競売」という,その「ネーミング」については,

(α) 「強制競売」概念とは異なり,制定法上の根拠条文は,まったく,どこにも存在していない。

(β) 競売法上の諸規定には,どこにも「任意競売」なる文言は見られないし,他の諸法典にあっても,同様に,その文言は見られない。しかも,比較法上,他の外国法典や学説にあっても,その「原語」に該当するようなものは,皆無であり,探索できない。

(γ) 以上からすると,「任意競売」概念は,あくまでわが国の学説・判例・実務による「慣行的な呼称」,あるいは「俗称」にすぎず,厳密な意味での「学問的概念」ではない,といえる。

(ⅳ) しかも,注意すべきことは,「任意競売」なる概念は,単に「不動産」競売についてのみ,用いられているのではなく,広くM31年・競売法上の「すべての競売」において,用いられている。

「不動産」競売のみならず,「動産」競売についても,さらに,「担保権実行」競売のみならず,自助売却等の「換価のための競売」(形式的競売)についても,これらを包摂する広い概念として,用いられている。「任意競売」概念は,極めて広範囲に用いられている。

〈＊2〉
・1 旧二法下の「二元的編成」については,三ヶ月・民執15頁以下・429頁

以下が詳細である。

・2 「任意競売」概念それ自体の起源は，M23年・「執達吏規則」2条2号に求められる（→執達吏はその職務として当事者の委任により動産／不動産の「任意競売」をおこなう）ことについては，斎藤秀・競売法参照。

3 二つの「規制法典」の来歴*3
(1) 二つの「規制法典」の来歴
（i）不動産換価手続制度を組成した二つの「規制法典」（二元的編成），その「法典来歴」はどのようなものだったのか。

（ii）とりわけ，わが国の学説上，「強制競売」手続と「任意競売」手続という二つの手続が，顕著に対比され，その相違が強調されていることからすると，二つの「規制法典」の「ルーツ解明」に，焦点をあてる必要がある。

(2) M23年・民訴法第6編・「強制執行」（1890年）（→ドイツ・プロイセン型）
（i）まず，M23年・民訴法第6編・「強制執行」（不動産及び船舶に対する金銭債権の強制執行；640条〜729条）（1890年）は，いかなる国の，いかなる法典を，参考として，立法されたのか。その「母法」如何，ということである。

（ii）その母法は，

単純な「翻訳的」継受ではないが，①「77年・ドイツＣＰＯ」と②「83年・プロイセン不動産強制執行法」の両法である。この点については，立法資料等から，その経緯が明らかである。

（α）「77年・ドイツＣＰＯ」は，「不動産強制執行」については，僅か三ヵ条の総則的規定を有するのみであり，その規制を大幅に各ラント法立法に留保している。「83年・プロイセン不動産執行法」は，その立法委任を受けて，制定・立法されたものである。したがって，法継受の対象としての，その実体は，後者の「83年・プロイセン不動産執行法」である。

（β）しかも，「立法資料オリジナル」についての分析に加えて，後者の「83

年・プロイセン法」の「逐条訳」に基づいて，M23年・民訴法第6編・「強制執行」（不動産・船舶に対する強制執行）640条〜729条（1890年）につき，その個別条文毎に83年法の「出入り（影響・参照度合・法継受有無）」を克明に対比する，立法担当者・法務省民事局参事官（当時）の研究（宮脇研究）も存在する。

(γ) この研究を逐一参照すれば，M23年・民訴法第6編・「強制執行」（1890年）は，「83年・プロイセン法」の，いわば「逐条的・全面的な法継受」に近い，と判断できる。

(iii) 以上，端的に結論を示せば，M23年・民訴法第6編・「強制執行」（1890年）は「ドイツ型・不動産強制執行手続」の法継受である。

(3) M31年・競売法（1898年）（→「謎」）

(i) 次に，M31年・競売法（1898年）は，いかなる国の，いかなる法典を，参考として，立法されたのか。その「母法」如何，ということである。

(ii) この点については，問題がある。

(α) 従前より，その「立法資料」等が欠歓するところから，M31年・競売法（1898年）の「立法経緯」はまったくの「謎」とされ，その「起草委員」も「条文起草の分担」も，不明とされてきた。

(β) 「立法資料」等は戦災等により散失ないし焼失したのか，そもそも「立法資料」といえる程の詳細・大規模の資料はもともとなかったのか，それさえ不明なのである。

(iii) 当時のわが国における「外国法継受」の大きなうねりの中で，M31年・競売法（1898年）は，いかなる国の，いかなる法典を参照したものなのか，さらには，わが国の法継受史上，どのように位置付けられるべきものなのか。

これらの解明が，M31年・競売法（1898年）の法解釈・法適用（「立法趣旨」を踏まえた法解釈・法適用）にとって，極めて肝要であるにもかかわらず，一切「探求不能」なのである。わが国の法典編纂史上，ここには，一つの大きな「謎」が存在している。

(4) 三ヶ月「推論」の登場（→フランス型）

では，ここで，その「ルーツ探求」は，研究上，ストップせざるを得なかったのか。

(i) 否，そうではなかった。いわば大胆・緻密な「推論」（三ヶ月「推論」）が登場する。立法資料等が欠缺するのであれば，M31年・競売法（1898年）をとりまく周囲の全体的状況から，総合的にその来歴や立法趣旨を「推論」すべし，とするのである。

(ii) 競売法の「立法趣旨」 私見理解を踏まえて，その三ヶ月「推論」を小括すれば，

(α) M23年・民訴法第6編・「強制執行」（不動産強制執行）（1890年）は「ドイツ型・執行手続」である。

(β) しかし，実体法たる民法典（M23年・ボアソナード旧民法典・1890年）が「フランス型・担保物権制度」を導入したので，「担保権実行手続」もこれと平仄を合わせる必要が生じてくる。

(γ) かくして，「担保権実行手続」としては，「フランス型・換価手続」を導入すべきこととなり，M31年・競売法（1898年）を制定した。これが競売法の「立法趣旨」である，と「推論」する。

(iii) 競売法の「立法者意思」 さらに，三ヶ月「推論」は，「フランス型・換価手続」導入の，もう一つの「理由」を指摘する。すなわち，

(α) M23年・民訴法第6編・「強制執行」（不動産強制執行）（1890年）の「ドイツ型・執行手続」は，極めて「精緻・詳細」で，洗練されたものではあるが，他面，徒に「煩瑣・複雑」でもある。

(β) 「担保権実行手続」としては，より「簡易・簡略」な手続が，ベターである。かくして，「担保権実行手続」に限って，簡易・簡略な「フランス型・換価手続」を導入する。

(γ) これが，M31年・競売法（1898年）であり，その「立法者意思」である，と「推論」する。

(iv) 私見理解を踏まえて，以上を整理すれば，

結論的考察

　(α)「『フランス型・担保物権制度』導入（M23年・ボアソナード旧民法典）→『フランス型・換価手続』導入（M31年・競売法）」，という「実体法と手続法の調和・接合」が，「競売法」制定の，第1の立法趣旨である。

　(β)「ドイツ型・執行手続」は煩瑣・複雑である，そこで簡易・簡略・迅速な「フランス型・換価手続」がベターである，これが「競売法」制定の，第2の立法趣旨である，というのが，三ヶ月「推論」である。

　(γ)　なお，三ヶ月「推論」では，その母体たる『フランス型・換価手続』の具体的法典（法令等）についてまでは，明確には何も指摘していない。

(5)　「二元的編成」とは（総括）——「ドイツ型・執行手続」と「フランス型・換価手続」——

　民執法制定以前の，不動産換価手続制度の「二元的編成」とは，
　①「ドイツ型・執行手続」（←M23年・民訴法第6編・「強制執行」（不動産強制執行）(1890年)），②「フランス型・換価手続」（←M31年・競売法(1898年)），この二つを基本支柱とするものである，と総括できる。

〈＊3〉

・1　「M23年・民訴法」（第6編・強制執行中の不動産強制執行規定）が，①1877年・ライヒＣＰＯ（旧民訴法），②1883年・プロイセン不動産強制執行法，この両法典を母法とすることについては，宮脇・「プロイセン不動産執行法」90頁以下（条文訳）に明瞭である。

・2　「M31年・競売法」の法典来歴が「謎」であることについては，斎藤秀・競売法13—17頁に，その指摘がある。

・3　「M31年・競売法」のルーツ探求としての三ヶ月「推論」については，一連の三ヶ月論文に加えて，同・民執429頁以下・12頁以下が，その要旨を論述している。

・4 なお,私見によれば,より正確には,「M31年・競売法」は,「M23年・ボアソナード民法典」(フランス型・担保物権制度)(→その後,施行延期を経て,廃案)に対応した(三ヶ月「推論」)というより,むしろ「M31年・明治民法典」の制定・施行に対応すべく,これに合わせて起草した,と見るべきである。というのは,「M31年・明治民法典」にあっても,その外形が「ドイツ型」に編成されているもかかわらず,その担保物権制度には「ボアソナード抵当法」の影響がかなり濃厚に見られ,「フランス型・担保物権制度」といえる,からである。「実体的」抵当権法(「実体的」担保物権法),これに合わせて,「手続的」抵当権法(「手続的」担保物権法)として,「M31年・競売法」を起草・編纂したのである。

・5 「フランス型」から「ドイツ型」へ,という視点からの,「日本民法典編纂」の経緯/概況については,拙稿論文(付論文③)参照。

・6 三ヶ月・「フランス民訴法研究」論文参照(担保権実行手続も強制換価制度であることが,指摘されている)。なお,フランス民法では「実体法と訴訟法の未分化」の状態が見られることに,注意しなければならない。

4 「二つの手続」の「併存」と「差異化」[*4]

(1) 「併存」

(i) 上記(3(5))の「二つの手続」が併存し,①前者を「強制競売」手続,②後者を「任意競売」手続,と呼称し,その法構成上(学説上),両手続の「対峙・差異化・識別化」(→「任意競売」概念の法構成化)がなされてきた,というのが,それまでの(「民事執行法典」制定前の),わが国の一般学説状況であった。

(2) 「差異化」

(i) では,「任意競売」は,「強制競売」と対比して,一般学説上,どのように違うとされてきたのか。

(ii) 私見理解を踏まえて,その「差異化」の例を示せば,

(α) 「任意競売」は、「担保権者」の有する「換価権」の自発的発動であり、担保不動産の「任意」的な売却である（⇔「強制競売」は、「一般債権者」による債務者所有不動産の「強制」換価である）、

(β) 「任意競売」は、「任意」的なものだから、債務名義「不要」でよい（⇔「強制競売」は、「強制」的なものだから、債務名義を「必要」とする）、

(γ) 「任意競売」では、「差押え」行為を観念したり、これを介在させる余地はない（⇔「強制競売」では、「国家執行権」の発動として、「差押え」行為を観念し、これを介在させることは必然である）、

(δ) 「任意競売」では、「配当要求」は認められない（⇔「強制競売」では、「配当手続」が「競売手続」の中にビルトインされており、「配当要求」が認められる）、といった諸点である。

〈＊4〉
・「任意競売」と「強制競売」、この「両」競売の「差異」については、一連の三ヶ月論文に加えて、三ヶ月・民執434頁に、論述されている。

5 強制執行法改正問題（「原点」に帰る），その1 ──民執法制定「前史」状況── [5]

(1) 改正の「最大の眼目」

(i) 強制執行法改正（二元的編成→一元的編成）に際しては、学界・実務において、「何が、どのように」改正されるべきか、が問われていたのか。その「最大の眼目」は何であったのか。

(ii) 分析・考察に際して、ここで、まず改正の「原点」に立ち返り、そこでの問題状況をあらためて検証しなければならない。その理由として、「民執法」下の今ある現状（「一元的編成」状況）、これを正確に認識するためには、その制定「前史」状況（「二元的編成」状況）についての、的確な把握が、必要不可欠だ、からである。

(iii) 今を知るためには、過去の、法改正当時の事情を知るべし、ということである。

(2) M31年・競売法上の「任意競売」問題に焦点

(i) 「改正」問題での「最大の眼目」は，端的に，M31年・競売法（1898年）上の「任意競売」問題にあった，と私見は考える。

(ii) より広くは，「強制競売」と「任意競売」という，わが国の不動産換価手続制度の「二元的編成」，より限定的には，後者の「任意競売」制度（M31年・競売法），それに対する有力学説（三ヶ月研究）による極めて「ネガティフな評価」と「厳しい批判」であり，これが立法改正の主たる動因の一つとなった，と私見は判断している。

(3) 「二元的編成」についての肯定評価（一般学説）

(i) 「二元的編成」に関しては，かつての学説上，それまで，若干の一般的批判がなされていたにせよ，概括的には，「所与の前提」として，肯定的に受容されてきた。

(ii) 否，むしろ，それが現行法上妥当する法編成であるところから，この「二元的編成」を積極的・ポジティフに評価し，「強制競売」制度との対比において，「任意競売」制度をより整然と法構成し，その理論化・合理化を試みようとする見解も，見られた。

端的に，「競売法」，そして「任意競売」制度，これについてのポジティフな「肯定論」も，一部の「異説」ではあるが，主張されていた。

(iii) 現行法上の，今，現にある制度なのだから，その本来的「妥当性や正当性」如何を問うことよりも，現行法の「法解釈論」を行う立場からは，むしろその「正当化・合理化根拠」の追求が優先されなければならない，というのが，「肯定論」の趣旨なのであろう。

ここでは，たとえば，三ヶ月研究におけるような法解釈学者の「立法提言」は，方法論上，むしろネガティフに捉えられ，後退してしまっている。

〈＊5〉

・1　強制執行「改正」の最大の眼目が「任意競売」問題にあったことについ

ては，三ヶ月・民執16頁・20頁・437頁等に，論者自らの，その指摘がある。

・2 「改正」前の，従来の「二元的編成」，とりわけ「任意競売」概念の肯定的評価をおこなうものとして，たとえば，伊東論文・斎藤／小野木還暦論文集所収がある。

6 強制執行法改正問題（「原点」に帰る），その2——三ヶ月「統合論」の主張（「立法提言」）——*6

(1) 「二元的編成」に対する三ヶ月「批判」

（i）しかし，このような学説の一般的状況の下，わが国の「二元的編成」に対して，厳しく鋭利な「批判」（三ヶ月）が登場する。

（ii）しかも，その批判に加えて，現行法制度が不当であるならば，法解釈者として大胆且つ積極的に「立法提言」を行うべしとして，自らの方法論上の立場を明示するものでもある。

(2) 三ヶ月「批判」の内容

では，この有力学説は，「二元的編成」（これを三ヶ月研究は「二本建ての体制」と言う）を「どのように」批判し，「どのような」立法提言をするのか。私見理解を踏まえて，それを整理・分析し，小括してみる。

(3) 三ヶ月「批判」

まず，三ヶ月「批判」である。すなわち，

（i）「M23年・民訴法第6編・強制執行」と「M31年・競売法」の並存，さらには「強制執行手続」と「担保権実行手続」の並存，このような「二本建ての体制」それ自身は，諸外国の「強制換価手続制度」と比較すれば，それとは似ても似つかぬ，「極めて特殊日本的」なものである。これは，わが国の法継受史上の混乱に起因するものであり，自覚的に否定・克服されなければならない，と「批判」している。

(ⅱ) では,「極めて特殊日本的」とは, 具体的にはどのようなことを意味するのか。三ヶ月「批判」では, 私見理解を踏まえれば, 次の趣旨が指摘されている。

(α) ドイツ法上,「一般の強制執行」も,「担保権の実行」も, 共に民訴法典中の強制執行編の規定に従って, 行われるのが, 原則である。

(β) フランス法上も,「一般の強制執行」と「担保権の実行」は, 同じ手続で行われるのが, 原則である。両手続を,「別の法典」で,「性格を異にする形」で, 規律する, ということは, まったく見られない。

(γ) 基本的には, ドイツ法並びにフランス法上, 両手続は共に「同一の手続を利用する」のが, 原則であるのに, 日本法では, 違っている。日本法上の, このような「二本建ての体制」は,「極めて特殊日本的」であり, 克服すべし, と「批判」するのである。

(ⅲ) 以上, 三ヶ月「批判」は,「二元的編成」を, わが国の明治期の法継受史上の混乱に起因する,「極めて特殊日本的」なものにすぎないのだから, 自覚的に否定すべし, と断じている。

(4)　三ヶ月「立法提言」

次いで, 三ヶ月「立法提言」である。すなわち,

(ⅰ) 比較法的素性も定かではない, 単なる俗称にすぎない「任意競売」概念, しかも, この概念については, 学説により不当な「日本的拡張」(合理化・正当化根拠の探求) がなされてきている。

(ⅱ) しかし,「強制換価手続制度」の「普遍的な」動向 (比較法的動向) に即して, わが国の「強制換価手続制度」においても,「強制執行手続」と「担保権実行手続」の可能な限りの接近 (「担保権実行手続」を「強制執行手続」に可能な限り接近させる) がなされるべきであり,「単独個別の新法典」(強制換価手続法) 制定を目指すべし, としている。

(ⅲ) これが,「立法提言」としての, 三ヶ月「統合論」である。

(5) キーワード列挙

三ヶ月「統合論」(「立法提言」)のキーワードを列挙すれば,

──①「強制換価手続制度」の一元化,②単行法としての「強制換価手続法」の制定・立法,③一般債権者の「強制執行手続」を主体として,それに可能な限り接近した形で,担保債権者の「担保権実行手続」を規律する,④前者(強制執行手続)への後者(担保権実行手続)の統合・包摂──,というものである。

〈*6〉
・三ヶ月「批判」とその「統合論」については,一連の三ヶ月論文のエッセンスとして,三ヶ月・民執429—438頁,同12—16頁,等に,論述されている。

7 強制執行法改正問題(「原点」に帰る),その3──民執法「立法者」はどのように対応したのか(新たな「一元的編成」/「両法・両競売」統合の構造)──*7

(1) 新「民事執行法典」の「一元的編成」

(ⅰ) 民執法「立法者」はどのように対応したのか。答えは,極めて明快である。新「民事執行法典」は,「一元的編成」,これを立法決断する。

(ⅱ) さらに,この「一元的編成」の,その具体的内容が問われなければならない。

(2) 両法典の統合

(ⅰ) 立法者説明によれば,「民事執行法典」は,従来の①「M23年・民訴法第6編・強制執行」と②「M31年・競売法」の,「両法典の統合」を最大の狙いとして,制定・施行された,と述べている。

(ⅱ) 従来の「二つの法典」が廃止され,新たに「民執法」という「一つの法典」になった,という「形式的」側面に注目すれば,まさしくこの「狙い」は達成されている,といってよい。

(3) 「民事執行」という新概念

(i) 加えて，上記の「狙い」の達成のために，「民事執行法典」は，その法典上の名称として，新たに「民事執行」という概念（従前，このような概念は，通常，用いられることはなかったし，まったく一般的な概念でもなかった）を創出している。

(ii) この新概念は，従来までの「強制執行（保全執行を含む）」と「任意競売（担保権実行競売と形式的競売）」の二つの概念を包摂・統合する，「上位概念」として，用いられている。

(iii) 端的に，「民事執行法典」は，「民事執行」という上位概念の下で，その規律対象として，「強制執行」と「任意競売」の二つを，包摂・統合している，ということができる。

(4) 民事執行法の「法典構造」

(i) では，「強制執行」と「任意競売」の二つの包摂・統合，という「民事執行法典」は，具体的にどのような「法典構造」となっているのか。

(ii) 法典編成（法典目次）

第1章　総則（1条―21条）

第2章　強制執行

　第1節　総則（22条―42条）

　第2節　金銭の支払を目的とする債権についての強制執行

　　第1款　不動産に対する強制執行◎

　　　第1目　通則（43条・44条）

　　　第2目　強制競売（45条―92条）

　　　第3目　強制管理（93条―111条）

　　第2款　船舶に対する強制執行（112条―121条）

　　第3款　動産に対する強制執行（122条―142条）

　　第4款　債権及びその他の財産権に対する強制執行

　　　第1目　債権執行等（143条―167条）

第2目　少額訴訟債権執行（167条の2―167条の14）
　　第5款　扶養義務等に係る金銭債権についての強制執行の特則（167
　　　条の15・167条の16）
　第3節　金銭の支払を目的としない請求権についての強制執行（168条
　　―179条）
第3章　担保権の実行としての競売等（180条―195条）◎
第4章　財産開示手続（196条―203条）
第5章　罰則（204条―207条）

(5)　「両法／両競売」統合の法典構造

（i）　上記の「法典編成」から，「両法／両競売」統合の法典構造の具体的内容を把握しなければならない。

（ii）　上記の「法典編成」より明らかなように，「民事執行法典」は，

（α）　まず，第2章・「強制執行」の第2節・「金銭の支払を目的とする債権についての強制執行」の第1款・「不動産に対する強制執行」中に，

『一般債権者の強制執行手続（総則・不動産強制競売手続・不動産強制管理手続）』につき，詳細・緻密な多数の「本則」規定を置いている（同43条以下）。

（β）　次いで，第3章・「担保権の実行としての競売等」中に，

〈担保権者の担保権実行手続（担保不動産競売・担保不動産収益執行）〉につき，ごく少数の「特則」規定を置いている（同180条以下）。

（γ）　さらに，明文規定（同188条）により，

後者の〈担保権者の担保権実行手続（担保不動産競売・担保不動産収益執行）〉を，前者の『一般債権者の強制執行手続（総則・不動産強制競売手続・不動産強制管理手続）』に，大幅に準拠させている。

換言すれば，188条（不動産強制執行規定の準用）により，①担保不動産競売には，「不動産強制競売手続」規定が，②担保不動産収益執行（H15改正後，導入）には，「不動産強制管理手続」規定が，ほぼ全面的に準用される。

その結果，①担保不動産競売は，「不動産強制競売手続」に，②担保不動産

収益執行は,「不動産強制管理手続」規定に,著しく近接している。

なお,説明の便宜上,188条は,「H15改正」後のものである。

(δ) 加えて,明文規定（同194条）により,

後者の〈担保権者の担保権実行手続（担保不動産競売・担保不動産収益執行)〉には,強制執行総則規定（第2章・「強制執行」の第1節・「総則」）中の三ヵ条（同38条・41条・42条）が,準用される。

その結果,後者の〈担保権者の担保権実行手続（担保不動産競売・担保不動産収益執行)〉は,前者の『一般債権者の強制執行手続（総則・不動産強制競売手続・不動産強制管理手続)』と,その総則規定を一部同じくする（一部準用する）こととなり,その近接化はなお一層顕著となる。

(iii) 以上,小括すれば,

(α) 『一般債権者の強制執行手続（総則・不動産強制競売手続・不動産強制管理手続)』の多数の「本則」規定（同43条―111条）が存置されているところ,

(β) ごく少数の「特則」規定（同180条―188条・193条・194条）をもつにすぎない〈担保権者の担保権実行手続（担保不動産競売・担保不動産収益執行)〉は,明文規定（同188条・194条）に基づく,その大幅準用により,『一般債権者の強制執行手続（総則・不動産強制競売手続・不動産強制管理手続)』に,極めて密接に近接化している。

(γ) これが,「両法／両競売」統合の法典構造に他ならない。

〈＊7〉

・1　民執法の「立法者」の対応については,立法担当官である,①浦野・条解1頁以下,②同編・基本コンメ13頁以下（浦野),を参照。

・2　「民事執行」という概念が,「強制執行」と「任意競売」をを統合するものとして,「民執法典」により,はじめて創設されたものである,ということについては,三ヶ月・民執2頁にも,明確に指摘されている。

結論的考察

8 新「民執法典」に対するさらなる三ヶ月「批判」——その「統合」の問題性——*8

(1) 「統合」に対するさらなる三ヶ月「批判」

(i) 新「民執法典」は，「強制換価手続制度」の「統合」を，実現・具体化している。法典上の「一元化・一本化」，という「形式面」に注目すれば，まさしくそのとおりである。この限りでは，民執法の「立法者」は，三ヶ月「立法提言」に，応接している。

(ii) しかし，「実質面（実質的内容）」からすると，どうなのか，果たして「統合」が達成されたと言えるのか。

(iii) この点につき，新「民執法典」における「統合」に対して，さらなる三ヶ月「批判」が主張される。いわば，第2次「批判」である。

(2) 「統合」の二面性——「接近」と「分裂・乖離」——

(i) 「統合」の実質面（実質的内容）として，

(α) 〈担保権者の担保権実行手続（担保不動産競売・担保不動産収益執行）〉は，明文規定（同188条・194条）に基づく，その大幅準用により，『一般債権者の強制執行手続（総則・不動産強制競売手続・不動産強制管理手続)』に，極めて密接に「近接化」している。

(β) この限りでは，新「民執法典」では，「統合」（「接近」）は実現・具体化しているし，三ヶ月「立法提言」にも，応接している。

(ii) しかし，他方，同じく「統合」の実質面（実質的内容）として，

(α) 民執法第3章「担保権の実行としての競売等」（180条以下）の規定中には，なお「任意競売」的要素がかなり見られることも，事実である。

(β) ここでは，〈担保権者の担保権実行手続（担保不動産競売・担保不動産収益執行）〉は，『一般債権者の強制執行手続（総則・不動産強制競売手続・不動産強制管理手続)』から，「分裂・乖離」している。

(iii) この点につき，三ヶ月「批判」（第2次）は，本来克服されるべきであった，旧来からの「任意競売」概念の本質的要素，これがなお温存されているとして，その立法の「不徹底性」（「分裂・乖離」）を厳しく指摘している。

〈＊8〉
・三ヶ月「批判」（第2次）については，三ヶ月・民執21頁以下，同437—452頁，に詳細に論述されている。

9　小括と私見評価——「二元的編成」から「一元的編成」へ——*9

(i)　わが国の「不動産換価手続制度」は，新民執法の制定・施行を展開起点として，それ以前の「二元的編成」から，新たに「一元的編成」へと，展開した。三ヶ月「立法提言」（一元化論）が，立法改正の有力な動因の一つであった。

(ii)　しかし，新民執法の「一元的編成」にも，なお「問題性」があり，旧来の「任意競売」概念の本質的要素が残存している，との批判もなされている。「問題状況」（「任意競売」概念の完全撤廃か，あるいは一部温存か）は，新民執法の制定・施行によっても，まだ完全に解消されたわけではない，からである。さらなるなお一層の分析・検討が必要とされよう。

(iii)　わが国の強制執行法領域における「理論と実務の集大成・総結集」であった「新民執法の制定・施行」，これにもなお問題点が残されていること，上記の三ヶ月「批判」の指摘する如くである。

では，私見自らはこの「新民執法の制定・施行」をどのように評価すべきなのか。私見は，上記の三ヶ月「批判」とは異なった視点から，次のような二つの「疑念」をもっている。

(α)　第1に，民執法典における「一元的編成」としての統合，その「近接化」（接近）の方向性が逆転しているのではないか，という疑念（→「法典の規制形式」についての，形式的疑念）である。

すなわち，三ヶ月「立法提言」に代表される，その主張（論旨）に即応して，新民執法典は，「一般債権者の不動産強制執行手続」（強制競売）を「基軸」として，これに「抵当権者の不動産抵当権実行手続」（任意競売）を「近接化」させる（→「前者」の詳細・緻密な諸規定を，簡潔な規定をもつにすぎない「後者」に，大幅に準用する，という立法形式を採っている），という立法姿勢を明確

化している。しかも，その「近接化」の方向性を是認しながらも，なお「近接化」が不徹底であり，旧来の「任意競売」の残滓を払拭しきれていない（→より「近接化」を徹底すべし），というのが三ヶ月「批判」（第2次）であった。

　しかし，私見は，その「一元的編成」としての統合，換言すればその「近接化」の方向性が逆転しているのではないか，と考えている。端的に，法理論的・法体系的・法歴史展開的・比較法的には，本来，「抵当権者の不動産抵当権実行手続」につき詳細・緻密な諸規定を存置し，これを「基軸」（本体／本則）として，これに「一般債権者の不動産強制執行手続」を「近接化」させる（準用／特則），という方向性が，採られるべきであったのではないか，という疑念である。

　（β）　第2に，民執法典における「強制競売」概念，その理論的理解に問題性があるのではないか，という疑念（→「強制競売」概念の理解についての，実質的疑念）である。

　すなわち，単に「民執法典」のみならず，その立法化の動因となった三ヶ月「立法提言」を含めた「わが国の強制執行法学」（学説・実務）もまた，等しく，「債務名義を有する一般債権者の不動産強制執行手続」を「強制競売」として理解してきた。これは，何らの疑問なき，「一般共通認識」となっていた。このような「一般共通認識」を前提としながら，三ヶ月「立法提言」を始めとして，「わが国の強制執行法学」は，「抵当権者の不動産抵当権実行手続」を意味する「任意競売」概念，その概念理解・内実の「不当性」を厳しく批判してきた，のである。

　しかし，私見は，その「強制競売」概念，それは，法理論的・法体系的・法歴史展開的・比較法的には，本来，「抵当権者の不動産抵当権実行手続」を意味するものではないのか，と考えている。端的に，「抵当権実行競売」，これがまさしく「強制競売」に他ならない，ということである。「強制競売」の本来型としての「抵当権者の抵当権実行競売」，その準用型としての「一般債権者の執行競売」，というのが，私見認識である。

〈＊9〉
・私見の新「統合論」については，拙稿・新統合論（リュケ教授記念号所収）を参照（付論文⑤）。

Ⅲ　私見分析

1　「強制競売」概念「テーゼ」（「一般共通認識」）と「アンチテーゼ」定立
  (1)　「強制競売」概念「テーゼ」（「一般共通認識」）
  (2)　「アンチテーゼ」定立（私見）
2　そもそもM23年法は何を「法継受」したのか——「手続的」抵当権法たる『抵当権者』のための「抵当権実行手続法」の「法継受」——
  (1)　結　論
  (2)　私見論証
3　「民執法制定」以前の状況をどのように判断すべきか——二つの「抵当権実行法」の併存（デュアルの法典構造）——
4　「M23年・民訴法「強制執行」編」論，推論——M23年民訴法「強制執行」編への導入の，立法者テヒョーの「意図」は何か——
  (1)　問題提起

  (2)　立法経緯
  (3)　なぜ「ドイツ・プロイセン法」の導入か
  (4)　「77年・ＣＰＯ」と「83年・プロイセン不動産強制執行法」の関係
  (5)　テヒョーの「意図」はどのようなものだったのか
  (6)　結　論
5　「M31年・競売法」論，推論その1——「立法者」の立法決断の「意図」は何か——
  (1)　制定意図
  (2)　私見「推論」
  (3)　私見「評価」
6　「M31年・競売法」論，推論その2——立法のベースになったものは何か——
  (1)　ボアソナードの「二つの草案」
  (2)　ボアソナードの「二つの挫折」
  (3)　ボアソナード抵当権法の「再

生・存続」
(4)　「M31年・競売法」は何を
　　ベースとして立法されたのか
　　（私見推論）
7　「強制競売」考――「強制競売」
　概念についてのわが国の学説理解の
　問題性（その後の学説・実務の「一
　人歩き」）――
(1)　同一事項についての法規制の
　　「二重構造」現象
(2)　その後のわが国の学説・実務
　　の理解／反応
(3)　「M23年・民訴法」（不動産強
　　制執行規定）は「人的債権者」
　　のための「人的債権」実現の

　　「判決執行手続法」ではない
　　（私見認識）
8　1897年・ライヒZVG論――ド
　イツ「強制競売・強制管理法」の法
　体系的位置付け――
(1)　「83年・プロイセン法」はそ
　　の後どうなったのか――「1897年
　　・ライヒZVG」の基本母体――
(2)　「一般債権者」はどのように
　　処遇されるのか
(3)　「97年・ライヒZVG」は誰
　　のための制度か――小　括――
9　さいごに
10　「法典編纂史」的考察――私見小
　括――

1　「強制競売」概念「テーゼ」（「一般共通認識」）と「アンチテーゼ」定立[*1]

(1)　「強制競売」概念「テーゼ」（「一般共通認識」）

（ⅰ）　①わが国の手続執行法学一般・②強制執行法改正問題・③三ヶ月「立法提言」・④新民執法の「法典構造」、これらの四つのキーワードのいずれにおいても、「一般的共通認識」として前提とされているもの、これを析出すれば、「不動産強制執行手続は、執行名義を有する『一般債権者』のための、手続である」、という「強制競売」概念「テーゼ」である。

（ⅱ）　この「強制競売」概念「テーゼ」は、わが国では、なんらの疑問もなく、当然の前提とされてきている。

(2) 「アンチテーゼ」定立（私見）

(i) しかし，私見は，「不動産強制執行手続は，執行名義を有する『抵当権者』のための，手続である」，と判断するものである。

(ii) 「一般的共通認識」たる「強制競売」概念「テーゼ」に対する，私見の「アンチテーゼ」の定立である。

〈＊１〉
・この「テーゼ」と「アンチテーゼ」に関する問題提起と私見結論（→新「統合論」）は，既に拙稿・「担保権実行競売への新『統合』」・リュケ教授記念号・1995年（付論文⑤）において，その概要を提示している。本書では，そのさらなる詳細な分析と論証を試みている。

2 そもそもM23年法は何を「法継受」したのか──「手続的」抵当権法たる『抵当権者』のための「抵当権実行手続法」の「法継受」──＊2

(1) 結　論

M23年・民訴法第6編・「強制執行」（不動産強制執行）（1890年）は，『抵当権者』のための「抵当権実行手続法」を，法継受した（←母法たる「83年・プロイセン不動産強制執行法」の法性決定），と考える。

(2) 私見論証

(i) 「83年・プロイセン不動産強制執行法」は，M23年・民訴法第6編・「強制執行」（不動産強制執行）（1890年）の，母法である。

(ii) プロイセン抵当権法の歴史的展開は，「三基軸抵当権法」の展開として，把握できる。

すなわち，「実体的・手続的・形式的」抵当権法の展開であり，この「三つの軌道」に即して，その時々の多くのプロイセン抵当権諸法立法が発展してきた。この「83年・プ法」は，「抵当三法」の一つとしての「手続的」抵当権法であり，『抵当権者』のための「抵当権実行手続法」である。

(ⅲ) したがって，M23年・民訴法第6編・「強制執行」（不動産強制執行）(1890年)は「83年・プ法」を法継受しているが，その「実態」は，まさしく『抵当権者』のための「抵当権実行手続法」の法継受である，と私見は把握する。

〈＊2〉

・1 「1883年・プロイセン不動産強制執行法」の法体系的位置付けについては，拙著・ＺＨ制度研究Ⅰ・191頁以下に詳しい。

・2 ＺＨ制度研究Ⅰ（第5章）では，「83年・プロイセン法」が，「手続的」抵当権法であり，「抵当権者」のための抵当責任実現の抵当権実行手続法として，歴史的に生成・発展してきたものであること，明確に論証している。

・3 同じくＺＨ制度研究Ⅰ（第5章）では，「83年・プロイセン法」が，「M23年・民訴法」（第6編・強制執行中の「不動産強制執行規定」）(1890年)の母法であることも，その結論を明示している。

3 「民執法制定」以前の状況をどのように判断すべきか――二つの「抵当権実行法」の併存（デュアルの法典構造）――＊3

(ⅰ) 新民執法制定「以前」には，「不動産換価手続制度」として，

① 「M23年・民訴法」（不動産強制執行規定）(1890年)中の「強制競売・強制管理」制度，②「M31年・競売法」(1898年)中の「任意競売」制度，この二つが存在していた。

(ⅱ) 「制度目的論」の視点からいえば，

(α) わが国の従来の執行法学は，①「M23年・民訴法」（不動産強制執行規定）は，「一般債権者」のための「不動産換価手続制度」であり，②「M31年・競売法」は，「抵当権者」のための「不動産換価手続制度」である，と理解してきた。この点につき，異論なき，ごく一般的な学問的認識であった。

(β) しかし，私見は，①「M23年・民訴法」（不動産強制執行規定）もまた，

②「M31年・競売法」と同様に,「抵当権者」のための「不動産換価手続制度」である,と理解している。その限りで,両法の手続追行の制度「利益享受者」は,共に「抵当権者」である。

(γ) 「一般債権者」は,本来,「抵当権者」のための「不動産換価手続制度」である①「M23年・民訴法」（不動産強制執行規定),これにいわば「乗入れ」可能者であり,副次的な制度「利益享受者」にすぎない。

(ⅲ) 「制度目的論」としての私見結論を小括すれば,

(α) ①「M23年・民訴法」（不動産強制執行規定）の本来的な制度「利益享受者」は,「抵当権者」であり,「一般債権者」は副次的な制度「利益享受者」にすぎない。

(β) 他方,②「M31年・競売法」中の不動産「任意競売」規定では,その本来的な制度「利益享受者」は,「抵当権者」（→より広くは,抵当権者を代表として,先取特権者や質権者を含めた,「不動産担保権者一般」）であり,この者に限定され,「一般債権者」はこれに含まれない。

(γ) ①「M23年・民訴法」（不動産強制執行規定),②「M31年・競売法」,これらの両法の併存は,その実態として,二つの「抵当権実行手続法の併存」であり,「デュアルの法典構造」（二重構造）であった,と私見は把握している。

(ⅳ) では,この「デュアルの法典構造」を,どのように判断・評価すべきなのか。

(α) この問題の解答のためには,「デュアルの法典構造」における両法の,その「抵当権実行手続法」としての法継受は,一体,どのようなものであったのか,を解明しなければならない,と考える。

(β) その際,「法継受」それ自体の実態解明のみならず,立法資料の欠缺（けんけつ）等の事情からすれば,総合的な諸般の状況を踏まえての,的確な「推論」が,ここでもまた必要とされよう。

(ⅴ) なお,「抵当権実行手続法」としての両法典,その対比的な「構造分析」に際して,予め私見認識を結論的に示しておけば,

(α) ①「M23年・民訴法」（不動産強制執行規定）は,「ドイツ・プロイセン系」の,「詳細・緻密」な,いわば「重量型」の,抵当権実行手続法である。

(β) これに対して、②「M31年・競売法」は、「フランス型」の（より正確には、「その影響下」の）、「簡易・迅速」な、いわば「軽量型」の、抵当権実行手続法である。立法者の「創意工夫」や「従来慣行の尊重」、「民商法との対応」（換価必要の諸場合における手段用意）、といった諸点を加味すれば、いわば「日本型」の、抵当権実行手続法である。

〈＊3〉
・1　わが国の従来の執行法学は、主として②「M31年・競売法」に注目し、この法典来歴や規律内容の解明に注力し、①「M23年・民訴法」（第6編・強制執行）には、ほとんど何らの疑問も有してはいなかった。①「M23年・民訴法」の不動産強制執行規定が、「一般債権者」のための債務名義に基づく人的責任実現の不動産強制執行手続（強制競売・強制管理）を定めたものであることにつき、これを当然の如く前提し、承認していた、のである。

・2　これに対して、私見分析は、②「M31年・競売法」のみならず、①「M23年・民訴法」（第6編・強制執行中の「不動産強制執行規定」）にも、注目する。後者の①「M23年・民訴法」（不動産強制執行規定）が、本来、「抵当権者」のための債務名義に基づく抵当責任実現の不動産強制執行手続（強制競売・強制管理）を定めたものである、という私見認識を踏まえて、①②両法の「デュアルの法典構造」の解明を試みるものである。

4　「M23年・民訴法「強制執行」編」論、推論——M23年民訴法「強制執行」編への導入の、立法者テヒョーの「意図」は何か——＊4

(1)　問題提起

M23年・民訴法第6編・「強制執行」（不動産強制執行）（1890年）、このM23年法に、なぜ「形式的」抵当権法たる『抵当権者』のための「抵当権実行手続法」（83年・プ法）が、法継受されたのか、その「立法理由」はどのようなことだったのか。

(2) 立法経緯

(i) M23年・民訴法第6編・「強制執行」（不動産強制執行）(1890年)（以下，M23年法と略記する）の「立法者」は，誰か。端的に，当時ドイツ・プロイセンの司法省参事官・テヒョーである（ちなみに，プロイセンにあっては，その歴史的伝統として，立法事業はプロイセンの司法省の有能な上級司法行政官僚の手に委ねられてきた）。

(ii) その経緯を示せば，

(α) M17年・司法省に「訴訟規則取調委員会」が設置され (1884年)，同年，直ちにテヒョーが「内閣御雇顧問」として招聘され，日本民訴法典の起草が委嘱される。

(β) テヒョーは，自らの意見書として作成した「日本民訴法典編纂の計画と方法」に基づき，M17年5月 (1884年5月) より具体的な条文起草の作業を開始する。慎重にして綿密，しかも極めて迅速に，編纂作業が進められ，その成果たる到達点が，「M19年・テヒョー訴訟法草案」(1886年) である。

(iii) 私見によれば，これは，M23年・民訴法第6編・「強制執行」（不動産強制執行）(1890年) の，いわば「第1草案」として，位置付けられる。

(3) なぜ「ドイツ・プロイセン法」の導入か

(i) 司法省に「訴訟規則取調委員会」が設置された当時 (M17年) (1884年)，既に時の明治政府は，当時最新の「77年・ＣＰＯ（民訴法・含強制執行）」(M10年) を範として，日本民訴法典を編纂すべきことを，決断している。それ故にこその，ドイツからの，この法領域に精通する，法律専門家・テヒョーの招聘 (1884年) である。

(ii) しかも，テヒョーは，ドイツ・プロイセンの司法省参事官であることからすれば，「77年・ＣＰＯ」のラント立法委任に基づく「83年・プロイセン不動産強制執行法」（その法性決定や内容等を含めた全体的構図）についても，法律的にも，時期的にも，十分に熟知していた，と判断できる。

結論的考察

(4) 「77年・ＣＰＯ」と「83年・プロイセン不動産強制執行法」の関係

(i) では，わが国のＭ23年法による「法継受」の対象となった「77年・ＣＰＯ」と「83年・プロイセン不動産強制執行法」，この両法はどのような関係にあるのか。予めここで確認しておかねばなるまい。

これは，テヒョーが，一人のドイツ人法律家として，いわば常識的前提として自ら具備・認識していた（私見は，そう判断している）事項（→しかし，これを，わが国の法律学・法実務は，的確には理解していなかった，と私見は判断している）についての確認，である。

(ii) 「ライヒ法とラント法」，簡潔に言えば，これが両法の関係である。より具体的には，私見によれば，次の如くである。

(α) 「77年・ＣＰＯ」は，統一ドイツ（71年—）の統一民訴法典であり，「83年・プロイセン不動産強制執行法」は，その統一ライヒのラントの一つである（但し，統一ドイツの中核たるラントである）プロイセンの，地域法（地方法）である。

(β) 「77年・ＣＰＯ」制定当時，統一ドイツでは，「不動産物権法（含・抵当権法）」につき，様々な「地域的分裂」が見られた。各ラント毎に，それぞれの独自の個性をもった「不動産物権法（含・抵当権法）」が，存在していた。

(γ) そこで，統一ドイツの「77年・ＣＰＯ」は，その統一的規制（「手続的」抵当権法たる「不動産強制執行法（抵当権実行法）」の統一的規制）を断念し，この規制を明文規定により各ラント立法に委ねている。したがって，不動産強制執行については，「77年・ＣＰＯ」は僅か三ヵ条の総則規定を存置するにすぎない。

(iii) 統一ライヒ法たる「77年・ＣＰＯ」，これによる「ラント立法への委任」，それを受けてのプロイセンでの「ラント立法」，これが「83年・プロイセン不動産強制執行法」の制定である。

(5) テヒョーの「意図」はどのようなものだったのか

(i) 「83年・プロイセン不動産強制執行法」は，「77年・ＣＰＯ」の立法委任

を受けての立法なのだから，プロイセンラントを基準として見れば，「77年・ＣＰＯ」の一部でもある。

換言すれば，プロイセンラントでは，「83年・プロイセン不動産強制執行法」は，「77年・ＣＰＯ」の「不動産強制執行」総則規定（三ヵ条）と，実質上，一体化・合体化している。

(ⅱ) これは，何もプロイセンラントに限らず，その他のラントについても，同様である。

各ラントを基準として見れば，各ラントの「不動産強制執行法」は，「77年・ＣＰＯ」（「不動産強制執行」総則規定）の一部だし，「77年・ＣＰＯ」の「不動産強制執行」総則規定と，実質上一体化・合体化している。

(ⅲ) テヒョーの「立法判断」に関する私見評価

(α) 「プロイセン」は，ドイツライヒの一つの「ラント」ではあるが，一つの制約化された「主権国家」（国の中の国，「国中国」）でもある。テヒョーの「立法判断」につき評価する際には，この「プロイセン」ラントに「日本」を置き換えて，考察する必要がある，と考える。より具体的には，

(β) 「日本民訴法典」の立法作業の委嘱を受けたプロイセン司法省参事官テヒョー，

彼は，①日本民訴法典「強制執行編」（→これは「77年・ライヒＣＰＯ」（「強制執行規定」一般のみならず，「不動産強制執行総則規定」三ヵ条を含む）に相応する）に，②「83年・プロイセン不動産強制執行法」を編入（立法的・翻訳的「継受」）したが，③このことは，「83年・プロイセン不動産強制執行法」が「77年・ライヒＣＰＯ」（「強制執行規定」一般のみならず，「不動産強制執行総則規定」三ヵ条を含む）とこれと，実質内容上，一体化・合体化するものであった，からである。

(γ) 「プロイセン」ラントからすれば，「77年・ライヒＣＰＯ」（「強制執行規定」一般／「有体物・債権その他の財産権」強制執行規定）と「83年・プロイセン不動産強制執行法」は，両者合わせて，一体的・全体的な「強制執行法典」に他ならなかったことを考慮すれば，このようなテヒョーの態度決定は，極めて

論理必然の,真に整合性ある的確な「立法判断」であった,と私見は考える。

(iv) 小 括

(α) テヒョーは,「日本民訴法典」の立法に際し,①日本民訴法典「強制執行編」(M23年・民訴法第6編・強制執行「不動産強制執行」・1890年) 中に,②「抵当権者」のための抵当責任実現の「抵当権実行手続法」(「不動産」強制執行法) として,「83年・プロイセン不動産強制執行法」を,③編入・立案・法継受した。

(β) それは,プロイセン司法行政官僚としての彼自身の立場を考慮すれば,日本民訴法典の編纂者として,当然至極の的確な「立法判断」であった。

(γ) 以上が,テヒョーの「立法意図」(→ (M23年・民訴法第6編・強制執行「不動産強制執行」・1890年の立法趣旨) についての,私見「論証」であり,私見「推論」である。

(6) 結 論

(i) テヒョーは,①M23年・日本民訴法典「強制執行編」に,②「不動産強制執行」規定を存置・立案したが,③これは「83年・プイロイセン不動産強制執行法」に範をとった翻訳的継受であり,④この母法となったこの「83年・プロイセン不動産強制執行法」の法的実態は「抵当権者」のための抵当責任実現の「抵当権実行手続法」であった。

(ii) したがって,テヒョーの「意図」は,まさしく「抵当権者」のための抵当責任実現の「抵当権実行手続法」として,この「法継受」をおこなった,と私見は考えている。「83年・プイロイセン不動産強制執行法」は,「抵当権者」のための抵当責任実現の「抵当権実行手続法」として,歴史的に生成・発展してきたものだ,からである。

(iii) 「83年・プイロイセン不動産強制執行法」に範をとった日本「不動産強制執行」規定,これをM23年・日本民訴法典「強制執行編」(1890) に編入した,テヒョーの「立案 (立法)」,この立法判断はあくまで「的確・妥当」のものであった,と私見は評価する。プロイセン国(「プロイセン」ラント)を基準

にすれば,「83年・プイロイセン不動産強制執行法」は,「77年・ライヒCPO（民訴法・強制執行編）」と合体化し, その一部を構成するものであり, 実質上, 両者合わせて一体化した, 強制執行に関する「規制法典」であった, からである。

〈＊4〉

・1　「83年・プイロイセン不動産強制執行法」が, ①「77年・ライヒＣＰＯ（民訴法・強制執行編）」と合体化し, その一部を構成するものであり, 実質上, 両者合わせて一体化した「規制法典」であること, ②同83年法が「手続的」抵当権法としての「抵当権実行手続法」であること, については, 既に拙著・ＺＨ制度研究Ⅰ（第5章）において指摘している。

・2　テヒョーの「編纂作業」の経緯詳細については, 本書（付論文①）参照されたい。

5　「M31年・競売法」論, 推論その1――「立法者」の立法決断の「意図」は何か――*5

(1)　**制定意図**

(ⅰ)　「M31年・競売法（1898年）」の「立法者」（但し, 不明）は, 既に「抵当権実行手続法」（M23年・民訴法）があるのにもかかわらず, なぜさらに「抵当権実行手続法」を作ったのか。その「意図」はどのようなものだったのか。

(ⅱ)　立法資料を欠く以上,「推論」するしかないが, この場合, 二つの推論可能性が想定される。

(α)　まず, 一つは,「M31年・競売法」の「立法者」は, 既に現実には「抵当権実行手続法」（M23年・民訴法）があるのにもかかわらず,「抵当権実行手続法」はまだ立法化されていない, と考えていた（→誤解）ところから, ここで「M31年・競売法」を作ったのか。これは, 立法者「誤解」, というケースである。

(β) もう一つは,「抵当権実行手続法」(M23年・民訴法) は既にある (→正確な認識),しかしそれは煩瑣・複雑である,この手続を避ける,「簡易型・代替手続」でいく,このように考えて,ここで「M31年・競売法」を作ったのか。これは,立法者の意識的「回避」,というケースである。

(2) **私見「推論」**
(i) 私見は,後者の,立法者の意識的「回避」ケースではないか,と考えている。「M23年・民訴法」の「抵当権実行手続法」,これをあえて「回避」し,その「代替手段」として,「抵当権者」のための新たな「抵当権実行手続法」,すなわち「M31年・競売法」を作ったのではないか。これが,私見の「推論」である。
(ii) より具体的には,第1に,「M31年・競売法」の立法者は,「M23年・民訴法」(不動産強制執行規定) が「抵当権実行手続法」であることを,十分に認識していた,と考える。その理由として,

(α) まず,「M23年・民訴法」(不動産強制執行規定) が「抵当権実行手続法」であることは,テヒョーが「83年・プロイセン不動産強制執行法」を法継受したことからも,あまりにも明らかである,からである。

(β) また,自明なこのこと自体を,当時の大立法編纂時代の渦中にあった,しかもその中核的立場にあり,精通していたであろう,その「M31年・競売法」の立法者 (→民商法の「付属法」として,制定・起草されたものであるから,「基本法」たる民商法にも造詣のある,しかもその編纂起草に委員として何らかのタッチをしていた者,具体的には,梅博士も,その主導的イニシアティブを採った,と推測される) が,看過/誤解していたとは,到底考えられないことだ,からである。

(γ) 結論として,上記の立法者「誤解」ケースは,あり得ない,と私見は考える。
(iii) 第2に,では,「M23年・民訴法」(不動産強制執行規定) の意識的「回避」ケースであるとすれば,その「回避」のもっとも枢要な立法者「動機」は,

どのようなものであったのか。

(α) まず，端的に，債務名義「不要」の実行手続の作出にあった，と判断される。「M23年・民訴法」(不動産強制執行規定) が債務名義「必要」の実行手続であるところ，その顕著な違いとして，「M31年・競売法」は債務名義「不要」の実行手続だ，からである。「M31年・競売法」は，その規定上，債務名義「取得手続」をカットし，これにより抵当権者の「手続負担」を大きく軽減化していることから，看取できる。

(β) また，その「回避」の，さらなる「動機」として，「軽量型」の実行手続の作出を，指摘できる。「M23年・民訴法」(不動産強制執行規定) が「詳細・緻密」な「重量型」の実行手続である (→債務名義「必要」とすることからの，必然的帰結でもある) ところ，「M31年・競売法」は「簡易・迅速」な「軽量型」の実行手続だ (→債務名義「不要」とすることからの，必然的帰結でもある)，からである。

(γ) 具体的には，債務名義取得手続をカットすることにより，①実行手続の「申立・開始」要件は，「抵当権者」にとって，大きく負担軽減化されているし，②手続進行中においても「執行法上の救済方式」(→これは「債務名義」必要と密接に関連し，その不服申立方式は緻密に分化する) としては，「異議」方式等が極めてラフに認められているにすぎないので，「抵当権者」にとって，「手続追行」の負担が軽減化されている。③また，不動産換価に伴う「配当」手続 (→配当要求制度) についても，これ実行手続中にビルトインせず (→「他の債権者」等の配当参加は別手続とする)，基本的には「抵当権者と設定所有者」との「二当事者対立構造」手続として構成し，「抵当権者」に利便性を付与している。このように，簡易・迅速な「申立・開始・進行・終結」が意図されていた。

(ε) 以上，小括すれば，立法者の狙いは「簡易・迅速」な実行手続の作出であり，端的に意識的・自覚的な，「M23年・民訴法」(不動産強制執行規定) からの，「バイパスルート」の構築であった，と考える。

(ⅳ) なお，付言すれば，

(α) 「M31年・競売法」の立法者は，①「担保権実行手続」(その対象物とし

て, 「不動産」のみならず「動産」をも, 含む)一般のみならず, ②自助売却等の「形式的競売」をも, 規律している。

(β) 「形式的競売」とは, 民商法上の規定に基づき, 「財産の保管・整理」のために目的物換価が必要とされる諸場合があり, これに対応する手続(換価目的の形式的競売)である。

(γ) この点から, 同じくM31年・施行予定の民商法と対応させて, 立法者が「トータル競売法」の作出を意図したもの, と判断される。

(3) 私見「評価」

(i) 「M31年・競売法」については, その立法的当否も含めて, 「拙劣, 拙速, 粗雑」といった, 様々な消極的評価がなされてきた。これが, わが国の学説の一般的状況であった。しかし, 果たして「M31年・競売法」をそのようにネガティブにのみ評価してよいのであろうか。私見は疑問をもっている。

(ii) 「M31年・競売法」の立法当時の日本の状況はどのようなものであったのか。これに想いを馳せながら, さらに, 私見研究を含めた「現段階での学問的到達水準」(プロイセン抵当権法の発展構造)を踏まえて, 考察すれば, 学説一般の認識・評価とは異なり, 「M31年・競売法」の「立法者」の立法決断は, ある意味では, 妥当な方向性を示し, それなりに的確だったのではないか, と私見は考えている。

(iii) その理由を述べれば, 私見はまず次のような「認識」をもっている。すなわち,

(α) 「M23年・民訴法」は, テヒョーの手により, 「83年・プロイセン不動産強制執行法」を, 法継受した。この「83年・プロイセン不動産強制執行法」は, 三基軸抵当権法の一つを成す「手続的」抵当権法(抵当権実行手続法)であり, 永い歴史的発展を経ての, 19C・プロイセン抵当権法発展の輝かしい到達点である(拙著・ＺＨ研究Ⅰ第5章参照)。

(β) ここで, プロイセン抵当権法の発展は, 「プロイセン農業資本主義の発展」と, 密接不可分にリンクしている, ということに注目しなければならない。

585

端的に，「プロイセンの大農場経営の資本主義化」，これとタイアップして，「プロイセン抵当権法」が発展してきたのである。しかも，グーツヘルシャフトの絶大権力の下，プロイセン農業は，いわば「国家」を体現するものであり，その状況下での「プロイセン抵当権法」の発展である。

(γ) したがって，以上の意味では，「83年・プロイセン不動産強制執行法」もまた，他の「実体的・形式的」抵当権法と同様に，「プロイセン国家」を象徴する壮大なモニュメントの一つを組成するものである。それは，偉大な「芸術作品」や壮大な「建築物」にも比せられるべく，「プロイセン国家」の誇るべき法文化である。だからこそ，テヒョーもまた，「83年・プロイセン不動産強制執行法」を「M23・日本民訴法」に法継受することに，なんらの躊躇もなかったのであろう。否，その法継受は，むしろ自信に満ちた，自覚的な立法作業であった，と判断される。

(δ) しかし，日本の「抵当権法」や「抵当権」は，どうなのか。逐一比較し，詳言するまでもなく，プロイセンの「抵当権法」や「抵当権」におけるとは，その時代背景的・歴史的状況がまったく異なっている。そのもつ意味がまったく違う，のである。端的に，日本の「抵当権法」や「抵当権」は，「日本国家」を象徴するものでもなければ，自らの永い歴史的発展に基づくものでもなかった。

(iv) 以上の「認識」を前提として，私見は，結論的に，次のような「判断／評価」をしている。すなわち，

(α) 「M31・競売法」の立法者，それは誰か判然とはしないのだが，その立法者の「立法判断」（判断結論）それ自体は，「肯定的に」評価されてもよいのではないか，と考えている。

(β) 「M23年・日本民訴法（不動産強制執行規定）」は，「抵当権実行手続法」として，一面，「精密・緻密」ではあるが，他面，あまりに「煩瑣・複雑」であり，いわば「重量型」（その最たるものが，債務名義「必要」であり，また手続「細密化」である）である。しかし，日本の「抵当権」（その時代「背景／状況」や関係当事者「意識」等）を考慮すれば，その「抵当権実行手続法」としては，より「簡易・迅速」な，いわば「軽量型」（その象徴として，債務名義「不要」

であり，また手続「簡素化」である）でよい。たとえば，このような「立法上の考慮」が想定される。

（γ）仮に，上記のような「現実感覚」に基づいて，競売法の立法者の「立法判断」（判断結論）がなされていたのだとすれば，この限りにおいて，この「立法判断」（判断結論）は，別段，否定されるべきものではなく，むしろポジティブに評価してもよい，と私見は考えている。

〈＊5〉
・1　競売法制定の「動機」については，その「推論」を含めて，三ヶ月・民執430頁以下に詳しい。

・2　三ヶ月「推論」として，①「フランス法」の雰囲気の下で育った起草者は「ドイツ型・執行手続」（M23年・民訴法第6編）に違和感をもったのであろう，②「M23年・ボアソナード民法典」が「フランス型・担保物権制度」を採用したので，担保権実行手続もこれと平仄を合わせたのであろう，③「ドイツ型」とは異なった「フランス型・強制換価制度」を担保権実行手続に限って導入した，これが競売法制定であろう，④しかも，「ドイツ型・強制換価制度」は煩瑣であるが，「フランス型・強制換価制度」はより簡略である，という名目も立ったのであろう，というものである。

・3　三ヶ月「推論」の詳細については，三ヶ月・民訴の体系書に先行して，既に三ヶ月・「任意競売と強制競売の再編成」，同「任意競売概念の終焉」，同「ボ草案の基本構想」，同「フランス民訴法研究の必要性」，に詳しい。

・4　競売法の立法者の判断についての三ヶ月「評価」としては，端的に，「ネガティブ」そのものである。強制執行手続と担保権実行手続の分立，これはわが国特有の法継受史上の混乱に起因するものであるから，両者のあたう限りの統合が必要である（同・民執437頁），と指摘する。

・5　競売法の「不備／欠点」等を指摘しながら，競売法に対する「批判」としては，三ヶ月・「再編成」・同研究Ⅳ122頁等参照。

・6　競売法の立法者の判断についての，私見「評価」は，当時のわが国の時代状況・背景に加えて，とりわけ「83年・プロイセン不動産強制執行法」の背景や法構造の分析（→拙著・ＺＨ制度研究Ⅰ第5章参照）を踏まえて，むしろ「ポジティフ」面もあること，本文中に指摘したとおりである。

6　「M31年・競売法」論，推論その2——立法のベースになったものは何か——*6
(1)　ボアソナードの「二つの草案」

私見は，ボアソナードの起草に係る，「二つの草案」に，注目する。ⓐ「M19年・民法草案」とⓑ「M15年・財産差押法草案」の，二つである。

（i）　ⓐ「M19年・民法草案」は，私見によれば，「M31年・現行民法典」（1898年）の，いわば「準備草案」である。これは，私見のいう「実体的」抵当権法を含んでいる。

（ii）　ⓑ「M15年・財産差押法草案」は，私見によれば，「M23年・民訴法第6編・「強制執行」（不動産強制執行）」（1890年）の，いわば「第1準備草案」である。これは，私見のいう「手続的」抵当権法を含んでいる。

——＊なお，この草案は，「正式」の依頼なくしての，その意味ではボアソナードの「自発性」に基づくものではないか，との学説（三ケ月研究）の指摘がある。同草案には，日本政府からの依頼に基づくものである旨の記述が，一切ない，ということをその根拠とする。

しかし，ボアソナード民法草案のProjetには，財産差押法草案の起草が日本政府の「正式」依頼によるものであることの記述が見られるので，この意味では「正式」草案である。その「正式」依頼により，将来編纂されるべき日本民訴法典に編入される強制執行法草案として，起草された，と私見は判断している。——

（iii）　司法省は，「二つの草案」の起草を，「同一人」ボアソナードに，委嘱している。この点からすれば，「実体」民法（「実体的」抵当権法）と「手続」執

行法（「手続的」抵当権法），この両法の連携に，司法省は意を注いでいた，と判断される。ボアソナードの卓抜した能力（両法に精通）への信頼もさることながら，むしろ「別人」委嘱は不自然，という当然の認識だったのであろう。

(iv) ⓑ「M15年・財産差押法草案」は，その序文より明らかであるが，より正確には，M15年5月に，その起草を終えている。

他方，同じくボアソナード起草に係るⓐ「M19年・民法草案」中，かなりの部分が，M15年5月の時期的段階では，その起草（フランス文）を，終了している（フランス文草案の公刊年より判明する）。

したがって，ボアソナードは，ⓐ「実体」民法（「実体的」抵当権法）とⓑ「手続」執行法（「手続的」抵当権法），この両法の起草を，同時併行的に進行させていた，と判断できる。相互連携，相互調整，ボアソナードはこれにも十分配慮するものであった，と私見は考えている。

(2) ボアソナードの「二つの挫折」

ボアソナードには，「二つの挫折」がある，と考える

(i) その一つは，ⓐ「M19年・民法草案」における挫折，である。これは，後にM23／3／27・法律28号・(旧)民法典（「財産法」部分——財産編・財産取得編・債権担保編・証拠編——）として，公布された（M26／1／1施行予定）ものの，「民法典論争」の渦中において，M25年・第3回帝国議会で，その「施行延期案」が大差で可決され，制定法化に至らなかった，からである。

(ii) もう一つは，ⓑ「M15年・財産差押法草案」における挫折，である。これも最終的に「陽の目」を見なかった，からである。より具体的には，

(α) 国内的には，「M14—15年・政変」をターニングポイントとして，全体的・マクロ的な「ドイツ傾斜」が進行し，しかも「M15年」に注目すれば，国外的には，当時最新の不動産強制執行法として，「83年・プロイセン不動産強制執行法」が制定されている，まさしくその「年」に，上記のⓑ「M15年・財産差押法草案」が起草終了している。

(β) このような状況下，M17年，司法省に「訴訟規則取調委員会」が設置さ

589

れ，時の明治政府は，「ドイツ型立法」（「77年・ＣＰＯ」と「83年・プ法」を範とする）に舵を切り，テヒョーを招聘し，彼に「民訴法（含・強制執行）」起草を委嘱する。

(γ) ここでは，もはや，フランス型・ⓑ「M15年・財産差押法草案」に基づく「民訴法」立法化は，この限りで，抑止・停止された，と私見は判断している。

(ⅲ) 以上，ボアソナードの「二つの挫折」を時系列的に整理すれば，

(α) まず，「手続的」抵当権法として，ⓑ「M15年・ボアソナード財産差押法草案」（この不動産執行規定により担保権実行がなされる・三ヶ月211）は，その後の編纂過程の途上において，M17年の時の明治政府によるテヒョー招聘に象徴されるように，「ドイツ型立法」方針の明確化により，葬り去られている。ボアソナードの，M17年の「挫折」である。

(β) さらに，「実体的」抵当権法として，ⓐ「M19年・ボアソナード民法草案」は，M25年・第３回帝国議会での「施行延期案」の大差での可決により，葬り去られている。ボアソナードの，M25年の「挫折」である。

(γ) 以上，ボアソナードには「二つの挫折」があった。

(3) ボアソナード抵当権法の「再生・存続」

(ⅰ) ボアソナードの「二つの挫折」，これは，「手続的」抵当権法と「実体的」抵当権法における，「フランス型立法」の拒否・撤廃を意味するのか。

否，そうではない。たしかに，外観的には，そのように見えるが，実質的には，ボアソナード抵当権法は，なお「存続」し，「再生」した，と私見は判断している。

(ⅱ) その理由として，ここで，次の二点に注目すべきである。

(α) M17年の「挫折」（ⓑ「M15年・ボアソナード財産差押法草案」の非法典化）は，「手続的」抵当権法における，「フランス型」から「ドイツ・プロイセン型」への，明確なギアチェンジであった。

(β) では，M25年の「挫折」（ⓐ「M19年・ボアソナード民法草案」の非法典

化）もまた，「実体的」抵当権法における，「フランス型」から「ドイツライヒ・プロイセン型」への，切替えであったのか。

たしかに，その後の法典調査会の編纂作業によるM31年・「明治民法」制定・施行からすれば，そのように見える。しかし，実質的には，「実体的」抵当権法における，「フランス型」否定（拒否）を，意味していない，と私見は考える。

ⓐ「M19年・ボアソナード民法草案」は，法典調査会により，その修正・改造がなされ，「明治民法」がM31年制定・施行されたが，その法典外形の「ドイツ型」編成にもかかわらず，その法典内実として，「ボアソナード抵当権法」（フランス型）がなお存続・再生されていた，からである。

(4)　「M31年・競売法」は何をベースとして立法されたのか（私見推論）

（ⅰ）「M31年・競売法」は，その規定内容上，「M23年・旧民訴法」（第6編・強制執行）の「ドイツ・プロイセン型」から，明瞭に乖離し，むしろ「フランス型」色彩・影響が看取される。（三ヶ月研究参照）この点からすれば，「M31年・競売法」の立法者は，次のような考慮に基づいていたのではないか，と私見は考えている。

（ⅱ）すなわち，

（α）第1に，「実体法と手続法のリンク」，という考慮である。実質内容上からすれば，「実体的」抵当権法として，「M31年・明治民法」にも，「ボアソナード抵当権法」（フランス型）が，なお存続・再生されている。したがって，「実体法と手続法のリンク」の必要性からすれば，「手続的」抵当権法としても，「フランス型」が対応されるべきである（→その限りで，「M23・民訴法・ドイツ・プロイセン型」より，離れるべし），からである。

（β）第2に，ⓑ「M15年・ボアソナード財産差押法草案」の利活用，という考慮である。

すなわち，この「M15年・財産差押法草案」は，フランス型の「手続的」抵当権法であり，「実体的」抵当権法である「M31年・旧民法」（←ボアソナード抵当権法）と，実質上，同一人起草（ボアソナード起草）なのだから，これを下

敷きとして,「手続的」抵当権法を作ればよい, からである。

(ⅲ) では, この「M15年・財産差押法草案」をそのまま利活用すればよいのか。しかし,「M31年・競売法」は,「M15年・財産差押法草案」の影響を受けながらも, そのままの利活用ではまったくない。事はそう単純ではない, のである。その理由は四つある, と考える。

(α) 第1に, 既にドイツ・プロイセン型の「M23年・旧民訴法」(第6編・強制執行) (←M19年・テヒョー草案) があるので,「M15年・財産差押法草案」をそのまま利活用すれば, 強制執行法典 (「手続的」抵当権法) が「ダブル」となってしまうし, まったくの「法体系上の矛盾」(ドイツ・プロイセン型⇔フランス型) も生じる, からである。しかも, テヒョー招聘により,「M15年・財産差押法草案」は, フランス型として, 既に立法作業上, 実体法たる民法典の「施行延期法案」の可決により, 一旦は, いわば「ボツ」同然となったものだった, からである。

(β) 第2に,「M15年・財産差押法草案」は,「フランス型」という限りで,「M31年・明治民法」(←ボアソナード抵当権法) に対応するが, 日本の「抵当権実行手続法」としては, 手続追行上, やはり「重い」(債務名義必要) ことには, 変わりがなく,「軽量型」がベターだ, からである。

(γ) 第3に,「M15年・財産差押法草案」は, 包括的な強制執行法 (含む・判決債権者の強制執行) であり,「抵当権実行手続法」専門法・単独個別法ではない, からである。立法者の念頭にあったものは, ドイツ・プロイセン型の「M23年・旧民訴法」(第6編・強制執行) (←M19年・テヒョー草案) から離反し, フランス型の, 抵当権実行手続法としての, 簡易・迅速な「個別・単独法」の立案にあった, のである。

(ε) 第4に, 立法者の意図 (←制定された「M31年・競売法」の全体から, 自ずと明らかになる) として, 立案されるべき法典は, ①「抵当権」のみならず,「その他の担保物権」(質権・先取特権・留置権) をも含めた,「担保権一般」の実行手続法であり, ②しかもこれに加えて「形式競売」(民商法上の規定に基づく財産の保管又は整理のための「換価目的の競売」) をも, 広く包括的に規律対象

とするものであり，③「民商法の特別法」としての起草であった，からである。

その際，単純な外国法継受に留まることなく，わが国のそれまでの「実務慣行」にも配慮し，なお自らの「創意工夫」（→債務名義不要の簡易・迅速型）をも試みたものであった，からである。

(iv) 以上，結論として，

(α) 競売法の立法者は，「実体法と手続法のリンク」（フランス型）という視点から，一旦はボツ同然となっていた「M15年・ボアソナード財産差押法草案」を利活用したが，そのままの利活用ではなく，あくまでこれを参考としつつ，「単独・個別」の，「日本型」の，「民商法の付属法」（民商法との対応）としての，起草を意図した。

(β) 単に「抵当権実行手続法」としてのみならず，民商法上の規定により「競売・換価」を必要とする諸場合（他の担保権の実行，形式競売）をも含めた，広く包括的な，いわば「トータル競売法」として，「M31年・競売法」を作成した。

(γ) その際，立法者は，わが国の従来の「実務慣行」も考慮しながら，自らの「創意工夫」（→その顕著な例として，債務名義「不要」の実行手続の作出）も試みた，と考える。しかも，「M23年・民訴法」（強制執行規定）（ドイツ・プロイセン型）との「概念対応」（条文文言の対応）にも，配慮している。

(δ) 以上，これが「M31年・競売法」立法時の実態であろう，と私見は考える。

〈＊6〉

・1 「M15年・ボアソナード財産差押法草案」についての執行法学からの研究／分析として，三ヶ月・「ボ草案の執行制度の基本構想」・同研究Ⅳ所収，同「フ民訴法研究の必要性」・同研究Ⅱ所収，参照。

・2 「手続的」抵当権法としての「M15年・ボアソナード財産差押法草案」に関する，わが国のその法典編纂過程（日本民訴法編纂過程）における位置付け／分析については，本書付論文①参照。

・3 「実体的」抵当権法としての「M19年・ボアソナード民法草案」(→「M31年・明治民法典」への継受)に関する,わが国のその法典編纂過程(日本民法典編纂過程)における位置付け／分析については,本書付論文③参照。

7 「強制競売」考——「強制競売」概念についてのわが国の学説理解の問題性(その後の学説・実務の「一人歩き」)——*7

(1) 同一事項についての法規制の「二重構造」現象

(ⅰ) 「M23年・民訴法」(不動産強制執行手続規定)と「M31年・競売法」,この両法典の成立・施行「後」にあっては,二つの「抵当権実行法」の併存という,いわば同一事項についての法規制の「二重構造」現象が,生じた,と私見は判断している。

(ⅱ) より具体的には,

(α) 「抵当権実行手続法」という同一事項について,そもそも①「M23年・民訴法」(その「第6編・強制執行」中の不動産強制執行規定)(ドイツ・プロイセン型)が立案・準備されていたが,②「M31年・明治民法」(←ボアソナード抵当法)(フランス型の「実体的」抵当権法)の制定・施行に対応させて,フランス型・「ボアソナード財産差押法草案」の影響・参照の下,「手続的」抵当権法として,急遽,「M31年・競売法」(民商法上の規定に対応した,いわば包括的な「トータル競売」法)(フランス型・日本独創型)が制定・施行された。

(β) その結果,①②の両法典の制定・施行「後」にあっては,「抵当権実行手続法」として,「二つの規制法典」の併存という,法典の「二重構造」(→ダブルスタンダード)が現出した,ということである。

(ⅲ) この法典の「二重構造」は,端的に「ダブルスタンダード」なのだから,その法的解決として,私見によれば,本来,「抵当権実行手続法」としての,①「本則」(一般法)としての「M23年・民訴法」(その「第6編・強制執行」中の不動産強制執行規定),②その「特則」(特別法)としての「M31年・競売法」,という理解(法性決定)がなされなければならないものだった,と判断している。

結論的考察

(2) その後のわが国の学説・実務の理解／反応

(i) 「抵当権実行手続法」についての，この法典の「二重構造」という法現象の下で，わが国の学説・実務は，これをどのように理解し，反応したのか。

(ii) 私見によれば，わが国の学説・実務は，この法現象の実態を正確に理解することなく，比較法的にも例をみない，わが国独特の，端的にいわば偏頗な学問的思考（→「任意競売」概念を前提・基軸として，「強制競売」概念を理解・演繹する，という思考）を導出していった，と考える。

(iii) 換言すれば，「M23年・民訴法」（不動産強制執行規定）につき，執行債務者所有の「不動産」に対する「人的債権者」のための「人的債権」実現の「判決執行手続法」として（→これは，従来の学説・実務・一般的見解によれば，何らの疑いなき，ごく当然の学問的認識であった），これを，私見によれば，いわば「一面的・片面的」に理解し，位置付けてしまったのではないか，という疑念である。

(3) 「M23年・民訴法」（不動産強制執行規定）は「人的債権者」のための「人的債権」実現の「判決執行手続法」ではない（私見認識）

(i) 私見認識によれば，

(α) 本来，テヒョーにより，「M23年・民訴法」（不動産強制執行規定）は，「抵当権者」のための「抵当権実行手続法」として，立案・立法化された。

(β) しかし，「M31年・明治民法」の制定・施行に合わせて，急遽，いわば応急的に，簡易・迅速型の「抵当権実行手続法」として，「M31年・競売法」が制定・施行された。

(γ) その結果，わが国の学説・実務は，「M23年・民訴法」（不動産強制執行規定）につき，これを「人的債権者」のための「人的債権」実現の「判決執行手続法」として「一面的・片面的」に理解し，法構成した，と考える。しかし，これは，比較法的にも，極めて異質な学問的理解であり，法構成であり，明確に是正されなければならない。

(ii) わが国の学説・実務の理解や法構成は，どのような「思考プロセス」に

基づくものであったのか。私見は次のように分析している。すなわち，

　(α) 一方の「M31年・競売法」上の，抵当不動産に対する「任意競売」，これは「抵当権者」のための「抵当債権」実現の「抵当権実行手続法」である。

　(β) したがって，「M31年・競売法」の規律（「任意競売」規律）を前提とすれば，他方の「M23年・民訴法」（不動産強制執行規定）上の，債務者所有不動産に対する「強制競売」，これは「一般債権者（人的債権者）」のための「一般債権（人的債権）」実現の「判決執行手続法」に他ならない。

　(γ) これは，「M31年・競売法」上の「任意競売」概念を前提・基軸化し，そこから「M23年・民訴法」（不動産強制執行規定）上の「強制競売」概念を演繹し，これを債務者所有不動産に対する「一般債権者（人的債権者）」のための「一般債権（人的債権）」実現の「判決執行手続法」として理解した，という「思考プロセス」である。

　(iii) かくして，以上の「思考プロセス」を経由して，

　(α) わが国の学説・実務は，「M31年・競売法」上の「任意競売」概念，「M23年・民訴法」（不動産強制執行規定）上の「強制競売」概念，この「両」概念をストリクトに対置しながら，その「差異化」を截然と明瞭化していった。

　(β) このような動向は，学説・実務の，顕著な一般的傾向となり，何らの疑問も導出されることなく，永年にわたり，学界・実務を圧倒的に支配した。

　(γ) かくして，「M23年・民訴法」（不動産強制執行規定），「M31年・競売法」，この「両」法典の制定・施行後，「強制競売」概念の，比較法上，極めて特異な「日本的・特殊的」理解（→「一面的・片面的」理解）が，今日までの学説・実務の常識であり，一般的・普遍的であった。しかし，比較法的に見れば，これは，わが国の学説・実務の，いわば「一人歩き」であった，私見は判断している。

〈＊7〉
・1　「任意競売」考（三ヶ月研究論旨）

　「任意競売」概念につき，「その問題性」を鋭く指摘し，その批判的検討をお

こなったのが，三ヶ月研究であり，これはいわば「任意競売」考であった。そこでは，「強制競売」概念を基軸として，「任意競売」概念を構築し，「両者の差異化」を強調し，推進し，「任意競売」ドグマを構築・提唱し，これを定着させた学説（強制執行法学）・執行実務が席巻し，かくして「両者の異質性」は永く学説・実務を支配した観念・ドグマとなり，これは不当であった，と指摘したのである（三ヶ月民執434参照）。

・2　「強制競売」考（私見論旨）

「任意競売」概念に対する批判的検討という三ヶ月研究（→「任意競売」考）との対比で言えば，私見研究は，いわば「強制競売」考である。「強制競売」概念についての，わが国の学説（強制執行法学）・実務の理解に対して，「その問題性」を指摘しようとするものだ，からである。ここでは，不動産強制執行手続，これを「手続的」抵当権法（抵当権者の抵当権実行手続）として認識することなく，「一般債権者の不動産強制執行手続」であるとし，これをごく当然の認識としてきたわが国の学説（強制執行法学）・実務に対して，その批判的検討を試みるものであった。

・3　一致点と相違点

三ヶ月研究も，私見も，両競売の「統合化」（近接化）という点では，一致している。しかし，三ヶ月研究が「任意競売」（抵当権者の抵当権実行競売）の「強制競売」（一般債権者の強制執行競売）への可能な限りの統合（→三ヶ月統合論）を主張するのに対して，私見は，「強制競売」の本来型としての「抵当権者の抵当権実行競売」という視点から，これを基軸として「強制競売」概念を再構築し，両競売の「統合化」を具体化すべし（→私見統合論），という点で，違っている。

・4　私見統合論

私見統合論によれば，①「強制競売」概念は，本来，「抵当権者」の抵当権

実行競売を意味し，②「不動産強制執行手続」は，本来，「抵当権者」のために用意された権利実現手続であり，③「一般債権者」は，付随的に，この「不動産強制執行手続」の制度利用権者にすぎないのだから，④「抵当権者」のための抵当権実行として「不動産強制執行手続」を再構築（→「強制競売」概念の再構築）し，これに「一般債権者」の強制執行を乗り入れさせるべし，というものである。

8　「1897年・ライヒＺＶＧ」論──ドイツ「強制競売・強制管理法」の法体系的位置付け──*8

(1)　「83年・プロイセン法」はその後どうなったのか──「1897年・ライヒＺＶＧ」の基本母体──

(i)　「三基軸抵当法」の一支柱を成す「手続的」抵当権法としての「83年・プロイセン不動産強制執行法」は，19Ｃ・プロイセン抵当権法発展の輝かしい到達点であり，「Ｍ23年・民訴法」（不動産強制執行手続規定）に，母法として導入される。

(ii)　ＢＧＢ編纂過程でも，統一ライヒの「三基軸抵当法」の一支柱を成す「手続的」抵当権法として，「不動産強制執行法草案」の起草が進められるが，「83年・プロイセン不動産強制執行法」は，ここでの起草作業の基盤とされる。

(iii)　ⅡＫ審議では，ＺＨ制度が，ＢＧＢ草案（「実体的」抵当権法）から分離され，最終的には「ＺＰＯノヴェレ」の編纂作業に委ねられることになる。

(α)　「手続的」抵当権法としての「不動産強制執行法草案」からもＺＨ制度（第3の執行方法）が外され，自らは「強制競売」と「強制管理」の二執行方法のみを規律する結果となったので，法典名称を「強制競売・強制管理法」（ＺＶＧ）と変更する。

(β)　これが，後日，「97年・ライヒＺＶＧ」成立，となる。同法は，ライヒの統一的「抵当権実行手続法」であり，「制度目的論」の視点からは，「不動産強制執行手続」制度として，「抵当権者」のために用意された制度・法典である。

598

(2) 「一般債権者」はどのように処遇されるのか

(ⅰ) 「一般債権者」もまた，「抵当権者」と同様に，ＺＶＧ（「不動産強制執行手続」制度，より具体的には「強制競売・強制管理」の執行方法の利用）を利用することができる。では，その理由は何か。

(ⅱ) 「不動産強制執行手続」制度は，プロイセンの歴史的展開では，「三基軸抵当法」の一つである「手続的」抵当権法（抵当権実行手続法）として，発展してきた。さらに，ＢＧＢ編纂過程でも，同様に，「三基軸抵当法」の一つである「手続的」抵当権法（抵当権実行手続法）として，編纂起草されてきた。したがって，「制度目的論」の視点からは，「不動産強制執行手続」制度は，「抵当権者」のために，用意された制度であった。では，この制度をどのような理由から「一般債権者」もまた利用可能とされるのか，という問題である。

(ⅲ) ＢＧＢ編纂過程のⅠＫ審議の成果である「不動産強制執行法第１草案」（ＺＶＧ編纂過程）では，既に「強制売却」の公法的認識が，明瞭に示されている。すなわち，

(α) 沿革的・歴史的にみれば，「強制競売・強制管理」の執行方法の申立権者としては，「抵当権者」のみが前提とされてきた。

(β) しかし，19世紀末のＺＶＧ編纂過程では，次第に「公法的執行理論」が台頭し，これが定着するに伴い，申立権者の権利の法的基礎は「抵当権による目的物責任化」（→申立権者は「抵当権者」に限定される）にあるのではなく，「権利実現のためには必須の強制を実施しなければならないという国家任務」（→申立権者は「抵当権者」に限定されず，「一般債権者」も申立て可能となる）に求められるべし，との基本認識が定立される。

権利者には国家に向けられた「執行請求権」が認められ，その背景には「権利者の権利実現に奉仕すべき国家任務」の存在が承認される。この点については，ＺＵＧ草案理由書が明確に述べるところである。

(γ) かくして，抵当権者等の目的不動産上の「物的債権者」のみならず，目的不動産上に何らの担保権も有しない「人的債権者」（一般債権者）にもまた，国家に向けられた「執行請求権」の承認の下，「強制競売・強制管理」の執行方

法の申立権限(「不動産強制執行手続」制度の利用権限)が認められる,とされた。

(3) **「97年・ライヒZVG」は誰のための制度か**——小　括——

(i) 「制度目的論」の視点からは,ZVG制度は,本来,「抵当権者」のために用意された制度である。「不動産強制執行手続」制度の,「本来的」利用権者である。

(ii) これに対して,「一般債権者」は,19世紀末の「公法的執行理論」の台頭・定着に伴い,ZVG制度を利用可能(申立権限付与)となった。「不動産強制執行手続」制度の,いわば「追加的」に利用権者となった。端的に,本来,「抵当権者」のために用意された制度に,「一般債権者」も乗入れ利用できる(乗入利用者となる),というものである。

〈＊8〉

・1 「83年・プロイセン不動産強制執行法」が,後日の,ライヒ統一法としての「97年・ライヒ強制競売・強制管理法」の,基本的母体となったことについては,拙著・ZH制度研究Ⅰ233頁参照。

・2 「83年・プロイセン不動産強制執行法」が「M23年・民訴法」(第6編・不動産強制執行規定)の母法とされた限りで,その後のわが国の強制執行法典(→民事執行法典)は,「97年・ライヒ強制競売・強制管理法」・「77年・CPO」・「98年・ZPO」の影響下にある,「ドイツ法系」に位置する,といえる。

・3 「97年・ライヒ強制競売・強制管理法」の制定経緯や立法理由書説明については,本書既述参照

・4 「抵当権者」に加えて,「一般債権者」もまた,「不動産強制執行手続の追行権能」を認められるに至った点については,既に拙稿・「ドイツ不動産強制執行法体系における強制抵当権制度」・民事研修(法務省)321号10頁以下

(1983年)（付論文④）で,指摘している。

9 さいごに*9

(i) S54年・新民執法典は,比較法的見地から,その「普遍的動向」に即すべし,という考えで立法化された。

(α) しかし,その法典構造からすると,それ以前と同様に,またしても「普遍的動向」に合致していないのではないか。①本則・基本型としての「一般債権者」のための「強制競売・強制管理」手続,②特則・従属型の「抵当権者」のための（担保）「競売」手続,という法典状況が見られる,からである。

(β) これを「制度目的論」の視点からいえば,わが国の民執法典中には,「不動産強制執行手続」制度は,本来,「一般債権者」のために用意された制度であり,「抵当権者」のために用意された制度ではないが,「抵当権者」もまた便宜上これを利用可能（申立権限許容）とする,という法典構造が見られる,からである。

(ii) 以上が,わが国の現行民執法典の「問題性」である。この点について,次のことを付言しておきたい。

(α) 「法解釈論」にあっても,「立法提言」は積極的になされるべし,と考える。そのための基本前提としては,日本法上の「立法経緯」や「法典状況」等について,これらを決して所与のものと受け止めてはならない。比較法的見地から,その「特異性」を探求し,日本法を比較法的相対性の中に位置付け,その「比較法的特異性」（特殊日本的状況）を明らかにし,それが法的価値判断として「妥当」とはいえないときには,ポジティフな「立法提言」の余地が生じる。

(β) その際,日本法の「独自性・独創性」等の発言は軽々になされてはならないし,否,厳に慎まなければならない。「継受期の混乱・拙速・時間不足・認識不足」を理由とすることもあれば,また「立法過誤」かもしれない,からである。

(γ) しかも,「問題状況」の重大性に眼をつぶり,比較法上の「系譜的親近

601

性」や「普遍的動向」を無視する結果となれば，わが国の法体系は「世界の孤児」と化し，「偏頗立法」に陥る危険性も生じよう。

〈＊9〉
・1　拙論の結論は，既に拙稿・「担保権実行競売への新『統合』——『強制競売』の本来型としての担保権実行競売」・リュケ教授退官記念・民事手続法の改革288頁以下（1995年）（付論文⑤）で，指摘している。

・2　民事執行法典が，わが国の学説・実務の叡智を結集した，極めて優れた法典であること，何らの疑問もない。私見もまた，この法典立法化の，民執法典という偉大な成果を，立法担当者による貴重にして画期的なステップとして，高く評価している。

10　「法典編纂史」的考察——私見小括——

小括を兼ねて，次の五つの視点（★）から，「実体的抵当権法と手続的抵当権法の交錯」構造につき，「法典編纂史」的に私見考察を明らかにしておく。

＝＝　＝＝　＝＝

〈私見考察〉
★1　法典編纂史上の「M23年」と「M31年」に注目する，その間の「M26年」に注目する，「基幹法」典とその「付属法」典に注目する

・1　「M23年」と「M31年」に注目
　明治期の法典編纂時代において，まず，「M23年」と「M31年」に注目する。法典「公布」のラッシュ年だ，からである。以下には，「基幹法」とその「付属法」を列挙する。

・2 「26年」に注目

さらに，その「両年」の間に位置する「M26年」にも，注目する。「M23年」公布の諸法典，それらの修正作業を鋭意追行した「法典調査会」の設立年だ，からである。端的に，「M31年」公布の諸法典は，その「法典調査会」の修正作業の成果でもある。

・3 「基幹法」典と「付属法」典に注目

その際，「基幹法」典と「付属法」典に注目する。民法典についていえば，「民法」典を基軸（中核）（→基幹法）として，これをとりまく諸「特別法」典（→付属法）である。両法は，「本則」と「特則」の関係にあり，「基本法」と「特別法」の関係でもある。端的に，「民法典」，これを頂点として，一体としてひとつのグループ（法典集団）を構成する「諸法典」，このいわば「ピラミッド的構造」に注目するのである。

・4 「M23年」（1890年）；「公布」法典の列挙（整理）
　・ボ旧民法典（財産編・財産取得編・債権担保編・証拠編）（法律28号）（→M26年施行予定）（→M29年まで施行延期）（→結局，施行されずに廃止）
　・ボ旧民法典（財産取得編（13章以下）及び人事編）（法律98号）（→M26年施行予定）（→M29年まで施行延期）（→M31年まで施行延期）（→結局，施行されずに廃止）
　・明治民訴法典（法律29号）（→M24年施行）（裁判手続法）（→明治期間妥当）
　・旧商法典（法律32号）（→M24年施行予定）（→M26年まで施行延期）（→M29年まで施行延期）（→商法中第1編第6章会社・第12章手形小切手・「第3編破産（商人破産のみ）」等のみM26年施行／法律9号）（未施行部分のみM31年まで施行延期）
　・家資分散法（法律69号）（非商人の一般破産手続）（→明治期間妥当）
　・婚姻事件養子縁組事件及ビ禁治産事件ニ関する訴訟規則（法律104号）（→M24年施行）（人事訴訟）
　・旧非訟事件手続法（法律95号）（→M26年施行予定）（→ボ旧民法典と同様，結

局，施行されずに廃止）（ボ旧民法典の「付属法」）

　・法例

　・裁判所構成法（法律6号）（→同年施行）

　・増価競売法（法律92号）（→M26年施行予定／ボ旧民法典施行と合わせる）（総計10ヵ条の簡潔な手続法典，ボ旧民法典債権担保編は増価競売の大綱のみ定める）（→ボ旧民法典と同様，結局，施行されずに廃止）（ボ旧民法典の「付属法」）

　・執達吏規則（法律51号）（→同年施行）（司法省管轄下の執達吏が当事者から執行委任を受けて強制執行をおこなう）

　・行政裁判法（法律48号）（行政処分に関する裁判を所轄する行政裁判所の創設）

・5　「M31年」（1898年）；「公布」法典の列挙（整理）

　・明治民法典（M29年・前三編／総則・物権・債権／公布・法律89号）（M31年・後二編／親族・相続／公布・法律9号）（→M31年施行）（←ボ旧民法典は未施行のまま廃止）

　・明治民訴法典（第6編・強制執行）の改正（←M31年・民法施行法51・54・55条による改正）（裁判手続法）（→T15年・法律61号・第1―5編の全面的改正・第6編は小幅改正）

　・M32年・商法典（法律48号）（→同年施行）（←従来の旧商法は「第3編破産」を除いて廃止）（→T11年破産法典制定まで「第3編破産」は存続）

　・人事訴訟手続法（家族関係訴訟の裁判手続法）（法律13号）（→民法典施行と同時に，同年施行）（←M23年・婚姻事件養子縁組事件及ビ禁治産事件ニ関スル訴訟規則（法律104号→M24年施行））（民法の付属法）

　・非訟事件手続法（法律14号）（→民法典施行と同時に，同年施行）（民商法の付属法）ドイツ型

　・競売法（民付）（法律15号）（→民法典施行と同時に，同年施行）（「動産・不動産・船舶」競売手続）（民商法の付属法）フランス型

　・M32年・不動産登記法（法律24号）（登記手続の一新）（民法の付属法）

・M32年・船舶登記令（法律46号）
・法例（渉外人事関係手続に関する法）（法律10号）（→民法典施行と同時に，同年施行）（民法の付属法）
・戸籍法（民法の付属法）

★2　「三基軸」抵当権法（→トリアーデ体系）の視点から「実体的・手続的・形式的」抵当権法（→その三法の「交錯構造」如何）に注目する

・1　「三基軸」抵当権法とは
　抵当権法一般は，①「実体的」抵当権法（→抵当権の内容／要件／効力），②「手続的」抵当権法（→抵当権の実現手続／実行手続），③「形式的」抵当権法（→抵当権の公示制度／公示方法／公示手続），という三つの抵当権法により，構成されている。これが，私見にいう「三基軸」抵当権法（トリアーデ体系）である。

・2　「M23年」（1890年）；「三基軸」抵当権法
　(i)　「M23年」（1890年）に注目すれば，
　①「実体的」抵当権法として，→ボ旧民法典，
　②「手続的」抵当権法として，→ⓐ明治民訴法典（第6編・不動産強制執行規定），→ⓑM23年・増価競売法，の二法，
　③「形式的」抵当権法として，→M23年以前ではあるが，M19年・登記法（法律1号）（→M20年施行）（→但し，①②と対応するような近代化されたものではない），がこれに該当する。
　(ii)　より具体的には，
　①ボ旧民法典，これは「実体的」抵当権法として，抵当権の実体法的内容（要件・効果）を，
　②ⓐ明治民訴法典，これは「手続的」抵当権法として，抵当権の実行手続として，不動産強制執行手続（強制競売・強制管理）を，

ⓑ増価競売法，これはボ旧民法典の「滌除（てきじょ）制度」の一環を成す抵当権者の増価競売手続を，

③登記法，これは「形式的」抵当権法として，その公示制度／手続等を，定めている。

(iii) 増価競売について付言すれば，

①ボ旧民法典は，第三所持者の「滌除権」行使（抵当権排除手段）を認め，その「滌除制度」の一環としての抵当権者の「増価競売請求」（対決手段）については，大綱のみを定め，その詳細手続の規制を「特別法」に委ねた。

②これを受けて，ボ旧民法典の「付属法」として，増価競売法は，増価競売手続の詳細を定め，「基本法」のボ旧民法典と公布・施行予定を合わせている。

・3　「M 31年」(1898年)；「三基軸」抵当権法

(i)　「M 31年」(1898年) に注目すれば，

①「実体的」抵当権法として，→明治民法典，

②「手続的」抵当権法として，→ⓐ明治民訴法典（第6編・不動産強制執行規定・変更なし），→ⓑ競売法（不動産競売手続），の二法，

③「形式的」抵当権法として，→不動産登記法（法律24号），がこれに該当する。

(ii)　より具体的には，

①明治民法典，これは「実体的」抵当権法として，抵当権の実体法的内容（要件・効果）を，

②ⓐ明治民訴法典（第6編・不動産強制執行規定・変更なし），これは第1の「手続的」抵当権法として，抵当権の実行手続としての不動産強制執行手続（強制競売・強制管理）を，

ⓑ競売法，これは第2の「手続的」抵当権法として，明治民法典の「滌除制度」の一環を成す抵当権者の増価競売手続を含めて，抵当権の実行手続（不動産競売手続）を，

③不動産登記法，これは「形式的」抵当権法として，抵当権の公示制度／手

続等を，定めている。

★3 「法系」如何（「ドイツ・プロイセン型」⇔「フランス型」）に注目する

・1　「法系」矛盾／齟齬の構造
　「三基軸」抵当権法には，その相互間に「法系」矛盾／齟齬の構造が見られる。

・2　「M23年」（1890年）；「実体的」抵当権法と「手続的」抵当権法の矛盾／齟齬
　（i）「M23年」（1890年）に注目すれば，その「法系」として，
　①ボ民法典，→「フランス型」抵当権制度である，
　②ⓐ明治民訴法典，→「ドイツ・プロイセン型」不動産強制執行制度（抵当権実行手続制度）である，
　ⓑ増価競売法，→「フランス型」抵当権実行手続制度（不動産競売手続制度）である。
　（ii）「法系」如何に注目すれば，
　（α）　第1に，「実体的」抵当権法と「手続的」抵当権法の矛盾／齟齬が見られる（①⇔②ⓐ）。
　（β）　第2に，同じく不動産抵当権実行手続でありながら，「手続的」抵当権法相互間で矛盾／齟齬が見られる（②ⓐ⇔②ⓑ）
　（iii）では，なぜこのような増価競売法が制定されたのか。わざわざ特別法として作成するまでもなく，明治民訴法典に増価競売手続をも規定すればよかったのではないか，という疑問が生じる。この疑問には，次のように答えられるべきであろう。
　（α）　増価競売請求とは，「滌除制度」の一環であり，第三所持者の「滌除権行使」に対する，抵当権者の「対決手段」である。「増価競売」は，抵当権者自らの「増価買受義務」という負担可能性において，「普通競売」と異なるに

すぎず，その抵当権実行としての本質を同じくする。

(β) 法系という視点からいえば，「滌除制度」(→フランス法系・フ民2181以下とフ民訴832以下の法継受）は，「フランス型」抵当権制度には存在したが，「ドイツ・プロイセン型」抵当権制度には存在していない。

(γ) そこで，ボ旧民法典はフランス型抵当権制度として「滌除制度」を存置したが，これに対する抵当権者の「増価競売請求手続」は，「ドイツ・プロイセン型」明治民訴法典には乗入れ不能なので，そこで「特別法」(別枠／別立て）として増価競売法（→当然の「フランス型」）制定をせざるを得なかったのであろう。

・3 「M31年」(1898年)

(i) 「M31年」(1898年) に注目すれば，その「法系」として，

①明治民法典，→法典調査会作業によりドイツ型に改造されたが，「フランス型」抵当権法はなお残されており，「フランス型」である，

②ⓐ明治民訴法典，→従前とほぼそのままで変更はなされていないので，「ドイツ・プロイセン型」である，

ⓑ競売法，→従来からの増価競売法規定，これをも包摂して，トータル競売法として，「フランス型」担保権実行手続（不動産抵当権実行手続）として起草されており，「フランス型」である。

(ii) 「法系」という視点から「競売法」制定の理由を考察すれば，

(α) 第1に，明治民法典が「フランス型」抵当権制度なのだから，競売法制定は，「フランス型」抵当権実行制度として，「実体的」抵当権法と「手続的」抵当権法の対応／合致を意図した。

(β) 第2に，明治民訴法典が「ドイツ・プロイセン型」なのだから，同じく「手続的」抵当権法（不動産抵当権実行手続法）としての競売法制定は，「フランス型」実行手続への全面的なギアチェンジ，これを意図したものであった。

(γ) 第3に，競売法は，その規定内容上，純然たる「手続的」抵当権法の次元を超えて，民商法対応の「トータル換価競売法」である（抵当権実行手続に

限らず，その他の担保権を含めた担保権一般の実行手続である，したがって競売目的物は「不動産」に限らず「動産」や「船舶」も含まれる；これらの「債権回収」目的の実行手続に加えて，民商法上の財産保管・整理のための「換価」目的の自助売却等の形式的競売手続をも，包括的に規律する，しかも債務名義不要の実行手続である）。この点からすれば，「法系」上，単なる「フランス型」とも言えず，比較法的には，わが国独自の，かなり独特／異質のものである。

★4 「制度目的論」（利益享受者論）の視点から二つの「手続的」抵当権法に注目する

・1 二つの「手続的」抵当権法（不動産抵当権実行手続法）が併存

（i） 両法は，「制度目的論」（利益享受者論）の視点からは，後述のように対比される。

（ii） まず，「M23年」（1890年）には，両法の併存はどのように理解されるべきか。端的に，両法の相互役割分担が，「滌除制度」（→増価競売手続）の個別規制化（→増価競売法制定）という形で，なされている。

（iii） さらに，「M31年」（1898年）には，両法の併存はどのように理解されるべきか。端的に，両法の相互役割分担が，「担保権実行手続」の個別規制化（→競売法制定）という形で，なされている。

「M31年・競売法」制定により，結果として，二つの「手続的」抵当権法（不動産抵当権実行手続法）が併存したが，明治民訴法典（不動産強制執行規定），競売法（不動産競売規定），この二つの「デュアルの法典構造」に注目する。

・2 「M23年」（1890年）

（i） 明治民訴法典（不動産強制執行規定）

→不動産強制執行は抵当権実行手続であるから，本来的に，その制度利益享受者は「抵当権者」である。

→と同時に，付随的に，「一般債権者」もまた，「不動産に対する強制執行」

をなすことができ，その制度利用権者である。

(ii) 増価競売法

→「抵当不動産の第三所持者の存在，第三所持者の滌除（てきじょ）権行使（滌除金提供），金額に不満ある抵当権者の，その拒絶としての増価競売請求に基づく増価競売申立て，増価競売手続の追行」という手続進行であるから，制度利益享受者は滌除権行使に対決する「抵当権者」である。滌除制度における増価競売，という限定された場面での，抵当権実行手続である。

・3 「M31年」（1898年）

(i) 明治民訴法典（不動産強制執行規定）

→不動産強制執行は抵当権実行手続であるから，その制度利益享受者は，従来どおり，「抵当権者」である。

→と同時に，付随的に，「一般債権者」もまた，「不動産に対する強制執行」をなすことができ，その制度利用権者である。

→本来，従来どおり（M23年以降より），そうであった。しかし，新たに競売法が制定されたことにより，その内容上，後述（・4）のように変化した。

(ii) 競売法

→競売法典中の「不動産」競売手続は，単に「不動産抵当権者」用のみならず，「不動産担保権者一般」用のものとされている。たとえば，不動産上の担保権者としては，明治民法典上，「不動産先取特権者・一般先取特権者・不動産質権者」が存在する（⇔ドイツ民法上，「先取特権」も，「不動産質権」も，認められていない）。

→競売法典中の「動産」競売手続は，「動産上の担保権者」用である。たとえば，「動産先取特権者・一般先取特権者・動産質権者」用である。

→競売法典中の「増価競売」手続（←M23年・増価競売法を包摂的に継受した）は，滌除権行使に対してこれを拒絶する「不動産抵当権者」用である。しかも，明治民法典の「抵当権規定の準用」規定（341・361）（341・361）により，

「不動産先取特権者・不動産質権者」も，この増価競売手続を利用可能である。

→競売法典中の「船舶競売」手続は登記ある「船舶上の担保権者」用である。

→留置権者（「不動産」留置権者・「動産」留置権者）も，担保権実行手続（不動産競売・動産競売）の制度利用権者である。

→民商法の規定に基づく換価権者（→形式的競売申立権者）もまた，競売手続利用権者である。

・4　「M31年」（1898年）における「二つの「手続的」抵当権法」に注目する

（i）明治民訴法典（不動産強制執行規定）

→第1の「手続的」抵当権法であるが，競売法制定により実質上変質し，「抵当権者」用の本則（→基本法）となった。

→すなわち，不動産強制執行は抵当権実行手続であることには，変わりがないが，抵当権実行手続として「抵当権者」用の「本則」となった。その裏面的対応として，本来，付随的な制度利用権能者であった「一般債権者」，この「一般債権者」用としての制度的位置付けが正面に登場し，顕著となった。

（ii）競売法

→第2の「手続的」抵当権法であるが，「抵当権者」用の「特則」（→特別法）である。

→明治民訴法典（不動産強制執行規定）を「抵当権者」用の「本則」とすれば，不動産競売手続はその「特則」である。

→しかも，抵当権実行手続に限らず，その他の担保権を含めた担保権一般の実行手続であるから，「手続的」担保権法であり，その競売対象も「不動産」に限らず「動産・船舶」をも包摂するので，トータル「手続的」担保権法である。

→また，「債権回収」目的の競売（→「請求権満足・責任実現」のための担保権実行）に限らず，単に「財産保管・整理」目的のみの競売（→形式的競売）をも，包括的に規律するので，民商法対応のトータル換価競売法である。

★5　債務名義「要否」の視点から「手続的」抵当権法に注目する

・1　わが国の「手続的」抵当権法は債務名義「要否」をどのように法規律していたのか。

・2　「M23年」(1890年)
(i)　「不動産抵当権実行手続」は，どのような法規制で，おこなわれるのか（但し，法典施行には至っていない）。
①ボ旧民法典
→旧ボ旧民法典債権担保編1条3項（総則）は，「財産ノ差押，売却及ビ其代価ノ順序配当又ハ共分配当ノ方式ハ民事訴訟法ヲ以テ之ヲ規定ス」，と定めている。したがって，不動産抵当権の実行は，同条同項により，明治民訴法の規定によりおこなわれること，明瞭である。
②明治民訴法典
→不動産抵当権の実行は，その対象が「不動産」であるから，明治民訴法典中の「不動産強制執行」規定（第6編強制執行第2章第2節「不動産ニ対スル強制執行」／640条以下）に基づきおこなわれること，明瞭である。
→この場合，強制執行総則規定（第6編強制執行第1章「総則」／497条以下）が適用されるから，「債務名義」必要である。
→また，「不動産」強制競売につき，その申立要件（申立必要書式／申立提出文書）として，642条は，「債権者・債務者・裁判所ノ表示」（①号），「不動産ノ表示」（②号）に加えて，「競売ノ原因タル一定ノ債権及ヒ其執行シ得ヘキ一定ノ債務名義」（③号）をも，求めている。
→さらに，「不動産」強制管理についても，706条により上記の642条が準用されるので，同様である。
③結論として，不動産抵当権の実行は，その執行方法として「強制競売」と「強制管理」の二つがあるが，いずれの方法にあっても，「債務名義」必要である。

結論的考察

(ⅱ)「増価競売手続」は,どのような法規制で,おこなわれるのか.

①ボ旧民法典と民訴法典(→「不動産抵当権の実行」の法規制)

→旧ボ旧民債権担保編第2部物上担保第5章抵当第5節「第三所持者ニ対スル抵当ノ効力」第5款「競売及ヒ所有権徴収」278条1項は,「第三所持者カ弁済ヲ為サス又ハ滌除ヲ提出セサルトキハ,抵当権者ハ民事訴訟法ニ規定シタル方式ト公示トヲ以テ不動産ヲ競売ニ付ス」,と定めている.したがって,「第三所持者」(第三取得者)が存在する場合にも,不動産抵当権者は,明治民訴法の規定にしたがい,同様に不動産抵当権の実行をなし得ること,明瞭である.

→このように「第三所持者」の場合における不動産抵当権の実行も,一般の不動産強制執行(一般の不動産競売)であり,その対象が「不動産」であるから,明治民訴法典中の「不動産強制執行」規定(第6編強制執行第2章第2節「不動産ニ対スル強制執行」/640条以下)に基づきおこなわれること,明瞭である.

→この場合,強制執行総則規定(第6編強制執行第1章「総則」/497条以下)が適用されるから,「債務名義」必要である.

→「不動産」強制競売でも,「不動産」強制管理でも,同様に,「債務名義」必要である.

②ボ旧民法典と増価競売法典(→「増価競売手続」の法規制)

→さらに引き続いて,ボ旧民法典債権担保編278条2項は,「滌除ノ目的ニテ為シタル提供ノ受諾ヲ得サル場合ニ於テ増価競売ノ請求アリタルトキモ,亦同シ」,と定めている.したがって,「第三所持者の滌除権行使(滌除金額の提供),これを拒否しての抵当権者のボ旧民法上の増価競売請求」(ボ旧民法典債権担保編265条)のプロセスが踏まえられたときには,その次なる段階として,不動産抵当権者は,「増価競売法典に基づき,増価競売申立て,それに基づく増価競売手続追行」が,可能となる.

→増価競売法典は,ボ旧民法典の「実体法上の増価競売請求」を受けて,さらなる不動産抵当権者の「手続法上の増価競売申立て」,それに基づく「増価

競売手続」につき，その詳細を定めている。

　→この場合，「債務名義」の要否如何。増価競売法典中に，その手掛りとなる，明文規定があり，「債務名義」不要と解される。同法典2条は，その増価競売申立要件（申立必要書式／申立提出文書）として，明治民訴法典642条①号・②号の要件具備を明示しているにもかかわらず，同条③号の要件具備を求めていない，からである。

　(iii)「増価競売」手続では「債務名義」不要である。では，「債務名義」不要の立場を，「一般の普通競売」手続（「一般の抵当権実行」手続）にも，妥当させることはできるのか。

　→一般的理解（→M23年法上，「債務名義」不要の立場は，増価競売のみならず，一般の普通競売でも，妥当する，としている）（斎藤秀夫・競売法等）とは異なり，「できない」（→増価競売では「債務名義」不要であったが，一般の普通競売では，「債務名義」必要である），と私見は考えている。その理由は次の如くである。

　→既述のボ旧民法典債権担保編278条に注目する。同条は，「第三所持者」（第三取得者）存在／登場の場合を，念頭においた規定である（「設定債務者」規定ではない）ことを，確認すべきである。

　→同条I項によれば，第三所持者が「抵当債務弁済（同253条以下）・滌除権行使（同255条以下）・委棄（同273条以下）」のいずれの手段も採らない場合には，抵当権者は「民訴法ノ定メル方式ト公示」により不動産競売できる，としている。第三所持者が上記の具体的行動／手段を何ら採らない「場合」，このような「場合」には，抵当権者は民訴法上の普通競売の手段で行ける，のである。これは，通常どおり，むしろ債務名義「必要」をいっているのではないか，と考える（→ここから「不要」は推論できない，と考える）。

　→同条II項の趣旨（→増価競売の場合の規定である）は次のように理解できる。すなわち，第三所持者が滌除権行使をしたところ，抵当権者は，その提供金額に不満であり，これを受諾できない，とする。この場合，抵当権者は，滌除権行使に対する拒絶として，「ボ旧民法典上の増価競売申立て」を踏まえて，さ

らなる「増価競売法典上の増価競売申立て」が可能となる。そこで，Ⅰ項規定におけると同様に，抵当権者は「民訴法ノ定メル方式ト公示」により不動産競売（→増価競売）できる，と定めている。ここでのⅡ項の不動産競売は，あくまで増価競売であり，拒絶手段としての，それ故に自らの「増価買受義務」負担付きの，増価競売法典に基づく競売である。

→では，増価競売法 2 条は，なぜ明治民訴642条①号②号のみを明示し，これを必要とし，③号を除外したのか。その理由／趣旨は，「増価競売」が「滌除制度」の一環であり，抵当権消除に対する抵当権者の唯一手段である，という認識に，ある，と考える。

増価競売手続の実施の場面では，第三所持者たる滌除権行使者（滌除金額申出／提供者）は，自ら「抵当権／抵当債務」存在それ自体を，承認している。ただ両者（第三所持者と抵当権者）間で，滌除金額に折り合いがついていない，だけなのである。

とすれば，「抵当権／抵当債務」存在それ自体の所有者承認があるのだし，増価競売手続追行は，抵当権者にとって，滌除権行使に対する，その唯一無二の拒絶手段なのだから，ここでは抵当権者の利益（「債務名義取得」負担の免除）の視点から「債務名義」不要でよい，としたのではないか，これが増価競売法 2 条の趣旨ではないか，と考える。

→結論として，増価競売では「債務名義」不要であったが，第三所持者の登場／存在の場合でも，一般の普通競売で行く場合には，やはり「債務名義」必要である，と考える。

・3 「M31年」（1898年）
（ⅰ） 明治民法典
→抵当権を含めて，担保物権一般の実体規定が存在している。これらの担保権の実行手続については，競売法に規定が置かれている。

→しかし，担保権実行についての，ボ旧民法典債権担保編 1 条 3 項（総則）のような，「民訴法」手続準拠の規定は，存在していない。

→「実体法上の増価競売請求」制度規定が存在している。これを踏まえての「手続法上の増価競売申立／手続」については，競売法上に規定が置かれている。

　→しかし，ボ旧民法典債権担保編278条Ⅰ項Ⅱ項のような，「民訴法の方式と公示」準拠の規定は，存在していない。

(ⅱ)　明治民訴法典（不動産強制執行規定）
→債務名義「必要」の手続である。
→不動産強制執行規定は，その性質を変容させた。

(ⅲ)　競売法
→債務名義「不要」の手続である。
　→「抵当権」の実行手続のみならず，「担保権一般」の実行手続である。これに加えて，民商法上の換価目的の形式的競売手続も規定している。
　→一般の普通競売に加えて，従前の増価競売法規定をも包括的に規定している。一般の普通競売を増価競売に合わせる形で，共に債務名義「不要」とし，「不要」型のトータル換価競売法の創出である。
　→フランス型に全面的に切り替える。手続的抵当権法たる明治民訴法典（不動産強制執行規定）からの乖離・背反させ，「実体的」抵当権法たる明治民法典（フランス型担保物権制度）に対応させる。ここではボ差押法草案への回帰も見られる。フランス型担保物権に対応するとなれば，たとえば「先取特権，留置権，不動産質権」等の担保物権については，その実行手続はドイツ型ではまったく対処できない（→ドイツ型担保物権制度では，そもそもこのような担保物権は，認められていない），からである。
　→立法意図は，債務名義「不要」型の，簡易・迅速な「トータル換価競売法」の作出であり，明治民訴法典（不動産強制執行規定）からのバイパスルートの作出でもある。

総 括

0―0　本書研究を以下に総括する。

1―0　本研究は，どのような研究「課題」を設定し，これを追究したものなのか。本研究の「課題」設定・追究が必然的に問われざるを得ない。本研究は，
1―1　まず，「第1の課題」として，ドイツ「強制抵当権制度の法形成」につき，「プロイセン法における展開」後の，その「法形成変遷」（ＢＧＢ編纂過程での「法形成変遷」）をフォローし，その構造解明を実証的に試みた（本書「序論」→「第1章」以下）。ドイツ「強制抵当権制度の法形成論」である。
1―2　さらに，「第2の課題」として，ドイツ「強制抵当権制度の法形成」の場面となったドイツライヒ「統一的ＢＧＢ編纂過程」(1971〜)につき，その「立法編纂経緯」をフォローし，その構造解明を実証的に試みた（本書「序論」→「第1章」以下）。ドイツ「ＢＧＢ編纂過程論」である。
1―3　また，「第3の課題」として，ドイツ「三基軸抵当法体系」につき，「プロイセン法における展開」後の，ドイツライヒ「統一的ＢＧＢ編纂過程」(1971〜)におけるその「形成・発展・確立」をフォローし，その構造解明を実証的に試みた（本書「序論」→「第1章」以下）。ドイツ「三基軸抵当法体系論」である。
1―4　以上の「三つの課題」の実証研究から，何が明らかとされたのか。
1―4―1　ドイツ「強制抵当権制度の法形成論」（第1課題）

　ドイツ抵当権制度一般におけると同様に，その法構造として，ドイツ強制抵当権制度は「土地所有者たる債務者保護のＢＧＢ法理」に基づいて法形成されてきた。執行法上の債権者競合の場面において，その配当をめぐる優劣関係の決定規準の一つとして「優先主義」が存在するが，ドイツ強制抵当権制度は，この「優先主義」採用の法技術として，法形成されてきたものではなかった。これは，わが国の従来の執行法学の理解（→債権者競合の場面における「優先主

義」採用の法技術である,と理解してきた)とは,明確に異なっていた。

1―4―2　ドイツ「BGB編纂過程論」(第2課題)

　ドイツBGB編纂過程は,ほぼ30年近くにもなる立法営為であり,その編纂構造上,「三つの手続段階」として把握された。法典もまた「時代の子」であり,その背景たる社会経済的状況の場面で編纂された。「BGB抵当法」もまた同様であり,ドイツライヒにおける「プロイセン農業利益」の,政治的過程をも包摂した社会経済的ウエイトの相対的強弱の変遷状況の場面で,編纂形成された。端的に,「ドイツ工業利益」との「せめぎあい」であり,それとの「相克・対立」の中での,「BGB抵当法」の法典化であった。これは,わが国の従来の担保実体法学の方法論的アプローチ(→社会経済的状況をも視野には入れるが,必ずしも「マクロ」的考察には成功していない)を,なお一層,展開させたものであった。

1―4―3　ドイツ「三基軸抵当法体系論」(第3課題)

　ドイツ「三基軸抵当法体系」は,全体的・一体的「BGB編纂過程」を経由して,『①「実体的」抵当権法(BGB)(1896),②「手続的」抵当権法(ZVG)(1897),③「形式的」抵当権法(GBO)(1897)』,の三法成立により,結実した。「BGB立法委員会」(VK→IK→ⅡK)は,これらの「三基軸抵当三法」を,同一理念(→土地所有者たる債務者保護のBGB法理)に基づき,矛盾なく調和的に,トータル編纂した。とりわけ,「手続的」抵当権法(ZVG)もまた,「BGB立法委員会」の手に成るものであることを,明確に指摘した。また,実体法変更に伴い,手続法変更も必然化するが,「BGB立法委員会」は,当時妥当の民訴法典(1877年・CPO)や破産法典(KO)につき,その変更をも決定し,「1897年・ZPO変更法草案」を起草し,これが「1898年・ZPO」成立となった。

　以上,①「BGB立法委員会」が,基幹法典「BGB」のみならず,その付属法典として「ZVG」(「抵当権実行手続法」としての不動産強制執行法典)をも起草編纂したこと,②それは「三基軸抵当法体系」の中での編纂起草であったこと,③「1877年・CPO」から「1898年・ZPO」成立を主導したこと,

総 括

　この「ＢＧＢ立法委員会」による「手続法編纂」主導の指摘解明（→ドイツ不動産強制執行法は「ＢＧＢ立法委員会」の手に成るものである。より広くは，わが国の民事手続法学は「ＢＧＢ編纂過程」に注目する必要がある）は，わが国の従来の民事手続法学が有意味的には認識するところではなかった。

２―０　本研究の「三つの課題」設定・追究は，わが国の「法律学（法解釈学）」にとって，どのような「意義」をもつものとしておこなわれたのか。本研究の「問題提起」（研究上の疑念）が必然的に問われざるを得ない。本研究は，
２―１　まず，「第１の課題」との関連で，「抵当制度は一体誰のものか」という，抵当「制度目的論」の視点から，わが国の実体民法学の「我妻シェーマ」に対して，「問題提起」（私見疑念）（→果たして「債権者」のためのものなのか，という疑念）をおこなった（本書「序論」→「結論的考察〔一〕」）。
２―２　さらに，「第２の課題」との関連で，「境界領域」事項へのアプローチ如何の視点から，わが国の手続執行法学の「方法論」に対して，「問題提起」（私見疑念）（→「ＢＧＢ編纂過程」を等閑視してよいのか，という疑念）をおこなった（本書「序論」→「結論的考察〔二〕」）。
２―３　また，「第３の課題」との関連で，「不動産強制執行制度は一体誰のものか」という，不動産強制執行「制度目的論」の視点から，わが国の手続執行法学の「基本認識」（→現行民事執行法典の「基本編成」）に対して，「問題提起」（私見疑念）（→果たして「人的債権者」のためのものなのか，という疑念）をおこなった（本書「序論」→「結論的考察〔三〕」）。

３―０　本研究の「三つの課題」達成のためには，どのような「研究アプローチ」が必要とされたのか。本研究の「方法論」が必然的に問われざるを得ない。本研究は，
３―１　まず，「第１の方法」として，「立法史的研究」の方法（→立法趣旨や立法者意思の「動態的把握」）により，「課題」達成を試みた（本書「序論」→「第１章」以下）。

3－2　さらに,「第2の方法」として,「実体法と手続法の双方向的研究」の方法（→両法統合化の視点）により,「課題」達成を試みた（本書「序論」→「第1章」以下）。

3－3　また,「第3の方法」として,「社会経済史的研究」の方法（→立法化の背景たる社会経済史状況の「マクロ的」考察）により,「課題」達成を試みた（本書「序論」→「第1章」以下）。

4－0　本研究の「三つの問題提起」（三つの私見疑念）は,わが国の「法律学（法解釈学）」において,どのように「解決」されたのか。本研究はどのように「答え」たのか,ということである。本研究は,

4－1　まず,「第1の問題提起」については,抵当「制度目的論」として,「抵当制度は,本来,土地所有者たる債務者保護の理念に基づくものである」,と結論付けた（本書「結論的考察〔一〕」）。「我妻シェーマ」に対する,「新たなテーゼ」の定立であった。

4－2　さらに,「第2の問題提起」については,「三基軸抵当法」（→「手続的」抵当権法）の視点から,「ドイツライヒの統一的BGB編纂過程への注目なくして,ドイツ民事手続執行法研究なし（不備となる）」,と結論付けた（本書「結論的考察〔二〕」）。わが国の手続執行法学の「方法論」に対する,「方法論上の問題性」の指摘であり,「新たな民事手続法学方法論」の定立であった。

4－3　また,「第3の問題提起」については,不動産強制執行「制度目的論」として,「不動産強制執行制度は,本来,抵当権者のための抵当権実行手続制度である」,と結論付けた（本書「結論的考察〔三〕」）。わが国の手続執行法学の「共通一般認識」（→現行民執法典の「基本編成」）に対する,強制競売の「新たな認識」の定立（→新「強制競売」考）であった。

付 論 文

付論文①

我が国の法典編纂過程における「ドイツ強制抵当権制度」と「フランス裁判上抵当権制度」
―― 制度不導入の「動機」の解明 ――

【論文趣旨】（初出；1996/09.1996/10.）
1　「明治期の法典編纂過程」を含めて，わが国では，ドイツ強制抵当権制度も，フランス裁判上抵当権制度も，そのいずれも，一度も採用されたことはない（浦野）。
2　そこで，本論文は，「明治期の法典継受」時代に，ドイツ強制抵当権制度も，フランス裁判上抵当権制度も，①なぜ導入されなかったのか，その「理由」如何，②そしてその不導入の「動機」は一体どのようなものであったのか，を探求したものである。
3　この問題の考察・解明のためには，「民事手続法」と「民事実体法」の両面を視野に入れての，そのアプローチが必要であり，本論文もこれを試みている。
4　本論文は，後述の「付論文③」と，その目的内容上，ペアのものである。

はじめに――問題提起――
1　研究上の必要性は何か――「ない」法制度に関する外国法研究の意義――
2　「ドイツ強制抵当権制度」とは何か，「フランス裁判上抵当権制度」とは何か――制度の概要――
3　ボアソナード・民法草案（M19）はなぜ「フランス裁判上

>　　抵当権制度」を導入しなかったのか——明示的・自覚的態度
>　　決定としての不導入——
>　4　ボアソナード・財産差押法草案（M15）はなぜ「ドイツ強
>　　制抵当権制度」を導入しなかったのか——私見の推論——
>　5　テヒョー・訴訟法草案（M19）はなぜ「ドイツ強制抵当権
>　　制度」を導入しなかったのか——私見の推論——
> 〔基本文献リスト〕

はじめに——問題提起——

（i）我が国の現行法体系が知らない法制度の一つとして，「ドイツ強制抵当権制度」，さらには「フランス裁判上抵当権制度」と呼ばれるものが，存在しています。手続法たる「民事執行法」典（昭54年公布，昭55年施行）も，実体法たる「民法」典（明治31年公布・施行）も，いずれもこのような法制度を自らの法体系中に存置するものではありません。

（a）しかも，手続法たる「民執法」典について，明治期以来の法典編纂過程に遡ってみても，各種草案や法典中には，手続執行法上の制度として理解されるところの，「ドイツ強制抵当権制度」は一度たりとも採用されたことはありません。手続法たる「民執法」典が「ドイツ法系」に位置付けられるという，その系譜的親近性にもかかわらず，「ドイツ強制抵当権制度」は我が国の手続法典中にどうして法継受されなかったのでしょうか。制度不導入の「動機」は，一体，どこにあったのでしょうか。

（b）また，実体法たる「民法」典について，明治期以来の法典編纂過程に遡ってみても，各種草案や法典中には，実体民法上の制度として理解されるところの，「フランス裁判上抵当権制度」は一度たりとも採用されたことはありません。実体法たる「民法」典が，いわば独仏両法の「融合型」である（但し，実体的抵当権法の法領域に関しては，ボアソナード民法草案の流れをひいて，「フランス法系」である，といえます）という，その系譜的親近性にもかかわらず，「フランス裁判上抵当権制度」は我が国の実体民法典中にどうして法継受され

なかったのでしょうか。制度不導入の「動機」は，一体，どこにあったのでしょうか。

(ii) 従来——というよりも，かつてといったほうが，より正確かと思われますが——，我が国では，「ドイツ強制抵当権制度」については，ほとんど何の研究もなされてはきませんでした。それが我が国の現行法体系の知らない制度である，ということが，研究上ネグレクトされてきたという，その等閑視の最大の理由であった，と思われます。

詳しくは後に述べることになります（後述1）が，"しかし，果たしてそれでよいのか"，という筆者の素朴な疑念から，「ドイツ強制抵当権制度」に関して，筆者は一連の立法史的研究を進めてきました。本稿もまた，「ドイツ強制抵当権制度」に関する筆者の研究の一環として，我が国の法典編纂過程において，「ドイツ強制抵当権制度」が，そして「フランス裁判上抵当権制度」が，①どのように論議され，あるいは論議されなかったのか，②制度不導入の「動機」は何か，それが明示的ないし確信的なものであったのか，それとも自覚的なものではなかったのか，といった点について，理論的な解明を試みよう，とするものです。

(iii) なお，本稿は，立法論として「ドイツ強制抵当権制度」を導入すべし，という私見の基本的立場（後述「基本文献リスト」中の斎藤①論文）を，側面から補強せん，とする意図に基づくものです。詳言は避けますが，我が国の立法経緯よりすれば，①「ドイツ強制抵当権制度」はなんらの本格的論議なくして制度不導入という結果となっている，②「ドイツ強制抵当権制度」は「フランス裁判上抵当権制度」の諸難点や諸欠点を是正したものであり，ボアソナードの意思（「フランス裁判上抵当権制度」の不導入）は十分に克服（反証）可能と考えられる，からです。

1 研究上の必要性は何か——「ない」法制度に関する外国法研究の意義——

(1) 研究は無用ないし不要なのか——研究上の等閑視——

(i) ドイツ法上の強制抵当権制度も，フランス法上の裁判上抵当権制度も，

それらの外国法との系譜的親近性にもかかわらず，我が国の法体系は立法的に継受するものではありませんでした。両制度は我が国の法体系の知らないものに他なりません。

(ⅱ) それでは，我が国の法体系が存置していない法制度であるとすれば，我が国の法律学，とりわけ日本実定法の解釈を任務とする「法解釈学」の立場よりすれば，これらの両制度についての研究はもはや無用ないし不要となってしまうのでしょうか。このような研究が，従前，我が国ではほとんどなされてはこなかった，という明白な事実は，我が国での研究の無用性や不要性を，あるいは，象徴しているかのようでもあります。

(2) **我が国の「法解釈学」は外国法研究に関してどのような基本姿勢をもっていたのか——私見の疑念——**

(ⅰ) たしかに，我が国の実定法についての「法解釈学」は，まず我が国の法体系上存在する諸規定・諸制度・諸原則・諸理論に関して，その系譜的淵源へと遡るために，母法たる外国法の研究に，従来より，多大のエネルギーを注いできました。そのルーツは外国法にあるとすれば，そこでの立法者意思や立法趣旨を探求しなければならない，ということで，いわゆる「歴史的法解釈」に努めてきたのです。それは貴重なる学問的営為であり，それにより我が国の「法解釈学」は，なお一層，厚みと豊かな内実をもちうるようになった，ということはあらためて指摘するまでもないことです。

(ⅱ) 他方，我が国の「法解釈学」は，我が国の法体系上存在していない諸制度に関して，その一般的・全体的な系譜的親近性が存在するにもかかわらず，ドイツ法やフランス法といった外国法の研究を，著しく等閑視してきたのではないか，と思われます。

たとえば，それが我が国の法体系上存在しない法制度であるとすれば，その法制度に関するドイツ法やフランス法といった外国法の研究は，仮に外国法それ自体の研究として（あるいは，外国法専攻研究者の研究として）意味あるとしても，一体，我が国の実定法についての「法解釈学」や「法解釈論」にと

って，どのような意味や意義があるというのか，といったネガティブな判断や考慮が，なされていたのではないでしょうか。そして，そのようなネガティブな考えから，「ない」法制度に関する外国法研究は，我が国の「法解釈学」にあっては，著しく軽視されてきた，といえるでしょう。しかし，果たして，そうであってよいのでしょうか。我が国の「法解釈学」に従事する一人の研究者として，私には大きな疑念が生じてこざるを得ません。

(3) 「ない」法制度に関する外国法研究の意義──私見の提示──

(i) 上述の問題点については，私は次のように考えています。

「ある」法制度についての母法たる外国法の研究，その重要性は，いくら強調しても強調しすぎることはないこと，もちろんです。しかし，我が国の「法解釈論」に資する，あるいは利用する，という視点からは，その外国法研究にあっては，ともすれば近視眼的なものになったり，研究者自身の関心や意図に引きずられるあまり，やや歪曲されたものにもなりがちであった，という一般的傾向が，存在せざるを得なかった，ようにも思われます。端的に，そのような趣旨の碩学（三ヶ月教授の指摘も眼にします（後述「基本文献リスト」中の三ヶ月論文参照））とすれば，「ある」法制度に関する母法たる外国法の研究も，我が国の「法解釈論」のための研究の一環としてではなく，虚心坦懐に，外国法それ自体の研究として，比較法研究の基本姿勢をふまえながら，その実態解明のために，淡々として進められるべきものでなければならない，といえるでしょう。

(ii) さらに，問題は，「ない」法制度に関する外国法研究について，です。

我が国の実定法についての「法解釈学」にとって，「ある」法制度に関してのみならず，それに優るとも決して劣らないものとして，「ない」法制度に関する外国法研究は，多大の意義をもつ，と考えます。このことは次の三点において分説できます。

すなわち，(a) 第1に，「ある」法制度に関する外国法研究が，その母法としての系譜的親近性を前提として，その「同質性」に注目するのに対して，

「ない」法制度に関する外国法研究は，同じくその系譜的親近性を前提としながらも，その「異質性」に注目するものである，といえると思います。

しかも，外国法研究は「独立した比較法研究」として方法付けられるべきですから，「ない」法制度に関して，その「異質性」に注目する外国法研究は，母法体系との対比において，我が国の現行法体系を「比較法的相対性」の中に極めて明瞭に位置付けるための，有力な方法となるでしょう。しかも，日本法体系を「比較法的相対性」の中に位置付ける，という方法論的機能は，「ある」法制度に関してその「同質性」に注目するものにおいてよりも，「ない」法制度に関してその「異質性」に注目する外国法研究において，遙かに一層，顕著に発揮されるであろう，と考えられます。

(b) 第2に，「ない」法制度に関する外国法研究は，我が国の実定法の「法解釈学」にとって，体系的さらには歴史的な法解釈の観点において，豊かな内実を付与しうる，と考えられます。

より具体的には，たとえば第3の執行方法としての「強制抵当権制度」を欠く我が国の「不動産強制執行法体系」の下では，強制競売・強制管理という，その他の二執行方法種類についての体系的把握（その相互関係や役割分担如何）も，母法たるドイツ法におけるとは，自ずと差異を示さざるを得ないでしょう。また第3の担保権としての「裁判上抵当権制度」を欠く我が国の「実体的抵当権法体系」の下では，約定抵当権・法定抵当権という，その他の二つの抵当権種類についての体系的把握（その相互関係や役割分担如何）も，母法たるフランス法におけるとは，自ずと差異を示さざるを得ない，といえるでしょう。

(c) 第3に，「ない」法制度に関する外国法研究は，単に「法解釈学」にとってのみならず，従来我が国ではあまりにも僅少であった「立法論的提言」（法立法論）（三ヶ月教授）や「法政策学」（平井宜雄教授），さらには「民事立法学」（椿寿夫教授）にも，大きく寄与しうる，と考えられます。換言すれば，「ある」法制度に関する外国法研究のみからは，新たな建設的な「立法論的提言」や「法政策論」・「民事立法学」がうまれ出てくる余地は，極めて僅少であろう，ということでもあります。

(iii) 以上を小括すれば，「・な・い」法制度であるドイツ法上の「強制抵当権制度」やフランス法上の「裁判上抵当権制度」に関する外国法研究は，我が国の「法解釈論」にとってのみならず，「立法論」や「法政策論」・「民事立法学」にとってもまた，なお一層の重要な意味をもちうる，と考えられます。

2 「ドイツ強制抵当権制度」とは何か，「フランス裁判上抵当権制度」とは何か──制度の概要──

(1) 根拠条文──ドイツ民訴法866条1項，フランス民法2123条1項──

(i) ドイツ法上，「強制抵当権制度（Zwangshypothek）」と呼ばれる法制度が，存在しています。ドイツ民訴法（以下，1898年・ＺＰＯを略記します）典は，その866条1項[1]において，「土地ニ対スル強制執行ハ，債権ノ為ノ保全抵当権ノ登記，強制競売及ビ強制管理ニ依ツテ，行ワレル」と定めていますが，ここでいう「債権ノ為ノ保全抵当権ノ登記（Eintragung einer Sicherungshypothek für die Forderung）」というのが，講学上，いわゆる「強制抵当権制度」と呼ばれる法制度に他なりません。

(ii) 他方，フランス法上においても，ドイツ法上の「強制抵当権制度」と類似ないし対応する法制度として，「裁判上抵当権制度（hypothèque judiciaire）」と呼ばれる法制度が存在しています。フランス民法典は，その2123条1項[2]において，「裁判上ノ抵当権ハ，ソレガ対席裁判又ハ欠席裁判デアルトヲ問ハズ，サラニソレガ確定裁判又ハ仮裁判デアルトヲ問ハズ，裁判ヲ取得シタル者ノ為ニ，ソノ裁判ニ因ツテ，成立スル。裁判上ノ抵当権ハ亦，債務ニ関スル私署証書ニ付シタル署名ニ付イテノ裁判上ノ承認又ハ検証ニ因リテ，成立スル」と定めていますが，ここでいう「裁判上ノ抵当権（Des hypothèques judiciaires）」というのが，「裁判上抵当権制度」と呼ばれるものに他なりません。

(2) 「姉妹制度」としての類似対応性──判決債権者の法的地位の確実化──

(i) 「ドイツ強制抵当権制度」と「フランス裁判上抵当権制度」は，いずれも判決を取得した債権者の利益のために，その法的地位を確実化せんとする点

629

で，同様の法的機能を有しています。

(ⅱ) しかも，「ドイツ強制抵当権制度」は，その淵源の一つとして，「フランス裁判上抵当権制度」の系譜的流れを部分的に受けたものでもあります[3]。

(ⅲ) 以上，両制度は，同様ないし類似の制度趣旨・機能をもつ，いわば「姉妹制度」である，ということができるでしょう。

(3) 「法体系的位置付け」における相違性——「第3の執行方法」か(手続「強制執行法体系」中の法制度か)，「第3の抵当権」か(実体「民法体系」中の法制度か)——

(ⅰ) しかし，「ドイツ強制抵当権制度」と「フランス裁判上抵当権制度」との両制度にあっては，姉妹制度としての類似対応性にもかかわらず，いくつかの相違点が存在することも事実です。そのもっとも重要な，しかも根本的な違いとして，その法制度についての，法体系上の位置付けが異なる，という点に注目しなければなりません。

(ⅱ) より具体的に述べれば，

(a) 「ドイツ強制抵当権制度」は，「手続法」としての民訴法典中に存置されていることよりも明らかなように，手続「強制執行法体系」中の一制度として位置付けられています。強制執行法体系中において，不動産強制執行における「執行方法」の一つとして，位置付けられている，のです。不動産強制執行における強制競売並びに強制管理という二つの執行方法と並んで，「第3の執行方法」としての「強制抵当権制度」，というのが，ドイツ法上の法体系的位置付けである，といえるでしょう。

(b) これに対して，「フランス裁判上抵当権制度」は，「実体法」としての民法典中に存置されていることよりも明らかなように，実体「民法体系」中の一制度として位置付けられています。民法体系中において，抵当権制度における「抵当権種類」の一つとして，位置付けられている，のです。抵当権法における法定抵当権並びに約定抵当権という二つの抵当権種類と並んで，「第3の抵当権」としての「裁判上抵当権制度」，というのが，フランス法上の法体系的

位置付けである，といえるでしょう。

3 ボアソナード・民法草案（M19）はなぜ「フランス裁判上抵当権制度」を導入しなかったのか──明示的・自覚的態度決定としての不導入──

我が国の現行民法典（M31）の，いわば「準備草案[4]」とも言うべき，明治19年・ボアソナード民法草案は，1804年・フランス民法典を基本的に範としたものであるにもかかわらず，「フランス裁判上抵当権制度」をフランス民法典より法継受していません。それは一体どのような理由に基づくものであったのでしょうか[5]。

(1) ボアソナード・民法草案における不導入

(i) 1804年・フランス民法典は，その発生原因如何（いかん）という点より，抵当権の種類として，次の三種のものを存置ないし承認していました。すなわち，①当事者間の合意により生ずる「約定抵当権」，②合意なくして法律の規定により生ずる「法定抵当権」，③判決より生ずる「裁判上抵当権」，の三種が，法制度上，認められていました。

(ii) しかし，ボアソナード民法草案は，①「約定抵当権」と②「法定抵当権」を存置するも，この第3の種類の「裁判上抵当権」を存置していません。第3の種類としては，「裁判上抵当権」ではなく，③「遺言抵当権」というものを，存置しています。この第3の種類としての「遺言抵当権」とは，遺言による遺贈を担保すべく，あるいは第三者の債務を担保するために，遺言者が自己所有の不動産上に設定した抵当権，を意味するものです。これは，1851年・ベルギー抵当権法[6]を範としたものである，とされています（藤原・研究39頁以下）。

(2) 起草者ボアソナードの意思ないし動機──制度に対するネガティブな価値評価──

(i) ボアソナード民法草案中の「註釈」によれば，起草者ボアソナード自身

が，フランス裁判上抵当権制度に対して，極めてネガティフな価値評価をしていた，ということが明瞭となっています。その「註釈」より，起草者ボアソナードの意思を，次の四点において，分説します（藤原・研究39頁以下参照）。

(ii) まず，

(a) 第1に，フランス裁判上抵当権制度の起点として，ボアソナードによれば，それはフランス古法に求められています。すなわち，フランス古法上，公証人の立会いの下でなされた契約上のすべての債務には，国王の名の下での執行形式で「黙示の抵当権」が許与され，その抵当権は債務者所有の現在の且つ将来のすべての総財産を把握し，いわゆる一般抵当権としての性格を有するものとされていた。しかし，他方，同じく国王の名の下になされる判決にはこのような一般抵当権が許与されなかったため，公正証書におけるとの均衡上，後日，判決にも一般抵当権が許与されるに至り，これが裁判上抵当権制度の起点である，との趣旨が述べられています。

(b) 第2に，当時妥当のフランス民法典中の裁判上抵当権制度に対する批判として，ボアソナードによれば，1804年・フランス民法典は裁判上抵当権制度の規律において自己矛盾し，そもそも同制度の存立基盤は失われてしまっている，としています。

すなわち，1804年・フランス民法典は，従前どおり，債務弁済を命ずる判決並びに私署証書の真正を承認する「判決により裁判上抵当権が成立」することを認めているが，他方において「公正証書による黙示の抵当権」についてはこれを廃止している。しかし，「判決による裁判上抵当権」は，沿革史的には，そもそも「公正証書による黙示の抵当権」が承認されていることとの均衡上，承認されたものであり，後者が廃止されたとすれば，「判決による裁判上抵当権」ももはや存立根拠を失わざるを得ない。それにもかかわらず，フランス民法典が依然として「判決による裁判上抵当権」を承認ないし存置しているのは，自らの矛盾である，との趣旨を論じています。

(c) 第3に，フランス裁判上抵当権制度それ自体に対する一般的批判として，ボアソナードによれば，裁判上抵当権制度は，理性上，衡平の見地からいって，

正当性を欠き是認し得ない，としています。その制度的欠陥として，次の三つを指摘しています。

　すなわち，①執行文記載の公正証書の権利者にあっては訴訟を起こす必要がなく，判決を得ることもなく，したがって裁判上抵当権を取得することもない。しかし，他方，私署証書の権利者にあっては，執行のために判決を取得し，それにより裁判上抵当権を取得しうる。これは「不正・不条理」である。②「忍耐仁血ノ意アル権利者」が義務者に対して訴訟をしていなかったところ，「忍耐仁血ノ意ノ薄キ権利者」が訴訟により裁判上抵当権を取得したとすれば，前者はそのことにより「全ク損害ヲ受ク可キ」おそれがある。③裁判上抵当権は義務者のすべての不動産上に及ぶものであるが故に，それは「財産ノ流通ヲ害（ス）」し，「義務者ノ儘憑ヲ減ス」るものである，と批判しています。

　(d)　第4に，比較法上の，さらには立法上の近時の動向として，ボアソナードによれば，裁判上抵当権制度に対する消極的な立法動向が，指摘されています。

　すなわち，①フランスの学説や判決は裁判上抵当権制度に対して批判的である。②1850年・フランス「先取特権・抵当権法案」が裁判上抵当権制度を存置していない（廃止論）。③1850年・ベルギー抵当権法が裁判上抵当権制度を存置しておらず，廃止論の立場に立っている，ということを指摘しています。

　(iii)　以上四点において分説しましたように，起草者ボアソナードは，「フランス裁判上抵当権制度」をネガティブに価値評価し，これを日本民法に制度的に導入すべきでない，との明示的且つ確信的な態度決定をしていた，といえます。

(3)　「**法律取調委員会**」**審議ではどのような議論がなされたのか**――導入論の主張，不導入の決定――

　(i)　ボアソナード民法草案は裁判上抵当権制度を導入しませんでしたが，その後の「法律取調委員会」では，同制度の問題について，どのような審議がなされたのでしょうか[7][8]（藤原・研究65頁以下）。

(ⅱ) 法律取調委員会での審議では，裁判上抵当権制度については，

(a) 制度導入論（「ボ民法草案」反対論）が，まず主張されています。南部甕男（なんぶ・みかお）委員（大審院民事第1局長）によれば，判決により裁判上抵当権を債権者が取得できるのは「便利ト思」われ，それは「是迄ノ身代限リノ不都合ナル弊ヲ去ルノ一ニモナル実際ニ効アル」ものである，と述べています。

(b) これに対して，制度不導入論（「ボ民法草案」賛成論）も，主張されています。たとえば，村田保委員（元老院議官）によれば，ベルギー抵当権法が廃止論の立場であることを援用し，不導入論を主張しています。また，栗塚省吾報告委員（司法大臣秘書官）もまた，抵当権は設置の合意により生ずればよく，裁判に負けたからといって抵当権が当然に生ずるとなれば，債務者にとって「甚ダ遺憾」なことである，との趣旨を述べています。

(c) しかし，日本人委員の当時の認識レヴェルよりすれば，制度不導入論と導入論の論議は，なんら本質に迫るものではなく，自ずと表面的ないし皮相的なものに留まり，その態度決定は困難であった，と思われます。かくして，法律取調委員会としては，あらためて制度導入の是非についてボアソナードに質疑し，その回答をまって，審議での態度決定を行うこととなりました。

(d) その後のボアソナードの回答によれば，オランダ・ベルギーでの裁判上抵当権制度の廃止，そして，フランスでの廃止の方向性，の援用の下，日本でも同制度を導入すべきではない，とされました。この回答をふまえて，法律取調委員会は，裁判上抵当権制度の不導入を決定しました。

(ⅲ) 以上，法律取調委員会の審議でも，制度導入論が主張されたものの，結局はボアソナードの意思どおりに，制度不導入が決定されました。

なお，付言すれば，ボアソナード民法草案は，法律取調委員会での審議の終了後，元老院での審議，通過，通過案についての政府修正，を経由しました。かくして，それは明治23年・旧民法典（抵当権法を含む）として公布されました。

4　ボアソナード・財産差押法草案（M15）はなぜ「ドイツ強制抵当権制度」を導入しなかったのか──私見の推論──

（i）　我が国の現行民執法典（S54）も，その前身である（旧）民訴法典旧第6編「強制執行」（M23）も，いずれも不動産強制執行における「第3の執行方法」としての「ドイツ強制抵当権制度」を導入していません。

（ii）　さらに，（旧）民訴法典旧第6編「強制執行」の，いわば「第1準備草案」ともいうべき，明治15年・ボアソナード財産差押法草案も，そしていわば「第1草案」ともいうべき，明治19年・テヒョー訴訟法草案も，いずれも「ドイツ強制抵当権制度」を法継受していません。それは一体どのような理由に基づくものであったのでしょうか。

（iii）　まず，強制執行法草案の一つであるボアソナード・財産差押法草案がなぜ「ドイツ強制抵当権制度」を法継受しなかったのか，その理由如何について分析したい，と思います。

(1)　前史：元老院・訴訟法草案（M13）──「フランス型」民訴法草案──

既に明治9年，政府は元老院に民事訴訟法の取調べを命じています。この命の下，元老院では民事訴訟法の草案を起草するために，その作業が進められました。そして，明治13年12月，全5編43章287ヵ条より成る「草案」が編纂され，議長に上進されました。これは，1806年・フランス民訴法典に準拠して，作成されたものでした。

(2)　ボアソナード・財産差押法草案（M15）──「フランス型」強制執行法草案，制度不導入の動機如何──

(イ)　草案の起草，そして公刊

他方，明治15年，ボアソナードにより「財産差押法草案」が起草されています。これは司法省の依頼によるものであり[9]，将来編纂されるべき日本民訴法典[10]に編入されるべき強制執行法草案でした[11]。なお，これについては，翌明治16年，「ボアソナード氏稿・一瀬勇三郎訳・日本訴訟法　財産差押法草案並註

解」という邦訳本が，司法省より刊行されています（その成立の事情については，三ヶ月・「基本構想」167頁以下が詳細です[12]）。

　(ロ)　ボアソナード・民法草案の起草との時期的関係

　(i)　ボアソナードは「実体」民法典の草案の起草にもあたっていたのですから，この「手続」強制執行法の草案の起草は，それと同時期に，どのように関係していたのでしょうか。

　(ii)　まず，ボアソナードの財産差押法草案は，その序文よりも明らかなように，より正確には明治15年10月に，その起草を終えています。

　他方，その時期的段階にあっては，同じくボアソナードの起草に係る民法草案中，かなりの部分について，その起草（フランス文）が終了している，と考えられます。このことは，ボアソナードのフランス分草案の公刊年[13]より，判明します。

　としますと，ボアソナードは，「実体」民法典と，「手続」強制法典について同時並行的にその起草作業を進めていた，といえるでしょう。ボアソナードもまた，実体的規制と手続的規制のタイアップないしリンク，その役割分担を含めた相互的調整，ということに意を用いていた，ということに注目されます。

　(ハ)　法典編成・その内容的特徴

　(i)　ボアソナード財産差押法草案の法典編成は，次の如くです。

　　├─ 執行差押の総則（§§1—12）
　　├─ 第1章　差押フ可カラサル物権ノ事（§§13—18）
　　├─ 第2章　動産差押ノ事（§§19—50）
　　├─ 第3章　艦，船，艇，ヲ差押ヘル事（§§51—60）
　　├─ 第4章　収納ヲ為ス以前ノ菓実，即チ土地ニ附着スル菓実ヲ差押ヘル事
　　│　　　　　（§§61—70）
　　├─ 第5章　制止差押，即チ故障差押ノ事（§§71—86）
　　├─ 第6章　保存差押ノ事（§§87—94）
　　├─ 第7章　不動産差押ノ事（§§95—130）
　　└─ 第8章　権利者間ノ順序及ビ権利者ノ間ニ配当スル事（§§131—145）

(ii) ボアソナード財産差押法草案について、その特徴を指摘すれば、次の如くです。

(a) 第1に、その法典編成の構成よりも明らかなように、ボアソナード財産差押法草案は、1806年・フランス民訴法典を範とした、いわば「フランス型」強制執行法草案に他なりません。しかも、単純なる模倣ではなく、フランス民訴法典を要を得て簡潔に再構成しながらも、なおボアソナード自身の着想に基づいて、様々な新機軸を打ち出しています[14]。

(b) 第2に、ボアソナード財産差押法草案中の不動産強制執行に注目すれば、その執行方法として、「強制競売」のみが認められています。執行方法として、「強制競売」のみが認められ、独立した執行方法としての「強制管理」は認められていない[15]、という点で、まさしく「フランス型」不動産強制執行である、といえます。

(c) 第3に、ボアソナード財産差押法草案中の不動産執行は[16]、フランス民訴法の手続構造を範としつつ、その簡略化を試み、やはり同様に「平等主義」立法の立場を採っています（この点については、宮脇・「沿革史」7頁）。

(ニ) 制度不導入の動機如何──私見の推論──

(i) 最後に、本稿テーマに即してボアソナード財産差押法草案をみれば、同草案中には、ドイツ強制抵当権についても、フランス裁判上抵当権についても、その関連諸規定はまったく存在していません。端的に、同草案はこれらの両制度を導入していないのです。同草案中の「註釈」にあっても、まったく両制度に言及していませんので、あくまで筆者の推論にならざるを得ませんが、その制度不導入の理由如何について、次のように考えられます。

(ii) まず、同草案は、「第3の抵当権」としてのフランス裁判上抵当権制度を、導入していません。その理由としては、次の二点を指摘できる、と考えられます。

(a) 第1に、フランス裁判上抵当権制度がそもそも実体民法上の抵当権制度の一つとして歴史的に展開してきたものであり、したがってその法規制はそもそも手続法としての財産差押法草案の守備範囲に入らない、といえるからです。

(b) 第2に，ボアソナード自身がそもそもフランス裁判上抵当権制度に対して否定的な見解をもっていた，と考えられるからです。既述の如く，後日起草・脱稿されたボアソナード民法草案・第4編（債権担保編）第2部（物的担保）第5章（抵当権）に関する諸条文中には，裁判上抵当権制度の存置規定はなく，ボアソナード自身これを否定的に解していました（既述三。その抵当権についての起草・脱稿は，財産差押法草案の起草に遅れること約6年，明治21年のことです）。

(iii) また，同草案は，「第3の執行方法」としてのドイツ強制抵当権制度も，導入していません。その理由としては，次の四点が指摘できる，と考えられます。

(a) 第1に，ドイツ強制抵当権制度は，フランス裁判上抵当権制度の基本的理念を踏襲しながらも，ドイツ・プロイセン抵当権法の独自の形成に即応したものであり，両制度が「姉妹制度」といえること，既に述べたとおりです。したがって，ボアソナード自身がフランス裁判上抵当権制度に対して消極的態度をとっていた（それは後日のボアソナード民法草案にて明示されました）のですから，同じく判決債権者の優遇を意図する「姉妹制度」たるドイツ強制抵当権制度に対しても，同じく批判的であったであろう，と思われます。

(b) 第2に，同草案は，1806年・フランス民訴法典中の「強制執行法」のいわば「簡易型」であり，基本的にはあくまで「フランス型」強制執行法草案であること，既に述べたとおりです。また，同草案が，不動産強制執行の「執行方法」としても，いわば「強制管理」的機能を自らの中に包摂した，「強制競売」という一つの執行方法を，認めていること，それはまさしく「フランス型」執行法としての一つの特徴でもあります。とすれば，ドイツ不動産強制執行法体系の中で既に「第3の執行方法」としての位置付けを得ていたドイツ強制抵当権制度，そのようなドイツ型執行方法を「フランス型」同草案中に編入することは，あまりにも大きな体系的不調和・矛盾を招来してしまうからであろう，と考えられます。

(c) 第3に，ボアソナード自身の経歴よりすれば，必ずしもドイツ強制執行

法に精通していたとは言い難いし，いかにオールマイティーにして該博な学識を具備していた碩学であったとはいえ，ドイツ強制抵当権制度については必ずしも十分な認識をもっていたわけではない，と考えられます。

(d) 第4に，同時進行中であったボアソナードの民法草案の起草作業よりも明らかなように，ボアソナード自身，自らフランス人法学者として，ドイツ法一般に対して，ネガティブな強い拒否反応を有するものであった，と思われます[17]。そもそも，ドイツ法とフランス法は，同じく大陸法系に位置するかなりの類似性にもかかわらず，その歴史性や体系性において，いわば「水と油」の如き関係にもあり，それぞれ相反する，180度に異なるかのような諸原則をも，発展ないし確立してきたこと，その諸例を挙げることは，それ程困難ではありません。ちなみに，ボアソナード民法草案にあっては，ドイツ民法からの直接的影響はほとんどみられませんし，「ドイツ民法典が完成すれば，これをも参照する」(Projet, t. 1, p. 6) とのボアソナードの言辞にもかかわらず，時期的に結局のところドイツ民法典が未だ完成に至らなかったために，その参照はなされませんでした。したがって，ボアソナード財産差押草案の起草にあっても，同様のことがいえる，と考えられます。

5 テヒョー・訴訟法草案 (M19) はなぜ「ドイツ強制抵当権制度」を導入しなかったのか——私見の推論——

我が国の民訴法旧第6編「強制執行」の「第1草案」というべきテヒョー草案は，なぜ「ドイツ強制抵当権制度」を導入しなかったのでしょうか。まず編纂過程を，そしてその法典構造，内容一般を検討し，本問の考察を試みたい，と考えます。

(1) **編纂過程はどのように進められたのか——テヒョー草案の編纂過程——**
(イ) **訴訟規則取調委員会の設置 (M17)，テヒョー招聘，それへの起草委嘱**
——ドイツ法系立法への傾斜ないし転換——

(i) 明治17年，司法省に「訴訟規則取調委員会」が設置されました。時の明

治政府は，当時最新の1877年（M10）・ドイツライヒ民訴法典（以下，1877年・CPOと略記します）を範として，我が国の民訴法典を編纂すべく決意し，その任務をこの「訴訟規則取調委員会」に委ねたのです。

(ii) 同年，直ちに当時ドイツ・プロイセンの司法省参事官であった「テヒョー（Techow）」を「内閣御雇顧問」として招聘し，同人にその起草を委嘱しました。テヒョーは，日本民訴法典編纂のための「計画と方法」について，自らの意見書により明示し，明治17年5月より具体的な条文起草の作業をスタートさせました。

(iii) 以上，既にこの時期的段階において，国家の一支柱としての司法制度に関する日本民訴法典の編纂については，「フランス法系立法（ボアソナード・財産差押法草案）」から「ドイツ・プロイセン法系立法への傾斜ないし転換」が，みられた，と考えられます。

(ロ) 編纂作業の具体的進行

(A) 「訴訟法予備会議」での審議（M17以降）――テヒョーによる起草と協同作業，「訴訟規則」（M18）の完成――

(i) 当時の不平等条約の撤廃ないし改正のための準備作業の一つとして，その法典編纂作業は急速を要するものでした。したがって，テヒョーが原案として起草し終えた各章ごとに，直ちにその邦訳がなされ，これを大審院長・玉乃世履を委員長とする「訴訟法予備会議」の審議に付す（テヒョー草案序文2頁参照），という極めて迅速な作業が進められました。

(ii) テヒョー原案の各章（邦訳文）ごとについての「予備会議」審議では，①一方において，各条文（各制度）のもつ趣旨や内容を適確に解釈ないし理解すること，②他方において，訳語が適当・妥当なものであるのかを調査すること，といった点に，審議の主眼が置かれました（テヒョー草案序文2頁参照）。

(iii) 条文起草者であるテヒョー自身も，しばしば，この「予備会議」審議に参加し，会議委員との間で書面並びに口頭により質疑応答を繰り返しながら，審議が進行していきました。そこでは，内閣法制局参事官・渡辺廉吉[18]が通訳

者として，多大の貢献をなしました（序文2—3頁）。

(iv) 明治18年2月，テヒョーは原案の起草を最終的に脱稿しました。その後，テヒョーは，なお，各編章の修正作業に従事しています。他方，テヒョーの最終的脱稿に伴い，それについての「予備会議」審議も継続・続行され，日本文草案の修正作業が進められました（序文3頁）。

(v) 明治18年7月，テヒョーによるドイツ文草案の修正作業が終了し，また同時に「予備会議」委員による日本文草案の起草作業も終了しました（序文3頁[19]）。

(B)「委員会議」の設置，その審議（M18以降）──「委員修正・訴訟規則」としてのテヒョー・訴訟法草案（M19）の完成──

(i) 明治18年9月，完成された「訴訟規則」につき，その確定案を得るために，司法次官・三好退蔵を委員長とする「委員会案」（民事訴訟法取調委員会）が設立されました（テヒョー草案序文5頁参照）。

(ii) その会議委員としては，①内閣総理大臣秘書官・伊東巳代治[20]，②司法省民事局長・南部甕男，③司法大臣秘書官・栗塚省吾，④同・菊池武夫，⑤司法省書記官・井上正一，⑥同・小松済治，⑦司法省参事官・宮本多康直，⑧同・宮城浩蔵，⑨控訴院評定官・今村信行，⑩内閣法制局参事官・渡辺廉吉，というメンバーでした（テヒョー草案序文5—6頁参照）。

(iii)「委員会議」では，翌明治19年6月までの計160回にも及んだ審議（第1読会──第3読会）がなされました。起草者テヒョーと緊密な連携の下で，進められたものでもありました。そして，そこで完成・編纂されたものが，「委員修正・訴訟規則」でした。いわゆるテヒョー・「訴訟法草案[21]」と呼ばれるものであり，同年6月，司法大臣・山田顕義に提出されました（序文6—7頁[22]）。

(C)「法律取調委員会」での審議以降──最終草案としての「民事訴訟法草案」の確定，内閣提出，元老院での議決，制定・公布・施行──

(i) その後，テヒョー・訴訟法草案は，法典調査会の前身である「法律取調委員会」において，その審議に付されました[23]。まず，「法律取調委員会」では，テヒョー・訴訟法草案のドイツ文より，新たに邦訳文を作り直すことから，そ

の作業がスタートしています。

(ii) その審議プロセスとしては、テヒョー草案について報告委員が修正を加え、これを原案[24]として委員会の審議に付す、という形が採られました。その審議は、明治20年12月16日より、翌21年10月11日までの、ほぼ1年弱の期間、計53回にもわたって、行われました[25]。

(iii) 審議では、起草者テヒョーに代わり、日本憲法の制定のための顧問として当時来日中の、ベルリン裁判所判事・ドイツ人モッセ（Albert Mosse, 1846—1925）が、これに参画しています[26]。テヒョーは既に帰国してしまっていた、からです。としますと、テヒョーが草案編纂作業に携わったのは僅か2年間であり、日本民法典起草にあたったボアソナードと対比しますと、極めて短期間の作業であった、といえるでしょう。

しかし、このことは、テヒョーが起草作業に全力投球しなかったということを、必ずしも意味するものではありません。ドイツでの統一的法典編纂過程においても、何よりもまず「実体的民法典」の編纂が困難を極める大事業であり、それに比較すれば、相対的には「手続的民訴法典」の編纂（「ＢＧＢ編纂過程」の中で議論・審議されました）はそれほど困難なものではなかった、ということが、あらためて想起されます。

(iv) かくして、この「法律取調委員会」での審議（そこでの修正）をふまえて、順次、"「修正民事訴訟法草案・民事訴訟法再調査案」（「優先主義」立法）→「民事訴訟法草案第7編第2章以下ノ調査案」（「平等主義」立法）→最終草案としての「民事訴訟法草案」（「平等主義」立法）"が、確定されました（宮脇・「生成」208—209頁）。この最終草案としての「民事訴訟法草案」は、「法律取調委員会」により内閣に提出され、次いで元老院の議に付され、その議決を経て[27]、明治23年・「民事訴訟法」として制定・公布され、翌24年4月1日より施行されました[28]。

(ハ) ドイツ統一的法典編纂過程との対応——各種草案や各委員会の時系列的位置付けの試み——

(i) 我が国の明治期の法典編纂過程を明瞭に把握するためには，ドイツ統一的法典編纂過程と同様に，各委員会や各種草案を，そのネーミングを含めて，時系列的に位置付けることが，必要である，と考えられます。それにより，各委員会の任務や，そして各種草案の編纂過程中における意義や内容が，さらにはそれらの「連続性」と「非連続性」の関連が，より明確に把握できる，と考えるからです。

(ii) すなわち，

(a) 日本民訴法典の編纂（その計画と方法）についてのテヒョー意見書（M17）は，いわば「準備委員会の答申書」（法典編纂の「計画と方法」）に該当します。

(b) 「訴訟法予備会議」は，テヒョーとの協同作業において，テヒョー原案をたたき台として，日本民訴法典の編纂に従事しています。したがって，この「訴訟法予備会議」は，いわば『準備委員会』であり，ここで編纂された「訴訟規則」は，いわば「準備草案」である，といえます。なお，ボアソナード財産差押法草案（M15）を『第1準備草案』とすれば，これは「第2準備草案」といえます。

(c) 明治18年9月以降，「訴訟規則」は「委員会議（民事訴訟法取調委員会）」に付託され，その審議に付されましたが，この「委員会議」は，いわば『第1次委員会』である，といえます。そして，ここで確定された「委員修正・訴訟規則」は『第1草案』といえます。これは司法大臣に提出された（M19年6月）ものですから，「司法大臣提出案」ともいえます。これが，いわゆる一般に，テヒョー訴訟法草案（M19）とよばれるものです。

(d) 「委員修正・訴訟規則」は，その全体的な再検討のため，「法律取調委員会」での審議に委ねられました。この「法律取調委員会」はいわば『第2次委員会』であり，ここで順次確定されたものが，『第2草案』，『第3草案』として位置付けられる，と考えられます。

⑵ その法典構造や内容はどのように理解されるべきなのか──その法典構造，内容一般──

㈠ 法典編成──1877年・ドイツＣＰＯ典への準拠──

（ⅰ） テヒョー草案（第8編・強制執行）の法典編成は次の如くです。

第8編　強制執行
├ 第1部　総　則
│　　第1章　強制執行手続の開始と進行（§§577─627）
│　　第2章　執行官吏としての執行吏の職務（§§628─646）
├ 第2部　金銭債権の強制執行
│　　第1章　動産強制執行
│　　　　第1節　有体動産に対する強制執行（§§647─690）
│　　　　第2節　請求権及び無体財産権に対する強制執行（§§691─713）
│　　　　第3節　配当手続（§§714─728）
│　　第2章　不動産強制執行
│　　　　第1節　強制競売（§§729─796）
│　　　　第2節　強制管理（§§797─810）
│　　第3章　船舶強制執行（§§811─828）
├ 第3部　非金銭債権の強制執行（§§829─841）
└ 第4部　仮差押及び仮処分（§§842─874）

（ⅱ） その法典編成より明らかなように，テヒョー草案は，法典の「柱の立て方」として，1877年・ドイツライヒＣＰＯ（強制執行）に大きく依拠しています。その限りで，「ドイツ型」強制執行である，といえます。

㈡ 外国法典の影響──起草者テヒョー自身の草案序文より（ドイツ型・強制執行法草案）──

（ⅰ） テヒョー草案はどのような外国法ないしは外国法典の影響を受けたものなのでしょうか。テヒョーはドイツ・プロイセンの司法省参事官の職を歴任し

た人物でしたから，ドイツ法の影響の下に起草されたことは，容易に推測されるところです。しかし，実はドイツ法のみに留まるものではありませんでした。

(ⅱ) テヒョー草案の序文によれば，同草案がドイツ法を基本的に範型としながらも，その他に広く比較法的考慮を加味したものであることが，明らかとされています。序文におけるポイントを簡潔に要約しておきましょう（以下，テヒョー草案序文3―5頁参照）。

(a) 第1に，本草案は，欧州の最新の各訴訟法典中，抜きんでた存在である1877年・ドイツライヒ民訴法典（ＣＰＯ）を，基本的範型とする[29]。そして，部分的には，プロイセン実施条例や法律を，同じく範とする[30]，とされています。

(b) 第2に，部分的にはさらに，1867年・オーストリー民訴法草案並びにその他の法律，1868年・ヴェルテンブルク民訴法，等をも，範とする，とされています。

(c) 第3に，フランス・イギリス・アメリカの法理や原則について，既に日本の実務で妥当・適用されているものは，これをも至当なる採択を行っている，とされています。

(d) 第4に，日本の法律上の思想と相互に密着するが故に，除去できないもの，また実際の便益上より必要と認められるもの，については，努めてこれを存続させる。したがって，本草案は，現行の日本訴訟手続を基礎とするが故に，日本固有の土地に日本固有の基盤を有する，とされています。

(ⅲ) 以上を小括すれば，テヒョー草案は，起草者テヒョー自らの言よりすれば，まさしく基本的には「ドイツ型」草案に他なりませんが，なおその他の比較法的影響や日本訴訟手続をもかなりの程度考慮したものであった，といえるでしょう。

(ⅳ) なお，付言すれば，明治20年以降，テヒョー草案は，「法律取調委員会」での審議に付せられましたが，そこではかなりの程度でドイツ法への傾斜を深めています。「ドイツ型への一層の徹底」，という特徴が顕著です。

(ハ) ボアソナード財産差押法草案（M15）の影響——その連続性と非連続性——

（ⅰ）既に述べましたように，テヒョー草案はドイツライヒＣＰＯ典を範としたドイツ型・強制執行法でした。しかし，他方，テヒョー草案は，それにもかかわらず，かなり大きくフランス民訴法典（強制執行）からも影響を受けている，ということが，比較的に近時の学説（三ヶ月・「テヒョーの基本構想」230頁以下・237頁等）により指摘されてきています[31]。従来，テヒョーがドイツ・プロイセン司法省参事官の職にあったことから，その起草にかかるテヒョー草案もドイツ型・強制執行である，と一般的に理解されてきたのですが，その学説の指摘によれば，テヒョー草案中には，フランス法的制度や仕組みがドイツ法的思考を経由して・・より洗練され体系化された形で登場している，とされたのです。その限りでは，テヒョー草案は，基本的にはドイツ型でありながら，その実質的内容よりすれば「独仏融合型」ともいえるでしょう。

（ⅱ）既に述べましたように，ボアソナード財産差押法草案はフランス型（簡易型）強制執行でした。それに続くテヒョー草案はドイツ型強制執行ではありましたが，ボアソナード草案のフランス型強制執行の流れをも受け継いだものでした。したがって，このような点よりすれば，テヒョー草案は，ボアソナード草案と非連続・・・する（フランス型からドイツ型への転換）と共に，同時に連続・・する（ボアソナード草案の部分的継承），といえるでしょう。

（ⅲ）なお，付言すれば，テヒョー草案中のこれらのフランス的要素，すなわち「非ドイツ的要素」の多くが，明治20年以降より明治23年・日本民訴法典の公布に至る編纂過程で，消除されるに至っています（三ヶ月・230頁）。「なお一層のドイツ型」として，明治23年・民訴法典が位置付けられるのです（宮脇・「改正」84頁・87頁）。

(ニ) ドイツ型・「優先主義」立法

（ⅰ）テヒョー草案は，動産執行においても不動産執行においても，「優先主義」を採用しています。まさしく，ドイツ型強制執行として，面目躍如といえるでしょう。

(ⅱ) しかし,明治23年・民訴法典(強制執行)は,その草案起草の最終段階に至り,ドイツ法流の「優先主義」立法からフランス法流の「平等主義」立法に,いわば拙速的に転換しています[32]。したがって,同法典は,基本的にはドイツ法的な手続構造をもちながらも,主として1806年・フランス民訴法典の影響の下,「平等主義」的な執行参加の諸規定(§§586—592,§§645—647,§§708—710)を包摂した,いわば「独仏融合型」民訴法典(強制執行)である[33],といえます。

(ⅲ) なお,付言すれば,テヒョー草案(M19)から民訴法典(M23)への移行過程(編纂過程)は,①全体的・概括的には,フランス法的要素を排除して,「なお一層のドイツ型への傾斜」である,といえます。しかし,他方,②優先主義・平等主義の二大立法主義の対立という視点からは,優先主義から平等主義へと転換がなされたわけですから,「ドイツ型からフランス型への転換」である,といえます。その二面性ないし双方向性に注目されます。

(3) **制度不導入の動機——なぜ「ドイツ強制抵当権制度」が導入されなかったのか。私見の推論——**

(ⅰ) テヒョー草案中には,ドイツ強制抵当権制度は導入されていません。それは,同草案中の諸規定をみれば,一目瞭然のことです。しかし,テヒョーは基本的にはドイツ法を範として起草したのですから,どうしてドイツ強制抵当権制度を同草案中に導入しなかったのでしょうか。大きな疑問が生じてきます。

(ⅱ) それでは,起草者テヒョー自身はどのように考えていたのでしょうか。起草者の意思如何,ということです。

テヒョーの起草作業は僅か2年間にすぎませんでしたから,テヒョー草案は,基本的にはドイツ法典を中心として,それらの翻訳的継受に他なりません。そして,同草案には詳細な註釈や理由書も付せられているわけでもありません。したがって,同年草案中にはドイツ強制抵当権制度の関連規定が存在していない(制度は導入されていない),ということは明瞭でも,その制度不導入の理由如何については,何らの手がかりもありません。この意味で,起草者テヒョー

の立法者意思は実証的ないし資料的には確定不能である，といわざるを得ません。としますと，テヒョー草案を中心において，それをめぐる様々な状況や事実に注目して，いわばその周辺的部分より，この疑問の核心に迫ってみること，換言すれば「推論を試みる」ということ，それ以外に解答をみつけることは不可能だと思われます。

　(iii)　時系列的に考えますと，まずテヒョー草案は，明治17年（1884年）より起草がスタートし，明治19年（1886年）に完了しています。としますと，テヒョー自らの言よりも明らかなように，「1877年（M10)・ドイツライヒＣＰＯ」並びに「1883年（M16)・プロイセン不動産強制執行法」を参照したものであること，これは明確なことです。

　ドイツ強制抵当権制度に関して，この両法典をみますと，ライヒＣＰＯは第3の執行方法としてのドイツ強制抵当権制度に言及し，これを含めて不動産強制執行一般について，その規制を各ラントの立法に委ねています。これを承けて，プロイセンでは，1883年に新たな不動産強制執行法典が制定・公布された，のです。このプロイセン不強法典は，プロイセン法展開の中で歴史的に形成されてきた強制抵当権制度について，詳細な規定を置いています。同法典により，プロイセン強制抵当権制度は，その近代的な法構造を確立し，ドイツ強制抵当権制度の母体となった，のです（斎藤⑤論文参照）（ＺＨ制度研究Ⅰ巻）。

　以上を前提としますと，テヒョーはライヒＣＰＯ典とプロイセン不強法典を範としていますし，これらの両法典にはドイツ強制抵当権制度が厳然として存置されているのですから，なぜテヒョーは自らの草案中にドイツ強制抵当権制度を導入しなかったのか，やはり大きな疑問が残ります。

　(iv)　それでは，テヒョーは，自らの個人的見解ないし立場から，ドイツ強制抵当権制度を導入しなかったのでしょうか。彼は制度廃止論者だったのでしょうか。

　資料的にテヒョーの見解を判断することはまったくできませんが，たしかに，そういうことも，可能性としては，考えられますし，ありうることでもあります。しかし，僅か2年間の，しかも翻訳的継受にすぎない起草作業を行ったテ

ヒョーが，仮に彼が，万一，廃止論者であったとしても，自らの廃止論と云う，いわばドイツでの少数的見解を，本格的検証や論議の時間的余裕なくして，日本民訴法典起草において貫徹した，とはどうしても思えません。それは，あまりに有り得ないことではないでしょうか。

　とりわけ，プロイセン不強法典の編纂過程をみますと，そこでは制度廃止論や消極論も主張されましたが，圧倒的な多数意見はそれを理論的・体系的に駆逐し，プロイセン法展開の中で形成された伝統的法制度（これは強制抵当権制度に限らず，不強法典中の多くの制度が，これに該当します）として，強制抵当権制度を近代的に整備したのです。このことをも考慮しますと，プロイセン司法省の参事官の職にあったテヒョーが，仮に，万一，廃止論者であったとしても，そのような自らの特異な少数意見を貫徹した，とはどうしても考えられません。

　(v)　眼を当時のドイツでの統一的民法典編纂過程に向けながら，この問題については，私見は次のように考えたい，と思います。結論を予め述べるならば，テヒョー草案中への制度不導入は，テヒョー自身が制度廃止論や消極論に立っていたからではなく，同制度が「強執法典」中にではなくむしろ「民法典」中に編入されるべし，といった考慮をもっていたからではないのか，と考えています。

　(a)　その理由を述べてみましょう。既に，1870年代のはじめより，ドイツライヒの統一的ＢＧＢ典編纂の動きが，はじまっています。ドイツ強制抵当権制度については，まず，1880年（M13）・ヨホウの物権法準備草案中に登場しています。民法典を構成する各「部分草案」の完成を待ち，1881年（M14）より，第１次委員会によりその主審議が開始されています。物権法の部分草案（準備草案）については，1883年（M16）より，そして同部分草案中の強制抵当権制度については，1884年（M17）12月に，その主審議がなされています。その主審議を経由して，1888年（M21），ＢＧＢ第１草案が完成し，その草案中に強制抵当権制度が存置されています（その立法経緯については，斎藤③論文参照）（→本ＺＨ研究Ⅱ巻第１章参照）。

　(b)　上述のような経緯と照らしあわせますと，テヒョーが草案の起草中であ

ったときには，ドイツライヒでは，強制抵当権制度は「ＢＧＢ典の守備範囲」のものとして位置付けられていました。したがって，テヒョーもまた，強制抵当権制度は「民法典」中に存置されるべき，その守備範囲のものであり，自らに委ねられた「民訴法典」の起草にあっては，これを規律対象とする必要はない，と考えたのではないでしょうか。これが私見の推論です。

（c）以上，結論を小括しますと，テヒョーは制度廃止論や消極論の立場から制度不導入を自覚的に態度決定したのではなく，同制度に関する法規制は「民法典」の守備範囲に入るべきものとして，自らに委ねられた「民訴法草案」中にはこれを編入しなかった，と考えられます。

1) §866 I：Die Zwangsvollstreckung in ein Grundstück in ein Grundstück erfolgt durch Eintragung einer Sicherungshypothek für die Forderung, durch Zwangsversteigerung und durch Zwangsverwaltung.
2) §2123：L'hypothèque judiciaire résulte des jugements, soit contradictoires, soit par défaut, définitifs ou provisoires, en faveur de celui qui les a obtenus. Elle résulte aussi des reconnaissances ou vérifications, faites en jugement, des signatures apposées à un acte obligatoire sous seing privé.
3) 詳論は避けて，簡潔に述べれば，1722年・プロイセン抵当権・破産令を起点としたプロイセン強制抵当権制度（インミシオーン担保権制度）は，18世紀末から19世紀はじめにかけての制度改革の運動を経由して，フランス裁判上抵当権制度の理念に基づいた新たな法制度としてうまれかわりました。

    それが，1834年・プロイセン民執令中の強制抵当権制度であり，フランス裁判上抵当権制度の諸欠陥（公示なき一般抵当権）を修正ないし是正し，プロイセン抵当権法の独自の形成（特定性・公示性）に即応したものでした。

    以後，同令を第2の起点として，1883年・プロイセン不動産強制執行法において，プロイセン強制抵当権制度はその近代的法構造を確立し，これがドイツ強制抵当権制度の原基本型となりました（後述「基本文献リスト」中の斎藤①⑤⑪⑫⑬論文参照）。
4) 1870年代よりはじまるドイツ民法典編纂過程におけるネーミングに準拠すれば（その発想は，既に広中・民法審議8頁以下にも，みられます），
    ①明治19年・ボアソナード民法草案は「準備草案（Vorentwurf）」であるし，
    ②法律取調委員会は「第1次委員会（Erste Kommission）」であるし，
    ③その審議を経由した民法草案（明治23年・旧民法典）は「第1草案（Erste Entwurf）」であるし，

④梅博士等を構成員とする法典調査会は「第 2 次委員会（Zweite Kommission）」であるし，

⑤そこでの審議は「第 1 草案」修正作業であり，

⑥その結果として編纂されたもの，すなわち民法「前 3 編」（M 29 審議終了）と「後 2 編」（M 29 審議終了）が「第 2 草案（Zweite Entwurf）」であり，

⑦前者が第 9 回・帝国議会に提出され，明治29年・公布の，そして後者が第11回・帝国議会に提出され，明治31年・公布の，我が国の現行「民法典」となった，といえます。

　ボアソナード民法草案から現行明治民法典への移行過程における「連続性」と「非連続性」を把握するためには，ネーミング準拠は必須的である，と考えるものです。

5) この問題については，既に藤原論文が的確に論及・分析していますので，本稿もこれに依拠して論を進めることにします。

6) なお，1830年，ベルギーはオランダから独立しましたが，その後にあってもナポレオンのフランス民法典がベルギー現行法として妥当していたところ，それに代わるものとして，1851年・ベルギー抵当権法が成立したものです。そして，この1851年・ベルギー抵当権法は，フランス法上の裁判上抵当権制度を廃止したものでもある，という点で注目されるものです（藤原・研究61―62頁）。

7) ちなみに，ボアソナード民法草案中の抵当権の章（1201条―1313条）については，明治21年 9 月17日より，法律取調委員会での審議がスタートしています（藤原・研究10頁）。その審議では，ボアソナード民法草案について法律取調報告委員が報告し，それに法律取調委員が質疑し，報告委員が答える，という形で，審議進行がなされました。

8) ボアソナード民法草案の「抵当権」の章について，明治21年 9 月と12月に，その審議がなされました（藤原・研究 5 頁）。しかし，それはボアソナード抵当法についてのいわば委員の方々による基本的学習の域にとどまるものにすぎなかったし，なされた修正も多くは直訳的表現を手直ししたものに他なりませんでした。その限りでは，内容面についての実質的ないし本格的審議，たとえばドイツ民法典草案についての委員会審議におけるような本格的審議は，なされ得なかった，といってよいでしょう。

9) 但し，三ヶ月・「基本構想」170頁以下では，「正式な依頼」なくしてボアソナードの「自発性」に基づいて書かれたものではないか，との指摘がなされています。同草案中には，日本政府の委嘱に基づくものである旨の記述がまったくみられない，ということをその根拠の一つとされています。しかし，私見分析によれば，「正式な依頼」の下で，ボアソナードは作成した，と考えています。

10) 同草案中には，「此法律草案ハ後日編纂ス可キ訴訟法中ノ中ニ加フ可キモノナリ」とのボアソナードの言が述べられています。

　なお，同じくボアソナードの起草によるものと推測される「訴訟法草案」が，

未完ですが，存在しています。その法典編成としては，第1編・治安裁判所，第2編・始審裁判所，の2編407条までのものにすぎません（兼子・「制定」4頁以下，同・「影響」21頁）。

11) ボアソナードのフランス民訴法に関する文献としては，名村泰蔵の口約筆記による司法省版・「仏国訴訟法講義」・明治11年があります。ボアソナードの講義（明治7年—8年）に基づくものです。

12) 但し，この邦訳本の基となったフランス草案については，現在のところ，その所在が不明，とされています（三ヶ月・「基本構想」168頁）。

13) Projet de Code civil pour le Japon accompagné d'un commentaire.（Des biens・財産編・第1版——第1・第2冊（Des droit réels・第1部　物権）・1880年（M13）；第3分冊（Des obligations・第2部　債権）・1882年（M15）——）

（なお，その後，その第2版——Des droit réels・第1巻　物権・1882年（M15）；Des droits personnels ou de créance et des obligations en général・1883年（M16）——も，刊行されました）

14) この点については，三ヶ月・「ボアソナードの基本構想」176頁以下が，詳細且つ緻密な分析を試みています。

15) フランス民訴法の下では，「果実の不動産化」の法構成により，「強制競売手続」は内部的には「強制管理手続」をも包摂したものである，として理解されます（この点については，三ヶ月・「テヒョーの基本構想」250頁以下，宮脇・「沿革史」7頁等）。

16) ボアソナード財産差押法草案中の不動産執行一般については，三ヶ月・「基本構想」209頁以下が詳細・的確です。

17) パリ大学法学部長コルメ・ド・サンテエル宛のボアソナードの書簡（M21, 12, 18）によれば，「アルビオン（イギリスの呼称）および……もう一つの国（ドイツ？）を敵にまわして戦わなければなりません。……ましてや，ドイツに留学した連中は，しかりです。」とされるし，また別の書簡（M25, 12）によれば，「私は，われわれの公正なフランス的理論に，どこまでも忠実であり続けるつもりです」とされています（大久保・日本近代法の父ボアソナアド・岩波新書　153—154頁；183—184頁）。

18) 渡辺廉吉には，ヘルマン・ヒッチングの「Reichscivilprozeß」（第6版・1884年＝M17）についての翻訳書（独乙訴訟法要論・博文社・M19）があります。

19) ①ドイツ文草案としての「Entwurf einer Civilprozessordnung für Japan, 1886」（「訴訟規則修正原案」），②その邦訳たる日本文草案としての「訴訟規則」，の二つです。

20) 伊東巳代治には，テヒョー講義・伊東巳代治筆記・「司法制度大要講義筆記」・M17，があります。また，ルドルフ講義・伊東巳代治筆記・「普国警察大要講義筆記」・M17，があります。

21) ①ドイツ文としての「訴訟法草案」，②その邦訳たる日本文としての「訴訟法草案」，の二つがあります。

22) 司法大臣に提出された草案という意味では「司法大臣提出草案」と表記できますし、また実質的には日本民訴法典「第1草案」と称することができる、と考えられます。後述(ハ)参照。
23) 「法律取調委員会」での審議の目的としては、テヒョー・訴訟法草案をあらためて全体的に練り直す、という点に求められます。より具体的には、全体的な訳語を法律的に統一ないし整備すること、(旧)民法や(旧)商法との対応ないし調和を図ること、です(宮脇・「沿革史」8頁、同・「改正」84頁等)。
24) 報告委員による修正をふまえて作成された原案は、「民事訴訟法草案議案」と呼ばれます。この「議案」は、明治20年12月13日付・「第1号議案」より明治21年10月8日付・「第51号議案」まで、存在します(宮脇・「沿革史」8頁)。これらは、新条文案、それについての範となった1877年・ライヒＣＰＯ並びに1883年・プロイセン不強法の諸規定、テヒョー草案に対する修正理由、等を含み、立法資料として、研究上、重要です(宮脇・「沿革史」8頁)。
25) この「法律取調委員会」での審議の議事録が「民事訴訟法草案議事筆記」と呼ばれるものであり、立法資料として研究上貴重です(宮脇・「沿革史」13頁)。
26) モッセには、「訴訟法草案修正意見」(1887年(M21)12月1日付)があります。「モッセ氏意見書」と呼ばれます。
27) 「法律取調委員会」により内閣に提出された草案は、さらに元老院の議に付されました。明治22年4月29日のことです。ここでは、審議委員による約半年にわたる予備審査をふまえて(削除を含めて、その修正は数十ヵ条にのぼりました)、元老院本会議を通過しました。その後、枢密院の諮詢を経て、公布されました。
28) 同時期に相前後して制定・公布された旧民法(明治23年・法律28号並びに法律98号)(明治26年1月施行予定)と旧商法(明治23年・法律32号)(明治24年1月施行予定)については、施行延期論が強く主張されました。当初の予定どおり施行されたのは、(旧)民訴法のみでした。
29) 明治19年・テヒョー・訴訟法草案は、その起草のスタートが明治17年(1884年)であり、脱稿が明治19年(1886年)でした。したがって、時期的に、テヒョーが、当時最新の民訴法典であった1877年(M10)・ドイツライヒＣＰＯを参照しうるものであったこと、あまりにも明瞭です。
30) 1877年・ＣＰＯが不動産強制執行を各ラント立法に留保していたことに伴い、ドイツ・プロイセンでは近代的不動産強制執行法体系が確立されましたが、それが1883年(M16)・プロイセン不動産強制執行法典でした。したがって、明治19年・テヒョー訴訟法草案中の不動産強制執行法規は、当然の如く、時期的に、この明治16年のプロイセン不強法典をも、参照し得たものである、といえます。
31) 三ヶ月・「テヒョーの基本構想」によれば、テヒョー草案中の総則規定中における「フランス法に淵源をもつ」と推測されるもの(241頁)、動産執行中の「ボアソナードの財産差押法草案をも顧慮した」かの如き「フランス的な制度」(243頁)、債権執行中の「きわめて特異な形での独仏折衷」における「フランス法の影響と

目される」もの（246頁），不動産執行中における「フランスの法制の影響がかなり顕著にみられる」もの（249―250頁），について逐条的且つ実証的に，詳細且つ適確な指摘がなされています。ドイツ強制執行法についてのみならず，フランス強制執行法についてもまた，造詣の深い碩学ならではの，まことに貴重な指摘です。

32) ボアソナード民法草案・債権担保編1条が「債権者平等の原則」を採用したことと平仄（ひょうそく）をあわせて，「平等主義」立法への転換がなされた，といわれています（宮脇・「沿革史」1頁）。

33) 強制執行「総則」におけるドイツ法系諸規定，「各則」におけるフランス法系諸規定，という相対的・一般的傾向がみられました（宮脇・「沿革史」2頁）。

〔基本文献リスト〕

A〕

1については

三ヶ月章・「民事訴訟法学の今後の課題と方法――法の動態学の樹立をめざして――」・同民訴法研究5巻1頁以下・1967年（初出）

：比較法研究の基本姿勢について，大変に貴重なる指摘がなされています。

第1に，「今後の民事訴訟法学が外国法に対していかなる態度をとるべきか」（21頁）との問題を提示され，その解答として，「過去にみられがちであったように，日本法の解釈に近視眼的な意味で役立ちそうなところばかりを恣意的に抽出するという方法ははっきりと否定されなければならぬ」（22頁）とされ，「日本法と異なるところ――別な言葉でいえば，日本法が勝手にすりかえて，又は，脱落せしめて，取りこんだところ――にこそ視線を注ぎ，バランスのとれた形で，ドイツ民事訴訟制度を全体像として正確にとらえることを志しつつ，これと日本の土着的変容とのちがいを客観的に認識する視線をとぎすますということに意識的に重点が向けられなければならない」（22頁），とされています。

さらに，加えて，「今後のドイツ法の研究は，これまで何となくみられがちであったように，両者の表面的同一性の認識とか，今から100年前の出発点における類似性の発見で安心するというのではなく，表面的類似性の背後に如何に大きな実質の開きが存在するかをみつめ，表面的類似にもかかわらぬこの実質的な断絶の原因はどこにひそむのかを探るという関心に裏付けられて，ますます広く，且つ深く，推し進められるべきである」（22頁），とされています。

そして，結論としては，法律学一般に対してその方向転換の必要性が指摘され，「それぞれの領域における外国法への接近の自主的態度の確立」（24頁）が強調されています。

第2に，「隣接諸領域の諸問題の手続法的照射の必要性」（30頁）を指摘され，「元来，日本の法律学においては，とくに専門ごとの縦割の割拠体制が根強くみられ，その弊害もかなり広く現われている」（31頁）ことを憂慮されつつ，その「手続法的

照射」は「日本の法学にのみみられる狭い割拠体制を掘り崩していく動きの先駆的な実践となりつつ，日本の法律学の体質改善という大きな課題の一端を分担するという普遍的な意味をももちうる」(31頁)，とされています。

さらに，加えて，「手続法学者と実体法学者をくらべてみれば，実体法学者が手続法の世界に降り立っていくということの難しさと，手続法学者が実体法の世界に進出していくことの容易さとは，かなり顕著な対立を示すというのが少なくとも日本の実際である」(32頁)とされ，手続法学者による「隣接諸領域の諸問題」への，とりわけ実体民法上の諸問題(たとえば，担保物権制度・直接強制と間接強制の配分・債権者取消権・債権者代位権，等)への「手続法的照射の必要性」(33—35頁)が，強調されています。

本稿テーマとの関連において一言すれば，ドイツ強制抵当権制度は，いわば「実体民法と手続強制執行法の境界領域」に位置し，しかもそれは日独両法の「異質性ないし断絶性」を象徴する，一つの顕著な典型例に他なりません。このようなテーマにつき，たとえばドイツ法のいう，その「一つの法体系の論理を理解することは，一つの法的思考の型を身につけることに他ならぬ」(三ヶ月・「差押の効力の相対性」・同民訴法研究313頁以下所収(322頁)・1962年(初出))が故に，実体民法学専攻研究者としての基本的立場に立脚して，あくまでドイツ法研究に徹しようと試みたもの，それが筆者の一連の本研究に他なりません。

なお，三ヶ月論文の初出より(本拙稿初出時基準)約30年(本ＺＨ研究Ⅱ巻刊行時より約40年)，その間，多くの実体民法典中の諸制度・諸問題について「手続法的照射」がなされてきたこと，その諸論稿を逐一列挙することは避けますが，極めて明らかな事実です。

2については
後掲の拙稿①②⑩⑪等を御参照賜われば大変幸いです。

3については
本文中に引用のボアソナード民法草案・註釈の他に，藤原明久・ボアソナード抵当法の研究・1995(Ｈ7)——1980(Ｓ55)——82(Ｓ57)(初出)——が，既に詳細・貴重な分析を行っています。

4・5については
本稿テーマを直接に論じたものは存在していませんが，法典編纂史や各草案の一般的分析を行う先駆的業績として，
① 三ヶ月章・「ボアソナードの財産差押法草案における執行制度の基本構想」・同民訴法研究6巻159頁以下・1970(Ｓ45)(初出)
② 三ヶ月章・「テヒョーの訴訟法草案における執行制度の基本構想」・同民訴法研究6巻223頁以下・1971(Ｓ46)(初出)

③　三ヶ月章・民事執行法・1981（S 56）
④　宮脇幸彦・「強制執行法および競売法の改正――その制定の経緯と改正の展望――」・ジュリスト388号84頁以下・1968（S 43）
⑤　宮脇幸彦・「強制執行における平等主義と優先主義」・判例タイムズ224号2頁以下
⑥　宮脇幸彦・「不動産執行沿革史(1)(2)」・法曹時報20巻10号1頁以下・同21巻8号1頁以下
⑦　宮脇幸彦・「強制執行における平等主義規定の生成」・兼子還暦記念論文集下巻203頁以下
⑧　宮脇幸彦・「資料プロイセン不動産執行法」・民訴雑誌14号90頁以下
⑨　宮脇幸彦・強制執行法（各論）・1978年
⑩　浦野雄幸・「強制執行法改正審議経過ノート(1)」・民事月報24巻6号181頁以下
⑪　浦野雄幸・「民事執行法の諸問題(1)―(11)」・法曹時報33巻11号1頁以下――同36巻9号31頁以下：⑩と共に，立法担当者による詳細・緻密な論稿であり，研究上，有益且つ貴重です。
⑫　浦野雄幸・民事執行法（逐条解説）（全訂版）・1981年
⑬　兼子一・「民事訴訟法の制定――テヒョー草案を中心として――」・同民事訴訟法研究2巻1頁以下・1942年（初出）
⑭　兼子一・「日本民事訴訟法に対するフランス法の影響」・同民事訴訟法研究2巻17頁以下・1942年（初出）

B〕
　公表年次に即して，拙稿リスト（本拙稿初出時点）を示します。なお，ドイツ強制抵当権制度に関する我が国の研究としては，若干の付随的言及を除けば，拙稿以外には，存在していません。
①　拙稿・「ドイツ強制抵当権の法構造――プロイセン法における展開を中心として（18世紀―19世紀）――」・私法45号270頁以下（1983年）（論文第1部）：「ドイツ強制抵当権の法構造」（報告要旨紹介）・1982年度：日本私法学会報10頁（1982年10月）
②　同・「ドイツ不動産強制執行法体系における強制抵当権制度――ドイツ不動産強制執行法研究の一視角――」・民事研修321号10頁以下（1983年）
③　同・「ドイツ強制抵当権の法構造――ドイツ帝国・統一的民法典編纂過程における第一次委員会『審議』とその『終結』（1871年～）――」・法学政治学論究4号1頁以下（1990年）
④　同・「続・ドイツ強制抵当権の法構造――ドイツ帝国・統一的民法典編纂過程における第二次委員会『審議』とその『終結』（1889年～）――」・法学政治学論究8号1頁以下（1991年）
⑤　同・「1883年・プロイセン『不動産強制執行法』中の強制抵当権制度――プロ

イセン法展開の最後の到達点――」・法研64巻12号131頁以下（1991年）
⑥　同・「『ＢＧＢ第一草案』中の強制抵当権制度――各界からの『修正』意見の主張（1889年―1890年）――」・法研65巻1号159頁以下（1992年）
⑦　同・「1898年・ドイツ『民訴法（ＺＰＯ）』典中の強制抵当権制度――『ＺＰＯ変更法草案』（1898年）とライヒ議会『第一次・第二次・第三次』審議――」・法学政治学論究15号1頁以下（1992年）
⑧　同・「1931年・ドイツ『民訴法参事官草案（ZPORE）』中の強制抵当権制度――修正『平等主義（Ausgleichsprinzip）』への転回と強制抵当権制度――」・法学政治学論究18号1頁以下（1993年）
⑨　同・「ドイツ『ＺＰＯ諸改正法』中の強制抵当権制度――1909年・『ＺＰＯノヴェレ』並びに1923年・『民事争訟手続促進令』――」・法研66巻12号63頁以下（1993年）
⑩　同・「担保権実行競売への新『統合』――『強制競売』の本来型として担保権実行競売――」・リュケ教授記念・民事手続法の改革288頁以下（1995年）
⑪　同・「1834年・プロイセン『民事執行令』中の強制抵当権制度――執行名義を有する『人的債権者』の法的地位の確立――」・法学政治学論究23号1頁以下（1994年）
⑫　同・「1722年・プロイセン『抵当権・破産令（ＨＫＯ）』中のインミシオーン担保権制度――ドイツ強制抵当権制度の展開の起点――」・法研69巻1号（1996年）
⑬　同・「18世紀・プロイセン抵当権諸立法中の強制抵当権制度――裁判上債権者の法的地位の劣位化――」・法研69巻2号193頁以下（1996年）

付論文②

ドイツ・プロイセン「剰余・消除・引受」主義の原理的・歴史的構造

【論文趣旨】（初出；1999/12.2000/02.2004/12.）
1 「競売における先順位抵当権の処遇原理」に関しては，「消除主義・剰余主義・引受主義」という，三つの「立法主義」が存在している。これは，不動産強制執行法の「根幹」を成す，極めて枢要な問題である。
2 しかし，この三「立法主義」の理解如何については，注目すべき重大な理論対立状況として，「竹下研究⇔伊藤眞研究」の「対立・論争」が存在していたが，論争以降，確たる学説進展も，明確な決着もなく，膠着状態のまま，30数年が経過していた。
3 本論文は，両研究「後」の，新規のドイツ法文献中，とりわけ，マイヤー研究（1984年）に注目して，その「ドイツ法的理解」を明らかにし，その発展的昇華として，日本民執法学におけるこの問題状況の決着を試みた。その結論として，この「三つの立法主義」につき，そのドイツ・プロイセン的「理論構造」を法理論的・歴史的・体系的に解明し，「竹下／伊藤」両研究のいずれとも異なる，「第3の見解」を提示した。
4 その分析結論は，①「消除主義」は「特別破産としての不動産強制競売」における本質的・必然的要請に基づくものである，②「消除主義」の要素として，「非剰余思考」と「現金償還思考（満期到来思考）」の二つが包摂されている，③したがって，1869年・「消除主義」立法を正面から否定する

ものが，1883年・「引受主義と結合された剰余主義」立法であり，「剰余主義」はそれ以前には存在しなかったあくまで「新」理念である，④「剰余主義」は債務者たる「土地所有者」保護の理念に基づくものである，というものである。

5　強制抵当権制度研究Ⅰ巻・Ⅱ巻との関係では，とりわけ上記④の指摘に注目しなければならない。ドイツ・プロイセン抵当権法に流れる「債務者保護の理念」，この趣旨に基づいて新たな「執行法理念」として，「剰余主義」が導入されたのである。

第1節　競売における「先順位」抵当権の処遇原理の「根拠」
　　　——「消除主義」，そのドイツ・プロイセン的構造の解明——
第2節　剰余主義・引受主義のドイツ的構造と根拠
　　　——立法史的研究の方法論的定立のために——
第3節　「剰余主義・消除主義・引受主義」をめぐる根本問題
　　　——競売における「先順位」抵当権の処遇原理——

第1節　競売における「先順位」抵当権の処遇原理の「根拠」

——「消除主義」，そのドイツ・プロイセン的構造の解明——

はじめに——問題提起——
一　各「立法主義」の概観——基本的理解の前提として——

二　我が国の学説状況——「論争・対立」における論点の析
　　出・分析——
　三　私見の分析——「消除主義」のドイツ・プロイセン的構造
　　の解明——
　さいごに——結論の小括——
〔基本文献リスト〕

はじめに——問題提起——

(1)　「処遇」原理としての三つの立法主義——その問題性——

（ⅰ）　競売不動産上の「先順位」抵当権の処遇「原理」如何に関して，その立法主義として，「剰余主義・引受主義・消除主義」の三つが存在している。競売不動産上に存在する・差押債権者に優先する・抵当権は，競売手続上において，どのように処遇されるべきなのか，競売によるその権利の消長・帰趨如何，について，三つの立法主義が存在し，交錯している。

（ⅱ）　しかも，この処遇「原理」如何の問題は，不動産強制執行法（不動産強制競売法・手続的抵当権法）それ自体を形成する基盤・土台であり，その根幹を成すものである。それを特徴づける「本質的・基本的メルクマール」であり，その限りで本テーマは看過できない極めて重要な問題である[1]，といえよう。

(2)　剰余主義の「根拠」如何——学説における論争——

（ⅰ）　先順位抵当権の処遇「原理」に関する三つの立法主義をめぐり，剰余主義をメインテーマとして，その「根拠（制度趣旨・存在理由）」如何について，我が国の学説上，注目されるべき「論争・対立」が存在している。竹下守夫教授と伊藤眞教授との「論争・対立」である。まず，それを簡潔にフォローしてみよう[2]。

（ⅱ）　「剰余主義」の根拠については，

661

(α) 旧法（民執法の制定・公布「前」）下の裁判例にあっては，それは「無益執行の排除，無益競売の禁止，差押債権者・優先権者・公益の保護」といった点に求められていた。旧法下の学説にあっても，裁判例におけるとほぼ同様の立場が，採られていた。

(β) しかし，このような裁判例・学説の理解に対して，それを批判する竹下研究が登場した。その研究によれば，「剰余主義」は単なる執行法上の合目的的考慮に基づくものではなく，物権相互間の抵触に際して，先順位の権利は後順位のそれによっては侵害されてはならない，という「実体物権法秩序」が存在するところ，その執行法的対応が「剰余主義」に他ならない，と論じられた。その論拠として，我が国の不動産強制執行法の母法である1883年・プロイセン不動産強制執行法の草案理由書の立場が，明示的に援用されていた。

(γ) 他方，竹下研究による理論的解明にもかかわらず，僅かその一年後には，伊藤眞研究の法協掲載がスタートし，竹下研究に対する根源的批判が提示された。伊藤眞研究では，プロイセン抵当権法の展開をフォローしながら，プロイセンでの「破産的競売から更生的競売への転換」を支えるものとして「引受主義」が採用され，それに伴って「引受主義」より派生したもの，それが「剰余主義」であり，それは「引受主義」の採用による手続的遅滞を回避せんとしたものである，との趣旨が論じられている。

(δ) 以上を小括すれば，「剰余主義」の根拠として，

①竹下研究にあっては，「実体物権法秩序」の執行法的対応として，「剰余主義」はいわば本質的な基本原則（大前提）として位置づけられている。

②これに対して，伊藤眞研究にあっては，「引受主義」の採用に伴い，それより派生した単なるコロラリー（派生原則）にすぎないとして，「剰余主義」はいわば手続遅滞回避目的の附随的な（技術）原則として矮小化されている。

「剰余主義」の根拠如何をめぐって，その理論的・体系的把握について，両研究にあっては，見解が大きく対立した，のである。

(ⅲ) その後の学説状況をみても，両研究の公表以降，既に30年（拙稿初出時）近くも経過しようとしているにもかかわらず，論議は今なお一種の膠着状態に

留まっており，未だ明確な決着をみるに至ってはいない。このことよりすれば，「剰余主義」の「根拠」如何について，新たな視点からの理論的・体系的解明がまさしく急務であり，とりわけ我が国にあってはそうである[3]，といえよう。

(3) 本研究の分析視点

(ⅰ) 剰余主義の「根拠」の理解にあって，我が国の学説では，諸見解が錯綜するが，その打開策はいかに見い出されるべきか。まず，本研究の分析視点如何が，まさしく問われざるを得ない[4]。

(ⅱ) 私見によれば，剰余主義の「根拠」の理論的・体系的解明のための，その分析視点として，次の三点が明確に指摘されなければならない，と考える。

(α) 第1に，そのルーツであるドイツ・プロイセン法の歴史的展開に眼を向けて，三つの立法主義が交錯する，いわばその「トリアーデの構造」を全体的に把握すべく，分析・検討がなされなければならない。たとえば，剰余主義なら，その剰余主義という，単にある特定の一つの立法主義にのみ，注目するものであってはならない，ということである（後述三(3)参照）。

(β) 第2に，その際，ドイツ・プロイセンでの，その各「立法主義」の登場の歴史的経緯に注目して，三つの立法主義の全体的構造が把握されなければならない。より具体的には，その登場の経緯に即して，三つの立法主義の「交錯・相克・対立（てい立）」の全体的構造を理論展開的に，いわば動的にトータルに把握しなければならない，ということである。

この点について，私見の分析の結論を予め指摘しておけば，①テーゼ（消除主義）の登場・確立，②それに対するアンチーテーゼ（剰余主義）の登場，③その補充テーゼ（引受主義）としての，それへの結合（剰余主義への引受主義の結合），というのが，その歴史的経緯であり，それを動的な理論的展開として受けとめながら，分析が進められなければならない。

(γ) 第3に，したがって，プロイセン法では「消除主義」がそもそも伝統的立場として厳然と確立・妥当していたことをふまえて，まずこの「消除主義」のドイツ・プロイセン的構造が解明されなければならない。これは，剰余主義

の「根拠」の解明のための，第一次的に先行してなされなければならない必須の作業である。これが本節での直接的な意図・目的である。

一 各「立法主義」の概観——基本的理解の前提として——

(i) 競売不動産上の「先順位」抵当権の処遇「原理」に関する各「立法主義」について，その概念や意味内容をまず概観しておく必要があろう。各「立法主義」の根拠の解明に際し，その共通の基本的理解ないし認識が必要であり，その予備的前提として必須的である，と考えられるからである。

(ii) 各「立法主義」はどのような規律内容として理解されるべきなのか。以下，各「立法主義」ごとに明らかとする。

(α) 剰余主義（Deckungsprinzip）　剰余主義とは，競売不動産上の差押債権者の権利に優先する「物的負担」（並びに執行手続費用）が競落代金で補償され剰余が生ずる場合のみ，競売が許される，とする立法主義である。「負担補償主義・余剰主義」[5]とも，称されている[6]。

(β) 引受主義（Übernahmeprinzip）　引受主義とは，競売不動産上の差押債権者の権利に優先する「物的負担」は競落によっても消滅せず，競落人がこれを引き受け，負担付で所有権を取得する，とする立法主義である。「負担引受主義」とも，称されている[7]。また，物的負担の存続を前提とするところから，「権利存続主義」や「負担存続主義」と称されることもある。

(γ) 消除主義（Löschungsprinzip）　消除主義とは，競売不動産上の差押債権者の権利に優先する「物的負担」は競落により消滅し，競落人はなんらの負担もない完全な所有権を取得する，とする立法主義である。「負担消滅主義」とも称されている[8]。

(iii) なお，付言すれば，

(α) 我が国の学説の一部では，引受主義との関連において，あるいはこれと類似するものとして，「移転主義」なる概念が挙げられている[9]。

引受主義を競落人による「現実の引受行為」の存在を必要とするもの，と理

解して，この引受主義を一歩進めたものとして，「移転主義」がある，とする。そして，「移転主義」とは，競落人による「現実の引受行為」を必要とすることなく，法律上当然に競落により競落人が負担付の不動産所有権を取得する，という立法主義として理解する。

　たとえば，引受主義を「競落人が差押債権者の債権に優先する債権に関する不動産上の負担を現実に引き受ける場合に限り競売を許す主義」[10]とし，「競落人の負担引受の行為が必要とされる点で……移転主義と異なる」[11]，とする。

　(β)　本節の議論の前提として，あるいは我が国の学説における概念的用法の混乱や誤解を避けるために，付言すれば，私見は次のように考える。

　競落人の「現実の引受行為」を必要とするものを「引受主義」，それを必要としないものを「移転主義」，との概念区別は，それ自体として，理論構成・概念構成として存立しうるものではあろう。しかし，ドイツ法上の概念や理解との接合，あるいはその立法的・学問的・理論的な親近性を前提とすれば，上記の概念区別はドイツ法上の概念・理解とは必ずしも対応するものではないので，このような，いわば「日本的」な，概念区別・用法は避けるべきではないか，と考える。母法における理解の概念と，いわば「共通の土俵」において，我が国でも問題点の検討・論議がなされるべきだ，からである。

　(γ)　ちなみに，そのドイツ法上の概念・理解について示せば，ＺＶＧ52条はÜbernahmeprinzip（引受主義）を定めており，最低競買申出価額の算定に顧慮された限りで，「先順位」抵当権等は競落人に引受けられる。ここでは，競落人の「現実の引受行為」を必要としない，競落人による当然の引受けが，想定されている。しかも，このÜbernahmeprinzipは，その同一内容として，論者によっては，「Übergangsprinzip」[12]（これは移転主義と訳出されよう）との概念表記も用いられている。ＺＶＧ52条の立場はÜbernahmeprinzip（多数の学説）とも「Übergangsprinzip」（極めて少数の学説）とも，概念表記されている。

　したがって，本稿における論述でも，引受主義（Übernahmeprinzip）とは，競落人の「現実の引受行為」を必要とすることのない，その意味では当然の引受けをその内容とするもの，と理解し，その概念表記を用いる。

二　我が国の学説状況──「論争・対立」における論点の析出・分析──

（i）剰余主義の「根拠」をめぐる竹下・伊藤両研究の「論争・対立」，さらにはその評価をめぐる諸学説の交錯，それらはどのようなものであったのか。両研究の「論争・対立」を主軸として，我が国の学説状況を時系列的に分析しておく必要がある。そこでの諸論点の析出，その整理と分析が，本稿テーマの解明にとって，予めの前提作業として必須である，と考えるからである。

（ii）その「論争・対立」における両軸である竹下・伊藤両研究については，詳細な検討・分析がとりわけ必要とされる。それらが，本格的研究であると同時に，論者自らも指摘するように，共に「最も難解と思われたドイツ強制競売および強制管理法（ＺＶＧ）の研究」[13]に他ならない，からである。予備的知識をふまえての解読であっても，なお難解でもあり，ポイントをついた慎重な検討・フォローが求められよう。

(1)　従前の学説・判例の状況──竹下研究の登場以前──

（i）竹下研究の登場以前には，理論的・体系的観点よりすれば，我が国の学説上，注目すべき研究はほとんど皆無に等しかった，といえる。体系書や教科書のレヴェルにあっても，各立法主義について，その概念や定義内容，その実務上の長短所などが，ごく簡潔に述べられているにすぎなかった[14]。僅かに実務レヴェルにより，当時の妥当法（旧強制執行法や旧競売法）の下での，「競売による担保権等の消長」について，実務上の諸問題点の論及がなされてはいたが[15]，理論的・法体系的には注目されるところではなかった。

（ii）また，判例にあっては，剰余主義の「根拠」として，これを「無益執行の禁止」に求めていた[16]。この点は，後日の竹下研究の批判の的となったこと，後述するとおりである。

(2) 竹下研究の登場（1970年）——従前の学説・判例に対する批判——

(ⅰ) 広大な比較法的視野の下で，「競売における物上負担の処遇」について，理論的・体系的視点から，本格的に追究する本格的研究，それが竹下研究の登場であった。竹下研究の直接的な目的は，任意競売（担保競売）への剰余主義の妥当，それを論証することにあったが，まさに刮目すべきは，むしろその準備作業としてなされた各国「法制」（各「立法主義」）の比較法制的研究にあった。竹下研究により，剰余主義の「根拠」如何を中心ないしメインとして，各「立法主義」は極めて明瞭に比較法的視野の中に位置付けられるに至り，新たな学問的地平が我が国においてはじめて開かれた，と評価してよい。

(ⅱ) 本稿テーマとの関連において，竹下研究の論旨を整理すれば，その骨子は次の三点にある。

(α) 第1に，「剰余主義」の意義に関する新たな理解である。

すなわち，所論によれば，剰余主義は，単なる執行法上の合目的的考慮（＝無益執行の禁止）に基づくものではなく，「実体法に基礎を置く原則」である。排他性を本質とする物権相互間の抵触にあって，それを登記の先後を基準として解決し，先順位の権利は後順位のそれによって侵害されてはならない[17]，とする「実体物権法秩序の要請」に由来する，とされている。

なお，竹下研究では，剰余主義に関するこのような理解を前提として，「この原則の妥当領域を強制競売に限るのは全く理由がなく，むしろ，直接に物権相互間の利害衝突そのものである任意競売に，剰余主義が妥当するのは当然のこと」[18]である，と結論づけられており，これが同研究におけるもっとも枢要な主張点となっている。

また，竹下研究では，「実体物権法秩序の要請の執行法的実現」[19]との理解から，剰余主義の趣旨は，担保物権相互間の関係のみならず，「用益物権上の関係」[20]にも，本来妥当すべきである，と論じられている。

(β) 第2に，「消除主義」の意義に関する新たな理解である。

すなわち，所論によれば，不動産競売手続において目的不動産上の先順位担保権が消滅するが，通説はそれを「法が，その先順位担保権自身が実行された

ものとみなしている結果である」[21]と解している。また，判例も「抵当権の実行は目的不動産の上の担保権全部のための競売である」[22]とするが，それも学説と同様の理解を前提とする。しかし，我が国の現行法（民訴旧649条や旧競2条）では「剰余主義を前提とした上で消除主義が採られて」[23]おり，通説の理解は理論上矛盾を生じ，また実務上の必要性も乏しい。したがって，消除主義は，「不動産競売において目的不動産上の負担は競落人に引き受けさせるのと，消滅させて売得金から弁済ないし補償を与えるのと，いずれが競売の目的あるいは全関係人の利益からみて妥当であるかという，純粋に合目的的考慮に由来する原則」[24]であり，これを通説・判例の如く「消滅する権利の実行」と関連づけて理解するのは誤まりである[25]，と論じられている。

　(γ)　第3に，「剰余主義と消除主義・引受主義」の関係に関する新たな理解である。

　すなわち，所論によれば[26]，我が国の多くの文献・教科書類ではこの両者を同一平面の問題としてとらえているが，相互に無関係ではありえないにしても，「一応その意味を異にする」。剰余主義は「先順位の権利と後順位の権利との利害調整に関する原則（実体物権法秩序の要請）」であり，「先順位の権利が何であるかにかかわりなく妥当すべきもの」である。これに対して，消除主義・引受主義は「一定種類の権利を現金弁済または価格補償を与えるのと引きかえに消滅させるのと競落人に引き受けさせるのとで，当該権利者，執行債権者，執行債務者，競落人等にとって，どちらがどれだけの長所・短所を有するのかという利益考量の上に立って決められるべき問題」であり，したがって消滅・引受のいずれにするのかは「個々の権利ごとに別個に定められるべきもの」である[27]，と論じられている。

　そして，その小括として，消除主義か引受主義かの選択が合目的的考慮に依るとすれば，「このいずれによるかは，権利の性質，当該権利者をはじめとする全利害関係人の利益，競売の効率，さらにはわが国における土地金融のあり方などの多様なモメントを考慮して決められるべきであろう」[28]，と結論づけられた。

　(iii)　以上を小括すれば，竹下研究では，①三「立法主義」を「剰余主義」と

「引受主義・消除主義」との二つに識別し，②前者は執行法上の本質的要請（実体物権法秩序の執行法的対応）であり，③後者は執行法上の合目的的考慮（競売の諸利害関係人間の諸利益衡量）による，とされた。

(3) 伊藤研究の批判（1971～73年）――「実体物権法秩序」なるものへの疑念――

(i) 竹下研究に踵(きびす)を接するかのように，伊藤研究が登場し，竹下研究に対して根源的疑問を提起する。竹下研究は剰余主義の「根拠」を「実体物権法秩序」に求め，これが竹下研究のもっとも根幹の主張であったところ，伊藤研究は，その「実体物権法秩序」なるものの概念・内容それ自体に対して，これを正面から疑った。以下では，竹下研究に対する伊藤研究の疑問ないし批判を基軸として，これにポイントを置いて，伊藤研究の論旨をフォローする。

(ii) 伊藤研究は，自らのモティーベとして，竹下研究に対して次の三つの疑問を提起する[29]。すなわち，

(α) 第1に，「剰余主義の任意競売への妥当」に関して，である。

竹下研究は，剰余主義は任意競売（担保競売）にも妥当されるべし，としていた。これに対して，伊藤研究は[30]，抵当権は実体法上の換価権を有し，この換価権に基づいて任意競売がなされるのだから，この実体法上の換価権の内容として「それが無制限なものなのか，それとも先順位担保権との関係では竹下教授の言われるような制限を加えられるべきものなのか」[31]という点が，重要である，としている。そして，「もし制限が加えられるとしたら，どのような根拠に基づいて加えられるべきなのか」[32]が，問われるべし，としている。

任意競売が抵当権の実体法上の換価権に基づくものなのだから，それへの剰余主義の妥当ということは，実行をなす後順位担保権への，その実体法上の換価権への，一つの制約・制限を認めることになる。とすれば，その制約・制限の，それを正当化する理由が，まず明らかにされなければならない，というのが伊藤研究のいわんとするところであろう。

(β) 第2に，剰余主義の「根拠」としての，その「実体物権法秩序」の概念・内容に関して，である。

竹下研究は，剰余主義の「根拠」を「実体物権法秩序」に，求めていた。それは，登記の先後を基準として，先順位抵当権は後順位抵当権に対して優先性を有する，との意味内容である，としていた。そこから，剰余主義の立法主義としての採用，を理由づけていた。

　これに対して，伊藤研究[33]は，「実体物権法秩序」のそのような意味内容から，剰余主義の採用が当然の帰結として出てくるわけではない，としている。剰余主義が採用されていない場合でも，売得金の配当等にあっては先順位抵当権の優先性はそれなりに貫かれており，そうだとすれば，「その優先性を絶対的なものにまで高める実体物権法秩序なるものの内容が問われなければならない」[34]，とする。

　(γ)　第3に，消除主義の理解，さらには剰余主義・消除主義・引受主義の成立基盤如何，に関して，である。

　従前の学説では，先順位担保権が消滅するという制度（消除主義）は，いずれの債権者による申立ての場合でも，その先順位担保権が実行された結果である，と法がみなしたものである，と理解されていた[35]。

　竹下研究は，この従前の学説の立場を，鋭く批判していた。妥当法（旧強制執行法・旧競売法）の下では，「剰余主義を前提とした上で消除主義が採られているのであり，ここでは通説のような理解は，理論上も矛盾を冒すことになるし，また，実際上もその必要性に乏しい」[36]，としている。そして，消除か引受けかは「いずれが競売の目的あるいは全関係人の利益からみて妥当であるかという，純粋に合目的的考慮に由来する原則である」[37]と理解すれば足り，これを通説のように「消滅する権利の実行と関連づけて考えるのは誤まりではないか」[38]とされていた。

　これに対して，伊藤研究は[39]，剰余主義と消除主義・引受主義の各「成立基盤」を果たしてそのように峻別（実体物権法秩序の要請――純然たる合目的的考慮）できるのか，としている。このような疑念をふまえて，剰余・消除・引受の三主義の総体の成立基盤を「不動産金融の中での抵当権の機能および法的性格」[40]に関連させて把えるべし，と主張している。

(iii) 伊藤研究は，竹下研究に対する，これらの疑念をプロローグとして[41]，自らはプロイセン法における消除主義・引受主義の展開を，プロイセン抵当権法との関連で，詳細にフォローする。そして，プロイセン投資抵当権の確立に伴い，消除主義に代わり引受主義が採用され，それに伴って引受主義より剰余主義が分離されたにすぎない[42]，としている。

ここでは，「1883年法の立法については，剰余主義の採用が本質的なものであり，引受主義は合目的的考慮の結果採用されたという見解が誤まりを含んでいる」[43]として，竹下研究の把握を正面から否定した。

(4) 学説の展開，その後――学説による応接如何――

竹下・伊藤両研究における「対立・論争」，それはその後の学説によってどのように応接されたのか。

両研究のいずれもが，共に本格的研究であることについては，何の異論もないところであり，それだけになお一層，学問的発言としての慎重さが必要とされたせいであろうか，学説上の応接論文は必ずしも多いとはいえない。むしろ少数であった，というのが正確であろう。ここでは，時系列的に，槇・宮脇・福永の三教授による研究が，注目される。本稿テーマの私見の分析視点より，その諸研究への分析を試みておこう。

(イ) 槇論文による竹下理論の展開（1978年4月）――剰余主義の「根拠」の実体物権法上の理論化――

(i) 三「立法主義」に関する「論争・対立」に関して，実体民法学からの応接論文は必ずしも活発ではなかったが，その唯一の例外は槇論文による本格的検討である。これらの立法主義としての諸原則は，申立担保権者側よりすれば，その換価の前提や条件を定めるものであり，手続的性格の問題ではあるが，他の担保権者・用益権者側よりすれば，その自らの諸権利の存立の可否という「実体法上の問題」[44]にかかってくるものであり，「担保権の性格と機能」[45]，そして「担保権の検討にとって欠くことのできない問題」[46]となっている，とし

ている。このように，本問題の重要性を極めて明快に位置づけながら，実体担保権の視点からの数少ない貴重な寄与がなされた，といえよう。

(ii) 槇論文は次の三点において注目される。

(α) 第1に，竹下・伊藤両研究の「論争・対立」それ自体については，「問題はなお残されている」[47]とするのみであり，明確な態度決定を留保している。

(β) 第2に，「剰余主義は現実には引受主義と消除主義との組合わせの中において現われる」[48]との認識より，「公的執行（強制競売と任意競売）における消除主義」[49]と「私的実行（変則担保）における引受主義」[50]との対比において，三「立法主義」を分析している。

(γ) 第3に，消除主義の下での問題として剰余主義を採り上げ，この剰余主義を「先順位権における物権の一般的な効力」[51]の側面から性格づけん，としている。

その所論によれば，まず，剰余主義の「基礎」としては，これを「物権内容の実現を侵害者に対して保護するための直接的支配に基づく物権的請求権」[52]に求めている。さらに，その「論理」としては，これを「自ら欲しない時期における執行によって満足を得ることができない先順位者がその執行を自己の物権に対する侵害としてとらえ，その差止めを求めることができる」[53]ということに求めている。そして，剰余主義は，このような基礎の上に立ちつつ，「論理上は具体的証明なしに不完全な弁済を直ちに先順位権の侵害となしつつ，これを執行の前提要件として制度化したもの」[54]である，と結論づけている。

(iii) 以上を小括すれば，竹下研究は剰余主義を「実体物権法秩序の要請」に基づく「先順位担保権の保護」と理解していたところ，その延長線上において，換言すれば，竹下理論の展開として，槇論文はその「実体物権法秩序の要請」を実体物権法上の一般理論によって理論化・体系化した，と評価できよう。

(ロ) 宮脇・各論による竹下理論の受容（1978年10月）——その基本的理解の踏襲——

(i) 民執法制定以前の，したがって旧強制執行法・旧競売法下の，いわば最

終的な集大成としての本格的体系書である宮脇・強執法各論では，どのような態度決定がなされていたのか。竹下研究が「不動産執行の領域において最も重要な問題の一つ」[55]と意義づけていたテーマだけに，執行法学上，その体系書公刊に際しては多大に関心がもたれるところであった，といってよい。

(ii)　しかし，宮脇・各論では，竹下・伊藤「論争・対立」それ自体については，明確な態度決定はなされてはいない。むしろ，その「論争・対立」の存在それ自体については，何も言及されていない。自らの明確な態度決定をあえて留保・回避されんがために，そうであったのか。そして，裁断・決断は未だ時期尚早，と考えられていたのか。いずれにしても，その明示的言及がない。

他方，宮脇・各論の全体的叙述からは，竹下研究の基本構成の承継が看取される。その影響・学説受容が，明らかに読みとれる。以下，それを個別的にみてみよう。

——なお，宮脇・各論では，槇論文への言及がなされてはいないが，これはその執筆が槇論文と同時期であった，からであろう。——

(iii)　その所論は，次の四点において注目される。

(α)　第1に，その叙述の小項目として，「剰余主義と消除主義・引受主義」[56]（同292頁）というタイトル表記がなされている。これよりも明らかなように，三「立法主義」について，「剰余主義」と「消除主義・引受主義」との二つに，峻別している。これは，竹下研究における理論化・体系化と同様である。

(β)　第2に，剰余主義については，これを「強制競売の基本思想の表明」[57]である，としている。民訴旧649条1項がプロイセン執行法22条1項前段とほぼ同文であり，これは剰余主義の原則を表明した明文規定であり，「いかなる差押債権者も自己の債権に優先する不動産上の権利者を害して不動産を競売することを許さず」[58]とする原則である，と論ずる。したがって，宮脇・各論は，剰余主義を「強制競売の基本思想の表明」とする点で，竹下理論（「実体物権法秩序の要請」，その「執行法上の対応」）と，軌を一にする，といえよう。

——但し，竹下研究における「実体物権法秩序」の概念表記それ自体は，宮脇・各論では使われておらず，巧みにその表記の使用が避けられている。その

概念内容自体に対して，伊藤研究が正面から強く疑念を提起したが故に，宮脇・各論はその表記の使用を回避したのではないか，と推測できる。——

(γ) 第3に，「消除主義と引受主義の対立」[59]，すなわち立法主義としていずれの立場を採るのか，については，「強制競売では最も重要な立法政策上の問題の一つ」[60]である，としている。そして，各時代の不動産金融に対する影響，競落人の地位の安定化が図られるか，高額の競買申出人を見い出しうるか，といったことの「比較衡量を総合的に検討して決すべき」[61]ものである，としている。これは，まさしく竹下研究の基本構成にそのまま準拠して自らの立論をしている，といってよい。

——なお，消除主義と引受主義の成立基盤を合目的的考慮に求める，という点では，伊藤研究でも，その実質内容上，同様であり，この限りでは「論争・対立」は存在していない。伊藤研究は，それを「不動産金融および抵当制度の発展」[62]に求めている，からである。——

(δ) 第4に，その「比較衡量を総合的に検討」[63]した上で，引受・消除の両主義にはそれぞれ一長一短があるから，「剰余主義の大原則の下に両主義を併用するのが，合理的な規整である」[64]，としている。大原則としての剰余主義，その下での合目的的な総合的考慮の下での引受主義・消除主義，という点で，宮脇・各論は竹下研究の基本的構成を受容・踏襲している，と評価される。

(iv) 以上を小括すれば，竹下・伊藤「対立・論争」の中で，宮脇・各論は竹下理論を基本的に承継ないし賛同した，といえる。

(ハ) 福永論文による現行法解釈論の展開（1981年・1983年）——剰余主義規定の不存在，消除主義の根拠と限界——

(i) 福永論文は，三「立法主義」の理論的・体系的な検討を試みたものではなく，新民執法下での法解釈論を展開するものである。

(ii) 本稿テーマとの関連においては，福永論文は次の四点において注目される。

(α) 第1に，民訴法63条を根拠に民執法が剰余主義を採用したといいうるの

か[65]．という問題提起がなされている。そして，その明文規定なくして，剰余主義による法解釈が可能であるのか[66]，と問われている。

なお，この点の指摘は，現行民執法上は剰余主義は貫かれてはいない，とする中野・体系書[67]へと，受け継がれていった。

(β) 第2に，消除主義か引受主義かの問題を合目的的考慮とする竹下研究に賛同しながら，民執法の法解釈論として具体的に諸利益衡量を試みている。ここでは，すべての担保物権につき消除主義を採用すべし，との竹下見解に，全面的に賛同している[68]。

(γ) 第3に，民執法上の消除主義について，その実質的「根拠」が問われている。ここでは，民執法184条の解釈理論と接合して，その「根拠」を「手続保障と失権」[69]に求めている。すなわち，民執法59条1項等の消除主義は，抵当権者等の優先的満足が手続上確保されていることを前提とし，この手続が行使されることなく抵当権者が優先的満足を受けられなかったときでも，買受人保護のために，抵当権等は消滅する，と構成する主義である[70]，と論じている。

(δ) 第4に，民執法上の消除主義の「根拠」を「手続保障と失権」に求める基本的立場から，「抵当権等は例外なく消滅すると解していた従来の消除主義の理解が，もとより不当であ(る)」[71]，としている。

(iii) 以上を小括すれば，福永論文は，竹下理論の基本構成に準拠しつつ，現行民執法の法解釈論として消除主義の「根拠」と「限界」が理論的に追究する，といえる。

(5) 中野・民執法による竹下理論の批判（1987年）——剰余主義の非妥当——

(i) 新民執法の制定・施行以降，初の本格的な体系書として公刊された中野・民執法[72]，それにあっては，竹下・伊藤「論争・対立」について，注目すべき態度決定が明示的になされている。それは，剰余主義の「根拠」・成立基盤に関して，竹下研究，さらにはそれを踏襲した宮脇・各論に対する，ダイレクトな正面からの否定・反論であった。竹下研究以降，それに引き続いた槙論文，宮脇・各論，福永第一・第二論文，はいずれも，基本的には竹下研究の基

本理論に接続し,とりわけ宮脇・各論による全面的な踏襲により,「論争・対立」はほぼ決するかの感があったところ,中野・体系書の登場により,場面・状況は大きく揺れ動いた,と評することができる。

 (ⅱ) 中野・民執法では,次の三点に注目される。

 (α) 第1に,その叙述の小項目において,「不動産上の権利の消除─引受け」[73]とのタイトル表記の下で,消除主義・引受主義・剰余主義の順に,三「立法主義」が説明されている。それは,同じく体系書レヴェルでの叙述の進行・構成として,宮脇・各論におけるとは,明瞭に異なっている。

 具体的には,宮脇・各論では[74],その叙述上,「剰余主義」の小項目・タイトルが立てられ,しかもそれを不動産強制執行の「基本思想の表明」として,消除主義・引受主義に先行して,説明がなされている。これに対して,中野・民執法では[75],「剰余主義」の小項目・タイトルは立てられず,「消除・引受け」の小項目・タイトルの中で,消除主義・引受主義への論及に後れて,単に付随的な説明がなされている,からである。ここでは,その形式上のみならず,その意味内容上も,剰余主義は「消除・引受け」の二極対立構造の中に,いわば付随的─派生的に,位置づけられ,不動産強制執行におけるその意味・意義がかなりの程度に矮小化・劣位化されている,といえよう。この点でも,既に,中野・民執法は伊藤研究[76]に接近する。

 (β) 第2に,剰余主義について,それは「民事執行法の実定的構成としては,貫かれてはいない」[77],としている。剰余主義の「間接的な保障」[78]はある(法63条)が,剰余主義の宣言規定は民執法の立法に際して「意識的に外された」[79]からである,とする。

 これは,福永論文の問題提起,そしてその方向性と接点を有するが,竹下研究や宮脇・各論の基本的立場とは,その内容上,大きく対立する。竹下研究や宮脇・各論では,剰余主義は「実体物権法秩序の要請」(竹下)であり,また「強制競売の基本思想の表明」(宮脇)であるから,それは不動産強制競売における本質的な「大原則」(宮脇)として位置づけられていた,からである。とすれば,中野・民執法にあっては,剰余主義は本質的な「大原則」でも何でも

なく，それだからこそ民執法典からその宣言規定が削除されることも可能であったのだ，というような思考が，黙示的に伏在しているのではないか，と推論できる。

(γ) 第3に，剰余主義の「根拠」について，それが「物権法秩序の要請であるとしても，それを不動産競売の場でどこまで貫くかは，やはり消除主義・引受主義におけると同じく，多面的な立法政策的な考慮に服するのは，当然である」[80]，と断じられた。引き続いて，「実体法上の権利として保障された利益が，その優先順位に従って執行手続上実現されなければならないが，その権利につきどのような執行手続上の処遇が与えられるかによって実体上の権利の実質が決定されるのであり，不動産競売の機能を破壊しても実体法上の優先順位を貫徹すべしとの論理は成り立たない」[81]，としている。

これも，第二点の指摘と同様に，竹下研究や宮脇・各論とは，真向から衝突する把握である。竹下研究では，実体的な物権法秩序の本質的要請，それを執行法上受け止めたのが，まさしく剰余主義であり，それは「ドイツ不動産執行法の脊椎を成している」，としていた，からである。また，宮脇・各論でも，剰余主義は「強制競売の基本思想の表明」であり「大原則」とされており，いずれの所説でも，不動産強制執行における本質的・不可欠の基本原則として理解していた，からである。したがって，中野・民執法では，剰余主義は，本質的要請の次元ではなく，単なる「多面的な立法政策的考慮」（中野）の次元に落とされ，しかもむしろこのような剰余主義ルールを不動産競売には採用すべきではない，との立法政策的・利益衡量的な裁断・決断が述べられている，といえる。

(δ) なお，付言すれば，消除主義・引受主義については，「両者は長短を異に」[82]し，いずれの主義を採るべきかについては，不動産金融への影響……等を「総合的に検討して決すべき立法政策上の問題に他なら」[83]ない，としている。この点にあっては，中野・民執法も，竹下研究や宮脇・各論と同様であり，その受容がみられるし，また伊藤研究とも同様である。

(iii) 以上を小括すれば，中野・体系書にあっては，竹下理論への批判，そし

て伊藤研究への接近・支持，がみられる，といってよい。

三　私見の分析——「消除主義」のドイツ・プロイセン的構造の解明——

(i)　私見の分析として，以下では，消除主義のドイツ・プロイセン的構造を，理論的・体系的に解明していく。剰余主義の「根拠」をめぐる我が国の学説の「論争・対立」，その解決・決着を求めての作業では，まずテーゼとしての「消除主義」について，その理論的・体系的「根拠」如何が，問われる必要がある，からである。その際，本稿の論証プロセスや論点を明確化するために，小項目を立て，それに即して個別的に順次論述を進めていく。

(ii)　以下の論述でのキーワードとしては，①まず，「破産の誘引力」の法原則であり，②さらに，その支配の下での「不動産強制競売法と破産法の立法的結合」の法現象であり，③また，「特別破産」としての不動産強制競売の法構成，である。④そして，論証のプロセス，その流れにあっては，「破産の誘引力」の法原則，その「支配」から「崩壊」への歴史的経緯・展開に，立法主義としての消除主義が，どのように関連するものであったのか，が一つの大きな中心的論点となっている。

(iii)　さらに，私見は，「消除主義」に関する我が国の学説や判断の理解が果たして妥当なものなのか，という疑念を有している。不動産競売における先順位抵当権の消滅，それは法がその先順位抵当権が実行されたとみなした結果である，あるいは不動産上の全担保権の実行である，との理解（従前の学説・判例），さらには消除か引受かは競売手続上のトータルな合目的考慮に由来する原則にすぎない，との理解（竹下説），それらはいずれも「消除主義」の本質的構造を把えきっていないのではないか，という疑念である。したがって，「消除主義」のドイツ・プロイセン的構造の解明は，上記のような私見の疑念を明らかにし，我が国の学説や判例の理解に対して，その問題性・不当性を指摘しようとするものである。

(1) その規制法典は

(ⅰ) 消除主義，それは1883年・不動産強制執行法によって廃止されるまで，プロイセン法における伝統的立場であった。では，「消除主義」規定はそれまでいかなる法典中に存置されていたのか[84)85)]。

(ⅱ) その具体的法典としては，

(α) 手続的抵当権法である1869年・不動産強制競売法20条以下・175条・79条等が，それである。同法は1879年・不動産強制執行「実施法」により部分的修正を受けているが，「消除主義」規定については，何の修正もない。69年法の「消除主義」規定は，83年法の制定・施行に至るまで，プロイセンの地に現行法として妥当していた。

(β) また，69年法の「消除主義」規定のルーツを遡れば，手続的抵当権法としての1793年・ＡＧＯ（一般裁判所令）第１部52章46条以下の諸規定を，指摘できる。さらに，同じく手続的抵当権法としての1834年・不動産強制競売令16条・19条の諸規定もまた，そうである。

(γ) さらに，単独・個別の破産法典としての最初の立法である1855年・破産令，それはプロイセンの最後の破産法典として妥当し続けていたが，その386条以下（とりわけ396条，400条）の諸規定もまた，「消除主義」規定である。また，旧くは形式的抵当権法（登記法）である1783年・ＡＨＯ（一般抵当令）100条にもまた，「消除主義」規定である。

(ⅲ) なお，付言すれば，消除主義は，単にひとりプロイセンにおいてのみ妥当した立法主義ではなく，ドイツの他の諸邦の大部分——すなわち地域領土的にも，そこでの対象人口数からみても，その大部分——の地においてもまた，妥当した立法主義であった[86)]。したがって，消除主義は，単にプロイセン法の伝統的立場というよりも，むしろドイツの大多数の，そして有力な諸ラント法の伝統的立場であった，といえよう。

(2) その「原理的」内容は

(ⅰ) 消除主義の「原理的」内容はどのようなものか。プロイセン最後の「消

除主義」立法である1869年・不動産強制競売法の「消除主義」規定を手がかりとして，その「原理的」内容を次のように小括できる[87)88)]。

(ii) すなわち，

(α) まず，消除主義を「競落人」のサイドからみれば，競落人は，目的不動産を抵当権の負担から解放された形で，取得できる。競落人による無負担の土地所有権の取得，それが消除主義の内容である。

(β) また，消除主義を「抵当権」のサイドよりみれば，競売により目的土地上のすべての抵当権は消除されるに至る，ことを意味している。それらの抵当権は，消除されるのだから，もはや土地に対して向けられたものではなく，競落代金に向けられたものとなる。土地に代わる「代償（Surogation）」として，抵当権には競落代金が付与される。

(γ) しかも，「競売による抵当権の消除」という消除主義の原理は，目的土地に対する抵当権の実行（不動産強制競売）が後順位者によってなされた場合であっても，妥当する，とされている。先順位者による抵当権実行により後順位抵当権が消除されるのはむしろ当然のことであり，わざわざ消除主義の妥当を待つまでもない，ことだからである。したがって，消除主義の妥当の下では，後順位者による競売追行によってもまた，目的土地上の優先抵当権は消除されてしまう，との帰結が生ずる。

(δ) では，消除主義の妥当の下では，「先順位抵当権の優先性」はどのように考慮されているのか。それは，競落代金の配当に際し，その優先的順位に基づく配当という形で，はじめて考慮される。配当における優先的順位の確保，という限りで，「先順位抵当権の優先性」が考慮されている。

(3) 消除主義の「根拠」は，その1——我が国における学問的空白の存在——

(i) 消除主義の「根拠」は何に求められるのか。同じく立法主義としての剰余主義にあっては，その「根拠」如何について，我が国の学説において激しく「論争・対立」がみられること，既述のとおりであるが，消除主義の「根拠」については，理論的・体系的な観点からは，我が国ではほとんど何も論じられ

ることがない[89]。そのルーツであるドイツ・プロイセン法にあっては、消除主義が1883年法により撤廃されてしまった、その意味では過去の立法主義であり、もはや検討に価しない、と考えられた、からであろうか。

しかし、我が国の現行民執法は、既に従前からの（我が国の）伝統的立場として、消除主義（但し、私見によれば、これは「日̇本̇的̇」消除主義と呼ぶのが適当であろう）をかなりのレヴェルで採用しているのだから、消除主義の理論的・体系的検討は必須であろう。理論的・体系的に、我が国では、大きな学問的空白が存在していることは、確かである。

(ⅱ) それでは、研究がまったくの皆無であったのかというと、それは必ずしも正確ではない。

(α) 伊藤研究では、若干の論及がなされている。消除主義の妥当する1869年法の下での不動産競売、それを「破産的競売」[90]とネーミングしている、からである。但し、消除主義の「根拠」については、ほとんど何も論及はない。

(β) 竹下研究でも、基本的に同様であり、消除主義の「根拠」如何については、僅かに言及するのみである[91]。当時のドイツにあっては、近代的な登記制度が未整備であったこと、したがって土地上の負担状態を正確に把握できなかったこと、さらには競落人の地位の安定化、競売の機能化のために、消除主義が採られていた旨の、指摘があるのみである。理論的・体系的視点から、消除主義の「根拠」が説かれているわけではない。

(γ) 消除主義の「根拠」と「限界」をメインテーマとして詳細な検討を加えた福永論文は、我が国の民執法下の、消除主義の「根拠」の解明を意図する。現行民執法の下での法解釈論として、その消除主義の「根拠」について、「手続保障と失権」という解釈理論を提示されたものである[92]。しかし、そのルーツとしての立法史的存在としてのプロイセン消除主義、その「根拠」の解明を目的としたものではなかった。

(ⅲ) 以上を前提として、私見は、①消除主義が妥当し、伝統的立場として確立化していた当時のドイツ・プロイセン、②そこでは「破産の誘引力」なる法原則が支配し、「不動産強制競売法（抵当権法）と破産法との立法的結合」の

法現象が現出していたが、③まさしくそれに注目して消除主義の「根拠」が解明されなければならない、と考える。

(4) **消除主義の「根拠」は、その2——「破産の誘引力」の法原則、そして「不動産強制競売法と破産法の立法的結合」の法現象、とは何か——**

(i) この問題については、我が国の学説は、その内容上、これまでほとんど何も論じていない。「破産の誘引力」という概念それ自体に論及しても、その内容にまで言及していなかった。以上の状況の下で、「ドイツ強制抵当権制度」に関する従前の拙稿（→ＺＨ制度研究Ⅰ巻）[93]において、プロイセンの「手続的」抵当権の展開をフォローするに際して、これらの点について、論及を試みている。ここでは、その趣旨を、要約の上、援用する。

(ii) 私見は次の如く論ずるものであった。

"「破産の誘引力」の法原則——「破産法と不動産執行法の立法的結合」という法体系的構成——

① ドイツ普通法上、「破産の誘引力」の法原則が存在していた。これは、あらゆる種類の債権者は、債務者破産（所有者破産）の場合には、その債権の満足（Befriedigung）を破産手続内部において求めなければならない、とする法原則であった。抵当債権者（Hypothekengläubiger）といえどもその例外ではなく、予め法定されていた「順位クラス（Rangklasse）」（破産順位）の一つにおいて、自らその債権の満足を受けなければならない、とされていた。この意味よりすれば、「破産の誘引力」の法原則の下では、不動産強制競売手続（Subhastation）は破産手続の内部中に埋没化され、それは「破産法と不動産執行法の立法的結合」という法体系的構成の形態で現出するものであった、といえよう。従来、我が国ではほとんど論及されなかったところであり、本稿テーマ（ドイツ強制抵当権制度）との関連において論述する。

② その起源を13世紀まで遡るならば、ドイツ普通法上の共同破産手続（der gemeine Konkursprozeß）は「破産の誘引力」の法原則の下に支配されていた。

この法原則の下，抵当債権者もまた予め法定されていた破産順位において自らの債権の満足を受けなければならなかった。このような「破産の誘引力」の法原則は一体如何なる理由に基づくものであったのか。その内的正当性如何が，ここであらためて明確に問われる必要がある。

その理由ないし内的正当性としては，次の点が指摘されよう。すなわち，その当時の時代にあっては，様々にして多様なる法定担保権や一般担保権，さらには黙示の担保権が広範囲に流布・展開されていた。債権者として重視されなければならない者，それはとりもなおさず「担保債権者（Pfandgläubiger）」に他ならないが，彼等の「債権者優先権（Gläubiger-Vorrecht）」はあまりに多様且つ複雑に交錯するものであった。したがって，たとえば同一の債務者（所有者）に対して多数の担保債権者が存在・登場する，という場面では，その諸担保債権者相互間の「優先劣後の関係」が解決・調整されなければならないが，現実的にそれは極めて困難な作業であった。かくして，この問題の解決・調整は，ひとり，統轄的な破産手続の領域内においてのみ，可能である，と考えられていた。そして，まさしくその解決・調整の具体的規準が，「破産順位」規定に他ならなかった，という点に注目される。

③　しかし，他方，時代の展開と共に，「破産の誘引力」の法原則は次第にその内的正当性を喪失するに至り，「破産法と不動産執行法の立法的結合」という法体系的構成も崩れ去り，これを契機として「不動産強制競売手続」の独立性ないし独自性が達成される。すなわち，

㋑　既に18世紀中葉以降，とりわけプロイセンでは，「土地登記簿制度（Grundbuchsystem）」が整備され始め，同時に「担保証券制度（Pfandbriefwesen）」もまた大きく進展し始めてきていた。物的信用制度は著しい展開を示す。

㋺　他方，物的信用制度の著しい展開に伴い，「破産の誘引力」の法原則は物的信用制度にとって次第に重苦しい足枷として意識されるようになる。「破産の誘引力」の法原則に支配された「共同破産手続」，それは，他にその例をみない程に，担保債権者にとって錯雑であり緩慢なものとして確認されるに至った，からである。かくして，「破産の誘引力」の法原則は物的信用制度の発

683

展にとって大きな阻害要因の一つである, と考えられた。

　㈅　また, 物的信用制度の進展は同時に土地登記簿制度の整備・合理化を伴ってきており, 土地登記簿制度は技術的にも法的にもより一層整備されたものとなり, 不動産上の担保権の公示性の特定性もまたかなり明確化された。したがって, 担保債権者の優先権や, さらには諸担保債権者相互間の優先劣後関係も, かなりの程度に明確化され, その解決・調整については, 必ずしも破産手続の内部処理に委ねる必要性や必然性はもはや存在しなくなった。かくして, 「破産の誘引力」の法原則, すなわち「破産手続と不動産強制競売手続の連結」は, もはやその内的正当性を失うに至り, 19世紀に至りようやくにして「不動産強制競売手続の独立性」が立法的にも達成された。"

　⒤⒤⒤　上述のように, 「破産の誘引力」の法原則の支配, そして「不動産強制競売法と破産法の立法的結合」の法現象の現出, という経緯が明らかとなった。次には, ドイツ・プロイセンでの, その根拠たる具体的法典名が問われるであろう。

　(α)　既にドイツ強制抵当権制度に関する従前の拙著[94]にあっては, 私見の基本的分析視点として, 「実体的・形式的・手続的」抵当権法という三軌軸に準拠して, プロイセン抵当権法の展開をフォローしている。そこでの「手続的」抵当権法とは, 不動産強制競売法を意味している。したがって, 「手続的抵当権法(不動産強制競売法)と破産法の立法的結合」という法典としては, 1700年代にあっては, その代表例として, ①1722年・ＨＫＯ(抵当破産令), ②1793年・ＡＧＯ, の二つである。

　(β)　なお, 「両法の立法的結合」とは, 1793年・ＡＧＯにおけるよりも明らかなように, 単に法典編成の形式上において一体化(同一法典化)していたというのみではなく, 不動産強制競売が破産手続にその実質内容上も一体化・近接化・類似規程化されていたことをも, 意味していた。

(5) 消除主義の「根拠」は，その3——「破産の誘引力」の法原則の「支配」，そして「特別破産」としての法構成——

(i) 「破産の誘引力」の伝統的な法原則の支配の下，「両法の立法的結合」の法現象が現出していたが，それは消除主義とどのように関係するものであったのか。私見は，まさしくこの法原則・法現象の中に消除主義の「根拠」が見い出される，と考える。

(ii) 上記の法原則・法現象の下では，不動産強制競売は「個別破産（Partikularkonkurs）」，あるいは「特別破産（Spezialkonkurs）」として法構成されていた。「その目的不動産それ自体」を対象財団（対象財産）ないし破産財団とした破産，換言すれば「その不動産限りでの」破産，という法構成である[95]。

より具体的に説明すれば，①まず，一般の通常の意味における破産，これが「一般破産（Generellkonkurs）」の制度ないし概念として存在している。②他方，この「一般破産」との対比において，それとは区別された「特別破産」の制度ないし概念が存在している。これが当時の「不動産強制競売」であり，「抵当権実行手続」に他ならない。③このように不動産強制競売を「特別破産」とする法構成にあっては，不動産強制競売も破産の一つのタイプであり，破産類似のものでり，したがって「一般破産」の法原則と可能な限り調和する形で全面的・全体的に規律されるべし，とする基本思考が存在していた。不動産強制競売の可能な限りの破産的構成（破産類似的構成）が志向されていた，といえよう。

——なお，「特別破産」としての法構成では，プロイセン私法学（民法学・担保法学）の泰斗・デルンブルクの指摘を敷行すれば，次の二点に注目しなければならない[96]。すなわち，

①第1に，不動産強制競売では破産財団（破産対象）が当該不動産のみであり，この不動産限りの破産である，ということである。一般破産と比較すれば，この点でもっとも大きな且つ重要な差違が存在している。

②第2に，ローマ法上の伝来的な「パウルス訴権（actio pauliana）」の法理論と論理的に整合するような枠組みで，不動産強制競売を法構成しなければなら

685

ない。不動産強制競売もまた破産の一つのタイプとして位置づけるのだから，破産制度を支える「パウルス訴権」の法理論と調和すべし，ということである。
──

(iii) 以上を前提として，「特別破産」としての不動産強制競売，その法構成の下では，消除主義の立法的採用は自ずと論理必然的な結果であった。不動産強制競売も「特別破産」であり，破産の一つのタイプなのだから，その破産的清算として，競売により目的不動産上の抵当権は，先順位抵当権も含めてすべて，消除されて然るべきだ，からである。したがって，消除主義の「根拠」としては，「破産の誘引力」の法原則の支配の下，「個別破産」としての不動産強制競売の法構成，すなわち「破産的清算（konkursmäßige Liquidation）」の法構成にあった，と結論づけることができる。

(6) 法原則の支配の「崩壊」の経緯は──不動産強制競売手続の破産手続からの独立化──

(i) 1800年代に入り，ドイツ・プロイセンでは，「破産の誘引力」の法原則の支配は次第に崩れはじめ，それに伴い「両法の立法的結合」の法現象も次第に消失していく。では，その具体的経緯はどのようなものであったのか。

(ii) 上記の法原則・法現象の「崩壊」とは，両法がそれぞれ別個・独立の法典として成立した，という点に象徴的にあらわれている。この意味における，その「崩壊」の到達点として，次の二つの法典を指摘できる。

(α) まず，1855年に破産法典が成立しており[97]，これにより破産手続それ自体としての，一つの完結した法システムがはじめて成立する。自らは不動産強制競売手続を除外した，破産手続として純化され完結した破産法典が，はじめて登場した。これが，破産制度からみた，「破産の誘引力」の法原則の，そして「両法の立法的結合」の法現象の，それが「崩壊」していった，その最終到達点である。

(β) さらに，1869年に不動産強制競売法典が成立しており，これにより不動産強制競売手続それ自体としての，一つの完結した法システムがはじめて成立

する[98]。自らは「破産の誘引力」の法原則の支配から，そして「両法の立法的結合」の法現象の拘束から脱却して，不動産強制競売手続として純化され完結した独立の不動産強制競売法典が，はじめて登場した。これが，不動産強制競売制度からみた，「破産の誘引力」の法原則の，そして「両法の立法的結合」の法現象の，それが「崩壊」していった，その最終到達点である。

(ⅲ) それでは，その「崩壊」の到達点に至るまでの経緯，それは具体的にどのようなものであったのか。

(α) まず，1793年・ＡＧＯが，上記の法原則・法現象を体現した，最後の法典であった，ということを指摘しなければならない[99]。しかも，この1793年・ＡＧＯが，1800年に入っても，「不動産強制競売手続についても，さらに破産手続についても，共に」，なお現行法として妥当し続けてきた。

(β) さらに，上記の法原則・法現象の「崩壊」の契機は，不動産強制競売のサイドからの独立化の動きであった，ということを指摘しなければならない。ここでは，次の二つの修正令に注目される。

——① まず，第1に1834年・不動産強制競売令である[100]。同令では，不動産強制競売としての独立した方向性（破産からの脱却の方向性）が志向されている。同令を契機として，法実務もまた，この方向性を強く推進していった。

この改正法（Novelle）の目的は，競売手続（Subhastationsverfahren）と配当手続（Verteilungsverfahren）につき，その手続の簡易化（Vereinfachung）と迅速化（Beschleunigung）にあった[101]。より具体的には，

㋐ 競売手続では，従前，その手続実施命令（実施決定）のためには，管理手続（Sequestration）の先行した追行が必要であったが，この先行要件が撤廃された。予めの管理手続の追行なくして，直ちに競売手続が実施される，ことになった。また，競売手続の開始は職権により抵当登記簿に記入される，とされた。

㋑ 配当手続では，競買申出期間の短縮化と簡易化がなされた。また，競落代金はいつでも職権により配当され，すべての利害関係人を手続に参加させることとなった。その結果，1793年・ＡＧＯの下での「Liquidationsprozeß（配当

手続)」の章（法典中の章）は失効する。配当の基礎・根拠は，まさしく裁判官による配当表に求められる。また，配当につき争いある場合には，特別手続において裁判・解決された。

㈢　ここでもっとも注目すべきことであるが，競売手続が一旦開始されると，後に開始された破産手続があっても，それとは無関係にまったく独立して，なお競売手続はさらに続行された。ここに，不動産強制競売手続が破産手続にまきこまれることなく，それとは独自に追行され，進行する，という峻別・分離の思考の端緒がみられる，といえよう。

──②　さらに，第2に1840年・命令（Verordnung vom28. 12, 1840）である[102]。この改正法でも，不動産強制競売法に関する重大な変更がなされている。

すなわち，担保債権者（Pfändgläubiger）並びに抵当債権者（Hypothekengläubiger）は，従来とは異なり，破産手続並びに相続上の配当手続への参加強制（Einlassung）から，解放され，手続上自由となった。優先する破産債権者の実体的権利を彼等が維持する（侵害しない）限りでは，担保債権者・抵当債権者は，一般の手続において担保目的物からの別除的な満足（abgesonderte Befriedigung）を，適法になし得た。

(γ)　1834年・不動産強制競売令を嚆矢として，その後のいくつかの諸法令により，両制度・両手続の峻別の方向性が補充・補完されていった。くわえて，法実務もその方向性を支持し，これを確実化していった。かくして，1793年・ＡＧＯを修正する諸法令，そしてそれを支持する法実務，その両者のいわば協同の結果として，まず1855年，独立した破産法典が，さらに1869年，独立した不動産強制競売法典が，それぞれ成立した。

──①　まず，1855年・破産令についてみれば，この破産法典は，プロイセンにおける独立した破産法典として，最初のものである，という点で注目される[103]。従来とは異なった様々な新規制がなされているが，ここで特徴的なことは，前記の40年・命令と対応して，土地担保権者は，なお一層，破産手続から独立化されている，という点である。換言すれば，実体的な破産法にその内的関連性において破産法（典）としての明示的な一体性・独立性を付与したも

の，これが55年・破産法典である，といえよう。

　より具体的には，土地担保権者（Grundpfandgläubiger）は，破産手続が続行中である場合にも，その自らの強制競売を破産管財人に対して追行できる。既に競売期日が定められていた場合には，競売手続は破産財団の算定のために続行される。このような別除的満足を求め得る優先権が土地担保権者に認められた。

　なお，人的債権者が存在し，この者が破産手続の開始前に既に強制執行の手段を採っていたとしても，この者には前述のような別除的満足の優先権は許与されていない。

　――② さらに，1869年・不動産強制競売法についてみれば，1855年・ＫＯが破産法典として一つの完結した形で個別化したことを受けて，不動産強制競売法も，破産法からの完全独立化を達成し，独立・個別の法典として成立した[104]。しかし，具体的な諸規定の内容上にあっては，未だなお破産からの影響を引きずっている。

　(iv) では，55年の破産法典の成立，69年の不動産強制競売法典の成立，法典としての両法の独立化，この経緯をどのように評価すべきなのか。私見は，法典としての両者の峻別ということは，あくまで不動産強制競売の視点から同法が破産から独立化した，その独立化が達成された，ことを意味している，と考える。

　「破産の誘引力」の法原則の支配の下では，「両法の立法的結合」の法現象の中で，不動産強制競売手続は，その法典編成という形式上においても，その手続内容という実質上においても，破産手続の中に埋没化してしまっていた。その埋没化から脱却する，破産からの拘束・影響より脱却する，その解放を求めての動きは，まさしく不動産強制競売のサイドからのものであり，それを受けとめた形で，1855年，破産法典（ＫＯ）が成立したにすぎない。したがって，その動きの最終的な結実は，69年・不動産強制競売法である，と私見は考える。

(7) **69年法の「消除主義」規定――私見の評価――**

　(i)「消除主義」規定は，不動産強制競売手続の独立化を志向する1834年・不動産強制競売令にあっても，また独立した法典化を達成した1869年・不動産

強制競売法に至ってもまた，従前どおり存置されていた。

　では，「破産の誘引力」の法原則の支配から脱却したのだから，何ゆえに69年法には「消去主義」の規定が存置され続けていたのか。消去主義の「根拠」として，それが「破産の誘引力」の法原則の支配の下での，「特別破産」としての法構成に，求められたのであるから，上記の疑問が当然に提起されざるを得ない。

　(ii)　私見の結論を述べれば，69年法は，「破産の誘引力」の法原則の支配から脱却し，破産から自ら不動産強制競売手続として独立しながらも，その規律内容上の，しかも極めて重要なる部分で，未だなお「破産の誘引力」の原則の影響を引きずっていた，と考える。

　34年令以来，実務とその後の諸法令との協同作業により，不動産強制競売は破産からの様々な拘束を解放してきたが，担保権処遇原則としての消去主義については，あまりに強固で永い伝統的立場であったが故に，69年法もまたこれを踏襲しつづけてきた，といえる。そのことは，必ずしも「消去主義」規定の堅持の，強い立法意思に基づくものではなかった，と推断する[105]。

　(iii)　では，69年法は，まさしく中途半端な形で，過去の残滓を引きずったものにすぎなかったのか。否，私見は69年法の登場を次のようにポジティブに評価する。すなわち，69年法は，その法典編成という形式上のみならず，多くの実質内容上の諸点で，破産手続から訣別している。この意味よりすれば，69年法は，「消去主義」撤廃の，そしてそれに代わる，時代を画する「新理念」登場の，その夜明けを予期させるものであった。まさしく，69年法により，その舞台が準備されたのであり，来たるべき「新理念」の登場は83年法の成立を待たなければならなかった。

さいごに——結論の小括——

　(i)　「剰余主義」の「根拠」をめぐって，我が国の学説は顕著に対立し，論争はなお紛糾し，未だ明確な決着をみていない。しかし，これに対して，同じ

くその立法主義の一つである「消除主義」については，我が国の学説にあっては，そのルーツに遡っての理論的・体系的視点からは，ほとんど何の本格的検討もなされてはこなかった。理論的・体系的無関心のままに推移してきた，というのが我が国の学説の状況であった。

(ⅱ)　しかし，私見によれば，その立法主義生成のルーツであるドイツ・プロイセン法の展開よりすれば，「消除主義」をテーゼとすれば，そのアンチ・テーゼとして「剰余主義」が登場し，なおこれを支える補助テーゼとして「引受主義」が登場した，と小括的に理解できる。

このような理解をふまえるならば，「剰余主義」の「根拠」の理論的解明のためには，まずそのテーゼとしての「消除主義」に関する理論的究明が必須的前提であった。

(ⅲ)　このような私見の基本的認識に基づいて，第1節は，「消除主義」のドイツ・プロセイン的構造の解明を試みた。ここでは，プロイセンの伝統的立場であった「消除主義」，それは「破産の誘引力」という伝統的な法原則の支配の下，「不動産強制競売法と破産法の立法的結合」の法現象の中で，「特別破産としての不動産強制競売」の法体系的構成に基づくものであった，ことを明らかとした。

特別破産としての不動産強制競売，それが破産の一タイプなのだから，破産的な，あるいは破産類似的な清算処理として，不動産強制競売における「消除主義」の妥当は，法理論上も法体系上も，論理必然的な帰結であった。

(ⅳ)　さらに，「消除主義」のドイツ・プロイセン的構造の解明に伴って，同時に，我が国の従来からの学説や判例の理解の不当性もまた明らかとなった。「消除主義」は，「消滅する先順位抵当権の実行の結果」（法によるみなし）でもなければ，「全担保権の実行」でもなく，また単なる「合目的考慮に由来する原則」でもなかった。それは，あくまでも，ドイツ・プロイセン不動産強制競売の本質的構造に根づくものであった，ということが，ここで明確に確認しなければならない。

(ⅴ)　以上をふまえて，プロイセン「消除主義」の法理論的・法体系的な基

盤・構造が解明された今，それに対するアンチ・テーゼとして登場した「剰余主義」，その「根拠」，そしてさらには「引受主義」を含めて，三つの「立法主義」の全体的構造の理論的解明が，次なる必須の課題となる。それらのより詳細な検討は次なる第2節に譲りたい。

1) 競売不動産上の物的処遇如何が不動産強制競売における重要問題であること，学説上，ほぼ一致して認められてきている。
   たとえば，それが「不動産執行の領域において最も重要な問題の一」つである（竹下研究・94頁），さらには「（剰余主義は）強制競売の基本思想の表明」であり（宮脇・各論292頁），「（消除主義と引受主義の対立は）強制競売では最も重要な立法政策上の問題の一つ」である（同・各論293頁），とされている。
   また，同様の認識は，その立法主義としての処遇原理についての，ドイツでの近時のもっとも詳細且つ本格的な研究書である，Maier の著作（ders., Die Aufnahme des Deckungs-und Übernahmeprinzips in das Zwangsversteigerungs-gesetz, S. 1 ff.）にも，明示されている。処遇原理として採用された立法主義（剰余主義・引受主義），それはＺＶＧの全体を強く特徴づけ，その根幹を成すものである，との趣旨が述べられている，からである。
   そして，また，竹下・伊藤両研究を対立軸とする我が国の学説における「論争・対立」もまた，不動産強制競売法を貫く基本原理如何を問うものであるだけに，後述する如く，その解決は極めて重大な問題性をはらんでいる，ともいえよう。
   なお，本付論文②の初出後，我が国の民執法63条（剰余主義規定）は，平成16年法152号により，改正されている。「債務者保護のプロイセン法理」の具体化の一つが「剰余主義」導入であり，それは「先順位抵当権者の保護」の形をとって現われた，というのが私見結論であり，この方向性で立法改正がなされている。その詳細は浦野編・基本法コンメ民執法63条（2009年9月）（6版）の斎藤執筆を参照されたい。
2) その詳細な分析については，後述の本文中の項目二でおこなう。
3) というのは，現時のドイツ法学にあっても，さらには遡ってプロイセン法学にあっても，竹下・伊藤両研究を対立軸とする，剰余主義の「根拠」をめぐるこのような「論争・対立」は，まったくみられない，からである。
4) 本研究の分析視点を確示する私見のモティーベとして，次のことを指摘しておきたい。
   本稿は，①勿論，第一次的には，我が国の学説における剰余主義の「根拠」如何をめぐる，この理論的「論争・対立」に対して，私見の立場からの発言な

いし解決指針を提示せん，とするものではある。②しかも，と同時に，第二次的，あるいはむしろ最終的・本来的・窮極的には，処遇原理としての三つの「立法主義」について，理論的・体系的・歴史的視点から，トータルにその原理的「根拠」如何を問わん，とすることを目的とするものである。

5) たとえば，兼子・強執法239頁では，「余剰主義」と概念表記されている。また，三ヶ月・演習講座317頁にあっても，剰余主義の文言は使われておらず，「負担補償主義」・「余剰主義」の文言表記が採られている。

6) Deckungsprinzip の訳語としては，本文中でもそうであるように，「剰余主義」や「負担補償主義」の概念・文言が利用されていること，我が国ほとんどすべての学説にあって共通している。

しかし，他方，若干のミスもみられるようであり，我が国の指導的体系書である我妻・民法総則220頁では，次のような記述がみられる。本稿における議論・論証の混乱や誤解を避けるために，あえて指摘しておく。

「ドイツ民法は，抵当権者のこの立場（後順位者の意思・実行により弁済を強要されない，との独立の原則よりの要請――斎藤注）を尊重し，後順位抵当権者の申立によって競売がおこなわれても，先順位抵当権は目的物に追従し競落人によって引受けられるものとする（Deckungsprinzip. ZVG. §44, 45, 52）」。

その叙述内容では，「引受主義」の説明がなされている。しかし，そのドイツ法上の原語としては，Deckungsprinzip（剰余主義・負担補償主義）の表記が使用されている。これは矛盾であり，正確とはいえない。

なお，我妻・総則同頁の本文中では剰余主義の説明はなされてはいないにもかかわらず，その引用の ZVG の条文，すなわち44条は Deckungsprinzip の宣言規定であること，確認的に指摘しておきたい。

7) たとえば，三ヶ月・演習講座317頁では，「負担引受主義」と表記されている。

8) たとえば，三ヶ月・演習講座316頁。

9) たとえば，三ヶ月・演習講座317頁では，「移転主義」を第四の立法主義として掲げ，これを「負担引受主義をさらに一歩進め」（同頁）たものとして位置づけている。

10) 11) 同317頁

12) たとえば，Münchmeyer, Gefahren in der Zwangsversteigerung, S. 54, 1901.

13) 竹下・不動産強制執行法の研究・はしがき1頁

14) たとえば，兼子・強執法238―239頁，三ヶ月・演習講座316頁以下，など

15) 僅かに，増淵・「消長」と谷井・「解釈」の二論稿が注目される程度である。

16) 大決大正4年3月9日　民録21輯252頁

17) 竹下研究・101―102頁・105頁・131頁，等

18) 19) 20) 21) 同102頁

22) 同102頁・96頁・99頁

23) 同103頁

24) 同103—104頁
25) 同104頁
26) 同104頁以下
27) 同105頁
28) 同155頁
29) 30) 伊藤研究・(1)380頁以下
31) 32) 33) 34) 同381頁
35) たとえば，竹下研究・102頁・96頁では，従前の学説の立場への論及・分析がみられる。
36) 竹下研究・103頁
37) 同103—104頁
38) 同104頁
39) 40) 伊藤研究・(1)381頁
41) 伊藤研究・(1)389頁の注(26)に，伊藤教授の仮説が予め提示されている。
42) 43) 伊藤研究・(3)536頁
44) 45) 46) 槇論文・219頁
47) 48) 49) 50) 同221頁
51) 52) 53) 54) 同222頁
55) 竹下研究・94頁
56) 57) 58) 宮脇・各論292頁
59) 60) 61) 同293頁
62) 伊藤研究・(3)537頁
63) 宮脇・各論293頁
64) 同294頁
65) 福永第一論文・363頁
66) 同365頁
67) 中野・民執法371頁
68) 福永第一論文・369頁以下
69) 福永第二論文・46頁
70) 同45—46頁
71) 同46頁
72) その初版（下巻）は1987年であるが，以下では1998年の新訂3版で引用する。
73) 中野・民執法370頁
74) 既述(4)(ロ)。宮脇・各論292頁以下
75) 中野・民執法370—371頁
76) 伊藤研究・(3)536頁では，剰余主義が引受主義から派生・分離したものにすぎない旨の，記述があること，既述(3)のとおりである。
77) 78) 79) 中野・民執法371頁

80) 81) 同384頁
82) 83) 同370頁
84) プロイセン法の法典条文については，プロイセンの各年度順の制定・公布の法令集（官版）としての，Gesetz-Sammlung für die Königlichen Preußischen Staaten.
85) プロイセン抵当権諸立法についての，私見の基本的分析視点からの整理・小括としては，ドイツ強制抵当権制度に関する一連の拙稿を参照（後注 (93)）。
86) たとえば，Maire, op. cit., S. 33, Anm. 7 では，「消除主義」立法の妥当する諸ラントとその根拠法典が示されている。
87) 69年法の「消除主義」規定（20条以下・75条・79条等）の具体的条文については，Preußische G=S von 1869, S. 421 ff. を参照されたい。
　なお，本文中に叙述したものは，筆者の分析に基づくあくまで消除主義の「原理的」内容であり，単なる条文の逐語的な解釈のみによるものではない。換言すれば，消除主義の規律内容からその「原理的」内容を析出せん，と試みた結果としてのものである。
88) 69年法については，その「消除主義」規定を含めて，Kurlbaum, Die preußische Subhastationsordnuns vom 15. März 1869. が適確な情報（法解釈を含めて）を提示するものである。
89) 但し，その重要な例外としては，本文中にも引用の福永論文が挙げられよう。消除主義の重要性に着目する，いわば貴重なる研究ではあるが，現行民執法の具体的条文の法解釈論として展開されている点で，私見の本拙稿とその目的・アプローチを異にする。
90) 伊藤研究・(3)105頁
91) 竹下研究・102頁
92) 福永第二論文・45—46頁
93) 94) 斎藤和夫・ドイツＺＨ制度研究Ⅰ巻参照。
95) たとえば，1855年・破産令との関連において，プロイセン抵当権法の代表的な体系書である，Dernburg=Hinrichs, Das Preußische Hypothekenrecht, Erste Abteilung, S. 50 にも，その簡潔な叙述がある。
96) Vgl. Dernburg=Hinrichs, op. cit., S. 50.
97) 55年・破産令については，Dernburg=Hinrichs, op. cit., S. 50 ; Schubert, op. cit., S. 10. また，法典の諸条文については，Preußische Gesetz=Sammlung の該当年版参照のこと，すべて同様である。
98) 69年・不動産強制競売法については，プロイセン抵当権諸立法におけるその位置づけとして，斎藤和夫・ドイツＺＨ制度研究Ⅰ巻参照。
99) 1793年・ＡＧＯについては，プロイセン抵当権諸立法の展開におけるその位置づけとして，拙稿・第13論文228頁以下参照。その参照諸文献も同参照。
100) Dernburg=Hinrichs, op. cit., S. 50.

101) 1834年・不動産強制競売修正令については，いくつかの文献が存在するが，たとえば，Schubert, Die Beratung des BGB（Sachenrecht IV），S. 9 ff. 参照。
102) 以下の叙述については，Dernburg=Hinrichs, op. cit., S. 50. 参照。
103) Vgl. Dernburg=Hinrichs, op. cit., S. 50 ; Schubert, op. cit., S. 10 ff.
104) その立法史的位置づけについては，Schubert, op. cit., S. 15. 参照。
105) なお，69年・不動産強制競売法が，不動産強制競売のみを規律する，その意味では他の執行方法（強制管理や強制抵当権制度）についてはこれを定めていない，不動産強制執行法としては，未だ過渡的立法であること，既に従前の拙著（斎藤和夫・ドイツＺＨ制度研究Ⅰ巻参照）も指摘するところである。その本格的・全面的な新たな不動産強制執行法の登場は，1883年法であった。

〔**基本文献リスト**〕（年代順）
①谷井辰蔵・「民訴法第649条の解釈」・同・不動産強制執行法の諸問題177頁以下（同・抵当権の諸問題384頁以下・1937年）
②増淵俊一・「競売と物上担保権の消長」・法学志林40巻1号21頁以下・1938年
③兼子一・増補強制執行法238頁以下・1951年
④三ヶ月章・「競落と不動産上の負担」・菊井編・全訂民事訴訟法（下巻）316頁以下・1966年（旧版・1960年）
⑤竹下守夫・「不動産競売における物上負担の取扱い」・兼子還暦記念　裁判法の諸問題（下巻）327頁以下所収・1970年：――同・不動産執行法の研究94頁以下・1977年で引用する――
　　　　　ⓐ同・「不動産上の用益権の取扱い」・青林実務法律体系7　強制執行・競売所収・1974年：――同・不動産執行法の研究160頁以下で引用する――
　　　　　ⓑ同・「649条注解（引受主義と剰余主義の選択，担保権者の地位）」・鈴木＝三ヶ月・宮脇編・注解強制執行法(3)117頁以下・1976年
　　　　　ⓒ同・「656条注解（剰余の見込なき場合の競売取消）」・鈴木他編・注解強制執行法(3)240頁以下・1976年
⑥我妻栄・担保物権法（民法講義Ⅲ）220頁・1971年
⑦伊藤眞・「不動産競売における消除主義・引受主義の問題(1)(2)(3)――プロイセン法の発展を中心として――」・法協88巻4号1頁以下・同88巻9号58頁以下・同90巻3号79頁以下・1971―73年
　　　　――ⓐ同・「不動産引渡命令・消除主義・引受主義」・小山＝中野＝松浦＝竹下編・演習民事訴訟法（下）393頁以下・1973年
⑧槇悌次・「担保権の実行をめぐる先順位権の直接性と優先性――剰余主義と引受主義とにちなんで」・民商78巻臨時増刊号（末川追悼）(1)218頁以下・1978年4月
⑨宮脇幸彦・強制執行法（各論）292頁以下・1978年10月

⑩福永有利・「不動産上の権利関係の解明と売却条件」・竹下＝鈴木編・民事執行法の基本構造339頁以下・1981年：──福永第一論文として引用──
⑪福永有利・「不動産の競売における消除主義の根拠と限界──不動産の競売による担保権の消滅──」・季刊実務民事法2号29頁以下・1983年7月：──福永第二論文として引用──
⑫中野貞一郎・民事執行法（新訂3版）369頁以下，とりわけ383─384頁・1998年
　　├─ⓐ同・上巻（初版）・1983年
　　├─ⓑ同・下巻（初版）・1987年
　　└─ⓒ同・第2版（合本）・1994年

第2節　剰余主義・引受主義のドイツ的構造と根拠
——立法史的研究の方法論的定立のために——

一　はじめに——問題提起——
二　竹下・伊藤両研究の対立構造——理論モデルの対比——
三　私見の「理論モデル」の提示——三「立法主義」の法理論的・法体系的な位置づけ——
四　「立法史的研究」の意義と方法——結論的考察を兼ねて——

一　はじめに——問題提起——

（ⅰ）不動産強制競売（担保競売）における「先順位」抵当権の処遇如何をめぐって，その処遇「原理」として，三つの「立法主義」——消除主義・剰余主義・引受主義——が存在し，交錯する。我が国では，剰余主義の「根拠」如何をめぐって，竹下・伊藤両研究が鋭く対立する。第1節で指摘したように，これは，単に剰余主義の「根拠」如何の問題を越えて，広く三「立法主義」の相互関係如何を理論的・体系的にどのように位置づけるのかという問題へと，大きく拡がりをみせるものであった。

（ⅱ）竹下・伊藤両研究の「対立・論争」の解決のために，換言すれば，三「立法主義」の相互関係如何（法理論的・法体系的位置づけ如何）を解明するために，第1節は，その第一次作業として，「消除主義」のドイツ・プロイセン的構造の解明を試みた[1]。引き続いて，第2節は，その第二次作業として，「消除主義」との対比において，「剰余主義・引受主義」のドイツ的構造と根拠の解明を試みん，とするものである。これが，本節の「第一の目的」である。

（ⅲ）さらに，同時に，本節は次なる目的をも併有する。すなわち，「剰余主

義・引受主義」の理解をめぐる竹下・伊藤両研究の「対立・論争」，それは実は「方法論」如何の問題と関連するものではなかったのか，換言すれば，両研究における方法論上の差違が結論（理論モデル）の差違を招来し，その「論争」の要因となっていたのではないのか，との私見の問題意識から，本節は，方法論としての「立法史的研究」の定立のために，その「意義と方法」を明らかとせん，とするものでもある。これが，本節の「第二の目的」である[2)3)]。

(iv) ここで，本節の論述進行について，予め示しておく[4)]。

(α) まず，竹下・伊藤両研究の対立構造を明確化し，そこから論者の各「理論モデル」を析出し，視覚的理解のための図解を試み，併せてその後の学説による応接（宮脇・中野両体系書）を分析する（本節二）。

(β) 次に，私見の「理論モデル」の提示を試みる。竹下・伊藤両研究の各「理論モデル」とも異なる，いわば第三の「理論モデル」である。ここでは，「テーゼ」（消除主義）と「アンチ・テーゼ」（剰余主義と引受主義）の二大対立構造として，三「立法主義」の相互関係を把握する。竹下・伊藤両研究に対する私見の立場からの批判も，併せて論及する。その基盤は，「剰余主義・引受主義」のドイツ的構造と根拠についての，理論的・体系的解明に他ならない。以上，これが，本節の「第一の目的」に対応する（本節三）。

(γ) さらに，本節の結論的考察を兼ねて，「立法史的研究」の意義と方法について，私見の基本的立場を述べる。ここでは，まず，立法化を促した様々な諸要因，それがどのようなものであったのか，を当時のプロイセンの状況に即して分析する（本節四(1)）。次いで，竹下・伊藤両研究における方法論上の問題点を指摘し，その検討を試みる。方法論上の問題性として，両研究は三「立法主義」の全体像に必ずしも正確には接近し得なかったのではないか，との私見の疑念に基づく（本節四(2)）。そして，方法論的立場としての「立法史的研究」の意義と方法について，私見の立場からの，その基本的概要と構成を述べる。以上，これが「第二の目的」に対応する。（本節(3)）。

二 竹下・伊藤両研究の対立構造——理論モデルの対比——

(1) 「理論モデル」の析出——その図解の試み——

(イ) 両研究における対立構造——その小括的推論——

(i) 両研究における対立構造を小括的に推論すれば，次の如くいえる。

(ii) 竹下研究は，①「剰余主義」を「実体物権法秩序」の執行法的対応と理解し，それを本質的要請と受けとめた。②また，「消除主義・引受主義」の成立基盤を執行法上の「合目的的考慮」の次元に求めた[5]。

(iii) これに対して，伊藤研究は，①「剰余主義」を「引受主義」より派生したもの（引受主義の採用に伴いそれより分離されたもの）と理解し，竹下研究のテーゼである「実体物権法秩序」に対して根源的に懐疑した。②また，プロイセンでの「破産的競売から更生的競売への転換」，それを支えたのが「消除主義」に代わる「引受主義」の採用であり，この「引受主義」の基盤となったものは，プロイセン投資抵当権の確立であった，と結論づけた[6]。

(ロ) 両研究の「理論モデル」——三「立法主義」の相互関係如何——

両研究は，三「立法主義」を相互にどのように位置づけているのか（その相互関係をどのように把握しているのか）。両研究は，必ずしも明示的には，論ずるものではなかったが，私見によれば，両研究の把握を次のような「理論モデル」として図解できる。

　(a) 竹下研究の「理論モデル」

(i) まず，竹下研究は上記のような「理論モデル」として図解できる（図解①）。

(ii) 竹下研究では，

(α) 第1に，「剰余主義」は「実体物権法秩序」の執行法的対応とし，これを「執行法上の本質的な基本原則」として位置づけている[7]。

(β) 第2に，上記の「本質的レヴェル」とは異なり，「消除主義・引受主

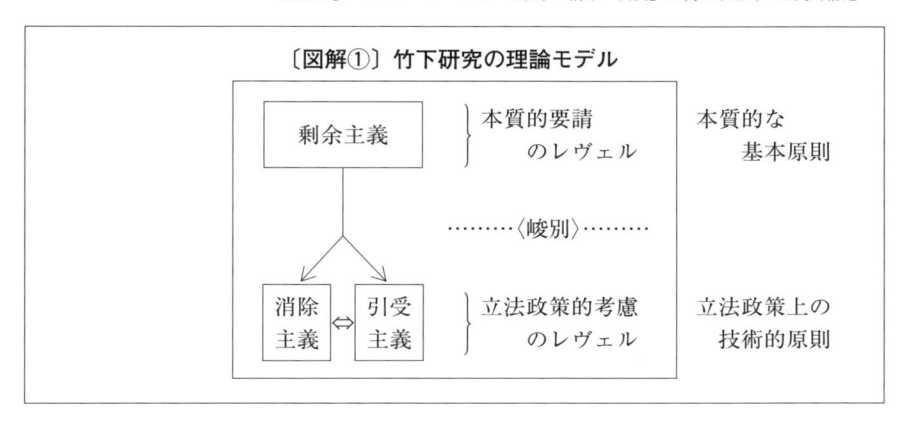

```
〔図解①〕竹下研究の理論モデル

  ┌─────┐    ┐ 本質的要請      本質的な
  │剰余主義 │    ├ のレヴェル      基本原則
  └─────┘    ┘
       │
     ········〈峻別〉········
       ↓
  ┌────┐┌────┐ ┐ 立法政策的考慮   立法政策上の
  │消除 ││引受 │ ├ のレヴェル     技術的原則
  │主義 ││主義 │ ┘
  └────┘└────┘
```

義」を，執行法上の合目的的考慮に基づく，「立法政策上の技術的レヴェル」に，位置づけている[8]。

(γ) 第3に，三「立法主義」を大きく二つに峻別し，一方は「執行法上の本質的レヴェルにおける根本原則」としての「剰余主義」であり，他方は「立法政策上の技術的レヴェル」の「消除主義・引受主義」であり，両者はその成立基盤をまったく異にする。

(b) 伊藤研究の「理論モデル」

(i) 次に，伊藤研究は上記のような「理論モデル」として図解できる（図解②）。

(ii) 伊藤研究では，

(α) 第1に，基本的対立構造としては，「消除主義と引受主義の対立」が想定されている。「消除主義」の下での不動産競売が存在するところ，それに対する改革論争がなされ，それを起因として「引受主義」が採用され，論争はあくまでも「消除主義」対「引受主義」の形であった，とする[9]。また，「引受主義」の採用に伴い，それによって生ずる手続遅滞を避けるために，「剰余主義」が「引受主義」より分離された（派生した）にすぎない，としている[10]。

(β) 第2に，「消除主義」の下での不動産競売を「破産的競売」，「引受主

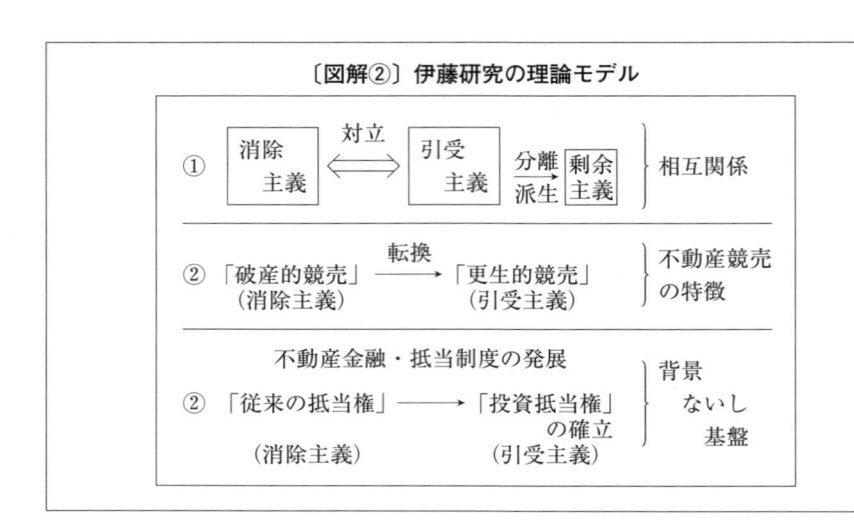

```
┌─────────────────────────────────────────────────────┐
│            〔図解②〕伊藤研究の理論モデル            │
│  ┌─────────────────────────────────────────────┐    │
│       ┌─────┐  対立  ┌─────┐ 分離 ┌──┐         │
│   ①   │消除 │ ⇔     │引受 │ ──→ │剰余│ ｝相互関係
│       │主義 │        │主義 │ 派生 │主義│         │
│       └─────┘        └─────┘      └──┘         │
│                                                     │
│              転換                                   │
│   ②  「破産的競売」 ──→ 「更生的競売」 ｝不動産競売
│       （消除主義）      （引受主義）    の特徴     │
│                                                     │
│         不動産金融・抵当制度の発展                  │
│   ②  「従来の抵当権」 ──→ 「投資抵当権」｝背景     │
│                             の確立        ないし   │
│       （消除主義）      （引受主義）      基盤     │
└─────────────────────────────────────────────────────┘
```

義」の下でのそれを「更生的競売」，とし，前者から後者への転換を支えたものが「引受主義」の採用である，としている[11]。

(γ) 第3に，プロイセンにおける不動産金融・抵当制度の発展，すなわち「投資抵当権の発展・確立」が，「消除主義」から「引受主義」への，そして「破産的競売」から「更生的競売」への，転換をもたらした，としている[12]。換言すれば，「プロイセン投資抵当権の発展・確立」が「引受主義」採用の背景であり，その基盤である，とする。

(ハ) **学説による応接──宮脇・強執各論と中野・民執法──**

(i) 両「理論モデル」の対立，それは学説によりどのように応接されたのか。代表的体系書としての宮脇・強執各論と中野・民執法の二著作では，それは次の如くである。

(ii) まず，宮脇・強執各論では，竹下・理論モデルの受容がみられ，大枠としては，それにほぼ全面的に与されている，といってよい。そのポイントを要約すれば，次の趣旨が論じられている，からである。

"①「剰余主義」は執行法上の基本思想の表明であり，大原則である[13]。②(旧)強制執行法は，諸利益衡量の下での立法政策的判断として，「消除主義と

引受主義」を併用している[14]。"

(iii) これに対して，中野・民執法では，伊藤・理論モデルへの親近性・その受容がみられる，といってよい。そのポイントを要約すれば，次の趣旨が論じられている，からである。

"①「消除主義・引受主義」は立法政策上の問題である[15]。②同時に，「剰余主義」もまた，同じく多面的な立法政策的考慮の下に服する[16]。③ちなみに，民執法の立法者は，（その多面的な立法政策的考慮の下で），あえて意識的に「剰余主義」を採用しなかった[17]。④民執法の立場としては，「剰余主義」の不採用，「消除主義」と「引受主義」の併用，にある[18]。"

(iv) 以上，竹下・伊藤両研究の後における，本格的体系書として双壁を成す両著作にあって，両研究に対する評価・接近・受容がそれぞれ顕著に異なっている，という点に注目される。

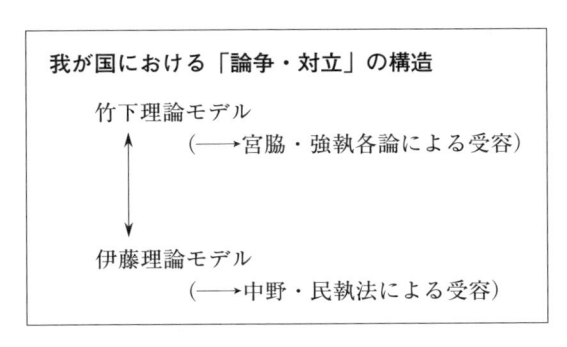

```
我が国における「論争・対立」の構造

   竹下理論モデル
    ↕    (──→宮脇・強執各論による受容)

   伊藤理論モデル
         (──→中野・民執法による受容)
```

(2) **理論モデルの「依拠事由」**——その理論モデルは何に依拠するものであったのか——

(i) 竹下・伊藤両研究の理論モデルが顕著に相違するが，それはどのような理由・原因によるものであったのか。その解答としては，理論モデルの構築に際して，その「依拠事由」が異なったが故に，その理論モデルもまた異なった，といえよう。

(ii) 竹下研究では，1883年・プロイセン不動産強制執行法の「立法理由書」が明示的に引用され，その記述に忠実に準拠して，自らの理論モデルが構築さ

れている[19]。その他にも，Kurlbaumの定評ある著作[20]やＺＶＧ第１草案もまた[21]，ごく簡潔に参照・引用されているが，そのベースとされているものは，あくまでも83年法の「立法理由書」である。したがって，公的な「立法理由書」に準拠しているという限りでは，特に問題はない[22]。

(ⅲ) 他方，伊藤研究では，何に基づいてその理論モデルが構築されているのか。

(α) 同研究の全体的流れよりすれば，その中心的論証のポイントは，1870年代・プロイセン不動産競売法改革論争に関する叙述の部分にある[23]，と判断される。この改革論争における議論，それに焦点をしぼって，自らの理論モデルが構築されている[24]。改革論争では，「消除主義」（破産的競売）が妥当するところ，その脱却を試みる論者（「引受主義」の採用）とそれを阻止する論者との衝突があり，それはそもそも〈「消除」対「引受」〉の対立構造であった[25]，とする。さらに，〈「消除」対「引受」〉の対立構造の中から，引受に伴う手続遅滞を回避すべく，そのコロラリーとしての「剰余主義」が分離ないし派生した[26]，とする。

(β) しかも，ここで注目されるべきことは，伊藤研究では，プロイセン抵当諸立法の展開がフォローされ，抵当権の変化，すなわち「投資抵当権としての発展・確立」のプロセスの解明が試みられている[27]。そして，「投資抵当権としての発展・確立」により，後順位者の実行によって先順位者は弁済を強要されないことが要請されるに至り，それが「引受主義」採用の基盤となった[28]，ということを論証せんとしている。私見はこの点に注目する。これはまさしく我妻シェーマ[29]に全面的に依拠したものであり，この我妻シェーマの視角から70年代改革論争を分析・評価している，といえよう。

――より具体的には，伊藤研究は，①まず，改革論争の中では，「引受主義」の採用論者であると否とを問わず，そのコンセンサスとして「不動産金融の危機的状況」の認識があり，それを「引受主義」採用によって打開できるか否かについて，考え方が分れていただけである[30]，としている。②さらに，「不動産金融の危機的状況」とは，他に国債や株式投資等の新しい投資手段が

登場してきており,それ故に不動産金融に安定性・流通性を具備させなければならないとの要請がある[31],としている。③そして,結論として,改革論争は,AGO以来の破産的競売(消除主義)から脱却を試みんとする勢力,それを阻止せんとした勢力,その両者間の衝突であった[32],とする。──

(γ) なお,70年代・改革論争に関しては,伊藤研究では,必ずしも網羅的ではないが,いくつかの文献が引用・参照されており,論争内容が詳しく紹介されている[33]。改革論争の文献としては,Bährのものが[34],その内容上も,沿革史的位置づけにおいても,もっとも重視されるべきだ,と私見は判断するが,伊藤研究でもこれについての紹介・検討がなされている。したがって,その限りでは,資料的にも特に問題はない[35]。

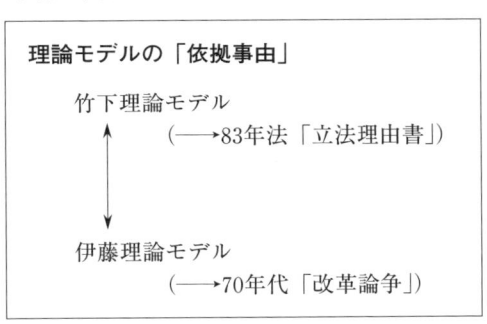

```
理論モデルの「依拠事由」
    竹下理論モデル
        (──▶83年法「立法理由書」)
    ↕
    伊藤理論モデル
        (──▶70年代「改革論争」)
```

(3) 両研究の「方法論」上の差違──「依拠事由」が異なったのは何故なのか──

両研究では,その理論モデルが相違し,対立したが,それはその「依拠事由」が異なったからである,ということが明らかとなった。しかも,その「依拠事由」それ自体は,何も問題はなく,妥当なものであった。とすれば,その「依拠事由」が異なったのは,何故なのか,一体どのような理由からなのか,が次に自ずと問われざるを得ない。

この問いについて,結論を示せば,「依拠事由」が異なっていること,それは両研究における論者の「方法論」が相違するからである,と私見は判断する。以下に,両研究における方法論的特徴,さらにはその差違,について,両理論

モデルの対立・相違との関連で，分析・検討を試みる。

　(イ)　**方法論としての共通点**——三ヶ月・方法論への準拠——
　(i)　まず，両研究の方法論は，全面的に異なっているわけではなく，むしろその基盤としては方法論的に共通している。
　(ii)　すなわち，既に従前より「比較法制度論的方法」という「三ヶ月・方法論」が主張・展開され，論者自らその方法論に基づいた多くの実作でもって方法論的実践をなしていたところ[36]，両研究もまた，「三ヶ月・方法論」への準拠の下，そのアプローチ・検討を試みる。「三ヶ月・方法論」への志向・準拠・実践については，両研究共に自ら明示的に言及する[37]。

　(ロ)　**方法論上の差異**
　(i)　次に，その方法論上の差違はどこにあるのか。その特徴を対比すれば，次のようにいえる。
　(ii)　竹下教授の著作・「不動産強制執行法の研究」にあっては，①比較法制度論的方法，②制度史的方法，この二つの方法が共に駆使されている[38]。しかも，同著作では，それを組成する各論文が，共に二つの方法に基づいているというよりも，むしろそのいずれかの方法にウエイトを置きながら，検討を進めるものであった。そして，三「立法主義」に関する竹下研究（同著作の第四章部分）にあっては，主として比較法制度論的方法に基づいていた。ドイツ法は勿論のこと，オーストリア法・スイス法・フランス法にも視野を拡げ，各立法主義の法制度が比較・検討されている，からである。
　したがって，竹下研究は，いわば「比較横断的」研究であり，全体的構図の中での「横軸」を構築する（「横糸」を紡ぐ）ものであった，と評することができる。
　(iii)　さらに，伊藤研究にあっては，どのような方法論的特徴がみられるのか。
　(α)　伊藤研究では，まず，我が国の不動産強制執行法の母法であるドイツ・プロイセン法に眼を向け，プロイセン法の展開を歴史的にフォローする[39]。

ローマ法から説きおこし，ゲマイネス・レヒトを経由し，プロイセン法の展開に入る，という叙述進行が採られている。これは，極めてオーソドックスな論文手法である。そして，「消除主義，非剰余主義から引受主義，剰余主義への転換が，急激かつ明確な形で起きている」[40]ところの，1869年法から1883年法への展開の，そのいわば狭間に生じていた「1870年代・不動産競売改革論争」に，焦点をしぼり，自らの結論（理論モデル）を導出している。ここでは，母法であるドイツ・プロイセン法を対象として，三「立法主義」が，比較法制度論的方法により，また同時に制度史的方法により，歴史的に検討・アプローチされている，といえよう。

したがって，伊藤研究は，いわば「比較縦断的」研究であり，全体的構図の中での「縦軸」を構築する（「縦糸」を紡ぐ）ものであった，と評することができる。

(β) また，伊藤研究には，もう一つの方法論的特徴がみられる。それは，社会経済史的状況の考慮・加味，という点である[41]。「消除主義から引受主義への転換」，それを支える「抵当権法の変化」，そしてその「経済的背景」ないし「不動産金融の動向」，それらに注目する。伊藤研究の理論モデルが，1870年代・不動産競売法改革論争を依り所として，導出されたものであったこと，そこに社会経済史的状況への考慮がみられる。

ドイツ・プロイセンでの抵当権法の歴史的な発展について，社会経済史的状況をも分析視点の一つとしてアプローチする，との方法論は，既に旧くは我妻研究が先駆的な古典的業績として厳然と存在し[42]，その「方法論的流れ」の中で鈴木（禄）研究等の一連の諸研究[43]が展開されてきていること，あらためて多言を要しない。したがって，伊藤研究も，このような「方法論的流れ」の中に位置する，といえよう。

(ハ) **結論的小括**

以上を小括すれば，次のように結論づけることができる。すなわち，竹下・伊藤両研究は，共に「比較法制度論的研究」という「三ヶ月・方法論」をベー

スとする，という点において，共通する。しかも，竹下研究は「比較横断的研究」であるのに対して，伊藤研究は「比較縦断的研究」であり，両研究は全体的構図の中でいわば「横糸」と「縦糸」を相互補完的に紡ぐものであった。そして，このような方法論上の差違が，それぞれの「依拠事由」の，そして「理論モデル」の差違・対立へと，結びついていた，と結論づけることができる。

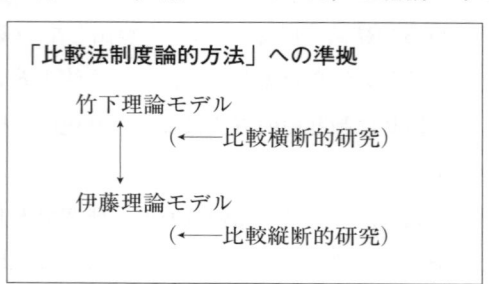

```
┌─────────────────────────────────────┐
│    「比較法制度論的方法」への準拠           │
│                                      │
│        竹下理論モデル                   │
│         ↕    (←──比較横断的研究)       │
│        伊藤理論モデル                   │
│              (←──比較縦断的研究)       │
└─────────────────────────────────────┘
```

(4) 方法論・依拠事由・理論モデルの「トリアーデ」の構造——原因と結果の関係——

私見によれば，「方法論，依拠事由，理論モデル」，の三者の関係については，次のような「原因・結果の関係（因果関係）」として小括できる。

(i) まず，「方法論」の差違が存在し，解明のためにその「方法論」が向けられた「対象・事象」（アプローチされるべき対象・事象）も，自ずと異なってくる。

たとえば，竹下研究にあっては，それはドイツやフランス等の現行法制の対比・検討であり，ドイツ・プロイセンの「1883年法の立法理由書」や「ＺＶＧの第１草案理由書」であったのに対して，伊藤研究にあっては，社会経済史的状況をも含めての，「ドイツ・プロイセン法の展開」，そして「70年代・改革論争」が，それであった。

(ii) それらの「対象・事象」が解明されるに至った場合には，次には，それらを「依拠事由」としてその「理論モデル」（結論）が導出された。

たとえば，竹下研究にあっては，「83年法やＺＶＧ第１草案の各理由書」の記述（叙述）に依拠して，その理論モデル（結論）が導出されていたのに対し

て，伊藤研究にあっては，不動産金融や抵当制度の発展や変化を背景としての，70年代改革論争（の諸文献の記述）に依拠して，我妻シェーマへの準拠の下，その理論モデル（結論）が導出されていた。

(iii) 以上を小括すれば，「方法論」に差違があり，したがって「依拠事由」も異なることになり，その結果として「理論モデル」（結論）も顕著に対立する，という「原因と結果の連鎖関係」がみられる，ということができよう。「方法論，依拠事由，理論モデル」，このような三者のトリアーデの構造は「原因と結果の連鎖関係」として把握できる，ということである。

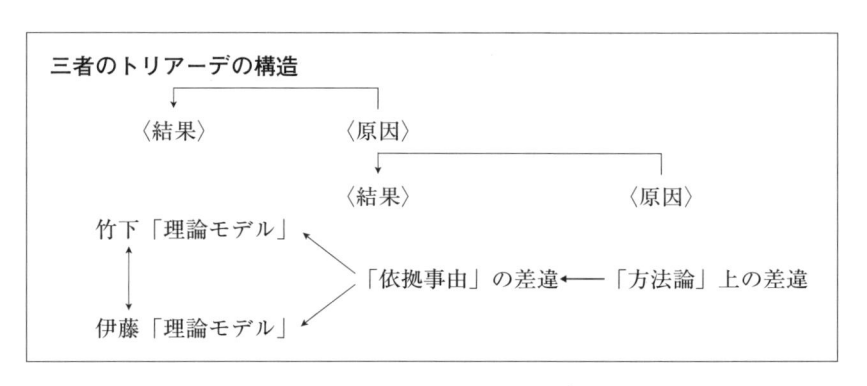

```
三者のトリアーデの構造
              ┌─────┐
              ↓     │
          〈結果〉 〈原因〉
                    │
                    ↓
                〈結果〉        〈原因〉

    竹下「理論モデル」
         ↕          ←  「依拠事由」の差違 ← 「方法論」上の差違
    伊藤「理論モデル」
```

(5) 方法論としての限界――私見の疑念の提示――

(i) 竹下・伊藤両研究の方法論，そのアプローチ，それが学界的にも承認を得た，その意味では正統性あること，おそらく誰しも異論のないところであろう。両研究により得られた学問的成果は，あまりにも貴重で，実り豊かなものであり，その方法論としての有効性もまた，疑問なきところである。仮に両研究における両理論モデルが仮にそれぞれ相互補完的に矛盾なく調和するものであったとすれば，三「立法主義」の構造について，「横糸」と「縦糸」が巧みに全体的構図を描いた，とも評することができたのであろう。

(ii) しかし，両研究にあっては，現実にはその「理論モデル」（結論）が顕著に相違し，鋭く対立していた。両研究における方法論上の差違が「理論モデル」（結論）の顕著な対立を招来したのだから，いずれの方法論が妥当である

のか，あるいはいずれの方法論にも何か方法論上の限界や問題点が伏在しているのではないのか，という問題や疑念が自ずと生じてくることになる。

(iii) 私見結論を述べれば，両研究のいずれの方法論にも方法論上の問題点が存在し，とりわけ三「立法主義」の構造の解明に際しては，その方法論上の限界を如実に示さざるを得なかったのではないか，と考える。この点について，私見の「理論モデル」の提示と併せて，以下に論じる。

三　私見の「理論モデル」の提示——三「立法主義」の法理論的・法体系的な位置づけ——

三「立法主義」の相互関係如何について，私見の「理論モデル」を提示する。「テーゼ」（消除主義），それに対する「アンチ・テーゼ」（剰余主義・引受主義），その「両者の基本的対立構造」が，私見の結論であり，「理論モデル」に他ならない[44]。

(1)　「消除主義」の確立・妥当——テーゼ——

(イ)　テーゼの確立・妥当——その命題——

プロイセンの伝統的立場として，「消除主義」が妥当していた（これは，プロイセンのみならず，ドイツの大部分の地にあっても，そうであった）。これが「テーゼ」である（消除主義の妥当）。なお，「消除主義」立法として，その最後のものは1869年法である。

〈；競売により目的不動産上の抵当権は，その先順位・後順位を問わず，すべて消除される[45]。〉

(ロ)　その「原理」内容——二つの要素の包含——

消除主義は，その「原理」内容として，二つの要素を包含する，と私見は考える。この点の理解が私見の重要な骨格を成している。

(a)　「非剰余思考」の包含——第1の要素——

その第1の要素は,「非剰余思考」である。「特別破産」としての不動産強制競売の法構成,その法構成の下での「消除主義」の妥当,これがプロイセン法の伝統的立場であったこと,既述のとおりである[46]。ここでは,競売を契機として,目的不動産上の担保権は,それが先順位のものであろうと後順位のものであろうと,しかもそれが完全満足を得たのか否かを問わず,すべて消除されるに至った。

　注目すべきは,それが,最先順位の抵当権であったとしても,しかも完全満足を得なくとも,競売により消除される,ということが生じ得る,ということである。デッケン（decken・剰余する）されることなくして,消除されてしまう,との結果が招来し得る。

　以上,「消除主義」には,その「原理」内容として,「非剰余思考」が包含されている,といえよう[47]。

　――なお,「特別破産」の法構成について付言すれば,それは,「不動産強制競売」というものを,競合する複数の諸請求権の「破産的清算（konkursmäßige Abwicklung）」の場として,法構成するものである[48]。土地上に複数の担保権（請求権）が存在・競合し,その競合を破産的清算する,ということである。したがって,不動産強制競売手続の開始（Einleitung）にあっては,破産手続におけると同様に,それらの諸請求権の「支払不能性（Zahlungsunfähigkeit）」がメルクマールとして存在する[49],ということができよう。――

(b)　「現金償還思考（満期到来思考）」の包含――第2の要素――

　さらに,第2の要素としては,「現金償還思考（満期到来思考）」である。

　すなわち,「消除主義」の妥当の下では,競売により目的不動産上の抵当権はすべて消除されてしまうが,その際,各抵当権はその相互間の優劣順位関係（登記の先後関係）にしたがい競落代金より現金償還を受ける。競売により,すべての抵当権は満期到来（fällig）となり,競落代金の範囲内で現金償還を受け,そして消除されるに至る。

　以上,消除主義には,その「原理」内容として,「現金償還思考（満期到来思考）」が包含されている[50],といえよう。

(ハ)　伊藤・理論モデルに関する評価——その問題点——

　伊藤研究にあっては，消除主義の第１の要素である「非剰余思考」，それが看過されていたのではなかろうか。

　すなわち，伊藤研究は，競売による先順位抵当権の「消滅」，単にそれのみを「消除主義」の内容とみている[51]。そこから，「消滅」に代わり，「存続（引受）」を内容とする「引受主義」が登場（消除か引受かの対立，→引受の態度決定）し，それより生ずる手続遅滞を避けるために「剰余主義」が派生・分離した[52]，と理解した。

　したがって，伊藤研究にあっては，「消除主義」の第１の要素である「非剰余思考」に注目しなかったが故に，「剰余主義」（剰余思考）を「消除主義」の対極に位置するアンチ・テーゼとして，把握できなかった，といえよう。

(2)　新理念としての「剰余主義」の登場・採用——アンチ・テーゼ，その１——
(イ)　アンチ・テーゼ，その１——その命題——

　「消除主義」に代わる，不動産強制競売における新たな理念が登場し，それが「剰余主義」である。「消除主義」をテーゼとすれば，これが「アンチ・テーゼ」である（「剰余主義」の新登場）。そして，「剰余主義」立法として，プロイセンでの，その最初のものが，1883年法である。

　〈；追行債権者の権利（抵当権）に優先する諸権利（「先順位」抵当権）をdeckenする（剰余する）競買申出のみが，許される（適法である[53]）。〉

(ロ)　「アンチ・テーゼ」としての意味

(ⅰ)　「消除主義」をテーゼとすれば，それに代わる新たなアンチ・テーゼとして「剰余主義」が登場したが，その「アンチ・テーゼ」たる意味は一体何か。結論を述べれば，消除主義（テーゼ）には「非剰余思考」が包含されるところ（既述(1)(ロ)(a)），その対極に位置するものは「剰余思考」であり，それを体現するものとして，「剰余主義」（アンチ・テーゼ）が登場した，と私見は理解する。

(ⅱ)　すなわち，「消除主義」には「非剰余思考」が包含されているところ，

それが故に，不動産競売では先順位抵当権はあまりに保護を欠く（schutzlos）状態となっていた。それが最先順位の抵当権であった場合にも，プロイセン不動産恐慌の土地価格下落の状況の下では，競落代金をもってしても完全満足を受け得ない，ということも，しばしば生ずるところであった，からである[54]。

かくして，後順位者による競売によって招来するところの，先順位抵当権のあまりに schutzlos の状態，それはそもそも法的根拠（Rechtsgrund・法的正当性）を欠缺するものではないのか，との考慮がなされるに至り[55]，ここから「非剰余思考」の対極に位置するものとして，「剰余思考」が登場した，と把握する。

(ハ) Johow の法政策的決断——その決断の根拠となったものは何か——

（ⅰ）新たな理念としての「剰余主義」の採用，その立法的決断は何に基づいていたのか。端的に，プロイセン農場経営者層の破綻を可及的に阻止せん，とする立法政策（農業政策）に基づいて，Johow の立法的決断がなされた[56]，と考える。

（ⅱ）すなわち，「消除主義」の妥当する不動産強制競売にあっては，競売により資金供与者は一挙に債権欠損が露呈化せざるを得なかった。「消除主義」における「非剰余思考」により，目的不動産上の先順位抵当権は，それが最先順位であったときにも，完全満足を確実化されることなく，債権償還を余儀なくされた，からである。しかも，農場価格の下落（地価下落）の状況の下では，最先順位の抵当権ですら，債権欠損の結果が招来し，ますます不動産金融（農場経営金融）は資金供与者にとって魅力なきものとなった。

かくして，「投下資本の安定化・確実化」が図られなければならない，投下資本の完全カヴァー（債権の完全満足）が保証されなければならない，そうでなければ不動産金融（農業金融）はますます投資対象として魅力を失うであろう，との考慮から，競売における完全カヴァーを保証する「剰余主義」が採用された，と私見は考える。

（ⅲ）なお，ここで注意すべきことは，「投下資本の安全性・確実性」は，た

しかに直接的には「資本提供者」（抵当権者）サイドにおける利益を保護する。「投下資本の安定化・確実化」は直接に彼等にメリットを与える，からである。

　しかし，立法者の法政策的決断にあっては，資本提供者（抵当権者）の利益擁護が図られたというよりは，むしろ第一次的には，「投下資本の安定化・確実化」によって農業金融を魅力ある投資対象として，これによって資本の誘致を図り，「農場経営者」（土地所有者）層の利益を擁護せん[57]，とするところにあった。窮極の，そして本来の保護対象は，資本提供者（抵当権者）ではなく，「資本需要者（抵当債務者）」たる「農場経営者」（土地所有者）層にあった，ということに注目される。

(二)　**Johow の法確証化──その法確証化は何に基づいてなされたのか──**
(i)　競売によって先順位抵当権はあまりに schutzlos の状態となっている。後順位者（の実行）によって，「先順位者の利益」がそのように侵害されてよいのか。それは法的正当性を欠くのではないか。これが Johow の考慮であった。

　とすれば，この考慮を Johow は何でもって法的に理論化・確証化したのか。その結論を示せば，Johow は，その自らの考慮を，「ローマ法原理」に遡り，法理論的に理論構成した[58]。「剰余思考」を決断し，これを「ローマ法原理」に基づいて法理論化・法確証化した，のである。「剰余主義」，それは「ローマ法原理」によって支持され，法確証化される，とした。

(ii)　Johow の決断を法的に確証化するものであった「ローマ法原理」，それはどのようなものであったのか。換言すれば，ＳＲＥ508条は，土地は，追行債権者に優先する諸権利をデッケンする（剰余する）競買申出に基づいてのみ，競売されてよい，とするが，これを法的に支持する「ローマ法原理」とは如何，ということである。以下にこれを述べてみよう[59]。

(α)　ローマ法の下では，担保債権者（Pfandgläubiger）は，その債権の満足のために，担保目的物（Pfandsache，質物）を譲渡する（veräußern）ことができた。いわゆる債権満足のための「担保物譲渡」，である。しかも，この「担保物譲

渡」の権限は，第1順位の担保債権者のみに，認められていた，という点に注目されなければならない。なお，この「担保物譲渡」によって，後順位担保権は譲受人に対して主張し得ず，消滅する，とされていた。

（β）第1順位の担保債権者にのみ「担保物譲渡」の権限が認められていた，ということは，後順位の担保債権者にはこれが認められていなかった，ということでもある。それでは，そのような後順位の担保債権者はどのような法的地位に置かれていたのか。その法的地位如何。

① まず，基本的には，後順位の担保債権者は，第1順位の担保債権者の「担保物譲渡」に際して，その担保余剰（Überschuß, hyperocha）に対してのみ，効力的把握をなし得，これを受領し得た。これが「原則」的地位である。

② 次に，その「特別」的地位として，次の二つの場合には，自ら「担保物譲渡」をなし得た。

——第1に，後順位の担保債権者であっても，第1順位の担保債権者を除斥（Auslösung）することによって，いわば自ら第1順位者となり，その新たな法的地位に基づいて，「担保物譲渡」をなし得た。具体的には，ius offerendi et succedendi と称される「弁済提供権」の行使によって，第1順位者を除斥し，これに代わる，ということである。

——第2に，後順位の担保債権者は，第一順位の担保債権者の認許（Genehmigung）を得ることによって，「担保物譲渡」をなし得た。

③ 後順位の担保債権者が，予めの除斥（Auslösung）も認許（Genehmigung）もないのに，それにもかかわらず「担保物譲渡」をしてしまった場合には，どうなるのか。このような場合には，目的物上に先順位抵当権はなお存続し，負担化しており，担保物の「買主」は後日の抵当責任の実現により evinziert（担保物所有権の喪失）される危険を有している。

（γ）以上を小括すれば，後順位者による侵害（Benenachteiligung）から優先的な担保債権者は保護されなければならない。これが「ローマ法原理」であった。

715

㈱　剰余主義の機能──「先順位抵当権の完全満足」の要請──

（i）　従来の我が国の学説は，特にこの点に注目していなかったが，「剰余主義」は「先順位抵当権の完全満足（Vollbefriedigung）の要請」に奉仕する[60]，と私見は考える。

（ii）　すなわち，「消除主義」の妥当の下での「特別破産」としての不動産強制競売では，仮にそれが先順位抵当権であったとしても自らの債権の「完全満足」は制度的に保証されていなかった。しかも，地価下落や土地恐慌の状況下では，第1順位の抵当権でさえ，債権欠額の結果が生じ得た。かくして，ここに「剰余主義」の登場の契機があり，「先順位抵当権の完全満足」の要請を制度上実現するために，「剰余主義」が採用された，と考える。この意味で，「剰余主義」は「投下資本の安定性・確実性」に奉仕するものであった，ということができよう。

㈭　旧時の学説・判例に関する評価──その不当性の指摘──

（i）　「剰余主義」の「根拠」に関して，我が国の旧時の学説・判例は，これを「無益執行の禁止」に求めていた[61]。自らに売得金からの余剰（配当金）が生じ得ないような執行は，その追行債権者にとって無益であり，禁止される，とした。

これに対して，竹下研究が，「剰余主義」は単なる執行法上の合目的的考慮に基づくものではなく，実体物権法秩序に基づく本質的要請である，と批判するものであったこと，既述のとおりである[62]。

（ii）　私見は，旧時の学説・判例の立場を不当と考える（竹下研究も同様）が，しかし竹下研究の批判論拠にも与するものではない。端的に，私見の批判は次の点にある。すなわち，

（α）　旧時の学説・判例は，「追行債権者」の地位に焦点をあて，この者にとって手続追行は無益であるから，執行は禁止されて然るべきであり，これが「剰余主義」の意義である，とする。私見によれば，それは，判決手続における「訴えの利益」と同様の法律構成のように思われる。国家公権力の管掌する

執行手続制度が存在するところ，それを利用する利益なし，いわば「執行の利益」を欠く，とする法律構成と思われる。

(β) しかし，私見によれば，「剰余主義」は，「消除主義」の対極に位置するものとして，法理論的には「後順位者からの先順位抵当権の保護」にある。そして，プロイセンの歴史的には，資金を必要とする「土地所有者の経済上の要請（投資対象として魅力ある不動産金融）」に奉仕するものとして，立法上採用されたものである。焦点は，「先順位抵当権」の保護にあり，そして，「土地所有者」の利益保護にあり，それらの利益のために「剰余主義」が登場した，と考える。

(γ) したがって，「剰余主義」は，執行追行者（執行申立人）のサイドにおいて，その「執行の利益」が存在するのか否かを問うものではなく，あくまでも執行を受ける「土地所有者（農場経営者）」の利益を擁護すべく，「先順位抵当権の保護」の形をとって，登場したものである，といえよう。

(ト) **竹下・伊藤両研究に関する評価──立法者による法形成物・法創造物としての「剰余主義」──**

(i) 竹下研究は，「剰余主義」の根拠を「実体物権法秩序の要請」に求めた[63]。これに対して，伊藤研究は，その「実体物権法秩序」なるもの，それ自体を疑った[64]。

(ii) 私見によれば，「剰余主義」は，「消除主義」（非剰余思考）のアンチ・テーゼであり，後順位者の実行から「先順位抵当権」を擁護しなければならない，との「先順位抵当権の保護」の理念に基づく。これが立法者 Johow の意思であり考慮である。しかも，この理念は，Johow によって，「ローマ法原理」に基づいて法確証化された。したがって，剰余主義は Johow の「立法による法形成物・法創造物」であり，その限りではプロイセン法の展開において歴史的に形成されてきたものではない。

この意味よりすれば，「実体物権法秩序」なるものが歴史的に展開し確立したわけではなかった。伊藤研究がプロイセン法展開を詳細にフォローしても，

そこから竹下研究のいう「実体物権法秩序」なるものの形成・発展がみられなかったのは，むしろ当然であった，といえよう。

(iii) なお，伊藤研究が，消除主義に包含される「非剰余思考」，それを看過したが故に，剰余主義を消除主義へのアンチ・テーゼとして把握できなかったことについては，既述のとおりである。伊藤研究では，剰余主義は，手続遅滞を避けるための，引受主義からの単なるコロラリーとして，いわば矮小化されてしまっていた。しかし，剰余主義は，剰余思考を体現するものであるが故に，消除主義（非剰余思考）のアンチ・テーゼに他ならないこと，既に私見が指摘したとおりである（既述(1)(ロ)(a)，(1)(ハ)，(2)(ロ)）。

(3) 剰余主義への「引受主義」の結合——アンチ・テーゼ，その2——

(イ) アンチ・テーゼ，その2——その命題——

83年法は新理念として剰余主義を採用し，しかもこれに「引受主義」を結合させている。剰余主義が妥当するところ，なおこれに「引受主義」が結合されている，という点に，83年法の大きな特徴がみられる。この結果，消除主義をテーゼとすれば，その対極に位置あるものは剰余主義であり，それのみがそもそもアンチ・テーゼであるところ，83年法の下では，剰余主義に「引受主義」が結合されているが故に，いわば「引受主義の附着した剰余主義」，このような結合体がアンチ・テーゼとなっている。なお，ここでのその基本的構成は，ドイツ・ライヒのＺＶＧにも，その発展的形態として受け継がれている。

〈；decken された（剰余された）先順位抵当権は競落人によって引き受けられる[65]。〉

(ロ) 「結合」の法理論的把握如何——「非償還思考（満期非到来思考）」の具体化——

(i) 消除主義に対するアンチ・テーゼとしての剰余主義，これに結合された「引受主義」，その結合を法理論的にはどのように理解ないし把握すべきなのか。端的に，消除主義における「現金償還思考（満期到来思考）」，それに対するア

ンチ・テーゼの定立，それが剰余主義への「引受主義」の結合である，と私見は理解する。

(ⅱ) すなわち，消除主義には「現金償還思考（満期到来思考）」が包含されていたところ，まず剰余主義の採用により先順位抵当権には「完全満足」が確保された。この「完全満足」の確保を前提として，次なる問題として，それらの先順位抵当権が競売により即時に現金償還となる（抵当権の満期到来となる）のか，それとも本来の弁済期のまま存続する（抵当権の満期到来せず）とするのか，が問われてくる。立法者（Johow）は，立法政策上の考慮から，「現金償還思考（満期到来思考）」の対極に位置するものとして，「非償還思考（満期非到来思考）」，すなわち「存続・引受思考」を法政策的に決断した[66]，と私見は把握する。

〈；引受主義とは，消除主義における第2の要素である「現金償還思考（満期到来思考）」，これと対極に位置する「非償還思考（満期非到来思考）」を表象する第2のアンチ・テーゼである[67]。〉

(ハ) 「結合」の法政策的決断の動機如何――資本の一挙流出の全面的阻止（農場経営者層の利益保護）――

(ⅰ) 引受主義の結合（採用），その法政策的決断の動機は，どのようなものであったのか。その法政策決断の背後にある，「社会経済的状況ないしその要請」如何，が問われよう。端的に，1860年代末期，オスト・プロイセンでの「信用恐慌（Kreditnot）」，それを起因としてなされた農場経営者（土地所有者）層の社会経済上の要請，それが引受主義の採用の動機であった，と私見は考える[68]。

(ⅱ) すなわち，1860年代にあっては，農場を対象とする不動産金融は，資金供与者にとって，もはや魅力ある領域ではなかった。株式投資や国債等の資本市場の登場・整備に伴って，不動産金融は有力な競争相手（投資先）の出現を前にして，多くの資本の流出を余儀なくされていた。農場経営資本はもとより，農場改良資本においてさえ，かなりの資本逃避がみられた。いわゆる信用逼迫

の状況，信用恐慌が生じていた。

　しかし，これに加えて，「消除主義」の妥当する不動産強制競売にあっては，競売により農場経営は一挙に破綻へと至らざるを得なかった。消除主義における「現金償還思考（満期到来思考）」により，目的不動産上のすべての抵当権は競落代金の範囲内ですべて消除され，これにより資本の流出はなお一層加速された，からである。競売による抵当権消除，それによって論理必然的に流出した資本は，農場を対象とする不動産金融の市場には，それが魅力ある投資市場ではなかったが故に，もはや還流してくることはほとんどなかった。資本の，リックケーアなき流出であった，といえよう。

　かくして，以上の如き状況を前提として，①不動産金融を資金供与者サイドにとって魅力あるものとして，資本の逃避を可能な限り阻止すべきであること，②農場経営が不動産強制競売（消除主義の妥当）により一挙に破綻してしまう，抵当権消除によってすべての資本が流出してしまう，このような資本の一挙流出（したがって，農場経営の一気の破綻）を全面的に阻止すべきであること，これらが農場経営者層から，切実にして強力に主張されるに至っていた。

　まさしく，そこから，資本をそのまま留め置いた状態での競売，すなわち「引受主義」の採用が，法政策的に決断された，といえるであろう。ここでは，オスト・プロイセンにおける農場経営者層の社会的・経済的な役割，そして彼等の当時のプロイセンにおけるその政治的な意味あい（政治的な一支柱）もまた，十分に考慮されていた。

㈡　**伊藤研究に関する私見の分析──我妻シェーマに対する疑念──**

（ⅰ）　伊藤研究によれば，「消除主義によって先順位抵当権者がその投下資本の回収を強制されることが，その者にとって不都合であるか否かは，その抵当権の性格によって決まることである」[69]とされている。さらに，投資抵当権の確立や土地債務の創設により，抵当権の流通性が高められ，その結果として，「抵当権の安全性，確実性」がより強い要請として現れ[70]，「その要請は，70年代の論争の過程において，先順位抵当権者がその本来の満期前に投下した資本

の回収を強制されるのは不合理である，との意見の形をとって現われた」[71]，と述べている。そして，そこから「引受主義」の採用を根拠づけている。そこでは，投資抵当権としての展開・確立，それは本来の満期前の投下資本の回収の強制を不合理とするものであり，そこから消除主義に代わり「引受主義」が採用された，とする。

(ⅱ) このような伊藤研究の理解は，既に我妻研究において，みられたものである。たとえば，そこでは，抵当権者がその意に反して（たとえば，後順位者の意思によって）弁済を強要されるのは，決して妥当ではない[72]，とされていたからである。

──より具体的には，我妻シェーマによれば，抵当権の「独立の原則」より，それは「後順位抵当権の実行によって弁済を強要されないことを要求する」[73]ものであり，「ドイツ民法はこの立場を尊重し，後順位抵当権者の申立によって競売が行なわれても，先順位抵当権は目的物に追従し競落人に引受けられるものとする」[74]，と述べている。そこでは，抵当権「独立の原則」からの「先順位者への弁済非強要の要請」，それが「引受主義」の根拠となっている，という理解がなされている。──

(ⅲ) しかし，伊藤研究やその準拠する我妻シェーマに対しては，私見は次のような疑念を有している。

すなわち，

(α) 第1に，長期投資の手段となっていた抵当権，すなわちこれが投資抵当権に他ならないが，この投資抵当権としての発展・確立が「引受主義の採用」をもたらした，とするが，これは当時のプロイセンの状況よりすれば，少なくとも「引受主義採用」のメインの理由とはなり得ないのではないか，との疑念である。

立法者（Johow）が引受主義を採用したのは，農場（その経営）に既に投下されていた資本が競売によって一挙に流出するが，そのことを阻止しなければならない，とのあくまで「土地所有者（農場経営者）」層からの強い要請が主張されていたところ，それに応えん，とした，からである。既に投下されていた資

本，それをそのままに引き留めておきたい，とのもっぱら「土地所有者」サイドからの社会経済上の要請に基づいたのであり，資金供与者である「(投資)抵当権者」サイドや「投資抵当権」(としての性格) それ自体からの要請が強くあったわけでは決してない，ということが確認されなければならない。

　したがって，私見は，「投資抵当権」(の発展・確立) それ自体が「引受主義の採用」を決定づけた，とは必ずしも言いえない，と考える。

　——換言すれば，不動産競売において，「期限前の償還」をされたくないという抵当権者サイドからの要請があったのではなく，「期限前の償還」をしたくない (期限前償還の阻止) という土地所有者 (抵当債務者) サイドからの要請，それが強力に主張されていたのであり，そのことが「引受主義の導入」の動因であった，ということである。——

　(β)　第2に，「満期前の弁済の強要」，換言すれば「期限前償還の強制」ということであるが，それはそもそもそれ程までに抵当権者のサイドにとって不合理なものであるのか。それは論者のように「決して妥当ではない」(前注 (72)) とまで強くいいきれるものなのか，という疑念である。

　たとえば，当時のプロイセンでは，「土地債務の創設」や「抵当証券制度の整備」などに伴って，抵当権の流通性は著しく高まっていた。とすると，抵当権の「流通」とは，抵当債権者のサイドよりすれば，満期前での投下資本の回収に他ならない。抵当権の流通により抵当債権の満期前であっても投下資本が回収され得る，という抵当債権者の「メリット」に他ならない。したがって，「期限前償還の強制」が仮になされたとしても，そのことは，期限前での投下資本の回収という点では，抵当権の流通性の増進と同一方向なのである。とすれば，抵当権をその手段として資本を投下している投資家サイドにあっては，既に証券化や原因債権からの無因化によって抵当権の流通性を実現しており，これによって自らの長期資本を必要に応じて短期にあるいは期限前に回収しており，それを次なる投資に振り向けている，ということも生じていた，といえよう。このことよりすれば，「長期投資」の手段としての投資抵当権，とのシェーマから，直ちに「期限前の償還」を強要されるべきではない，という「抵

当権独立の原則」を導出するのは，必ずしも妥当ではない，といえるのではなかろうか。

　また，「期限前償還の強要」というが，当時のプロイセンの状況にあっては，抵当債権者のサイドよりすれば，既に農地を対象とする不動産金融は魅力を欠くものとなっていた。とすれば，自らの投資家としてのサイドよりすれば，むしろ「期限前償還」によって投下資本を回収し，それを他の有利な魅力ある投資市場にふりむける，というメリットとして評価されることでもあろう，と考えられる。

　なお，付言すれば，抵当債権者サイドにそのような期限前償還を強要されない「利益」というようなものを，そもそも認めるべき必要や必然性はあるのであろうか。私見は根本的に疑念をもっている。債務者には原則的に「期限前弁済の利益」が認められる（この点については，おそらく異論のないところであろう）のだとすれば，そのことにより債権者が債権満足を得るものである以上，抵当債権者はその期限前弁済を甘受せざる得ない（甘受して当然である），といえるからである。

(4)　**私見の理論モデル――図解の提示――**

　以上を前提として，私見の理解を図示すれば，次のようなものである（図解③)。なお，ここでは結論のみを示すが，剰余主義と引受主義の相互関係如何については，その立法史的な状況よりすれば，両主義を一元的なものとして把握すべきである[75]，と私見は考えるものである。

〔図解③〕私見の理論モデル

消除主義	対立	Erhalturgsprinzip
「非剰余」思考	⇔	剰余主義（「剰余」思考）
「現金償還」思考（「満期到来」思考）	⇔	引受主義（「満期非到来」思考）

一元的な主義

| 消除主義 | ⇔ | 剰余主義 |
| | | 引受主義 |

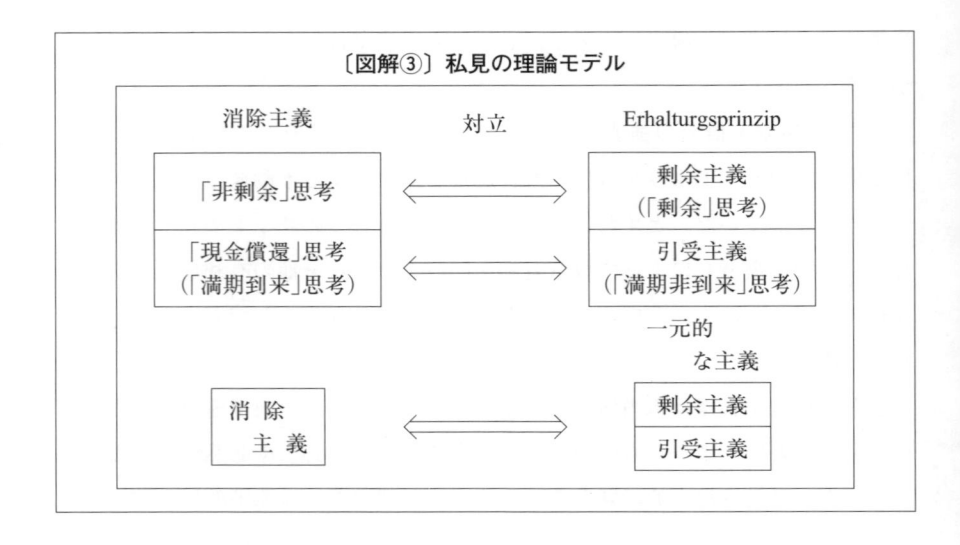

四 「立法史的研究」の意義と方法——結論的考察を兼ねて——

(1) 立法化の社会的・経済的・政治的動因と立法作業——その相互作用関係——

　剰余主義・引受主義の立法化にあっても，その前段階として，ある種の社会的・経済的・政治的な動因があり，立法作業はそれを受けてのものであった。これは立法作業としての一般的・普遍的な構図に他ならない。この点について，結論的考察として，以下に小括しておこう[76]。

㈠ 社会経済上の動因——立法化の前状況——

（ⅰ）1970年代，プロイセンにおける改革動向，それは専ら社会的・経済的・政治的な要請・事情・考慮に基づくものであった。消除主義の妥当の下での不動産強制競売，それにあって農場経営者（土地所有者）層は大いなる危機に直面していた，からである。その危機的状況とは，具体的には，次の二点にあった。すなわち，

（α）第1に，農業金融（不動産金融）は，投資者サイドよりすれば，もはや

魅力ある投資対象ではなかった。農業恐慌（不動産恐慌）に加えて，株式や国債等の投資市場という，より有利な投資対象が出現してきており，農業金融はそのような有力な競争相手によって投資対象としての地位から駆逐されつつあった，からである。このことは，農業経営や農地改良のために，継続的・持続的に大いなる資金を必要とする農場経営者（土地所有者）層にとって，必須の必需資金の逼迫ないし欠乏を，意味していた。

　(β)　第2に，農業恐慌（不動産恐慌）に伴い，農場もまたしばしば不動産競売の対象とされていたが，消除主義の妥当の下での不動産強制競売にあっては，すべての抵当権が消除され，それによって農場経営は一挙に破綻へと至っていた。競売を契機としてすべての抵当権が消除される，ということは，とりもなおさず，すべての投下資本が農場経営から一挙に流出（農場経営者から投資家サイドへの流出）する，ということを意味していた，からである。しかも，一旦流出した資本は，農業金融（不動産金融）が，当時の時代的状況の下では，そもそももはや投資対象として魅力を欠くものであったが故に，再び還流する（再投下される）ということは，かなり期待し難いことであった。くわえて，このことは，競売により農場経営者（土地所有者）が交替することとなるが，新たな土地所有者としての競落人（消除主義の妥当の下で，競落のために既に多額の競買代金を支払っている）にとって，次なる農場経営や農地改良のために必要とされる資金について，その資金逼迫や欠乏を，意味していた。還流（Rückkehr）なき流出，である。

　(ii)　このような危機的状況に直面して，農場経営者（土地所有者）層は，その打開策として，次の二点を要請するものであった。すなわち，

　(α)　第1に，農業金融（不動産金融）を投資対象として魅力あるものとしなければならず，そのためには投下資本の安定性・確実性が確保される必要があり，不動産強制競売にあっては先順位抵当権の完全満足が制度的に保障されるものとされなければならない，という要請である。信用恐慌や農業恐慌（不動産恐慌）の下にあっては，後順位者による不動産強制競売も多発し，地価下落に伴い，消除主義の妥当の下では，競落代金をもってしては先順位抵当権とい

えども債権の完全満足を受け得ない，ということもしばしば生じ得た，からである。競売における先順位抵当権の保護（完全満足）を制度的に保障する（消除主義に代わる新主義の導入）ことによって，農場，農場金融（不動産金融）に投資を誘致せん，としたのである。

　(β) 第2に，競売によりすべての抵当権が消除され，すべての投下資本が流出し，その結果，次なる農場経営も含めて，農場経営が一挙に破綻するが，これを回避すべく，その投下資本の流出を阻止すべきであり，現金償還（抵当権満期到来）を止めるべし，との要請である。投下資本をそのままに留め置かせ，そのことによって，農場経営における資金需要を競売があってもそのままに充足させるべし，としたのである。これは，競売後における次なる農場経営のための資金需要，そのために主張・要請されたものであった（必ずしも資本家＝抵当権者サイドからの要請ではなかった，ことに注目されるべきである）。

㈡　Johowの法政策的決断，そしてその法確証化

　(i) 以上のような農場経営者（土地所有者）層のサイドからの社会経済的な要請に対して，Johowはどのように法政策的に決断したのか。そして，さらにその決断をどのように法確証化したのか。

　(ii) 既に，数年間にわたるドイツ・法曹会議大会において，その法律学上の側面からの論議がかなりの程度におこなわれてきており，Johowはそれをも視野にいれながら，次のように決断し，法確証化した，のである。すなわち，

　(α) 第1に，競売における先順位抵当権の保護を正当とし，後順位者による実行によって完全満足の利益を害されるべきではない，とJohowは決断した。農場経営の過剰債務・過剰負担化の状況の下で，後順位者による実行濫用の弊害もみられ，これに何等かの形で歯止めをかける必要がある，と考えたからである。その決断に基づいて，「消除主義（非剰余思考）」を撤廃し，それに代わり「剰余思考」を導入し，これが「剰余主義」の新採用となった。

　次に，Johowは右の決断に際して，これを「ローマ法原理」によって法確証化した。競売において先順位抵当権は後順位者の実行から保護されているもの

でなければならない，後順位者の実行によって先順位抵当権が侵害されてはならない，その限りでは後順位者の実行権は一定の制約が課せられて然るべきものである，このような考慮が「ローマ法原理」によって支持され法確証化された，のである。

(β) 第2に，競売における先順位抵当権の消除（抵当権満期による現金償還）を止め，競売における存続（競落人による引受）を，Johow は決断した。その決断に基づいて，「消除主義（現金償還思考・満期到来思考）」を撤廃し，これに代わり非償還思考・満期非到来思考を導入し，これが「引受主義」の採用となった。そして，Johow は，これを「投下資本の安定性・確実性（その手段たる抵当権の安定性・確実性）」によって法確証化した。

(γ) なお，付言すれば，Johow の決断，すなわち農場経営者層の要請を受容したその決断にあっては，オスト・プロイセンの農場経営者（土地所有者）層の，当時のプロイセンにおける社会的・政治的・歴史的な地位（プロイセン国家一つの支柱）にも，配慮するものであったからなのであろう。

(2) **竹下・伊藤両研究に関する方法論上の分析——若干の小括を兼ねて——**

既に私見の理論モデルの提示（本稿三）に除し，竹下・伊藤両研究の方法論的立場に関して，私見の若干の分析を断片的に論及している。ここでは，その方法論的立場の問題点について，結論的に以下に小括的に分析しておこう。

(イ) **「立法経緯，そして立法審議過程」への注目の必要性——問題点，その1——**

(i) まず，第1に，両研究にあっては，プロイセン，そしてドイツ・ライヒでの立法審議過程に，ほとんど関心が払われていないように思われる。たとえば，

(α) 竹下研究にあっては，プロイセン83年法の草案理由書が主たる参照の立法資料とされているにすぎず，それと同趣旨のものとして，ＺＶＧ第1草案の理由書の存在が指摘されているにすぎない。トータルな立法審議過程のプロセ

スよりすれば，83年法の草案理由書は，プロイセン並びにドイツ・ライヒの一連の改革動向の流れにおける，単なる付随的な通過点にすぎず，竹下研究は70年代の改革論争からＺＶＧの制定に至るまでの，ほぼ30年近くにもなる立法経緯には，ほとんど注目するものではなかった，のである。

(β) また，基本的には，それは伊藤研究にあっても同様である。69年法（消除主義）や83年法（剰余主義）の各該当条文に言及しながらも，もっぱら70年代の改革論争に主たる関心を寄せるのみであり，ＺＶＧ制定に至るまでの立法経緯には，ほとんど注目するものではなかった，のである。

——しかし，私見によれば，70年代・改革論争（に関する伊藤研究の参照文献[77]）についてみれば，その論旨は，①社会経済上の視点からの論拠，②法律上の視点からの論拠，という二つに峻別される。すなわち，①社会経済上の要請，それに基づいての立法政策的決断と，②その法理論上の法確証化・法体系化の試み，との二峻別である。

とりわけ，後者に関しては，社会経済上の要請を背景として，その各年次のドイツ法曹会議大会（ＤＪＴ）での報告・討議（これらについては，豊富な資料が存在する）という場面で，展開されたものであった，ということに注目されなければならない。この段階以降，問題は法律学的な論証・論拠の場面へと，はじめて移行していったのである（換言すれば，プロイセンでは，それ以前にあっては，法律学・立法上において「剰余主義」が存立・展開してきたわけではない，のである）。それだからこそ，83年法にあっては，「新理念」としての剰余主義の，「新採用」がなされた，ということができるのである。——

(ii) 以上要するに，両研究にあっては，本来注目すべきであるプロイセン並びにドイツ・ライヒの立法審議過程（ライヒＺＶＧ制定に至るまでの立法経緯）には，主たる関心が向けられていなかった，という点が指摘されなければならない。

(ロ) 「ドイツ民法典編纂過程」への注目の必要性——問題点，その２——

(ⅰ) 第２に，上記の第一点について，より具体的には，トータルなドイツ・

ライヒの立法審議過程においては，三「立法主義」の（消除主義に代わり，新たに剰余主義と引受主義が採用されるに至った，その）問題は，ドイツ・ライヒの統一的なＢＧＢ編纂過程の場面においてであった，ということが指摘されなければならない。

ＺＶＧはＢＧＢの「附属法」であり，「手続的」抵当権法として，「実体的」抵当権法と共に，「抵当権法」一般を支える一支柱であり，したがってこれは統一的なＢＧＢ編纂過程の場面で位置づけ把握されなければならない，ということである。

(ⅱ)　剰余主義・引受主義の採用は，Johow の物権法準備草案（1880年）中において，はじめて登場したものであり，それが現行ＺＶＧの基盤となり土台となった，のである。したがって，その限りでは，本来，その Johow の物権法準備草案（1880年）に焦点をあて，そこでの剰余主義・引受主義の法構造について，その理由書や審議録等に準拠して，解明が試みられなければならない，といえよう。そうであってはじめて，三「立法主義」の全体像に迫り得るものとなろう。

(ⅲ)　なお，上記の点については，我が国の手続法学にあっては，かなり一般的な盲点となってきたのではなかろうか。

たとえば，従前より既にドイツ強制抵当権制度研究の一連の拙稿中において指摘してきたことではあるが[78]，それは，「差押えの効力」論（優先主義か，平等主義か）に関する宮脇論文[79]でも同様であり，ドイツ強制抵当権制度がＺＰＯ典中のものであるところから，「ライヒの統一的ＢＧＢ編纂過程」にはまったく注目するものではなかった。そこでは，「差押の効力」をめぐる論議（優先主義や差押質権をめぐる論議）について，Hahm-Stegemann 編集の民訴法（ＺＰＯ）の立法理由書や審議録が精密に参照しながらも，ドイツ強制抵当権制度については，次のように叙述している。

：「なお，旧ドイツ民訴757条にも基礎の存する「執行力ある債権の登記簿への記入」は，……，保全抵当権たる強制抵当権の登記であって，優先主義に通ずるものであるのに，議会でも特別の論議を呼んでいないのは奇妙である

729

(Hahm-Stegemann, a, a, O., S. 856, S. 992参照)」(宮脇論文12頁)。

　しかし，従前の拙稿が詳しく論じたように[80]，ドイツ強制抵当権制度についても，質量共にかなりの詳細な審議や論議（議会）がなされていたのであり，しかもそれは「ドイツ・ライヒの統一的なＢＧＢ編纂過程」の場面においてであった。したがって，宮脇論文もまた，手続法上の視点にのみ準拠し，実体法上のＢＧＢの立法史過程を看過するものであった，その顕著な一例を示すものといえよう[81]。

　このことは，従前（拙稿以前）にあって，我が国においては，ドイツ強制抵当権制度に関する研究が，資料的にも内容的にもいわば暗礁に乗り上げて，そこより一歩も進むものではなかった，その最大の要因でもあった，と考えられる。

(ハ)　「立法理由書（の記述）」の方法論上の位置づけ——問題点，その3——

(i)　第3に，伊藤研究は，竹下研究の理論モデルを批判し，自らの理論モデル（剰余主義の理解）を提示するに際して，竹下研究の依拠する83年法の立法理由書の立場（その記述）自体が「誤りを含んでいる」，と断言している[82]。そして，それを引用する以後のプロイセン法の著作も竹下研究も，同様の誤りをおかしている，としている。このような指摘はどのように評価されるべきであろうか。

　とりわけ，立法権という公権力によって裏付けられた，その意味では公権的な立法理由書，それはいわゆる「公権的解釈」としての一つの有力な根拠（論拠）ともなりうるものであるし，また立法者意思の解明のための有力な資料の一つでもある。とすれば，そのような立法理由書（の記述）の立場を誤りとする事は法解釈論上，そもそもいえるものなのであろうか（そもそも許されるものなのであろうか），との疑問も生じてこよう。したがって，伊藤研究のこのような指摘は，方法論上，どのように評価されるべきなのか，が必須的に問われざるを得ないであろう。端的に，ここでは，立法理由書（の記述）それ自体の方法論上の位置づけ如何，その記述というものは，それ自体，一体どのような

ものなのか，が問題とされよう。

(ⅱ) 立法史的研究の視点よりすれば，立法理由書一般について，その「記述」を私見は次のように考える。

(α) まず，現実の立法過程の，その前状況については，たとえば，次のようなプロセスが指摘されよう。

① 現実の立法過程にあっては，時代的状況の展開や変化・転換に伴って，まず社会的・経済的・政治的な諸要因が立法化・改正化の動きを生じさせる。様々な各種の「利益団体」が，プレッシャー・グループとして，自らの社会的・経済的・政治的な立場を擁護すべく，前面に登場してくる，のである。

② 様々な各種の「利益団体」の主張する諸利益を代表する代弁者や擁護者等を含めて，広く法律家を中心とする立法委員会が組成され，その立法化・改正化の作業がスタートされる。これは，立法権を管掌する国家公権力，すなわち時の政府による，その後見・指示・意向を受けての，ものである。

③ 司法省といった司法行政機関を舞台として，現実の起草・立案作業が進められ，順次に各種草案（並びにその理由書）が時系列的に作成され，公表化の下に世の各界からの公開的批判にさらされる。それらをフィードバックした上での，さらなる起草・立案作業が進められる。そして，司法行政機関レヴェルの作業における，いわば最終的な法律案（並びにその理由書）が完成する。

④ この法律案は，ライヒ議会や連邦議会といった公権的な立法機関において，審議で可決されこれにより，後は「裁可・公布・施行」といった手順となる。

(β) 現実の立法過程にあって，起草者はどのように行動し，それに関与するものなのか。

① まず，立法者は法政策的に決断する。この決断が先行する，ということに注目されなければならない。

すなわち，起草者のサイドよりすれば，社会的・経済的・政治的な要因・要請を眼前にして，これを考慮の上，立法政策的決断をする。この意味で，起草者は，有能な法律家でなければならないこと勿論であるが，同時に社会や時代

731

への鋭く豊かな洞察力をもった，有能な社会的・経済的・政治的な政策家（の集団）でもなければならない。このような法政策的決断が，起草者にとっての第一次的作業である。

②　次いで，立法者は自らの決断を法確証化する。これが「立法理由書」の記述であり，ここに「立法理由書」の方法論上の意味がある，と考える。

すなわち，第二次的作業として，起草者は，自らの立法政策的決断を，法理論的・法体系的にこれを明確に位置づけなければならない。既存の法理論・法体系が歴史的展開をふまえて厳然と存在してきているところ，それへの位置づけを明確化し，それとの整合性が図られなければならない。法理論的・法体系的な確証の支持のための，作業である。これらが，「立法理由書」等において，その叙述として，結実化されるものである。しかも，それが，従来の法制度や法原則等とはまったく異なるものの採用や導入であったときには，それは立法者の手に成るいわゆる「法創造物（法形成物）」として，理論的・体系化されたものとなるであろう。

③　83年法の「立法理由書の記述」についてみれば，

その記述もまた，立法者による法政策的決断（剰余思考と非償還思考を是とする決断）を前提としての，次なる法確証化の結果に，他ならない。したがって，その法政策的決断それ自体は立法者による一つの価値判断ないし利益裁断であり，それを法的に支持し確証したもの，それが「立法理由書の記述」である，といえよう。

(iii)　以上の私見を前提とすれば，伊藤研究の指摘にあっては，立法理由書の「記述」というものについてのその認識において，やや問題があったのではなかろうか。それ（剰余主義の根拠としての竹下研究のいう「実体物権法秩序」）が立法者（Johow）によって法確証化された「法形成物」であったものであるにもかかわらず，それがプロイセン法の展開からは読みとれない（実存しない）し，70年代論争からも実態として出てこない（そこではむしろ「消除⇔引受」の対立であった）し，だから立法理由書のその「記述」は誤りである，とするものであった，からである（83年法の立法理由書において剰余主義の「根拠」とされ

た「実体物権法秩序」、それはプロイセンでの歴史的・社会的実態を欠き、誤り、とするものであった、からである）。

しかし、JohowのSREの「理由書」の全体的趣旨よりも明らかとなるように、83年法の立法理由書において剰余主義の根拠とされた理念（「先順位抵当権の優先権」・後順位者の実行による侵害から先順位者の利益は護られなければならない）、そして竹下研究のいう「実体物権法秩序」なるもの、それもまた立法者の法政策的決断（剰余思考を是とする）をふまえての、最終的には「ローマ法原理」に基づく法確証化の結果至りうるものとしての「法形成物」に他ならなかった、のである。

(3) 「立法史的研究」の意義と方法──その基本的概要──

(ⅰ) ここで「立法史的研究」とは、より具体的には、どのようなものを意味するのか。私見の理解を以下に述べておきたい[83]。

① まず、ある法制度（並びにそれを支える法理論や法体系）が立法上存在している場合に、その法制度の全体構造を解明せん、とする目的が設定された、とする。

② その目的を動機づけるものとしては、目的設定者によって、様々なものがあり得るであろう。

たとえば、それが母法での法制度であるとすれば、我が国の現行法の解釈論構築のための一助として、その全体構造を解明せん、とする動機もあり得よう。また、それが我が国の現行法上「存在していない」法制度であるときには、我が国の現行法のシステムそれ自体を相対化し、その比較法的な特徴や問題性を明確化し、さらには我が国での立法論上の議論を展開しようとしたり、あるいは我が国での理解や認識の不当性を指摘しよう、とする動機もあり得よう。

この後者の場合、現行法上の「不存在」の制度であるのだから、その限りでは現行法上の法解釈論に直接的に奉仕するものではないこと、当然ではある。しかし、それが法体系的・法理論的にみて根幹制度の一つであるときには、その関連諸制度や付随の諸制度に関する法解釈論にとって、さらにはそのトータ

ルな全体的な法体系論にとって，その基本的方向性や指針ないし基盤といったものを提供することとなるであろう[84]。

　したがって，テーマによっても，また論者によっても，動機としては様々なものがあり得る，といえよう。

　③　ある動機によって目的が設定された場合，その目的達成のためには，いかなるアプローチが必要とされるのか。換言すれば，いかなる方法によりその対象たる法制度に接近し，それが解明されるべきか，ということが問題となる。対象への接近の方法如何であり，これが広く「方法論」の問題といえよう。

　④　対象へのアプローチの方法としての方法論，このような視点からは，その一つとして「立法史的研究」の方法論が指摘されよう。それは，端的に，対象への「歴史的な探求（historische Untersuchung）」である。

　⑤　たとえば，ドイツ法にあっては，我が国におけるとは顕著に異なり，ローマ法の淵源より発し，ドイツ・ゲマイネス・レヒトやドイツ・各地方法（とりわけ，プロイセン法）を経由して，ドイツ・ライヒの統一的法典（たとえば，ＢＧＢやＺＰＯ，ＺＶＧ）に結実している，という来歴の法制度は，決して少なくはない。というより，全体としてみれば，むしろそれはかなり一般的・普遍的でもある。永い歴史的な展開の中で，生成・発展してきた伝統的な法制度や法理論，ということである。このような認識を前提として，ある法制度のもつその来歴ないし経緯を，歴史的に探求し追求する，これが「立法史的研究」の方法である。

　⑥　「立法史的研究」の方法にあっては，歴史的に登場・発展・展開してくる関連の諸立法や諸法令に，自ずと個別的に注目するものでなければならない。しかも，それらの諸立法等は，単なる修正法や補充法であるときもあれば，あるいは全面的な改正法であるときもあり，様々なタイプとして登場する。そこでの法制度や法理論の継承あるいは変容ないし撤廃等が，いわば「動態的」に解明されフォローされなければならない。断面的・断片的に「静止的」な状態としてではなく，あくまでも「流れ」・「動き」の中で，法制度や法理論が把握されるべし，と考えるものである。

なお，これに対して，我が国にあっては，ある立法において一旦定立された法制度や法理論が，その後の諸立法によって発展・変容・撤廃といった形で変動する（立法史的展開をする），といったケースはほとんどみられない。外国法継受やその影響を受けての定立・導入であるとすれば，自ずと自前の形で独自に展開させていくことは極めて困難であったからだ，といえよう。ここに，ドイツ法におけるとは異なり，我が国にあっては「立法史的研究」が必ずしも方法論として重視されなかった一つの理由があるのであろう。立法も，そして立法論も僅少であったし，また現実の立法過程（立法作業）もまた，たとえばドイツ統一的民法典制定過程におけると比較すれば，システム的に必ずしも体系的でも組織的でもなかったし，かなりの格段の開き・格差があった，といえよう。

　⑦　「立法史的研究」が関連諸立法等の動態的解明であり，そのフォローであるとすれば，法解釈論ないし立法論として，ここでは次の二点に予め配慮するものでなければならない。「立法史的研究」にとっての，その必要なる必須の前提，それに配慮すべし，ということである。

　ⓐ　まず，第1に，その法制度に関する根拠法典（基本法典）を主軸として，その関連諸法典をも含めた，その「立法経緯（Gesetzgebungsverlauf）」が，正確に把握されるものでなければならない。「成立史（Entstehungsgeschichte・制定史）」に関してその正確な理解が予め必要である，ということである。

　この意味では，「制定史・法典編纂史」は，単なる法制史的解明・関心としてのみ意味あるものではなく，それを越えて，法解釈論や立法論の構築のための，その必須の前提作業として意義を有するものである，ということが強調されなければならない[85]。

　ⓑ　第2に，関連諸立法における様々な「立法資料（Materialien）」について，その正確な認識・立法史的位置づけが，予め正確に把握されるものでなければならない。

　我が国におけるとは大分様相を異にするが，ドイツでの立法にあっては，ある立法がなされた場合，その具体的な立法化に至るまでに，様々な名称をもっ

た各種の草案（準備草案，第1草案・第2草案・第3草案，全体草案，等）が，さらにその理由書等（Motive, Begründung, Erläutelung 等）が，刊行されている。立法化の任にあたった司法省サイドから，いわば「官版（amtliche Ausgabe）」として，公的に，その立法理由の詳細が明らかとされている（我が国では，このことが徹底されていない，のが現実であり，そこに大きな問題性がある，と考える）。また，ＢＧＢについていえば，第1次委員会や第2次委員会における，その詳細無比なる審議録も，公刊されている。

　これらの Materialien について，今後のその個別的な立法史的な位置づけが，地道で困難な作業であるにせよ，立法史的研究の準備作業の一つとして，是非とも必要とされる，のである。

　⑧　立法過程の全体的構造・経緯を動態的に把握すべし，との「立法史的研究」の方法の視点よりすれば，竹下研究・伊藤研究には次のような問題点が指摘されよう。

　竹下研究は，1883年・プロイセン法の立法理由書を自らの立論の主たる根拠とされている。また，伊藤研究は，70年代のプロイセン改革論争を自らの立論の根拠とされている。

　しかし，消除主義から剰余主義・引受主義への転換の，その立法過程の全体的構造・経緯よりすれば，83年法（その立法理由書）は単なる付随的な経由点・通過点にすぎないし，また70年代論争もまた同様である。立法史的操求としての，そのもっとも枢要なる対象は，トータルなＢＧＢ編纂作業の中に位置する Johow の物権法準備草案（ＳＲＥ）を中軸とした，ライヒ立法史のプロセスに他ならない。現行ＺＶＧの剰余主義・引受主義の法理論的・法体系的構造は，まさしくそこにあってはじめて，形成されるに至った，からである。

　したがって，竹下・伊藤両研究にあっては，83年法から1898年・ＺＶＧ制定に至るまでの，「剰余主義・引受主義」の全体的形成過程へのフォローが欠落するものであった，といえよう。

　⑨　「立法史的研究」の方法にあっては，それぞれの各時代の「社会経済史的状況」の展開・変化にも，注目するものでなければならない。諸立法の展開

を動態的に解明する，それが「立法史的研究」の方法である，とすれば，その諸立法を具体的に動機づけた当時のトータルな時代状況，そこでの社会・経済・政治上の「要請」にも，注目するものでなければならない，ということである。

たとえば，具体的諸立法がある種の社会・経済・政治上の「要請」に基づくものであること，あるいはそれに起因するものであること，それらはドイツでの立法事業において歴史的・普遍的・一般的にみられるところである。各種の「利益団体」（プレッシャー・グループ）の主張する，社会・経済・政治上の「要請」，それらを有力な「動因」として，立法化の作業が具体化されていく，という事実としての現象である（たとえば，BGB編纂過程における，BGB第一草案に対してなされた各界からの批判に，それが如実にあらわれている。たとえば，ドイツ強制抵当権制度に関する拙稿諸論文参照）（既述②の前注（84））。とすれば，政治的要素をも含んだ形での「社会経済史的状況」の解明もまた，「立法史的研究」にとって必須の前提とされよう。

そして，ここでもまた，「社会経済史的状況」への眼くばりの必要性という，「言うは易し，行うは難し」，の作業が必要とされよう。このことは，我が国の今後の法律学における大きな課題の一つである，といえよう。

⑩　「立法史的研究」の方法について，その大要を述べてきたが，最後に次のことを指摘しておきたい。

「立法史的研究」は，我が国の諸立法についてのみならず，母法たる諸立法に関するものであってもまた，我が国の法解釈論や立法論にとって，多大の寄与を果し得るものとなろう。しかも，我が国の諸立法に関する「立法史的研究」にあっても，それらが法典継受期においてのものであるときには，母法国の諸立法の立法史との対比・対応・交渉・接点が，動態的に把握されなければならない。ドイツならドイツでの立法史的状況や経緯をにらみながら，我が国の諸法典編纂過程をみていくべきであり，そのことによって多くの立法史的謎が解明されるのではないか，と考えるものである[86]。

⑪　なお，「立法史的研究」としての「プロイセン法史研究」の意義につい

て，付言しておきたい。

我が国の不動産強制執行についてみれば，1883年・プロイセン不動産強制執行法がその母法である，ということである。竹下教授がいみじくも指摘されるように，まさしく「ドイツ法の歴史はそのまま日本法の歴史でもある」[87]のである。たとえば，我が国の旧不動産強制執行諸規定について，83年法との逐条的な法継受の実態・態様を実証的に明確化するものとして，宮脇教授の先駆的業績（既述(2)の前注（81））があるが，これは「母法としての83年法」ということを意識したからである。プロイセン法に関する竹下教授の一連の研究や伊藤教授の研究（これらは我が国における傑出した先駆的業績である），そしてドイツ強制抵当権制度に関する一連の拙稿もまた，そうである。

なお，プロイセン投資抵当権展開過程については，石田文次郎博士や我妻教授や鈴木（禄）教授の先駆的な研究が存在すること，あらためて指摘するまでもないことであろう[88]。

1) 既述第1節参照。
2) ドイツ私法学における若干の方法論史については，拙稿・「民法解釈学の方法――20Ｃ・ドイツ民法学における『利益法学』の方法論的確立――」・民事研修474号，476号，478号参照。
3) 法典編纂過程への探求が，単に法制史的関心に基づくものに留まらず，法解釈論の構築のための必須の前提作業分ある，という点については，拙稿・「民法典の継受――民法解釈学への一つの「寄与」を目的として(1)(2)」。民事研修470号・472号（1996年）参照。なお，ドイツ強制抵当権制度に関する一連の本研究も，同様の問題意識に基づくものである。
4) 第2節は，第1節に接続するものであるから，本節の論文引用形式等もまた第1節と同様とする。「参考文献リスト」等についても第1節を参照されたい。
5) 竹下研究・101頁以下・104―105・131頁以下・138頁以下等
6) 伊藤研究・(1)381―382・387頁・(3)534―537頁等
7) 竹下研究・101―102頁・105頁等
8) 同103―104・105頁等
9) 伊藤研究・(1)389頁・(3)527頁以下・(3)534―536頁等
10) 同(3)536頁
11) 同(3)536―537頁

12) 同上
13) 宮脇・各論292頁・294頁
14) 同293—295頁
15) 中野・民執法370頁
16) 同384頁
17) 同271頁
18) 同上
19) 竹下研究・105—106頁注(16)；Stegemann, Die Materialien zum Gesetze vom 13. 7. 1883, betreffend die Zwanesvollstreckuna: in das unbewegliche Vermögen, 1883.
20) 竹下研究・106頁注(17)；Kurlbaum, Neue Grundsätze der Zwangsversteigerung von Immobilien nach dem Preußischen Gesetze vom 13. Juli 1883.
21) 竹下研究・106頁注(18)；Motive zum ZVG.
22) 但し，83年法の立法理由書は，現行 ZVG の「剰余主義・引受主義」立法に至る，単なる付随の通過点にすぎない，ということについては後述する。また，ZVG の第1草案と第2草案は時系列的に接続する，本体的には順列する（換言すれば，併列するのではない）同一のものであり，第1草案を若干手直したものが第2草案である。この意味では，第1次草案であり，第2次草案というべきである。立法史的にはこのように理解される（但し，竹下研究・107頁注(1)）。
23) 伊藤研究・(3)515頁以下
24) 同(3)527頁以下・534—537頁
25) 同(3)530頁
26) 同(3)536頁
27) 同(2)1091頁以下
28) 同(1)381—382頁・383頁・(3)528頁・535頁等
29) 我妻・担物法220頁
30) 伊藤研究・(3)527頁
31) 同(3)527—528頁
32) 同(3)530頁
33) 同(3)530—531頁注(14)
34) 同上；Bähr, Sollen durch die Zwangsversteigerung sammtliche Hypotheken zahlbar werden?, Jahrbucher von Jhering 13, S. 182 ff.
35) 但し，立法史的研究の視点よりすれば，Bähr 論文は1874年公刊のものであり，むしろその後のドイツ法曹会議大会（1875年）での Bähr 報告やそれをめぐる論議，さらには Bähr の論拠に関する Johow の判断（物権法準備草案やその理由書）が，重要である。
36) 多くの貴重な労作を逐一列挙することは避け，ここでは三ヶ月教授の浩瀚なる著作集（同・民訴法研究全10巻）の存在を指摘するに留める。

37) 竹下・不動産執行法の研究4頁・5—6頁注(2)，伊藤研究・(1)383—385頁
38) 竹下・不動産執行法の研究4—5頁
39) 伊藤研究・(2)1091頁
40) 伊藤研究・(1)383頁
41) 同研究では，自らの仮説の検証としてそれが試みられている。伊藤研究・(1)388頁・381—382頁・385頁等
42) たとえば，我妻栄・近代法における債権の優越的地位・有斐閣・1986年（初出1953年），同・「資本主義と抵当制度の発達」・同民法研究Ⅳ所収・1930年（初出），等
43) 鈴木禄弥・抵当制度の研究・1968年，田中克志・「プロイセンにおける投資抵当権成立史」・民商75・3・71頁以下・1976年，等
44) 剰余主義と引受主義の構造についての近時のモノグラフィーとして，Bernhard Maier, Die Aufnahme des Deckungs—und Übernahmeprinzips in das Zwangsversteigerungsgesetz, 1984. がある。

　　同書の直接的な目的は，三「立法主義」の相互関係如何にあるのではなく，「剰余主義と引受主義」の相互関係如何を解明せん，とするところにあり，その限りでは本稿の目的とは異なっている。しかし，「立法史的研究」の一つのスタイルを提示している点で，その内容上においても，貴重であり，示唆的である。
45) 69年・不動産強制競売令20条以下・75条・79条。
46) 第1節参照。
47) 完全満足を受けなくとも競売により先順位抵当権はすべて消除される，とするのが消除主義であり，完全満足を前提条件としない消除，まさしくこの点に消除主義のメルクマールの一つがある，と私見は考える。
48) Vgl. Lothar Johanny, Ist es angemessen, daß durch die Subhastation sämmtliche auf dem subhastatirten Grundstücke ruhenden Hypotheken fällig werden, 10. DJT I (1872), S. 138 f.
49) Vgl. Denkscnrift über die Frage, ob sämmtliche Hypotheken von der Subhastation ergriffen und in derselben zahlbar werden sollen, in: Herrenhaus, 1871—72, Bd. II: Anl., Nr. 8, S. 91.
50) 伊藤研究のみならず，我が国の学説一般にあっては，抵当権の存続（引受）との対比において，消除主義を把握し，それを単に抵当権が消滅することとして理解している。存続（引受）と対比されるものとしての消滅，それを内容とするのが消除主義である，と把握されてきたのである（第1節参照）。

　　しかし，私見によれば，消除主義とは単に抵当権の消滅を意味するものではなく，競売により抵当権の満期が到来せしめられ，競売代金（の範囲内において）より抵当権が現金償還されるべし，との思考をその内容とするものである，と考える。したがって，以上を前提とすれば，消除主義の把握・理解において，我が国の従来の学説はかなり表面的・形式的なものにすぎず，その内実に迫る

ものではまったくなかった，といえよう。
51) 伊藤研究・(1)376頁。前注(50)参照
52) 同(3)535—536頁
53) 83年法22条，ＳＲＥ　508条，ＺＶＧ　44条。
　　なお，83年法の逐条研究については，Krech=Fischer, Das Preußische Gesetz betreffend die Zwangsvollstreckung in das unbewegliche Vermögen vom 13. Juli 1883, 2. Aufl., 1886.
54) 農業恐慌や不動産恐慌の下では，土地下落が著しく，競落代金も著しく下落する，ということについては，当時のプロイセン司法省の調査（Justiz-Ministrial-Reskript vom 8. Juni 1870）よりも明らかな事実である。
55) Vgl. "Begründung" von Johow, Bd. 3, S. 2030 ff.
56) Vgl. "Begründung" von Johow, S. 2037 ff.
57) "Begründung" von Johow, S. 2037.
58)59) "Begründung" von Johow, S. 2028 ff.
60) Maieer, op. cit., S. 4 ff., 34 ff, 38 ff.
61) 第1節参照。
62)63) 竹下研究・101—102頁
64) 伊藤研究・(1)381頁
65) 83年法57条，ＳＲＥ509条・512条，ＺＶＧ52条
66)67) Vgl. "Begründung" von Johow, Bd. 3, S. 2041 ff.
68) Vgl. "Begründung" von Johow, S. 2045 ff.
69) 伊藤研究・(1)383頁
70)71) 同(3)535頁
72)73)74) 我妻・担物法220頁
75) Vgl. Maier, op. cit., S. 3 ff.
76) 以下の叙述は，本節三において個別的に論及した私見の分析について，立法化の前提たる動因と立法作業との相互関係如何，という視点から，これを私見の結論として小括するものである。なお，分析に際してのもっとも基本となるものは，JohowのＳＲＥ「理由書」やMaierの著作であること，既に指摘したとおりである。
77) 伊藤研究・(3)530—531頁
78) ドイツ民法典編纂過程においては，ドイツ強制抵当権制度に関して，質量共に多くの論議がなされていた，ということについては，初出拙稿を示せば，
　　①拙稿，「ドイツ強制抵当権の法構造——ドイツ帝国・統一的民法典編纂過程における第一次委員会『審議』とその『終結』（1871年〜）」・慶應法学政治学論究4号1頁以下（1990年）
　　②同・「続・ドイツ強制抵当権の法構造——ドイツ帝国・統一的民法典編纂過程における第二次委員会『審議』とその『終結』（1889年〜）」・慶應法学政治学

論究 8 号 1 頁以下（1991年）

　③同・「『BGB 第一草案』中の強制抵当権制度——各界からの『修正』意見の主張（1889年—1890年）——」・法研65巻 1 号159頁以下（1992年）

　④同・「ドイツ不動産強制執行法体系における強制抵当権制度——ドイツ不動産強制執行法研究の一視角——」・民事研修321号10頁以下（1983年），
等を参照されたい。

79)　宮脇幸彦・「強制執行における平等主義と優先主義」・判例タイムズ224号 2 頁以下
80)　前注（78）参照
81)　なお，宮脇教授の一連の諸研究が，立法史や立法過程を詳細にフォローする貴重な業績であった，ということが併せて指摘しておかなければならない。たとえば，

　①同・「資料・プロイセン不動産執行法」・民訴雑誌14号90頁以下は，我が国の不強法の母法である1883年法の逐条訳であり，我が国でははじめて83年法に正面から注目する業績であった。

　②同・「不動産執行沿革史(1)(2)」・法曹時報20巻10号 1 頁以下・同21巻 8 号 1 頁以下，③同・「強制執行における平等主義規定の生成」・兼子還暦（下）203頁以下，にあっては，ドイツ・プロイセン法と日本法との対応ないし法継受の，詳細な比較的・系譜的な考案が試みられている。

　④同・「強制執行法および競売法の改正——その制定の経緯と改正の展望——」・ジュリスト388号84頁以下，⑤同・前注（79）論文，にあってもまた，ドイツ法上の立法経緯や立法状況を視野に入れて，我が国の立法経緯や問題点が考察されている。

　これらは，法務省という，いわば立法担当官庁を舞台としての，貴重な研究であり，立法史的状況を重視するという点で，私見の方法論的立場と共通するものである。

82)　伊藤研究・(3)536頁等。なお，該当部分をそのまま引用すれば，

　①「このような（消除主義の下での）破綻を回避することが（不動産競売手続の）改革の主要な目標の一つであった。この目標は，剰余主義のみの採用によってはもちろん実現することは望めず，引受主義の採用こそ必要とされる。草案理由書は，引受主義採否の問題を単なる合目的性の問題であるとして，右のような視点を欠落させてしまっている」（括弧内挿入—斎藤）（同・(3)535頁）。

　②「結局，草案理由書は，何故に不動産競売の改革が要請され，何が改革の主要な目標とされていたのかを認識することができず，先順位抵当権者の保護ということを単純にそれがカヴァーされることであると誤解している，と考えてよい。従って，この草案理由書の説明を典拠とするそれ以後の学説に対しても，同様の批判が妥当する，と考えられる」（同・(3)536頁）。

　③「1883年法の立法については，剰余主義の採用が本質的なものであり，引

受主義は合目的々考慮の結果採用された，という見解が誤りを含んでいることが，明らかになった」（同・(3)536頁）。

このように，伊藤研究は，制定法についての公式・正規の立法理由書に対して，その記述内容（基本的立場）それ自体を「誤まり」とするものであるから，この指摘は，方法論上の問題として，極めて重大的な問題性を提起するものといえよう。

83) ドイツ強制抵当権制度に関する一連の本研究もまた，「立法史的研究」の方法による試みである。その初出拙稿リストについては，初出拙稿・「我が国の法典編纂過程におけるドイツ強制抵当権制度（上）（下）」・民事研修473号13頁以下・474号12頁以下（28頁以下）参照。

84) 我が国の現行法上の不存在の法制度や法理論については，従来ほとんど研究が等閑視されてきた。ドイツ強制抵当権制度もまた，その顕著な一例である。このような問題性については，既に三ヶ月論文が指摘するところでもあるが，なお初出拙稿・「我が国の法典編纂過程におけるドイツ強制抵当権制度」・民事研修474号26―27頁参照。

85) この点については，我が国の民法典編纂過程における法継受に関する拙稿・「民法典の継受――民法解釈学への一つの「寄与」を目的として――」・民事研修470号97頁以下・472号79頁以下参照。

86) たとえば，テヒョーの強制執行法草案におけるドイツ強制抵当権制度の不導入の動機を解明するに際して，当時のドイツ・プロイセンの立法編纂史的な状況をにらんでの，私見の推論については，初出拙稿・「我が国の法典編纂過程におけるドイツ強制抵当権制度（下）」・民事研修474号23頁以下参照。

87) 竹下・不動産執行法の研究・はしがき5頁

88) それらの文献リスト等については，初出拙稿・「18Ｃ・プロイセン抵当権諸立法中の強制抵当権制度」・法研69巻2号193頁以下参照。

第3節 「剰余主義・消除主義・引受主義」をめぐる根本問題
―― 競売における「先順位」抵当権の処遇原理 ――

―　はじめに
二　三「立法主義」をめぐる問題状況
三　分析と私見
四　さいごに
〔基本文献リスト〕

一　はじめに

（ⅰ）競売における「先順位」抵当権の処遇原理として、「剰余主義・消除主義・引受主義」の三つの立法主義が存在し、相互に交錯し、担保法学では、様々な理論的・法体系的・解釈論的な諸問題を生起させている。これらの諸問題の解決のために、有力な諸学説による鋭利な分析や検討が、これまでもなされてきている。ここには、極めて貴重な学問的営為が、顕著となっている。理論的・法体系的・法解釈論的に著しい深化と拡がりを、みせている[1]。ドイツ法上の理論的構造については、第1節・第2節で、私見分析を明らかにしている[2]。

（ⅱ）このような学問的状況の下、第1節・第2節に引き続いて、本節はこれらの三「立法主義」をめぐる学問状況を素描し、我が国の現行民執法上の法解釈論として、私見を開陳する。

二　三「立法主義」をめぐる問題状況

　三つの立法主義をめぐって，我が国の民執法学・担保法学では，理論上，そして実務上，どのような問題が生じ，議論されてきたのか。簡潔に示せば，次のように指摘できる。

(1)　「剰余主義」は実定法（民執法）上の貫徹された法原則なのか

　(i)　旧法下では，旧民訴法649条1項の「剰余主義」宣言規定が存在し，実定法上，「剰余主義」が妥当することについては，まったく異論の余地がなかった。しかし，民執法の制定以降，同法典中には旧649条1項に対応する宣言規定が存在していないところから，学説上，議論がある。

　(ii)　「剰余主義」は民執法の実定的構成としては貫徹されていない，とする立場が主張されている。しかし，旧法下と同様に，民執法でも「剰余主義」は堅持されている，との立場も有力である。

(2)　「剰余主義」の政策的根拠・意義は何か

　(i)　「剰余主義」の政策的根拠や意義について，議論がある。「剰余主義」規定の本来的な立法趣旨は何か，の議論である。

　(ii)　我が国の大審院決定（大審決大正4・3・9民録21輯252頁）は，これを「無益執行の排除」に，求めていた。また，最高裁判決（最高判昭和43・7・9判時529号51頁）も，その基本認識の延長線で，「差押債権者・優先権者・公益の保護」を目的とする，としていた。学説の通説的見解も，同様の趣旨を述べていた。

　(iii)　しかし，有力学説（竹下研究）は，これに異論を唱えた。母法たるプロイセン法の理解をふまえて，それは，無益執行の排除といった「執行法上の合目的考慮」に基づくものではなく，差押債権者に優先する「先順位担保権の保護」にある，とした。

　(iv)　なお，プロイセン法の立法史的状況よりすれば，「剰余主義」もまた

「債務者（土地所有者）保護」のプロイセン法理に基づくものである，とする近時の私見研究の立場（ＺＨ研究Ⅰ参照）も，主張されている。

(3) 「剰余主義」は先順位「用益権」にも妥当する法原則なのか
(i) 旧法下より，「剰余主義」が，先順位「担保権」のみならず，先順位「用益権」にも適用されるのか，について，議論があった。

(ii) 旧649条1項の規定文言よりすれば，「剰余主義」は，先順位「担保権」についてしか適用されず，先順位「用益権」には適用されない，とするのが一般的見解であった。

しかし，同条同項の文言よりすれば，たしかにそのとおり（適用されない）ではあるが，「剰余主義」の本来的内容からすれば，その趣旨は先順位「用益権」の処遇にも生かされるべし，とする有力説（竹下研究）も存在した。

(iii) 民執法下にあっても，同様の議論が存在している。

(4) 「剰余主義」は「担保競売」にも妥当する法原則なのか
(i) 旧法下にあって，「剰余主義」が担保権実行としての競売，いわゆる「任意競売」にも妥当するのか否か，について，議論があった。

(ii) 債務名義に基づく不動産強制執行，いわゆる「強制競売」については，旧649条1項や旧656条の「剰余主義」規定が存在していたので，これへの「剰余主義」の妥当は何の疑問もなかった。

しかし，担保権実行の規制法典たる旧競売法には，右の両条に対応するような「剰余主義」規定が存在していなかった。そこで，「任意競売」にも「剰余主義」が妥当するのか，換言すればこれにも旧649条1項や旧656条の準用が認められるか，が問題（準用肯定説と否定説）となっていた。

(iii) なお，民執法では，これを立法的に解決し，その188条において，「剰余主義」規定について，「担保競売」への準用肯定の立場を明規している。

(5) 「剰余主義・消去主義・引受主義」の三「立法主義」はどのような相互関係にあるのか

（i）競売不動産上の物上負担についての処遇原理としての「剰余主義・消去主義・引受主義」の三つの立法主義は，理論的・法体系的にみて，あるいは実定的にみて，どのような相互関係にあるのか。

（ii）まず，理論的・法体系的な視点よりすれば，我が国の不動産強制執行法の母法たるドイツ・プロセイン法における法構造に，眼を向けなければならない。また，実定的な視点よりすれば，我が国の実定法たる民執法中の三「立法主義」関連規定に注目する必要がある。

（iii）三「立法主義」の相互的位置付け如何について，従前の私見研究を含めて，我が国の学説では，認識の違いがみられる。

三 分析と私見

分析と私見を明らかにする。

(1) 実定法上の確立された基本原則としての「剰余主義」

（i）旧民訴法649条1項は，「差押債権者ノ債権ニ先タツ債権ニ関スル不動産ノ負担ヲ競落人ニ引受ケシムルカ，又ハ売却代金ヲ以テ其負担ヲ弁済スルニ足ル見込アルトキニ非サレハ，売却ヲ為スコトヲ得ス」，と定めていた。差押不動産の競売に際しては，①差押債権者に対抗し得る担保権については，これをそのまま存続させて競落人の引受とさせるのか，②それとも，当該担保権を消滅させるが，その際，担保権者に完全満足を得させる価額でなければ競落を許可しないか，そのいずれかの条件でのみ，これを許す，との定めである。これは，①「引受主義」と②「剰余主義」との，いわば「二者択一の条件」でのみ，競落が許可される，というものであった。

以上を前提として，②の担保権消滅の条件の場合には，担保権者にまず完全配当し，その後に剰余を生じ得る，そのような価額でのみ，競落が許可される，

というのだから，本条1項は「剰余主義」採用の宣言規定である，と一般に理解されてきた[3]。そして，同条同項に表れた「剰余主義は，いかなる差押債権者も自己の債権に優先する不動産上の権利者を害して不動産を競売することを許さずとする，強制競売の基本思想の表明である」，とも指摘されてきた[4]。

(ⅱ) しかし，他方，新民執法の下，旧民訴法649条を継受した民執法59条には，旧民訴法649条1項に該当する条項が存在していない。かくして，そこから次のような見解分岐が生ずることとなった。

(α) まず，剰余主義は「民事執行法の実定的構成としては，貫かれていない」，と断ずる中野・体系書の立場である[5]。民執法63条は，無剰余の場合における執行裁判所の措置（差押債権者への通知義務，手続取消し）について，定めているが，これは「剰余主義の間接的な保障」にすぎない。民執法の立法に際しては，「剰余主義じたいを宣言する規定（旧649条1項）は意識的に外された」，とする。

(β) これに対して，民執法の下でも，「この原則（剰余主義―斎藤注記）は維持されている」，とする竹下・コンメンタールの立場である[6]。旧649条1項に対応する規定が民執法には存在しないところよりすれば，「一見すると，民事執行法は，旧法と異なり，この原則（剰余主義―斎藤注記）を採用しなかったかのごとく」ではある。しかし，「剰余主義」関連規定としては，同条の他に，旧656条があり，「現象的には，（旧）656条が第一次的に剰余主義の趣旨を実現するものとして機能していた」。旧656条は民執法63条となっており，同63条により民執法は「剰余主義の原則をとることを間接的に示した」，とする。

さらに，民執法63条が無剰余の場合の執行裁判所の採るべき措置について定めたものであるから，同条は「剰余主義の妥当を前提とし」た規定である。とすれば，本来的には，旧民訴法649条1項のような「剰余主義」宣言規定を，民執法の「本条（59条―斎藤注記）に定めるべきであった」，とする[7]。

(ⅲ) 私見は，「剰余主義」は不動産強制執行の基本支柱たる法原則として把握すべし，と考えている。この限りで，竹下説に賛同する。

たしかに，我が国の実定法たる民執法では，その母法たる1883年・プロイセ

ン不動産執行法や現行ＺＶＧにおけるとは異なって，「剰余主義」の明示的な宣言規定は存在していない。この点よりすれば，「剰余主義」は実定的構成としては貫徹されていない，との見方も成り立つ。

　しかし，83年・プロイセン法や現行ＺＶＧでは，「剰余主義」は不動産強制執行のもっとも根幹とされている基本原則の一つとされている。法体系上の基本支柱であり，理論的にも法解釈論的にも，大前提の基本ベースとされている。母法としての系譜的親近性からも，我が国の民執法でも，同様に「剰余主義」を法解釈論上の基本ベースとすべきことは，論理必然ではないか，と考える。

　(iv)　なお，既に第２節で，ドイツ・プロイセン法上の「剰余主義」がどのようなものかについて，その分析を試みている。そのポイントを要約すれば，次の如くである[8]。

　①　「剰余主義」は，不動産強制執行の新理念として，1883年・プロイセン不動産強制執行法典中にはじめて導入された。

　②　それは，従来からのプロイセン法の伝統的立場であった「消除主義」に代わるものとして，83年法に登場した。

　③　プロイセン法上の「消除主義」では，「非剰余思考」(先順位担当権であっても，剰余されなくとも，売却により，消除される) が包含されていたところ[9]，そのアンチ・テーゼとして「剰余思考」(剰余主義) が定立された[10]。

　④　その立法趣旨としては，「非剰余思考」(消除主義) では，あまりに先順位抵当権者の利益が侵害されてしまい，不当である，との考慮にあった。ローマ法原理に裏付けられた考慮であった。

　⑤　83年・プロイセン法に導入された「剰余主義」は，現行のドイツ・不動産強制競売強制管理法（1897年）にも継受され，その基本理念となっている。

(2)　「剰余主義」の法政策的根拠──「債務者」保護のプロイセン法理の具体化

　(i)　既に，旧法下より，「剰余主義」の政策的根拠如何について，議論が存在していた。判例・通説[11]はこれを「無益執行の禁止」に求めていたが，学説

の一部有力説（竹下研究[12]）は，そのような単に「執行法上の合目的的考慮」に基づくものではないとして，これを「実体物権法秩序の要請」に求めた。

(ii) 民執法下にあっても，同様の議論が引き継がれている。同じく学説の一部有力説（竹下研究）は，「剰余主義」は先順位債権者と後順位債権者との利益調整原理であり，実体法上優先的地位にある者を手続法上も優先させようとしたものである，と論じた[13]。「実体物権法秩序」を不動産競売の場面で実現したもの，それが「剰余主義」である，とした。

(iii) この一部有力説は，実質上，中野・体系書の立場でも，受容されているように思われる。そこでは，「剰余主義」を定義づけるに際し，「目的不動産につき先順位の権利を有する者との関係において，実体権としての権利の優先劣後に従い，差押債権者に優先する権利が競売における売却によって害されてはならない」とするものを「剰余主義」という[14]，と述べるからである。これが現在の支配的見解といってよい。

(iv) 竹下研究は1883年・プロセイン不動産執行法の「立法理由書」に準拠し，その論証をおこなっている。「先順位担保権者の保護」とする点で，その限りで正当であり，私見も賛同する。

(v) なお，既に第2節でも論じたように，私見によれば，プロセイン法展開の立法史的状況からすれば，「剰余主義」の法政策的根拠について，次のように考える[15]。

① 後順位担保権者にも担保実行権が認められている（法政策的には，後順位者の担保実行権に手続的に一定の制約を課すことは，可能である）ところからすれば，先順位担保権者，とりわけ第1順位担保権者には，次のような不利益が生じてくる。

たとえば，不動産価額の下落の状況では，後順位者の実行申立てにより，第1順位者といえども，債権の完全満足を得られないことも生じ得る。また，債権者として貸付期間充足・継続の利益をなお享受したい（高利率の維持の下での収益確保），という事情も存在し得よう。

とすれば，第1順位者としては，自らの望むべき時期に，自らのイニシアテ

ィブで，債権のより十分な満足を求めて，実行申立権を行使する，そのような利益を有している，といえよう。後順位者による実行がなされたときには，先順位者には，その利益が侵害されるおそれがある，のである。

② 1883年・プロセイン法の立法者（Johow）は，不動産信用恐慌の下，後順位者による実行により，先順位担保権者の利益はあまりに侵害されている，と考えた。それは法的正当性を欠く，とした。立法者はこの考慮をローマ法原理によって法的に確証化した。

③ ローマ法上，担保債権者には，その債権の回収のために，担保物譲渡の権限が付与されていた。この権限は第1順位者にのみ許与された。後順位者には許与されていなかった，のである。「後順位者による侵害から優先的な担保債権者は保護されなければならない」，これがローマ法原理である，と立法者（Johow）は考えた。これが83年法の「剰余主義」の原理を支持した思考であった。

④ しかも，83年法の立法者の窮極的な考慮は，単に「先順位担保権者の保護」に尽きるものではなかった。その真の狙いは，「投下資本の完全カヴァー」を確実化することにより，投資者（抵当権者）に魅力ある不動産金融を実現し，資本を必要とする「土地所有者（債務者）」の利益を保護せん，とすることにあった。

⑤ 以上を前提とすれば，プロセイン法の「剰余主義」は，「債務者（土地所有者）」保護のプロセイン法理に基づく，一つの具体化された派生原理であった。

(3) 「剰余主義」規定の先順位「用益権」への準用肯定

（i）「剰余主義」規定の先順位「用益権」への適用如何については，旧法下の下でも，議論があった。

「剰余主義」規定である旧民訴法649条1項の文言よりすれば，同条同項は先順位「担保権」にのみ適用される，と理解せざるを得なかった。しかし，学説の一部有力説（竹下研究）は，同条同項の趣旨は先順位「用益権」の取り扱い

にも妥当すべしとして,「剰余主義」規定の「用益権への準用」の必要性を指摘していた[16]。

(ⅱ) 民執法下にあっても,同様の問題が存在している。旧法下と同様,「剰余主義」規定である民執法63条1項の文言よりすれば,「剰余主義」は先順位「担保権」についてのみ適用されるものとして,理解される,からである。しかし,ここでもまた,学説の一部有力説(竹下研究)は,同条同項の趣旨は先順位「用益権その他の物的負担」にも妥当すべしとして,その準用の必要性を強調している[17]。

(ⅲ) 私見もまた,一部有力説(竹下研究)の主張が妥当ではないか,と考える。同研究が指摘するように[18],1883年・プロセイン不動産執行法も,これを発展的に継承する現行ZVGも,「剰余主義」は,先順位「担保権」のみならず,先順位「用益権」にも,妥当する原則として,堅持されている,からである。

(4) 「剰余主義」規定の「担保競売」への準用肯定(民執法188条)

(ⅰ) 民執法188条は,同59条1項などの「剰余主義」規定が「担保競売」にも準用される旨,明規している。したがって,旧法下で議論(準用肯定説と否定説[19])が生じていた,この問題については,「準用肯定」という形で立法的な解決がなされた。

(ⅱ) 旧法下の実務上並びに学説上,むしろ「準用否定」説が一般化していたにもかかわらず,民執法における「準用肯定」への転換は,どのような理由に基づくものであったのか。端的に,既に旧法下にあっても,「準用肯定説」を主張する一部有力説(竹下研究[20])が存在し,ここでの適確な論証が民執法上の転換の大きな動因となったのではないか,と考える。

(ⅲ) 竹下研究によれば,先順位の権利が後順位のそれによっては侵害されてはならない,との「実体物権法秩序」が存在するところ,それを不動産競売の場面で実現したもの,これが「剰余主義」である。とすれば,「剰余主義」が「担保権実行としての競売」にも妥当するのは当然の事理である,とするもの

であった[21]。

(iv) 私見もまた，竹下研究の結論を正当とし，その限りで民執法188条の立法的解決（準用肯定）に賛同する。

なお，私見の立場より付言すれば，1883年・プロイセン不動産強制執行法は「担保権実行手続法」であり，同法中の「剰余主義」規定は本来的にまさしく「担保競売」への妥当原理であった，ということに注目しなければならない。

(5) 対抗的構造としての三「立法主義」

(i) 競売不動産上の先順位「抵当権」の処遇原理として，「剰余主義・消除主義・引受主義」の三つの立法主義が，交錯している。これらの三つの「立法主義」は，相互的に，どのような体系的位置付けにあるのか[22]。

(ii) 考察の前提として，次の二つを識別しなければならない。すなわち，①我が国の実定法たる民執法上，実定法的に，三「立法主義」はどのような法構造をもつのか，②歴史的に規定された母法たるドイツ・プロイセン法の展開上，それはどのような法構造をもつのか，の二つである。「ドイツ・プロイセン法」から「日本民訴法・民執法」への法継受の過程で，両者が異なってしまっている，というのが現実である。

(iii) 民執法上の実定法的な構造

我が国の実定法である民執法上，三「立法主義」は相互にどのような構造をもつのか。

① 実定法上の基本原則としての「剰余主義」　民執法59条や63条の「剰余主義」規定の存在よりすれば，我が国の民執法上でも，「剰余主義」は不動産競売の基本原則として定立されている，と考える[23]。これらの諸規定は，「剰余主義」の妥当を前提とし，それをふまえての具体的措置を定めている，からである。

さらに，母法たるドイツ・プロイセン法の確立した基本原則・基本思想たる「剰余主義」について，我が民執法がそれを明示的に排斥したとは，規定上，到底考えられない，からである。したがって，また，民執法59条が旧民訴法

649条1項の如き明示的な「剰余主義」宣言規定を存置しなかったことは，同主義否定の根拠たり得ないこと，同63条の規定の存在からいっても，無論であろう。

② 剰余主義に連結された「消除主義・引受主義」　民執法は，「剰余主義」の基本原則の下，競売での担保権処遇につき，「消除主義」と「引受主義」とを併用している[24]。しかも，私見によれば，これは，剰余主義に連結された「消除主義」であり，また剰余主義に連結された「引受主義」である，と考える。

③ 担保権の種類に応じた併用　「消除主義」と「引受主義」とは，民執法上，担保権の種類に応じて，使いわけられている。すなわち，(a)不動産上の先取特権・不用益特約付の質権・抵当権については，「消除主義」が（民執法59条1項），(b)不動産上の留置権・不用益特約なき質権については，「引受主義」が（同59条4項），それぞれ妥当する，とされている。

④ 剰余主義に連結された「消除主義」　剰余主義に連結された「消除主義」の妥当の下では，先順位のこれらの担保権（先取特権・不用益特約付の質権・抵当権）については，被担保債権の完全満足を確保されつつ（カヴァーされつつ），満期到来とされ，競売売却代金より現金償還を受ける。

⑤ 剰余主義に連結された「引受主義」　剰余主義に連結された「引受主義」の妥当の下では，先順位のこれらの担保権（留置権・不用益特約なき質権）については，被担保債権の完全満足を確保されつつ（カヴァーされつつ）も，満期到来とはされず，競売売却代金よりの現金償還も予定されていない。

⑥ 民執法（実定法）上の構造　先行学説（竹下研究）の認識と同様[25]に，本質的次元において「剰余主義」が大前提として存立し，そのいわば下位の合目的的次元において「消除主義」と「引受主義」とが併置されている，というのが民執法（実定法）上の構造となっている。

(iv) ドイツ・プロイセン法上の理論的・法体系的・実定法的な構造[26]

ドイツ・プロイセン法の立法史的状況よりすれば，三「立法主義」はどのような構造をもつのか。

(α) テーゼ(消除主義)とアンチ・テーゼ(引受主義と連結された剰余主義[27])

① 消除主義の確立(テーゼ)　まず,プロイセン法(1869年法)の伝統的立場として,「消除主義」が存在していた。その原理的内容として,「非剰余思考」と「消除思考」との二つが包摂されていた。これがテーゼである。

：競売により,目的不動産上の抵当権は,その先順位であると後順位であるとを問わず,すべて消除される(1869年法20条以下・75条・79条)。

② 新理念としての「剰余主義」(第1のアンチ・テーゼ)　プロイセン法(1883年法)の新たな理念として,「剰余主義」が不動産競売の基本原則とされた。「消除主義」には「非剰余思考」が包摂されていたところ,そのアンチ・テーゼとして,「剰余思考」を具体化する「剰余主義」が定立された。これが第1のアンチ・テーゼである。

：競売申立債権者の権利(抵当権)に優先する諸権利(「先順位」抵当権)をdeckenする(剰余する)買受申出のみが,許可される(1883年法22条,ＺＶＧ44条)。

③ 「引受主義」の連結(第2のアンチ・テーゼ)　1883年法は,「剰余主義」の新たな定立と共に,これに「引受主義」を連結させた。「消除主義」には「消除思考」が包摂されていたところ,そのアンチ・テーゼとして,「存続・引受思考」を具体化する「引受主義」が採用された。これが第2のアンチ・テーゼである。

：deckenされた(剰余された)先順位抵当権は競売買受人により引き受けられる(1883年法57条,ＺＶＧ52条)。

④ 「消除主義」⇔「引受主義と連結された剰余主義」　理念的に図式化すれば,一方において「消除主義」(「非剰余思考」と「消除思考」)が存立し,他方において「剰余主義」(「剰余思考」)と「引受主義」(存続・引受思考)の二つが存立している。「消除主義」をテーゼとすれば,「剰余主義」と「引受主義」は共に連結して,そのアンチ・テーゼを構成している。テーゼとアンチ・テーゼとの対極的構造,これがドイツ法上の理論的構造となっている。いわば,「対抗的構造」である。

(β) 「消除主義」の下での担保権の処遇[28]

① 担保権の処遇如何　1869年法上の「消除主義」の下では，担保権が消除される。より具体的には，担保権は競売によりどのように処遇（消除）されたのか。

② すべての担保権の消除　競売により，目的不動産上のすべての担保権が消除され，競売買受人は無負担の不動産所有権を取得する。申立債権者に劣後する後順位担保権のみならず，これに優先する先順位担保権もまた，すべて消除される。

③ 完全満足の保証なくしての消除　全担保権の消除に際して，それらの担保権の被担保債権が補償（代償）を得たのか否か——完全満足を得たのか否か——については，何も考慮されない。法定の破産順位に基づいて，競売売却代金より配当を受けるのみであり，最先順位の担保権といえども完全満足は保証されていない。売却代金よりの償還が単に予定されているにすぎない（現金償還思考）。

④ 満期到来，そして現金償還の予定　全担保権の消除とは，換言すれば，それらの担保権の被担保債権が，現実の弁済期如何を問わず，満期到来する，ということである（満期到来思考）。したがって，また，現金償還が予定されている，ということでもある。

⑤ 小括　以上を小括すれば，「消除主義」の下では，すべての担保権が消除され，その被担保債権はすべて満期到来し，完全満足の保証なくして現金償還が予定されている。

(γ) 「引受主義と連結された剰余主義」の下での担保権の処遇[29]

① 担保権の処遇如何　「引受主義と連結された剰余主義」の下では，競売により担保権はどのように処遇（引受）されるのか。

② 先順位担保権の完全満足の確保　まず，「剰余主義」の妥当により，申立債権者に優先する先順位担保権については，その被担保債権の「完全満足」が確保された。先順位担保権を剰余する買受申出のみが，執行裁判所により許可される，からである。

③　カヴァーされた先順位担保権の引受　　カヴァーされた先順位担保権は，競売により消滅とされるのか，それとも存続し買受人引受となるのか。剰余主義に連結された「引受主義」の妥当により，先順位担保権は存続し，買受人引受となる。買受人は先順位担保権の負担付の不動産所有権を取得する。

④　満期到来せず，現金償還せず　　先順位担保権の存続・引受とは，換言すれば，先順位担保権の被担保債権が，競売によっては，満期到来せず，当初の弁済期のままである，ということである。したがって，また，競売によっては，現金償還とはならない，ということでもある。

⑤　小括　　以上を小括すれば，「引受主義と連結された剰余主義」の下では，先順担保権は剰余された形で，そのまま存続し，買受人の引受とされる。

四　さいごに

　第1節・第2節の検討と関連して，本節は，三「立法主義」をめぐる我が国の民執法上の諸問題について，その分析を試みた。残された課題は将来の「民執法・担保法改正問題」としてあらためて正面から検討すべきものと思われる。

1)　本節の末尾の「基本文献リスト」に掲げられた諸研究を，その代表とする。
2)　「基本文献リスト」⑩⑪参照。
3)　竹下・旧コンメンタール121頁
4)　宮脇・強執法（各論）292頁
5)　中野・民執法381頁
6)　竹下・新コンメンタール246頁
7)　同上
8)　斎藤・第二論文34頁以下（第2節）
9)　同31頁以下
10)　同35頁
11)　大審院決定大正4・3・9民録21輯252頁
12)　竹下・旧コンメンタール121—122頁
13)　竹下・新コンメンタール246—247頁
14)　中野・民執法（4版）380頁

15) 斎藤・第二論文34頁以下（第2節）。なお，斎藤・ドイツ強制抵当権の法構造197頁等参照。
16) 竹下・旧コンメンタール122頁
17) 竹下・新コンメンタール248—249頁
18) 同248頁
19) その概観・分析として，竹下・旧コンメンタール145—146頁
20) 竹下・不動産執行法の研究に収録されている一連の諸論稿が，それである。
21) 竹下・旧コンメンタール145—146頁（旧649条），同・新コンメンタール245—247頁・249—250頁，同・不動産執行法の研究107頁等
22) 拙稿第2論文17頁（竹下研究の理論モデル），同18頁（伊藤眞研究の理論モデル），同48頁（私見の理論モデル），以上三つを図解の上，提示している。
23) 竹下・新コンメンタール246頁。なお，旧法下でも，同様の認識を示すものとして，竹下・旧コンメンタール121頁以下，宮脇・強執法（各論）292頁以下。
24) この点で，我が国の学説上，異論はない。たとえば，中野・民執法（4版）381頁など。
25) 竹下研究の紹介・分析については，斎藤第一論文168頁以下（第1節），同第二論文16頁以下（第2節）。
26) ①「消除主義」については，斎藤第一論文183頁以下（第1節），同第二論文31頁以下（第2節），②「剰余主義」については，同第二論文34頁以下（第2節），③剰余主義に連結された「引受主義」については，同第二論文42頁以下（第2節）。
27) 斎藤第二論文31頁以下・34頁以下・42頁以下（第2節）
28) 斎藤第一論文186—187頁（第1節），同第二論文32—33頁（第2節）
29) 斎藤第二論文35頁・37頁，同43頁—44頁（第2節）

〔基本文献リスト〕
(イ) 著作・体系書・コンメンタール等として，
①兼子一・強制執行法・昭24年――兼子・強執法として引用――
②(a)鈴木＝三ヶ月＝宮脇・注解強制執行法(3)・昭51年――竹下・新コンメンタールとして引用――
②(b)竹下守夫・不動産執行法の研究・昭52年――竹下・執行法の研究で引用（剰余主義に関するドイツ・プロセイン法の詳細な研究を含む）――
③宮脇幸彦・強制執行法（各論）・昭53年――宮脇・強執法（各論）として引用（旧法下の代表的な本格的体系書）――
④三ヶ月章・民事執行法・昭56年――三ヶ月・民執法として引用（民執法立法を理論的・学理的にリードされた著者ならではの，鋭い問題提起が随所にみられる）――
⑤香川＝吉野＝三宅・注釈民事執行法（第3巻）・昭58年――大橋（寛明）・注釈

民執法として引用——
⑥鈴木＝三ヶ月・注解民事執行法(1)・昭59年——竹下・新コンメンタールとして引用——
⑦(a)浦野雄幸・条解民事執行法・昭60年——浦野・条解民事執行法として引用（立法担当官による詳細・適確なコンメンタールであり，単著であるところから立法趣旨も統一的に把握でき，貴重である）——
⑦(b)浦野雄幸・民事執行法の諸問題(1)—(11)・法曹時報33巻11号1頁以下—同36巻9号31頁以下——法務省参事官として民執法立法作業を指揮された立法担当者による極めて貴重な研究資料であり，適確な指摘が随所にみられ，研究上第一級のいわば「立法理由書」でもあるところから，必須の重要文献である——
⑦(c)浦野雄幸編・民事執行法（基本法コンメンタール）（第4版）・平11年
⑧中野貞一郎・民事執行法（新訂4版）・平12年——中野・民執法（4版）として引用（民執法の唯一の本格的且つ詳細・緻密な体系書）——

(ロ)　論文として，
⑨伊藤眞・「不動産競売における消除主義・引受主義の問題？——プロイセン法の発展を中心として——」・法協88巻4号1頁以下・同88巻9号58頁以下・同90巻3号79頁以下・昭46—48年——伊藤・「消除主義・引受主義」で引用（プロイセン法の本格的な歴史研究であり，貴重である）——
⑩斎藤和夫・「競売における『先順位』抵当権の処遇原理の『根拠』——『消除主義』，そのドイツ・プロイセン的構造の解明——」・慶應法研72巻12号159頁以下・平11年——斎藤第一論文（第1節）として引用——
⑪斎藤和夫・「剰余主義・引受主義のドイツ的構造と根拠——立法史的研究の方法論的定立のために——」・慶應法研73巻2号13頁以下・平成12年——斎藤第二論文（第2節）として引用——

(ハ)　その他の諸文献については，ドイツ・プロイセン法に関するものを含めて，前掲の斎藤・第一論文202頁以下（第1節）の「基本文献リスト」並びに第一論文（第1節）・第二論文（第2節）に引用する諸文献に，譲る。

付論文③

日本民法典の編纂
―― 明治期の法典継受 ――

【論文趣旨】（初出；1996/06.1996/08.）

1 「不動産強制執行法」（→不動産担保権実行法）につき，それがわが国の「明治期の法典継受」の時代にあって，どのように編纂形成されたのか。この問題の考察・分析のためには，「民事手続法」（→民訴法・強制執行法・競売法・破産法等）のみならず，「民事実体法」（→民法・商法等）にも，視野を広げる必要がある。

2 このような視点から，本論文は，「明治期の法典継受」の時代における「日本民法典の編纂」のプロセスをフォローしたものであり，前述の「付論文①」と，その目的内容上，ペアのものである。

3 また，本論文は，ＺＨ制度研究Ⅱ巻との関係では，その「結論的考察三」における分析・論証の，基礎的前提となっている。

はじめに――趣旨・目的――
一 民法典編纂の準備作業として，どのようなことがおこなわれていたのか――前　史――
二 旧民法典（M23）とは――その編纂過程と法典構造――
三 「民法典論争」とは――施行「延期論」と実施「断行論」，その対立構造の分析――

四　現行民法典（M29・M31）とは——その編纂過程と法典構
　　　造——
　　五　旧民法典から現行民法典への移行をどのように理解すべき
　　　か——民法解釈学における基本指針の探求——
　〔文献リスト〕

はじめに——**趣旨・目的**——

　(i)　今回の「民法学入門」では，その第二講として，我が国の民法典がどのようにして成立したものであるのか（どのようにして編纂されたものであるのか），という「民法典の成立・編纂」の問題——後に述べますように，それは「民法典の継受」の問題に他なりません——について，論を進めていきたい，と思います。その趣旨・目的としては，民法典の成立・編纂の過程（プロセス）を歴史的に検討し，そのことによって，旧民法典の，そして現行民法典の法典性格について，とりわけいかなる外国法の影響をどのように受けたものであったのかという視角から，理論的に解明を試みてみようとするものです。旧民法典の，そして現行民法典の，その法典性格についての理論的解明，そのことは現代の民法解釈学にとって一つの重要な基本指針を提示するものに他ならない，と考えられるからです。

　(ii)　その最後にいったことについて，より具体的に説明してみましょう。日本民法典の編纂過程を歴史的に検討するということ，そのことは単に法史学的研究としての意味のみをもつものでは決してありません。それに留まるものではまったくなく，民法解釈学にとってもまた，大きな重要な意味をもつものである，ということに注目されなければなりません。民法解釈学，それは広義の「民法学」においてもっとも枢要な基本支柱を構築するものに他なりませんが，その任務としては，いうまでもなく，民法典中の条文の意味内容の解釈，すなわち法ドグマ的解釈や構成（理論化や体系化）に従事するものです。このような法解釈学にとって，その重要な前提基盤の一つを成すもの，それが法典編纂

過程の研究である,といわなければなりません。このような意味では,法典編纂の歴史的研究は,民法解釈学にとって必須不可欠であり,これに豊富な内実を付与し,いわゆる「法律学(民法学)における科学性」の追求,すなわち「科学として法律学(民法学)」(川島武宜)への志向を明瞭に具体化しているものともいえるでしょう。

(iii) なお,今回の口話に先立って,予め次のことをお断りし,そして予めの御理解をいただきたく思います。「民法典の成立・編纂」とは,後に詳しく述べますように,明治期における「外国法の継受」に他なりません。そこでは,いわゆる「法の継受」という法現象が,みられたわけです。しかも,それはひとり民法典に限られたものではなく,現行法として現在妥当しているその他の様々な諸法典についてもまた,「法の継受」という形で,その編纂がなされました。いわば包括的な「法の継受」という法現象が,存在したのです。したがって,民法典の継受もまた,その明治期における包括的な「法の継受」の中で,その一つの流れとして,あるいはその一環として,歴史的に捉えられるものでなければなりません。包括的な「法の継受」という全体的現象があり,その一つの部分現象として,「民法典の継受」が分析ないし検討されなければならない,ということです。本来的にはあくまでそのようなものとして,理解されなければならないものなのです。しかし,「民法学入門」という口話の中で,しかも限られた時間と紙数の中では,口話のメインテーマとしては,自ずと,「民法典の継受」に限定されざるを得ません。読者という形で参加の皆様方に,予めの御理解をお願いしたいと思います。

一 民法典編纂の準備作業として,どのようなことがおこなわれていたのか
――前　史――

明治維新以降,治外法権が認められていたことや,関税自主決定権が認められていなかったという,いわゆる安政の「不平等条約」が存在していましたが,それを改定すべく,その必要的前提として,近代的な法典の編纂作業がスタートないし進行されていました。「法典編纂」という大事業の一環として,民法

典の編纂はどのように進められたのでしょうか。とりわけ，明治初期にあっては，その準備作業として，どのようなことがおこなわれていたのでしょうか。歴史的に，いわば時系列的に，その流れを，まず，簡潔にみておきましょう。

(1) その準備作業としてのフランス諸法典の翻訳——箕作麟祥訳・「仏蘭西法律書」の刊行（M 8）——

（i）明治政府により法典編纂の準備作業が着手されたのは，大体，明治2，3年頃ではないか，といわれています。この時期，我が国の諸法典のモデルの一つとして意識されていたフランスの諸法典，それについて，その翻訳作業がスタートしています。当時の司法省官僚であった江藤新平（1834—74）による意欲的な指揮の下，箕作麟祥（みつくりりんしょう）の手により，その翻訳作業が進められました。

（ii）その作業が大変な困難や苦労を伴うものであったということ，現在の状況よりすれば，おそらくは想像を絶するほどのものであった，といえるでしょう。辞書もなければ，勿論，近代法それ自体についての知識も，欠いていたわけですから，そもそも外国法典を翻訳するための基本的前提状況が，そもそもほとんど欠けていた，といえるからです。しかし，筆舌に尽し難いような艱難辛苦の末，その成果として，明治8年，箕作麟祥訳・「仏蘭西法律書」が刊行されています（なお，フランス民法典の部分の翻訳については，明治4年に完成し，刊行されています）。

（iii）この「仏蘭西法律書」は，刑法典・民法典・憲法典・商法典・治罪法典・訴訟法典という順序での，総計40冊にものぼる膨大な翻訳作業の，貴重なる成果でした。私も勤務の大学図書館の書庫で直接に何度か手にとってみる機会がありましたが，その和装の木版本より箕作のいわば血と汗の結晶が実感させられ，多大の感銘を受けました。これは，フランス諸法典という近代的法典を和文により提示し，したがって，フランス語に必ずしも習熟していなかった人達に対しても近代的法典を知らしめたという点で，この段階以降進められていく我が国の法典編纂作業にとって，貴重なる基盤ないし土台を構築するものであった，といってよいでしょう。

(2) フランス民法典の「模写」としての民法諸草案の起草（M4―M11）

(i) 箕作の翻訳作業と同時併行的に，我が国の民法典のための草案についても，その起草作業が進められていました。現時点から考えると，まさしく極端で安易なやり方のようにも思われますが，当初は，フランス民法典を翻訳し，「フランス」という語を「日本」という語に置き換えて，それをそのまま日本の民法典にしてしまう，というが如き方針すら，真剣に議論されていました。いずれにせよ，そのような起草作業より，明治11年に至るまでに，5つの民法草案が，順次，作成されています。しかし，そのいずれもがフランス民法典の，いわば，「引き写し・模倣」であり，内容的には極めて不十分のものでした。

(ii) それらの民法典諸草案について，その起草経緯も含めて個別的に概観しておきましょう。

(a) 民法会議による「民法決議」（M4）

民法典編纂作業は，明治3年，江藤新平により太政官制度局に「民法会議」なる会議体（審議体）が設立されたことを，そのスタートとします。ここでは，フランス民法典をモデルとして我が国の民法典を編纂すべく，その作業が進められました。そして，その成果として，明治4年，「私権の享有および身上調書に関する民法決議」と題する草案が，起草されました。これは，我が国における民法草案の原型といえるものでしたが，その内容としてはフランス民法典・人事編の一部をほとんどそのまま模倣したものにすぎませんでした。

(b) 司法省・明法寮による「皇国民法仮規則」（M5）

明治5年10月頃，司法省・明法寮により，「皇国民法仮規則」と題する民法草案が作成されました。これは，民法典全体を網羅的に定めたものであり，その他の諸草案がいずれも部分的であったのと比較して，特徴的なものでした。しかし，司法卿として新たに司法省に赴任していた（明治5年4月～）江藤は，これをネガテイフに評価し，新たな民法草案の起草（後述(c)参照）を試みています。

(c) 司法省による「民法仮規則」（M6）

既に明治5年4月，江藤は左院・副議長より司法卿として司法省に転じてい

ましたが，それに伴ない民法典編纂作業の中心は司法省に移りました。明法寮・皇国民法仮規則（(b)参照）を不十分とする江藤は，その自らの指揮の下，明治6年3月，「司法省・民法仮規則」（その一部としての，「身分証書に関する草案88条」）を作成しましたが，同年4月の同人の司法卿辞任により，その編纂もまた中断せざるを得ず，その草案は完結せず中途半端のままのものとなりました。そして，これもまた，その内容上，フランス民法典の模写であった，といわれています。

(d) 左院による「民法草案」（M6）

既に明治4年8月，江藤は左院・副議長に就任していましたが，それに伴ない民法典編纂の作業は左院にて進められました。その成果として，明治6年，「左院・民法草案」が起草されました。これは，フランス民法典の影響がみられるも，我が国の従前からの慣行，たとえば家督相続などの制度を探り入れたり，それまでのいわば醇風美俗を考慮したものであり，その他の諸草案とは若干趣を異にしたものでした。

(e) 司法省による「民法草案」（M11）

明治6年，江藤に代わり大木喬任が司法卿に就任し，我が国の従来からの慣習を考慮すべしとの基本方針の下，新たに民法典編纂の作業が進められることになりました。明治9年6月よりスタートし，その成果として，明治11年4月，「司法省・民法草案」が完成しました。しかし，その草案もまた，その編纂方針にもかかわらず，その実体はフランス民法典の模倣にすぎませんでした。

二 旧民法典（M23）とは——その編纂過程と法典構造——

旧民法典の編纂はどのようになされたものだったのでしょうか（その編纂作業はどのようなプロセスをたどったものだったのでしょうか）。そして，その法典構造はどのように性格づけられるものなのでしょうか。

(1) 法典起草「適格者」は誰か——母法国人のプロフェッショナル——

(i) 明治初期における民法典編纂の作業は，日本人の手によるフランス民法

典の模倣に他ならず，その意味ではあくまで準備的段階に留まらざるを得ないものでした。そして，その作業をとおして得られたこと，それは次のような認識ではなかったのか，と思われます。

(ii) 個別的に，そしてアトランダムに，そして考えつくままに，列挙してみましょう。

(a) 第1に，民法典の編纂作業は，当初予測されたよりも，凌かに且つ極めて困難な大事業であること，そのようなことが確認されたものと思われます。作成された諸草案が，結局のところは，単にフランス民法典の「模写」を脱するものではなかったこと，それを「法典」という形に高めるためには，もはや修正というレベルの次元では，到底，対処しうるものではないこと，そのような無力感が編纂作業に携った人々を支配したのではないだろうか，と考えられます。

(b) 第2に，日本人が自らの手で，そして自らの力で，日本民法典を起草するということ，それは無理あるいは現時点では不可能ではないか，との認識ではなかったか，と考えられます。司法省や左院における，日本人の手による編纂作業は，その民法諸草案という結果をとおして，大きく挫折したものといえるでしょう。我が国の当時の民法学がそのスタートの緒についたばかりであり，「民法学」というにはあまりに未成熟の段階にあり，民法典起草の前提条件を大きく欠いていた，といえるでしょう。

(c) 第3に，仮にフランス民法典を範とするのであれば，日本の事情をも加味ないし考慮してもらう形で，フランス民法それ自体に精通する母国人のプロフェッショナルに直接的に起草してもらったらどうか，そのようなやり方のほうが，民法典編纂のやり方として，凌かに機能的・合理的・迅速的ではなかろうか，といった認識も存在したのではないかと考えられます。明治初めからの編纂作業をとおして，その試行錯誤をとおして，そのような認識が得られたものと思われます。たしかに近代的な法典を編纂するということであれば，我が国にはその土台がもともとなかったわけですから，必然的に自と「外国法典の継受」に依らざるを得ないわけです。しかも，そうであるとすれば，日本人がほ

ぼ無知に近い状態からその起草作業をスタートさせていくよりも，範とする外国法典についての母法国人に起草を依頼した（その後，その起草法典を日本人が日本語に翻訳する）ほうがベターである，と考えられたものと思われます。端的に，「外国法典の継受」という形での法典編纂作業にあっては，その起草「適格者」は自国人ではなく，その範とすべき外国法典の「母法国人」（母法国の法律プロフェッショナル）である，との認識が明瞭化し，それは民法典編纂に限らず，その他の諸法典編纂についてもまた，妥当していった，といえるでしょう。

(2) フランス人・ボアソナードによる起草

(ⅰ) 明治12年，明治政府はフランス人・ボアソナード（Gustave Emile Boissonade, 1825～1910）に民法典起草を委嘱しました。ボアソナードは，既に明治6年より来日しており，司法省法学校の講師として司法官養成の任にあり，パリ法科大学校教授を歴任した，いわばフランス民法に精通するプロフェッショナルでした。しかも，同時に日本の事情にも，ある程度，通じていたという点では，いわば日本民法典起草のための最適任者であった，といえます。

(ⅱ) その具体的な編纂作業としては，明治13年，元老院に「民法編纂局」が設置され，これを編纂の主体機関として作業が進められることとなりました。まず，①民法典中の「財産法」部分については，ボアソナードが，②「身分法」部分については，日本人委員（熊野敏三や磯部四郎）が，それぞれ分担して起草すべし，とされました。当時の日本では近代的な市民法典の導入が必須のものとして要請されていたわけですから，「財産法」部分についてはフランス人・ボアソナードに委ねられたのは当然のことです。しかし，「身分法」部分については，我が国の従来からの風俗や慣行を考慮の上で起草させるべし，との考え方から，これについては日本人委員に委ねられたわけです。

(ⅲ) 明治23年3月27日，法律第28号として，ボアソナードの起草による「財産法」部分——財産編・財産取得編（第1章——第12章）（相続に関する部分が除外されている）・債権担保編・証拠編——が，公布されました。これは，主とし

てフランス民法典（並びにそれについての学説や判例）を参考としながらも，イタリア民法やベルギー法などをも参照しつつ，そして日本の慣習をも考慮して，しかもなお起草者ボアソナードの独自的見解をも採り入れて，つくられたものでした。

さらに，引き続いて，同年10月7日には，法律第98号として，日本人委員の起草による「身分法」部分——人事編・財産取得編（第13章——第15章）（相続に関する部分）——が，公布されました。これは，明治6年の左院「民法草案」に基本的に準拠しつつ，我が国の従来からのいわゆる醇風美俗の精神を採り入れんとして，つくられたものでした。

なお，上に述べましたところの「財産法」部分と「身分法」部分，これらすべて（全5編）は民法典を組成するものとして，共に明治26年1月1日より施行されるものとされていました。

(3) 法典構造——「フランス型」民法典——

旧民法典の法典構造はどのように理解されるものなのでしょうか。そのいくつかの特徴を指摘しながら考えてみましょう。

(a) 第1に，たしかに「身分法」部分は日本人起草委員の手に委ねられたものでしたが，しかし現実にはその作業はボアソナードの多大なる影響の下に進められた，といわれています。その意味では，旧民法典全体がいわば「ボアソナード的精神」によって支配されていた，といえるでしょう。これが，概括的な評価といえます。

(b) 第2に，「財産法」部分では，フランス民法典を範として，所有権の不可侵性，契約自由の原則，過失責任主義，といった近代市民法的原理が，妥当されています。しかし，その裏面でもあるのでしょうが，結果的には，我が国の旧来の慣習や慣行はあまり考慮されてはいません。

(c) 第3に，いわば特別法としての性格をもつ商法典との，その連絡が必ずしも十分ではありません。旧民法典中には，商法典中の諸規定と内容的に重複したり，あるいは相互に矛盾するが如き諸規定が，かなり存在している，からで

す。起草者相互間（なお，商法典はドイツ人・ロエスラーが起草にあたっています）での調整がかなりの程度に不十分であった，といえるでしょう。

(d) 第4に，旧民法典は実体民法典として必ずしも純化したものではありません。民事訴訟法的，さらには公法的な諸規定が，混在している，と考えられるからです。フランス民法典を範とするところからすれば，それはある程度は止むを得ないことともいえますが，ドイツ民法典などと比較すれば，近代的な実体民法典としては未成熟の段階にあった，と評してよいでしょう。

(e) 第5に，旧民法は，ボアソナード起草部分と日本人委員起草部分を併せて，全部で5つの編より組成されています（その条文数の総計は1760ヶ条をこえています）。しかも，それは，実質的には，フランス民法典（Code Civil）の法典編成と極めて類似しています。法典編成という，いわば柱の建て方として，旧民法はフランス民法典を範として，あるいはそれを模倣して作成されているのです。端的に，「フランス型」民法典としての法典構造がみられる，といってよいでしょう。そこにボアソナードの明確な意思が存在している，と考えられます。

(4) 法典編成——インスティツィオーネン方式の採用——

(i) 旧民法典は，法典編成という，いわば柱の立て方として，フランス民法典にならっています。フランス民法典はいわゆる「インスティツィオーネン方式（Institionen System）」を採用するものである，といわれていますが，旧民法典もその方式を採っているわけです。

——インスティツィオーネン方式とは，「人の法（ius personarum. 人事法）・物の法（ius rerum. 物権法）・訴訟の法（ius vactionum. 訴訟法）」より成るものであり（そこから「3分式」ともいわれます），そのルーツは古代ローマ法の「法学提要（Insti tutiones）」（これはガイウス（Gaius）の手に成るものです）に求められます。訴訟法が未分離のまま民法典中に包摂されている，という点に特徴がみられます。このような方式に依拠するものとしては，大略的には，フランス民法典や旧民法典の他に，イタリア民法典やスペイン民法典，さらにはポルトガル民法典や南米諸国の民法典が挙げられます。——

(ii) 参考までに，旧民法典とフランス民法典について，その法典編成という柱の立て方において対照すれば，次の如くです。その類似対応に注目して下さい（旧民法典は，既に述べましたように，5つの編より成っていますが，それは内容的には「3分式」に準拠しているものです）。

(a) 旧民法典（M23）の法典編成（＊印　日本人委員の起草）
```
├─ 人事編（＊）
│      第1章――第16章
├─ 財産編
│   ├─ 総　則
│   ├─ 第1部　物　権
│   │      第1章――第5章
│   └─ 第2部　人権及ヒ義務
│          総則，第1章――第4章
├─ 財産取得編
│   ├─ 総　則
│   └─ 第1章――第15章（第13章以下　＊）
├─ 債権担保編
│   ├─ 総　則
│   ├─ 第1部　対人担保
│   │      第1章――第3章
│   └─ 第2部　物上担保
│          第1章――第5章
└─ 証拠編
    ├─ 第1部　証　拠
    │      総　則
    │      第1章――第3章
    └─ 第2部　時　効
           第1章――第8章
```

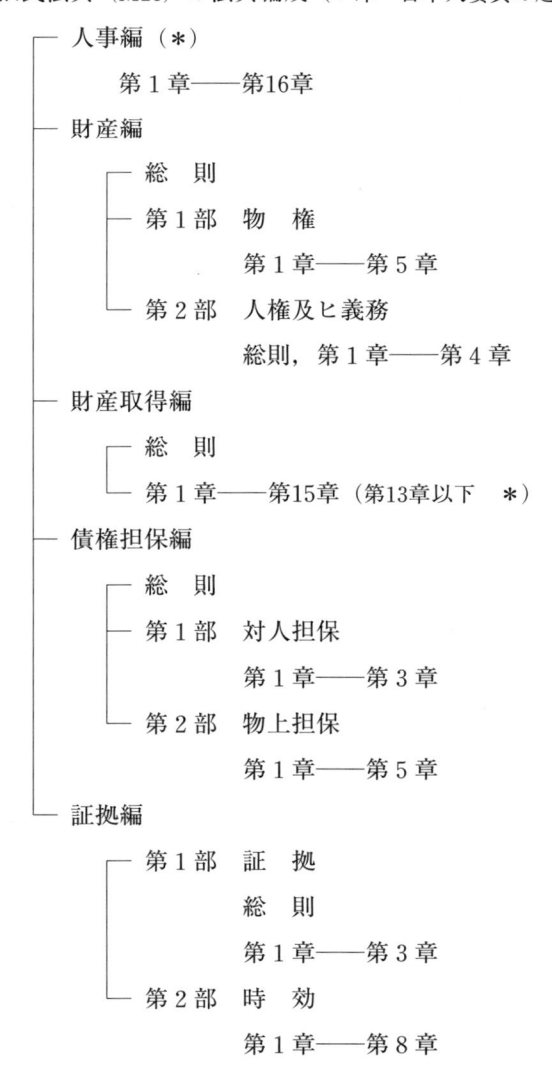

(b) フランス民法典（Code Civil. 1803）の法典編成
- ① 人
- ② 財産および所有権の制限
- ③ 所有権取得方法

三 「民法典論争」とは
――施行「延期論」と実施「断行論」，その対立構造の分析――

　旧民法典をめぐる「民法典論争」とは一体どのようなものであったのでしょうか。法律界や政界，そしてマスコミ等の言論界をもまきこんでの，いわば当時の日本社会における一大事件ともいうべき「民法典論争」，その社会的あるいは時代的背景や実体はどのように分析されるものなのでしょうか。論争は，結局のところ旧民法典の施行延期（但し，そのまま，法典化としては，廃止に至る）という形で決着をみましたが，その経緯を追いながら，少しくこの問題を考えてみましょう。

(1) 「民法典論争」とは

　公布された旧民法典については，施行「延期論」（その論者のグループを総称して「延期派」といいます）が澎湃として主張されるに至り，それをむかえ撃つ形で実施「断行論」（その論者のグループを総称して「断行派」といいます）も強く主張されました。論争は，結局のところ，延期論の勝利という形で決着をみましたが，これが「民法典論争又は法典争議」と呼ばれるものに他なりません。それは，単に学理上ないし理論上の論争としてのみならず，現実政治上のあるいはイデイオロギー上の論争としてもまた，性格づけられるものでした。

(2) 両論（両派）の対立，その経緯――施行「延期論」（延期派）と実施「断行論」（断行派）――

(イ) 施行「延期論」

（i）その経緯をみれば，旧民法に対しては，その公布と相前後して，まず施

行「延期論」が強く主張されました。旧民法があまりにフランス民法典を模倣したものであり，その極度に個人主義的な・自由主義的傾向はわが国情や民俗に適しない，といったことが，その理由とされていました。

(ⅱ) より具体的に述べてみましょう。

(a) 民法典論争のきっかけとなったのは，法学士会により提出された「法典編纂ニ関スル意見書」でした。法学士会とは，東京大学法学部の卒業生により組織された団体ですが，その意見書によれば，現段階では必要不可欠のものについてのみ「単行法体ヲ以テ之ヲ規定シ」，「法典全部ノ完成ハ暫ク民情風俗ノ定マルヲ俟ツニ若カザルナリ」という，いわば「慎重論」が主張されていました。

(b) また，英吉利法律学校（イギリスほうりつがっこう・中央大学の前身）の機関誌である「法学新報」においても，「延期論」が強く主張されました。同誌上に掲載された「法典実施延期意見」（M25）では，「今ヤ我民法ハ祖先ノ家制ヲ排却シ，極端ナル個人本位ノ法制ヲ設ケ，数千年来ノ国俗ヲ擲テ，耶蘇教国ノ風習ヲ移入セントス」るものである，との激しい批判がなされました。

(c) さらに，「延期論」を強硬に主張した論者として，穂積八束が挙げられます。「民法出デ，忠孝亡ブ」というセンセーショナルな論題を掲げて，「延期論」の論陣を張りました。東大法学部の憲法講座を担当し，ドイツ国法学の立場から天皇制絶対主義を主張し，祖先崇拝・忠孝論に基づいて天皇制家族国家論を説いた穂積八束，彼は明治体制の絶対主義イデオロギーの忠実なる表現者であった，と評される学者でもありました。

(ロ) 実施「断行論」

それに対して，「延期論」に反論する形で，実施「断行論」も主張されました。

和仏法律学校（法政大学の前身）の校友会は，「法典実施断行意見」（M25）を公表し，「(1)法典実施ハ今日ノ急務ナリ，(2)延期論者ハ法典ヲ誤解シ之ヲ讒誣スルモノナリ，(3)延期論ハ無責任ノ言論ヲ為スモノナリ」として，「延期論」に対して強く反論するものでした。

(ハ) 「施行延期案」の可決

　明治25年，第三回帝国議会では，貴族院並びに衆議院において，両論対立は激しい論議の対象となりました。時の明治政府は旧民法の実施をあくまで断行せんとの意向を有するものでしたが，保守派や復古主義者のグループ，そして自由民権思想をバックボーンとする民党，といったところが「延期論」を主張して政治的な連合をくむに至ったために，結局のところ旧民法の「施行延期案」の大差での可決という形で，旧民法はとりあえず施行延期とされざるを得ませんでした。しかし，そのことは実質的には，旧民法が法典として陽の目をみることなく葬り去られてしまうことを意味するものに他なりませんでした。

(3) 両派対立の構造——複雑な諸要因の絡み——

(i) その両派対立の構造としては，決して単純なものではなく，複雑な諸要因が絡み合ったものであるところから，現在まで様々な視角から，あるいは様々な切り口から，分析や検討がなされてきています。

(ii) 重要と考えられるいくつかの見方を，いわば理念型（簡潔型）として個別的に紹介してみましょう。

(a) 第1に，「延期論」が東京大学法学部や英吉利法律学校を舞台として主張されたのに対して，「断行論」は和仏法律学校や明治法律学校を舞台として主張されました。このような点に注目して，「イギリス法学派（延）とフランス法学派（実）の対立」である，とする見解が存在しています。学理的対立として把えるのです。

　——加えて，それは必ずしも高次元の純然と学理上の対立ではなく，それぞれの諸学校の経済的・社会的利害の対立である，ともされています。片やイギリス法をベースとしての教育機関であり，他方はフランス法をベースとした教育機関であるとすれば，フランス型・旧民法典の施行の是否は，両者にとって切実な様々な利害（学生数の多寡，それに伴う授業料収入の増減。教育機関としての社会的ステイタスの変動）と結びついていた，とするのです。——

(b) 第2に，19世紀初頭のドイツでは，サヴィニー（Savigny）とティボー

(Thibaut) の法典論争という一大論争がみられました。諸ラントの対立・分裂の状況にあったところ，ナポレオンが打倒されたこと（1814年）を契機として，ドイツ民族の統一的国家をつくっていかなければならない，という民族的高揚を背景として，ティボーは統一的な「ドイツ民法典」の制定の必要性を力説しました。しかし，これに対してサヴィニーは，いわゆる「歴史法学」の立場より，その制定のためには時代が未だ成熟していないとして，統一的民法典の制定は時期尚早である，と反論した，というものです。我が国の「民法典論争」もまた，この一大論争にも比せられるべく，「歴史法学派（延）と自然法学派（実）の対立」である，とする見解も存在しています。

——なお，第1の見方と関連しますが「イギリス法的・歴史法学派（延）とフランス法的・自然法学派（実）の対立」である，とする見解も主張されています。これは，旧民法典の起草者ボアソナードがそもそもトーマス主義を自らの基盤とする自然法論者であった，という点に注目するものです。——

(c) 第3に，穂積八束の「延期論」に象徴されるように，それは祖先崇拝や忠・孝といったものを背景とする，いわゆる「国家主義」に基づいたものでした。これに対して旧民法典は，フランス民法典の流れをうけて，自由主義的・個人主義的・民主主義的な性格を帯びるものでした。このような点から我が国の民法典論争は，イデイオロギーの相克・対立としての「国家主義派・保守派（延）と自由主義派・進歩派（実）の対立」，あるいは「天皇制絶対主義（延）と民主主義（実）の対立」である，とする見解も存在しています。これは，「延期論」が，とりわけ「家族法」部分について，明治憲法による天皇制支配に即応ないし奉仕する民法典の制定を強く主張するものであった，という点に注目するものです。

(d) 第4に，民法典論争は条約改正に関する政治的立場の相違に起因するものであり（その限りで，それは政争である），学問的・学理的論争でもなければイデイオロギーの相克・対立でもない，とする政治学者の分析もなされています。

(iii) 「民法典論争」については，資料も豊富に存在することもあって，多数の貴重なる諸研究がなされてきています。しかし，それをどう分析するのかに

ついては，残念ながら多くの識者を納得させうるような明快な統一的見解は未だ提示されてはいません。今後の，見解状況の整理や分析において，なお一層の研究の深化が望まれるところである，といえるでしょう。

四　現行民法典（M29・M31）とは——その編纂過程と法典構造——

　現行民法典の編纂はどのようになされたものだったのでしょうか（その編纂作業はどのようなプロセスを経たものだったのでしょうか）。その法典構造はどのように性格づけられるものなのでしょうか。

(1)　編纂過程——その基本方針と起草方式——

（i）　施行延期案が帝国議会で可決されたことに伴い，翌明治26年2月，明治政府は内閣に「法典調査会」を設置し，民法典についての新たな編纂作業に着手しました。その起草委員として，当時の東京帝国大学教授であった日本人学者三名——穂積陳重（1856—1926）・富井政章（1858—1935）・梅謙次郎（1860—1910）——が任命されました。これらの三人の起草委員は，若干の補助者の協力を得て，新たな民法典の起草にあたりました。

（ii）　法典調査会における現行民法典の編纂作業はどのような基本方針の下に進められたのでしょうか。この問いにこたえることは，現行民法典の法的性格を考えるためには，必須不可欠のことといえます。

　明治26年4月，「法典調査規程」というものが定められています。それによりますと，民法典編纂作業における基本方針として「既成ノ法典（旧民法典・筆者注）ニ就キ，各条項ヲ査覈シ，必要ノ修補刪正ヲ施ス」こととされています。既成法典（旧民法典）を土台として，その各条項を個別に検討し，必要とされるべき修正（補充・削除等）を施すべし，とされているのです。したがって，旧民法典から離れて，それとはまったく異なった別個の新しい法典を編纂しようとするものではなく，あくまで旧民法典を土台として，いわば「旧民法典の修正作業」として編纂を進める，というのが法典調査会での基本方針に他なりませんでした。

なお，その編纂作業にあっては極めて多数の諸外国の法制（立法や草案）が参照されています。たとえば，フランス民法典はもとよりのこと，ドイツ民法典第1草案・第2草案，オーストリー民法典，チューリッヒ私法典，スイス債務法典，イギリス債務法，等が参照されています。したがって，起草者自身（穂積）の言葉を借りれば，そのようにして作られた現行民法典は，まさしく「比較法学の所産ないし結実」に他なりませんでした。

　(iii)　具体的な起草作業についてみましょう。そこでは，①まず，三名の起草委員がそれぞれ起草すべき部分（条文）を「分担」し，②次いで，各人により分担起草（単独起草）されたものを三名全員の「合議」に付し，いわゆる「原案」を作成し，③さらに，これを法典調査会に「報告」し，そこでの全体的な「討議」に付し，原案を「確定」し，④最終段階として帝国議会に「提出」し，そこを「通過」させる，というものでした。

　――ポイントとなるべきことを簡潔に要約しますと，法典調査会での起草作業は各起草委員による「個別分担」を採り（それは，たとえば自らの得意領域を分担するということをも含めて，起草作業の迅速化や円滑化を意図したものでもある，と考えられます）その限りでは「個人責任」を示すが如きでありながらも，その起草条文（いわばこれは次なる合議における「たたき台」でもあります）を三名の起草委員全員による「合議」に付している，という点において，「原案」は三名のいわば「連帯責任」の下に作成されたものである，といえるでしょう。――

　――なお，ここでの法典起草作業のキーワードを列記しますと，三起草委員による作業としては，「個別分担・合議・原案作成・連帯責任」，という形を採り，このようにして作成された原案が，法典調査会での審議に付せられたわけです。そこでは，「原案の趣旨説明・討議（質疑応答）・修正等の経由・委員の多数の賛同による原案確定」，というプロセスがとられました。――

　(iv)　法典調査会での委員会審議は，明治26年5月より同31年4月までの足かけ6年にわたり行われました。法典調査会の審議録からうかがえることは，その審議が極めて緻密に詳細に，しかも精力的に行われたものであること，まさしく驚嘆すべきものです。民法典編纂へのほとばしるが如き熱意とエネルギー

に心をうたれます。

　まず，総則・物権・債権の「前三編」については，委員会審議の終了（M28）に伴い第九回・帝国議会に提出され（M29），微修正の上，明治29年4月・法律第89号として公布されました。さらに，親族・相続の「後二編」については，審議終了（M29）と第11回・帝国議会提出（M30）をふまえて，明治31年6月・法律第9号として公布されました。それらは民法典の全五編として，明治31年7月16日より施行されるものとされていました。これが我々の現行民法典に他なりません（なお，第4編・親族並びに第5編・相続については，昭和22年に全面的に改正されています）。

(2)　**法典構造**――「独仏融合型」民法典――

　現行民法典の法典構造はどのように理解されるものなのでしょうか。そのいくつかの特徴を指摘しつつ，考えてみましょう。

　第1に，現行民法典は我が国の慣習や慣行に，ある程度考慮を払っています。たとえば，「慣習法」に関する法例2条や「事実たる慣習」に関する民法92条が，その一端を表わしています。また，入会権に関しても規定がおかれています。

　第2に，ドイツ民法第1草案・第2草案の影響を受けて，ドイツ法律学の一つの特徴的な成果である「法律行為」制度や「法人」制度が法典中に，採用されています。これは，フランス民法典中には存在していない制度です。

　第3に，旧民法典中の定義規定や原理的規定などの多くが削除されています。これらが民法典論争において延期論からの攻撃対象の一つとなっていたからです。

　第4に，現行民法典中の多くの諸制度や諸概念が，かなりの程度にドイツ民法典的に作り変えられています。

　――但し，それはあくまで表面的にそうであるにすぎず，実質的にみれば旧民法典中の諸制度の継承である，との碩学（星野教授）の指摘もなされています。単に表面的・形式的な字面の手直し，表現の手直しにすぎない，と指摘されるのです。ドイツ民法典的な「衣」をまといながらも，その「実体」は旧民

法典的な，したがってフランス民法典的なものであるとされるのです。克明にして詳細・緻密なる分析（現行民法典中の諸規定や諸制度についての個別的な系譜的研究）をとおしての立論であるが故に，極めて説得力ある傾聴されるべき見解であるといえます。また，このような見解は，同時に，法典調査会の基本方針（旧民法典の「修正作業」に徹する）に注目するものでもあります。──

第5に，法典編成方式として旧民法典の「インスティツィオーネン方式」より，新たに「パンデクテン方式」に切りかわっています。

以上の諸点を考慮すれば，現行民法典は旧民法典と連続しつつ（その限りで，フランス民法典の色彩を帯びています），また同時に非連続する（その限りで，ドイツ民法典の色彩を帯びています），といえます。したがって，現行民法典は「独仏融合型」民法典である，といえるでしょう。

(3) 「ドイツ型」民法典としての法典編成──パンデクテン方式の採用──

(i) 現行民法典は法典編成という，いわば柱の立て方としてドイツ民法典（BGB）とほぼ同様です（その違いとしては，物権編と債権編の順序が入れ替っているという点のみです）。ドイツ民法典はいわゆる「パンデクテン方式（Pandektensystem)」を採用するものである，といわれていますが，現行民法典もこの方式にならっているわけです。

──パンデクテン方式とは，「総則・物権・債権・親族・相続」の全五編より成るものであり（そこから「5分式」ともいわれてます），そのルーツは古代ローマ法の「学説彙纂（Digesta Pandectae)」に求められます。冒頭に通則としての「総則」編が置かれていること，「物権」（編）と「債権」（編）の理論的・体系的峻別が明瞭化されていること，財産法（前三編）と身分法（後二編）の二つに峻別されること，といった諸点がその特徴とされています。大略的には，このような方式に系譜的に位置づけられるものとしては，ザクセン民法典（1863年）やスイス民法・債務法，さらにはオーストリー民法典やオランダ民法典などが指摘されています。──

(ii) なお，現行民法典とドイツ民法典について，法典編成を対比してみます

と次の如くです。その類似対応に注目して下さい。

(a) 現行民法典（1896・M29：1898・M31）の法典編成
- 第1編　総　則
  - 第1章——第6章
- 第2編　物　権
  - 第1章——第10章
- 第3編　債　権
  - 第1章——第5章
- 第4編　親　族
  - 第1章——第8章
- 第5編　相　続
  - 第1章——第7章

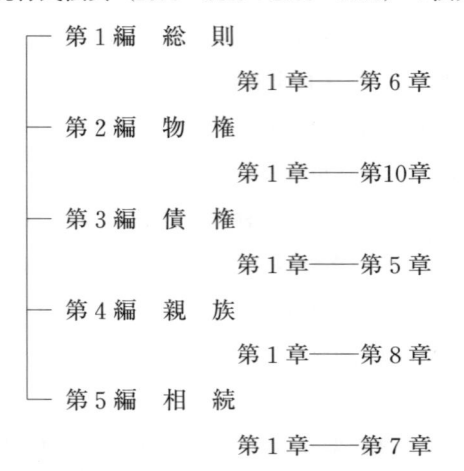

(b) ドイツ民法典（ＢＧＢ，1896：1900）の法典編成
- ①　総　則（Allgemeiner Teil）
- ②　債務関係法（Recht der Schuldverhaltnisse）
- ③　物権法（Sachenrecht）
- ④　家族法（Familienrecht）
- ⑤　相続法（Erbrecht）

五　旧民法典から現行民法典への移行をどのように理解すべきか——民法解釈学における基本指針の探求——

　旧民法典から現行民法典への移行，学問的に大変興味深いものと思われますが，それを歴史的な経緯を追って検討してきました。それでは，その移行過程はどのように理解されるべきものなのでしょうか。とりわけ民法解釈学の立場からは，どのような評価がなされるべきなのでしょうか。換言しますと，民法解釈学はその移行過程の検討より何を学ぶべきなのか，法解釈を行う際の基本

指針として学ぶべきことは何か，ということでもあります。

(1) 「立法者・起草者の意思の探求」への手がかり

(ⅰ) 法解釈の方法として，立法者や起草者の「意思」の探求ということがいわれています。立法者や起草者がどのような考えにより規定や制度を置いたのか，ということを法解釈における一つの判断基準とするものです。したがって，民法典編纂過程についての検討は，民法典の法解釈学にとって一つの重要な判断材料を提供するものといえます。

——なお，ここで立法者とは起草者の概念よりも広く，立法過程において法案作成に携わった人々（たとえば，国会での議論における議員，あるいは議員立法における議員など）をも含む概念として理解されます。また起草者とは，具体的に条文起草にあたった人々（たとえば，これには法典調査会での審議に加わった委員なども含まれます）として理解されます（星野）。——

(ⅱ) このような起草者の「意思」の探求を民法法解学の一つの任務とすれば，現行法である現行民法典の編纂過程についての審議録等の立法資料が，その手がかりを与えてくれます。また，現実の起草者，すなわち梅・富井・穂積の三名の起草委員が執筆した著作や論文もまた，間接的であるにせよ，起草者意思についての手がかりの一つとなります。さらに，既に述べましたように現行民法典の起草にあっては，三名の起草委員がまずそれぞれ分担起草をする（その後，合議の上「原案」を作成）という形を採ったわけですから，その限りでは各条文がまずいわば「個人責任」の下で作成されているわけです。したがって，三名合議の前提とされたいわば「叩き台」としての条文が具体的に起草委員中の誰によって作成されたものなのか，ということも起草者意思の探求に際して十分に留意されるものでなければなりません。

※ 法典調査会での審議や議論（原案提出者の趣旨説明やその質疑）については，①「民法議事速記録」，②「民法主査会議事速記録」，③「民法総会議事速記録」，④「民法整理会議事速記録」などがあります。また，その理由書として同じく法典調査会の，⑤「民法修正案理由書」があります。さらに，議会で

の修正審議については，⑥広中俊雄編・「第九回帝国議会の民法審議」・1986年・有斐閣があります。

※※　梅については，①民法要義（全5巻・M29―33），②日本売買法全（M24），③民法講義全（M34）があります。さらに，富井については民法原論（1巻―3巻．M36〜）があります。また，穂積については穂積陳重遺文集（T2）があります。

(iii)　現行民法典が旧民法典と連続しつつ，また非連続する，ということは既にみてきました。現行民法典は旧民法典との「連続性」と「非連続性」の中に位置づけられる，という限りで旧民法典の起草者意思も現行民法典の法解釈にとって，解釈資料の一つとされなければなりません。具体的には，起草者ボアソナード（「身分法」部分については，熊野や磯部）の意思が探求されなければなりません。ボアソナードのフランス文による「民法草案」やその「理由書」が手がかりとされるでしょう（Projet de Code Civil pour l'Empire du Japon, 5 vols. 1882, 83, 89）。また，脱稿した民法草案についての，司法省法学校でのボアソナードの講義録（①ボアソナード氏起稿・民法草案財産篇講義・壱・物権之部，②同・二・人権之部）等も同様に留意されるものでなければなりません。

(2)　「歴史的解釈」への手がかり

民法の法解釈の一般的なやり方として，歴史的解釈をまず行い，次いで目的論的解釈に進む（星野），といわれています。ここで「歴史的解釈」とは，より具体的には立法者・起草者の意思の探求であり，しかもなお母体とされる外国法（母法）の検討も含み，それらの背景となる様々な状況――社会的・経済的・思想的・学説史的・政治的・……な状況――をも視野に入れるものでなければなりません。したがって，民法典編纂過程の検討は「歴史的な法解釈」にとって，その必要不可欠の前提となるといえるでしょう。

旧民法典から現行民法典への移行が，「フランス型」民法典から「独仏融合型」民法典への移行を意味するものとすれば，民法解釈学は自ずとフランス民法，さらにはドイツ民法へと研究の視野を拡げていかなければなりません。し

たがって，民法典編纂過程の検討は，私達に比較法研究・外国法研究の必要性を教えるものでもあります。

〔**文献リスト**〕

一　民法学者の手に成る比較的近時の民法典編纂史の論文として，

　石田穣・「法典編纂と近代法学の成立」・同民法学の基礎所収・1976年があります。詳細且つ明快な分析がなされています。その他の諸文献についても，同論文を参照するとよい，と思われます。

二　我が国の現代民法学を代表する碩学による深い思索に基づく関連論文として，①星野英一・「日本民法典に与えたフランス民法の影響」・同論集第1巻所収・1970年，②星野・「日本民法学の出発点」・同論集第5巻所収・1986年，③星野・「民法学の方法に関する覚書」・同論集第5巻所収，④星野・「民法の解釈の方法について」・同論集第8巻所収・1995年があります。いずれも博覧強記の深い学識に基づく透徹した鋭い分析が，大変に示唆的です。民法学に貴重な学問的寄与をおこなったものとして，必読の文献といえます。

三　ボアソナードについては，日本法制史専攻研究者の手に成る，

　大久保泰甫・日本近代法の父ボワソナアド・岩波新書・1977年，が詳細であり極めて興味深いものがあります。

四　なお，旧民法典（条文）については，

　我妻栄編集代表・旧法令集・有斐閣・1968年，に所収されています。

五　日本法制史家の手に成る近時の論稿として，

　向井健・「民法典の編纂」・福島編日本近代法体制の形成（下巻）所収・1982年，も逸することのできない重要論文です。

付論文④

ドイツ不動産強制執行法体系における強制抵当権制度
―― ドイツ不動産強制執行法研究の一視角 ――

【論文趣旨】（初出；1983/12）
　ドイツ強制抵当権制度の基本構造につき，現行法上の基本的認識を提示し，併せてＢＧＢ編纂過程中の同制度の形成過程をスケッチしたものである。本書（ＺＨ研究Ⅱ巻）での，私見の基本認識の一端（結論）は，既にこの段階で，提示している。

はじめに
第一章　第三の執行方法としての強制抵当権の登記
第二章　ドイツ帝国・統一的民法典起草過程における強制抵当権制度
第三章　結論的考察――我が国の不動産強制執行法体系の将来像への若干の展望――

はじめに

(1)　本稿は筆者が現在まで従事してきた担保法研究の一環としてのドイツ不動産強制執行法（この概念は概念上当然に不動産に対する抵当権の実行手続を包含する）研究の一つであり，既に第46回・私法学会大会（昭和57年10月10日，法政大学）でおこなった研究報告（「ドイツ強制抵当権の法構造――プロイセン法における展開を中心として――」・私法45号270頁以下。併せてお読みいただければ幸い

である）に関連するものである（本研究は3部より構成され，本稿第2章はその第2部を紙数の制限上分量にして約7分の1に圧縮したものである）。

(2) 本稿の目的は，従前我が国ではほとんど何等の本格的検討もなされてはこなかったドイツ強制抵当権制度につき，新たな分析視点からその法構造を究明せんとすることにある。我が国の不動産強制執行法体系のあるべき将来像の展望のためには，母法国たるドイツのそれを正確に認識することより出発しなければならない。そして，他者との比較においてはじめて自らの法体系を正確に認識し得ることとなるであろう。比較法的方法論がここでも必要とされる所以である。ドイツ強制抵当権の法構造の究明により，我が国の不動産強制執行法体系のネガティブな比較法的特異性が自ずと明らかとなるであろう。

(3) 本稿の叙述の順序として，まず第一章において現行ドイツ法の下での強制抵当権制度を概観する。従来我が国ではその概観すらほとんど何もなされてはこなかった，からである。ここでは，ＺＰＯとＺＶＧの両法による規制という極めて特徴的な現象も併せて提示されるであろう。そこで第二章において，右の如き現象がいかなる立法経緯の下で現出するに至ったのかを強制抵当権制度の動向をとおして概観する。ここでは，「実体的抵当権法・土地登記法・不動産強制執行法」の諸法の不即不離の関係性が明瞭に認識され得ることとなろう。最後に第三章において，以上の論述を前提として，我が国の不動産強制執行法体系の将来像の展望を筆者の基本的立場より若干試みる。

第一章　第三の執行方法としての強制抵当権の登記

1　不動産強制執行における執行種類——強制競売・強制管理・強制抵当権の登記の三執行方法の存置——

(1) 金銭債権に基づく不動産強制執行は債務者所有の土地及びそれと同視し得る諸権利を執行対象とし，その執行種類として以下の三執行方法が存置せしめられている（ＺＰＯ866条1項）。

(2) 第一に強制競売の執行方法である。これは土地の交換価値（市場価値）

それ自体に対する執行方法である。不動産強制執行における最も本則的な執行方法であり，債務者の土地所有権（並びに土地と同視し得る権利）に対する最も直截的な攻撃方法である。

(3) 第二に強制管理の執行方法である。これは土地の利用より生じ得る収益に対する執行方法である。強制競売が元物（Substanz）としての土地に対する執行方法であるとすれば，強制管理は元物たる土地より生じ得る果実（Früchte）に対する執行方法である。目的不動産が比較的に多額の収益をうみだすものである場合（たとえば，アパート，マンション等の集合住宅による賃貸営業，あるいはある程度の規模の農業経営事業，が可能である場合），不動産不況にあって強制競売手続を追行しても十二分の買受け申立てがなされることを期待し得ない場合，等においてまさしく強制管理の執行方法の存在意義が明確に認められよう。

(4) 第三に強制抵当権の登記の執行方法である。これは土地の担保価値に対する執行方法である。換言すれば，債権の保全のための担保目的物としての土地を想定し，この土地の担保価値に対して攻撃するものである。強制競売・強制管理がその攻撃方法として強弱の相違がみられるも共に債権者のために債権の直接的な満足を招来する執行方法であるのに対し，強制抵当権の登記は債権者のために単に人的債権に抵当権の形式による物権的保全を付与するにすぎない執行方法である。ここでは債権の直接的な満足（＝債務弁済）は未だ何等なされ得ない。したがって，強制抵当権の登記の執行方法は債権者のための攻撃方法というよりも，むしろ実体法上の「債務履行の猶予」に類似した執行債務者保護の一手段といえる。

加えて，強制競売が執行債権のために目的不動産の換価（Verwertung）を目的とするのに対し，強制抵当権の登記は執行債権のために目的不動産の保全（Sicherung）を目的とする。したがって，債務者の土地所有権を競売の手段による換価により最終的に剥奪してしまうという最も強力な攻撃方法として強制競売，債務者の土地所有権をそのまま存続せしめつつ目的不動産より生ずる収益に対する攻撃方法としての強制管理，債務者の土地所有権をそのまま存続せ

しめつつ目的不動産上に単に抵当権的負担を課するにすぎない攻撃方法としての強制抵当権の登記，という形で三執行方法の特徴が順次的に明示される。

2　三執行方法の追行債権者

(1)　不動産に対する強制執行における三執行方法を追行し得る債権者は，第一に物的債権者であり，第二に人的債権者である。いずれも，執行力ある債権，すなわち執行名義の取得を前提要件とし，それは人的債権者にとってのみならず，物的債権者にとってもまた例外とはせられない。この問題は「強制競売・強制管理の執行方法」と「強制抵当権の登記の執行方法」との二つに区別して考察されなければならない。

(2)　強制競売・強制管理の執行方法を追行し得る債権者は，第一に物的債権者である。ここで物的債権者とはより具体的には「土地担保権者（Grundpfandberechtigter)」を意味し，土地上の抵当権者がその代表例である。すなわち，不動産強制執行における強制競売・強制管理の二執行方法は，本来土地上に担保権を有する物的債権者のために承認されてきた制度であった。「不動産強制執行手続に関する法律」が実体民法上の抵当権法と密接な対応関係を明示する，こととそれは無縁ではない。歴史的・沿革的にみるならば，抵当権に関する実体的規制が実体民法上の抵当権法によって担われ，抵当権の手続的規制（より具体的には，抵当権の実行）が「不動産強制執行手続に関する法律」によって担われてきたのである。したがって，不動産強制執行における強制競売・強制管理の二執行方法を土地上の物的債権者が追行し得ることは，極めて当然の事理に他ならない。

強制競売・強制管理の二執行方法の追行債権者は，第二に人的債権者である。ここで人的債権者とは土地上に何等の物的担保をも有しない，いわゆる無担保債権者を意味する。強制競売・強制管理の二執行方法の追行が物的債権者にのみ認められた権能である，とする誤解がドイツにおいてしばしばなされてきた。ここでは，無担保債権者が右二執行方法を追行するためには予め強制抵当権の登記を経由し，自ら土地上の物権的保全を取得しなければならないと考えられ

た。しかし，右の如き理解は強制抵当権制度の本質・機能を誤解するものであり，無担保債権者，すなわち人的債権者もまた強制抵当権の登記を経由することなく直接的に右二執行方法を追行し得ることに注意しなければならない。

(3) 強制抵当権の登記の執行方法の追行債権者は，人的債権者のみに限定される。この執行方法はそれまでは土地上に何等の物権的保全をも有していなかった人的債権者，すなわち無担保債権者にその債権のために土地上に新たに抵当権の法型態による物権的保全を創設するものだからである。強制抵当権の登記の執行方法は債権者の債権の満足には何等至らず，右人的債権者に「強制競売又は強制管理の手続」において「不動産より満足を求める権利（ＺＶＧ10条1項4号の第4法定順位）」を付与するものである。したがって，既に同一債権を理由として債務者所有の同一不動産上に，又は同人所有の他の不動産上に，約定抵当権が債権者（したがって，この者は既に人的債権者ではなく，物的債権者に他ならない）のために設定されている場合には，強制抵当権の登記は不適法である。

3　三執行方法の相互関係

(1) 債務名義を取得した執行債権者（人的債権者・物的債権者）は三執行方法を単独的・独立的に選択し，それにより強制執行を追行できる。すなわち右三執行方法はそれぞれ単独的・独立的な執行方法であり，いずれの執行方法により強制執行を追行するかは債務名義を取得した執行債権者の任意に委ねられている（執行債権者の任意選択権）。

(2) 債務名義を取得した執行債権者は三執行方法中の複数の執行方法を同時的・並行的に選択し，それにより強制執行を追行することができる（ＺＰＯ866条2項・執行債権者の並行的追行権）。すなわち，右三執行方法はそれぞれ単独的・独立的な執行方法であり，しかもそれぞれ執行方法として独自の機能を有する。したがって，債務名義を取得した執行債権者が同時に複数の執行方法を並行的に選択して強制執行を追行するときには，選択された複数の執行方法はそれぞれ独自の機能を発揮しつつ，結果としてそれぞれ相互補完的な役割を

果たすこととなる。具体的に示せば次の如くである。

(イ) 第一に強制競売と強制管理の二執行方法の同時並行的追行の場合である。この場合，執行債権者は強制競売手続における売却（競売）によって目的不動産の売却代金（交換価値）より債権の満足を受け得る一方，強制管理手続において売却に至るまでの目的不動産より生ずる収益（たとえば賃料）より債権の満足を受け得る。したがって，強制競売手続の進行が遅滞することより生じ得る危険性が，強制管理の執行方法の同時並行的な追行により執行債権者にとってある程度まで回避され得る。

(ロ) 第二に「強制競売又は強制管理」と「強制抵当権の登記」の二執行方法の同時並行的追行の場合である。この場合，たとえば進行せしめられていた強制競売手続又は強制管理手続が一定の事由により取り消されるに至ったとき，債務名義を有する人的債権者たる執行債権者の差押え（強制競売における差押えにつきＺＶＧ20条以下，強制管理における差押えにつきＺＶＧ146・148条）による優先順位（ＺＶＧ10条1項5号による第五法定順位）もまた喪失せしめられる。しかし，右人的債権者たる執行債権者は同時並行的に追行していた強制抵当権の登記の執行方法により物的債権者としての優先順位（ＺＶＧ10条1項4号による第四法定順位）を確保しており，右優先順位は強制競売手続又は強制管理手続の取消しによっては何等の影響をも受け得ない。したがって，後日，債務名義を取得した他の執行債権者により強制競売又は強制管理の執行方法により強制執行が追行された場合にも，強制抵当権の登記を経由した右人的債権者は当該強制競売手続又は強制管理手続においてその優先的地位を主張し得ることとなる。したがって，強制競売手続又は強制管理手続が一定の事由によりその目的に達せずして取り消されるに至ったときに生じ得る危険性が，その傍ら強制抵当権の登記を経由していた執行債権者にとってある程度まで回避されることになる。

4 強制抵当権の登記の執行方法──その基本構造の概観──

(1) 強制抵当権は執行力ある債務名義を理由として登記される。この場合，

金銭債権を理由とするすべての執行名義が右登記を可能ならしめる（裁判上の和解もまたこれに包含される）。

(2) 強制抵当権の登記は債権者の非要式の申立て（＝執行申立て）に基づき土地登記所によって実施される。土地登記所が執行機関として行為するのである（執行裁判所，あるいは執行官が執行機関となるのではない）。したがって，土地登記所による強制抵当権の登記の実施は強制執行行為に他ならない。しかし，他方，土地登記所は土地登記法（ＧＢＯ）の適用の下で本来的には非訟機関として行為するのであり，それは強制抵当権の登記の実施にあっても同様である（非訟行為）。以上を前提とすれば，強制抵当権の登記の実施にあっては，土地登記所は非訟機関として行為すると同時に執行機関としても行為する，といえる。

(3) 強制抵当権の登記は土地登記簿上になされる。この登記は執行力ある名義上に付記される。登記によって強制抵当権が成立する（登記主義の妥当）。目的土地は，債務者負担に係る登記費用についても，責任を負担する（ＺＰＯ867条1項）。

(4) 強制抵当権の登記は債務者所有の土地上におこなわれる。ここで債務者とは執行債務者であり（したがって，申立債権者は債務者たる土地所有権者に対する執行名義を有するものでなければならない），土地登記簿上目的土地の所有権者としての登記を有するものである。

(5) 債務者所有の複数の土地上に強制抵当権が登記されるときには，債権額は各個の土地上に分割される。債権の分割強制がなされるわけである。その具体的な一部額は債権者みずからが決定する（ＺＰＯ867条2項）。以上，強制抵当権の登記の場合にあっては共同抵当権の法型態による負担化が明文により禁止されている。

(6) 強制抵当権の登記はその金額が500マルク（為替相場は変動相場制であるが，仮に1マルク＝100円前後として，円の変動幅は上下20乃至30パーセント位である）を越える債権のためにのみなされ得る（ＺＰＯ866条3項）。これ以下の少額債権は物的担保の必要性を欠くであろうし，多数の少額債権の登記による土

地登記簿の錯雑をも防止しなければならない，からである。

(7)　強制抵当権の法的性格は約定抵当権としての保全抵当権と同様の法的性格である（BGB1184条以下，ZPO866条3項）。したがって，強制抵当権者が強制競売・強制管理を追行するためには物的執行名義の取得が必要である。さらに，債務名義あるいはその仮執行力が取り消されたときには，強制抵当権は所有者土地債務に転化する（ZPO868条1項）。

(8)　強制抵当権の登記の執行方法にあっては「差押（Beschlagnahme）」の観念が存在しない（強制競売・強制管理の執行方法においては差押の観念が明確に存在する。ZVG20条以下，同146・148条）。目的土地の換価代金・収益よりの債権の満足を目的とせず，単に保全目的を有するにすぎないものだからである。

(9)　強制抵当権の登記の執行方法は土地に対する仮差押の執行における唯一無二の執行方法である（ZPO932条）。

5　不動産強制執行手続を規制するZPOとZVGの相互関係

(1)　不動産強制執行手続はZPO（第八編「強制執行」864—871条）とZVG（1—185条）の二つの法典によって規律されている。不動産強制執行における執行種類として三執行方法が存在するが，概括的にいえばZPOは強制抵当権の登記の執行方法について規制し，ZVGは強制競売・強制管理の二執行方法について規制する。不動産強制執行手続に関するこのような両法の規制型態はいかなる理由に基づくものであるのか。両法の相互関係は次の如く分析される。単行法としてのZVGの存在（⑵），強制抵当権制度の諸規定のZPO中への編入（⑶），実質上ZPOの一構成部分たるZVG（⑷），の順に以下に分説する。

(2)　ZPOの後半部分たる第8編「強制執行」の諸規定は強制執行に関するトータルな規制をおこなっており，その意味からすれば不動産強制執行についての諸規定もZPO第8編中にトータルに編入すればよく，強制競売・強制管理の二執行方法についてのみあえて別個に単行法を制定する必要はなかった筈である。しかし，現実には右二執行方法について規制するZVGという単行法

が別個に制定されたのである。このような単行法としてのＺＶＧの存在は次の二点によって理由づけられよう。

　(イ)　第一に不動産強制執行手続の技術的複雑性である。すなわち，同じく金銭債権執行における有体動産執行，債権その他の財産権に対する執行との比較において，不動産強制執行手続の技術的複雑性は極めて明瞭である。とりわけ強制執行の対象としての目的不動産のもつ経済的ウェイトは，当時において債権者・債務者にとって他の目的財産と比較して相対的に極めて高く，しかも目的不動産上に登場する諸権利者間の強制執行手続内における利害調整の必要性が極めて顕著であり，それらが手続の慎重性・技術的複雑性を当然に要請した。かくして，ＺＰＯ中の強制執行総則・各則規定と離れた形で，不動産強制執行手続に関してのみの単行法の制定されるべき必然性が存在していたのである。

　(ロ)　第二に沿革的・歴史的にみられた不動産強制執行手続の地域的分裂性である。すなわち，既に1877年，ドイツ帝国の統一的民訴法典である「(旧)ドイツ民訴法（Civilprozessordnung vom 30. Januar 1877）」が成立していた。しかし，同法は当初のその意図にもかかわらず，最終的には不動産強制執行手続に関する統一的規制を断念し，それを当時の個別的な各ラントの地域立法の規制に委ねている。──当時，実体的不動産物権法の規制内容は各ラントによって極めて多様な特異性によって特徴づけられており，それは形式的不動産法としての土地登記法についても同様であった。換言すれば，実体的抵当権法をその中に包含する民法，さらには土地登記法につき，各ラントの独自的な法典が存在していたのである。そこで，抵当権法の手続的規制たる「不動産強制執行手続に関する法律」についても，各ラント立法の独自性・自主性に委ねざるを得なかったのである──。この立法委任に基づき各ラントではそれぞれ独自の「不動産強制執行法」が制定せしめられた。

　プロイセンについてみれば（1871年1月1日に発足した新ドイツ帝国はプロイセンの政治的・軍事的主導の下で形成されたものであった），まず1879年に新たな「不動産強制執行法（Gesetz, betreffend die Zwangsvollstreckung in das unbewegliche Vermögen vom 4. März 1879）」が制定され，次いでこの暫定的立法をふまえて

1883年に本格的且つ画期的な新立法である「不動産強制執行法（Gesetz, betreffend die Zwangsvollstreckung in das unbewegliche Vermögen vom 13. Juli 1883）」が制定された。──同法は我が国の不動産強制執行法（民訴法旧第6編並びに民執法）の母法である点で研究上極めて重視しなければならぬ法典である──。しかも，1883年プロイセン不動産強制執行法は，その後の同じく不動産強制執行手続に関する単行法たる現行ＺＶＧ（1898年）の法構造的基礎とされたのである。──ＺＶＧはその他に1884年ザクセン強制競売・強制管理法，1879年バイエルン強制競売法をも付加的に参考とする──。

　かくして，歴史的・沿革的に民訴法典中のトータルな強制執行規定から分離した形で，単行法として制定されざるを得なかった不動産強制執行手続に関する単独法典，という法典編纂上の基本的枠組みが，現行ＺＶＧの制定の際にも継承されたものといえよう。

　(ハ)　付言すれば，1898年の改正後の現行「ＺＰＯ（Gesetz, betreffend Aenderung der Civilprozessordnung vom 20. Mai 1898）」が制定された段階では，既に統一的な民法典（1896年）並びに土地登記法典（1897年）が制定されており，その限りにおいては現行ＺＰＯは不動産強制執行手続に関する諸規定を自己完結的に自らの中に包含せしめ得ることは可能であった。しかし，右に指摘した二つの理由から単行法としてのＺＶＧが制定せしめられたのである。

　(3)　不動産強制執行手続に関する単行法たるＺＶＧはその三執行方法中，強制競売・強制管理の二執行方法のみを規律するものにすぎず，第三の執行方法たる強制抵当権の登記に関する諸規定は現行ＺＰＯ第8編「強制執行」中（第2章第2編「不動産に対する強制執行」）に存置せしめられた。「不動産強制執行手続に関する単行法」としてのＺＶＧの基本的性格よりすれば，その規制を強制競売・強制管理の二執行方法に限定する必要はなく，強制抵当権の登記の執行方法を含めた三執行方法をすべて等しく規制対象としてよい筈である。したがって，強制抵当権の登記の執行方法のみがＺＶＧの規制と離れ，別個にＺＰＯ中に編入されるに至ったことの理由が，ここであらためて問われる必要がある。

それは端的に,「強制競売・強制管理の二執行方法」と「強制抵当権の登記の執行方法」との法的性格の相違,に求められる。前者に妥当する諸原理と後者に妥当するそれとは,全く異質性を有する。換言すれば,第三の執行方法として法典上位置づけられた強制抵当権の登記は不動産強制執行の執行方法として極めて異質な性格を有しており,その異質性は強制競売・強制管理の二執行方法と共に同一の法典中に存置せしめられることを厳然と拒否したのである。

(4) ＺＶＧの諸規定はＺＰＯにおける不動産執行の諸規定を補充するものであり,実質上ＺＶＧはＺＰＯの一構成部分として理解されるべきである。換言すれば,ＺＰＯ中の不動産強制執行規定とＺＶＧはいわゆる一般法と特別法との関係に立つものではなく,後者は前者の実質上一構成部分を成し,両者はあくまで統一体として把握されるべきである。ＺＶＧを実質上ＺＰＯの不動産強制執行規定の中に編入・付加する如く,把握されるべきである。したがって,ＺＶＧ中の強制競売・強制管理手続にも,「強制執行の要件（執行名義等）」や「法的救済（異議,第三者異議の訴え,執行阻止の訴え,等）」に関する一般的諸規定が適用されねばならない。

＊本章における重要且つ基本的な参考文献

ⓐ コンメンタールとして,① Jäckel—Güthe, Kommentar zum Zwangsversteigerungsgesetz, 7. Aufl., 1937； ② Steiner—Riedel, Zwangsversteigerung und Zwagsverwaltung (Kommentar zum ZVG), Band I II III, 8. Aufl., 1973-1975； ③ Dassler—Schiffhauer—Gerhardt, Gesetz über die Zwangsversteigerung und die Zwangsverwaltung (Komm.), 11. Aufl., 1978； ④ Zeller, Zwangsversteigerungsgesetz (Kurz=Kommentar), 10. Aufl., 1979.

ⓑ 体系書・解説書として,⑤ Nussbaum, Die Zwangsversteigerung und Zwangsverwaltung, 1916 (Neudruck 1969)； ⑥ Karl Blomeyer, Zwangsvollstreckung, 2. Aufl., 1956； ⑦ Rosenberg, Lehrbuch des Deutschen Zivilprozesschts, 9. Aufl., 1961； ⑧ Mohrbutter, Handbuch des gesamten Vollstreckungs- und Insolvenzrechts, 2. Aufl., 1974； ⑨ Jauernig, Zwangsvollstreckungs- und Konkursrecht, 14. Aufl., 1977； ⑩ Schönke—Baur, Zwangsvollstreckungs-, Konkurs- und Vergleichsrecht, 10. Aufl., 1978.

ⓒ 邦語文献として,① Gerhard Lüke（中野貞一郎訳）・ドイツ法における強

制抵当権の諸問題・小野木＝斎藤還暦記念「抵当権の実行」下巻（1972年）527頁以下所収。② ders.（石川明訳）・強制執行の公法説の強制抵当権に対する影響・石川訳・「強制執行法関係論文集」（1976年）15頁以下所収。

第二章　ドイツ帝国・統一的民法典起草過程における強制抵当権制度

1　プロイセン法における展開

　現行ＺＰＯ中の第三の執行方法としての強制抵当権の登記の制度（以下，強制抵当権制度と略称する）の母体は，既述の1883年のプロイセン「不動産強制執行法」における強制抵当権制度（同法2条・6—12条）である。強制抵当権制度はプロイセン古法におけるインミシオーン質権（Immissionspfandrecht）——これはローマ法上存在した法務官質権（pignus praetorium）の理論の影響の下で認められていたものであった——を起源としつつ，プロイセン抵当諸立法の歴史的展開の中で形成されてきたものであり，1883年「不動産強制執行法」における強制抵当権制度はほぼ近代的モデルとして完成されたその到達点である。そして，プロイセン法における強制抵当権制度は人的債権（persönliche Forderung）を強制執行の方法により強行的に物的債権（dingliche Forderung）化する途を開いたものであり，その展開過程は債務名義を取得した人的債権者の法的地位を確立せんとする過程である，と総括することができる。

2　民法典起草過程――その第一草案の完成――

　(1)　1883年のプロイセン「不動産強制執行法」における強制抵当権制度は，ドイツ統一的民法典の起草過程において制度導入の是非を含めてその基本構造につき根本的再検討の対象とされた。

　(2)　1873年12月4日，連邦参議院はドイツ帝国（1871年成立）の立法管轄権を民法全体に拡大すべく，その憲法（1867年の北ドイツ連邦憲法が一部修正された上で，ドイツ帝国憲法として施行されていた）の改正に承認を与えた。この憲法改正法（1873年12月20日）により統一的民法典編纂のための法的基礎が確立

された。

　(3)　統一的民法典編纂のために5名の法律家による「準備委員会」が設置され，当時のプロイセンの司法大臣であった「レオンハルト (Leonhardt)」は右準備委員会に対し統一的民法典の草案の起草のための「計画と方法」とにつき諮問した（1874年2月28日）。この諮問に基づき，同年4月15日，準備委員会はいわゆる「準備委員会意見書」を連邦参議院に提出した。この意見書は，その第1部において民法典編纂の内容と範囲，第2部において起草委員会による起草のための作業，につき論じている。

　(4)　1874年4月15日，準備委員会意見書は連邦参議院に提出され，さらに「司法委員会」に付託された。司法委員会の承認の下で若干の補足提案が付加され，それと共に連邦参議院に上程され，同年6月22日そこでの承認を受けた。

　(5)　準備委員会意見書の「計画と方法」に基づき，統一的民法典の起草のための動きが開始される。1874年7月3日，連邦参議院は統一的民法典起草のための「第1次委員会」を設置した。ここでは総計11名の起草委員が任命された。第1次委員会は，(i)民法典は総則・物権法・債務法・親族法・相続法の5部より編成され，各部につきまず「部分草案」が起草されるべきこと，(ii)部分草案の起草のためにそれに精通した者を具体的作成者として委嘱すること，(iii)重要な諸原理については第1次委員会の決定に準拠すべきであること，(iv)各部分草案の完成後にはじめて第1次委員会における「主審議」が開始され，その進行として「第1読会」と「第2読会」とがそれぞれ設置されるべきこと，(v)役割分担として，第1読会は各部分草案の確定・各部分草案の「全体草案」への総合，第2読会は表現並びに形式の最終的確定，にあたるべきこと，等を決定した。

　(6)　「物権法」の部分草案の具体的起草はプロイセン枢密上級司法顧問官「ヨホウ (Johow)」に委嘱された。ヨホウはその共同補助者達と共に約6年間の歳月をかけて物権法の部分草案を完成させた（1880年）。これがいわゆる「ヨホウの物権法準備草案」と呼ばれるものである。不動産担保の領域についてみれば，そこにはプロイセン法とメクレンブルク法の影響が極めて濃厚であ

った。

(7)　強制抵当権制度は統一的民法典起草過程において右の「物権法準備草案」においてはじめて登場した（同草案373条・374条・423条・424条。但し、同準備草案は強制抵当権なる名称を用いず、「執行抵当権（Vollstreckungshypothek）」なる名称を用いている）。「物権法準備草案理由書」によれば、既に強制抵当権制度はその歴史的展開の中でドイツの極めて広範囲な諸地域において採用されるに至っており、従来までの法展開における強制抵当権制度の現実的な重みが同制度採用の決定的要因である、とされている。

(8)　各部分草案の起草の完成を待ち、1881年10月4日より第1次委員会による「主審議」が開始された。物権法準備草案それ自体についての審議は、1883年2月11日―1884年3月17日、同年3月21日―1885年3月27日、同年6月10日―同年同月19日まで、なされた。

第1次委員会はその主審議において物権法準備草案における強制抵当権制度の導入に基本的に同意した。その「会議議事録」によれば、既に強制抵当権制度はドイツ帝国の極めて広範囲な領域に導入されてきており、金融取引の実務に十分に馴れ親しんできており、債権者の固有の権利を何等害することなくして債務者に対する寛容的行動を可能ならしめるものである、との合目的考慮がそこでの大勢を占めていた。そして、強制抵当権制度の細目にわたる審議をふまえて、第1次委員会は若干の修正を含めて諸決定をおこなった。

(9)　右諸決定は最終的に「第1次委員会議長」による承認を受け、「仮総括」がなされた。これがいわゆる「仮総括草案」と呼ばれるものである（強制抵当権制度については「第1次委員会審議録」第6巻・保全抵当権の節・5390頁、373条a・同条b、「強制抵当権」の文言の利用）。

(10)　主審議の一応の終結をみた後、第1次委員会は準備草案の新たな起草のために「編纂委員会」を設置した。この編纂委員会によって、総則・債務法・物権法の各部につき草案の新たな起草がなされた。これがいわゆる「新草案」と呼ばれるものである（強制抵当権制度については、新草案1103条・1104条・1106条）。

右新草案は第１次委員会によってさらなる検討を受け，強制抵当権制度については若干の修正が決定された（新草案1103条の一部的修正）。これらの検討をふまえて，右新草案は「ドイツ帝国民法典草案・第１読会・第１巻―第３巻（総則・債務法・物権法）（Entwurf eines Bürgerlichen Gesetzbuches für das Deutsche Reich, 1. Beratung, 1-3 Buch)」として1885年に刊行された。

(11)　引き続いて第１次委員会は家族法並びに相続法の右部分草案につき審議を開始した。この審議の完了後，「全体草案」――右部分草案の審議をふまえた上で，総則より相続法に至る民法典中の全５部にわたる総合された草案である――が作成された。

　1887年10月より，第１次委員会は右全体草案の一般的検討に着手した。これをふまえて民法典の最終的起草がなされた。これが「民法典第１草案（Der erste Entwurf eines Bürgerlichen Gesetzbuches)」である（強制抵当権制度に関する具体的条文を「新草案」――(10)参照――との対応を含めて示せば，新草案1103条→第１草案1130条，新草案1104条→第１草案1131条，新草案1106条→第１草案1133条，新草案829条 a→第１草案846条，である）。

(12)　第１次委員会によって民法典第１草案が最終的に起草されたのは1887年末のことであった。翌1888年１月31日，起草された右草案は連邦議会の決定を得た。それは同年その「理由書」と共に正式に公刊された。これがいわば正式の「民法典第１草案（Entwurf eines Bürgerlichen Gesetzbuches für das Deutsche Reich, Erste Lesung, Amtliche Ausgabe, 1888)」である。その「理由書（Motive zu dem Entwurfe eines Bürgerlichen Gesetzbuches für das Deutsche Reich, Amtliche Ausgabe, 5 Bde., 1888)」は総計５巻にも及ぶ極めて大部な詳細なものであり，「審議録（Beratungsprotokolle）」等に準拠して草案編纂者の指示の下でその共同補助者によって作成されたものである。但し，それは「全体委員会」による裁可あるいは検証を何等うけたものではなく，その意味では，「100パーセント完全にオフィシャルなもの」とはいい得ない。なお，物権法の理由書は「アキレス（Achilles）」と「リーベ（Liebe）」によって作成されている。

3 民法典施行法の起草過程

(1) 統一的民法典を現実に施行していくためには，必然的に統一的民法典の「施行法（Einführungsgesetz）」の起草が必要となる。したがって，統一的民法典の起草と並行して民法典施行法の起草の手続もまた進行せしめられていた。同じく第1次委員会がその任務にあたっていた。

(2) 既に部分草案たる物権法準備草案を完成させていたヨホウは，「物権法の視点よりする民法典施行法草案に関する提言（1882年）」を公にした。これがいわゆる「ヨホウ提言」と呼ばれるものである。未だ完成されるに至っていない民法典施行法草案につき，総計60項目にものぼる詳細な提言がなされたのである。これには詳細な「理由書」(1882年) が付せられていた。

(3) ヨホウ提言の第6項目は強制抵当権制度に言及し，それに伴なう「民訴法」並びに「破産法」の若干の諸変更を提案する。すなわち，既に1877年に成立していた「(旧) 民訴法」は不動産強制執行手続の規制を大幅に右ラントの立法に委任しており（同法755—757条），この立法委任に基づき右ラントでは個別的に独自の「不動産強制執行法」が制定せしめられていた。ヨホウは右の如き「各ラント立法への留保」に対して批判的であり，その規制が「ドイツ帝国の統一的な特別法」によってなされるべきことを主張する。加えて，ヨホウは，右統一的特別法が「強制競売・強制管理」の2執行方法についてのみ規律すべきものであり，強制抵当権制度については民訴法757条aにおいて一応民訴法典中において言及しつつ，これを基本的にあくまで民法典物権法中に存置せしめておくべきである，との基本的認識を有していた。

(4) 1888年，既に民法典第1草案を完成させていた第1次委員会は，民法典施行法草案の起草のための作業の一環としてヨホウ提言をその審議に付した。強制抵当権制度に関するヨホウ提言の基本的趣旨に賛意が示された。しかも，第1次委員会は，不動産強制執行手続に関するドイツ帝国の統一的な特別法が迅速に施行されるに至るべきであり，その施行が統一的民法典の施行に遅れるべきものであってはならない，との基本的認識を有していたのである。

(5) 1888年6月1日，第1次委員会は民法典執行法草案に関する審議を完了

した。この「最終草案」は「理由書」と共に公刊された（Entwurf eines Einführungsgesetzes zum Bürgerlichen Gesetzbuche für das Deutsche Reich, Erste Lesung, Nebst Motiven, Amtliche Ausgabe, 1888）。（強制抵当権制度については，同草案74条・78条）。

4 土地登記法典並びに不動産強制執行法典の起草過程

(1) 民法典施行法の最終草案が完成された1888年，引き続いて第1次委員会により「土地登記法草案（Entwurf einer Grundbuchordnung）」の完成をみた。翌1889年，同じく第1次委員会により「不動産強制執行法草案（Entwurf eines Gesetzes betreffend die Zwangsvollstreckung in das unbewegliche Vermögen）」の完成をみた。これが現行ＺＶＧの「第1草案（Erste Entwurf eines ZVG）」である。右の3つの草案の完成は極めて連続的なことであった。後二者の草案は1889年，共に1冊の中に包括され，それぞれ「理由書」を付して公刊された（Entwurf einer Grundbuchordnung und Entwurf eines Gesetzes betreffend die Zwangsvollstreckung in das unbewegliche Vermögen. Ausgearbeitet durch die von dem Bundesrathe berufene Kommission. Nebst Motiven. Amtliche Ausgabe, 1889）。

(2) 土地登記法草案と不動産強制執行法第1草案は民法典第1草案の「補充と実施」の目的の下で起草されたものである。すなわち，既述の如く，1877年の「旧民訴法」は不動産強制執行手続の規制を各ラントの立法に委ねていた。しかし，統一的民法典の起草作業が開始されるに至るならば，不動産強制執行手続についてもドイツ帝国における統一的な単行法の制定が可能となり，又必然でなければならない。右の各ラント立法への留保条項が実体的不動産物権法並びに土地登記法の各ラントの地域的分裂性を理由とするものであった，からである。かくして，統一的民法典，したがって統一的不動産物権法（民法典第2部物権法）の起草作業と並行して，全ドイツ帝国に妥当すべき統一的な土地登記法典と不動産強制執行法典の起草作業が同じく第1次委員会によって進行せしめられたのである。右の3つの法律による各規制が相互に有機的に関連づけられなければならなかった，ことはまさしく歴史的且つ論理的な必然であっ

た。

(3) 土地登記法草案における強制抵当権制度に関する諸規定は，同草案32・45・47・51条の計4か条である。

(4) 不動産強制執行法第1草案はヨホウによって起草されていた「不動産強制執行法準備草案」を母体とする。この準備草案は1888年に公刊されており，これにはアキレスの作成に係る「理由書」も付せられていた。統一的民法典のための物権法準備草案の起草にあたったヨホウが，引き続いて不動産強制執行法準備草案の起草にあたっていた，ということは極めて注目すべき事実である。

(5) 強制抵当権制度との関連において不動産強制執行法第1草案は次の3点に注目される（関連条文は，同草案3条・245条1項の2ケ条である）。

(イ) 第一に同草案において不動産強制執行手続は本来的には目的不動産上の抵当権の実行手続として想定されるものであった。ここに，手続的抵当権法としての「不動産強制執行法」と実体的抵当権法としての「民法典中の物権法」との明瞭な対応関係，が明らかとなる。手続的抵当権法と実体的抵当権法とは抵当権法一般を支える2本の支柱に他ならない。

(ロ) 第二に同草案において強制抵当権制度は強制競売・制度管理と並ぶ不動産強制執行における第三の執行方法として法的に性格づけられた。したがって強制抵当権制度にも民訴法典中の強制執行編の一般的諸規定が必然的に適用されるべきこととなる。

(ハ) 第三に，歴史的・沿革的にみれば，不動産強制執行の執行方法たる強制競売・強制管理の追行を求め得る申立権者は「抵当債権者(Hypothekengläubiger)」のみに限定される，との基本的認識が存在していた。しかし，同草案は右認識を不当とし，強制執行法理論の新時代形成に向けての新理念を明示する。すなわち，強制競売・強制管理の追行を求め得る債権者の権利の法的基礎は「債権のための目的物への担保権による拘留（Verhaftung・責任負担化）」に求められるべきではない。それは「権利実現のためには必須の強制（Zwang）を実施しなければならないという国家任務」に求められるべきものである。かくして，抵当債権者のみならず人的債権者（persönlicher Gläubiger）もまた直接的に——

強制抵当権の登記を経由することなく──強制競売・強制管理の追行を求め得る, とする。ここでは「強制売却 (Zwangsverkauf)」についての公法的認識が明確となっている。

5 各界の反応

(1) 第1次委員会は1889年3月20日をもってその活動を終了せしめた。同年6月27日, ドイツ帝国首相は各連邦政府に「回状」を布告した。強制抵当権制度に関する各連邦政府の見解は賛否両論に分れた。同制度の導入に正面から反対するもの, 導入に基本的に賛成するも若干の部分的修正を求めるもの, 等の様々な見解が寄せられた。

(2) 民法典第1草案をはじめとする各法の諸草案が公刊されると共に, 必然的にこれらの諸草案は公の批判にさらされることとなった。学界, 法曹界, 経済界, 農民団体等より様々な活発な議論・諸提案がなされた。それは強制抵当権制度についても例外ではあり得なかった。賛成意見, 反対意見, 修正を求める諸提案, と諸見解は極めて多岐にわたり, 一に留まることを知らなかった。

6 第2次委員会による審議

(1) 1890年12月4日, 連邦参議院は民法典第1草案・民法典施行法草案を「第2読会 (zweite Lesung)」に付するために「第2次委員会 (zweite Kommission)」の設置を決議した。この決議に基づき第1次委員会に代わる第2次委員会が設置され, 常任・非常任の区別を含む総計22名の新たな構成委員が任命された。引き続いて, 同年同月15日, 第1次委員会はその「準備会」において民法典第1草案の審議の細目を決定し, 同時に「一般報告者」と「個別報告者」を指名した。一般報告者として「プランク (Planck)」, 個別報告者として民法典各部別の計5名──物権法については「キュンツェル (Küntzel)」──が指名された。

(2) 翌1891年4月10日より, 第2次委員会における実質的審議が開始された。それは1895年3月25日をもって終結した。既に4年間の歳月が流れていた。右

審議をふまえて同年5月より6月にかけて「民法典第2草案（zweite Entwurf des BGB）」が編纂され，それは同年10月22日にドイツ帝国宰相の下に提出された。加えて，同年同月より民法典施行法草案，それとの関連において民訴法・破産法の修正乃至補充がなされ，それは翌1896年2月をもって終了した。

(3) 強制抵当権制度についての第2次委員会の審議では，まず同制度の削除論が主張された。これに反対する導入論も強力に主張された。決着は採決にもちこまれ，削除論は8票対9票の僅差で敗れ去った。強制抵当権制度は僅か1票差で薄氷をふむ如くかろうじて維持されたのである。同制度の法制度としての本質並びに機能の重要性を考慮するとき，筆者はそこに幸運の女神のほほえみを実感せざるを得ない。

(4) 次いで，第2次委員会は民法典第1草案中の強制抵当権制度に関する諸規定の個別的検討に入った。その審議の終了後，直ちに「編纂委員会」並びに「全体委員会」が構成され，細部の詰めがなされた。

(5) 強制抵当権制度はまず物権法準備草案中に登場し，次いで民法典第1草案（物権法）中に登場した。しかし，第2次委員会の審議において，同制度を1877年（旧）民訴法に代わる新たな民訴法典中に編入すべし，とする注目すべき主張がなされた。それが不動産強制執行における執行方法の一つとすれば，本来実体法秩序を構築すべき民法典中より削除し，訴訟法（執行法）秩序を構築すべき民訴法典中に編入すべし，と主張されたのである。既に1877年（旧）民訴法757条は不動産強制執行手続の規制をラント立法に委任しており，したがって強制抵当権制度も各ラントの不動産強制執行法の規制に委ねられていた。右主張は旧民訴法に代わるドイツ帝国の統一的新民訴法典中に強制抵当権制度を存置すべしとするものであった。

(6) 第2次委員会は強制抵当権制度の諸規定を民法典中から削除することを決定した。全員一致の意見であった。しかも，右諸規定を統一的単行法たる不動産強制執行法典中に編入すべし，とするのがそこでの多数意見であった。しかし，一転してその後の編纂委員会は右諸規定を（新）民訴法典中強制執行編の中に編入したのである（同法757条・757条a）。その対応的措置として，不動

産強制執行法はその名称を「強制競売・強制管理法」と変更して1897年に成立するに至った。強制抵当権制度の数奇な運命が明瞭であり，それはその本質に根ずく構造的宿命でもあった。

＊本章における主たる重要な参考文献

ⓐ　ドイツ民法典制定史につき，① Planck, Kommentar zum Bürgerlichen Gesetzbuch nebst Einführungsgesetz, Band I, 4. Aufl., 1913；② Schubert, Die Entstehung der Vorschriften des BGB über Besitz und Eigentumsübertragung, 1965；③ herausgegeben von Horst Heinrich Jakobs und Werner Schubert, Die Beratung des Bürgerlichen Gesetzbuchs in systematischer Zusammenstellung der unveröffentlichten Quellen. (Materialien zur Entstehungsgeschichte des BGB—Einführung, Biographien, Materialien—； von Werner Schubert), 1978；④ Schanz, Zwangshypothek, 2. Heft, 1933；⑤　石部雅亮・「外国法の学び方——ドイツ法⑾⑿——」法セミ1975年6月号127頁以下，同8月号159頁以下。

ⓑ　その立法関係資料等につき，⑥ herausgegeben und bearbeitet von Benno Mugdan, Die gesamten Materialien zum Bürgerlichen Gesetzbuch für das Deutsche Reich, Band III (Sachenrecht), 1899 (Neudruck 1979)；⑦ Motive zu dem Entwurfe eines Bürgerlichen Gesetzbuches für das Deutsche Reich, Band III (Sachenrecht), 1888；⑧ Zusammenstellung der gutachtlicen Aeusserungen zu dem Entwurf eines Bürgerlichen Gesetzbuchs gefertigt im Reichs=Justzamt, Band III (Aeusserungen zum Sachenrecht), 1890 (Neudruck 1967)；⑨ herausgegeben von E. I. Bekker und O. Fischer, Beiträge zur Erläuterung und Beurteilung des Entwurfes eines Bürgerlichen Gesetzbuches für das Deutsche Reich, Band II (Johannes Krech, Die Rechte an Grundstücken), 1974 (unveränderter Nachdruck 1889-90)；⑩ herausgegeben von W. Schubert, Die Vorentwürfe der Redaktoren zum BGB, Sachenrecht, Teil 1 (Allgemeine Bestimmungen, Besitz und Eigentum) (Verfasser：Reinhold Johow), 1982；⑪ ders., aao., Teil 2 (Beschränkt dingliche Recht und materielles Zwangsversteigerungsrecht) (Verfasser：R. Johow), 1982.

ⓒ　ZVG・GBOの制定史等につき，⑫ Krech—Fischer—Schäfer, Die Gesetzgebung betreffend die Zwangsvollstreckung in das unbewegliche Vermögen im Reiche und in Preussen (Komm.), 1902；⑬ herausgegeben von H. H. Jakobs und W. Schubert, Die Beratung des Bürgerlichen Gesetzbuchs in systematischer Zusammenstellung der unveröffentlichten Quellen, Sachenrecht IV (Gesetz über die Zwangsversteigerung und die Zwangsverwaltung), 1983；⑭ herausgegeben von W. Schubert, Die

Vorentwürfe der Redaktoren zum BGB, Sachenrecht, Teil 3 (Grundbuchordnung, Zwangsvollstreckung in das unbewegliche Vermögen und sachenrechtliche Vorlagen von 1876-1879) (Verfasser: R. Johow und Alexander Achilles), 1982.

第三章　結論的考察——我が国の不動産強制執行法体系の将来像への若干の展望——

(1)　抵当権の実行を含む担保権の実行を規律する単行法として，我が国では「(旧)競売法」(明治31年＝1898年)が存在していた。しかし，この「(旧)競売法」は，(イ)民法上の4つの担保物権すべての実行を規律し，したがって不動産のみならず動産に対する実行手続をも規律の対象としていたこと，(ロ)形式的競売を任意競売の一種類としてその規律の対象としていたこと，(ハ)物的担保権者にとり債務名義不要の基本的立場(それは簡易迅速な権利の実現を狙ったものであった)が採られていたこと，(ニ)不動産に対する抵当権の実行についても自足的な法典でなく，法の欠缺がみられる多くの諸事項につき民訴法典中強制執行編の諸規定の準用を肯定せざるを得なかったこと(ドイツではまったく逆転した現象がみられた。すなわち，担保権の実行＝不動産強制執行の手続を規制するＺＶＧがまず自足的な単独法典として存在し，ＺＰＯ第8編「強制執行」による人的債権者の不動産強制執行手続がＺＶＧの諸規定を利用しておこなわれる，という基本構造がみられる)，等の諸点において，ドイツにおいて歴史的・沿革的にみられた不動産強制執行手続に関する単行法(たとえば，現行ＺＶＧ)とは明確に相違した。端的に両者においては全法体系上の位置づけがまったく異質であった。

(2)　不動産に対する担保権の実行はいわゆる「任意競売」と呼ばれ，「強制競売」(民訴法典中強制執行編の諸規定に基づく，不動産に対する債務名義に基づく強制執行)」との異質性が強調されてきた。「物的責任の実現」と「人的責任の実現」，債務名義の「不要」と「必要」，債務者意思を強行的に抑圧するという強制的契機の「不存在(それは担保権に内在する換価権の存在なるが故にであった)」と「存在(国家の公権力の行使としての換価であった)」，といった対比が強

調されてきた。しかし,「任意競売」概念は我が国における極めて独特な慣用語にすぎず,比較法的にみてもかくの如き用語例をみない。しかも,母法たるドイツ法の状況より明らかな如く,不動産に対する抵当権の実行もまた本来的に強制執行に他ならず,国家の公権力の行使の一端として目的物の換価がなされ得る。換価の基礎を「担保権に内在する換価権」に求めんとする思考は,既に19世紀末のドイツ帝国の統一的立法編纂過程において完全に克服された過去のものであった。

(3) 新たな「民執法」が昭和55年10月1日より施行された。同法は「強制競売」と「任意競売」の新たな統合のために第一歩を踏み出したものとも評価し得るが,その踏み切りは大きく迫力を欠いている。不動産に対する抵当権の実行が本来的に有すべき「強制的契機の存在」,これを新法の基本的姿勢として承認していない,からである。ドイツ法を中心とした母法に関する諸研究の今後の進展と共に,民執法もまた過渡的な存在として位置づけられ,早晩新たな脱皮が再び必然化するであろう。その際同時に,第3の執行方法としての強制抵当権制度の立法的導入の是非が新たな視点の下で本格的に議論されねばならないであろう。

＊本章におけるテーマを考察する場合の主たる参考文献

ⓐ ①三ヶ月章・民執法（1981年）12頁以下・56頁以下・とりわけ429頁以下。②同・「差押の効力の相対性――フランス法における平等主義の検討と日本的平等主義の反省――」・民訴法研究3巻313頁以下（初出・1962年）。③同・「仮差押の効力――大陸諸国における新しい展開を背景として――」・民訴法研究6巻67頁以下（初出・1966年）。④同・ボアソナードの財産差押法草案における執行制度の基本構想」・民訴法6巻159頁以下（初出・1970年）。⑤同・「任意競売と強制競売の再編成――抵当権の実行における債務名義の必要性をめぐって――」・民訴法研究6巻119頁以下（初出・1971年）。⑥同・「テヒョーの訴訟法草案における執行制度の基本構想」・民訴法研究6巻223頁以下（初出・1971年）。⑦同・「強制執行法案要綱案と民法との関係をめぐる諸問題の背景と展望――手続法学者の視点から――」・民訴法研究7巻211頁以下（初出・1972年）。⑧同・「『任意競売』概念の終焉――強制執行制度改正の担保物権法に及ぼす影響の一考察――」・民訴法研究7巻157頁以下（初

出・1975年)。⑨同・「債権質の実行」・民訴法研究8巻209頁以下（初出・1978年）。
　ⓑ　①宮脇幸彦・強制執行法各論（1978年)・22頁以下・259頁以下。②同・「プロイセン不動産執行法」（条文訳）・民訴雑誌14号90頁以下（1968年）。③同・「強制執行における平等主義と優先主義」・判タ224号1頁以下（1968年）。④同・「不動産執行沿革史㈠㈡」・法曹20巻10号1頁以下（1968年）・法曹21巻8号1頁以下（1969年）。⑤同・「強制執行における平等主義規定の生成」・兼子還暦下巻201頁以下（1970年）。⑥伊藤眞・「不動産競売における消除主義・引受主義の問題㈠㈡㈢」・法協88巻4号375頁以下、同89巻9号1091頁以下、同90巻3号509頁以下（1971—73年）。
　ⓒ　①竹下守夫・不動産執行法の研究（1977年）。②石川明・ドイツ強制執行法研究（1977年）。③同・強制執行法研究（1977年）。④斎藤秀夫・競売法（1960年）。⑤中野貞一郎・民執法（1983年）。⑥石川明編・民執法（1981年）322頁以下（斎藤和夫）。⑦斎藤和夫・「ドイツ強制抵当権の法構造——プロイセン法における展開を中心として——」私法45号270頁以下（1983年）。

付論文⑤

担保権実行競売への新「統合」
―「強制競売」の本来型としての担保権実行競売―

【論文趣旨】（初出；1995/03）

1　本論文は，ドイツ・プロイセン法上の歴史的展開からは，「強制競売」の本来型は不動産抵当権の実行手続であった，とする分析に基づいて，「担保権実行競売」への新『統合』を主張する。その初出は1995年3月（その後の民執法改正は，基本的には顧慮していない）である。

2　わが国の「不動産換価手続制度」は，民執法典の制定・施行により，それ以前の「二元的制度」から，新たに「一元的制度」へと，展開した。すなわち，旧民訴法第6編「強制執行」規定による債務名義に基づく不動産強制執行（強制競売），旧競売法規定による債務名義不要の不動産競売（任意競売），この両者の「可能な限りの統合」（三ケ月「統合論」）が主張され，これを有力動因として民執法典の立法化が実現した。

3　新たな民執法典では，「二つの競売」は民執法典という「同一法典」で規律され，従来の「任意競売」は「強制競売」に著しく近接化され，従前からの問題状況は決着を見た。

4　しかし，このような新民執法の施行の状況下にもかかわらず，本論文は，三ケ月「統合論」，さらにはこれを有力「動因」とした民執法典編成，これらに対する二つの「疑念」を契機として，三ケ月「統合論」に与することなく，むしろこれを批判しながら，新たな「統合論」を提起した。

5―1　第1に,「法典の規制形式」についての,編成形式上の疑念(→民執法典における「一元的編成」としての統合,その「近接化」(接近)の方向性が逆転しているのではないか)である。

5―2　すなわち,三ケ月「統合論」に即応して,新民執法典は,「一般債権者の不動産強制執行手続」(強制競売)を「基軸」として,これに「抵当権者の不動産抵当権実行手続」(任意競売)を「近接化」させ,「前者」の詳細・緻密な諸規定を,簡潔な規定をもつにすぎない「後者」に,大幅に準用する,という立法形式を採っている(但し,その「近接化」の方向性を是認しながらも,なお「近接化」が不徹底であり,旧来の「任意競売」の残滓を払拭しきれていないので,より「近接化」を徹底すべし,というのが三ケ月「批判」がなされている)。

5―3　しかし,その「一元的編成」としての統合を是とするが,その「近接化」の方向性が逆転しているのではないか。端的に,法理論的・法体系的・法歴史展開的・比較法的には,本来,「抵当権者の不動産抵当権実行手続」につき詳細・緻密な諸規定を存置し,これを「基軸」(本体／本則)として,これに「一般債権者の不動産強制執行手続」を「近接化」させる(準用／特則),という方向性が,採られるべきである(→新「統合論」)。

6―1　第2に,「強制競売」概念の理解についての,実質内容上の疑念(→民執法典における「強制競売」概念,その理論的理解に問題性があるのではないか)である。これは,上記の第1の疑念を実質的に理由付ける,その根拠でもある。

6―2　すなわち,単に「民執法典」のみならず,その立法化の動因となった三ケ月「統合論」,これらを含めて,「わが国

の強制執行法学」(学説・実務)は，等しく，「債務名義を有する一般債権者の不動産強制執行手続」を「強制競売」として理解してきた。これは，何らの疑問なく，「一般共通認識」となっていた。このような「一般共通認識」を前提としながら，三ケ月「統合論」を始めとして，「わが国の強制執行法学」は，「抵当権者の不動産抵当権実行手続」を意味する「任意競売」概念，その概念理解・内実の「不当性」を厳しく批判してきた。

6－3　しかし，その「強制競売」概念，それは，法理論的・法体系的・法歴史展開的・比較法的には，本来，「抵当権者の不動産抵当権実行手続」を意味するものであった。端的に，①「不動産抵当権実行競売」，これがまさしく「不動産強制競売」に他ならず，②「不動産強制競売」の本来型としての「抵当権者の不動産抵当権実行競売」，③その準用型としての「一般債権者の不動産執行競売」，このような①②③の構成がドイツ法並びにプロイセン法の歴史的発展の基本構造である。

7　ドイツ・プロイセン法の抵当権法の歴史的発展構造は，「実体的・形式的・手続的」抵当権法の「三基軸抵当権法」として，理解できる。ここでの「手続的」抵当権法が抵当権実行手続法としての「不動産強制執行法」に他ならない。その根拠として，1883年・プロイセン不動産強制執行法，そしてこれを母体とする1897年・ドイツ不動産強制競売・強制管理法，これが「手続的」抵当権法であり，抵当権実行手続法としての「不動産強制執行法」である，という歴史発展上の事実である。このような認識を踏まえての，新「統合論」の主張である。

一　本稿の目的
二　「二元的編成」の法構成
　　——「強制競売」手続（民訴法旧第6編「強制執行」・明治23年）と「任意競売」手続（旧競売法・明治31年）の併存——
　(1)　二元的編成——「強制競売」手続と「任意競売」手続の併存——
　(2)　「強制執行説（国家執行権説）」と「私的換価権説（非強制執行説）」の対立
　(3)　小　括
三　強制換価手続の「統合論」
　　——「二元的編成」に対する三ケ月教授の批判と問題提起——
　(1)　「二本建ての体制」の克服と統合の必要性
　(2)　旧競売法のルーツとしての「フランス型の担保権実行手続」——「ドイツ型の強制執行手続」との併存——
　(3)　「二本建ての体制」の日本的特殊性——ドイツ法並びにフランス法との対比——
　(4)　「任意競売」概念の不当性——その特殊日本的拡張——
四　民事執行法による「統合」の問題性
　　——その立法姿勢に対する三ケ月教授の批判——
　(1)　民事執行法の制定・施行——「統合」の具体化——
　(2)　「統合」の内容上の不徹底性——担保権実行手続の強制執行手続への「接近」と「分裂」，その諸相——
　(3)　小　括
五　立法論的提言としての新「統合論」
　　——担保権実行としての「強制競売」手続を本則とする「一元的編成」——

> (1) 新「統合論」——私見の理論構成——
> (2) 「不動産強制執行」制度の本質——抵当権法との相互関連性——
>   (イ) 「手続的抵当権法」としての不動産強制執行——実体的抵当権の把握価値の手続的実現のための法——
>   (ロ) 不動産強制執行の三執行方法——強制競売・強制管理・強制抵当権の登記——
>   (ハ) 不動産強制執行の執行方法の追行権者としての物的債権者
>   (ニ) ＺＰＯとＺＶＧの相互関係
>   (a) 法典形式上の「二元的編成」
>   (b) 実質内容上の「一元的編成」
>   (c) 単行の制定法としてのＺＶＧ典
>   (d) ＺＰＯの一構成部分としてのＺＶＧ

一　本稿の目的

(i) 昭和54年，民訴法旧第6編「強制執行」と旧競売法との統合を最大の目的として，新たな「民事執行法」典が制定され，それは昭和55年より施行されるに至っている。

(ii) しかし，旧強制執行法と旧競売法との分立の自覚的克服という要請にもかかわらず，その実質的内容よりすれば，民事執行法による統合は今なおかなり不十分なものであり，一部の碩学によりいわばその中途半端性ないし非徹底性が厳しく批判されている。そして，そこでは，「旧競売法上の任意競売手続の，旧強制執行法上の強制競売手続への，可能な限りの接近ないし吸収」というテーゼの下，民事執行法下の「新しい担保権実行手続の矛盾した性格——強制執行手続への大幅な接近と『任意競売』概念の温存の諸相——」が，鋭く的確に指摘されていたのである[1]。したがって，以上を前提とすれば，永い年月

にわたる多くの貴重な営為に基づく新たな民事執行法典の制定・施行にもかかわらず，強制換価手続制度についての将来の残された立法的課題は今なお極めて大なるものがある，ということができよう。

(iii) 以上の如き状況の下，強制換価手続制度の将来の立法的課題の根幹の一つとして，私見によれば，次の如き立法論的提言を試みんとするものである[2]。

すなわち，「強制競売」の執行方法は不動産強制執行のもっとも枢要な執行方法であり，それはそもそも抵当権の実体法上の内容（＝目的不動産の元物価値の把握）を手続法上実現するための方法として生成・発展してきたものである，と考えられる。したがって「強制競売」の執行方法は抵当権の把握価値の実現方法の一つであり，「強制競売」の本来型は抵当権実行競売であるとすれば，本来，不動産「強制執行」手続は抵当権を中心とする担保権実行手続を主軸として法構成ないし法典編成されるべきであり，それらの本体的な諸規定を準用する形で，無担保の一般債権者による不動産執行手続が法規制されるべきである，と考えられる。

現行の民事執行法の下では，不動産「強制執行」手続が無担保の一般債権者による不動産執行手続を主軸として法構成ないし法典編成され，それらの本体的な諸規定をかなり大幅に準用する形で，抵当権者を中心とする担保権者による担保権実行手続が法規制されているが，私見の立法論的提言はちょうどそれと逆の法構成ないし法典編成を主張するものに他ならない。新「統合論」と称する所以である[3][4]。

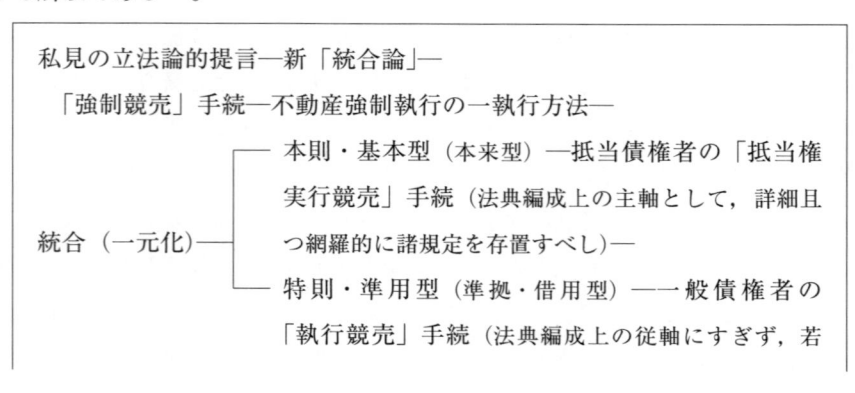

私見の立法論的提言—新「統合論」—
　「強制競売」手続—不動産強制執行の一執行方法—
　　　　　　　　　　┌──本則・基本型（本来型）—抵当債権者の「抵当権
　　　　　　　　　　│　　実行競売」手続（法典編成上の主軸として，詳細且
　　統合（一元化）─┤　　つ網羅的に諸規定を存置すべし）—
　　　　　　　　　　│
　　　　　　　　　　└──特則・準用型（準拠・借用型）——一般債権者の
　　　　　　　　　　　　「執行競売」手続（法典編成上の従軸にすぎず，若

　　　　　　　干の特則規定を存置するに留め，「抵当権実行競売」
　　　　　　　手続の諸規定への準用根拠規定を明規すべし）―

(iv) なお，本稿は，筆者の現在までのドイツ法研究を御指導賜ってこられましたドイツ・ザールラント大学のゲルハルト・リュケ教授への心からの感謝の微意の表示として，執筆されたものである[5)6)]。

1） 三ケ月・民執法20頁・438頁等。
2） 新「統合論」という立法論的提言を試みんとする本稿の趣旨について，若干付言しておきたい。

　我が国の法律学にあっては，従来，立法論的提言とその実現の試みが，僅少であった，との指摘がなされてきている。たとえば，三ケ月教授によれば，「私がかねがね感じている日本の法律学の一つの特徴は，所与の法典の解説や観念的な体系化，更には判例の分析等にはきわめて熱心である反面に，諸外国の法律学者程には，自己の責任で立法論を提示してその実現に努力するという姿勢に欠けるところがないでもないということである。これは一つには，日本の法律学がもっぱら与えられたものの解明から出発することとならざるを得なかったという，その生い立ちの歪みの後遺症でもあろう」（同「終焉」1600頁），と指摘されている。

　また，旧競売法の不十分性や不備については学説により従来からも再三再四言及されてきたが，それにもかかわらず，三ケ月教授によれば，「どこのところがどういう具合に不備なのか，改善するとすればどのようにするのが妥当なのか，という建設的提言は，ほとんど聞かれなかった」（同「終焉」1605頁，同「再編成」123頁，同・民執法436頁），と指摘されている。

　我が国における立法論的提言の不十分性は，実体法学と手続法学のいずれにあっても，既存の制定法典を所与の前提とした法ドグマティークの体系化や理論化のために，そのエネルギーの大半が注がれざるを得なかった，という過去の我が国の継受法学の一つの必然でもあったのであろう。現代法律学における立法論的提言という建設的作業の必要性や主要性が，あらためて再確認されなければならない，と考えられる。

3） 浦野編・民執法コンメンタール（184条）456頁（斎藤和夫執筆）参照。
4） 本論テーマを論ずる前提の一つとして，競売本質論における「手続たる競売」と「換価たる競売」との二峻別について，若干言及しておきたい。
　（i）「競売」の本質論如何が問われるとき，学説上並びに理論上，二つの場面

に峻別されて論じられている。すなわち，「手続たる競売」と「換価たる競売」との二つであり，本稿テーマは前者の「手続たる競売」の場面に開運するものである。

(ⅱ)　「手続たる競売」についてみれば，それはその一環として「換価たる競売」・任意売却・入札払を広く包括する概念であり，しかも後三者はそれぞれ相互に対立する観念である。したがって，「手続たる競売」と「換価たる競売」とは，概念上，相互に明確に峻別されなければならない，と理解されるのである（小野木・競売法2頁，伊東「本質」3頁以下，参照）。

(ⅲ)　「手続たる競売」とは，換言すれば，「手続としての競売」，あるいは「競売の全体的手続」を意味するものである。したがって，「手続たる競売」の本質如何の場面にあって，競売法上の競売について，その折衷的見解を含めて，①訴訟手続説（訴訟事件説）と非訟手続説（非訟事件説）との対立，②国家執行権説（民訴法上の強制執行手続説）と私的換価権説（私的換価手続説）との対立，等が生じている（独自の方法論的立場よりの貴重な寄与として，伊東「本質」1頁以下に注目される）。

(ⅳ)　他方，「換価たる競売」とは，換言すれば，「換価としての競売」，あるいは「換価の方法としての競売」を意味するものである。したがって，「換価たる競売」の本質如何の場面にあっては，①競売法上の競売について，たとえば，私法上の売買法と公法上の処分説との対立，が生じていた。そしてなお，その折衷的見解も主張されていた（学説状況の概観として，斎藤（秀）・競売法32頁・34頁等）。

②また，民訴法第6編「強制執行」上の競売（差押えに基づく被差押物の換価としての競売）について，私法的強制執行理論（私法上の売買説，債務者売主説，債権者売主説，執行機関売主説，等）と公法的強制執行理論（公用収用類似処分説，公法契約説，裁判上の形成手続説，等）との対立，が生じている。そしてなお，その折衷的見解も主張されている（学説ならびに問題状況については，中野・「法的性質」784頁以下に，詳細に分析されている）。

(ⅴ)　以上との関連において，本稿の問題提起について一言すれば，本稿は，「手続たる競売」の場面において，①第一に，民執法43条以下の不動産「強制執行（その執行方法としての強制競売・強制管理）」手続が本来如何なる「債権者」のために用意されるものであったのか，を問わんとするものである。民訴法旧第6篇「強制執行」も民執法も，そして我が国の学説一般も，それを，本来，債務名義を有する人的債権者（一般債権者・無担保債権者）のために用意されたものである，と理解してきたのに対して，ドイツ法上の法構成に示唆を受けつつ，私見によれば，それを，本来，執行名義を有する抵当債権者（物的債権者・担保

債権者）のために用意されたものである，と理解するのである。

　右の如き私見の理解を前提として，本稿は，②第二に，比較法上もその法制度史上も（横軸においても縦軸においても），人的債権者のための「執行競売」手続も抵当債権者のための「担保競売」手続も，同じく「強制換価手続制度」として一元化されるべし，とするのが，比較法上も（横軸においても）その法制度史上も（縦軸においても）普遍的・一般的な流れであるとすれば，その「一元化（統合）」は如何なる形でなされるべきものであるのか，を問わんとするものである。民執法（とりわけその第二次要綱案），そして三ケ月教授の立法論的提言の立場が強制執行（強制競売）手続を人的債権者のためのものと理解し，これを主軸として，抵当債権者の競売手続を従軸としつつ，一元的に法典編成をするものであったのに対して，ドイツ法上の法構成に示唆を受けつつ，私見によれば，強制執行（強制競売）手続を抵当債権者のものと理解し，これを主軸として，人的債権者の競売手続を従軸としつつ，一元的に法典編成すべきである，と主張するのである。新「統合論」と称する所以である。

```
「競売」本質論──従来の学説状況──
　〔一〕　手続たる「競売」の本質
　　(イ)　競売法上の「競売」
　　　　(a)┌①訴訟手続説（訴訟事件説）
　　　　　 └②非訟手続説（非訟事件説）
　　　　(b)┌①国家執行権説（民訴法上の強制執行手続説）
　　　　　 └②私的換価権説（私的換価手続説）

　　(ロ)　民訴法旧第6篇「強制執行」上の「競売」
　　　　・国家執行権説（民訴法上の強制執行手続説）──異論なし。というよりむしろ，当然の前提として，格別の議論なし──
　　　　・本稿における私見の立場──不動産「強制執行競売」手続は，本則・基本型としての「担保権実行競売」手続の，特則・準拠型（借用型）である──
　〔二〕　換価たる「競売」の本質
　　(イ)　競売法上の「競売」
　　　　──①私法上の売買説
　　　　──②公法上の処分説
　　　　──③折衷説
```

㈠　民訴法旧第6篇「強制執行」上の「競売」
　　　　├─①私法的強制執行理論に基づく諸説
　　　　├─②公法的強制執行理論に基づく諸説
　　　　└─③私法公法混合的強制執行理論に基づく諸説

5) 本稿における基本文献――本稿執筆に際して特に参照させていただいたもののみを掲記しており，その他にも多くの貴重な文献が存在するが，本稿では割愛させていただいていることを，御諒承賜りたい。

Ⅰ　「民執法」制定・施行前の文献（1979年・1980年前）
　(a)　体系書
　　①　岩松三郎・競売法（1930年）
　　②　小野木常・競売法（1938年）
　　③　兼子一・強制執行法（1938年）
　　④　兼子一・増補強制執行法（1951年）
　　⑤　斎藤秀夫・競売法（1960年）
　　⑥　我妻栄・新訂担保物権法〔民法講義Ⅲ〕（1974年）
　(b)　論　文
　　①　小野木常「抵当権の実行と債務名義」・法学論叢40巻3号（1939年）（同・訴訟法の諸問題所収（1952年））――小野木「債務名義」
　　②　小野木常「換価たる競売の本質」法学論叢42巻5号（1940年）（同・訴訟法の諸問題所収（1952年）――小野木「本質」
　　③　伊東乾「競売手続と公信的効果」法学研究28巻2号（1955）（同・民訴法研究所収（1968年））――伊東「公信の効果」
　　④　中野貞一郎「換価としての競売の法的性質」菊井先生献呈論集・裁判と法（下）779頁以下（1967年）――中野「法的性質」
　　⑤　伊東乾「競売法による競売の本質」小野木＝斎藤還暦記念・抵当権の実行（上）1頁以下所収（1970年）――伊東「本質」
　　⑥　三ケ月章「任意競売と強制競売の再編成――抵当権の実行における債務名義の必要性をめぐって――」民事訴訟法研究6巻119頁以下（1972年）（初出，小野木＝斎藤還暦記念・抵当権の実行（下）（1971年））――三ケ月「再編成」
　　⑦　三ケ月章「『任意競売』概念の終焉――強制執行制度改正の担保物権法に及ぼす影響の一考察――」民事訴訟法研究7巻157頁以下（1978年）（初出・鈴木竹雄古稀記念論文集・現代商法学の課題（下）（1975年））――三ケ月「終焉」

⑧　竹下守夫・不動産執行法の研究（1977年）──竹下・研究（同書中の第2章論文「不動産執行と動産執行──ドイツ法の場合──」が，本稿テーマとの関連において，極めて貴重・有益である。）
Ⅱ　「民執法」制定・施行後の文献（1979年・1980年後）
　(a)　体系書・コンメンタール等
　　①　三ケ月章・民事執行法（1951年）
　　②　中野貞一郎・民事執行法下巻（1982年）
　　③　浦野雄幸編・民事執行法〔基本法コンメンタール〕（新版）（1991年）
　(b)　論　文
　　①　生熊長幸「抵当権の実行としての競売と買受人の地位──民事執行法の立場の批判的検討──」岡山大学法学会雑感29巻1号115頁以下（1979年）
　　②　生熊長幸「不動産の競売における買受人への所有権移転時期」岡山大学法学会雑感31巻1号1頁以下（1981年）
　　③　生熊長幸「執行権と換価権──担保権の実行としての競売をめぐって──」岡山大学創立30周年記念論文集・法と政治学の現代的展開263頁以下（1982年）──生熊「執行権と換価権」
　　④　谷口安平「担保権の実行と自力救済」米倉＝清水＝岩城＝米津＝谷口編・金融担保法講座Ⅲ巻215頁以下（1986年）
　　⑤　斎藤和夫「ドイツ強制抵当権制度」私法45号，民事研修321号，法学政治学論究4号，同8号，同15号，同18号，法学研究64巻12号，同65巻1号，同66巻12号，──斎藤「ＺＨ制度」
6）　なお，本稿は，ドイツ強制抵当権制度に関する拙稿中，その第10論文として，第Ⅳ部「結論的考察」の一部を成すものである。
　　ドイツ強制抵当権制度については，既に若干の拙稿を公表してきている。公表年次に即してそれらを示せば，以下の如くである。
　　　①　拙稿・「ドイツ強制抵当権の法構造──プロイセン法における展開を中心として（18世紀─19世紀）──」・私法45号270頁以下（1983年）（論文第1部）
　　　②　同・「ドイツ不動産強制執行法体系における強制抵当権制度──ドイツ不動産強制執行法研究の一視角──」・民事研修321号10頁以下（1983年）（論文第2部・第4部）
　　　③　同・「ドイツ強制抵当権の法構造──ドイツ帝国・統一的民法典編纂過程における第1次委員会『審議』とその『終結』（1871年─）──」・法学政治学論究4号1頁以下（1990年）（論文第2部）

④　同・「続・ドイツ強制抵当権の法構造——ドイツ帝国・統一的民法典編纂過程における第2次委員会『審議』とその『終結』（1889年—）——」・法学政治学論究8号1頁以下（1991年）（論文第2部）
⑤　同・「1883年・プロイセン『不動産強制執行法』中の強制抵当権制度——プロイセン法展開の最後の到達点——」・法研64巻12号131頁以下（1991年）（論文第1部）
⑥　同・「『ＢＧＢ第一草案』」中の強制抵当権制度——各界からの『修正』意見の主張（1889年—1890年）——」・法研65巻1号159頁以下（1992年）（論文第2部）
⑦　同・「1898年・ドイツ『民訴法（ＺＰＯ）』典中の強制抵当権制度——『ＺＰＯ変更法草案』（1898年）とライヒ議会『第一次・第二次・第三次』審議——」・法学政治学論究15号1頁以下（1992年）（論文第3部）
⑧　同・「1931年・ドイツ『民訴法参事官草案（ＺＰＯＲＥ）』中の強制抵当権制度——修正『平等主義（Ausgleichsprinzip）』への転回と強制抵当権制度——」・法学政治学論究18号1頁以下（1993年）（論文第3部）
⑨　同・「ドイツ『ＺＰＯ諸改正法』中の強制抵当権制度——1909年・『ＺＰＯノヴェレ』並びに1923年・『民事争訟手続促進令』——」・法研66巻12号63頁以下（1993年）（論文第3部）
⑩　本稿論文（論文第4部）
⑪　同・「1834年・プロイセン『民事執行令』中の強制抵当権制度——執行名義を有する『人的債権者』の法的地位の確立——」・法学政治学論究23号1頁以下（1994年）（論文第1部）

二　「二元的編成」の法構成
——「強制競売」手続（民訴法旧第6編「強制執行」・明治23年）と「任意競売」手続（旧競売法・明治31年）の併存——

　我が国における不動産換価手続制度の「二元的編成」という，民執法制定・施行前の法典状況が存在していたことについて，まず概観しておきたい。

　(1)　二元的編成——「強制競売」手続と「任意競売」手続の併存——
　(ⅰ)　民事執行法（昭和54年法律第4号，昭和55年10月1日施行）の制定・施行の以前にあっては，「不動産」競売手続については，①民訴法旧第6編「強制執行」中の諸規定（旧640条以下）に基づくもの，②旧競売法中の諸規定（旧22

条以下）に基づくもの，との二つの手続が併存していた。

　(ⅱ)　民訴法旧第6編「強制執行」中の諸規定に基づく「不動産」競売手続は，強制執行手続の一分肢としての，いわゆる不動産「強制競売」手続と称されてきた。その法構成としては，①債務名義の取得を要件として，②担保権なき一般債権者（＝無担保債権者）の利益において，③その無担保債権の強制的回収を図るべく，④債務者所有の「不動産」に対して，⑤その人的責任の強制的実現を具体化する，という手続である，と理解するのが，学説・判例の異論なき一般的見解であった[1]。国家の執行権（公権力）を背景としてなされる「人的責任」の強制的実現に他ならなかった，のである。

　——なお，不動産「強制競売」のネーミングの根拠としては，民訴法旧第6編「強制執行」中の旧640条1項の規定文言を指摘することができよう。そこでは，不動産「強制執行」の執行方法として，明文により，①「強制競売」，②「強制管理」，の二執行方法が定められていた，のである。——

　(ⅲ)　他方，旧競売法中の諸規定に基づく「不動産」競売手続は，いわゆる不動産「任意競売」手続と称されてきた。その法構成としては，①債務名義の取得を必要とすることなく（要件とすることなく），②担保権を有する債権者（＝担保債権者）の利益において，③その被担保債権の回収を図るべく，④債務者所有の又は第三者（物上保証人）所有の担保目的物たる「不動産」に対して，⑤その物的責任の実現を具体化する手続である，と理解する限りで，それは学説・判例の一般的見解であった[2]。

　——なお，不動産「任意競売」のネーミングについては，その制定法上の根拠は存在していない。旧競売法中には，「任意競売」なる文言はどこにも存在していない，からである。また，旧競売法上の競売はすべて「任意競売」と呼ばれており，それは不動産のみならず動産の競売をも包摂し，担保権実行競売のみならず自助売却等の換価のための競売，すなわち形式的競売をも包摂する広い概念として，利用されてきた。さらに，「任意競売」のネーミングの問題性や俗称性，そしてその不当な日本的拡張等については，後述三参照。——

> 不動産換価手続制産の二元的編成
> ――民執法制定・施行前の法典状況――
> ― ①「強制競売」手続（明治23年・民訴法旧第6篇「強制執行」640条以下）
>   ――一般債権者の債権回収手続，債務名義の必要，人的債権の強制的実現――
> ― ②「任意競売」手続（明治31年・旧競売法22条以下）
>   ――抵当債権者等の担保債権者の被担保債権の回収手続，債務名義の不要，物的責任の実現――

(2) 「強制執行説（国家執行権説）」と「私的換価権説（非強制執行説）」の対立

(i) 不動産「任意競売」手続については，不動産「強制競売」手続との関連において，その「手続としての本質」如何という問題が存在しており，次の如き見解が対立していた[3]。すなわち，

(ii) まず一方において，担保権実行のための「任意競売」手続もまた本質的に「強制執行」手続に他ならない，と把握する見解（強制執行説，あるいは国家執行権説）が存在していた[4]。不動産「強制執行」手続としては，①民訴法旧第6編「強制執行」中の諸規定による不動産「強制競売」手続，②旧競売法中の諸規定による不動産「任意競売」手続，との二つの手続が存在する，と考えるのである。

そして，この見解によれば，強制執行の本質ないし目的が「責任の強制的実現」にあるところ，「強制執行（強制競売）」手続と担保権実行のための「任意競売」手続とはいずれも「責任の強制的実現」を図る点でその本質を同じくし，前者が無担保債権の満足（＝人的責任の実現）を目的とし，後者が被担保債権の満足（＝物的責任の実現）を目的とする，という点で両者は相違するにすぎない，と論ずるのである。

――なお，この「強制執行説」の立場より，その論理的帰結の一つとして，

立法論あるいは法解釈論として，担保権実行のための「任意競売」手続においても，「強制競売」手続におけると同様に，「債務名義の必要性」が主張されていた[5]。その債務名義の具体例として，たとえば，「抵当権設定の公正証書」，あるいは「登記簿の抄本」が，指摘されていた。——

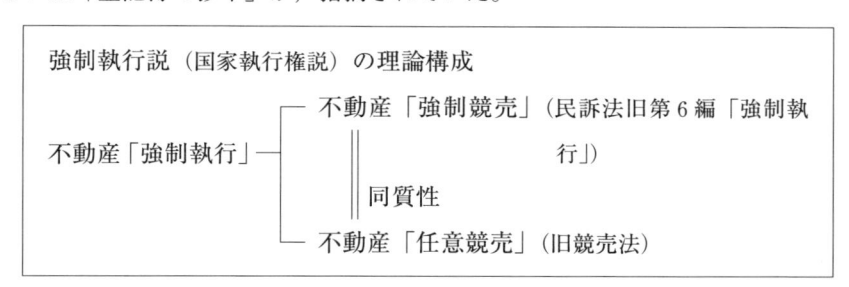

```
強制執行説（国家執行権説）の理論構成

                   ┌── 不動産「強制競売」（民訴法旧第6編「強制執
不動産「強制執行」─┤                                          行」）
                   ║  同質性
                   └── 不動産「任意競売」（旧競売法）
```

(iii) 他方において，担保権実行のための「任意競売」手続は民商法等の実体規定による一定の目的物件についての「換価権」に基づくものであり，単にその公平な換価のために強制執行の担当機関（執行裁判所）を利用すべきこととされているにすぎず，その手続は「強制執行」に属するものではない，と把握する見解（私的換価権説，あるいは非強制執行説）が存在していた[6]。①民訴法旧第6編「強制執行」中の諸規定による不動産「強制競売」手続が国家執行権に基づく「強制執行」であるのに対して，②旧競売法の諸規定による不動産「任意競売」手続は私人の私的換価権に基づくものであり「強制執行」ではない，と考えるのである。

そして，この見解によれば，不動産「強制競売」（不動産「強制執行」）手続では申立権者は債務者の特定不動産に対する売却権を有せず，そこでの競売は専ら国家執行権の作用であるのに対して，担保権実行のための不動産「任意競売」手続では競売申立人は実体法上他人の所有不動産を売却し且つその代金を優先的に債権の弁済に充当し得る権利に基づくものであり，ただ売却について国家の競売制度を利用することが要求されるものであり，両者の手続は截然と区別される，と論ずるのである。

```
私的換価権説（非強制執行説）の理論構成
 ├── 不動産「強制競売」（民訴法旧第6編「強制執行」）
 │       ↑ ──── 国家執行権，強制執行
 │       ↓   異質性，対峙
 └── 不動産「任意競売」（旧競売法）
         ──── 民商法等の実体規定に基づく私的換価権，非「強制執行」
```

(iv) 右述の相対峙する両見解中，大略的にいえば，後者の「私的換価権説」あるいは「非強制執行説」が我が国の旧競売法下の理論並びに実務を大きく支配するものであり，その影響力は極めて大なるものがあった，ということができよう。

(3) 小 括

以上の如く，民執法の制定・施行の前段階にあっては，我が国の強制換価手続制度として，民訴法旧第6編「強制執行」と旧競売法の二つの法典が併存し，前者の諸規定に基づく「強制競売」手続と後者の諸規定に基づく「任意競売」手続との併存・対峙・差異化という，いわば「二元的編成」の法状況が存在していた，ということができよう。

1) たとえば，兼子・増補強執法。
2) たとえば，斎藤（秀）・競売法1頁以下・16頁以下・23頁以下，等参照。
3) 学説状況については，生熊「執行権と換価権」265頁以下が，詳細である。
4) たとえば，小野木・競売法3頁以下・27頁以下，斎藤（秀）・競売法16頁，23頁等の見解。
5) 小野木「債務名義」177頁以下，三ケ月「再編成」153～154頁，157頁注(2)。
6) たとえば，伊東「本質」9頁，兼子・強執法11頁，同・増補強執法254頁，我妻・担物法323頁，等の有力説。

三　強制換価手続の「統合論」
——「二元的編成」に対する三ケ月教授の批判と問題提起——

　我が国の強制換価手続の「二元的編成」を厳しく批判され，その具体的な「統合論」を主張されたのは，三ケ月教授であった。その問題提起は，民事執行法の立法作業にも極めて大きなインパクトを与えるものであった。そして，その「統合論」の主張の前提として，そこでは次の諸点が理論的に解明されている。

(1)　「二本建ての体制」の克服と統合の必要性

　(i)　我が国において，強制換価手続制度の「二元的編成」が，若干の一般的批判がなされていたにせよ，全体的には所与の前提として受容されてきた状況の下で，その「二元的編成」（三ケ月教授の言によれば，「二本建ての体制[1]」）に対して，それを厳しく鋭く批判され且つ個別具体的な立法論的提言にまで踏み切られたのは，三ケ月教授の刮目すべき二論稿であった[2]。

　この二論稿の注目すべき大胆な問題提起により，我が国の強制換価手続制度の立法論的状況は新たな局面へと大きく展開していくこととなった。

　(ii)　三ケ月教授によれば，次の如き立法論的提言を試みておられる。すなわち，民訴法旧第6編「強制執行」と旧競売法の併存，さらには強制執行手続と担保権実行手続の併存の，いわば「二本建ての体制」それ自身は，諸外国の強制換価手続制度と比較すれば，それとは似ても似つかぬ極めて特殊日本的なるものであり，我が国特有の法継受史上の混乱に起因するものであり，自覚的に否定・克服されていかなければならない，と批判されている[3]。そして，比較法的素姓も定かではない単に俗称にすぎない「任意競売」概念の，しかもその不当な日本的拡張を厳しく糾弾されつつ，強制換価手続制度の普遍的な動向として，我が国の強制換価手続制度においても，強制執行手続と担保権実行手続の可能な限りの接近，換言すれば担保権実行手続を強制執行手続に可能な限り接近させるべく，単独個別の新法典の立法を目指す「統合論」が，主張されている[4]。

> 三ケ月教授の「統合論」——強制換価手続制度の一元化——
> 　単行法としての「強制換価手続法」の制定・立法——一般債権者の「強制執行手続」を主体として，それに可能な限り接近した形で，担保債権者の「担保権実行手続」を規律する。前者への後者の統合ないし包摂——

(2) **旧競売法のルーツとしての「フランス型の担保権実行手続」**——「**ドイツ型の強制執行手続**」**との併存**——

（ⅰ）従来，その立法資料等を欠缺するところから，旧競売法の立法経緯はまったくの謎とされ，起草委員も条文起草の分担も不明とされていた。当時の外国法継受の大きなうねりの中で，旧競売法はどのように位置付けられるべきなのか，いかなる国のいかなる法典を参考としたものなのか等，我が国の法典編纂史上の一つの大きな謎がここには存在していた，のである[5]。

（ⅱ）上述の如き学問状況の下で，三ケ月教授は大胆且つ緻密な推論を展開され，民訴法旧第6編「強制執行」がドイツ型の執行手続であるところ，実体法たる新民法典（旧民法典）がフランス型の担保物権制度を導入したことと平仄を合わせて，立法者はフランス型の担保権実行手続を導入し，それが旧競売法である[6]，と論じられた。

（ⅲ）また，三ケ月教授は，民訴法旧第6編「強制執行」のドイツ型強制執行手続が極めて緻密ではあるが，他面徒らに煩瑣でもある，との判断から，より簡潔・簡略なるフランス型強制換価手続を担保権実行手続に限って導入せん，とするのが旧競売法の立法者の意思であった[7]，と推論されたのである。

> 法継受史上における我が国の換価手続制度——三ケ月教授の推論——
> 　──①民訴法旧第6編「強制執行」手続（1890年）——ドイツ型・強制執行手続（←母法としての，1877年・ライヒＣＰＯ）。詳細・精密，しかし，煩瑣・複雑——
> 　──②旧競売法の担保権実行手続（1898年）——フランス型・担保権

実行手続（1889年・ボアソナード旧民法のフランス型・担保物権制度《実体的抵当権法》への手続的対応）。簡易・迅速――

(3) 「二本建ての体制」の日本的特殊性――ドイツ法並びにフランス法との対比――

(i) 我が国の「二本建ての体制」の問題点として，三ケ月教授は，それがドイツ法ともフランス法とも大いに異なる，日本法独特のふみ出しである[8]，と指摘されている。

(ii) その理由として，三ケ月教授は，「ドイツ法にあっては，強制執行も担保権の実行も共に民事訴訟法典中の強制執行編の規定に従って行なわれるのが原則であるし，フランス法にあっても，一般の強制執行と担保権の実行の手続を別な法典で性格を異にしながら規律するということは全くみられず，ここでも担保権の実行と強制執行は同じ手続で行われるのが原則である[9]」，といみじくも喝破されたのである。ドイツ法上もフランス法上も，一般債権者の強制執行と担保権者の担保権実行は，基本的には共に同一の手続を利用する，というのが原則であるのに対して，日本法上，両者は形式上も（法典上も）実質上も（手続の性質上も）別建てのものとして構成されている[10]，と指摘されるのである。

(4) 「任意競売」概念の不当性――その特殊日本的拡張――

(i) 既に我が国の諸学説によって，「任意競売」概念の不明瞭性や不適格性が，指摘されてきていた[11]。そこでは，それが単に当初実務上（その後，学説上においても）利用されるに至った俗称にすぎないこと，民訴法旧第6編「強制執行」の「強制」競売が存在するところ，単にその反対語として「任意」競売なる概念が作出されるとみられること，等が指摘されていた。

(ii) 上述の如き学説状況の下で，三ケ月教授は，強制執行手続と任意競売手続とはまったく異質である，との永らく我が国の学説・実務を支配した日本的ドグマ，すなわち「任意競売」概念の生成と日本的拡張を次の如く指摘しておられる[12]。

すなわち，担保権実行手続の簡略化というスローガンの下，競売法は民訴法

「強制執行」編におけるとはかなり異なった規律をおこなったが、その差異を正当化すべく作出されたのが、「強制競売」に対立する「任意競売」という概念であった。「競売法の手続は、債権者が債務者の財産を強制的に換価する『強制』換価のための手続ではなく、担保権者が既に手中に収めていると観念すべき『換価権』の自発的発動として『任意』的なものであり、債務名義がいらないことや、差押えという行為の介在の余他のないことや、配当要求は認めない等のいわば競売法の手続の諸特徴は、それが『任意』的な売却であるということによって根拠づけられるとするドグマがこうして確立されたとみられる」、と指摘されている。

1) たとえば、三ケ月「再編成」126頁・134頁、同・民執法16頁・436頁。
2) 三ケ月「再編成」、同「終焉」。
3) 三ケ月「再編成」151頁・153頁、同・民執法436頁・437頁。
4) 三ケ月「再編成」150頁以下、同「終焉」1604頁以下、同・民執法430頁・436頁。
5) 斎藤（秀）・競売法14—15頁。
6) 三ケ月「再編成」142頁以下、同・民執法432頁以下。
7) 三ケ月「再編成」145頁以下、同・民執法431頁、432頁。
8) 三ケ月「再編成」126頁以下、同「終焉」1605頁、同・民執法15—16頁。
9) 三ケ月・民執法15—16頁、431頁、同「再編成」133頁・144頁。
10) 同上。
11) たとえば、斎藤（秀）・競売法17頁以下。
12) 三ケ月「再編成」141頁・147頁、同「終焉」1606頁、同・民執法434頁。

四　民事執行法による「統合」の問題性
——その立法姿勢に対する三ケ月教授の批判——

「民事執行法」典が制定・施行され、我が国の強制換価手続制度は、法典上、あるいは形式上、統合ないし一元化された。しかし、実質的にみれば、民事執行法典による統合はなお不十分である、との厳しい批判が、三ケ月教授によりなされている。本稿テーマに関連する限りにおいて、その批判の内容を要約し

ておきたい。

(1) **民事執行法の制定・施行——「統合」の具体化——**

（ⅰ）　昭和54年・法律第4号として，新たな「民事執行法」が制定・公布され，それは昭和55年10月1日より施行された。

（ⅱ）　民事執行法は，その法典上の名称として，新たに「民事執行」という概念を創出している。この新概念は，従来までの「強制執行（保全執行を含む）」と「任意競売（担保権実行競売と形式的競売）」との二つを包摂・統合する上位概念として，利用されている[1]。換言すれば，民事執行法はその規律対象として「強制執行」と「任意競売」の二つを包摂・統合するものであり，民訴法旧第6編「強制執行」と旧競売法との両法典の統合を最大の狙いとして，制定・施行されたものに他ならない[2][3]。

(2) **「統合」の内容上の不徹底性——担保権実行手続の強制執行手続への「接近」と「分裂」，その諸相——**

（ⅰ）　民事執行法は強制換価手続制度の「統合」を具体化した。それは，法典上の「一元化あるいは一本化」という形式面でいえば，たしかにそのとおりであろう。しかし，その「統合」の実質的内容よりすれば，担保権実行手続が強制執行手続に大幅に「接近」した諸相がみられるにもかかわらず，旧来からの「任意競売」概念の本質の温存という「分裂」の諸相もみられた[4]。「両者のあたう限りの統合」[5]の必要性を強調されてこられた三ケ月教授は，民事執行法の右述の如き不徹底性ないし中途半端な立法姿勢を，厳しく批判されている。

（ⅱ）　三ケ月教授は次の如き批判をなしておられる。すなわち，

（α）　強制執行手続（強制執行法）と担保権実行手続（競売法）の分立，すなわちこのような「強制換価手続の二本建ての体制」それ自身は，我が国の特有の法継受史上の混乱に起因するものであった[6]。したがって，「強制執行手続と担保権実行手続のあたう限りの接近・統合」が「強制換価制度の普遍的な流れ」である以上，右の二本建ての体制それ自身を自覚的に否定・克服すべきことが，「強制換価制度についての新しい立法の目標」として位置付けられるべきであった[7]。

(β)　強制執行法要綱案（第2次試案）においては，右のような認識が一致して認められており，「そこでは，担保権の実行手続の仕組みは，基本的には強制執行手続と全く同様のものであるべきことが当然のこととして前提されており，ただ担保権実行特有の問題についてのみ若干の特則を置くにとどめるとされていたのであった」[8]。

　(γ)　しかし，「民事執行法の制定作業が最終段階になると，このような構想に対し従来の任意競売と強制競売の峻別という固定観念に慣れ親しんだ立場からする反発が，根強く繰り返されたもののごとくであ」り，その結果として，民事執行法は要綱案（第2次試案）よりかなりの後退を示している。そこでは，両者の「接近――任意競売手続の強制執行手続への大幅な接近――」と「分裂――『任意競売』概念の本質の温存――」という，「新しい担保権実行手続の矛盾した性格」が，露呈されている，と批判されている[9]。

　(iii)　さらに，三ケ月教授は，民事執行法における「接近」と「分裂」の諸相につき，より具体的に次の諸点を指摘されておられる。すなわち，

　(α)　まず，担保権実行手続が強制執行手続に大きく「接近」していることの例として[10]，①強制執行手続の諸規定の大幅な準用（180条―193条，194条），②代金納付による買受人の不動産取得が担保権の不存在又は消滅により妨げられない旨の明文規定（184条）の存置，③動産を目的とする担保権の実行としての競売が，執行官への債権者による動産提出又は動産所有者による差押承諾を証する文書の提出がなされたときに限り，開始される旨の明文規定（190条）の存置，④差押えによる手続開始，⑤配当要求・二重差押え・剰余主義の妥当・配当手続等の承認，が指摘されている。

　(β)　他方，旧競売法の規制の流れに沿って，「任意競売」の本質的な特徴を温存し，強制執行手続との差異が露呈されている例として[11]，①「債務名義」という観念の意識的排除（181条），②決定手続での実体権審理の許容という方式の明文規定による踏襲（182条・191条），③執行停止決定の要件についての旧来の慣行の明文規定による承認（183条），が指摘されている。

(3) 小　括

　以上を小括すれば，三ケ月教授の批判によれば，新たな民執法の制度・施行は，「単行の法典化」という形式的側面よりすれば，たしかに強制換価手続制度の「一元化」を実現したものに他ならないが，その規制内容という実質的側面よりすれば，民執法中の新しい担保権実行手続は従前の「任意競売」の本質的特徴をかなり温存させており，なお「二元的構成」が残存している，と断ずるのである。

1）　三ケ月・民執法 2 頁・437―438頁。
2）　三ケ月・民執法 2 頁・16頁。
3）　なお，「民事執行」という文言をドイツ語化するならば「Exekutions in Civilsachen」となるであろう。プロイセンの1834年「Verordnang über die Exikutions in Civilsachen」なる法典が存在している。但し，両法は，名称上，関連性があるわけではない。
4）　三ケ月・民執法438頁以下。
5）　三ケ月・民執法437頁。
6）　三ケ月・民執法436頁以下。
7）　三ケ月・民執法436頁・437頁。
8）　三ケ月・民執法437頁。
9）　三ケ月・民執法437―438頁。
10）　三ケ月・民執法438頁以下。
11）　三ケ月・民執法439―452頁以下。

五　立法論的提言としての新「統合論」
──担保権実行としての「強制競売」手続を本則とする「一元的編成」──

　私見の新「統合論」によれば，担保権者の担保権実行手続を「強制競売」手続の本来型として位置付け，それにつき詳細に規律し，それらの諸規定を準用する形で一般債権者の強制執行手続の規律されるべし，と考えられる。旧両法や民執法，さらには三ケ月教授の立場との対比において，私見の理論構成を提言しておきたい。

(1) 新「統合論」――私見の理論構成――

(i) 広大な比較法的視野の下で詳細且つ緻密に展開された三ケ月教授の「統合論」は，極めて説得力が富むもののように思われる。私見もまた，その基本的方向性に全面的に賛同するものである。

(ii) 他方，その統合の形態として，三ケ月教授にあっては，"一般債権者の強制執行手続（強制競売手続）への，担保権者の担保権実行手続の，可能な限りの接近"，さらには"前者への後者の統合ないし一本化"，という方向性が提示されている。理論上，一般債権者の強制執行手続（強制競売手続）を本則ないし基本とし，それに担保権者の担保権実行手続を若干の特則と共に準拠ないし接近させんという限りで，担保権者の担保権実行手続はあくまで従たる存在として位置付けられている，のである。したがって，三ケ月教授にあっては，"本則型ないし基本型としての一般債権者の強制執行手続（強制競売手続），特則型ないし従属型としての担保権者の担保権実行手法"，という法思考が存在している，といえよう。

――なお，一般債権者の強制執行手続（強制競売手続）を本則・基本型とし，担保権者の担保権実行手続を特則・従属型とする，という法思考は，三ケ月教授においてのみならず，一般的にいえば我が国の学説においてもまた，ごく当然の，疑問なき一致した認識であった，と思われる。――

> 強制換価手続制度の手続構造――三ケ月教授並びに我が国の学説の一般的理解――
> ┌ 本則・基本型としての一般債権者の強制執行（強制競売）手続
> └ 特則・従属型としての担保債権者の担保権実行手続

(iii) 右述の如き法思考は，民訴法旧第6編「強制執行」と旧競売法の併存の時代にあっても，その両法典それ自体が，したがってまたその立法者が，自らの前提としていたものであった。民訴法旧第6編「強制執行」は一般債権者の強制執行手続（強制競売手続）について詳細・緻密に多数の諸規定を規律し，

旧競売法は担保権者の担保権実行手続を簡易・単純に少数の諸規定を規律していた，からである。旧競売法の立法者は，担保権実行手続をあくまで簡便法のものとして，自ら位置付けていた，ものと思われる。

同様に，新たな民事執行法においてもまた，類似の法思考が前提とされている。そこでは，一般債権者の強制執行手続（強制競売手続）につき詳細・緻密な諸規定を置き（同45条以下），担保権者の担保権実行手続について若干の特則規定を置き（同181条以下），これを前者の強制執行手続（強制競売手続）へと大幅に準拠させている（同188条の準用根拠規定），という法典構成が採られている，からである。

> 民執法の編成
> ├─ 一般債権者の強制執行手続（強制競売手続）──法45条以下，本則・基本型としての詳細・網羅的な諸規定の存置──
> └─ 担保債権者の担保権実行手続──法181条以下，特則・従属型としての若干の諸規定の存置，一般債権者の強制執行手続への準用根拠規定（法188条）の存置──

──なお，債務名義の必要性が担保権実行手続では要件化されなかったということを含めて，担保権実行手続を一般債権者の強制執行手続（強制競売手続）により全面的に準拠ないし統合すべしとして，三ケ月教授は民執法の「統合」それ自体の中途半端性を批判するのである。一般債権者の強制執行手続（強制競売手続）を本則・基本型，担保債権者の担保権実行手続を特則・従属型，とする点では，民執法も三ケ月教授をはじめとする我が国の学説も，すべて同様の認識を有していた，といえよう。──

(iv) しかし，私見によれば，債務名義の必要性を含めて両手続は可能な限り結合されるべきであるが，その統合の形態としては，民事執行法の，さらには三ケ月教授の立場とは異なり，担保権実行競売が「強制競売」の本来型であるとの私見の基本認識よりすれば，まず担保権実行競売としての「強制競売」手続について詳細且つ網羅的な法規定を置き，それに準拠する形で一般債権者の

執行競売につき若干の特別規定を置けばよい，と考えられる（既述一参照）。来たるべき新たな法典における統合の形態としては，「強制競売」の本来型としての担保権者の担保権実行競売，それを準用，あるいは借用するにすぎない準拠型としての一般債権者の執行競売，という法構造が承認されるべきものと思われる[1]。

(2) 「不動産強制執行」制度の本質──抵当権法との相互関連性──

「不動産強制執行」制度の本質，さらにはその法体系的位置付け如何，という原理的課題の理論的解明のための作業の1つとして，ドイツ強制抵当権制度の研究に関する諸拙稿において，筆者は既に以下の諸点を明らかにしてきている。詳細は既発表の諸拙稿に委ねることとして，ここでは本橋テーマとの関連において若干論及することとしたい。

(イ) 「手続的抵当権法」としての不動産強制執行法──実体的抵当権の把握価値の手続的実現のための法──

(ⅰ) 不動産強制執行法は，実体法上抵当権が把握した価値を，手続上実現するための法典である，と考えられる。

(ⅱ) より一般的・体系的視点よりいえば，抵当権法は，①抵当権の実体的規制をおこなう「実体的抵当権法」（たとえば，民法典中の抵当権諸規定），②抵当権の形式的規制をおこなう「形式的抵当権法」（たとえば，不動産登記法），③抵当権の手続的規制をおこなう「手続的抵当権法」，の三支柱より構成される。そして，この第三の「手続的抵当権法」が不動産強制執行法に他ならない[2]。

ドイツ抵当権法の法体系──三支柱──
── ①実体的抵当権法──抵当権の実体的規制──
　　　ＢＧＢ（民法）やＨＧＢ（商法）等の実体法上の諸規定（抵当権の実体法上の要件・効果等）
── ②形式的抵当権法──抵当権の形式的規制──
　　　土地登記法（ＧＢＯ）といった形式法上の諸規定（抵当権のための土地登記簿制度や登記の要件・効果・手続等）

> ── ③手続的抵当権法──抵当権の手続的規制──
> 　ＺＶＧ（強制競売・強制管理法）並びにＺＰＯ（民訴法中の不動産強制執行）さらにＫＯ（破産法）等の手続法上の諸規定（抵当権の把握価値の手続上の実現方法）

(ロ)　**不動産強制執行の三執行方法**──強制競売・強制管理・強制抵当権の登記──

(ⅰ)　不動産強制執行における執行方法として，強制競売・強制管理・強制抵当権の登記の，三つの執行方法が存在している。実体的抵当権法との関連でいえば，それらの三執行方法は次の如き内容をもつものである[3]。

(ⅱ)　すなわち，第一に，「強制競売」の執行方法は，実体的抵当権の把握した「元物」価値を手続上実現すべく，利用されるものである。元物としての抵当権目的物（土地）が競売される，のである。

　第二に，「強制管理」の執行方法は，実体的抵当権の把握した「収益」価値を手続上実現すべく，利用されるものである。元物としての抵当権目的物（土地）が存在するところ，それより生ずる「収益」にも抵当権の効力的把握が及ぶとの法構成の下で，この「強制管理」の執行方法が有意味化する，のである。

　第三に，「強制抵当権の登記」の執行方法は，債務名義を有する人的債権者に，抵当権という物権的保全を強制的に──債務者の「登記許諾」を必要とすることなく──付与するものである。

(ⅲ)　以上，「強制競売」の執行方法も，「強制管理」の執行方法も，いずれも実体的抵当権の把握した価値を手続上実現すべく，存置ないし利用されるものである。したがって，「強制競売」の執行方法は，実体的抵当権の把握価値の手続上の実現，すなわち抵当権実行競売手続に他ならない。そして，抵当権実行競売手続が「強制執行」性を有すること，事理当然の，疑問なきところなのである。

> 　不動産強制執行の「執行種類（執行方法の種類）」と「手続目的」
> 　　──ドイツ法との対比──

一　ドイツ法（ＺＰＯ，ＺＶＧ）――三執行方法の存置，抵当債権者のための実体的抵当権の把握価値(抵当責任)の手続上の実現方法――
　①「強制競売」の執行方法（ＺＰＯ866条以下，ＺＶＧ15条以下）――実体的抵当権の把握した抵当不動産の「元物」価値の手続上の実現方法――
　②「強制管理」の執行方法（ＺＰＯ866条以下，ＺＶＧ146条以下）――実体的抵当権の把握した抵当不動産の「収益」価値の手続上の実現方法――
　③「強制抵当権の登記」の執行方法（ＺＰＯ866条以下）――抵当権的保全（優先権）の手続上の実現方法――
二　日本法（民執法）――二執行方法への限定，人的債権者のための人的債権（人的責任）の手続上の実現方法――
　①「強制競売」の執行方法（民執45条以下）――債務者所有の不動産の「元物」価値からの手続上の実現方法――
　　：抵当権実行手続として，抵当債権者は「強制競売」の執行方法を借用・準拠する。
　②「強制管理」の執行方法（民執93条以下）――債務者所有の不動産の「収益」価値からの人的債権の手続上の実現方法――
　　：日本民法上，実体的抵当権は目的不動産の「収益」価値を把握するものではないとされているが故に，抵当権実行手続としては，抵当債権者は「強制管理」の執行方法を借用・準拠する余地なし（但し，私見によれば，物上代位権の行使手続は抵当権実行手続の一タイプに他ならず，それは実体的抵当権の把握する「収益」価値《賃料債権》に対する実行手続である，と理解される）（但し，平成15年民執法180条改正により，この民執法の基本姿勢が，私見主張と同一方向で変更された）。

(ハ) 不動産強制執行の執行方法の追行権者としての物的債権者

　不動産強制執行の「強制競売・強制管理」の執行方法は，歴史的・沿革的には，土地上の抵当権者をその代表例とする土地担保権者のために承認されてきたものである。換言すれば，上述の二執行方法の追行権者としては，土地担保権者，すなわち物的債権者がまず指摘されなければならない[4]。

　――なお，無担保の人的債権者もまた，債務名義の取得を要件として，上述の二執行方法を採り得るが，そのことはあくまでも土地担保権者のための執行方法を自らも借用し得ることにすぎない，のである。しかも，付言すれば，歴史的・沿革的にみれば，強制競売・強制管理の執行方法の申立権者としては抵当権者のみに限られていた。しかし，19世紀末のＺＶＧ起草過程において公法的強制執行理論が台頭・定着に伴ない，申立権者の権利の法的基礎は「抵当権による目的物拘留」にあるのではなく，「権利実現のためには必須の強制を実施しなければならないという国家任務」に求めらるべし，との基本認識が理念化されるに至った。権利者には執行請求権が認められ，その背景には権利者の権利実現に奉仕すべき国家任務の存在が承認された，のである。かくして，抵当権者等の物的債権者のみならず，目的不動産上になんらの担保権をも有しない人的債権者にも，「国家に対する執行請求権」の承認の下で，不動産強制執行の二執行方法の申立権限が許与されるようになった[5]。――

```
「債権者」の債権回収手続――ドイツ法との対比――
　〔一〕　ドイツ法の法構成
　　　　①人的債権者――執行名義の具備――
　　　　　（i）〔強制競売〕の執行方法――借用・準拠
　　　　　（ii）〔強制管理〕の執行方法――借用・準拠
　　　　　（iii）〔強制抵当権の登記〕の執行方法――本来的利用

　　　　②抵当債権者――執行名義の具備――
　　　　　（i）〔強制競売〕の執行方法――本来的利用
```

　　　　(ⅱ)［強制管理］の執行方法——本来的利用
　　　　(ⅲ)［強制抵当権の登記］の執行方法——本来人的債権者のた
　　　　　　めのものであるが，自らも利用（執行猶予という債務者へ
　　　　　　の寛容的側面もあり）
　〔二〕　民執法の法構成
　　┌①人的債権者——執務名義の具備——
　　│　　(ⅰ)［強制競売］の執行方法——本来的利用
　　│　　(ⅱ)［強制管理］の執行方法——本来的利用
　　│　　(ⅲ)　無
　　└②抵当債権者——準債務名義の具備——
　　　　　(ⅰ)［強制競売］の執行方法——借用・準拠
　　　　　(ⅱ)　無（＊但し，本稿初出時「後」の，平成15年法134号の民執
　　　　　　　法180条改正により，「担保不動産収益執行」の方法が新導
　　　　　　　入された。これは私見理論・主張に接続した改正である）
　　　　　(ⅲ)　無

(二)　**ＺＰＯとＺＶＧの相互関係**

(a)　法典形式上の「二元的編成」

　ドイツ法上，不動産に対する強制換価手続制度としては，法典編成上あるいは形式上よりすれば，いわば「二元的編成」を採っている。より具体的には，共に執行名義の取得を要件として，①民訴法（ＺＰＯ）第8編「強制執行」中の諸規定に基づく不動産強制執行手続（ＺＰＯ864条以下），②強制競売・強制管理法（ＺＶＧ）中の諸規定に基づく担保権実行手続（強制執行の方法による土地の強制競売・強制管理），という「二元的編成」である。前者が執行名義を取得した一般債権者（無担保債権者・人的債権者）のための債権（人的責任）の強制的実現を，後者が執行名義を取得した抵当権者（担保債権者・物的債権者）のための被担保債権（物的責任）の強制的実現を，それぞれ意図する権利実現手続である。

(b) 実質内容上の「一元的編成」

しかし，他方，その実質的内容よりすれば，ドイツ法上の不動産に対する強制換価手続制度は，まさしく「一元的編成」に立脚するものに他ならない。より具体的には，①ＺＰＯ第8編「強制執行」中の不動産強制執行規定は僅か9ケ条（ＺＰＯ864条―同871条）にすぎず，土地に対する強制執行の方法としての「強制競売・強制管理」の二執行方法については，その規制が単行の制定法としてのＺＶＧに委ねられている。②これを承けて，ＺＶＧは，抵当権者の権利実行手続としての「強制執行の方法による強制競売・強制管理」の二執行方法を主軸として，これを詳細に規定している，からである。したがって，ここでは，「一般債権者による不動産強制執行手続の，抵当権者による抵当権実行手続への，全面的準拠ないし吸収」，という法構造が，看取されよう。

(c) 単行の制定法としてのＺＶＧ典

(i) 担保権実行手続を規律するＺＶＧ典は，ＺＰＯ典と離れて，単行の個別の制定法として成立している。それは如何なる理由に基づくものなのであろうか。ＺＶＧ典中の不動産強制執行規定（「強制競売・強制管理」規定）それ自体は，ＺＰＯ典第8編「強制執行」中に編入されるのが，むしろ自然の如く一見される，からである。

(ii) その理由としては，次の二点を指摘することができよう[6]。以下，担保権実行手続としての不動産強制執行を不動産「強制競売・強制管理」と言い換えて，説明したい。

① 第1に，不動産「強制競売・強制管理」手続の技術的複雑性，ないし慎重性なるが故に，である。

② 第2に，沿革的・歴史的にみられた各ラントの不動産物権法，さらには担保権実行手続としての不動産強制執行手続の，地域的分裂性である。すなわち，1877年，統一的なライヒＣＰＯ典の制定・成立に際し，立法者は不動産強制執行についてはその統一的な法規制を断念し，ライヒの各ラントの個別立法に委任している。当時，ライヒの各ラントの実体的抵当権法，さらには不動産物権法があまりに多様に相違しており，それが故に手続的抵当権法としての不

動産強制執行法の統一的規制を断念せざるを得なかった，のである。そして，各ラントの個別の不動産強制執行法典が妥当することとなった。ライヒの統一的な不動産強制執行法典としては，後日の1897年・ＺＶＧの成立を待たねばならなかった，のである。

(d)　ＺＰＯの一構成部分としてのＺＶＧ

ＺＶＧ典中の担保権実行手続としての不動産強制執行（不動産「強制競売・強制管理」）の諸規定は，ＺＰＯ典中の不動産強制執行規定を補充・充足するものであり，実質上その枢要な根幹部分を形成するものである。ＺＶＧ典はＺＰＯ典の一構成部分として把握されるべきであり，ＺＶＧ典の不動産「強制競売・強制管理」にも，ＺＰＯ典中の強制執行総則規定が適用されることとなる[7]。

1)　浦野編・民執法コンメンタール（184条）465頁（斎藤執筆）。既述一参照。
2)　拙稿「ＺＨ制度」法研64巻12号132頁。
3)　拙稿「ＺＨ制度」民事研修321号12—13頁，法研64巻12号136頁。
4)　拙稿「ＺＨ制度」民事研修321号14頁，法研64巻12号136頁。
5)　拙稿「ＺＨ制度」民事研修321号30—31頁。
6)　拙稿「ＺＨ制度」民事研修321号19—20頁。
7)　拙稿「ＺＨ制度」民事研修321号21—22頁。

Gliederung des künftigen Gesetzes

┌── a) Zwangsversteigerung des Personalgläubigers

│　　　: Ausnahmetyp im Zwangsversteigerungsverfahren.

└── b) Zwangsversteigerung des Hypothekengläubigers

　　　　: Grundtyp im Zwangsversteigerungsverfahren.

Kazuo Saitoh

Professor an der Keio Universität

Aufenthalt in Saarbrücken : September 1974 bis August 1976,

August 1993 bis März 1994

Neue Vereinheitlichung im
japanischen Immobiliarvollstreckungsrecht
durch den Gesetzgeber

1. Japanische Zivilexekutionsordnung von 1979.

    Gliederung des Gesetzes

    ─── a) Personalgläubiger──Die Zwangsversteigerung im wege der Zwangs-vollstreckung wegen persönliche Forderung（§§45-92）──

    : Grundtyp im Zwangsversteigerungsverfahren.

    ─── b) Hypothekengläubiger──Die Zwangsversteigerung im Wege der Zwangs-vollstreckung wegen hypothekarische Forderung（§§181-188, §194）──

    : Ausnahmetyp im Zwangsversteigerungsverfahren.

2. Meine rechtspolitische Ansicht

細　目　次

【ＺＨ制度研究Ⅰ巻】の要旨

序論　本研究の課題と方法
　一　〈課題〉設定
　　１　〈三つの課題〉
　　２　その具体的内容
　　　⑴　ドイツ「強制抵当権制度の法形成」の構造解明——〈課題１〉——
　　　⑵　ドイツライヒ「統一的ＢＧＢ編纂過程」の構造解明——〈課題２〉——
　　　⑶　ドイツ「三基軸抵当法体系」の構造解明——〈課題３〉——
　二　問題提起
　　１　三つの問題提起（私見疑念）
　　　⑴　〈課題〉設定の意義——わが国の「法律学（法解釈論）」に対して，どのような「意義」をもつのか——
　　　⑵　わが国の「法律学（法解釈論）」に対する問題提起（私見疑念）
　　２　その具体的内容
　　　⑴　抵当制度は一体誰のものか（抵当「制度目的論」）——〈第１の問題提起（私見疑念）〉——
　　　⑵　「境界領域」事項へのアプローチとして，わが国の「手続執行法学」には，方法論上の欠落（「ＢＧＢ編纂過程」研究の看過）があるのではないか——〈第２の問題提起（私見疑念）〉——
　　　⑶　不動産強制執行制度は一体誰のものか（不動産強制執行「制度目的論」）——〈第３の問題提起（私見疑念）〉——
　三　方　　法
　　１　三つの方法
　　　⒤　「立法史的研究」の方法（「立法趣旨（立法者意思）の動態的把握」をキー概念とする）
　　　ⅱ　「実体法と手続法の双方向的研究」の方法（対象テーマに対する「実体法と手続法の両面からのクロス分析」，「実体法と手続法の統合的把握」をキー概念とする）
　　　ⅲ　「社会経済史的研究」の方法（対象テーマの背景となる「社会経済史的状況のマクロ把握」をキー概念とする）
　　２　その具体的内容
　　　⑴　「立法史的研究」の方法——〈第１の方法〉——
　　　⑵　「実体法と手続法の双方向的研究」の方法——〈第２の方法〉——
　　　⑶　「社会経済史的研究」の方法——〈第３の方法〉——
〈注記〉　私見分析の前提（第１章—第４章）
　　〔一〕　概念理解・表記
　　〔二〕　時代区分

第１章　1874年～・「第１次委員会」審議と強制抵当権——「物権法準備草案・ＢＧＢ第１草案・ＧＢＯ第１草案・ＺＶＧ第１草案・ＥＧＢＧＢ第１草案」の編纂過程——
　はじめに
〈注記〉　ＢＧＢ成立史（「第１章」該当部分）
　　〔一〕　ＢＧＢ成立史，その１〈編纂過程：プレ手続段階（前史段階）〉——第１章・立法資料「解題」の視点から——
　　〔二〕　ＢＧＢ成立史，その２〈編纂過程：第１手続段階〉——第１章・立法資料「解題」の視点から——
　第１節　1880年・「物権法準備草案」中の強制抵当権制度——強制抵当権制度の導入——

843

論述の進行
1 不動産強制執行制度に関する、1877年・民訴法典（ＣＰＯ）による「ラント立法への留保」
 ⑴ ラント立法への留保（1877年・ＣＰＯ）
 ⑵ 土地法（不動産法）の「地域的分裂性」の現象
2 ライヒの統一的「民法典（ＢＧＢ）」編纂の動向
 ⑴ ドイツライヒ成立前、その前史的状況
  ㈲ 各ラントの個別立法、あるいは一般ドイツ的立法
   (a) 各ラントの個別立法（ザクセン民法典）
   (b) 一般ドイツ手形条令、そして一般ドイツ商法典
   (c) ドレスデン草案
  ㈹ 北ドイツ連邦の成立、統一的立法権限の拡大の要請
   (a) 北ドイツ連邦憲法4条13号（「債務法」への限定）
   (b) 連邦帝国議会での「民法全体」への拡大の承認
 ⑵ ドイツライヒ成立（1871年）、その新たな動向
  ㈲ 1873年12月20日・憲法改正法（ラスカー法）の成立（立法権限の「民法全体」への拡大）
  ㈹ 準備委員会（Vorkommission）
  ㈱ 準備委員会「答申書」――ドイツ民法典起草のための「計画と方法」について――
   (a) 「答申書」の作成、提出、承認
   (b) 三つの基本課題
 ⑶ 第1次委員会（Erste Kommission）（←74／6／22・連邦参議院決議）
  ㈲ その設置、構成
  ㈹ 作業範囲とその進行の確定

  ㈱ 各「部分草案」の完成
  ㈲ ヨーホーの「物権法準備草案（ＳＲ準備草案）」
3 「物権法準備草案」中の強制抵当権制度
 ⑴ 関連諸規定
 ⑵ 表　記――「執行抵当権」の表記の採用――
 ⑶ 執行抵当権制度の法的基礎
 ⑷ 「執行抵当権の登記」の法的性格――不動産強制執行の一執行方法――
 ⑸ 執行名義
  ㈲ 執行名義の必要（強制執行の一般原則の妥当）
  ㈹ 執行名義の種類（その広範囲な許容）
  ㈱ 執行名義の内容（「一定額の金銭給付」を目的とする債権への非限定）
  ㈲ 「終局的執行力」具備の必要性
  ㈵ 督促手続でなされた「執行命令」
 ⑹ 成立要件としての「登記」（「登記主義」の妥当）
 ⑺ 執行抵当権の「法型態」
  ㈲ 抵当権の種類
   (a) 二つの「抵当権種類」（「独立的」抵当権と「付従的」抵当権）の承認
   (b) 「独立的」抵当権の法的性格
   (c) 「付従的」抵当権の法的性格
   (d) 両「抵当権」の相互関係（本則型と特則型）
   (e) 両「抵当権」の利用形態（債権者の任意選択権）
   (f) プロイセン法（「土地債務」と「付従的」抵当権の同価値的・同比重的併存）からの離反
  ㈹ 執行抵当権の種類
   (a) 二つの「抵当権種類」の妥当
   (b) 「独立的」執行抵当権（「原因債

844

　　　　権」の消滅）
　　　(c)　「付従的」執行抵当権（「原因債
　　　　権」の存続）
　　　(d)　両「執行抵当権」の相互関係
　　　　（本則型と特則型）
　　　(e)　両「執行抵当権」の利用型態
　　　　（債権者の任意選択権とその制
　　　　約）
　(8)　債務者所有の全不動産上への「共同
　　抵当権による負担化」の許容
　　(イ)　「許容論」への立脚
　　(ロ)　1834年・プロイセン民事執行令
　　　（禁止論）に対する批判
　　(ハ)　「債権者の利益の確保」の視点
　　(ニ)　負担化「権限」の法的性格（その
　　　「絶対的性格」性）
　(9)　執行裁判所の「登記嘱託」の必要
　　(イ)　「必要論」への立脚
　　(ロ)　「合意主義」の妥当（理由，その
　　　1）
　　(ハ)　土地登記所の「実質的審査主義」
　　　の限界（理由，その2）
　　(ニ)　手続の具体的進行
　(10)　公官庁の自らの「登記要請」による
　　執行抵当権の「登記」の取効──執行
　　裁判所の「登記嘱託」の不要──
　(11)　登記事項としての「抵当金額」
　小　括
第2節　1881年～・第1次委員会「審議」
　──「物権法準備草案」中の強制抵当権制
　度の基本的承認──
　論述の進行
　1　第1次委員会「審議」の開始・進行・
　　最終的起草
　　(1)　主審議の開始・進行
　　(2)　「仮総括」草案
　　(3)　「新草案」の完成
　　(4)　「全体草案」の完成
　2　執行抵当権制度の承認──第1次委員
　　会「審議」の具体的進行──

　(1)　表　記──その態度決定の留保──
　(2)　執行抵当権制度の法的基礎──その
　　批判──
　(3)　「執行抵当権の登記」の法的性格
　(4)　執行名義
　　(イ)　執行名義の必要
　　(ロ)　執行名義の種類
　　(ハ)　執行名義の内容
　　(ニ)　執行名義の執行力
　　(ホ)　督促手続でなされた「執行命令」
　(5)　成立要件としての「登記」
　(6)　執行抵当権の「法型態」
　　(イ)　抵当権の種類
　　(ロ)　執行抵当権の法型態
　(7)　債務者所有の全不動産上への「共同
　　抵当権による負担化」の許否
　　(イ)　概　括
　　(ロ)　具体的な改善点や問題点等
　　　(a)　債務者への「抵当権抹消請求
　　　　権」の許与
　　　(b)　訴えの方法による訴訟裁判所で
　　　　の行使
　　　(c)　「執行裁判所での行使」を主張
　　　　する少数意見
　　　(d)　債権者の「権利」の法的性格
　　　　（形式的権利か，絶対的権利か）
　(8)　執行裁判所の「登記嘱託」の要否
　(9)　執行裁判所の「登記嘱託」なくして
　　の，公官庁の「登記要請」による執行
　　抵当権の「登記」の取効（ラント立法
　　への留保）
　(10)　強制執行が債権者の「担保提供」に
　　係る場合と「執行抵当権の登記」
　(11)　無記名証券等に基づく債権を理由と
　　して執行抵当権の「登記」が実施され
　　る場合における，「証書」の提出の要
　　否
　3　「仮総括草案・新草案・全体草案」中
　　の強制抵当権制度
　　(1)　「仮総括」草案中の強制抵当権制度

(イ)　関連諸規定
　　　(ロ)　内容上の注目点
　　　　(a)　「強制抵当権」の表記の利用
　　　　(b)　"強制執行の手段により（im Wege der Zwangsvollstreckung)"の表現（373条a）
　　　　(c)　債権者が登記抹消につき「許諾」をなさなかった場合における処置如何（373条bにおける沈黙）
　　(2)　「強制執行手続の停止と既にした執行処分の取消」との関連——強制抵当権の「登記」の抹消——
　　　(イ)　ＣＰＯ692条の規制
　　　(ロ)　第１次委員会での追加審議
　　　(ハ)　「登記抹消」の取効
　　(3)　「新草案」中の強制抵当権制度（編纂委員会）
　　　(イ)　関連諸規定
　　　(ロ)　若干の注目点
　　　　(a)　「保全抵当権」節中への編成
　　　　(b)　「仮総括」草案との対応
　　　　(c)　「新草案」1106条の規定内容
　　　　(d)　「新草案」829条aの新挿入
　　(4)　第１次委員会による、「新草案」の検証
　　　(イ)　「新草案」829条aの承認
　　　(ロ)　「新草案」1103条の修正——強制抵当権の「成立時点」の明確化——
　　　(ハ)　「新草案」1104条の承認
　　　(ニ)　「新草案」1106条の承認
　　(5)　「全体草案」から「民法典第１草案」への結実
　　　(イ)　審議の一応の終結
　　　(ロ)　各「部分草案」の審議終了に伴う「全体草案」の作成
　　　(ハ)　ＢＧＢ第１草案の完成
　　小　括
第３節　1888年・「ＢＧＢ第１草案」中の強制抵当権制度——第１次委員会起草作業の「完結」，その１——
　論述の進行
　１　「ＢＧＢ第１草案」の公表
　２　「ＢＧＢ第１草案」中の強制抵当権制度——関連規定とその全体的構成——
　　(1)　関連規定
　　(2)　表　記——「強制抵当権」の表記の利用（ＢＧＢ第１草案1130条以下）——
　　(3)　「強制執行行為」としての法的性格——不動産強制執行の一執行方法（同1130条１項）——
　　(4)　執行名義の必要（同1130条１項）
　　(5)　執行名義の種類——その広範囲な許容（同1130条以下）——
　　(6)　執行名義（執行債権）の内容——一定額の「金銭債権」への限定（同1130条１項）——
　　(7)　強制執行の一般的要件の具備の必要
　　(8)　成立要件としての「登記」——「登記主義」の妥当（同1130条２項）——
　　(9)　強制抵当権の「登記」の法型態——「保全抵当権」としての法型態（同1130条１項）——
　　(10)　「共同抵当権による負担化」の許容（同1131条）
　　(11)　執行裁判所の「登記嘱託」の不要——「当事者主義」の採用（同846条１項）——
　　(12)　「強制執行手続の停止・取消」と強制抵当権の登記の抹消（同1133条，同846条２項）
　　(13)　「重複担保」の許容——「約定抵当権」との併存の許容（同1131条）——
　小　括
第４節　1888年―89年・「ＥＧＢＧＢ第１草案・ＧＢＯ第１草案・ＺＶＧ第１草案」中の強制抵当権制度——第１次委員会起草作業の「完結」，その２——
　論述の進行
　１　ヨーホウの「物権法の視点における

846

『民法典施行法草案』に関する提言」中の強制抵当権制度（1882年）――提言内容と第１次委員会「審議」――
  (1) ヨーホウ提言（1882年）の公表
  (2) 「ヨーホウ提言」第６項目
    (イ) ＣＰＯ新757条の置換――第１提案――
    (ロ) ＣＰＯ705条ａの新挿入――第２提案――
    (ハ) ＣＰＯ新757条ａの新挿入――第３提案――
  (3) 第１次委員会「審議」
    (イ) 「第１提案」――基本的承認の決定――
    (ロ) 「第２提案」――削除の決定――
    (ハ) 「第３提案」――削除の決定――
2 「民法典施行法第１草案（ＥＧＢＧＢ第１草案）」中の強制抵当権制度（1888年）（←ヨーホウ提言）――関連規定と規定内容――
  (1) 「ＥＧＢＧＢ第１草案」の起草・公表（1888年）
    (イ) ヨーホウによる起草作業
    (ロ) 第１次委員会による「ＥＧＢＧＢ第１草案」の総括・公表
    (ハ) 編　成
  (2) 関連規定
  (3) 規定内容
    (イ) ＩＥ－ＥＧＢＧＢ11条――1877年・ＣＰＯ755条―757条の置換（ライヒの統一的な「不動産強制執行」の制定の必要性）――
    (ロ) ＩＥ－ＥＧＢＧＢ78条――執行裁判所の登記「嘱託」の必要（ラント法上の「職権主義」規定の許容）――
    (ハ) ＩＥ－ＥＧＢＧＢ74条――国庫等の公法人による強制抵当権の「登記」の取効――
3 「土地登記法第１草案（ＧＢＯ第１草案）」中の強制抵当権制度（1889年）（←ヨーホウ準備草案）――関連規定と規定内容――
  (1) 「ＧＢＯ準備草案」（1883年）並びに「ＧＢＯ第１草案」（1889年）の起草・公表
    (イ) ヨーホウによる「ＧＢＯ準備草案」の起草（1883年）
    (ロ) 第１次委員会による「ＧＢＯ第１草案」の公表
  (2) 関連規定
  (3) 規定内容
    (イ) ＩＥ－ＧＢＯ32条１項――債務者の土地所有者としての「登記」（強制抵当権の「登記」の前提条件）――
    (ロ) ＩＥ－ＧＢＯ45条１項――債務者の土地所有者としての「登記」を求め得る債権者の権利――
    (ハ) ＩＥ－ＧＢＯ47条――「債務者の土地所有権」証明の容易化――
    (ニ) ＩＥ－ＧＢＯ50条・51条――公官庁の行政執行の手段による抵当権の登記における，その登記の実施――
4 「不動産強制執行法第１草案（ＺＶＧ第１草案）」中の強制抵当権制度（1889年）（←ヨーホウ準備草案）――関連規定と規定内容――
  (1) 「ＺＶＧ準備草案」の起草（1888年），そして「ＺＶＧ第１草案」の公表（1889年）
    (イ) ヨーホウによる「ＺＶＧ準備草案」の起草（1888年）
    (ロ) 第１次委員会による「ＺＶＧ第１草案」の公表（1889年）
  (2) 関連規定
  (3) 規定内容
    (イ) ＩＥ－ＺＶＧ３条１項――不動産強制執行における第三の執行方法――
    (ロ) ＩＥ－ＺＶＧ３条２項――三執行

847

方法の相互関係（執行債権者の任意選択権、同時並行的追行権）——
　　(ハ)　ＩＥ－ＺＶＧ245条１項——「強制抵当権の登記」の執行費用額の登記（強制抵当権による被担保債権化）——
　小　括

第２章　1888年〜・「各界の反応」と強制抵当権——「草案公表とフィードバック」の編纂過程——
はじめに
〈注記〉　ＢＧＢ成立史（第２手続段階／「前半」）（「ＲＪＡ／ＶＫ」による意見集約集成作業）——第２章・立法資料「解題」の視点から——
第１節　導入「反対論」と「賛成論」——その論拠の具体的検討——
　論述の進行
　１　ＢＧＢ第１草案に対する一般的「批判」
　　(1)　ＢＧＢ第１草案の公表（1888年）
　　(2)　ヴィンドシャイドの「パンデクテン体系書」の影響
　　(3)　各界からの意見表明
　２　各「連邦政府」の反応
　　(1)　各連邦政府への回状布告
　　(2)　各連邦政府の反応
　　(3)　導入「反対論」
　　　(イ)　バーデン政府の見解
　　　(ロ)　エルザス＝ロートリンゲン政府の見解
　　　(ハ)　メクレンブルクの両大公国政府の見解
　　(4)　制度「修正論」
　　　(イ)　ヘッセン政府の見解
　　　(ロ)　プロイセン司法大臣宛の鑑定意見書の見解
　３　各「農業者団体」の反応
　　(1)　導入「反対論」
　　　(イ)　ライン独立農業者連合の反対決議
　　　(ロ)　プロイセン農業経済同友会の反対決議
　　(2)　導入「賛成論」
　　　(イ)　エルザス＝ロートリンゲンの農業評議会の賛成決議
　　　(ロ)　ヴェストファーレンの農業者同盟の賛成決議
　４　「法曹（学者法曹・実務法曹）界」の反応
　　(1)　導入「反対論」
　　　(イ)　フォン・マイボムの見解
　　　(ロ)　デルンブルクの見解
　　(2)　導入「賛成論」
　　　(イ)　フォン・シュテーサーの見解
　　　(ロ)　レヴィの見解
　　　(ハ)　ヤクヴェツキーの見解
　　　(ニ)　ローテンベルクの見解
　小　括
第２節　各「修正意見」の主張——その問題点の個別的検討——
　論述の進行
　１　執行債権の「内容」——一定額の「金銭債権」への限定のみか、さらなる限定か——
　　(1)　ＢＧＢ第１草案——一定額の「金銭債権」への限定——
　　(2)　さらなる「限定」の主張——「シュトルターフォスの見解（1890年）——
　２　執行名義の「種類」——無限定か、限定か——
　　(1)　ＢＧＢ第１草案——無限定——
　　　(イ)　重複担保（約定抵当権との併存）の許容、既判力ある「判決」への非限定
　　　(ロ)　「仮執行力」ある債務名義——その許容と「本登記」の実施——
　　　(ハ)　督促手続でなされた「執行命令」——その許容と「本登記」の実施——

細目次

- (2) その批判——若干の制限，あるいは微修正——
  - (イ) 「正当利益」の存在，さらには既判力ある「確定判決」への限定——ベーアの見解（1889年）——
  - (ロ) 「仮執行力」ある債務名義——「本執行力」具備の条件の下での「登記」——
    - (a) フォン・マイボムの見解（1889年）
    - (b) レヴィの見解（1889年）
  - (ハ) 督促手続でなされた「執行命令」に基づく「仮登記」の実施——フォン・セトーの見解（1889年）——
- 3 法的性格——「強制執行行為」か，「非訟事件行為」か——
  - (1) ＢＧＢ第1草案——「強制執行行為」——
  - (2) その批判——「非訟事件行為」——
    - (イ) フィッシャーの見解（1889年）
    - (ロ) ローテンベルクの見解（1891年—1892年）
  - (3) 擁護論——「強制執行行為」性の貫徹と「不動産強制執行法」典中への編入論
    - (イ) フォン・マイボムの見解（1889年）
    - (ロ) フォン・シュテーサーの見解（1889年）
- 4 法型態——「保全抵当権」か，「流通抵当権」か——
  - (1) ＢＧＢ第1草案——「保全抵当権」としての法型態——
  - (2) その批判——「流通抵当権」としての法型態——
    - (イ) フォン・マイボムの見解（1889年）
    - (ロ) キンデルの見解（1889年）
  - (3) 擁護論
    - (イ) レヴィの見解（1889年）
    - (ロ) クレッヒの見解（1889年）
- 5 執行対象の「範囲」——無限定か，「家産制度」導入による限定か——
  - (1) ＢＧＢ第1草案——無限定，あるいは「家産制度」の無考慮——
  - (2) 「家産制度」導入論（「範囲」限定論）——債務者たる小農民階級保護の視点，さらに農業者一般の利益主張——
    - (イ) ショーラー「鑑定意見書」の見解——ドイツ弁護士連合会の委託による意見表明（1890年・公刊）——
    - (ロ) ハルトマン「報告」の見解——ドイツ農業者会議・第20回総会大会での報告と支持決議（1889年2月26日）——
    - (ハ) フォン・セトー並びにアンドゥラエの「報告」の見解——ドイツ農業評議会・全体集会での報告（1889年3月）——
    - (ニ) ヴェストファーレン農業者連合会の見解——一般集会「決議」（1890年6月1日）——
    - (ホ) ギールケの見解——ＢＧＢ第1草案に対する全面的批判（1889年）——
    - (ヘ) リーベンハウゼン—クランゲンの見解——その「私的草案」の作成（1890年）——
    - (ト) その他の諸家の見解——フルド並びにエールリッヒ・ヴィーンの見解（1890年）——
  - (3) 導入「反対論」——実効性の欠如，さらにはドイツライヒでの実現困難性——
    - (イ) シュルツェンシュタインの見解——ショーラー「鑑定意見書」に対する批判（1890年）——
    - (ロ) ヘルメス「報告」の見解——プロイセン農業経済同友会での報告

849

　　　　（1890年）――
　　　（ハ）シュトッシュ「報告」の見解――
　　　　プロイセン農業経済同友会での報告
　　　　（1890年）――
　　　（ニ）シュナイダーの見解（1890年）
　6　当事者による登記の「取効」，あるいは土地登記所による登記の「実施」の要件――「当事者主義（自己追行主義）」か，「職権主義」か――
　　（1）ＢＧＢ第1草案――「当事者主義」の妥当――
　　（2）その批判としてベーアの見解（1889年）――「職権主義」の妥当――
　　（3）擁護論としてのバッハマイヤーの見解（1889年）――「当事者主義」の正当性――
　　小　括

第3章　1890年～・「第2次委員会」審議と強制抵当権――規制法典の変遷（ＢＧＢからの分離決定，ＺＶＧへの編入決定，最終局面でのＺＰＯへの編入決定）――
　はじめに
　〈注記〉　第3章「位置付け」
　　〔一〕ＢＧＢ成立史（第2手続段階／「後半」）（「ＲＪＡ／ＶＫ」による「提案」審議作業）――第3章・立法資料「解題」の視点から――
　　〔二〕ＢＧＢ成立史（第3手続段階／「前半」）（ＢＲ審議作業）――第3章・立法資料「解題」の視点から――
　　〔三〕ＢＧＢ成立史（第3手続段階／「後半」）（ＲＴ審議作業）――第3章・立法資料「解題」の視点から――
　第1節　第2次委員会「審議」の開始・進行・最終的起草――編纂過程の経緯――
　　論述の進行
　　1　第2次委員会の設置とその構成
　　（1）連邦参議院による「第2次委員会」設置の決議
　　（2）委員会「構成」――「常任」委員と「非常任」委員の選出――
　　　（イ）「常任」委員
　　　（ロ）「非常任」委員
　　　（ハ）私見の分析――第1次委員会との対比において――
　　2　「審議」の具体的進行
　　（1）一般報告者と偶別報告者の指名
　　（2）実質審議の開始
　　（3）「新部分草案」の完成
　　（4）ＢＧＢ第2草案（連邦参議院提出案）の完成
　　（5）ＢＧＢ第3草案（ライヒ議会提出案）の完成
　　（6）ライヒ議会での可決，公布，施行
　　小　括
　第2節　強制抵当権制度「存置」の基本的承認――「制度」廃止論の克服と逐条審議――
　　論述の進行
　　1　「制度」廃止提案の主張――第2次委員会「審議」での否決――
　　（1）廃止「提案」の主張，その論拠
　　　（イ）「強制執行行為」性の否定
　　　（ロ）無益「登記」充満による土地登記簿の機能喪失
　　　（ハ）「差押質権」との非対応
　　　（ニ）「約定抵当権」の利用による代替
　　　（ホ）暴利的搾取の手段化（制度濫用による弊害）
　　（2）「制度」存置論からの反論，その論拠
　　　（イ）「強制執行行為」性の肯定
　　　（ロ）「差押質権」制度との相応
　　　（ハ）債権者サイドにおける「制度」利益
　　　（ニ）債務者サイドにおける「制度」利益
　　　（ホ）「約定抵当権の利用」の無意味性
　　　（ヘ）例外現象としての「制度」濫用

(3)　廃止「提案」の否決，存置論の勝利
　2　各「個別条文」の逐条審議——ＩＥ—ＢＧＢ1130条以下——
　　(1)　ＩＥ—ＢＧＢ1130条の審議——新規定の付加決定（登記費用額についての土地責任）——
　　(2)　同1131条の審議——変更決定（共同抵当権による負担化の「禁止」）——
　　　(イ)　修正提案(1)——共同抵当権による負担化の「禁止」（→採択の決定）——
　　　(ロ)　修正提案(2)——1836年・「プロイセン司法省通達」の趣旨への準拠（→否決）——
　　　(ハ)　修正提案(3)——債務者の「放棄請求権」の許容（→採択の余地なし）——
　　　(ニ)　修正提案(4)——執行裁判所の「登記嘱託」の必要（→採択の余地なし）——
　　　(ホ)　修正提案(5)——債務者の「異議申立て」の手段の許容（→採択の余地なし）——
　　　(ヘ)　新起草
　　(3)　同1133条の審議——変更決定（強制抵当権の「所有者抵当権」への転化）——
　　(4)　同837条の関連審議——変更決定（強制抵当権の取得者への，土地登記簿の「公信力」の否定）——
　　(5)　ＩＥ—ＢＧＢ846条の追加審議——ＢＧＢ典中からの分離とＧＢＯ典中への編入，ＥＧＢＧＢ第1草案78条の削除決定——
　小　括
第3節　ＢＧＢ典よりＣＰＯ典中への編入——「規制」法典の決定——
　論述の進行
　1　「規制」法典如何の問題——ＣＰＯ典中への編入「提案」，ＺＶＧ典中への編入「決定」——
　　(1)　1877年・ＣＰＯによるラント立法への留保
　　(2)　ＣＰＯ典中への編入の「提案」——ＺＶＧ典中への編入の「決定」——
　2　「編纂委員会」並びに「全体委員会」での最終的起草作業——ＣＰＯ典中への編入「決定」と新起草（ＣＰＯ新757条・新757条ａ）——
　　(1)　「編纂委員会」における起草作業
　　　(イ)　1133条ａの「新設」の無用
　　　(ロ)　土地に同置され得る「権利」
　　　(ハ)　「ＣＰＯ」典中への編入
　　　(ニ)　ＧＢＯ典への新規定の補充
　　(2)　「全体委員会」での一般的校閲
　　　(イ)　共同抵当権による負担化の「許容」を求める修正「提案」——ＣＰＯ新757条2項の修正「提案」——
　　　(ロ)　ＣＰＯ新757条3項の「削除」を求める修正「提案」
　　　(ハ)　ＣＰＯ新757条ａ1項の文言の「変更」を求める修正「提案」
　小　括
第4章　1898年・ＺＰＯと強制抵当権——ＺＰＯ変更法草案（1897年）とライヒ議会「第1次・第2次・第3次」審議——
　はじめに
　第1節　1898年・新「ＺＰＯ」の成立——強制抵当権制度のＺＰＯ典中への編入，その立法的経緯——
　論述の進行
　1　「1877年・ライヒＣＰＯ」変更の必要性——新実体法典としてのＢＧＢ成立（1896年）への立法的対応——
　2　ＢＧＢ付属法としてのＺＶＧ典の成立（1897年）——ＺＰＯ典中への強制抵当権制度の編入決定，それに伴なう「法典名称」の変更——
　3　ＢＧＢ付属法としてのＧＢＯ典の成立

（1897年）
　4　「ＺＰＯノヴェレ」の成立——1898年5月17日——
小　括
第2節　1897年・「ＺＰＯ変更法草案」中の強制抵当権制度——関連規定と規定内容——
論述の進行
1　前史的状況（1897年—1898年）
2　関連規定と規定内容——条文毎の個別的検討——
　(1)　関連規定
　(2)　規定内容——「理由書」の立場に即して——
　　(イ)　ＺＰＯ変更法草案757条ｂ第1項——不動産強制執行の執行方法としての「保全抵当権の登記」の承認とその制度根拠——
　　(ロ)　同草案757条ｂ第2項——三執行方法の相互関係——
　　(ハ)　同草案757条ｃ第1項——保全抵当権の「登記」の必要性——
　　　(a)　執行名義の必要，手続開始の一般的要件の存在
　　　(b)　債権者の申立ての必要——「当事者主義」の妥当——
　　　(c)　なされた「登記」の，執行名義上への掲記——債務者保護の視点——
　　　(d)　土地登記所への直接的な申立て（登記申請）——裁判所の「登記嘱託」の不要——
　　　(e)　成立要件としての「登記」——「物権的合意」と「登記許諾」の不要——
　　　(f)　「登記手続費用」の土地責任
　　(ニ)　同草案757条ｃ第2項——共同抵当権による負担化の禁止——
　　(ホ)　同草案757条ｄ第1項——強制執行の停止・取消の場合における所有者抵当権の成立——
　　(ヘ)　同草案757条ｄ第2項——強制執行の一時停止等の場合における所有者抵当権の成立——
小　括
第3節　1898年・ライヒ議会の本会議での「第1次，第2次，第3次」審議——制度「廃止」提案とその否決——
論述の進行
1　ライヒ議会の本会議での「第1次」審議——1898年1月11日・12日・14日（第14・第15・第17会期），「第4委員会」への付託の決定，そして二度の読会——
　(1)　「第1読会」審議
　　(イ)　二提案の主張
　　(ロ)　強制抵当権制度の「廃止」提案（第1提案）——その否決——
　　　(a)　「廃止」提案
　　　(b)　その「反論」
　　　(c)　否　決
　　(ハ)　執行命令の「除外」提案（第2提案）——その否決——
　　　(a)　「除外」提案——バーデン選出の連邦参議院「代議員」の主張——
　　　(b)　その「反論」
　　　(c)　否　決
　(2)　「第2読会」審議
　　(イ)　四提案の主張
　　(ロ)　強制抵当権制度の「廃止」提案（第1提案）——その否決——
　　(ハ)　債権価額の「限定化」提案（第2提案）——その採択——
　　　(a)　「限定化」提案
　　　(b)　その「反論」
　　　(c)　「再反論」
　　　(d)　採　択
　　(ニ)　執行命令の「除外」提案（第3提案）——その採択——
　　(ホ)　300マルクに至らない執行命令の

「除外」提案（予備的提案）——審
　　　議の必要なし——
　　⑶　「編纂委員会」への付託——草案757
　　　条 b「第 3 項」の新起草——
　　2　ライヒ議会の本会議での「第 2 次」審
　　　議——1898年 5 月 2 日・ 3 日（第81・第
　　　82会期）——
　　3　ライヒ議会の本会議での「第 3 次」審
　　　議——1898年 5 月 5 日（第84会期）——
　　小　括
第 4 節　1898年・新「ＺＰＯ」典中の強制抵
　　当権制度——関連規定の列挙——
　　論述の進行
　　1　1898年・「ＺＰＯノヴェレ」の成立
　　2　1898年 5 月20日・「布告」——新たな
　　　条文「数表示」（新ＺＰＯ866条—868条）
第 5 節　1909年・「ＺＰＯノヴェレ（Novelle
　　zur ZPO）」中の強制抵当権制度——ＺＰＯ
　　866条 3 項「削除」条項（原案第 2 条項第
　　32号）についての「ライヒ議会」審議——
　　論述の進行
　　1　制定史的状況（1898年—1909年）——
　　　部分的「改革」としての1909年・ＺＰＯ
　　　ノヴェレの成立
　　⑴　民事訴訟手続の「改革」の必要性
　　　——オーストリー新民訴法の制定・施
　　　行の伴なうインパクト——
　　⑵　改革作業の開始——ライヒ司法省の
　　　基本方針——
　　⑶　1909年・ＺＰＯノヴェレの成立
　　2　ライヒ議会「審議」とその「終結」
　　　（1908年—1909年）——ＺＰＯ866条 3 項
　　　「削除」条項とシェルツ反対「提案」——
　　⑴　連邦参議院での採択・通過、ライヒ
　　　議会への提出
　　⑵　原案第 2 条項第32号——ＺＰＯ866
　　　条 3 項「削除」条項とその論拠——
　　⑶　ライヒ議会予備審議「委員会」での
　　　審議——二つの反対「提案」（「価額限

　　　界」必要論）の主張——
　　⑷　ライヒ議会「本会議」での審議——
　　　第 2 読会におけるシェルツ反対「提
　　　案」とその採択（「価額限界」必要論
　　　の承認）——
　　⑸　1909年 6 月 1 日・新ＺＰＯノヴェレ
　　　の公布とその発効——ＺＰＯ新866条
　　　3 項——
　　小　括
第 6 節　補論　1923年・「民事争訟手続促進
　　令」中の強制抵当権制度——「金銭価値下
　　落」に伴なう「価額限界」規定（ＺＰＯ
　　866条 3 項）の修正、「価値恒定の債務名
　　義」作出の適法性の承認——
　　論述の進行
　　1　民事訴訟手続の改革の動向——戦時・
　　　戦後の社会経済的生活関係の激変——
　　⑴　戦時緊急立法としての1915年・「裁
　　　判所負担軽減令」——連邦参議院によ
　　　る公布——
　　⑵　1920年・ライヒ司法省「民訴法改正
　　　委員会」の設置
　　⑶　二つの「緊急令」の公布——1923
　　　年・「民事争訟手続促進令」と1924
　　　年・「民事争訟手続令」——
　　2　1923年・「民事争訟手続促進令」と強
　　　制抵当権制度——「金銭価値下落」の状
　　　況への立法的対応——
　　⑴　「価額限界」規定（ＺＰＯ866条 3
　　　項）の修正
　　㈠　修正の必要性
　　㈡　区裁判所の「争訟価額限界」（Ｇ
　　　ＶＧ23条 1 号）における立法的対応
　　㈢　区裁判所の「争訟価額限界」への
　　　「リンク」（ＺＰＯ866条 3 項の修正
　　　起草）——促進令第 2 条第 2 号——
　　⑵　「価値恒定の債務名義」の形成——
　　　強制抵当権登記とその関係において
　　㈠　「価値恒定の債務名義」形成の必

　　　　要性
　　　㈡　裁判実務上の決断の先行
　　　㈢　立法による「適法性」の明示的承認——促進令第1条A第3号——
　　　㈣　実体法上の「増額評価問題」への不干渉
　　　㈤　「価値恒定の債務名義」に基づく強制執行
　　　㈥　「裁判所負担軽減令」（1915年9月9日）中への編入

第5章　1931年・ＺＰＯ参事官草案と強制抵当権——修正「平等主義」（順位期間制度）への接合と新制度的機能——
　はじめに
　第1節　1931年・「ＲＥ－ＺＰＯ」の成立——その主要な変更点——
　　論述の進行
　　1　前史的状況
　　2　主要な変更点——ＲＥ－ＺＰＯ第9編・「強制執行」——
　　　(1)　編　成
　　　(2)　「執行官庁」の統一——「執行機関の併存」の廃止——
　　　(3)　「職権主義」の広範囲な貫徹
　　小　括
　第2節　ＲＥ－ＺＰＯ「理由書」における「平等主義」立法の決断——その理論的・法政策的正当性の論拠——
　　論述の進行
　　1　ＲＥ－ＺＰＯ「理由書」の出発点——「優先主義」論の帰結の不当性・非合理性の「法感情」——
　　2　各論拠の検討
　　　(1)　「執行手続の進行」との関係——手続の機能性・機動性・迅速性如何——
　　　(2)　債権者の「意思・注意力・努力」等の程度との関係
　　　(3)　「対人信用」との関係——債権者の債務者への「信用供与」の容易化か，困難化か——
　　　(4)　「自力執行の禁止」の原則との関係
　　　(5)　「事実上の利益共同体」の法構成
　　　(6)　「超過差押えの禁止」の原則との関係
　　　(7)　「破産制度」との関係，その(1)——両制度相互間の機能・役割の分担如何——
　　　(8)　「破産制度」とその関係，その(2)——平等主義は破産誘発的か，破産抑止的か——
　　小　括
　第3節　「動産」強制執行中の修正「平等主義」としての「順位期間」制度（ＲＥ－ＺＰＯ883条）——「差押質権」制度との接合関係——
　　論述の進行
　　1　関連規定と規定内容
　　　(1)　関　連　規　定——ＲＥ－ＺＰＯ883条（←ＺＰＯ804条）——順位（Rang）——
　　　(2)　規定内容——ＲＥ－ＺＰＯ883条2項・3項——
　　　㈠　優劣関係としての決定基準（本条2項第1文）——差押質権の成立時点——
　　　㈡　修正「平等主義」としての「順位期間」制度（本条2項第2文）——「集団執行主義」の妥当——
　　　㈢　親族等の有する「執行力ある法定の扶養料債権」の優先性（本条2項第3文）——「集団」内部における特権的地位の承認——
　　　㈣　「順位期間」の算定（本条3項第1文・第2文）——その細則——
　　　　(a)　「期間」開始の細則，その1（同第1文）——差押えの拡張の場合等——
　　　　(b)　「期間」開始の細則，その2（同第2文）——本条2項の準用——

2　評　価
　小　括
第4節　「不動産」強制執行中の強制抵当権制度（RE—ZPO943条以下）——修正「平等主義」としての「順位期間」制度との接合関係——
論述の進行
　1　総説——修正「平等主義」としての「順位期間」制度と「強制抵当権」制度との接合関係——
　　(1)　「不動産」強制執行規定
　　(2)　特別法への規制委任
　　(3)　「強制抵当権制度」関連規定
　　(4)　「順位期間」制度の導入
　　(5)　「仮差押抵当権制度」の削除
　2　関連規定と規定内容
　　(1)　関連規定
　　(2)　規定内容——RE—ZPO「理由書」の立場に即して——
　　　(イ)　RE—ZPO943条
　　　　(a)　不動産強制執行の三執行方法，第三の執行方法としての「債権のための保全抵当権の登記」の承認（本条1項）
　　　　(b)　三執行方法の相互関係，「単独追行権」と「同時的併行追行権」の承認（本条2項）
　　　(ロ)　RE—ZPO944条
　　　　(a)　「価額限界」の提立，絶対的基準としての500ライヒスマルク（本条1項）
　　　　(b)　強制抵当権制度への「順位期間」制度の導入（本条2項第1文前段）
　　　　(c)　「登記要請（登記嘱託）」の「登記申請」への同置（本条2項第1文後段）
　　　　(d)　執行力ある法定の扶養料債権の「優先性」，並びに公金庫の執行力ある債権の「優先性」（本条2項第2文・第3文）
　　　　(e)　「順位関係」の土地登記簿への記入（本条3項）
　　　　(f)　補　論——各「債権者集団」内部での序列——
　　　(ハ)　RE—ZPO945条
　　　　(a)　執行手続としての「登記手続」（本条1項）
　　　　(b)　なされた登記についての「通知」（本条2項）
　　　　(c)　成立要件としての「登記」（本条3項第1文）
　　　　(d)　「登記手続費用」の土地責任（本条3項第2文）
　　　　(e)　共同抵当権による負担化の禁止，債権の分割強制（本条4項）
　　　(ニ)　RE—ZPO946条——執行処分が「法的基礎」を喪失した場合における所有者抵当権の成立——
　小　括

結論的考察〔一〕　抵当制度は一体誰のものか（抵当「制度目的論」）——「我妻シェーマ」（近代抵当権論）の「妥当性」の検証，〈課題1（問題提起1）〉に答える；ドイツ「ZH制度の法形成」の構造解明——
はじめに（結論先述）
　1　論述進行
　2　私見シェーマの特徴
　　(1)　「債務者保護」のBGB抵当法法理
　　(2)　債務者の「投資誘引」手段としての「抵当制度」
　　(3)　ZH制度（「債務者保護」）の執行法法理
Ⅰ　BGB抵当法（三草案）の編纂形成，その1——「担保類型」論の視点から——
　1　はじめに
　　(1)　「テーマ」設定
　　(2)　「分析視点」
　　(3)　分析「解明点」
　2　「三草案」における「担保類型」

3　80年・VE——二つの担保類型——
(1)　二元的編成
(2)　独立の抵当権
(3)　付従の抵当権
(4)　取引当事者の選択権
4　88年・ⅠE——四つの担保類型——
(1)　四元的編成
(2)　「登記簿抵当権」の採用
(3)　「証券抵当権」の採用
(4)　両抵当権の相互関係
(5)　「保全抵当権」としての各種抵当権
(6)　「土地債務」の採用
5　95年・ⅡE——五つの担保類型——
(1)　五元的編成
(2)　「登記簿抵当権」の後退（→非本則化）
(3)　「証券抵当権」の前面登場（→本則化）
(4)　「保全抵当権」の保持
(5)　「土地債務」の保持
(6)　「土地定期金債務」の新導入
6　小　括——「簡易化」から「多様化」へ——
7　注目点
8　80年・VE——「GS中核」編成——
(1)　「二元的編成」の実態如何
(2)　〈独立的抵当権〉と〈付従の抵当権〉
(3)　「二元的編成」のもつ意味
9　88年・ⅠE——「GS後退」編成——
(1)　「四元的編成」の実態如何
(2)　単純に「プラス二」なのか
(3)　「両草案」対比
(4)　付従の抵当権としての二つの担保類型の識別
(5)　GS後退
(6)　「流通性」如何に注目
(7)　小　括
10　95年・ⅡE——「GS形骸化」編成——
(1)　「五元的編成」の実態如何
(2)　RS新導入の意味
(3)　二つの「差異」
11　小　括——GS「中核」からGS「後退」，そしてGS「形骸化」へ——
Ⅱ　BGB抵当法（三草案）の編纂形成，その2——「時代で」読む視点から——
1　はじめに——私見分析の基本視点——
(1)　「時代で」読む
(2)　「債務者保護のBGB抵当法法理」
(3)　ほぼ30年の永きに亘る壮大な立法事業
(4)　時代の「見えざる手」による民法典編纂
(5)　「舞台」としての社会経済史的状況
(6)　「三草案」に注目する
(7)　「三草案」起草形成の各「時代状況」に注目する（三期区分）
(8)　各期の社会経済史的状況分析
2　第1期・「70年代」状況——「70年代」状況から「80年・VE」が形成される——
(1)　第1期の時代区分
(2)　「80年・VE」の編纂形成
(3)　「政治的」状況
(4)　「経済的」状況
(5)　経済的危機「打開策」は
(6)　第1期・「70年代」状況のキーワード（総括）
(7)　「80年・VE」を「時代で」読む
3　第2期・「80年代」状況——「80年代」状況より「88年・ⅠE」が形成される——
(1)　第2期の時代区分
(2)　「88年・ⅠE」の編纂形成
(3)　79年・「保護関税」導入は奏功したのか
(4)　「農業」面でのマイナス作用
(5)　「工業」面でのプラス作用
(6)　「農工同盟」に「亀裂」

(7)　第2期・「80年代」状況のキーワード（総括）
　(8)　「88年・ⅠE」を「時代で」読む
4　第3期・「90年代」状況——「90年代」状況より「95年・ⅡE」が形成される——
　(1)　第3期の時代区分
　(2)　「88年・ⅠE」公表と意見表明
　(3)　「95年・ⅡE」の編纂形成
　(4)　ビスマルク「退陣」
　(5)　カプリヴィの「路線転換」（「新航路政策」／「新通商条約」）
　(6)　カプリヴィ「新航路政策」の評価如何
　(7)　「ドイツ農業」の反応
　(8)　第3期・「90年代」状況のキーワード（総括）
　(9)　「95年・ⅡE」を「時代で」読む
5　結論——「三草案」を「時代で」読む——
　(1)　「三草案」を「時代で」読む
　(2)　「80年・ＶE」（→「ＧＳ中核」編成）を「時代」（→プロイセン農業利益「中心」）で読む
　(3)　「88年・ⅠE」（→「ＧＳ後退」編成）を「時代」（→プロイセン農業利益「後退」）で読む
　(4)　「95年・ⅡE」（→「ＧＳ形骸化」編成）を「時代」（→プロイセン農業利益「犠牲」）で読む
Ⅲ　総　括
　(1)　「プロイセン農業利益」と「ＢＧＢ抵当法」
　(2)　「農業利益」保護に基づく「抵当制度」
　(3)　「債務者保護」のＢＧＢ抵当法法理
　(4)　ＺＨ制度（「債務者保護」の執行法法理）

結論的考察〔二〕　わが国の手続執行法学の方法論上の「問題性」——その「妥当性」の検証，〈課題2（問題提起2）〉に答える；ドイツライヒ「統一的ＢＧＢ編纂過程」の構造解明——
1　「ＢＧＢ編纂過程」研究の看過
　(1)　「宮脇研究」における等閑視
　(2)　「宮脇研究」の疑問提起とは
　(3)　私見の「答え」，第1点
　(4)　私見の「答え」，第2点
　(5)　私見の「答え」，第3点
　(6)　優先主義採用の法技術「ではないこと」の「論証」
2　方法論上の「問題性」と「原因」
　(1)　その「原因」如何
　(2)　「認識」欠如
3　「認識」ポイント
　(1)　「全」ＢＧＢの編纂作業である
　(2)　「実体的・手続的・形式的」抵当権法（三基軸抵当権法）は全「抵当権法」を組成する「三支柱」である
　(3)　「三基軸抵当法」の立法者は同一人Johowである
　(4)　「統一的ＢＧＢ編纂過程」（第1次委員会審議）は「手続法上の審議」をも包括する
　(5)　「統一的ＢＧＢ編纂過程」（第2次委員会審議）は「ＺＰＯノヴェレ作業」に接続・連結する
　(6)　「統一的ＢＧＢ編纂過程」（第1次委員会審議）は抵当権実行「手続法」（ＺＶＧ）審議をも包括する（ＺＶＧ法に注目すべし）
　(7)　83年・「プロイセン不動産強制執行法」に注目すべし
　(8)　特異な「法継受」の結果に注目すべし
　(9)　結　論
4　「立法史の研究」の方法
　(1)　立法者意思の「動態的把握」
　(2)　「ＢＧＢ編纂過程」への注目（民事手続法学方法論の問題性）

857

(3)　ＢＧＢとＺＰＯを「架橋」するもの
　　(4)　「不動産強制執行（ＺＶＧ）」とは何か（どこで審議・議論されたのか）
　5　結論小括

結論的考察〔三〕 不動産強制執行制度は一体誰のものか（不動産強制執行「制度目的論」）──わが国の手続執行法学の「一般共通認識」と現民執法の「法典構造」に対する検証、〈課題3（問題提起3）〉に答える；ドイツ「三基軸抵当法体系」の構造解明──
　Ⅰ　問題の所在
　　1　不動産強制執行手続「制度目的論」
　　　(1)　「不動産強制執行手続制度」は一体誰のものなのか
　　　(2)　「一般債権者」である（わが国の学説）
　　　(3)　「一般債権者」である（わが国の「民事執行法典」）
　　　(4)　その理解は「妥当」なのか
　　2　私見の問題提起（疑念）
　　　(1)　私見の問題提起（疑念）
　　　(2)　私見の結論先述
　Ⅱ　「二元的編成→立法提言→一元的編成」──強制執行法改正問題経緯と関連して──
　　1　「民事執行法典」成立
　　　(1)　「民事執行法典」に注目
　　　(2)　比較的に，新しい法典（Ｓ54年）
　　　(3)　「一元的編成」を志向
　　2　旧二法下の「二元的編成」
　　　(1)　強制競売とは何か
　　　(2)　任意競売とは何か
　　3　二つの「規制法典」の来歴
　　　(1)　二つの「規制法典」の来歴
　　　(2)　Ｍ23年・民訴法第6編・「強制執行」（1890年）（→ドイツ・プロイセン型）
　　　(3)　Ｍ31年・競売法（1898年）（→「謎」）
　　　(4)　「三ヶ月推論」の登場（→フランス型）
　　　(5)　「二元的編成」とは（総括）──ドイツ型・執行手続」と「フランス型・換価手続」──
　　4　「二つの手続」の「併存」と「差異化」
　　　(1)　「併存」
　　　(2)　「差異化」
　　5　強制執行法改正問題（「原点」に帰る），その1──民執法制定「前史」状況──
　　　(1)　改正の「最大の眼目」
　　　(2)　Ｍ31年・競売法上の「任意競売」問題に焦点
　　　(3)　「二元的編成」についての肯定評価（一般学説）
　　6　強制執行法改正問題（「原点」に帰る），その2──三ヶ月「統合論」の主張（「立法提言」）──
　　　(1)　「二元的編成」に対する三ヶ月「批判」
　　　(2)　「三ヶ月批判」の内容
　　　(3)　三ヶ月「批判」
　　　(4)　三ヶ月「立法提言」
　　　(5)　キーワード列挙
　　7　強制執行法改正問題（「原点」に帰る），その3──民執法「立法者」はどのように対応したのか（新たな「一元的編成」／「両法・両競売」統合の構造）──
　　　(1)　新「民事執行法典」の「一元的編成」
　　　(2)　両法典の統合
　　　(3)　「民事執行」という新概念
　　　(4)　民事執行法の「法典構造」
　　　(5)　「両法／両競売」統合の法典構造
　　8　新「民執法典」に対するさらなる三ヶ月「批判」──その「統合」の問題性──
　　　(1)　「統合」に対するさらなる三ヶ月「批判」
　　　(2)　「統合」の二面性──「接近」と「分裂・乖離」──
　　9　小括と私見評価──「二元的編成」か

ら「一元的編成」へ──
Ⅲ　私見分析
1　「強制競売」概念「テーゼ」（「一般共通認識」）と「アンチテーゼ」定立
　(1)　「強制競売」概念「テーゼ」（「一般共通認識」）
　(2)　「アンチテーゼ」定立（私見）
2　そもそもM23年法は何を「法継受」したのか──「手続的」抵当権法たる『抵当権者』のための「抵当権実行手続法」の「法継受」──
　(1)　結論
　(2)　私見論証
3　「民執法制定」以前の状況をどのように判断すべきか──二つの「抵当権実行法」の併存（デュアルの法典構造）──
4　「M23年・民訴法「強制執行」編」論，推論──M23年民訴法「強制執行」編への導入の，立法者テヒョーの「意図」は何か──
　(1)　問題提起
　(2)　立法経緯
　(3)　なぜ「ドイツ・プロイセン法」の導入か
　(4)　「77年・ＣＰＯ」と「83年・プロイセン不動産強制執行法」の関係
　(5)　テヒョーの「意図」はどのようなものだったのか
　(6)　結　論
5　「M31年・競売法」論，推論その１──「立法者」の立法決断の「意図」は何か──
　(1)　制定意図
　(2)　私見「推論」
　(3)　私見「評価」
6　「M31年・競売法」論，推論その２──立法のベースになったものは何か──
　(1)　ボアソナードの「二つの草案」
　(2)　ボアソナードの「二つの挫折」
　(3)　ボアソナード抵当権法の「再生・存続」
　(4)　「M31年・競売法」は何をベースとして立法されたのか（私見推論）
7　「強制競売」考──「強制競売」概念についてのわが国の学説理解の問題性（その後の学説・実務の「一人歩き」）──
　(1)　同一事項についての法規制の「二重構造」現象
　(2)　その後のわが国の学説・実務の理解／反応
　(3)　「M23年・民訴法」（不動産強制執行規定）は「人的債権者」のための「人的債権」実現の「判決執行手続法」ではない（私見認識）
8　「1897年・ライヒＺＶＧ」論──ドイツ「強制競売・強制管理法」の法体系的位置付け──
　(1)　「83年・プロイセン法」はその後どうなったのか──「1897年・ライヒＺＶＧ」の基本母体──
　(2)　「一般債権者」はどのように処遇されるのか
　(3)　「97年・ライヒＺＶＧ」は誰のための制度か──小　括──
9　さいごに
10　「法典編纂史」的考察──私見小括──

総　括

付論文①　我が国の法典編纂過程における「ドイツ強制抵当権制度」と「フランス裁判上抵当権制度」──制度不導入の「動機」の解明──

はじめに──問題提起──
1　研究上の必要性は何か──「ない」法制度に関する外国法研究の意義──
　(1)　研究は無用ないし不要なのか──研究

上の等閑視——
　(2) 我が国の「法解釈学」は外国法研究に関してどのような基本姿勢をもっていたのか——私見の疑念——
　(3) 「ない」法制度に関する外国法研究の意義——私見の提示——
2　「ドイツ強制抵当権制度」とは何か，「フランス裁判上抵当権制度」とは何か——制度の概要——
　(1) 根拠条文——ドイツ民訴法866条1項，フランス民法2123条1項——
　(2) 「姉妹制度」としての類似対応性——判決債権者の法的地位の確実化——
　(3) 「法体系的位置付け」における相違性——「第3の執行方法」か（手続「強制執行法体系」中の法制度か），「第3の抵当権」か（実体「民法体系」中の法制度か）——
3　ボアソナード・民法草案（M19）はなぜ「フランス裁判上抵当権制度」を導入しなかったのか——明示的・自覚的態度決定としての不導入——
　(1) ボアソナード・民法草案における不導入
　(2) 起草者ボアソナードの意思ないし動機——制度に対するネガティブな価値評価——
　(3) 「法律取調委員会」審議ではどのような議論がなされたのか——導入論の主張，不導入の決定——
4　ボアソナード・財産差押法草案（M15）はなぜ「ドイツ強制抵当権制度」を導入しなかったのか——私見の推論——
　(1) 前史：元老院・訴訟法草案（M13）——「フランス型」民訴法草案——
　(2) ボアソナード・財産差押法草案（M15）——「フランス型」強制執行法草案，制度不導入の動機如何——
　　(イ) 草案の起草，そして公刊
　　(ロ) ボアソナード・民法草案の起草との

　　　時期的関係
　　(ハ) 法典編成・その内容的特徴
　　(ニ) 制度不導入の動機如何——私見の推論——
5　テヒョー・訴訟法草案（M19）はなぜ「ドイツ強制抵当権制度」を導入しなかったのか——私見の推論——
　(1) 編纂過程はどのように進められたのか——テヒョー草案の編纂過程——
　　(イ) 訴訟規則取調委員会の設置（M17），テヒョー招聘，それへの起草委嘱——ドイツ法系立法への傾斜ないし転換——
　　(ロ) 編纂作業の具体的進行
　　　(A) 「訴訟法予備会議」での審議（M17以降）——テヒョーによる起草と協同作業，「訴訟規則」（M18）の完成——
　　　(B) 「委員会議」の設置，その審議（M18以降）——「委員修正・訴訟規則」としてのテヒョー・訴訟法草案（M19）の完成——
　　　(C) 「法律取調委員会」での審議以降——最終草案としての「民事訴訟法草案」の確定，内閣提出，元老院での議決，制定・公布・施行——
　　(ハ) ドイツ統一的法典編纂過程との対応——各種草案や各委員会の時系列的位置付けの試み——
　(2) その法典構造や内容はどのように理解されるべきなのか——その法典構造，内容一般——
　　(イ) 法典編成——1877年・ドイツＣＰＯ典への準拠——
　　(ロ) 外国法典の影響——起草者テヒョー自身の草案序文より（ドイツ型・強制執行法草案）——
　　(ハ) ボアソナード財産差押法草案（M15）の影響——その連続性と非連続性——

㈡　ドイツ型・「優先主義」立法
　　⑶　制度不導入の動機——なぜ「ドイツ強制抵当権制度」が導入されなかったのか。私見の推論——

付論文②　ドイツ・プロイセン「剰余・消除・引受」主義の原理的・歴史的構造
　第1節　競売における「先順位」抵当権の処遇原理の「根拠」——「消除主義」，そのドイツ・プロイセン的構造の解明——
　　はじめに——問題提起——
　　⑴　「処遇」原理としての三つの立法主義——その問題性——
　　⑵　剰余主義の「根拠」如何——学説における論争——
　　⑶　本研究の分析視点
　　一　各「立法主義」の概観——基本的理解の前提として——
　　二　我が国の学説状況——「論争・対立」における論点の析出・分析——
　　⑴　従前の学説・判例の状況——竹下研究の登場以前——
　　⑵　竹下研究の登場（1970年）——従前の学説・判例に対する批判——
　　⑶　伊藤研究の批判（1971〜73年）——「実体物権法秩序」なるものへの疑念——
　　⑷　学説の展開，その後——学説による応接如何——
　　　㈠　横論文による竹下理論の展開（1978年4月）——剰余主義の「根拠」の実体物権法上の理論化——
　　　㈡　宮脇・各論による竹下理論の受容（1978年10月）——その基本的理解の跡襲——
　　　㈢　福永論文による現行法解釈論の展開（1981年・1983年）——剰余主義規定の不存在，消除主義の根拠と限界——
　　⑸　中野・民執法による竹下理論の批判（1987年）——剰余主義の非妥当——
　　三　私見の分析——「消除主義」のドイツ・プロイセン的構造の解明——
　　⑴　その規制法典は
　　⑵　その「原理的」内容は
　　⑶　消除主義の「根拠」は，その1——我が国における学問的空白の存在——
　　⑷　消除主義の「根拠」は，その2——「破産の誘引力」の法原則，そして「不動産強制競売法と破産法の立法的結合」の法現象，とは何か——
　　⑸　消除主義の「根拠」は，その3——「破産の誘引力」の法原則の「支配」，そして「特別破産」としての法構成
　　⑹　法原則の支配の「崩壊」の経緯は——不動産強制競売手続の破産手続からの独立化——
　　⑺　69年法の「消除主義」規定——私見の評価——
　　さいごに——結論の小括——
　第2節　剰余主義・引受主義のドイツ的構造と根拠——立法史的研究の方法論的定立のために——
　　一　はじめに——問題提起——
　　二　竹下・伊藤両研究の対立構造——理論モデルの対比——
　　⑴　「理論モデル」の析出——その図解の試み——
　　　㈠　両研究における対立構造——その小括的推論——
　　　㈡　両研究の「理論モデル」——三「立法主義」の相互関係如何——
　　　　(a)　竹下研究の「理論モデル」
　　　　(b)　伊藤研究の「理論モデル」
　　　㈢　学説による応接——宮脇・強執各論と中野・民執法——
　　⑵　理論モデルの「依拠事由」——その理論モデルは何に依拠するものであったのか——

(3) 両研究の「方法論」上の差違――依拠事由が異なったのは何故なのか――
　　(イ) 方法論としての共通点――三ヶ月・方法論への準拠――
　　(ロ) 方法論上の差異
　　(ハ) 結論的小括
　(4) 方法論・依拠事由・理論モデルの「トリアーデ」の構造――原因と結果の関係――
　(5) 方法論としての限界――私見の疑念の提示――
三　私見の「理論モデル」の提示――三「立法主義」の法理論的・法体系的な位置づけ――
　(1) 「消除主義」の確立・妥当――テーゼ――
　　(イ) テーゼの確立・妥当――その命題――
　　(ロ) その「原理」内容――二つの要素の包含――
　　(ハ) 伊藤・理論モデルに関する評価――その問題点――
　(2) 新理念としての「剰余主義」の登場・採用――アンチ・テーゼ、その1――
　　(イ) アンチ・テーゼ、その1――その命題――
　　(ロ) 「アンチ・テーゼ」としての意味
　　(ハ) Johow の法政策的決断――その決断の根拠となったものは何か――
　　(ニ) Johow の法確証化――その法確証化は何に基づいてなされたのか――
　　(ホ) 剰余主義の機能――「先順位抵当権の完全満足」の要請――
　　(ヘ) 旧時の学説・判例に関する評価――その不当性の指摘――
　　(ト) 竹下・伊藤両研究に関する評価――立法者による法形成物・法創造物としての「剰余主義」――
　(3) 剰余主義への「引受主義」の結合――アンチ・テーゼ、その2――
　　(イ) アンチ・テーゼ、その2――その命題――
　　(ロ) 「結合」の法理論的把握如何――「非償還思考（満期非到来思考）」の具体化――
　　(ハ) 「結合」の法政策的決断の動機如何――資本の一挙流出の全面的阻止（農場経営者層の利益保護）――
　　(ニ) 伊藤研究に関する私見の分析――我妻シェーマに対する疑念――
　(4) 私見の理論モデル――図解の提示――
四　「立法史的研究」の意義と方法――結論的考察を兼ねて――
　(1) 立法化の社会的・経済的・政治的動因と立法作業――その相互作用関係――
　　(イ) 社会経済上の動因――立法化の前状況――
　　(ロ) Johow の法政策的決断、そしてその法確証化
　(2) 竹下・伊藤両研究に関する方法論上の分析――若干の小括を兼ねて――
　　(イ) 「立法経緯、そして立法審議過程」への注目の必要性――問題点、その1――
　　(ロ) 「ドイツ民法典編纂過程」への注目の必要性――問題点、その2――
　　(ハ) 「立法理由書（の記述）」の方法論上の位置づけ――問題点、その3――
　(3) 「立法史的研究」の意義と方法――その基本的概要――
第3節　「剰余主義・消除主義・引受主義」をめぐる根本問題――競売における「先順位」抵当権の処遇原理――
一　はじめに
二　三「立法主義」をめぐる問題状況
　(1) 「剰余主義」は実定法（民執法）上

の貫徹された法原則なのか
- (2) 「剰余主義」の政策的根拠・意義は何か
- (3) 「剰余主義」は先順位「用益権」にも妥当する法原則なのか
- (4) 「剰余主義」は「担保競売」にも妥当する法原則なのか
- (5) 「剰余主義・消除主義・引受主義」の三「立法主義」はどのような相互関係にあるのか

三　分析と私見
- (1) 実定法上の確立された基本原則としての「剰余主義」
- (2) 「剰余主義」の法政策的根拠——「債務者」保護のプロイセン法理の具体化
- (3) 「剰余主義」規定の先順位「用益権」への準用肯定
- (4) 「剰余主義」規定の「担保競売」への準用肯定（民執法188条）
- (5) 対抗的構造としての三「立法主義」

四　さいごに

付論文③　日本民法典の編纂——明治期の法典継受——
　はじめに——趣旨・目的——
一　民法典編纂の準備作業として、どのようなことがおこなわれていたのか——前史——
- (1) その準備作業としてのフランス諸法典の翻訳——箕作麟祥訳・「仏蘭西法律書」の刊行（M 8）
- (2) フランス民法典の「模写」としての民法諸草案の起草（M 4—M 11）

二　旧民法典（M 23）とは——その編纂過程と法典構造——
- (1) 法典起草「適格者」は誰か——母法国人のプロフェッショナル——
- (2) フランス人・ボアソナードによる起草
- (3) 法典構造——「フランス型」民法典
- (4) 法典編成——インスティツィオーネン方式の採用——

三　「民法典論争」とは——施行「延期論」と実施「断行論」、その対立構造の分析——
- (1) 「民法典論争」とは
- (2) 両論（両派）の対立、その経緯——施行「延期論」（延期派）と実施「断行論」（断行派）——
  - (イ) 施行「延期論」
  - (ロ) 実施「断行論」
  - (ハ) 「施行延期案」の可決
- (3) 両派対立の構造——複雑な諸要因の絡み——

四　現行民法典（M 29・M 31）とは——その編纂過程と法典構造
- (1) 編纂過程——その基本方針と起草方式——
- (2) 法典構造——「独仏融合型」民法典——
- (3) 「ドイツ型」民法典としての法典編成——パンデクテン方式の採用——

五　旧民法典から現行民法典への移行をどのように理解すべきか——民法解釈学における基本指針の探求——
- (1) 「立法者・起草者の意思の探求」への手がかり
- (2) 「歴史的解釈」への手がかり

付論文④　ドイツ不動産強制執行法体系における強制抵当権制度——ドイツ不動産強制執行法研究の一視角——
　はじめに
　第一章　第三の執行方法としての強制抵当権の登記
　　1　不動産強制執行における執行種類——強制競売・強制管理・強制抵当権の登記の三執行方法の存置——
　　2　三執行方法の追行債権者
　　3　三執行方法の相互関係

4　強制抵当権の登記の執行方法——その基本構造の概観——
　　　5　不動産強制執行手続を規制するＺＰＯとＺＶＧの相互関係
　第二章　ドイツ帝国・統一的民法典起草過程における強制抵当権制度
　　　1　プロイセン法における展開
　　　2　民法典起草過程——その第一草案の完成——
　　　3　民法典施行法の起草過程
　　　4　土地登記法典並びに不動産強制執行法典の起草過程
　　　5　各界の反応
　　　6　第２次委員会による審議
　第三章　結論的考察——我が国の不動産強制執行法体系の将来像への若干の展望——

付論文⑤　担保権実行競売への新「統合」——「強制競売」の本来型としての担保権実行競売——
　一　本稿の目的
　二　「二元的編成」の法構成——「強制競売」手続（民訴法旧第６編「強制執行」・明治23年）と「任意競売」手続（旧競売法・明治31年）の併存
　　(1)　二元的編成——「強制競売」手続と「任意競売」手続の併存——
　　(2)　「強制執行説（国家執行権説）」と「私的換価説（非強制執行説）」の対立
　　(3)　小　括
　三　強制換価手続の「統合論」——「二元的編成」に対する三ケ月教授の批判と問題提起——
　　(1)　「二本建ての体制」の克服と統合の必要性
　　(2)　旧競売法のルーツとしての「フランス型の担保権実行手続」——「ドイツ型の強制執行手続」との併存——
　　(3)　「二本建ての体制」の日本的特殊性——ドイツ法並びにフランス法との対比——
　　(4)　「任意競売」概念の不当性——その特殊日本的拡張——
　四　民事執行法による「統合」の問題性——その立法姿勢に対する三ケ月教授の批判——
　　(1)　民事執行法の制定・施行——「統合」の具体化——
　　(2)　「統合」の内容上の不徹底性——担保権実行手続の強制執行手続への「接近」と「分裂」，その諸相——
　　(3)　小　括
　五　立法論的提言としての新「統合論」——担保権実行としての「強制競売」手続を本則とする「一元的編成」——
　　(1)　新「統合論」——私見の理論構成——
　　(2)　「不動産強制執行」制度の本質——抵当権法との相互関連性——
　　　(イ)　「手続的抵当権法」としての不動産強制執行法——実体の抵当権の把握価値の手続的実現のための法——
　　　(ロ)　不動産強制執行の三執行方法——強制競売・強制管理・強制抵当権の登記——
　　　(ハ)　不動産強制執行の執行方法の追行権者としての物的債権者
　　　(ニ)　ＺＰＯとＺＶＧの相互関係
　　　　(a)　法典形式上の「二元的編成」
　　　　(b)　実質内容上の「一元的編成」
　　　　(c)　単行の制定法としてのＺＶＧ典
　　　　(d)　ＺＰＯの一構成部分としてのＺＶＧ

巻末文献リスト
【一】文献リスト一般
【二】拙稿一覧リスト（「初出」時系列順）
【三】ＺＨ制度研究Ⅰ巻の「全体構成」——「拙稿リスト」との対応——
【四】ＺＨ制度研究Ⅱ巻の「全体構成」——「拙稿リスト」との対応——

巻末文献リスト

【一】文献リスト一般

　「ドイツ強制抵当権制度」自体に関する邦語文献は存在していない。ここでは，本書「結論的考察」との内容的関連で，わが国の強制執行法学・民事執行法学における代表的文献を，文献解題として，指摘するに留める（なお，本書「各章」・「付論文」中に，重要な関連邦語文献については，ほぼ網羅的に指摘している）。

・「任意競売」概念の学理的・理論的構築に寄与し，これを積極的に進展させた兼子一教授には，その時代の実務・学説を支配した体系書として，①兼子一・強制執行法・1938年，②同・増補強制執行法・1951年，がある。

・当時，現行法としての「(旧)競売法」についての，代表的体系書として，③斎藤秀夫・競売法（有斐閣・法律学全集）・1960年，がある。従来的な学説の理解に準拠し，「任意競売」概念を前提としながらも，これを比較法的には「異例」のものと位置付けた。また，競売法立法時の，その制定資料（立法資料）を欠くところから，これを明治期法典編纂史上の「一つの謎」と指摘した。

・「任意競売」概念を厳しく批判し，これを自覚的に克服すべし，という立場から，新民事執行法制定の理論的視点から推進した三ケ月章教授には，④三ケ月章・民事執行法・1981年，がある。新民事執行法制定直後の代表的体系書であり，新法典への「共感と背離」のアンビバレンツに，その大きな特徴が見られる。新民執法典には，「任意競売」概念からの「決別」が見られるが，なお「残存」も見られ，その「不徹底性」を厳しく批判する。なお，同書の論旨のベースとなっている諸論稿は，その同・民訴法研究（有斐閣）のシリーズ（第1―10巻・1962―1989年）中に，すべて収録されている。

・ドイツ不動産執行については，⑤竹下守夫・不動産執行法の研究・1977年，⑥担保権と民事執行・倒産手続・1990年，⑦民事執行における実体法と手続法・1990年，に代表されるような，竹下守夫教授の一連の研究がある。民執法

典の立法化の理論的基盤の確立，その制定・施行後の諸問題の理論的・実務的解決，これらに大きく寄与した基本重要文献である。

・(旧) 強制執行法 (旧民訴法第 6 編) については，新民執法立法作業段階 (旧強制執行法施行時) では，その代表的体系書として，⑧菊井維大・強制執行法 (総論) (有斐閣・法律学全集)・1976年，⑨宮脇幸彦・強制執行法 (各論) (有斐閣・法律学全集)・1978年，がある。とりわけ，宮脇法務省参事官の⑨では，当時，法務省での立法作業を進めていた立法担当官 (→教授) の立場から，それまでの諸立法資料に基づく詳細な記述がなされている。

・新民執法の立法に際し，法務省民事局サイドから，立法担当官として中心的役割を果たした浦野雄幸判事 (→教授) には，⑩浦野雄幸・逐条民事執行法・1985年の，大コンメンタールがある。その立法経緯と実情 (強制執行法改正問題の実務と理論) に即した的確な解説がなされており，立法者意思 (立法趣旨) の探求には，必要不可欠の重要文献である。また，制定・施行後の改正等の，実務・学説の最新状況に対応したコンメンタールとして，⑪同編・民事執行法 (日本評論社基本法コンメンタール・6版)・2009年が，版を重ねている。

・わが国の民事執行法学の最重要文献として，⑫中野貞一郎・民事執行法 (増補新訂6版)・2010年を，特記しなければならない。著者の永年にわたる幾多の諸論稿をベースとし，その集大成としての，本格的体系書である。わが国民事執行法学では，その類例を見ない，唯一の本格的体系書であり，最新の実務・学説を丹念にフォローしながら，今なお版を重ねてきている。今後の民執法学研究に際しては，その学問的永続性と共に，本書をその基本的立脚点とする必要があろう。

【二】拙稿一覧リスト (「初出」時系列順)

① 「ドイツ強制抵当権の法構造」；1982年度私法学会会報 (有斐閣)；1982/10.
② 「ドイツ強制抵当権の法構造——プロイセン法における展開を中心として (18世紀—19世紀) ——」；私法 (有斐閣)；No. 45/P. 270—277；1983/10.

③「ドイツ不動産強制執行法体系における強制抵当権制度――ドイツ不動産強制執行法研究の一視角――」；民事研修（法務総合研究所）；No. 321／P. 10―36；1983／12.

④「ドイツ強制抵当権の法構造――ドイツ帝国・統一的民法典編纂過程における第一次委員会『審議』とその『終結』（1871年―）――」；慶應法学政治学論究（慶應義塾大学大学院法学研究科内『法学政治学論究』刊行会）；No. 4／P. 1―66；1990／03.

⑤「続・ドイツ強制抵当権の法構造――ドイツ帝国・統一的民法典編纂過程における第二次委員会『審議』とその『終結』（1889年―）――」；慶應法学政治学論究（慶應義塾大学大学院法学研究科内『法学政治学論究』刊行会）；No. 8／P. 1―92；1991／03.

⑥「1883年・プロイセン「不動産強制執行法」中の強制抵当権制度――プロイセン法展開の最後の到達点――」；慶應法学研究（慶應義塾大学法学研究会）；V. 64／No. 12／P. 131―194；1991／12.

⑦「『ＢＧＢ第一草案』中の強制抵当権制度――各界からの「修正」意見の主張（1889年―1890年）――」；慶應法学研究（慶應義塾大学法学研究会）；V. 65／No. 1／P. 159―196；1992／01.

⑧「1898年・ドイツ『民訴法（ＺＰＯ）』典中の強制抵当権制度――『ＺＰＯ変更法草案』（1898年）とライヒ議会『第一次・第二次・第三次』審議――」；慶應法学政治学論究（慶應義塾大学大学院法学研究科内『法学政治学論究』刊行会）；No. 15／P. 1―33；1992／12.

⑨「1931年・ドイツ『民訴法参事官草案（ＺＰＯＲＥ）』中の強制抵当権制度――修正『平等主義（Ausgleichsprinzip）』への転回と強制抵当権制度――」；慶應法学政治学論究（慶應義塾大学大学院法学研究科内『法学政治学論究』刊行会）；No. 18／P. 1―51；1993／09.

⑩「ドイツ『ＺＰＯ諸改正法』中の強制抵当権制度――1909年・『ＺＰＯノヴェレ』並びに1923年・『民事争訟手続促進令』――」；慶應法学研究（慶應義塾大学法学研究会）；V. 66／No. 12／P. 63―89；1993／12.

⑪「1834年・プロイセン「民事執行令」中の強制抵当権制度――執行名義を有する「人的債務者」の法的地位の確立――」；慶應法学政治学論究（慶應義塾大学大学院法学研究科内『法学政治学論究』刊行会）；No.23／P.1―30；1994/10.

⑫「担保権実行競売への新『統合』――「強制競売」の本来型としての担保権実行競売――」；リュケ教授退官記念「民事手続法の改革」（信山社）；P.288―318；1995/03.

⑬「1722年・プロイセン「抵当権・破産令（HKO）」中のインミシオーン担保権制度――ドイツ強制抵当権制度の展開の起点――」；慶應法学研究（慶應義塾大学法学研究会）；V.69／No.1／P.65―86；1996/01.

⑭「18世紀・プロイセン抵当権諸立法中の強制抵当権制度――裁判上債権者の法的地位の劣位化――」；慶應法学研究（慶應義塾大学法学研究会）；V.69／No.2／P.193―254；1996/02.

⑮「民法典の継受(1)」・民事研修（法務総合研究所）；No.470／P.97―108；1996/06.

⑯「民法典の継受(2)」・民事研修（法務総合研究所）；No.472／P.79―92；1996/08.

⑰「我が国の法典編纂過程における『ドイツ強制抵当権制度』と『フランス裁判上抵当権制度』――制度不導入の『動機』の解明――（上）」；民事研修（法務総合研究所）；No.473／P.13―31；1996/09.

⑱「我が国の法典編纂過程における『ドイツ強制抵当権制度』と『フランス裁判上抵当権制度』――制度不導入の『動機』の解明――（下）」；民事研修（法務総合研究所）；No.474／P.12―30；1996/10.

⑲「プロイセン不動産信用の新秩序と強制抵当権制度――1872年・実体的抵当権法としての「所有権取得法（EEG）」と形式的抵当権法としての「土地登記法（PGBO）」の成立――」；慶應法学研究（慶應義塾大学法学研究会）；V.70／No.12／P.121―146；1997/12.

⑳「競売における『先順位』抵当権の処遇原理の『根拠』――消除主義，その

ドイツ・プロイセン的構造の解明——」；慶應法学研究（慶應義塾大学法学研究会）；V.72/No.12/P.159—203；1999/12.
㉑「剰余主義・引受主義のドイツ的構造と根拠——立法史的研究の方法論的定立のために——」；慶應法学研究（慶應義塾大学法学研究会）；V.73/No.2/P.13—70；2000/02.
㉒『ドイツ強制抵当権の法構造——「債務者保護」のプロイセン法理の確立——（慶應義塾大学法学研究会叢書(71)）』（慶應義塾大学法学研究会）；2003/03.
㉓「『剰余主義・消除主義・引受主義』をめぐる若干問題——競売における『先順位』抵当権の処遇原理——」；慶應法学研究（慶應義塾大学法学研究会）；V.77/No.12/P.425—443；2004/12.
以上，総計「23論文」

【三】ＺＨ制度研究Ⅰ巻の「全体構成」
——「拙稿リスト」との対応——

プロイセン法における展開（→ドイツ強制抵当権制度研究・第Ⅰ巻）
斎藤和夫・『ドイツ強制抵当権の法構造——「債務者保護」のプロイセン法理の確立——』（慶應義塾大学法学研究会叢書(71)）』；慶應義塾大学法学研究会・2003年03月

・はしがき
・序論　本研究の課題と方法
　；（←新稿）
・第１章　1722年・プロイセン「抵当権・破産令（ＨＫＯ）」中のインミシオーン担保権制度——プロイセン強制抵当権制度の展開の起点；インミシオーン担保権を取得した「人的債権者」（裁判上債権者）の「破産順位」への指定——
　；←拙稿リスト⑭：慶應法学研究；V.69/No.2/P.193—254；1996/02.（←

補筆）
・第 2 章　18世紀・プロイセン抵当権諸立法中の強制抵当権制度——裁判上債権者の「破産順位」の劣位化——
　　；←拙稿リスト⑬：慶應法学研究；V.69/No.1/P.65—86；1996/01.（←補筆）
・第 3 章　1834年・プロイセン「民事執行令」中の強制抵当権制度——執行名義を取得した「人的債権者」（裁判上債権者）の法的地位の確立——
　　；←拙稿リスト⑪：慶應法学政治学論究；No.23/P.1—30；1994/10.（←補筆）
・第 4 章　1872年・プロイセン「所有権取得法（EEG）」の成立と強制抵当権制度——不動産信用の新秩序とその影響——
　　；←拙稿リスト⑲：慶應法学研究；V.70/No.12/P.121—146；1997/12.（←補筆）
・第 5 章　1883年・プロイセン「不動産強制執行法」中の強制抵当権制度——プロイセン強制抵当権制度の展開，その最後の到達点：「人的債権者」の「物的債権者」への強制的な近接化の可能性の承認，そして「執行債務者（土地所有者）」保護の法理の確立——
　　；←拙稿リスト⑥：慶應法学研究；V.64/No.12/P.131—194；1991/12.（←補筆）
・終　章　結論的考察
　　；（←新稿）
・総　括
　　；（←新稿）

その他の関連論文として，
　　；拙稿リスト①：1982年度私法学会会報；1982/10.
　　；拙稿リスト②：私法；No.45/P.270—277；1983/10.
以上

【四】ＺＨ制度研究Ⅱ巻の「全体構成」
── 「拙稿リスト」との対応 ──

ＢＧＢ編纂過程における法形成（→ドイツ強制抵当権制度研究・第Ⅱ巻）

斎藤和夫・『ドイツ強制抵当権とＢＧＢ編纂──ドイツ不動産強制執行法の理論的・歴史的・体系的構造』（慶應義塾大学法学研究会叢書(81)）；慶應義塾大学法学研究会・2011年09月

はしがき

・序　論　本研究の課題と方法

　；（←新稿）

・第１章　1874年～・「第１次委員会」審議と強制抵当権──「物権法準備草案・ＢＧＢ第１草案・ＧＢＯ第１草案・ＺＶＧ第１草案・ＥＧＢＧＢ第１草案」の編纂過程──

　；←拙稿リスト④：慶應法学政治学論究；No.4/P.1―66；1990/03.（←補筆）

・第２章　1888年～・「各界の反応」と強制抵当権──「草案公表とフィードバック」の編纂過程──

　；←拙稿リスト⑦：慶應法学研究；V.65/No.1/P.159―196；1992/01.（←補筆）

・第３章　1890年～・「第２次委員会」審議と強制抵当権──規制法典の変遷（ＢＧＢからの分離決定，ＺＶＧへの編入決定，最終局面でのＺＰＯへの編入決定）──

　；←拙稿リスト⑤：慶應法学政治学論究；No.8/P.1―92；1991/03.（←補筆）

・第４章　1898年・ＺＰＯと強制抵当権──ＺＰＯ変更法草案（1897年）とライヒ議会「第１次・第２次・第３次」審議──

　；←拙稿リスト⑧：慶應法学政治学論究；No.15/P.1―33；1992/12.（←補筆）

；←拙稿リスト⑩：慶應法学研究；V. 66/No. 12/P. 63—89；1993/12.（←補筆）

・第 5 章　1931年・ＺＰＯ参事官草案と強制抵当権──修正「平等主義」（順位期間制度）への接合と新制度的機能──

　；←拙稿リスト⑨：慶應法学政治学論究；No. 18/P. 1—51；1993/09.（←補筆）

・結論的考察

　；←拙稿リスト③：民事研修；No. 321/P. 10—36；1983/12.（←新稿／全面改筆）

　；←拙稿リスト⑫：リュケ教授退官記念『民事手続法の改革』（信山社）；1995/03.（←新稿／全面改筆）

・総　括

　；（←新稿）

・付論文①　我が国の法典編纂過程における「ドイツ強制抵当権制度」と「フランス裁判上抵当権制度」──制度不導入の「動機」の解明──

　；←拙稿リスト⑰：民事研修；No. 473/P. 13—31；1996/09.（←補筆）

　；←拙稿リスト⑱：民事研修；No. 474/P. 12—30；1996/10.（←補筆）

・付論文②　ドイツ・プロイセン「剰余・消除・引受」主義の原理的・歴史的構造

　；←拙稿リスト⑳：慶應法学研究；V. 72/No. 12/P. 159—203；1999/12.（←補筆）

　；←拙稿リスト㉑：慶應法学研究；V. 73/No. 2/P. 13—70；2000/02.（←補筆）

　；←拙稿リスト㉓：慶應法学研究；V. 77/No. 12/P. 425—443；2004/12.（←補筆）

・付論文③　日本民法典の編纂──明治期の法典継受──

　；←拙稿リスト⑮：民事研修；No. 470/P. 97—108；1996/06.

；←拙稿リスト⑯：民事研修；No.472／P.79—92；1996／08.
・付論文④　ドイツ不動産強制執行法体系における強制抵当権制度――ドイツ不動産強制執行法研究の一視角――
  ；←拙稿リスト②：民事研修；No.321／P.10—36；1983／12.
・付論文⑤　担保権実行競売への新『統合』――「強制競売」の本来型としての担保権実行競売――
  ；←拙稿リスト⑫：リュケ教授退官記念『民事手続法の改革』（信山社）；P.288—318；1995／03.

跋

学問的価値の高い研究成果であつてそれが公表せられないために世に知られず、そのためにこれが学問的に利用せられずして、そのまま忘れられるものは少なくないであろう。又たとえ公表せられたものであつても、口頭で発表せられたために広く伝わらない場合があり、印刷公表せられた場合にも、新聞あるいは学術誌等に断続して載せられた場合は、後日それ等をまとめて通読することに不便がある。これ等の諸点を考えるならば、学術的研究の成果は、これを一本にまとめて出版することが、それを周知せしめる点からも又これを利用せしめる点からも最善の方法であることは明かである。この度法学研究会において法学部専任者の研究でかつて機関誌「法学研究」および「教養論叢」その他に発表せられたもの、又は未発表の研究成果で、学問的価値の高いもの、または、既刊のもので学問的価値が高く今日入手困難のものなどを法学研究会叢書あるいは同別冊として逐次刊行することにした。これによつて、われわれの研究が世に知られ、多少でも学問の発達に寄与することができるならば、本叢書刊行の目的は達せられるわけである。

昭和三十四年六月三十日

慶應義塾大学法学研究会

著者紹介

斎藤　和夫（さいとう・かずお）

慶應義塾大学法学部教授

1946年生まれ。慶應義塾大学法学部法律学科，慶應義塾大学大学院法学研究科博士課程，慶應義塾大学法学部助手，専任講師，助教授，1988年から現職。専攻は民法，担保法；担保実体法（→担保物権法・保証法等）・担保手続法（→民事執行・保全法・倒産法・民訴法等），金融法，ドイツ法。

主要著作

『ドイツ強制抵当権の法構造──「債務者保護」のプロイセン法理の確立──』（慶應義塾大学法学研究会叢書(71)）（慶應義塾大学法学研究会，2003年），ほか多数。

慶應義塾大学法学研究会叢書　81

ドイツ強制抵当権とＢＧＢ編纂
──ドイツ不動産強制執行法の理論的・歴史的・体系的構造──

2011年9月15日　初版第1刷発行

著　者─────斎藤和夫
発行者─────慶應義塾大学法学研究会
　　　　　　　代表者　大沢秀介
　　　　　　　〒108-8345　東京都港区三田2-15-45
　　　　　　　TEL 03-5427-1842
発売所─────慶應義塾大学出版会株式会社
　　　　　　　〒108-8346　東京都港区三田2-19-30
　　　　　　　TEL 03-3451-3584　FAX 03-3451-3122
印刷・製本───三和印刷株式会社

Ⓒ2011 Kazuo Saito
Printed in Japan ISBN978-4-7664-1881-1

慶應義塾大学法学研究会叢書

- 26 近代日本政治史の展開
  中村菊男著　　　　　　　　1500円
- 27 The Basic Structure of Australian Air Law
  栗林忠男著　　　　　　　　3000円
- 38 強制執行法関係論文集
  ゲルハルト・リュケ著／石川明訳　2400円
- 42 下級審商事判例評釈（昭和45年～49年）
  慶應義塾大学商法研究会編著　8300円
- 45 下級審商事判例評釈（昭和40年～44年）
  慶應義塾大学商法研究会編著　5800円
- 46 憲法と民事手続法
  K.H.シュワーブ・P.ゴットヴァルト・M.フォルコンマー・
  P.アレンス著／石川明・出口雅久編訳　4500円
- 47 大都市圏の拡大と地域変動
  ―神奈川県横須賀市の事例
  十時厳周編著　　　　　　　8600円
- 48 十九世紀米国における電気事業規制の展開
  藤原淳一郎著　　　　　　　4500円
- 51 政治権力研究の理論的課題
  霜野寿亮著　　　　　　　　6200円
- 53 ソヴィエト政治の歴史と構造
  ―中澤精次郎論文集
  慶應義塾大学法学研究会編　7400円
- 54 民事訴訟法における既判力の研究
  坂原正夫著　　　　　　　　8000円
- 56 21世紀における法の課題と法学の使命
  〈法学部法律学科開設100年記念〉
  国際シンポジウム委員会編　5500円
- 57 イデオロギー批判のプロフィール
  ―批判的合理主義からポストモダニズムまで
  奈良和重著　　　　　　　　8600円
- 58 下級審商事判例評釈（昭和50年～54年）
  慶應義塾大学商法研究会編著　8400円
- 59 下級審商事判例評釈（昭和55年～59年）
  慶應義塾大学商法研究会編著　8000円
- 60 神戸寅次郎　民法講義
  津田利治・内池慶四郎編著　6600円
- 61 国家と権力の経済理論
  田中宏著　　　　　　　　　2700円
- 62 アメリカ合衆国大統領選挙の研究
  太田俊太郎著　　　　　　　6300円
- 64 内部者取引の研究
  並木和夫著　　　　　　　　3600円
- 65 The Methodological Foundations of the Study of Politics
  根岸毅著　　　　　　　　　3000円
- 66 横槍　民法總論（法人ノ部）
  津田利治著　　　　　　　　2500円
- 67 帝大新人会研究
  中村勝範編　　　　　　　　7100円
- 68 下級審商事判例評釈（昭和60～63年）
  慶應義塾大学商法研究会編著　6500円
- 70 ジンバブウェの政治力学
  井上一明著　　　　　　　　5400円
- 71 ドイツ強制抵当権の法構造
  ―「債務者保護」のプロイセン法理の確立
  斎藤和夫著　　　　　　　　8100円
- 72 会社法以前
  慶應義塾大学商法研究会編　8200円
- 73 Victims and Criminal Justice: Asian Perspective
  太田達也編　　　　　　　　5400円
- 74 下級審商事判例評釈（平成元年～5年）
  慶應義塾大学商法研究会編著　7000円
- 75 下級審商事判例評釈（平成6年～10年）
  慶應義塾大学商法研究会編著　6500円
- 76 西洋における近代的自由の起源
  R.W.デイヴィス編／
  鷲見誠一・田上雅徳監訳　　7100円
- 77 自由民権運動の研究
  ―急進的自由民権運動家の軌跡
  寺崎修著　　　　　　　　　5200円
- 78 人格障害犯罪者に対する刑事制裁論
  ―確信犯罪人の刑事責任能力論・処分論を中心にして
  加藤久雄著　　　　　　　　6200円
- 79 下級審商事判例評釈（平成11年～15年）
  慶應義塾大学商法研究会編著　9200円
- 80 民事訴訟法における訴訟終了宣言の研究
  坂原正夫著　　　　　　　　10000円

表示価格は刊行時の本体価格（税別）です。欠番は品切。

慶應義塾大学出版会

〒108-8346　東京都港区三田2-19-30
Tel 03-3451-3584／Fax 03-3451-3122
郵便振替口座　　00190-8-155497